女子学院中学校

〈収録内容〉

2024 年度 …………………………… 算・理

※国語の大問一は、問題に使用された作品の著作権者が二次使用の許可
ため、問題を掲載しておりません。

2023 年度 …………………………… 算・理・社・国

2022 年度 …………………………… 算・理・社・国

2021 年度 …………………………… 算・理・社・国

2020 年度 …………………………… 算・理・社・国

2019 年度 …………………………… 算・理・社・国

平成 30 年度 …………………………… 算・理・社・国

平成 29 年度 …………………………… 算・理・社・国

DL 平成 28 年度 …………………………… 算・理・社・国

※国語の大問二は、問題に使用された作品の著作権者が二次使用の許可を出していないため、問題を掲載しておりません。

DL 平成 27 年度 …………………………… 算・理・社・国

DL 平成 26 年度 …………………………… 算・理・社・国

DL 平成 25 年度 …………………………… 算・理・社・国

DL 平成 24 年度 …………………………… 算・理・社・国

便利な DL コンテンツは右の QR コードから

解答用紙　過去年度　国語の問題は紙面に掲載　解説+α　⇒

※データのダウンロードは 2025 年 3 月末日まで。

※データへのアクセスには、右記のパスワードの入力が必要となります。 ⇒ 712643

〈合格最低点〉

※学校からの合格最低点の発表はありません。

本書の特長

実戦力がつく入試過去問題集

- 問題 …………… 実際の入試問題を見やすく再編集。
- 解答用紙 …… 実戦対応仕様で収録。
- 解答解説 …… 詳しくわかりやすい解説には、難易度の目安がわかる「基本・重要・やや難」の分類マークつき（下記参照）。各科末尾には合格へと導く「ワンポイントアドバイス」を配置。採点に便利な配点つき。

入試に役立つ分類マーク

基本 確実な得点源！
受験生の90％以上が正解できるような基礎的、かつ平易な問題。
何度もくり返して学習し、ケアレスミスも防げるようにしておこう。

重要 受験生なら何としても正解したい！
入試では典型的な問題で、長年にわたり、多くの学校でよく出題される問題。
各単元の内容理解を深めるのにも役立てよう。

やや難 これが解ければ合格に近づく！
受験生にとっては、かなり手ごたえのある問題。
合格者の正解率が低い場合もあるので、あきらめずにじっくりと取り組んでみよう。

合格への対策、実力錬成のための内容が充実

- 各科目の出題傾向の分析、合否を分けた問題（過去３年分）の確認で、入試対策を強化！
- その他、学校紹介、過去問の効果的な使い方など、学習意欲を高める要素が満載！

解答用紙ダウンロード 解答用紙はプリントアウトしてご利用いただけます。弊社ＨＰの商品詳細ページよりダウンロードしてください。トビラのＱＲコードからアクセス可。

＋α ダウンロード 2019年度以降の算数の解説に ＋α が付いています。弊社ＨＰの商品詳細ページよりダウンロードしてください。トビラのＱＲコードからアクセス可。

UD FONT 見やすく読みまちがえにくいユニバーサルデザインフォントを採用しています。

女子学院中学校

キリスト教に基づく一貫教育
自由でのびのびとした校風
高度な学習指導で抜群の進学実績

URL	https://www.joshigakuin.ed.jp/

■生徒数　678名
〒102-0082
東京都千代田区一番町22-10
☎03-3263-1711
有楽町線麹町駅　徒歩３分
半蔵門線半蔵門駅　徒歩６分
中央線・都営新宿線市ヶ谷駅　徒歩８分
南北線市ケ谷駅　徒歩10分
中央線・南北線・丸ノ内線四ッ谷駅　徒歩11分

プロフィール

豊かな人間性を育む女子名門校

1870（明治3）年に築地明石町において、米国長老教会から派遣されたジュリア・カロゾルスが女生徒に英語の手ほどきをした私塾に始まる、わが国最古のキリスト教による女子教育機関である。桜井女学校が新栄女学校と合併して、現在地に校舎を新築したのが1890（明治23）年。校名もこの時、女子学院と改められた。

最初から今日の大学教育に相当する高等科を設置。最高の女子教育を行い、近代日本において女性の自立を目指した、先覚的ですぐれた女性を多く世に送り出してきた。キリスト教を教育の根底に豊かな人間性を育てることに力を注いでいる。制服やこまかい規則がなく生徒の自主性を尊重する自由な校風で、単なる大学進学を目的とした学習ではなく、学ぶこと自体に喜びと意味を見出し、意欲的に学習に取り組めるような指導がされている。

環境

充実した施設で快適な学園ライフ

学校施設は、LL教室、体育館、トレーニングルーム、美術室、音楽室、家庭科室、理科実験室などのほか、天体観測ドームなど充実している。また、講堂にはパイプオルガンがあり、毎日の礼拝で奏でられる。

御殿場寮

校外施設として、富士山の裾野にある御殿場寮は課外活動やクラブ合宿に活用されている。

カリキュラム

学習意欲を高める密度の濃い授業

１年間を前期・後期に分けた２学期制を採用し、中・高6カ年の完全一貫教育の特色を生かした、独自のカリキュラムを組んでいる。5日制週30時間という授業で、土曜日はクラブ活動などの諸活動に当てている。

中学では、基本的な学力の養成と共に、知的・情緒的・身体的に均衡のとれた成長を目標にしている。国語では読書・作文能力、数学では数・式・図形の体系的な理解、英語では「聞き話す」までの総合力など、教科ごとにテーマを持って指導している。特に英語では、少人数クラスでの外国人教師による英会話の授業もある。

高校では、さらに高度な基礎学力を身につけ、各々の個性や可能性に応じた成長を期待して、カリキュラムの一部に選択制度を導入するほか、科目によっては習熟度別クラス編成も実施している。中学に引き続き外国人教師による会話・英作文授業や少人数クラス編成により、表現力・読解力を養っている。

また、全学年に聖書の時間があり、聖書を通して、「人間としていかに生きるか」考える機会を持つ。

学校生活

朝の礼拝から一日が始まる

学校生活の一日は、聖書の言葉をきく朝の礼拝から始まる。讃美歌を歌い、祈りを捧げ、感謝の気持ちで授業にのぞむ。

生徒会やクラブ活動は、生徒の自主的な活動として活発に行われている。特に文化祭や体育祭は、生徒の自発的な計画と参加により、毎年盛大に開催されている。また、遠足や修学旅行などのほか、ひろしまの旅、修養会、クリスマス礼拝など、たくさんの行事がある。

授業風景

クラブ・同好会は、運動系6、文化系23があり、ともにバラエティに富み、中・高が協力し合って活動している。

進路

全員が4年制大へ難関校へも多数

ほぼ全員が4年制大学を目指す、女子校としては全国トップクラスの進学校で、毎年、国公立大や難関私立大に多くの合格者を出している。

2023年3月卒業生の主な進学先は、東大22名、京都大6名、一橋大6名、東京工業大7名、お茶の水女子大1名、筑波大2名、千葉大2名、北海道大7名、東京外語大6名、東京医科歯科大2名、早稲田大126名、慶應義塾大64名、上智大70名など。

2024年度入試要項

試験日　2/1
試験科目　国・算・理・社＋面接

募集定員	受験者数	合格者数	競争率
240	642	283	2.3

過去問の効果的な使い方

① **はじめに** ここでは，受験生のみなさんが，ご家庭で過去問を利用される場合の，一般的な活用法を説明していきます。もし，塾に通われていたり，家庭教師の指導のもとで学習されていたりする場合は，その先生方の指示にしたがって，過去問を活用してください。その理由は，通常，塾のカリキュラムや家庭教師の指導計画の中に過去問学習が含まれており，どの時期から，どのように過去問を活用するのか，という具体的な方法がそれぞれの場合で異なるからです。

② **目的** 言うまでもなく，志望校の入学試験に合格することが，過去問学習の第一の目的です。そのためには，それぞれの志望校の入試問題について，どのようなレベルのどのような分野の問題が何問，出題されているのかを確認し，近年の出題傾向を探り，合格点を得るための試行錯誤をして，各校の入学試験について自分なりの感触を得ることが必要になります。過去問学習は，このための重要な過程であり，合格に向けて，新たに実力を養成していく機会なのです。

③ **開始時期** 過去問との取り組みは，通常，全分野の学習が一通り終了した時期，すなわち6年生の7月から8月にかけて始まります。しかし，各分野の基本が身についていない場合や，反対に短期間で過去問学習をこなせるだけの実力がある場合は，9月以降が過去問学習の開始時期になります。

④ **活用法** 各年度の入試問題を全問マスターしよう，と思う必要はありません。完璧を目標にすると挫折しやすいものです。できるかぎり多くの問題を解けるにこしたことはありませんが，それよりも重要なのは，現実に各志望校に合格するために，どの問題が解けなければいけないか，どの問題は解けなくてもよいか，という眼力を養うことです。

算数

どの問題を解き，どの問題は解けなくてもよいのかを見極めるには相当の実力が必要になりますし，この段階にいきなり到達するのは容易ではないので，この前段階の一般的な過去問学習法，活用法を2つの場合に分けて説明します。

☆偏差値がほぼ55以上ある場合

掲載順の通り，新しい年度から順に年度ごとに3年度分以上，解いていきます。

ポイント1…問題集に直接書き込んで解くのではなく，各問題の計算法や解き方を，明快にわかるように意識してノートに書き記す。

ポイント2…答えの正誤を点検し，解けなかった問題に印をつける。特に，解説の **基本** **重要** がついている問題で解けなかった問題をよく復習する。

ポイント3…1回目にできなかった問題を解き直す。同様に，2回目，3回目，…と解けなければいけない問題を解き直す。

ポイント4…難問を解く必要はなく，基本をおろそかにしないこと。

☆偏差値が50前後かそれ以下の場合

ポイント1～4以外に，志望校の出題内容で「計算問題・一行問題」の比重が大きい場合，これらの問題をまず優先してマスターするとか，例えば，大問2までをマスターしてしまうとよいでしょう。

理科

理科は1から順番に解くことにほとんど意味はありません。理科は，性格の違う4つの分野が合わさった科目です。また，同じ分野でも単なる知識問題なのか，あるいは実験や観察の考察問題なのかによってもかかる時間がずいぶんちがいます。記述，計算，描図など，出題形式もさまざまです。ですから，解く順番の上手，下手で，10点以上の差がつくこともあります。

過去問を解き始める時も，はじめに1回分の試験問題の全体を見通して，解く順番を決めましょう。得意分野から解くのもよいでしょう。短時間で解けそうな問題を見つけて手をつけるのも効果的です。くれぐれも，難問に時間を取られすぎないように，わからない問題はスキップして，早めに全体を解き終えることを意識しましょう。

社会

社会は1から順番に解いていってかまいません。ただし，時間のかかりそうな，「地形図の読み取り」，「統計の読み取り」，「計算が必要な問題」，「字数の多い論述問題」などは後回しにするのが賢明です。また，3分野（地理・歴史・政治）の中で極端に得意，不得意がある受験生は，得意分野から手をつけるべきです。

過去問を解くときは，試験時間を有効に活用できるよう，時間は常に意識しなければなりません。ただし，時間に追われて雑にならないようにする注意が必要です。“誤っているもの”を選ぶ設問なのに“正しいもの”を選んでしまった，“すべて選びなさい”という設問なのに一つしか選ばなかったなどが致命的なミスになってしまいます。問題文の“正しいもの”，“誤っているもの”，“一つ選び”，“すべて選び”などに下線を引いて，一つ一つ確認しながら問題を解くとよいでしょう。

過去問を解き終わったら，自己採点し，受験生自身でふり返りをしましょう。できなかった問題については，なぜできなかったのかについての分析が必要です。例えば，「知識が必要な問題」ができなかったのか，「問題文や資料から判断する問題」ができなかったのかで，これから取り組むべきことも大きく異なってくるはずです。また，正解できた問題も，「勘で解いた」，「確信が持てない」といったときはふり返りが必要です。問題集の解説を読んでも納得がいかないときは，塾の先生などに質問をして，理解するようにしましょう。

国語

過去問に取り組む一番の目的は，志望校の傾向をつかみ，本番でどのように入試問題と向かい合うべきか考えることです。素材文の傾向，設問の傾向，問題数の傾向など，十分に研究していきましょう。

取り組む際は，まず解答用紙を確認しましょう。漢字や語句問題の量，記述問題の種類や量などが，解答用紙を見て，わかります。次に，ページをめくり，問題用紙全体を確認しましょう。どのような問題配列になっているのか，問題の難度はどの程度か，などを確認して，どの問題から取り組むべきかを判断するとよいでしょう。

一般的に「漢字」→「語句問題」→「読解問題」という形で取り組むと，効率よく時間を使うことができます。

また，解答用紙は，必ず，実際の大きさのものを使用しましょう。字数指定のない記述問題などは，解答欄の大きさから，書く量を考えていきましょう。

女子学院の算数

——出題傾向と対策　合否を分けた問題の徹底分析——

出題傾向と内容

出題分野1　〈数と計算〉

毎年，「四則計算」が出題されているが，それほど難しい計算問題ではない。「概数」の出題率が高く，過去問を利用して練習すべきである。「単位の換算」にも注意しよう。

2　〈図形〉

「平面図形」・「立体図形」も毎年，出題されており，「水量変化のグラフ」と組み合わされた問題が出題されている。

特に，円周率を利用する計算では，一々，3.14をかけるのではなく，3.14は残したまま，式自体を簡単にしてから，最後に答えを計算するようにするのがポイントである。

3　〈速さ〉

「速さ」の問題も毎年，出題されており，グラフと組み合わされる場合がある。「旅人算」が，「通過算」・「流水算」と組み合わされて出題されることもある。

4　〈割合〉

「割合」の問題も毎年，出題されており，「濃度」・「売買算」・「仕事算・ニュートン算」，その他が，これまでに出題されている。

また，最終的に比を求める問題でなくても，「図形」や「速さ」などの問題で，「比」を利用できるように練習しておくことが必要である。

5　〈推理〉

「論理・推理」や「数列・規則性」の出題率が高い。「場合の数」の出題率は高くないが，準備は必要である。

6　〈その他〉

「平均算」・速さの「鶴カメ算」・「消去算」など，分散的に出題されている。各分野の基本を固めておこう。

出題率の高い分野

❶平面図形・面積　❷割合と比　❸立体図形・体積　❹速さの三公式と比

来年度の予想と対策

出題分野1　〈数と計算〉…分数計算を含む「四則計算」，「単位の換算」，「概数」の問題が出題されると予想される。「数の性質」の練習は，いうまでもなく必要である。

2　〈図形〉…「平面図形」・「立体図形」の基本問題・応用問題を練習しよう。

3　〈速さ〉…比を使う「旅人算」の解き方を練習しよう。「時計算」の出題も考えられる。

4　〈割合〉…「速さの比」・「面積比」・「比の文章題」の基本問題・応用問題を練習しよう。

5　〈推理〉…「数列・規則性」・「場合の数」・「推理」，その他の基本問題・応用問題を練習しよう。

6　〈その他〉…「平均算」・「消去算」・「鶴カメ算」，その他の基本問題を復習しよう。

学習のポイント

●大問数5～8題　小問数20～30題前後　　●試験時間40分　満点100点

●「図形」・「速さ」の比を利用する問題がポイントになる。試験時間の配分を考えよう。

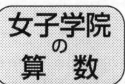

年度別出題内容の分析表　算数

（よく出ている順に，☆◎○の3段階で示してあります。）

出題内容		27年	28年	29年	30年	2019年	2020年	2021年	2022年	2023年	2024年
数と計算	四則計算	○	○	○	○	○	○	○	○	○	○
	単位の換算	○	☆						◎	◎	○
	演算記号・文字と式					◎			◎		
	数の性質	○	☆		☆	☆	◎	◎	☆	☆	☆
	概　数	○				○	☆			◎	
図形	平面図形・面積	☆	☆	☆	☆	☆	☆	☆	☆	☆	☆
	立体図形・体積と容積	☆	◎	☆	◎	◎	☆	◎	☆	☆	◎
	相似（縮図と拡大図）	◎					☆		○	◎	○
	図形や点の移動・対称な図形	○	○			◎	☆			☆	◎
	グラフ	☆		☆			☆	☆	☆	☆	
速さ	速さの三公式と比	☆	◎	☆	◎	○	☆	☆	☆	☆	☆
	旅人算										○
	時計算			◎		○				☆	
	通過算			◎							
	流水算				◎		☆				☆
割合	割合と比	☆	◎	☆	☆	◎	☆	☆	☆	☆	☆
	濃　度	○			☆						
	売買算			◎							
	相当算										
	倍数算・分配算	◎			○			○		○	
	仕事算・ニュートン算		◎		○			○	◎		
	比例と反比例・2量の関係										
推理	場合の数・確からしさ							○	◎		
	論理・推理・集合	○				○	○				
	数列・規則性・N 進法		☆					○	☆	☆	☆
	統計と表										
その他	和差算・過不足算・差集め算	○		○	◎						○
	鶴カメ算			○	○			○	◎		
	平均算								○		
	年令算		◎								
	植木算・方陣算										○
	消去算		○	○	○	◎	◎			○	○

女子学院中学校

2024年度 女子学院中学校 合否を分けた問題 算数

1.（3）〈平面図形・相似〉

> 難しくない，重要な問題である。
> 「相似」の問題であることに気づくことが，ポイントである。

【問題】

右図のように，長方形の紙を対角線を折り目として折った。斜線部分の面積は何cm²か。

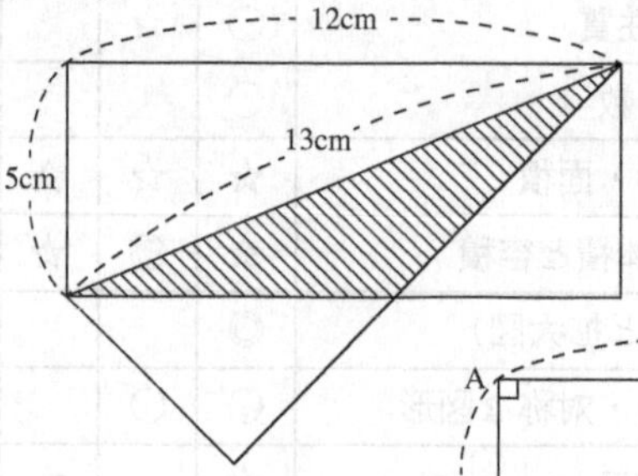

【考え方】

直角三角形ABCとHDBの相似比
…12：(13÷2)＝24：13

HDの高さ
…$5\div24\times13=\frac{65}{24}$(cm)

したがって，求める面積は$13\times\frac{65}{24}\div2$
$=\frac{845}{48}$(cm²)

ここがポイント

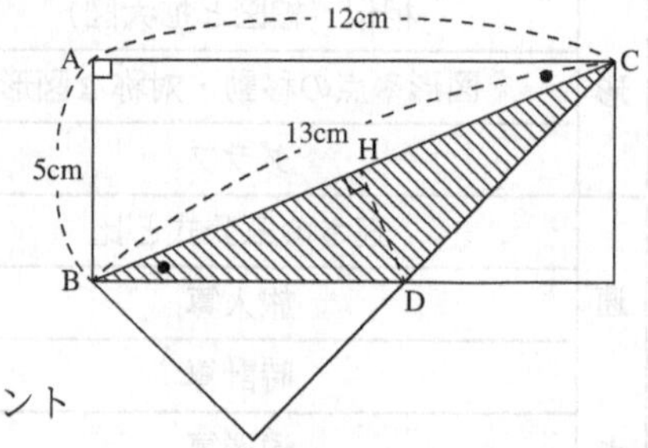

受験生に贈る「数の言葉」――――――――――「ガリヴァ旅行記のなかの数と図形」
作者　ジョナサン・スウィフト(1667～1745)
…アイルランド　ダブリン生まれの司祭

リリパット国…1699年11月，漂流の後に船医ガリヴァが流れ着いた南インド洋の島国
①人間の身長…約15cm未満　②タワーの高さ…約1.5m
③ガリヴァがつながれた足の鎖の長さ…約1.8m　④高木の高さ…約2.1m
⑤ガリヴァとリリパット国民の身長比…12：1　⑥ガリヴァとかれらの体積比…1728：1

ブロブディンナグ国…1703年6月，ガリヴァの船が行き着いた北米の国
①草丈…6m以上　②麦の高さ…約12m　③柵(さく)の高さ…36m以上
④ベッドの高さ…7.2m　⑤ネズミの尻尾(しっぽ)…約1.77m

北太平洋の島国…1707年，北緯46度西経177度に近い国
王宮内コース料理　①羊の肩肉…正三角形　②牛肉…菱形　③プディング…サイクロイド形
④パン…円錐形(コーン)・円柱形(シリンダ)・平行四辺形・その他

2023年度 女子学院中学校 合否を分けた問題 算数

5.〈規則性，数の性質〉

> 簡単ではない問題であるが，難問レベルの問題でもない。
> JとGの枚数の和が2023枚で一定であり，差が問題になる。

【問題】

2023枚の折り紙をJ，Gの2人に分けるのに，同枚数ずつJ・G・G・J・J・G・G・J・J・…の順に取り，最後にその枚数が取れない場合も順番通りに最後の人が残りをすべて取る。例えば，20枚ずつだとJは1020枚，Gは1003枚，30枚ずつだとJは1003枚，Gは1020枚もらえる。

(1)　23枚ずつ取るとJは□枚もらえる。

(2)　[あ]枚ずつだとJは1023枚もらえる。ただし，㋐は素数。

【考え方】

(1)　$2023\div 23=87\cdots 22$，$87\div 4=21\cdots 3$より，JGGJが21段とJGGが並び，22段目の右端のJが22枚もらう。（← ここがポイント）
　　したがって，Jの枚数は$23\times 2\times 22-1=1011$(枚)

(2)　Jが1023枚のとき，JとGの差は$1023\times 2-2023=23$(枚)であり，24以上の素数について計算する。
　　29枚ずつ取るとき→$29\times 4=116$，$2023\div 116=17\cdots 51$，
　　　$51=29+22$，$29-22=7$より，不適
　　31枚ずつ取るとき→$31\times 4=124$，$2023\div 124=16\cdots 39$，$39=31+8$，$31-8=23$より，○

受験生に贈る「数の言葉」――――――――バートランド・ラッセル(1872～1970)が語るピュタゴラス(前582～496)とそのひとたちのようす(西洋哲学史)

①ピュタゴラス学派のひとたちは，地球が球状であることを発見した。

②ピュタゴラスが創った学会には，男性も女性も平等に入会を許された。
　財産は共有され，生活は共同で行われた。科学や数学の発見も共同のものとみなされ，ピュタゴラスの死後でさえ，かれのために秘事とされた。

③だれでも知っているようにピュタゴラスは，すべては数である，といった。
　かれは，音楽における数の重要性を発見し，設定した音楽と数学との間の関連が，数学用語である「調和平均」，「調和級数」のなかに生きている。

④五角星は，魔術で常に際立って用いられ，この配置は明らかにピュタゴラス学派のひとたちにもとづいており，かれらは，これを安寧とよび，学会員であることを知る象徴として，これを利用した。

⑤その筋の大家たちは以下の内容を信じ，かれの名前がついている定理をかれが発見した可能性が高いと考えており，それは，直角三角形において，直角に対する辺についての正方形の面積が，他の2辺についての正方形の面積の和に等しい，という内容である。
　とにかく，きわめて早い年代に，この定理がピュタゴラス学派のひとたちに知られていた。かれらはまた，三角形の角の和が2直角であることも知っていた。

2022年度 女子学院中学校 合否を分けた問題 算数

4.〈平面図形，立体図形，規則性〉

> 「三角柱」について，各面の辺の数，展開図の辺の組，展開図を作る場合に切る辺の数を問う問題であり，これらをもとして「八角柱」，「三十角柱」の展開図を作る場合に切る辺の数も問われる問題である。規則性がポイント。

【問題】

角柱を切り開いて展開図を作るとき，何本の辺を切ればよいか。

三角柱の場合について，考えてみよう。

図1のように面をすべて切り離すと，すべての面の辺の数の和は［　ア　］である。これらのうち［　イ　］組の辺をつけると図2のような展開図ができる。

立体の1本の辺を切るごとに，他の面とついていない辺が2本できるので，三角柱の場合，展開図を作るときに切る辺の数は［　ウ　］である。

同様に考えると，八角柱の場合，切る辺の数は［　エ　］，三十角柱の場合，切る辺の数は［　オ　］である。

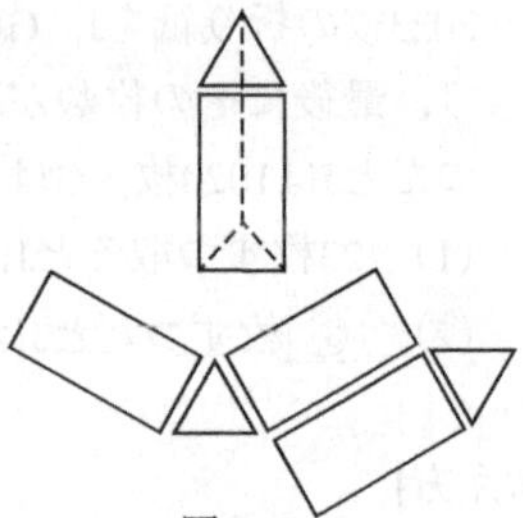

図1

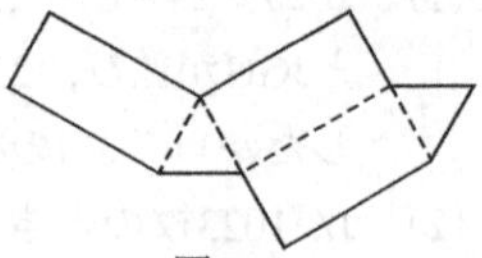

図2

【考え方】

図1の辺の数…$3\times2+4\times3=18$

図2の辺の組…$3+1=4$

三角柱を切る辺の数…$(18-2\times4)\div2=5$

（以上3行について）この規則を利用する。直方体の例で試行錯誤してみよう。

八角柱を切る辺の数…$\{8\times2+4\times8-2\times(8+1)\}\div2=15$

三十角柱を切る辺の数…$\{30\times2+4\times30-2\times(30+1)\}\div2=59$

受験生に贈る「数の言葉」

数学者の回想　　高木貞治1875～1960

数学は長い論理の連鎖だけに，それを丹念にたどってゆくことにすぐ飽いてしまう。論理はきびしいものである。例えば，1つの有機的な体系というか，それぞれみな連関して円満に各部が均衡を保って進んでゆかぬかぎり，完全なものにはならない。

ある1つの主題に取り組み，どこか間違っているらしいが，それがはっきり判明せず，もっぱらそればかりを探す。神経衰弱になりかかるぐらいまで検討するが，わからぬことも多い。夢で疑問が解けたと思って起きてやってみても，全然違っている。そうやって長く間違いばかりを探し続けると，その後，理論が出来ても全く自信がない。そんなことを多々経験するのである。（中略）

技術にせよ学問にせよ，その必要な部分だけがあればよいという制ちゅう（限定）を加えられては，絶対に進展ということはあり得ない。「必要」という考え方に，その必要な1部分ですらが他の多くの部分なくして成り立たぬことを理解しようとしないことがあれば，それは全く危険である。

女子学院の理科

――出題傾向と対策
合否を分けた問題の徹底分析――

出題傾向と内容

問題構成は，例年大問が4題であるが，1つの大問が長く，40分では時間が短いと思われる。1つ1つの大問にテーマがあり，その出題分野だけにとどまらず，関連する他の分野のことまで広く問われる。分野別にみると，生物，水溶液や気体関係が多く出題されている。この他には，天体，地層や気象なども出題されている。これらの分野において，基本的な事項のみならず，かなり難度の高い出題まであり，実験や観察に基づいて考察するパターンが多く出題される。全体的に選択問題が多いが，語句または文章での記述問題，図やグラフをかく問題も出題される。

生物的領域　2022年度は植物の花粉管，2023年度は生物どうしのつながり，今年度は身近な植物に関する問題であった。その以前も含め，植物，動物，人体，生態系と生物的領域の全分野からバランスよく出題され，分野による偏りがない。グラフ・表・図などを使用した難易度の高い考察問題になることが多く，知識問題も基本から発展まで出題されている。生物的領域に関しては，幅広く深く学習しておく必要がある。

地学的領域　ここ何年か，天体に関する出題が多く，今年度は惑星について出題された。2020年度は太陽，2021年度は人工衛星，2022年度は星の高度変化，2023年度は惑星の公転と自転，今年度は月面探査機SLIMの影響か，月について，それぞれ作図問題も含めた考える力が問われる問題が出題された。グラフ・表・図などを使用した難易度の高い考察問題になることが多いのは，生物的領域と同様である。グラフや表の値からの計算問題が出題されることもある。教科書や参考書から得た知識だけでなく，自然現象に関するニュースなどからも幅広い知識を得るように心がけよう。

化学的領域　水溶液や気体に関係する出題が多く，中和反応や気体の性質・発生などは繰り返し出題されている。2021年度は中和や酸性・中性の水溶液とアルミニウムの反応についての問題，2022年度は燃焼を中心として幅広い範囲を問う問題，2023年度は水溶液の性質や固体の区別についての問題，今年度は気体と水溶液について幅広く問う問題であった。引き続き，中和などの水溶液や気体の発生などについての計算問題は充分に学習しておきたい。実験方法についての記述問題や実験器具の作図問題なども出題されているので，実験には積極的に参加し，実験の手順や注意点，器具の使い方は覚えておこう。

物理的領域　2019・2013年度はてこの計算，2022・2017年度は物体の運動，2021・2018・2016年度と2023年度は電流や電熱線・電磁石，2014年度は音の伝わり方，今年度や2015年度は浮力，2020年度はばねの問題というように，全分野からバランスよく出題され，分野による偏りはない。また，基本・標準レベルを中心に，発展問題が数問出題される。物理的領域の全分野広くにわたって，基本・標準レベルの問題を数多く学習しておきたい。グラフや表の見方，グラフや表で表された結果の数値を使った計算にも慣れておきたい。

学習のポイント

- ●実験・観察を題材にした出題に慣れておこう。

来年度の予想と対策

本校では，過去数年分の問題を通して見ると，ほぼ全範囲から出題されており，全分野を網羅した準備が望まれる。また，本校独特の出題形式である実験結果から正誤を判断する問題にも，過去の入試問題によって充分なれておきたい。なぜそうなるのか，理由を自分の言葉で簡潔に記述できるような学習を心がけよう。

知識・理解だけでなく，観察・実験に積極的に関わることを忘れてはならない。また，代表的な実験の図やその手順については，自分で簡単に表現できるようにしておく必要がある。

年度別出題内容の分析表 理科

（よく出ている順に，☆◎○の3段階で示してあります。）

	出題内容	27年	28年	29年	30年	2019年	2020年	2021年	2022年	2023年	2024年
生物的領域	植物のなかま	○		○					○		
	植物のはたらき	◎			☆		○		☆		☆
	昆虫・動物			○		☆		☆		◎	
	人　体						☆				
	生態系	○	☆	○						☆	
地学的領域	星と星座			☆					☆		
	太陽と月	☆	○		◎		☆	◎		☆	☆
	気　象					☆		○	○		
	地層と岩石				☆						○
	大地の活動		☆								
化学的領域	物質の性質		◎				◎			◎	
	状態変化			◎						○	○
	ものの溶け方	◎					◎			○	
	水溶液の性質	◎		○	☆	○	◎	☆		☆	◎
	気体の性質			○		○	○	○	○	○	☆
	燃　焼		☆			○			☆		
物理的領域	熱の性質			○							○
	光や音の性質										
	物体の運動			☆					☆		
	力のはたらき	☆				☆	☆				☆
	電流と回路		☆		☆			○		☆	
	電気と磁石							☆			
その他	実験と観察	◎	○	○	○	○	◎	◎	◎	◎	◎
	器具の使用法	◎			○		○		○		○
	環　境	○				○				○	○
	時　事		○	○		○		○		○	
	その他							◎		○	

女子学院中学校

2024年度 女子学院中学校 合否を分けた問題 理科

●この問題でこれだけ取ろう！

Ⅰ	月 (地学分野)	やや難	月のクレーターを主な題材として，1はクレーターのでき方，2は地球からの月の見え方が中心の問題である。基本的な内容からの出題もあるが，与えられた情報をもとにして考察する必要がある問題も出題され，基本的内容の問題をしっかりと正解した上で，考察系の問題で正解を重ねていきたい。
Ⅱ	植物 (生物分野)	やや難	植物に関連した大問で，1はトマトとキャベツといった身近な植物，2はイチョウを題材にして，成長や生育環境について問う問題である。典型的な問題が少なく，生物分野だけでなく理科全般の知識と身近なものとの関連についてしっかりと考える必要がある問題が中心であった。「なぜそうなるか」を日ごろから意識した学習を心がけ，1つずつ正解を積み上げていきたい。
Ⅲ	気体 水溶液 (化学分野)	基本 ～標準	1は気体の性質に関する問題，2は中和に関する問題である。グラフにて問う問題もあるが，全体として基本～標準的なことがらを問うものばかりであり，計算問題も典型的なものなので，ミスや勘違いなどなく，極力不正解をおさえたい問題である。
Ⅳ	浮力と密度 (物理分野)	標準	1は液体中の物体の浮沈，2は温度の異なる水と物体の浮沈，3は空気中の物体の浮沈に関する問題であった。重さや体積などについてさまざまな条件が与えられてはいるが，問い自体は標準的なものが中心なので，正確に文章や条件を読み取り，しっかりと正解を確保しておきたい。

●重要な問題

2024年度の問題では，Ⅰの問題を合否を分けた重要な問題として取り上げる。Ⅰは地学分野の問題で，月に関する問題となっている。

Ⅰの問題構成は，1…クレーターに関する問題・2…月と地球の関係に関する問題
と大きく2つに分かれていたが，いずれもクレーターに関連した問題が出題された。

これらの中で，1(2)(3)は，クレーターのできた順序を問う問題であったが，それぞれ考え方が異なっていた。(2)は，図のようすから比較的容易に正解は導ける。しかし，(3)は，一見するとどのように考え始めたらよいか戸惑いやすい問題だと思われる。このような問題では，まず，しっかりと問題と向き合い，問われていることと与えられていることにどのような関係があるか，また，与えられたものどうしでどのような相違点があるかという点を考えていくと正解に近づく。本校では，とりあげた問題以外にも，あまり見慣れない問題にどう取り組むかというのを見るようなものがよく出題される。日ごろから，積極的に初見の問題にあたっていき，そのときの思考の仕方を養っていくと良いであろう。

2023年度 女子学院中学校 合否を分けた問題 理科

●この問題でこれだけ取ろう！

Ⅰ	惑星の動き (地学分野)	やや難	1は水星，2は金星，3は土星を題材とした，いずれも自転と公転に関する問題である。水星や土星が題材である点についてはめずらしく見えるが，いずれも同じ惑星である地球と太陽の関係や月と地球の関係などの考え方が利用できたため，その点をおさえて正解を積み上げていきたい問題であった。
Ⅱ	生物どうしの つながり (生物分野)	標準	1は水中の生物，2は小笠原諸島の生態系を題材にした，食物連鎖を中心とした問題である。2では，図表をもとに考察する問題が多く出題されていた。図表などで示されたことがらを正しく読み取れるよう練習を重ねておこう。
Ⅲ	水溶液 状態変化 物質の区別 (化学分野)	標準	1は酢酸を題材にした水溶液の性質，状態変化に関する問題，2は物質の区別に関する問題である。グラフをもとに考察したり，物質の性質をもとに物質を分離したりする問題が出題された。それほど難易度は高くないが選択肢問題で複数選択のものがあるなど，注意深さも要求されるものも多かった。
Ⅳ	回路と電流 光電池 (物理分野)	やや難	1は回路と電流，2は対照実験，3は光電池に関する問題である。いろいろと条件を変えて実験を行い，その結果などをもとに考察する問題が中心であった。条件の理解や考察などに手間のかかる問題もあるため，素早く的確な判断が要求された。

●重要な問題

2023年度の問題では，Ⅰの問題を合否を分けた重要な問題として取り上げる。Ⅰは地学分野の問題で，惑星の自転と公転を中心とした天体に関する問題となっている。

Ⅰの問題構成は，

1　水星に関する問題
2　金星に関する問題
3　土星に関する問題

と大きく3つに分かれていて，いずれも自転周期と公転周期に関連した問題が出題された。

これらの中で，1(3)では水星の1日が経過する間に水星は何周公転するかという問題，2(1)では金星の1日の長さを問う問題，3(2)では土星の1日の長さと公転周期に関する問題が出題された。これらはあまり多く見かけるような問題ではないため，一見難易度が高いように見える。しかし，実際は，地球の自転や公転，1日の長さの関係，月の自転や公転と地球との関係などの知識や考え方をもとにして，題材とされている惑星に置きかえて考えると解答しやすくなる。

本校では，入試の典型問題ではないようなものが出題されることもあるため，それまでに学習した内容をもとにどれだけ応用させることができるかが結果につながる。そのためにも，表面的な知識の暗記でとどまることなく，本質までしっかりと理解できるような学習を心がけよう。

2022年度 女子学院中学校 合否を分けた問題 理科

●この問題でこれだけ取ろう！

Ⅰ	星の動き 気象観測 (地学分野)	やや難	1は星の動きに関する問題である。2は気象観測のデータと日本の天気に関する問題である。与えられた図やグラフ，数値データをもとに，知識だけでなく，思考力や読解力，分析力が問われるやや難易度の高い問題であった。グラフやデータなどをもとに考察・分析する問題に慣れておこう。
Ⅱ	植物のなかま 受粉後の花粉 (生物分野)	やや難	1は植物の分類，2は受粉後の花粉のようすを題材にした問題である。2では，実験結果をもとに考察する問題が多く出題されていた。実験について，操作や結果などの目的，意味などを問う問題に多く取り組んで慣れておこう。
Ⅲ	燃焼 (化学分野)	標準	ろうそくやメタン，プロパンを題材にした燃焼に関する問題である。燃焼についての基本的知識だけでなく，実験結果からわかることを考察したり，混合気体の燃焼に関して計算したりする問題が出題された。題材や条件は比較的典型的で，入試問題としては標準的な難易度であり，確実に正解をしておきたい問題が多かった。
Ⅳ	ふりこの運動 (物理分野)	標準	ふりこの運動についての実験に関する問題である。いろいろと条件を変えて実験を行い，その結果などをもとに考察する問題が中心であった。題材，内容ともに典型的な問題が中心のため，できるだけ多く正解しておきたい。

●重要な問題

2022年度の問題では，Ⅱの問題を合否を分けた重要な問題として取り上げる。Ⅱは生物分野の問題で，花粉から花粉管がのびるようすの観察を中心とした植物に関する問題となっている。

Ⅱの問題構成は，

1　植物の特徴に関する問題

2　花粉から花粉管がのびるようすの観察をもとにした問題

と大きく2つに分かれている。

これらの中で，2では寒天液上に花粉を置き，花粉から花粉管がのびるようすを観察し，そのようすをもとに，(4)では，考察の注意点について問う問題が出題された。次に，性質を変えた4種類の寒天液を用意し，寒天液の性質と花粉管のようすについて実験を行い，(5)(6)では，その結果をまとめるのに適したグラフについて問い，(7)では，実験結果からわかることについての正誤問題が出題された。

本校の問題には実験を題材にしたものが多く，本問のように実験を正しく理解し，その結果を正しく考察できるかということを問うものが多い。知識を身につけることばかりにかたよらず，実験に限らず，意味や目的などを深く考える習慣をつけておきたい。

女子学院の社会

出題傾向と対策 合否を分けた問題の徹底分析

出題傾向と内容

大問は年度によって3～5問，小問数では2016年度までは60～100問，2017年度以降は50問程度で，2022年度は34問と絞り込まれたが，2023年度は2017年度以降の傾向に戻った。出題形式は記号選択，用語記述，1行程度の説明問題の3種類に分かれ，全体的に記号選択の比重が高い。分野別では歴史の割合が比較的高く，次いで地理，政治の順になっている。

地 理　一定のテーマに関するリード文や諸資料を示して，比較的広範囲から出題される。基本的な用語の補充や記述問題，また日本全図やある地域の地図，各産業分野の表やグラフから該当するものを選ばせる問題がよく出題される。さらに地形図の読み取りに関する問題もみられることもある。

歴 史　日本の歴史の全時代を通じた特定のテーマに基づいた各時代の文章（一部に史料）を読ませて，文章中の空欄補充や史資料を提示して歴史事項の説明を求めるもの，年代整序，文章選択問題など，多様な問いかけがなされる。出題分野では時代別では江戸時代以降の時期，テーマ別では政治史や社会・経済史に関するものが毎年のように出題されている。

政 治　時事的な出来事を題材とした文章を読ませて，文章中の空欄補充，文章選択問題，グラフや表の読み取り，短文説明問題などが出されている。出題分野では国の政治のしくみと働き，財政と消費生活，国際社会と平和などに関する出題が比較的多くなっている。

本校の出題は以前から難易度の面では一定のレベルを保っていたが，近年はそのような傾向を踏まえつつも単に知識を求めるだけでなく，思考力･判断力･表現力を試そうとする性格が強くなっている。そのような能力は最近，話題となっている知識のみに捉われない新しい学力に合致しており，その点からも2021年度から開始された大学入試共通テストを意識した傾向が伺える。

来年度の予想と対策

問題処理能力が問われる地理，比較的ボリュームが多い歴史，時事問題がらみの政治という枠組みに大きな変化はないと考えられる。しかし近年は以前のような多数の問題を解かせるのではなく，設問数を絞り込んで思考力・判断力・表現力を試す設問の割合が明らかに増加している。また文章選択問題などでも正しい選択肢を複数（あるいはすべて）選ばせる問題もあり，消去法ではなく正確な知識をもとに解く能力が問われるだろう。

地 理　グラフ・表などの資料を正確に読み取り，問題が要求しているものを把握し，早く処理する必要がある。そのためには地形図の見方，産業，資源，貿易などの各分野の基本事項をおさえるとともに，常に地図帳を参照しながら学習していくことも重要である。また統計資料の対策として，『日本国勢図会』や『世界国勢図会』にも注目しておきたい。

歴 史　まず全体の大きな流れをおさえてから，細かい知識を身につけるようにしたい。そのような学習は比較的難度の高い文章選択や年代整序の問題に対しては有効な手段である。歴史用語を漢字で書かせる設題もあるので，そのための対策も怠らないようにしよう。短文の説明問題については，その問われた歴史事項の根本的な原因を考えると正解にたどり着きやすい。

政 治　日本の政治のしくみと働きが最も重要である。問題の選択肢には迷わせるものも出題されているので，そのために日本国憲法の原理や基本的人権，財政などの基本事項をきちんと固めておく必要がある。また時事問題も出題されることがあるので，日頃から新聞やテレビのニュースには目を向けることが大切である。

年度別出題内容の分析表 社会

（よく出ている順に，☆◎○の3段階で示してあります。）

			出題内容	27年	28年	29年	30年	2019年	2020年	2021年	2022年	2023年	2024年
地理	日本の地理	テーマ別	地形図の見方	○	○	○		○	○	○	○		○
			日本の国土と自然	◎	◎	○	◎	○	◎	◎	◎	○	◎
			人口・都市		○			◎					◎
			農林水産業	○	○	◎	◎	○	○	☆			○
			工業		◎		○	○	○			◎	○
			交通・通信	○	◎	○			○		○		
			資源・エネルギー問題	○	○			○				○	◎
			貿易	◎	○				◎				
		地方別	九州地方										
			中国・四国地方										
			近畿地方										
			中部地方										
			関東地方										
			東北地方										
			北海道地方										
	公害・環境問題			○	○		○	◎					○
	世界地理						○	○					
日本の歴史	時代別		旧石器時代から弥生時代	○	○	○	◎	○		○	○	○	◎
			古墳時代から平安時代	◎	○	◎	◎	◎	◎	◎	○	◎	○
			鎌倉・室町時代	◎	○	◎	○	○	◎	◎	○	◎	◎
			安土桃山・江戸時代	◎	◎	◎	◎	◎	◎	◎	◎	◎	○
			明治時代から現代	◎	◎	◎	◎	◎	◎	◎	◎	◎	◎
	テーマ別		政治・法律	◎	◎	◎	◎	◎	◎	◎	◎	◎	◎
			経済・社会・技術	◎	◎	◎	◎	◎	◎	◎	◎	◎	◎
			文化・宗教・教育		◎	○	◎	◎	◎	◎			○
			外交	◎	◎		○		○		○		○
政治	憲法の原理・基本的人権			◎		○	○	○	○		○	○	○
	国の政治のしくみと働き			◎	◎	◎	◎	○	◎	◎	○	◎	
	地方自治				◎						○		○
	国民生活と社会保障			○		○	○		○	○		◎	
	財政・消費生活・経済一般					○		○		○		○	○
	国際社会と平和			◎		☆	○		○		○		○
時事問題				○		○			○			○	
その他						○				○	◎		

女子学院中学校

2024年度 女子学院中学校 合否を分けた問題 社会

Ⅲ 日本の地理―「水」から見た日本

「水」をテーマとした日本の地形，農業，工業，エネルギーなどのさまざまな事柄を問う地理分野を中心とした問題である。全設問45題の中で本問の設問数は14題，（推定）配点も全体の約3分の1を占め，また説明問題も全5題中の2題が含まれており，さらに4～6択の文章の正誤問題，年代整序問題，表を用いた問題や地形図の読み取り問題も含まれていることから，この大問のでき具合が合否に影響を与えたと思われる。以下に本問の中で重要と思われる設問について，解答の視点を示しておく。

問1は，まず設問(1)の部分で九州最大の川が筑後川であることが，きちんと特定できることが必要である。なぜなら設問(2)は(1)の関連問題となっているおり，さらに流域の県名を6択の中から4つを選んで，しかも水源から河口に向けて並べる必要があるので，普段どの程度きちんと地図を確認しているかを問う設問といえる。

問4は，正確な海洋深層水の知識を持っている受験生は多くないだろう。本設問はむしろ人体に直接接触するか否かで，選択肢を食用の塩・飲料水・化粧水と製鉄所の冷却水・水洗トイレの水の2つのグループに分けることができたか否かがポイントであると思われる。このように設問によっては，選択肢もヒントとすることが重要である。

問5は，表中のAの農業用水の特定は比較的容易であるが，BとCの特定が重要である。選択肢として解答候補の工業用水と生活用水は示されているので，表中の数値からいずれかを特定することになる。その際に1980年代から現在に至るまで，日本の工業の割合が減少してきていることが想定できたかがポイントであろう。すなわち，工業用水の数値からそのような傾向を読み取ることができるかを問う設問といえる。

問6も表中で示された県名を直接答えられる受験生は多くないと思われるので，問4と同様に選択肢もヒントとして解答することが必要であろう。その際に一般的にため池がどのような地域に多いのかを想定できたかがポイントである。そのような視点から各選択肢を検討すると，5県のすべての県が瀬戸内地方の県で構成されている選択肢を選ぶことはそれ程困難ではないだろう。

問8は，典型的な地形図の読み取り問題である。地形図の読み取り問題の中で等高線からその地域の地形の状態を判別する問題はその典型的なものであるが，本設問は尾根と谷の部分をきちんと読み取ることができたか否かがポイントである。

問9の(2)の説明問題も(1)との関連問題の形式となっているので，(1)の解答が正確に答えられないと，(2)の説明問題もできないことになる可能性は高い。説明問題の解答に際しては，字数については明確な字数は示されていないが，解答欄の大きさから1行(30字)程度が想定されていると考えられる。その上で推定配点(4点)も加味すると「自然環境面」では①(山梨県が)山々に囲まれていること，②「富士山」などの具体例の指摘，③(水が)伏流水になっていること，④湧き水が豊富なこと，「費用面」では①東京大都市圏の指摘，②(東京大都市圏は)大消費地であること，③輸送費などの指摘，④(輸送費などの)費用を安くすることができること，のそれぞれ4つのポイントを指摘することが必要と思われる。本設問では関連問題の形式が採用されているが，(1)の部分が不正解だと(2)の部分が採点されないということはないと思われる。

2023年度 女子学院中学校 合否を分けた問題 社会

Ⅱ　総合—近代以降の失業に関する諸問題

「失業問題」をテーマとした日本の明治時代以降の地理・歴史・公民の様々な事柄を問う総合問題である。全設問47題の中で本問の設問数は20題，(推定)配点も全体の約半分を占めており，また説明問題も全4題中の1題が含まれており，さらに4～7択の文章の正誤問題，年代整序問題，グラフや地図を使用した設問もあることを踏まえると，この大問の出来具合が合否に影響を与えたと思われる。以下に本問の中で重要と思われる設問について，解答の視点を示しておく。

問2の(1)は，明治時代に実施された諸制度に関する設問である。廃藩置県，学制，徴兵令など，選択肢に提示されている制度はいずれも基本的なものであるが，それぞれの制度の実施時期やその内容などが正誤判定のポイントとなっている。正解の選択肢は2つと設問文に明記されているが，各選択肢をよく読み込んで注意深く内容をチェックすることが要求されている。(2)も明治時代に勃発した日清戦争と日露戦争のそれぞれの背景や結果に関する選択肢問題である。(1)と同様にいずれの選択肢もやや細かい内容が書かれているので，これらの戦争に関する正確な基礎知識の有無が正誤判断に大きな影響を与えたと思われる。

問3の(3)は，現在の日本の国政選挙で採用されている選挙制度の基本に関するものである。現在の日本の選挙制度の基本には小選挙区制，大選挙区制，比例代表制の3つがあり，これらの制度が組み合わされたものが採用されている。本設問は，基本となる小選挙区制，大選挙区制，比例代表制の特徴の理解度を試すものとなっている。設問文に括弧付きで「同じ記号をくり返し使ってもかまいません。」とあることも本設問の1つのヒントになっているので，このような細かな点にも注意を払って取り組むようにしたい。

問6は，現在の日本の主要産業の工場の分布に関する地図問題である。それぞれの産業には原料の調達，生産に必要な条件，生産後の製品の運搬や販売などの条件が異なっているが，それらの条件を加味した特徴が表れるのが工場の分布である。本設問で提示されている産業はいずれも基本的なものなので，このような設問で失点することは避けるようにしたい。

問7の説明問題は，本設問で問われていることは「政府が女性の失業を問題にしなかった理由」であるが，この理由は戦前の状況下でのことであるのを基本としてきちんと押さえたい。この点を取り違えて戦後や現在の状況のことを説明しても全く得点にはならないので注意したい。本設問の解答に際しては，字数については明確な字数は示されていないが，解答欄の大きさから1行(30字)程度が想定されていると考えられる。その上で推定配点(4点)も加味すると本設問で指摘するポイントは，①「戦前」であることの指摘，②「女性は結婚して家庭に入った」ことの指摘，③「(家庭で)主婦となった」ことの指摘，④「(主婦として)家事・育児をする」ことの指摘，⑤上記のようなことが普通であったことの指摘の5つと考えら，これらのポイントの内で4つ以上を指摘することが必要と思われる。問題文中の下線部⑥の「製糸工場の労働者の多くは，若い女性でした。」という記述も1つのヒントとして活用するとよいだろう。

2022年度 女子学院中学校 合否を分けた問題 社会

Ⅲ　総合―人権保障に関する諸問題

「人権保障」をテーマとした日本の明治時代以降の歴史をはじめとした様々な事柄を問う問題である。全設問34題の中で本問の設問数は13題，(推定) 配点は全体の約3分の1を占めており，また記述・説明問題も全4題中の3題が含まれており，さらに5択を中心とした文章の正誤問題や年代整序問題などの設問もあることを踏まえると，この大問の出来具合が合否に影響を与えたと思われる。以下に本問の中で重要と思われる設問について，解答の視点を示しておく。

問2は環状交差点(ラウンドアバウト)についての知識がなければ，設問文や設問中に提示された環状交差点の略図，および設問中の8つの選択肢からその特徴を推測・判断する設問となっている。環状交差点の特徴は複数あるが，本設問では「特徴としてふさわしくないもの」を選ぶ必要から，選択肢イについては「環道の交通が優先されること」や「車は徐行で環道に進入すること」などから環状交差点は信号交差点と比べると交通容量は低く，1日1万台以上通行する交通量の多い交差点には適していないこと，エについては「環道の交通が時計回りの一方通行であること」や「出会い頭の事故が起きにくい」ことから，正面衝突などの大事故が起こりやすいことはないこと，キについては「渋滞や二酸化炭素排出量が減少する」ことから，一般的に二酸化炭素の削減効果は大きいことに気付くことができたか否かが問われている。

問3　の説明問題は，まず問題を解くための基本事項として1) 1880年代の外交上の問題が条約改正であったこと，2)(条約改正の経緯として) 1880年代には欧化政策が行われていたこと，3) ノルマントン号事件により，治外法権の撤廃に対する国民の声が大きくなっていたことを押さえる必要がある。本設問の解答に際しては，字数については明確な字数は示されていないが，解答欄の大きさから1行(30字)程度が想定されていると考えられる。その上で推定配点(3点)も加味すると本設問で指摘するポイントは，①「条約改正」の指摘，②日本が近代的な文明国になろうとしたこと，③(日本が)近代的な文明国であることを外国に示そうとしたことの3つと考えられる。条約改正には約50年の経緯があるが，その段階を年代ごとにきちんと押さえられているか否かを問うやや踏み込んだ出題といえよう。

問5も説明問題であるが，問3と比べると(1)と(2)が半行の解答スペースになっているので，簡素な説明が求められているといえる。この設問は全体として大正時代から昭和時代初期にあたる1920年代の日本の状況をしっかり踏まえた上で，そのような社会状況と小学校の講堂の役割をきちんと結び付けることができているかを問うものとなっている。(1)では「都市での人口増加」というヒントから，当時の都市では会社員や公務員などのサラリーマン(俸給生活者)が多くなり，講堂はそのような都市生活者の交流の場所となったこと，(2)では「国民の政治参加要求の高まり」というヒントから，当時は第二次護憲運動が行われ，また普通選挙法が成立したことを押さえた上で，小学校の講堂が政治集会の演説会場や選挙時の投票所として使用されるようになったことを導くことができたかがポイントであろう。この設問は時代の大きな流れと身近な周辺の動きをしっかり結び付けて考えることが要求されており，その意味で正に近年求められている思考力・判断力・表現力を総合的に試すものといえよう。

女子学院の国語

――出題傾向と対策　合否を分けた問題の徹底分析――

出題傾向と内容

文の種類，傾向：随筆文

本年度も随筆文が2題，漢字の独立問題が1題の計3題構成であった。いずれの随筆文も，筆者の個人的な体験から風景に対する想いや絵の感性といったテーマに広げて言及している内容になっている。比較的読みやすい内容だが，レベルの高い読解力が求められる。

設問形式：主に記述式

今年度も，字数指定のない記述問題を中心に，様々な記述問題が多数出題された。問われる内容は，細部表現や文脈の読み取り，心情やことばの意味の説明など，多岐にわたる。十分な記述問題対策で万全な準備をしておきたい。

漢字：基本～標準レベルの漢字問題が，毎年出題される。確実に得点できる部分だという認識で対策を進めたい。

知識問題など：四字熟語やことばの意味など，知識分野の問題は，文章問題に組み込まれる形で必ず出題されている。助数詞の問題が出題されたこともある。油断せずに，幅広い語句問題を学習していきたい。

設問量：制限時間に対して，設問量は多い。スピーディーに解く力を身につけたい。

出題頻度の高い分野

❶随筆文　❷論説文　❸要旨・細部の読み取り　❹さまざまな形式の記述問題
❺ことばの知識

来年度の予想と対策

出題分野　論理的文章，文学的文章（随筆文，論説文）

- ○　本校で出題される随筆文は，個人的なテーマだけでなく，論説文に近い内容のものが多いので，論理的文章として読解する視点も養っておきたい。
- ○　記述問題は，字数指定の有無，本文中心か自分の言葉か，などあらゆる形に対応できるようにしておこう。
- ○　要旨や主題も的確に読み取れるようにしておく。
- ○　知識分野は幅広くおさえておこう。

学習のポイント

- ●さまざまな記述問題に書き慣れるために，段落ごとの要旨をまとめる，主題を100字で述べる，など記述対策はしっかり行おう。
- ●過去問を通して，迅速な処理能力を身につけよう。
- ●漢字やことばの意味，慣用句など知識問題は，手堅く得点することを心がけよう。

年度別出題内容の分析表　国語

（よく出ている順に，☆◎○の3段階で示してあります。）

出題内容			27年	28年	29年	30年	2019年	2020年	2021年	2022年	2023年	2024年
設問の種類		主題の読み取り	○	○		○	○	○	○	○		
		要旨の読み取り			○	○		○	○	○	◎	◎
		心情の読み取り	○	○		○	○		◎	☆	○	◎
		理由・根拠の読み取り	○	○	○	○	◎		◎	◎	◎	◎
		場面・登場人物の読み取り					○	○				
		論理展開・段落構成の読み取り	◎					○	○			
		文章の細部表現の読み取り	☆	☆	☆	☆	☆	☆	☆	☆	☆	☆
		指示語	○	○				○	○		○	◎
		接続語	○							○		
		空欄補充	◎	○		◎	◎	◎		◎	◎	○
		内容真偽	○	○	○	○				○		
	根拠	文章の細部からの読み取り	☆	☆	☆	☆	☆	☆	☆	☆	☆	☆
		文章全体の流れからの読み取り	○	○	○	○	○	○	○	○	○	○
設問形式		選択肢	◎	◎	◎	◎	◎	◎	◎	◎	◎	◎
		ぬき出し	○	○	○	○	○	○		○		
		記　述	◎	◎	◎	☆	☆	☆	☆	☆	☆	☆
記述の種類		本文の言葉を中心にまとめる	☆	☆	◎	◎	☆	☆	☆	☆	☆	☆
		自分の言葉を中心にまとめる		○	○	○	○	○	○			
		字数が50字以内	☆	☆	◎	◎	◎	◎	◎	◎	◎	○
		字数が51字以上			○	◎	◎	◎	◎		○	
		意見・創作系の作文										
		短文作成										
語句・知識		ことばの意味	○	○	○	○	○	○		◎	○	◎
		同類語・反対語										
		ことわざ・慣用句・四字熟語	○	○	○	○	○		○			○
		熟語の組み立て	○		○							
		漢字の読み書き	○	○	○	○	○	○	○	◎	○	☆
		筆順・画数・部首										
		文と文節										
		ことばの用法・品詞	○					○		○		
		かなづかい										
		表現技法										
		文学史										
		敬　語										
文章の種類		論理的文章（論説文，説明文など）	○	○	◎				○	○		
		文学的文章（小説，物語など）										
		随筆文	○	○		◎	◎	◎	○	○	◎	◎
		詩（その解説も含む）										
		短歌・俳句（その解説も含む）					○					
		その他										

女子学院中学校

2024年度 女子学院中学校 合否を分けた問題 国語

二　問一

★合否を分けるポイント

—①「形そのものとは別に，そこに「感じ」といった感覚がふと意識の中に入り込んだ」とあるが，ここでの「感じ」と最も近いものを選ぶ選択問題である。

選択肢の説明が本文の要旨を言いかえていることをふまえ，正しい選択肢を見極められているかがポイントだ。

★抽象的な言葉の意味を的確にとらえる

—①について直後の段落で，①のように感じた実際の体験として，マンガ写しで皆から「一目置かれていた一人の友達の描く形は，確かに比率が正確だということはわかるが，内心自分の絵の方がよりマンガの雰囲気に近いと思った」こと，「形と雰囲気には，必ずしも常に合体するわけではない微妙な関係があ」り，それは「形を覆う体温といった感覚」であること，「オリジナルに近い形に仕上がったとしても機械的な線の痕跡で終わることもあれば，若干歪な形でもオリジナルの感じに近く血の通う温かい雰囲気に仕上がるものもある」と感じたことを述べている。これらの内容からは，①の「感じ」は，形そのものが正確に描かれているかということよりも，受け手に伝わってくるその形の「雰囲気」や「形を覆う体温」であることが読み取れる。この後「ある日……」で始まる段落で，小学生のころの筆者が上履き入れに描いた絵を見たクラスの女の子から，その絵を下敷きに描いて欲しいと頼まれたのをきっかけに，筆者に絵を描いてもらうために並ぶ列ができたことで，「『ニュアンス』や『雰囲気』というものは他人にも伝わることを知った」とも述べていることから，「内容を映し出していて心に響く感じ」とあるアが最も近いということになる。①の「感じ」というものは，自分だけが感じるものではなく，それを見た受け手にも伝わる，ということを読み取る必要がある。抽象的な言葉を，筆者がどのような意味で用いているかを的確に読み取ることが重要だ。

二　問九

★合否を分けるポイント

—⑨で，筆者が「腑に落ちた」ことはどのようなことか，最も適切なものを選ぶ選択問題である。

⑨に至るまでの論の流れをつかみ，その経緯を的確に読み取れているかがポイントだ。

★その心情に至った経緯に着目する

—⑨までの内容を確認すると，筆者が小学生のころ，絵画コンクールの応募メンバーに選ばれたものの，あっさり落選→参加賞の鉛筆を眺めながら，かつて自分にはとうてい描けないと感じた遠近法の風景が浮かんで落ち込んだ→中学生になった筆者は，好きなミュージシャンやファッション雑誌を元に相変わらず写し絵を描いていた→節約のために失敗した絵の上に青色を塗り重ね，絵の表面に目をこらすと，元絵のさまざまな色に同一の青が重なり，予期せぬ新たな色がいっせいに浮き上がっているように見え，斑模様の絵の中にはさまざまな距離が一瞬で生まれた→その距離は，小学校の頃見た，あの水彩風景画の遠近法を引き寄せた→あの日ふと感じた距離は，マンガの写し絵からしかたどり着くことのできない「斑模様の遠近法」だったと⑨，すなわち理解し納得した，ということである。遠近感のある絵は自分には描けないと落ち込んだが，マンガの写し絵を続けてきたことで自分なりの「斑模様の遠近法」が生まれたのだ，ということが「腑に落ちた」ということなので，イが正解となる。どのような経緯で，この「腑に落ちた」のような心情に筆者が至ったのか，ということをていねいに読み取っていくことが随筆文では重要だ。個人的な経験を通して感じた心情や思いをしっかり読み取ろう。

2023年度 女子学院中学校 合否を分けた問題 国語

一 問四

★合否を分けるポイント

―④「絶対にこうはなっていない」とあるが，「こう」とはどのようなものか，設問の空欄にあてはまる語を答える記述問題である。

指示語の内容を，本文の要旨とともに的確にとらえられているかがポイントだ。

★本文の要旨を言いかえて，内容をとらえる

―④の「こう」は「ひるがえって……」から続く2段落で述べているように，「日食がどうして起こるのかを科学的に知るようにな」ったこと，「太陽の位置を知らなくても時刻がわかるし，カーナビを使えば旅先で困ることも減ったし，わからないことはスマホやパソコンで検索すればあっという間にいろんな知識を教えてくれる」ことを指している。これらの内容を，設問の空欄にあてはまる形で短く端的な言葉に言いかえる必要がある。「ひるがえって……」から続く2段落では，迷信と科学がはっきり分かれていなかった時代の古代の人たちと違って，現代の私たちの生活は科学の力によって支えられていることを，具体例を挙げながら説明しており，具体例の説明が長く続いていても，その要旨を的確にとらえられることが重要だ。本校では，この設問のほか，問三などのように本文から要旨をとらえてまとめる，あるいは言いかえるという形での記述を求める設問が多い。段落ごとなどの要旨を端的に言いかえるなど，本文をていねいに，かつ的確に読み取れる練習をしておこう。

二 問六

★合否を分けるポイント

―⑥「これはシンパシーではなく，エンパシーである」とあるが，ここでいう「エンパシー」とはどのような心のはたらきであると考えられるか，最も適切なものを選ぶ選択問題である。

言葉の意味そのものがわからなくても，文脈から的確に意味を読み取れているかがポイントだ。

★用いられている語句の意味を的確にとらえる

―⑥前で，新型コロナウィルスによって立ち現れている人道主義とは相手を「区別しない」もので，それは，感染症は人種や貧富，思想などの違いとは関係なく誰でもかかるものだからであり，災害時の助け合いは敵か味方かで区別する性質のものではない，ということが述べられており，このことを「エンパシー」である，と述べている。またこのことの具体例として⑥直後の段落で，ボランティアで担当する家庭の高齢者と電話で話していると，高齢者の背後に無数の似たような状況にある高齢者たちの姿が見え，思いを巡らすようになることを述べており，これらの内容から「思いを巡らして……」とあるイが適切ということになる。本文で具体例とともに説明されている内容から，その言葉の意味を的確にとらえることが重要だ。

ちなみに「シンパシー(sympathy)」は「相手への同情や相手の感情に同調すること」，「エンパシー(empathy)」は「相手の立場に立って意思や感情を理解し，相手が感じたり考えたりしたことを共に感じること」という意味で，これらの言葉の意味がわからなくても本文の文脈からその意味をとらえることはできるが，言葉そのものの意味を知っていることも読解の大きな助けになるので，日ごろからカタカナ語をふくめたさまざまな言葉に触れ，語彙(ごい)力を蓄えておこう。

2022年度 女子学院中学校 合否を分けた問題 国語

一　問九

★合否を分けるポイント

傍線部⑨「私にはやはり虹であり」とあるが，色鉛筆は「私」にとってどのようなものか，「虹」という言葉に着目して答える記述問題である。

筆者が「虹」をどのような意味で用いているかを的確に読み取れているかがポイントだ。

★設問の指示から，何を説明するかをとらえる

色鉛筆について述べている部分を確認していくと，「机の上の小さな虹である」「(母が買ってきてくれた十二色の色鉛筆は) 神々しいまでに美しかった。私の小さな机にはじめて虹が立った。」「宝のひとつである。さんらんの虹である。そして虹はいかにも消えやすい。」といった描写が読み取れる。これらの描写から，色鉛筆を美しくもはかなく消えやすい虹にたとえていることを読み取って，「私」にとっての色鉛筆を説明していく。

この設問では「色鉛筆は『私』にとってどのようなものか」を問われているが，「『虹』という言葉に着目して」という指示をふまえて，色鉛筆を虹にたとえている筆者の思いをたどる必要がある。設問の指示を手がかりに，的確に読み取っていこう。

二　問十三

★合否を分けるポイント

本文の内容と合っているものには○を，間違っているものには×をつける内容真偽の問題である。

本文の要旨をとらえるとともに，選択肢の説明と該当する本文の内容をていねいに照らし合わせているかがポイントだ。

★主題（テーマ）や筆者の考えを具体的にとらえていく

本文では，アイヌ文化の「カムイ」について水に対する見方やお供え餅などの例を挙げて紹介し，日本の伝統文化と同様に高度成長期に壊滅的なダメージを受けたと考えられていることを述べているが，「他の文化の影響を受けず」とは述べていない。「人間の役に立ってくれ」る「ピㇼカカムイ pirka kamuy『善神』」のことだけで，「人間に害を及ぼせばウェンカムイ wen kamuy「悪心」ということになる」ということを説明していない2も合っていない。「まず声をかけて水のカムイを起こし……呪文を唱えながら水を汲む」こと，「お世話になったなと思っている神様」にお供え餅を乗せることを紹介しているので，「人間からカムイに働きかけることはない」とある3も合っていない。4の「アイヌ以外の人にもよい」は，最後の段落で述べているように，筆者自身もふくめた現代の都会生活をしている人たちも「カムイの観念を見つめることによって，われわれ自身を戻すということが，できるのではないか」と述べていることの要旨になっているので，合っている。

選択肢の文章が合っているものも間違っているものも，本文の要旨をとらえることで照らし合わせることができる。部分的に合っていても本文でそのように述べているか，また，本文そのままの言葉ではなくても本文の要旨と合致しているか，をていねいに読み取っていくことが重要だ。

MEMO

大切なことはメモしておこうネ！

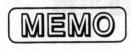

2024年度

★★★★★★★★★★★★★★★★★★★★★★★

入　試　問　題

2024年度

女子学院中学校入試問題

【算　数】（40分）　＜満点：100点＞

【注意】 計算は右のあいているところにしなさい。円周率は3.14として計算しなさい。

1． □ にあてはまる数を入れなさい。

⑴　$18.7+\left\{13.4\times\left(\frac{1}{20}+\square\right)-2\frac{1}{3}\right\}\div2\frac{6}{11}=20.24$

⑵　図のように，円周を10等分する点をとりました。
点Oは円の中心，三角形ABCは正三角形です。

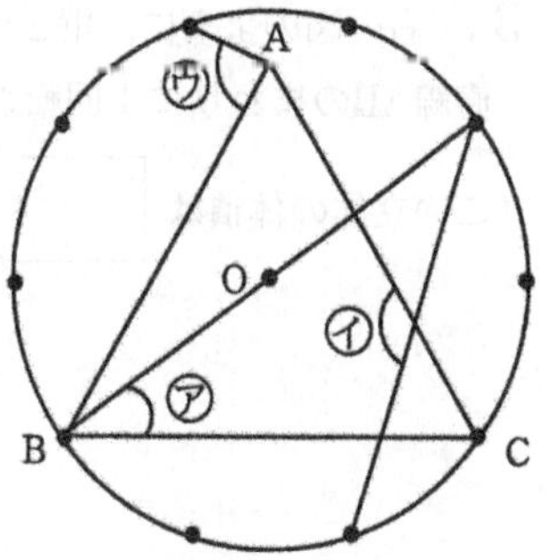

角㋐は □ 度

角㋑は □ 度

角㋒は □ 度

⑶　図のように，長方形の紙を対角線を折り目として折りました。

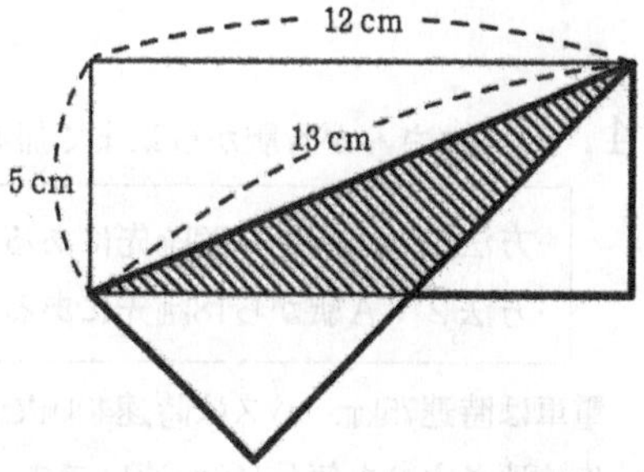

（斜線部）の部分の面積は □ cm²です。

⑷　図のように，棒を使って正三角形と正方形を作ります。

①　100個目の正方形を作り終えたとき，使った棒は □ 本です。

②　棒が1000本あるとき，正三角形は □ 個，正方形は □ 個まで作ることができます。

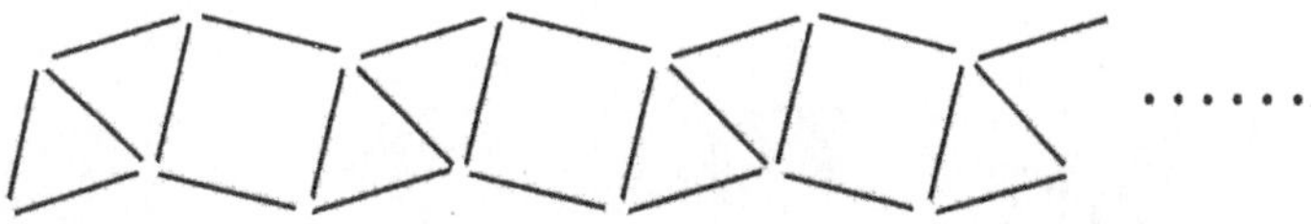

⑸　クラスの生徒に消しゴムを配ります。全員に10個ずつ配ると32個足りないので，先生と勝敗がつくまでじゃんけんをして，勝った人には11個，負けた人には７個配ることにしました。勝った

人は負けた人よりも５人少なかったので，消しゴムは９個余りました。

クラスの人数は □ 人，消しゴムは全部で □ 個です。

２，３について □ にあてはまる数を入れ，［　］内はいずれかを○で囲みなさい。

２． １個430円のケーキと１個180円のクッキーを買います。ケーキは必ず箱に入れ，箱は１箱20円で２個まで入れることができます。ケーキとクッキーを合わせて19個買ったとき，箱代を含めた代金の合計は6290円でした。買ったケーキの個数は［　偶数　，奇数　］で， □ 個です。

３． 右の図のように，縦２㎝，横１㎝の長方形３個を合わせた図形を，直線ABのまわりに１回転させて立体を作ります。

この立体の体積は □ ㎤，表面積は □ ㎠です。

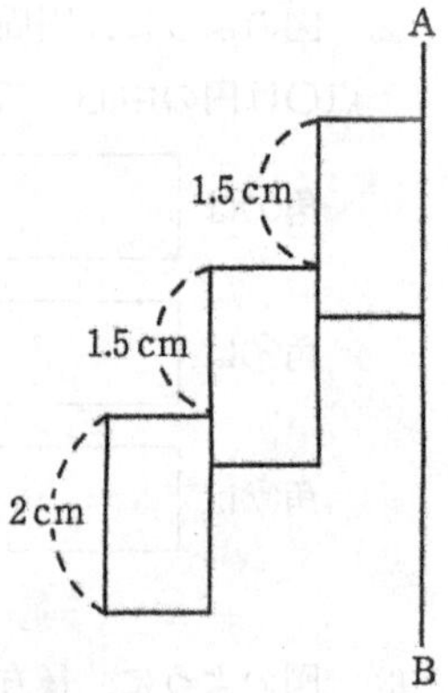

４． はじめさんがA駅から家まで帰る方法は２通りあります。

方法１：A駅から20㎞先にあるB駅まで電車で行き，B駅から家までは自転車で行く
方法２：A駅から18㎞先にあるC駅までバスで行き，C駅から家までは歩いて行く

電車は時速75㎞，バスは時速40㎞で進み，はじめさんが自転車で進む速さは，
歩く速さよりも毎分116m速いです。方法１と方法２のかかる時間はどちらも同じで，
はじめさんが電車に乗る時間と自転車に乗る時間も同じです。また，B駅から家までと，
C駅から家までの道のりは合わせて3263mです。
C駅から家までの道のりは何mですか。

(式)

答え　　　　　　m

5，6，7について □ にあてはまる数を入れなさい。

5． ある数を２倍する操作をA，ある数から１を引く操作をBとします。
はじめの数を１として，A，Bの操作を何回か行います。

⑴ 操作をA→A→B→B→Aの順に行うと，数は □ になります。

⑵ Aの操作だけを □ 回行うと，数は初めて2024より大きくなります。

⑶ できるだけ少ない回数の操作で，数を2024にします。
このとき，操作の回数は □ 回で，初めてBの操作を行うのは □ 回目です。

6． 大きさの異なる２種類の正方形と円を図のように組み合わせました。
小さい正方形１つの面積は８㎠，
大きい正方形１つの面積は25㎠です。
▨の八角形の面積は □ ㎠です。

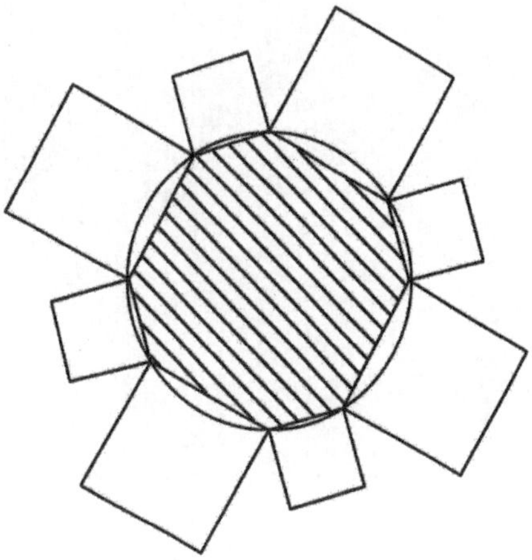

7． 一定の速さで流れる川の上流にA地点，下流にB地点があり，２つの船Ｊ，GがA地点とB地点の間を往復するとき，次の①～③のことが分かっています。
ただし，流れのないところで２つの船の進む速さはそれぞれ一定で，どちらの船もA地点，B地点に着くとすぐ折り返します。

① ２つの船が同時にA地点を出発し，Ｊが初めてB地点に着いたとき，
GはB地点の1920m手前にいます。

② ２つの船が同時にB地点を出発し，Ｊが初めてA地点に着いたとき，
GはA地点の2400m手前にいます。

③ ２つの船が同時にA地点を出発すると，出発してから27分後に
B地点から960m離《はな》れた地点で初めてすれ違《ちが》います。

⑴ 船Ｊの下りと上りの速さの比を最も簡単な整数の比で表すと， □ ： □ です。

⑵ 船Gの下りの速さは分速 □ m，川の流れの速さは分速 □ mで，
A地点とB地点は □ m離れています。

⑶　船ＪがＡ地点，船ＧがＢ地点を同時に出発するとき，１回目にすれ違うのは

□ 分後，２回目にすれ違うのは □ 分後です。

【理　科】（40分）　＜満点：100点＞

【注意】　答えは解答用紙に書きなさい。選択肢《たくし》の問題の答えが複数ある場合は，すべて答えなさい。

Ⅰ　地球の衛星である「月」に関する以下の問いに答えよ。

1　月の表面には，図１の写真のような円形のくぼ地である大小の「クレーター」が多数見られる。

⑴　月のクレーターのでき方として最もふさわしいものを次のア～エから選びなさい。

ア　岩石や氷からなる天体の衝《しょう》突によってできた。

イ　水によって地表がけずられてできた。

ウ　大地震《しん》により土地がかん没《ぼつ》してできた。

エ　かつて存在した湖が干上がってできた。

図１　（国立天文台）

⑵　図２のア～エのクレーターはできた年代が異なる。クレーターができた順に並べなさい。

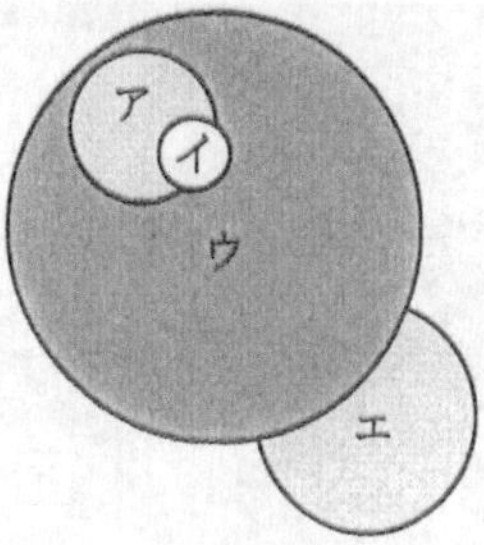

図２

⑶　次のア～エの大きいクレーターのうち，できた年代が最も古いと考えられるものを選びなさい。ただし，これらの大きいクレーターは比較的新しいもので，ウ，エの大きいクレーターの半径はア，イの大きいクレーターの２倍である。

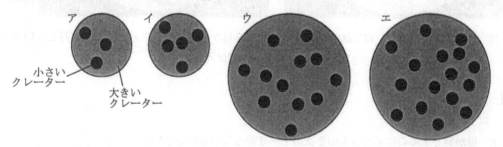

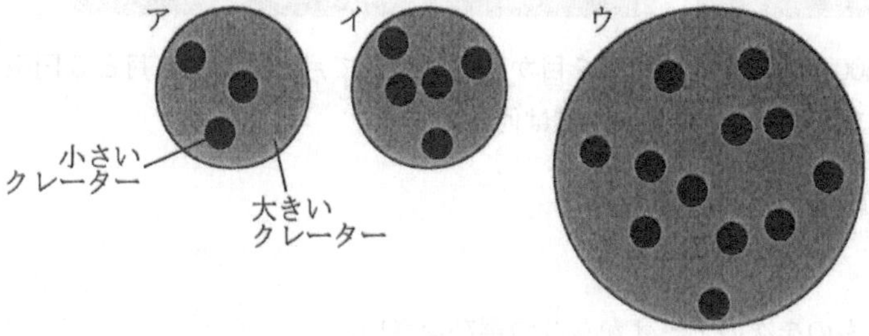

⑷　月の表面に多数のクレーターが見られるのに対して，地球の表面にはクレーターがほとんど見られない。地球の表面（陸地）に，①クレーターができにくい理由，②できたとしても見られなくなってしまう理由をそれぞれ述べなさい。

2　図３（次のページ）は１年間における太陽，地球，月の位置関係を示したものである。

⑴　東京で夏至の日と秋分の日に満月だったときの月の位置を図３のア～タからそれぞれ選びなさい。

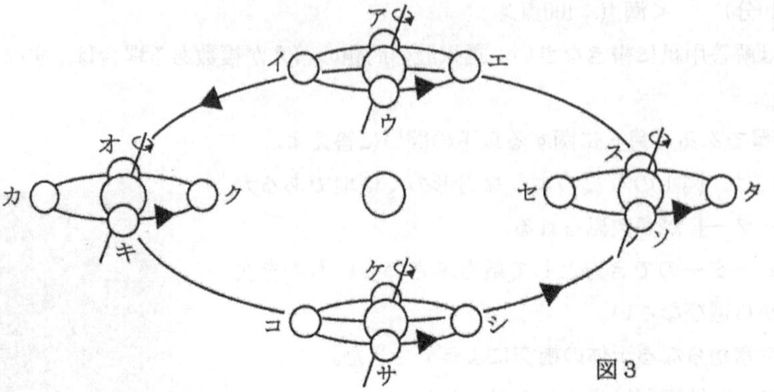

図３

⑵　図４は地球から望遠鏡で見た満月と半月の写真である。次の文中の［Ａ］に入る記号を図４中のア～エから選び，［Ｂ］に入る語句を20字程度で述べなさい。

クレーターの輪かくが最もくっきり見えるのは，［Ａ］のあたりである。なぜなら，クレーターに［Ｂ］ためである。

図４
(国立天文台)

⑶　月の大きさ（直径）は3500㎞である。５円玉を目から55㎝離《はな》して月を見ると，月と５円玉の穴（直径５㎜）は同じ大きさに見えた。月までの距離《きょり》は何㎞ですか。

Ⅱ

1　以下の問いに答えよ。

⑴　種が発芽するのに必要なものを次のア～オから３つ選びなさい。

ア　土の中の養分　　イ　水　　ウ　空気　　エ　適切な温度　　オ　光

⑵　一部の植物の種は，十分に成熟して発芽に適した環《かん》境においても，数ヶ月から数年発芽しないことがある。このような種の状態を休眠《みん》という。休眠する種があることで同じ植物からつくられた種でも発芽の時期にばらつきが生まれる。これは植物にとってどんな利点となるか，次の文中の［Ａ］に入る語句を10字以内で述べ，［Ｂ］に入る言葉を答えなさい。

発芽後に［Ａ］場合でも，発芽の時期にばらつきがあることで［Ｂ］する可能性が低くなる。

⑶　図１のようなトマトの切断面が見られるのはトマトをどの向きで切ったときか，次のア～ウから選びなさい。また，解答用紙のトマトの切断面に種（●）を６つかき入れなさい。

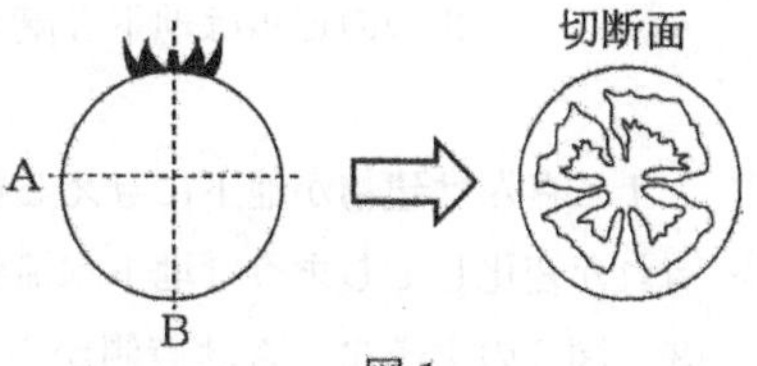

図１

ア　Aで切ったとき

イ　Bで切ったとき

ウ　Aで切ってもBで切っても同じ

⑷　トマトを鉢《はち》で育てるとき，育て方としてふさわしいものを次のア～クから選びなさい。

ア　日照時間の長い夏に種をまく。

イ　種はできる限り密にまく。

ウ　鉢の下からもれる程度の水を１日に５回与える。

エ　直射日光が当たらないところで育てる。

オ　ある程度の大きさになったら追加で肥料を与える。

カ　ある程度の大きさになったら水はけが良いように浅い鉢に植えかえる。

キ　ある程度の大きさになったら支柱をつけて支える。

ク　ある程度の大きさになったら大きさに余裕《ゆう》のある鉢に植えかえる。

⑸　キャベツは葉が何層にも重なり合った葉球をつくる（図２）。キャベツの葉の形は外側から内側に向かってどのようになっているか，次のア～エから選びなさい。

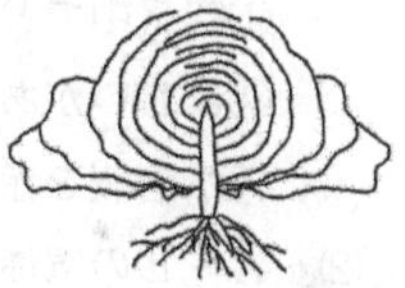
図２

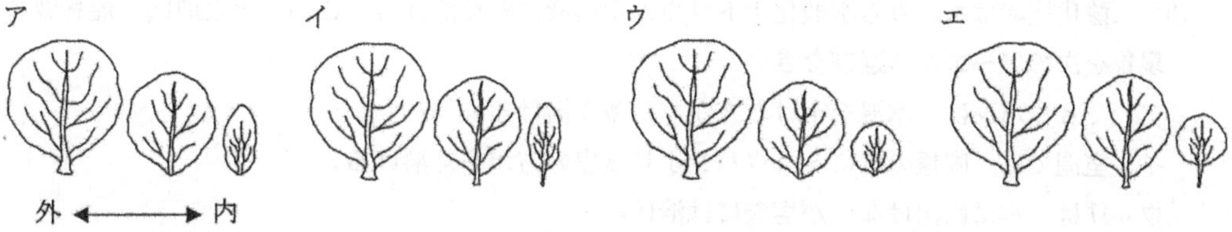

2　J子さんの家の近くにある大きな公園の北端には，樹齢《れい》100年のイチョウ（高さ約28m）の並木があります。J子さんは，その並木の北側に，並木に沿って高さ200mのビルが３つ建つことを知りました。

⑴　ビルが建つことは，地上の環境にどのような変化をもたらし，それがイチョウにどのような被《ひ》害を与えるか。考えられることを１つ答えなさい。

⑵　J子さんは友達のG子さんとイチョウ並木を見に行きました。以下は，そのときの会話です。 A ～ C に入る言葉を答えなさい。

J子：そう言えば，このイチョウの周りの立ち入り禁止のロープは何のためにあるのかしら。

G子：人が地面を踏《ふ》みしめることで，土壌《じょう》の中の A がなくなってしまうのを防ぐためよ。 A が多いと土壌は水や B を多く含《ふく》むことができるのよ。

J子：どうして B を多く含む方がよいの？

G子：それは，根も C をしていて B 中の酸素を必要とするからよ。

3つのビルは地下5階まであるそうよ。地下水の流れにも影響《えいきょう》が出そうね。

J子さんは建物が地下に与える影響について調べたところ，地下に建物を作ったことで地下水の流れが変化してしまう「地下水流動阻《そ》害」という問題を見つけました。

⑶　図3のように，A地点側からB地点側に向かって地下水の流れがある所で，建物（⬚）を建てたところ，A地点とB地点にあった樹木はやがて，どちらも枯《か》れた。なぜA地点の樹木は枯れたのか，その理由を答えなさい。

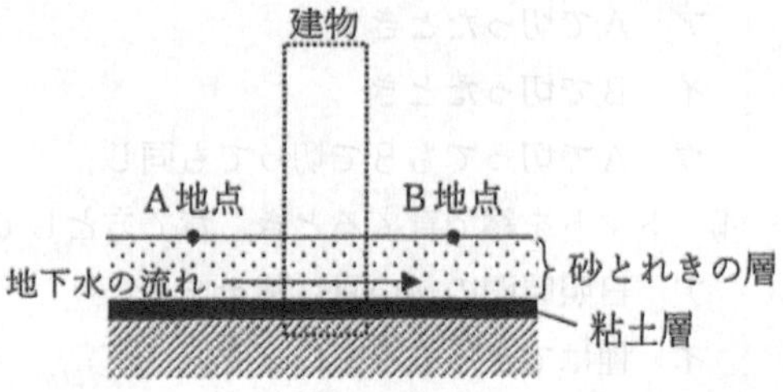

図3

Ⅲ

1　次の気体A～Eに関する以下の問いに答えよ。

A　酸素　　B　塩化水素　　C　水素　　D　アンモニア　　E　二酸化炭素

⑴　次の①～③にあてはまる気体を，A～Eから選びなさい。

①空気中でどんな物質を燃やしたときでも，燃やした前後で量が変わる気体

②においがある気体

③水溶《よう》液を赤色リトマス紙につけると青色に変える気体

⑵　A～Eの気体がそれぞれ入っているびんがある。二酸化炭素がどれに入っているかを調べる方法とその結果を合わせて答えなさい。

⑶　二酸化炭素は水よりも水酸化ナトリウム水溶液に多く溶《と》ける。このことと原因が最も似ている現象を次のア～エから選びなさい。

ア　ミョウバンは，水温を上げた方が水に多く溶ける。

イ　室温では，同量の水にミョウバンより食塩の方が多く溶ける。

ウ　鉄は，水には溶けないが塩酸には溶ける。

エ　二酸化炭素は，水温を下げた方が水に多く溶ける。

2　うすい塩酸5 cm^3 に液Aを1滴加えた後，ピペットを使ってうすいアンモニア水を0.5 cm^3 ずつ加え，液の色が青色に変わったときのアンモニア水の体積を調べた。

⑴　液Aは何か，次のア～エから選びなさい。

ア　紫《むらさき》キャベツ液　　イ　BTB液　　ウ　ヨウ素液　　エ　水酸化ナトリウム水溶液

⑵　ピペットの使い方として正しいものを次のア～エから選びなさい。

ア　ピペットを使うときにはゴム球の部分だけを持つ。

イ　ピペットの先をとりたい液に入れてゴム球を押して，ゴム球への力をゆるめ，液をゆっくり吸い上げる。

ウ　必要な量をはかりとれたら，ゴム球への力を少しゆるめて別の容器まで移動し，ゴム球を押して液を容器に注ぐ。

エ　ピペットを使い終わったら，ゴム球を下にして立てて置くか，バットなどに横向きに置く。

⑶　様々な体積のうすい塩酸を用意して上と同じ実験を行った。うすい塩酸の体積を横軸《じく》，色が変わったときのアンモニア水の体積を縦軸にしたときのグラフを次のア～エから選びなさい。

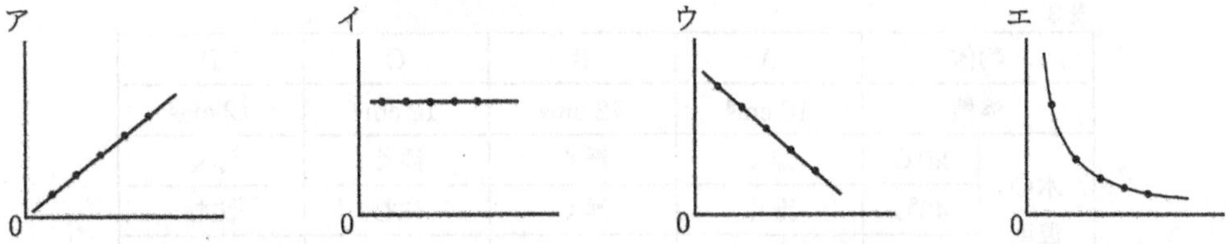

⑷　うすい塩酸の体積は変えずに，様々な濃《こ》さのアンモニア水を用意して上と同じ実験を行った。アンモニア水の濃さを横軸，色が変わったときのアンモニア水の体積を縦軸にしたときのグラフを⑶のア～エから選びなさい。

⑸　うすい塩酸にうすいアンモニア水を加えた液を蒸発皿にとって加熱すると，白色の固体が残る。そこで，うすい塩酸30㎤を入れたA～Eの5つのビーカーに，異なる体積のうすいアンモニア水を加え，この液を加熱した。加えたアンモニア水の体積と加熱後に残った固体の重さは下の表のようになった。

	A	B	C	D	E
うすいアンモニア水の体積〔cm³〕	0	10	20	30	40
残った固体の重さ〔g〕	ア	0.75	イ	1.80	1.80

①表のア，イにあてはまる固体の重さは何gですか。

②うすい塩酸10㎤で白色の固体を最大量つくるには，うすいアンモニア水を少なくとも何㎤加えたらよいですか。

Ⅳ　ある物体が液体に浮《う》くか沈《しず》むかは，物体と液体の1㎤あたりの重さの関係により決まる。液体の1㎤あたりの重さより，物体の1㎤あたりの重さが小さいと浮き，大きいと沈む。

1　表1の4つの球a～dが，ある液体に浮くか沈むかを調べた。この液体の体積は500㎤で，重さは700gであった。

表1

球	a	b	c	d
重さ〔g〕	10	60	73	120
体積〔cm³〕	20	40	50	100

⑴　この液体に浮いた球をa～dから選びなさい。

⑵　この液体に粉末Xを溶かすと，浮き沈みの結果も変化する。すべての球を浮かせるには粉末Xを少なくとも何gより多く溶かせばよいか求めなさい。ただし，粉末Xを溶かしても液体の体積は変わらないものとする。

2　水は温度を変化させると体積は変化するが，重さは変わらない。表2は水の温度と1㎤あたりの重さの関係をまとめたものである。

表2

温度	1 cm³あたりの重さ
20℃	0.998 g
40℃	0.992 g
80℃	0.972 g

⑴　４つの物体Ａ～Ｄが20℃，40℃，80℃の水に浮くか沈むかを調べた。表３はその結果をまとめたものである。ただし，ＡとＢ，ＣとＤはそれぞれ同じ材質である。

表３

物体		A	B	C	D
体積		10 cm³	12 cm³	10 cm³	12 cm³
水の温度	20℃	浮く	浮く	浮く	浮く
	40℃	浮く	浮く	沈む	沈む
	80℃	沈む	沈む	沈む	沈む

①Ｃの重さは何ｇより大きく何ｇ未満と考えられますか。

②Ａ～Ｄを重い順に並べなさい。

⑵　10℃以下の水では，温度と１ｇあたりの体積の関係は右図のようになる。10℃の水にある物体を入れた。この物体の１ｇあたりの体積は温度によって変化せず，６℃の水１ｇあたりの体積と同じである。水の温度を10℃から０℃までゆっくり下げていったときの物体の様子として正しいと考えられるものを次のア～カから選びなさい。

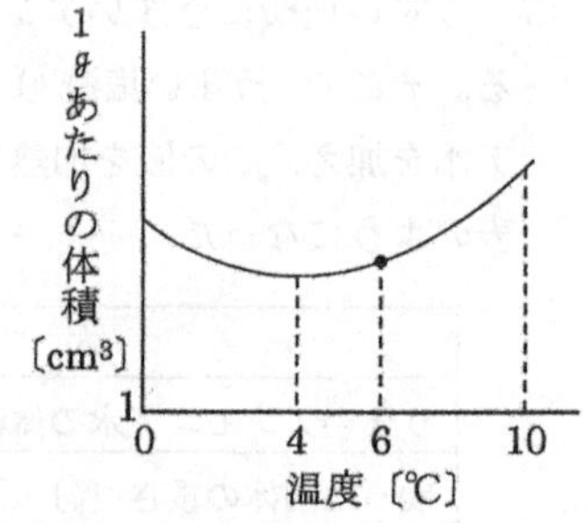

ア　浮いたままである。

イ　沈んだままである。

ウ　はじめは浮いていたが，途中で沈む。

エ　はじめは沈んでいたが，途中で浮く。

オ　はじめは浮いていたが，一度沈み，再び浮く。

カ　はじめは沈んでいたが，一度浮き，再び沈む。

⑶　ある湖で気温－10℃がしばらく続き，湖の表面だけが凍《こお》っていた。次の①～③の温度はおよそ何℃だと考えられるか，下のア～ウから選びなさい。

①氷の表面　　②氷のすぐ下にある水　　③湖底付近の水

ア　4℃　　イ　0℃　　ウ　－10℃

3　空気中でも，液体中と同じ原理で浮き沈みが起こる。熱気球（右図）はバーナーの炎《ほのお》をつけたり消したりして，上昇させたり降下させたりすることができる。

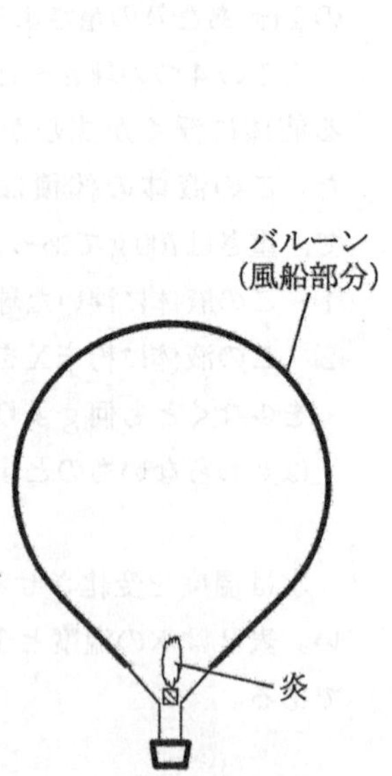

⑴　熱気球が上昇するときのバルーン内の空気の様子として正しいものをあとのア～エから選びなさい。

ア　熱せられた空気がバルーンの中央部を通って上部に移動し，バルーンに沿って下部へ向かい，バーナーの炎で再び熱せられて，中央部を通って上部に移動するような対流が発生する。

イ　熱せられた空気がバルーンに沿って上部に移動し，バルーンの中央部を通って下部へ向かい，バーナーの炎で再び熱せられて，バルーンに沿って上部に移動するような対流が発生する。

ウ　バルーンの下部の空気が熱せられ，その熱が徐々に上部の空気まで伝わっていく。

エ　熱せられた空気がバルーンの上部にたまっていき，バルーンの下部の空気を追い出す。

(2)　バルーンの上部には開閉ができる穴がついている。バーナーの炎を消した後，この穴を開くと，熱気球をよりはやく降下させることができる。その説明として正しいものを次のア～エから選びなさい。

ア　上部の穴からあつい空気が逃げ，バルーンがしぼむから。

イ　上部の穴からあつい空気が逃げ，バルーンの下部から冷たい空気が入ってくるから。

ウ　上部の穴から冷たい空気が入ってきて，バルーンが膨《ふく》らむから。

エ　上部の穴から冷たい空気が入ってきて，バルーンの下部からあつい空気を追い出すから。

(3)　同じ気球でも，乗ることができる人数は季節によって異なる。人数をより増やすことのできる季節とその理由として正しいものを次のア～エから選びなさい。

	季節	理由
ア	夏	気温が高く、バルーン内外の空気の１m^3あたりの重さの差が、より小さくなるから。
イ	夏	気温が高く、バルーン内外の空気の１m^3あたりの重さの差が、より大きくなるから。
ウ	冬	気温が低く、バルーン内外の空気の１m^3あたりの重さの差が、より小さくなるから。
エ	冬	気温が低く、バルーン内外の空気の１m^3あたりの重さの差が、より大きくなるから。

【社　会】（40分）　＜満点：100点＞

【注意】 語句はできるだけ漢字で書きなさい。

水について問いに答えなさい。

I

問１　縄《じょう》文時代の遺跡《せき》からは井《い》戸は見つかっておらず，縄文時代には井戸がつくられていなかったと考えられています。

⑴　縄文時代の人が井戸をつくらなかった理由を考えるためには何を調べればよいですか。最もふさわしいものを１つ選び，記号で答えなさい。

ア　縄文時代の遺跡周辺の地形がわかる地図　　イ　縄文時代に使用されていた大工道具

ウ　縄文時代の遺跡の海抜《ばつ》（海面からの高さ）　　エ　縄文時代の平均気温と降水量の変化

⑵　⑴で選んだものからわかる，井戸をつくらなかった理由として，最もふさわしいものを１つ選び，記号で答えなさい。

ア　水は重く，くみ上げるのが大変だったから。

イ　井戸をつくる技術が不足していたから。

ウ　気候が安定していたから。

エ　井戸をつくらなくても水が得られる場所に住んでいたから。

問２　次の事がらを古い順に記号で並べかえなさい。

ア　博多では宋《そう》の影響を受けたと考えられる，底部に結桶《ゆいおけ》（木を曲げてつくった桶）を使用した井戸が現れた。

イ　茶の湯が流行し始め，茶人の中には名水が出る所に屋敷《しき》を建てる者が現れた。

ウ　大路には側溝《こう》（排《はい》水路）がつくられ，城下町の大路沿いにある武家屋敷に井戸が設置された。

エ　増え始めた環濠《かんごう》集落では，直径２～３メートルの井戸が見られるようになった。

問３　飛鳥時代の政治の中心地である飛鳥京の遺跡から，斉明《さいめい》天皇（天智天皇の母）がつくったと言われる運河が見つかっています。斉明天皇や天智天皇の頃のできごとを２つ選び，記号で答えなさい。

ア　金貨が発行され流通した。　　イ　中臣（藤原）鎌足が大臣の位についた。

ウ　日本書紀がつくられた。　　エ　東北の蝦夷《えみし》に兵を派遣《けん》した。

オ　律令《りょう》が整備され，国ごとに役所が置かれた。

問４　飲料水の入手について

⑴　政治の中心地となった次の３つの都市のうち，最も飲料水が得にくかったのはどこだと考えられますか。１つ選び記号で答えなさい。

ア　奈良時代の平城京　　イ　平安時代の平安京　　ウ　鎌倉時代の鎌倉

⑵　⑴の都市を選んだ理由を述べなさい。

問５　室町時代について

⑴　村のようすとしてあてはまるものを２つ選び，記号で答えなさい。

ア　備中《びっちゅう》ぐわや千歯こきなどの農具の使用が広まり，新田開発も進んだ。

イ　戦乱が続く中で田畑の荒廃《はい》に直面した農民たちは，生活のきまりを作り，自分たちの手で村を治めた。

ウ　戸籍《せき》に登録された農民は割り当てられた土地を耕していたが，豪《ごう》族や大寺院のもとへ逃げ出す人もいた。

エ　大きなききんが何度もあり，幕府に年貢《ぐ》引き下げを求める百姓《しょう》一揆《き》が各地で起こった。

オ　大名同士の争いが続いた京都の南部では，村に住む武士と農民が大名の軍を引きあげさせた。

⑵　室町時代の事がらを２つ選び，記号で答えなさい。

ア　雪舟は明《みん》から帰国後，各地を旅して，風景の水墨画を数多くえがいた。

イ　西まわり航路や東まわり航路がひらかれ，特産品の売買が広がった。

ウ　有田焼や薩摩焼などの陶《とう》器が作りだされ，各地で用いられるようになった。

エ　石や砂を用いて水の流れを表現する石庭がつくられるようになった。

オ　各地に阿弥陀《あみだ》堂がつくられるようになり，貴族や皇族が武士を従えて熊野もうでをおこなった。

問６　都市ではある時期から，し尿《にょう》を垂れ流さず，くみ取り式に変わっていきました。いつ頃，どのような背景で変化したかについて述べた文として，最もふさわしいものを１つ選び，記号で答えなさい。

ア　平安時代に街の見た目をきれいに保ち，悪臭《しゅう》を防ぐ観点から，し尿の処理に規則をもうけるようになった。

イ　鎌倉時代に各地に陶器が広く流通するようになり，し尿を大きな壺《つぼ》に溜《た》めておくようになった。

ウ　室町時代に，し尿が農業の肥料として使われ，捨てずに活用されるようになった。

エ　江戸時代に城下町に人口が集中するようになり，幕府や藩《はん》が住宅密集地に公衆便所を設置するようになった。

問７　次の資料１と２は室町時代，資料３は江戸時代の農業用水に関するものです。（いずれも資料の内容を一部改変してあります。）

⑴　資料１の下線部は，灰にして何に使われましたか。

⑵　資料２について

①　川が流れる方向はア，イのどちらですか。記号で答えなさい。

②　Ａの集落とＢの集落のどちらが水を得るのに有利だったと考えられますか。記号で答えなさい。

問８　用水の管理権を持っていたのはどのような立場の人だったと考えられますか。

①資料１の時代　②資料３の時代　それぞれについて１つずつ選び，記号で答えなさい。

ア　幕府の役人　　イ　領地を持つ貴族　　ウ　村人たち　　エ　天皇

資料１　1348年に現在の兵庫県にあった荘《しょう》園（貴族の領地）の代官（管理人）が，隣《となり》の土地の代官と結んだ契《けい》約書

「用水を分けてもらう見返りとして草木を提供してきましたが，提供できなくなったので，荘園の土地の一部（約1.5ヘクタール）をそちらの荘園に譲《ゆず》ります。ただし用水が止められてし

まった場合には，その土地は返してもらいます。代官　僧頼尊」

資料２　桂《かつら》川の両岸にあった集落の水争いに際して室町幕府に提出された，川と用水路を示す絵図（○と●は集落をさします）

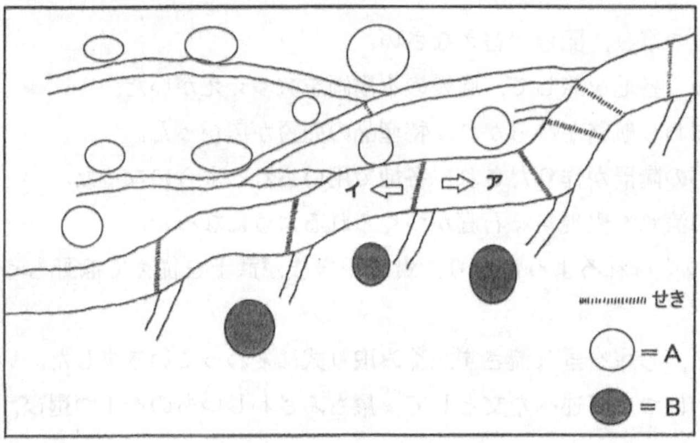

（資料１と２は「東寺百合文書」による）

資料３　江戸時代に，伊予（愛媛県）の庄《しょう》屋（村役人）が心構えを記した書物（『庄屋手鏡』）の一部

「他村と共同で利用している用水や土地に関しては，前々からのしきたりを守り，しきたりを記録しておくこと。…水争いが起こったときは，訴訟《そしょう》の経過を初めから詳《くわ》しく記録しておくこと。」（小野武夫編『近世地方経済史料』第七巻　吉川弘文館1969年より）

Ⅱ

問１　日本における近代水道は，1887年の横浜を第１号として，その後1898年までに，函《はこ》館，長崎，大阪，広島でもつくられました。

⑴　これら５つの都市で起こった次の事がらを，古い順に記号で並べかえなさい。

ア　函館の五稜郭《ごりょうかく》に立てこもって戦っていた旧幕府軍が降伏した。

イ　広島藩が廃止され，新たに広島県が置かれた。

ウ　横浜に上陸したアメリカの使節との間で，日米和親条約が結ばれた。

エ　長崎港で新たにアメリカとの貿易が許可された。

オ　大阪放送局がラジオ放送を開始した。

⑵　日本とアメリカに関わる次の事がらを，古い順に記号で並べかえなさい。

ア　アメリカの仲介により，日本とロシアが講和条約を結んだ。

イ　サンフランシスコ平和条約の締《てい》結と同時に，日本はアメリカと安全保障条約を結んだ。

ウ　アメリカで始まった世界恐慌《きょうこう》は，日本にも深刻な影響をもたらし，軍の方針に変化を与えた。

エ　日本のフランス領インドシナへの進出に対し，アメリカは対日石油輸出禁止に踏み切った。

オ　石油危機後，アメリカとの貿易摩擦《まさつ》が深刻化した。

問２　近代水道創設のきっかけの一つは，汚《お》染された水を介して広がる伝染病が流行したことにあ

ります。世界的に認められる研究をおこなった日本の学者について述べた文として，正しいものを１つ選び，記号で答えなさい。

ア　志賀潔《きよし》はインフルエンザの治療《りょう》法を発見した。

イ　野口英世は結核菌《かくきん》の研究で世界的に認められた。

ウ　北里柴《しば》三郎は破傷風の治療方法を発見した。

エ　森鷗《おう》外は狂《きょう》犬病の研究所を創設し，教育活動にも貢献《こうけん》した。

問３　東京における近代水道の構想は，明治政府に雇《やと》われたオランダ人技術者が意見書を提出したことに始まります。

⑴　明治政府が近代化のために行った政策について述べた文として，まちがっているものを１つ選び，記号で答えなさい。

ア　明治天皇を始めとする政府の中心人物が欧米へ視察に行った。

イ　西洋の学問を学ばせるために，留学生を海外に派遣した。

ウ　西洋の制度を取り入れて，近代的な軍隊をつくった。

エ　欧米の機械を導入した工場を設立した。

⑵　オランダと日本との関わりについて述べた文として，正しいものを１つ選び，記号で答えなさい。

ア　戦国時代，オランダはポルトガルやスペインよりも早い時期から日本での貿易を始めた。

イ　オランダはキリスト教を伝えるため，イエズス会の宣教師を日本に派遣した。

ウ　東アジアでのロシアの勢力拡大を恐れたオランダは，20世紀の初めに日本と軍事同盟を結んだ。

エ　アジア太平洋戦争中，日本は東南アジアにあったオランダの植民地を占《せん》領した。

問４　東京では，上水道と下水道の両方を同時に整備することが難しく，上水道整備が優先されました。上水道整備が優先された理由として，ふさわしくないと考えられるものを１つ選び，記号で答えなさい。

ア　上水はすぐ人の口に入るものなので，下水より影《えい》響が大きいから。

イ　上水は一度整備すれば，維《い》持費用がかからないから。

ウ　上水は火事が起こった際の，水道消火栓《せん》としても利用できるから。

エ　上水は利用料金をとることに理解が得やすいから。

問５　現在の水道について述べた文として，まちがっているものを２つ選び，記号で答えなさい。

ア　家庭の蛇《じゃ》口から出てくる上水は，川や湖からとった水を浄《じょう》化してつくられている。

イ　上水の水質は，安全基準が法律で定められている。

ウ　上下水道とも，その整備・運営・管理は一括《いっかつ》して環境省が担っている。

エ　生活排水は，下水処理場（水再生センター）で浄化された後，河川《せん》に流されている。

オ　上水の水質は，浄水場で検査されるが，下水については検査されることはない。

カ　震《しん》災が起きた際，下水道管につながるマンホールは，トイレの代わりとして使われる。

問６　高度経済成長期以降，都市部で地下水の減少が進みました。その一方で，大雨の後，処理しきれない雨水によって土地や建物が浸《しん》水する現象が起きやすくなっています。この２つの現象の共通の原因を考えた上で，改善策を１つ答えなさい。

問７　現在の東京都の一般《ぱん》家庭のくらしについて述べた文として，正しいものを２つ選び，記号で答えなさい。

ア　使用される水道水のほとんどは，都内を水源としている。

イ　家庭から出る下水のほとんどは，都内で処理されている。

ウ　使用される電力のほとんどは，都内で発電されている。

エ　家庭から出る可燃ごみのほとんどは，都内で焼却《きゃく》されている。

Ⅲ

問１

⑴　阿蘇《あそ》山付近を水源とする，九州最大の河川の名前をひらがなで答えなさい。

⑵　⑴の流域の４県を次から選び，水源から河口に向けて順に記号で並べかえなさい。

ア　福岡　　イ　長崎　　ウ　佐賀　　エ　熊本　　オ　宮崎　　カ　大分

問２　九州に関わる次の事がらを，古い順に記号で並べかえなさい。

ア　外国軍勢の再度の来襲《しゅう》に備え，幕府は博多湾《わん》の海岸線に石を積み上げて防壁《へき》を築いた。

イ　九州に巨大な城を築き，そこを拠《きょ》点として二度にわたって朝鮮に向けて兵を出した。

ウ　九州一帯の政治のほか，外交に当たる地方官庁が，瓦《かわら》をふいた大陸風の建物として整備された。

エ　鹿児島の町の一部が焼失する被《ひ》害も出た外国との戦争をきっかけに，外国の科学技術導入の動きが起こった。

問３　沖縄県は，水不足に悩まされることが多いため，水を確保するさまざまな工夫をしてきました。沖縄県の水について述べた文として，まちがっているものを１つ選び，記号で答えなさい。

ア　屋根の上に給水タンクを設置し，利用してきた。

イ　海水を飲み水にする施《し》設がつくられた。

ウ　地下水をせき止めて，水をためる地下ダムがつくられた。

エ　農業用水は，ため池に依《い》存してきた。

オ　山間部にダムをつくって水を確保している。

問４　沖縄には，海洋深層水の研究が行われている施設があります。海洋深層水の利用法や加工品として，ふさわしくないものをすべて選び，記号で答えなさい。

ア　食用の塩　　イ　製鉄所の冷却水　　ウ　飲料水　　エ　化粧《しょう》水　　オ　水洗トイレの水

問５　次の表は，全国の用途《と》別の水使用量（淡《たん》水のみ）を表しています。Ａ・Ｂにふさわしいものをそれぞれ選び，記号で答えなさい。

ア　工業用水　　イ　生活用水　　ウ　農業用水

用途	1980年	1990年	2000年	2010年	2019年
A	580	586	572	544	533
B	152	145	134	117	103
C	128	158	164	154	148
計	860	889	870	815	785

（単位　億m³／年　　日本国勢図会 2023/24 より作成）

問６　次のページの表は，ため池の数が多い上位５県のため池の数を表しています。上位５県にあてはまる県の組み合わせを，ア～オから１つ選び，記号で答えなさい。

順位	県名	ため池の箇《か》所数
1位	A県	22,047
2位	B県	18,155
3位	C県	12,269
4位	D県	9,373
5位	E県	7,702
全国計		152,151

(令和４年12月　農林水産省HP資料より作成)

ア　A広島　B長野　C山梨　D香川　E奈良
イ　A香川　B徳島　C岡山　D愛知　E和歌山
ウ　A岡山　B香川　C新潟　D岩手　E福島
エ　A兵庫　B広島　C香川　D岡山　E山口
オ　A山口　B香川　C鳥取　D愛媛　E福井

問７　ため池についての文として，まちがっているものを１つ選び，記号で答えなさい。
ア　東京都のため池の数は，全国の中でも少ない方に入る。
イ　ため池は，戦後，日照り対策として急速に数が増えた。
ウ　ため池の水は，主に農業用に使用されている。
エ　ため池は，野生生物が生息する場ともなっている。

問８　ため池は，大雨や地震《しん》などによって決壊《かい》し，浸水被害が出ることがあります。右の地形図で，いずれのため池が決壊しても被害を受けないと考えられる場所をア～オからすべて選び，記号で答えなさい。

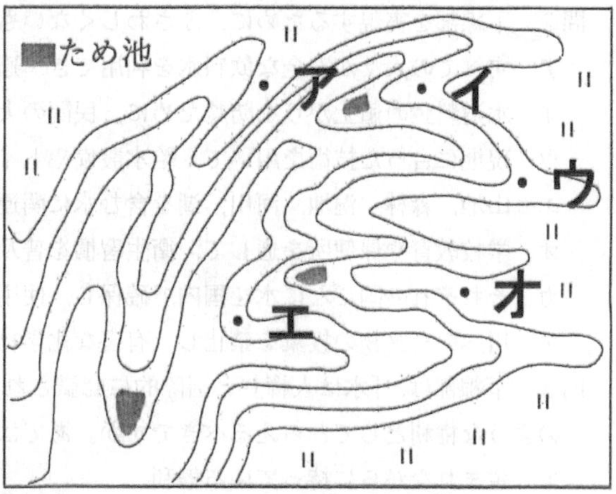

問９　日本では飲み水として，水道水以外にもミネラルウォーターが広く生産・販《はん》売されています。
⑴　次の表は，ミネラルウォーターの生産が多い都道府県と生産の割合を表しています。(　)にあてはまるものを１つ選び，記号で答えなさい。
ア　滋賀　　イ　奈良　　ウ　山梨　　エ　三重　　オ　北海道

順位	都道府県名	生産の割合(%)
1位	(　　)	35.4
2位	静岡	12.1
3位	鳥取	9.4
4位	長野	7.3
5位	岐阜	6.3

(2022年　日本ミネラルウォーター協会資料より作成)

⑵　なぜ⑴で選んだ場所で生産が多いと考えましたか。「自然環境面」と「費用面」の理由をそれぞれ１つずつ答えなさい。

問10　水力発電について述べた文として，正しいものを２つ選び，記号で答えなさい。

ア　夜間は発電できないので，安定性に課題が大きい。

イ　発電所を建てられる場所が限られる。

ウ　将来なくなるおそれのある化石燃料を使用しており，持続可能性が低い。

エ　事故が起きた場合，大規模な環境汚染を引き起こすことがある。

オ　日本では，水力発電によってまかなわれているエネルギーは，全体の10％以下である。

カ　川の水を汚すことから，再生可能エネルギーにはふくまれない。

Ⅳ

2015年，（　　）の国連本部で「国連持続可能な開発サミット」が開催され，「持続可能な開発のための2030アジェンダ（計画）」が採択《たく》されました。そのなかに盛り込まれたSDGsには17の目標があり，目標６は，「安全な水とトイレを世界中に」です。人々が安心して水を利用できる未来をつくることが各国の目標となっています。

問１　（　）に都市名を書きなさい。

問２　下線部を実現するために，ふさわしくないものを２つ選び，記号で答えなさい。

ア　すべての人々が安全な飲料水を利用でき，適切な下水施設を使えるようにする。

イ　水道料金の値上がりを防ぐために，民間の大企業が国全体の水道施設を効率的に管理する。

ウ　現地に合った技術を用いて，給水設備やトイレを設置するＯＤＡを実施する。

エ　山地，森林，湿《しつ》地，河川，湖を含む水に関連する生態《たい》系の保護を行う。

オ　学校教育や保健所を通して，衛生習慣を普《ふ》及する。

カ　それぞれの国ごとに水を国内で確保し，使用を国内に限る。

キ　川への有害物の投棄《き》を禁止し，有害な化学物質が流れ出る量を最小限に抑《おさ》える。

問３　下線部は，「水は人権」と国際的に認識されるようになったことを意味します。人権は，どのような権利としてとらえるべきですか。あてはまらないものを２つ選び，記号で答えなさい。

ア　生まれながらに持っている権利

イ　国家によって侵害されない権利

ウ　人間が人間らしく生きていくための権利

エ　その国の国籍を持たない人には保障されない権利

オ　憲法に明記されることで保障される権利

カ　現在だけでなく，将来にわたって保障されるべき権利

問４　次の文のうち，正しいものを２つ選び，記号で答えなさい。

ア　途《と》上国では，水汲《く》みは子どもや女性の仕事とされているため，子どもの教育と女性の社会進出の機会が奪《うば》われている。

イ　河川の上流地域は，量に関係なく水をくみ上げる権利を持っていると国際的に決められている。

ウ　国連は将来に向かって世界人口が減少すると予測しており，水の消費量は世界的に安定していく。

エ　日本では，人口密度の低い地域においては，水道料金は下がりやすい。

オ　気候《こう》変動が進むと，干ばつにより水不足が進行し，死亡率を引き上げる危険性がある。

問５　水は，国民の共有資源として管理するという考え方があります。その考え方に合うものを２つ選び，記号で答えなさい。

ア　石油と同様に，水はもうけるための投資の対象である。

イ　先進国の企業が，途上国の水源地を買収する。

ウ　行政だけに任せるのではなく，住民も参加して，水道事業の内容を決める。

エ　人口減少の自治体は，近隣《りん》の自治体と共同で水道事業を維《い》持する。

オ　水が不足した時には水道料金が上がり，使用できる家庭が限られるため，断水することはない。

問６　次のうち，水資源を一番必要とするのはどれですか。１つ選び，記号で答えなさい。
また，それが水資源を必要とする最大の理由を具体的に説明しなさい。

ア　浴槽《そう》に湯をはり，15分間のシャワー使用　　イ　小麦200グラムの生産

ウ　ホースによる庭への１時間の水まき　　エ　ステーキ用の牛肉200グラムの生産

問７　京都では2007年，鴨《かも》川の環境を守るために京都府鴨川条例が制定されました。これに関して述べた文として，まちがっているものを２つ選び，記号で答えなさい。

ア　条例は，市民からの意見公募《ぼ》（パブリックコメント）を経て制定された。

イ　条例は，府議会で話し合われ，決定された。

ウ　条例の制定は，国会の承認を経て認められた。

エ　条例は，京都府により執《しっ》行（実施）された。

オ　条例が制定され，川辺の環境保護に取り組んできた市民の会に知事が解散を命じた。

問８　経済規模がさまざまな国を挙《あ》げ，一人あたりのＧＤＰと水の使用量の関係を図に表すとしたら，どのような分布になると考えられますか。横軸《じく》は一人あたりのＧＤＰ，縦軸は一人あたりの年間の工業用水と生活用水の使用量とします。各国のデータを点で表した図として，最も適当なものを１つ選び，記号で答えなさい。ＧＤＰ（国内総生産）は，ＧＮＰのように各国の経済規模を表すものです。

ア　　　　イ　　　　ウ　　　　エ

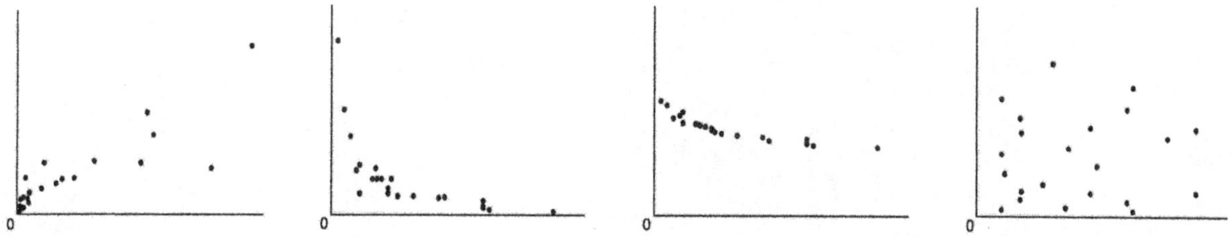

う意味になるように、空欄にあてはまる漢字一字を答えなさい。

問九 ――⑨とありますが、筆者が「腑に落ちた」ことはどのようなことか、最も適切なものを次から選びなさい。

ア 自分なりの遠近感を持たせることのできた絵は、単なる偶然《ぐうぜん》によって生み出されたものであり、意図的に作り出そうとしても作り出せないものであるということ。

イ 遠近感のある絵を前に自分の絵は劣《おと》っていると思ったが、これまでたどってきた経験は無意味ではなく、独自の遠近感はその経験があって生まれたものだということ。

ウ 子供のころに描いていた絵と今描いている絵は異なるものであったとしても、すべての絵が経験となって積み重なり、自分の目には遠近感が感じられたのだということ。

エ 失敗と思われていた絵からでももう一度塗り直して始めることによって、その失敗が生かされ、かつてあこがれたのと同じ遠近感のある絵にたどり着けたということ。

三 次のカタカナを漢字に直しなさい。

1 バスと電車がヘイコウして走る。
2 目でアイズを送る。
3 カテイと仕事を両立する。
4 米ダワラをかつぐ。
5 飛行機をソウジュウする。
6 シオドキを待って行動する。

絵はどの地点から何度でもスタートしていいのだ、また、失敗地点は新たなスタートラインにも成りうると思った。あの日絵の中にふと感じた距離は、マンガの写し絵からしかたどり着くことのできない「斑模様の遠近法」だったと⑨腑《ふ》に落ちた。

二〇〇八年二月

（大竹伸朗『見えない音、聴こえない絵』より「斑模様の遠近法」）

問一 ――①「「形」そのものとは別に、そこに「感じ」といった感覚がふと意識の中に入り込んだ」とありますが、ここでの「感じ」と最も近いものを次から選びなさい。

ア 内容を映し出していて心に響《ひび》く感じ
イ 全体からなんとなく受ける独特の感じ
ウ 自分の目で見た時にだけわかる感じ
エ 周囲の人々から受ける抵抗《ていこう》しがたい感じ

問二 ――②「一目置かれていた」とありますが、「一目置く」の意味として最も適切なものを次から選びなさい。

ア 抜きんでた能力がある人を羨《うらや》む
イ 相手の力を認めて気を遣《つか》う
ウ 最も秀でている人を称賛《しょうさん》する
エ 優《すぐ》れている相手に敬意を払う

問三 ――③とありますが、「友達の絵」と「自分の絵」を比較し、「形」と「雰囲気」について違いがわかるようにそれぞれ説明しなさい。

問四 ――④「それらはショッキングな出来事として心に焼き付いた」とありますが、「それら」としてあてはまらないものを次から選びなさい。

ア 少年なのに新聞配達という仕事をしていること
イ 新聞を雑に放り投げるという配達の仕方をしていること
ウ 自転車を乱暴に扱《あつか》って路上に投げ出したりすること
エ 少年が無地のバスケット・シューズを履いていること

問五 ――⑤「上履き入れに描いた絵」とはどういう絵ですか。最も適切なものを次から選びなさい。

ア 女の子の上履き入れにもとから描いてあった絵
イ 女の子が自分自身の上履き入れに描いた絵
ウ 筆者である「自分」が「自分」の上履き入れに描いた絵
エ 筆者である「自分」が女の子の上履き入れに描いた絵

問六 ――⑥「とんでもない異物に出会ったようなショックを受けた」とありますが、どういう点に「ショックを受けた」のですか。三十字以内で説明しなさい。

問七 ――⑦「近くて遠い「距離」があることを感じた」とありますが、どういうことですか。最も適切なものを次から選びなさい。

ア 賞を取るような絵はすぐに描けると思っていたのに、実際は簡単には描けず、厳しい世界だと感じた。
イ 賞を取った絵をすぐそばで見ていながら、自分の絵との違いがわからず、とまどいを感じた。
ウ その絵の作者は同じ地域で育った小学生であるのに、大人びた絵を描いており、敗北感を感じた。
エ その絵は自分の目の前にあるが、自分には描くことのできない絵であって、とうていかなわないと感じた。

問八 ――⑧とありますが、「□旗を掲げる」が「降参する」といいた時期、「絵の賞」とは一体何なのか、不思議に思っていた。

各学校が選んだ優秀作品を区の図画工作コンクールに定期的に応募《おうぼ》するといった仕組みだったのだろう、ある日の図工の時間、区主催の図工作品展示会場をクラス全員で訪れた。

展示会場は公民館のような建物内の一室が穴開きパネルで仕切られ、ところどころ台が置かれた場所で、そこに段掛けの水彩画や粘土等の立体物が学年の賞別に並んでいた。

選ばれた作品の右下には、筆文字で賞名の書き込まれた細長い金色の折紙が貼られ、一般の大人がそれら一点一点に見入り話している光景に、「絵」には教室以外の世界があることを初めて知った。

そんな中、同年代の見知らぬ生徒の水彩風景画を目にした時、⑥とんでもない異物に出会ったようなショックを受けた。絵のところどころが出っぱっているような違和《いわ》感を感じた。

画面四方の近景には大きな木の幹と葉っぱが描き込まれ、樹々の隙間《すきま》から遠景の街並が見え隠れしていた。会場でその絵を見ながら思い浮かべる自分の絵は、少ない色数がペロッと塗《ぬ》られただけのニセモノにしか思えず情けなくなった。

賞というものに結びつく絵には明らかにマンガ写し絵とは異なる大人の世界があり、自分とパネルの間にも目の前の遠近法の風景に似た⑦近くて遠い「距離《きょり》」があることを感じた。

マンガ以外にどんなものをどうやって描いたら自分の絵が目の前のパネル上に並ぶのか一生懸命考えてみたが、それまで学校からはコンクール用に一度も推薦《すいせん》されたことがないことに初めて気づいただけだった。

当時は余裕のありそうな家の女子はクラシックピアノを習うという風習があったためか、絵画コンクール会場の受賞作品には洋間に置かれたピカピカの黒いピアノのイメージがダブった。自宅六畳間《ろくじょうま》のコタツにデンと乗った趣味《しゅみ》を疑う朱色のデコラ板上のマンガの写し絵は潔《いさぎよ》く⑧□旗を掲げていた。

その後一度だけ、コンクールの応募メンバーに選ばれ「花瓶と花」を描いた水彩画を提出したが、あっさり落選。しばらくたってから、金色の箔《はく》押し文字で参加賞と捺《お》された蜜柑《みかん》色の消しゴム付鉛筆一本を放課後に先生から受け取った。手元のねぎらい鉛筆を眺《なが》めるうち、記憶の中の眩《まぶ》しい遠近法が浮かび、かえって貰《もら》わない方がよかったと落ち込んだ気分になった。

中学に通い出した頃には興味を持ち始めた油絵具やカラーインクを使って、好きなミュージシャンやファッション雑誌の中の写真を元に相変わらず絵を描いていた。それは中学生版マンガ写し絵だった。部屋の壁にどんな絵が掛かっていたらカッコイイか、そんなことばかり考えながら絵を描いていた。

高価な専門用紙やキャンヴァスなどは頻繁《ひんぱん》に買うわけにはいかず、失敗した絵は、画用液で薄く溶いた何かしらの一色を何度も塗り重ねて均一にし、再びその上に違《ちが》う絵を描いた。

ある時、画面全体に塗り始めた青色の透明液の膜《まく》を通して、絵の全体を眺めた。

絵の表面に目をこらすと、元絵のさまざまな色に同一の青が重なり、予期せぬ新たな色がいっせいに浮き上がっているように見えた。斑《まだら》模様の絵の中にはさまざまな距離が一瞬で生まれたようにも思え、その距離は小学校の頃見た水彩風景画の中の出っぱり具合を引き寄せた。

【国　語】（四〇分）　〈満点：一〇〇点〉

一　※問題に使用された作品の著作権者が二次使用の許可を出していないため、問題を掲載しておりません。
（出典：篠田桃紅『その日の墨』より「水田の写真に」）

二　次の文章を読んで後の問いに答えなさい。※本文中の〈　〉内の注は出題者による。

小学校低学年の頃、誰でも一度はするようにお気に入りのマンガ写しに夢中になった。

そのうち、写し遊びは主人公の顔を描いてから切り抜いて別紙に貼《は》ったり、ペンとインクでオリジナルの野球や探偵《たんてい》物マンガを描いたりすることに変化していった。

学校のマンガ写しの得意な生徒グループにも潜《もぐ》り込《こ》み、時々誰かの家に集まって流行りのマンガ頁《ページ》の写しっこをよくした。

そんなことを繰り返していたある日、①「形」そのものとは別に、そこに「感じ」といった感覚がふと意識の中に入り込んだ。

②一目置かれていた一人の友達の描く形は、確かに比率が正確だということはわかるが、内心自分の絵の方がよりマンガの雰囲気《ふんいき》に近いと思った。③形と雰囲気には、必ずしも常に合体するわけではない微妙《びみょう》な関係がある、そんなことを感じた。あえて言葉を探すなら、形を覆う体温といった感覚だった。オリジナルに近い形に仕上がったとしても機械的な線の痕跡《こんせき》で終わることもあれば、若干歪《じゃっかんいびつ》な形でもオリジナルの感じに近く血の通う温かい雰囲気に仕上がるものもある、そんなことを感じた。

ヒョンなことから、マンガ写しは紙上から実用品へと移動していった。

海の向こうには子供用品にも無地のモノがあることを知ったのは当時放映中だったテレビ番組「名犬ラッシー」だった。その中では飼い主の男の子がいつも無地のバスケット・シューズを履《は》いていた。新聞少年である男の子が配達先の玄関目がけ遥《はる》か遠くから芝生越しに八つ折りの新聞をまったくブッキラボウに放り投げ、スタンドのない自転車から降りる時は傷つくことなどおかまいなしに路上に投げ出し、大人と同じ無地のバスケット・シューズを当たり前に履いている。④それらはショッキングな出来事として心に焼き付いた。子供用既製品《きせいひん》といえば、何かしら柄模様《がらもよう》が強制的に付いていた時代、ブラウン管〈ここではテレビのこと〉から唐突《とうとつ》に投げかけられた「無地」の発見と素っ気なく乾いた光景は、自分の中の「マンガ」に対する意識にもかなりの影響《えいきょう》を与えた。

あまりに子供っぽすぎるキャラクター付き上履き入れや下敷《したじ》きを毎日学校へ持ち運ぶ屈辱《くつじょく》感は、カイロ用ベンジンやハサミを駆使《くし》してそれらを剥《は》ぎ取って「無地」にし、マジックインキで好きなマンガを自分なりに配置して描くという呆気《あっけ》ない方法で一気に解消した。

ある日、クラスの女の子が⑤上履き入れに描いた絵を下敷きに描いて欲しいと言ってきた。それをきっかけに休み時間、希望の品を手に並ぶ列が席前にでき、「ニュアンス」や「雰囲気」というものは他人にも伝わることを知った。稀《まれ》に正確な「形」の上に「感じ」がうまく重なった時は言葉にしがたい快感を覚えた。「マンガ」と図工の時間の「絵」の間には、何か両者を隔《へだ》てるものが横たわっていることを薄々《うすうす》感じ始めて

MEMO

大切なことはメモしておこうネ！

2024年度

解　答　と　解　説

《2024年度の配点は解答欄に掲載してあります。》

＜算数解答＞ 《学校からの正答の発表はありません。》

1. (1) $\frac{5}{12}$　(2) ㋐ 36　㋑ 132　㋒ 84　(3) $17\frac{29}{48}$　(4) ① 701
　② 正三角形 286　正方形 142　(5) 人数 31　消しゴム 278
2. 奇数，11　3. 体積 56.52　表面積 150.72　4. 335
5. (1) 4　(2) 11　(3) 13回・8回目　6. 73
7. (1) 5：4　(2) 下りの分速320m，川の分速40m，AB間9600m　(3) 15分後，47分後

○推定配点○
各4点×25　計100点(5.(3)完答)

＜算数解説＞

1. (四則計算，平面図形，相似，割合と比，規則性，植木算，差集め算)

(1) $\square=\left\{(20.24-18.7)\times\frac{28}{11}+2\frac{1}{3}\right\}\div13.4-\frac{1}{20}$

$=\frac{469}{75}\times\frac{5}{67}-\frac{1}{20}=\frac{7}{15}-\frac{1}{20}=\frac{5}{12}$

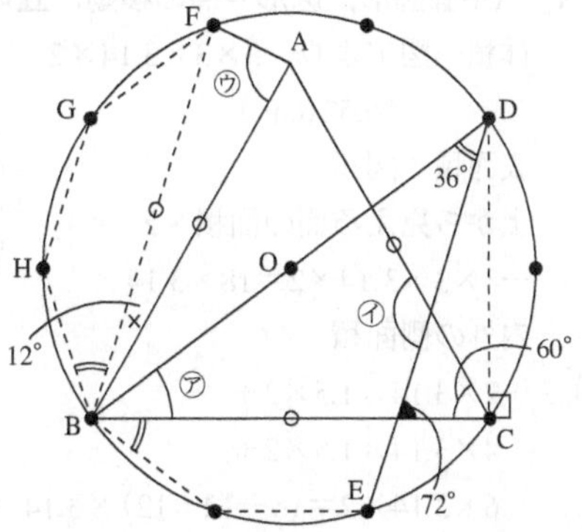

重要 (2) 直角三角形BCD…弧BC：CD＝3：2
したがって，角㋐は90÷(3＋2)×2＝36(度)
弧BE＝CD…角EDB＝36(度)
したがって，角㋑は60＋36×2＝132(度)
正十角形の1つの内角…180－360÷10＝144(度)
等脚台形GHBFの角HBF…(360－144×2)÷2
＝36(度)
角FBA…144－(36×2＋60)＝12(度)
したがって，二等辺三角形BAFより，
角㋒は(180－12)÷2＝84(度)

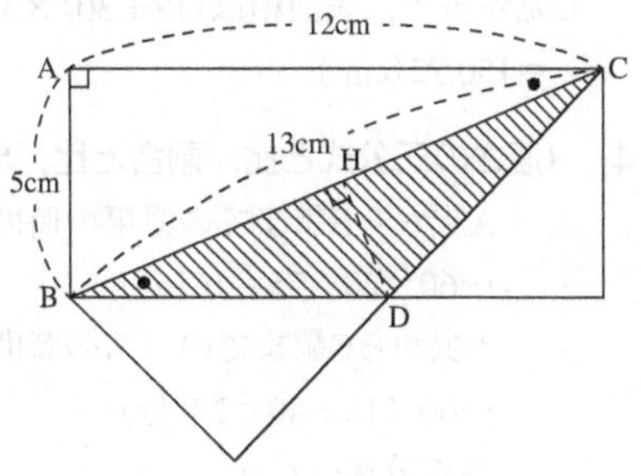

重要 (3) 直角三角形ABCとHDBの相似比
…12：(13÷2)＝24：13
HDの高さ
…$5\div24\times13=\frac{65}{24}$(cm)

したがって，求める面積は$13\times\frac{65}{24}\div2=\frac{845}{48}$($cm^2$)

重要 (4) ①1個目の正方形まで…8本
2個目の正方形まで…8＋7＝15(本)
したがって，100個目の正方形までは
8＋7×99＝701(本)

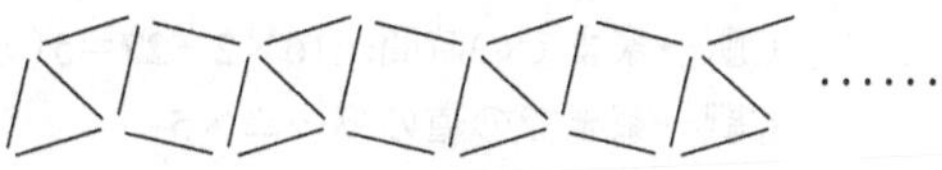

②①より，1000＝8＋7×141＋5

したがって，正三角形は2×2＋2×141＝286(個)

正方形は1＋141＝142(個)

＋α (5) 勝った人…⑪～⑪

負けた人…⑦～⑦⑦⑦⑦⑦⑦＋9

左表より

⑱～⑱＋35＋9＝⑱～⑱＋44…ア

⑩～⑩

⑩～⑩⑩⑩⑩⑩⑩－32

左表より

⑳～⑳＋50－32＝⑳～⑳＋18…イ

したがって，人数は2×(44－18)÷(20－18)＋5＝31(人)

消しゴムは10×31－32＝278(個)

やや難 **2.** **(数の性質，消去算)**

ア…ケーキ2個入りの箱の数　イ…ケーキ1個入りの箱の数　ウ…クッキーの数

2×ア＋イ＋ウ＝19…①

(430×2＋20)×ア＋(430＋20)×イ＋180×ウ＝6290より，

88×ア＋45×イ＋18×ウ＝629…②

①×45－②…2×ア＋27×ウ＝855－629＝226

27×ウ＝2×(113－ア)

113－ア…27の倍数であり，ア＝5のとき，ウ＝2×108÷27＝8

したがって，ケーキは奇数で11(個)

重要 **3.** **(平面図形，図形や点の移動，立体図形)**

体積…図アより，3×3×3.14×2

＝56.52(cm^3)

図ア

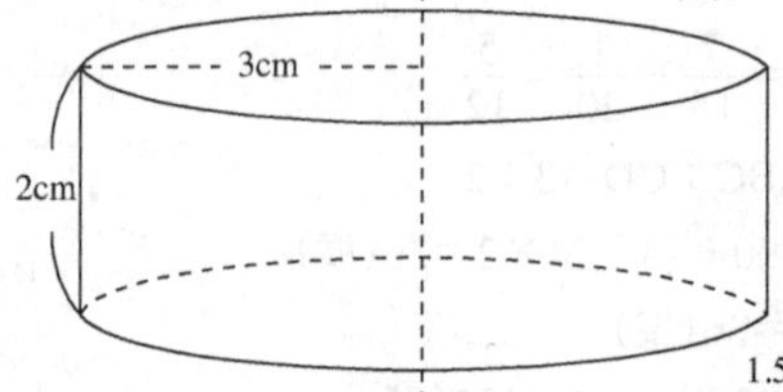

表面積…図イ

上から見える面の面積×2

…3×3×3.14×2＝18×3.14

内外の側面積

…2×3.14×1.5×2＋

4×3.14×1.5×2＋

6×3.14×2＝(6＋12＋12)×3.14＝30×3.14

したがって，表面積は(18＋30)×3.14＝48×3.14

＝150.72(cm^2)

図イ

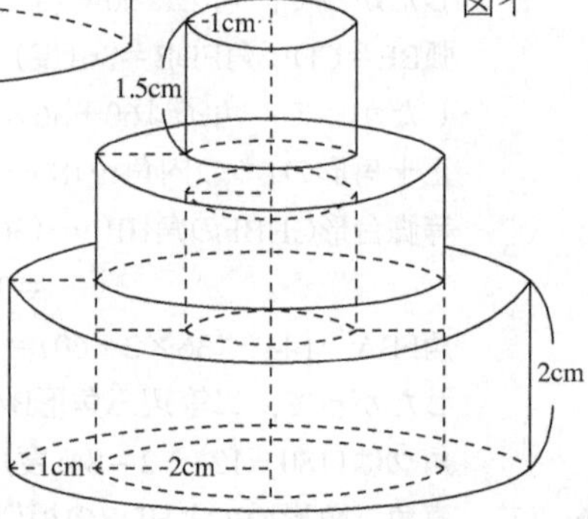

重要 **4.** **(速さの三公式と比，割合と比，単位の換算)**

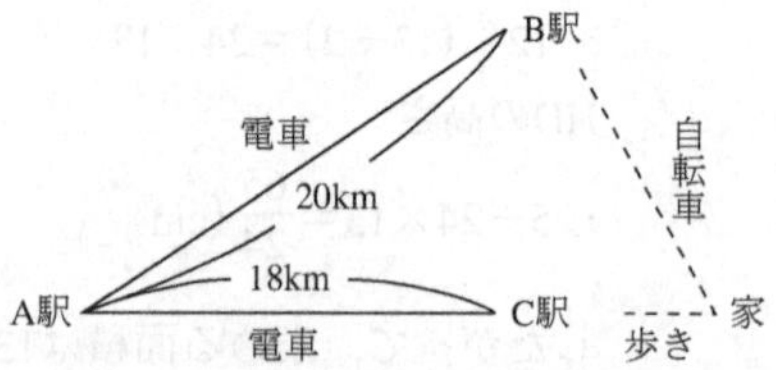

A駅からB駅までの電車の時間

…60×20÷75＝16(分)

A駅からC駅までのバスの時間

…60×18÷40＝27(分)

歩く分速…△m

自転車の分速…△＋116(m)

B駅→家までの道のり…(△＋116)×16＝△×16＋1856(m)

C駅→家までの時間…16×2－27＝5(分)

C駅→家までの道のり…△×5

駅から家までの道のりの合計…△×16＋1856＋△×5＝△×21＋1856＝3263

したがって，C駅→家までの道のりは(3263－1856)÷21×5＝335(m)

5. （規則性，数の性質）

基本 (1)　(1×2×2－1－1)×2＝4

重要 (2)　Aが3回のとき…2×2×2＝8

Aが6回のとき…8×2×2×2＝64

Aが12回のとき…64×64＝4096

したがって，11回のとき，4096÷2＝2048より，2024よりも大きい

(3)　2024＝253×2×2×2→253＝127×2－1→127＝16×8－1

したがって，回数は4＋3＋1＋1＋1＋3＝13(回)　初めて1を引くのは8回目

やや難 6. （平面図形，数の性質）

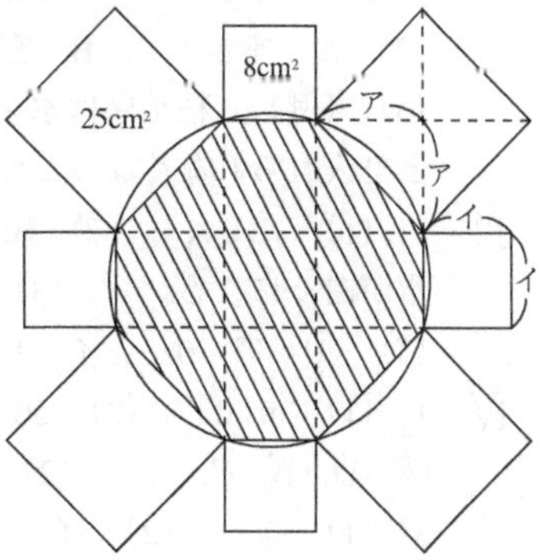

ア×ア…右図より，25÷2＝12.5(cm^2)

イ×イ…8cm^2

ア×ア×イ×イ＝(ア×イ)×(ア×イ)

…12.5×8＝10×10

したがって，求める面積は25＋8＋10×4＝73(cm^2)

重要 7. （速さの三公式と比，流水算，旅人算，割合と比）

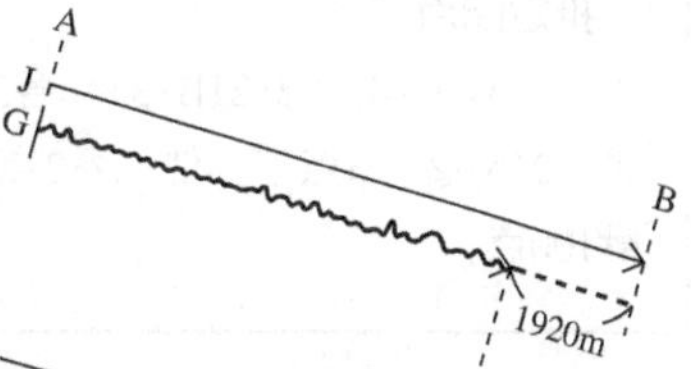

(1)　船J・Gの下り・上りの速さの差…一定

AB間を船Jが下ったときの距離の差…1920m

AB間を船Jが上ったときの距離の差…2400m

AB間を船Jが下った時間：上った時間…1920：2400＝4：5

したがって，船Jの下りと上りの速さの比は5：4

(2)　船Jの船自体の速さ…(1)より，(5＋4)÷2＝4.5

川の速さ…0.5

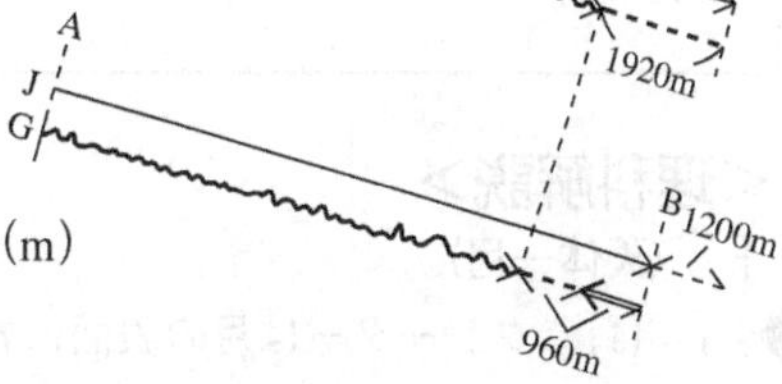

船Gの下りの速さ…右図より，4

したがって，AB間の距離は1920×5＝9600(m)

船Gの下りの分速は(9600－960)÷27＝320(m)

川の分速は320÷4÷2＝40(m)

(3)　船Jの下りの分速…(2)より，40×10＝400(m)

船Gの上りの分速…320÷4×3＝240(m)

1回目にすれ違う時刻…9600÷(400＋240)＝15(分後)

船JがBに着く時刻…9600÷400＝24(分後)

船GがAに着く時刻…9600÷240＝40(分後)

2回目にすれ違う時刻…40＋{9600－320×(40－24)}÷(320×2)＝47(分後)

★ワンポイントアドバイス★

1の中にも難しい問題が含まれており，3「回転体」，4「速さ」，5「規則性・数の性質」の問題を中心にして解きやすい問題から解いていこう。6「面積」は問題は簡単で難しく，7(1)「下りと上りの速さの比」はカンでも解ける。

＋α は弊社HP商品詳細ページ(トビラのQRコードからアクセス可)参照。

＜理科解答＞《学校からの正答の発表はありません。》

Ⅰ　1　(1)　ア　(2)　エ・ウ・ア・イ　(3)　イ　(4)　①　(例)　岩石や氷からなる天体(いん石)が，地球の大気を通過する間に小さくなったり，なくなったりするから。
②　(例)　雨や風などによって，風化したり侵食されたりするから。
2　(1)　夏至　カ　秋分　サ　(2)　A　(例)　ウ　B　(例)　太陽の光が横からあたって(ふちの)かげができる　(3)　385000

Ⅱ　1　(1)　イ，ウ，エ　(2)　A　(例)　枯れてしまった　B　絶滅
(3)　切り方　ア　切断面　右図　(4)　オ，キ，ク

(5)　ウ　2　(1)　(例)　空気の流れが悪くなり，蒸散しにくくなったり受粉しにくくなったりする。
(2)　A　すきま　B　空気　C　呼吸
(3)　(例)　(粘土層は水を通しにくいため,)地下水の流れがなくなって，樹木は根から水をとり入れられなくなったから。

Ⅲ　1　(1)　①　A　②　B，D　③　D　(2)　(例)　石灰水を入れてよくふると，石灰水が白くにごる。　(3)　ウ　2　(1)　イ　(2)　ウ　(3)　ア　(4)　エ
(5)　①　ア　0　イ　1.50　②　8

Ⅳ　1　(1)　a，d　(2)　50(g)　2　(1)　①　9.92(gより大きく)9.98(g未満)
②　D，B，C，A　(2)　カ　(3)　①　ウ　②　イ　③　ア
3　(1)　エ　(2)　イ　(3)　エ

○推定配点○
Ⅰ　1(3)・(4)，2(2)B(3)　各3点×5　他　各2点×5　Ⅱ　2(3)　3点　他　各2点×11
Ⅲ　2(5)②　3点　他　各2点×11　Ⅳ　3(1)・(2)　各2点×2　他　各3点×7(2(3)完答)
計100点

＜理科解説＞

Ⅰ　(天体―月)

基本　1　(1)　クレーターは月の表面に岩石や氷からなる天体が衝突することによってできたくぼ地である。

(2)　新しくできたクレーターほど円形をして見える。ア～エのクレーターのうち，きれいな円形を保っているイが最も新しい。次に新しいのは，イによって一部が欠けているアとなり，その次に新しいのは，イとアがその内部にあるように見えるウである。そして，最も古いのは，ウによって一部が欠けているエである。よって，クレーターのできた順はエ→ウ→ア→イとなる。

やや難　(3)　古いクレーターほどそこに新しいクレーターができる可能性が高くなる。ウ，エのクレーターの半径は，ア，イのクレーターの半径の2倍であることから，ウ，エのクレーターの面積は，ア，イのクレーターの面積の2×2＝4(倍)であることがわかる。ア～エのそれぞれについて，同じ面積あたりの小さいクレーターの数を比べると，ア…3÷1＝3，イ…5÷1＝5，ウ…12÷4＝3，エ…16÷4＝4　となる。よって，同じ面積あたりの小さいクレーターの数が最も多いイができた年代が最も古いと考えられる。

(4)　月と違って地球には厚い大気の層があるため，岩石や氷からなる天体(いん石)は，大気による摩擦で氷がとけたり岩石がけずられたりして，小さくなったり，なくなったりするため，地球上にはクレーターができにくい。また，クレーターができたとしても，雨や風によって，風化

したり侵食されたりして形がくずれたり，なくなったりしていく。

基本　2　(1)　地球は，太陽の周りを公転しながら自転していて，その向きは公転も自転も北極側から見て反時計回りである。また，地軸の北極側が太陽の方に傾いているときが北半球における夏至なので，図3では，左が夏至，下が秋分，右が冬至，上が春分のときの太陽・地球・月の関係を表している。満月であるとき，月は地球に対して太陽のちょうど反対側に位置していることから，東京で夏至の日の満月となるのはカ，秋分の日に満月となるのはサとわかる。

(2)　ア，エは，地球から見える月の周辺部にあたるため，クレーター全体の形状を確認しづらい。クレーターは円形のくぼ地であるため，イでは太陽の光がクレーターに対してほぼ垂直に当たるとかげができにくいが，ウでは太陽の光がクレーターに対して横からあたるとクレーターのふちのかげができやすくなる。これらのことから，クレーターの輪かくが最もくっきり見えるのは，ふちのかげができて明暗がはっきりしやすいウのあたりとわかる。

重要　(3)　下の図のように考え，地球から月までの距離を$x$kmとすると，55cm＝550mmだから，
x(km)：3500(km)＝550(mm)：5(mm)　x＝3500×110＝385000(km)

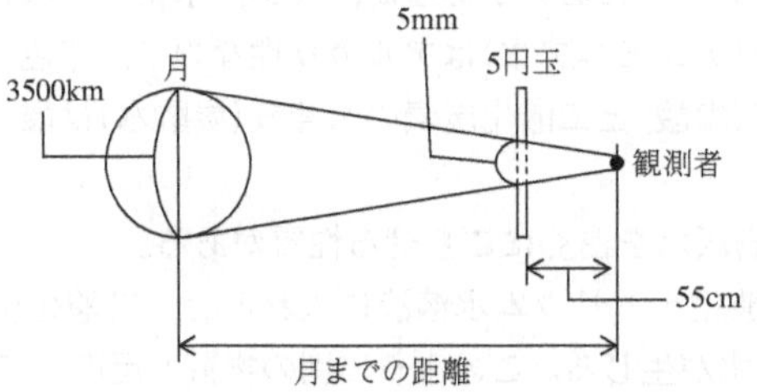

Ⅱ　(生物総合―植物)

基本　1　(1)　種子の発芽には，水・空気(酸素)・適切な温度の3つの条件がそろう必要がある。なお，養分(肥料分)や光はよく成長するために必要なものである。

やや難　(2)　発芽の際に発芽に適した条件がそろっていても，成長していく間で適さない環境になってしまうと，せっかく発芽しても枯れてしまうおそれがある。仮にいっせいに発芽した場合，その植物すべてが枯れてしまって絶滅することもあり得る。休眠を利用して発芽時期をずらすことで成長する時期もずらすことができる。その結果，その植物すべてが絶滅につながるような環境変化の被害をこうむる可能性を低くすることができ，絶滅する可能性も低くなる。

(3)　トマトをA，Bで切ると断面はそれぞれ右の図のようになる。また，トマトの種は胎座と呼ばれる部分の先にできる。

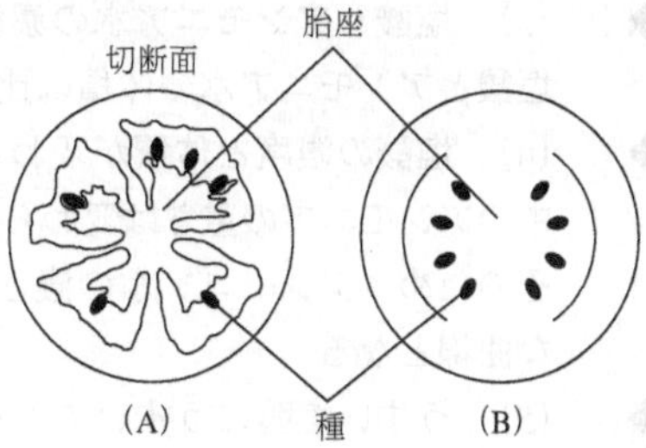

(4)　ア…トマトはあまり暑さに強くないので，春から初夏までに種をまく。
イ…種は土からの養分を吸収しやすいように密にならないようにまく。
ウ…水をあたえすぎると根がくさることもあるので，あたえすぎないようにする。
エ…植物の成長に日光は必要である。
オ…植物がよく育つには肥料が必要である。
カ・ク…ある程度に育ったら，根が十分に広がれるように余裕のあるハチに植えかえる。
キ…トマトは大きな実ができるので，支えとなる支柱が必要となる。

(5)　キャベツの葉は外側から内側にいくにつれて1枚1枚は小さくなっていくが，丸みのようすは変わらない。また，白いしんの部分はキャベツの茎で，内側ほど茎は短くなる。

やや難 2 (1) 大きなビルが建つことで，イチョウの周辺の空気の流れが悪くなることが考えられる。空気の流れが悪くなると，蒸散しにくくなったり，イチョウの花は風で運ばれるため受粉しにくくなったりする。なお，太陽はイチョウに南側から当たるため，ビルが北側に建ってもイチョウにほとんど当たらなくなってしまうということは考えられない。

(2) 人が地面を踏みしめていくと，踏み固められて土と土のすきまがなくなっていってしまう。植物は根から土と土のすきまにある水や空気をとり入れていて，空気中にふくまれる酸素が呼吸に使われている。

重要 (3) 粘土層は水を通しにくいため，地下水は砂とれきの層を流れていく。図3のように建物が建つと，A地点からB地点へ向かう地下水の流れが止まり，A地点へ流れこむ地下水も止まってしまう。そのため，B地点の樹木だけでなくA地点の樹木の根元にも水が流れこまなくなるので，根から水をとり入れられなくなって樹木は枯れてしまう。

Ⅲ (化学総合―気体，水溶液)

基本 1 (1) ①空気中でものを燃やすと酸素が使われるため，ものが燃えると酸素の量は減少する。

②塩化水素とアンモニアにはにおいがあるが，酸素，水素，二酸化炭素にはにおいはない。

③アンモニアの水溶液(アンモニア水)はアルカリ性なので，赤色リトマス紙を青色に変える。なお，塩化水素の水溶液(塩酸)と二酸化炭素の水溶液(炭酸水)は酸性なので，青色リトマス紙を赤色に変える。

基本 (2) 二酸化炭素には石灰水を白くにごらせる性質がある。

(3) 二酸化炭素を水酸化ナトリウム水溶液に入れると，二酸化炭素と水酸化ナトリウムが反応して炭酸ナトリウムと水が生じる。このように別の物質と反応してとけた状態になっているのは，鉄を塩酸にとかしたときで，鉄と塩酸が反応したときは塩化鉄と水素が生じる。

基本 2 (1) うすい塩酸にうすいアンモニア水を加えていくと，水溶液の性質が酸性→中性→アルカリ性と変化していく。選択肢の液のうち，水溶液の性質が変化すると色が変わるのは，紫キャベツ液とBTB液で，酸性→中性→アルカリ性と変化するときの色の変化は，紫キャベツ液では赤→紫→黄，BTB液では黄→緑→青である。よって，液AはBTB液である。

(2) ア…ピペットを使うときには，親指と人差し指でゴム球をつまみ，その他の指でゴム球以外の部分をにぎる。イ…ゴム球はピペットの先を液の中に入れる前に押しておく。エ…ピペットを使い終わったら，ゴム球を上にして立てておく。

基本 (3) 塩酸とアンモニア水の濃度がそれぞれ一定の場合，過不足なく反応して中性になるときの塩酸とアンモニア水の体積は比例の関係にある。よって，グラフは原点を通る直線となる。

重要 (4) 塩酸の濃度と体積が変わらない場合，過不足なく反応して中性になるときのアンモニア水中のアンモニアの重さは変わらず，アンモニア水の濃さとアンモニア水の体積は一定の値となる。そのため，アンモニア水の濃さとアンモニアスの体積は反比例の関係になり，グラフはエのような曲線となる。

重要 (5) うすい塩酸にうすいアンモニア水を加えた液を加熱したときに残った白い固体は，塩酸中の塩化水素とアンモニア水中のアンモニアが反応してできた塩化アンモニウムである。

① アンモニア水を加えていないAでは塩化アンモニウムは生じないので，残った固体の重さは0gである。また，生じる塩化アンモニウムの重さは加えたアンモニア水の体積に比例するので，アンモニア水20cm^3を加えたCで生じる固体の重さは，アンモニア水10cm^3を加えたBのときの2倍の0.75(g)×2＝1.50(g)である。

② 表から，うすい塩酸30cm^3がアンモニア水と反応したときに生じる固体は最大で1.80gであることがわかる。アンモニア水を10cm^3加えたときに残る固体の重さが0.75gなので，アンモニア水

を$x$cm^{3}加えると固体が1.80g生じるとすると，x(cm^3)：1.80(g)＝10(cm^3)：0.75(g)　x＝24(cm^3)である。このことから，うすい塩酸30cm^{3}とうすいアンモニア水24cm^{3}がちょうど反応して，固体が1.80g生じることがわかる。よって，うすい塩酸10cm^{3}とちょうど反応するうすいアンモニア水の体積は$24(\mathrm{cm}^3)\times\frac{10(\mathrm{cm}^3)}{30(\mathrm{cm}^3)}=8(\mathrm{cm}^3)$である。

Ⅳ　(浮力―浮力と密度)

基本　1　(1)　液体の1cm^{3}あたりの重さは700(g)÷500＝1.4(g)である。球a～dそれぞれの1cm^{3}あたりの重さを求めると，a…10(g)÷20＝0.5(g)，b…60(g)÷40＝1.5(g)，c…73(g)÷50＝1.46(g)，d…120(g)÷100＝1.2(g)となる。1cm^{3}あたりの重さが液体よりも重い物体が浮くので，球a～dのうち液体に浮くものは，1cm^{3}あたりの重さが1.4gよりも小さい球aと球dである。

(2)　1cm^{3}あたりの重さが最も重いのは球bで1.5gだから，液体1cm^{3}の重さが1.5gよりも大きくなればよい。液体の体積は粉末Xをとかしても変わらず500cm^{3}だから，粉末Xをとかした後の重さは1.5(g)×500＝750(g)より重くなればよい。よって，粉末Xは少なくとも750－700＝50(g)より多くとかす必要がある。

2　(1)　A，Bは80℃の水に沈み，20℃と40℃の水に浮くことから，1cm^{3}あたりの重さは0.972gよりも大きく，0.992g未満であることがわかる。また，C，Dは80℃と40℃の水に沈み，20℃の水に浮くことから，1cm^{3}あたりの重さは0.992gより大きく，0.998g未満であることがわかる。

①　Cの体積は10cm^3，1cm^{3}あたりの重さは0.992gより大きく，0.998g未満であることから，Cの重さは0.992(g)×10＝9.92(g)より大きく，0.998(g)×10＝9.98(g)未満である。

重要　②　同じ材質の物体どうしでは，体積が大きい方が重いので，重さは「A<B」，「C<D」であることがわかる。また，同じ体積の物体どうしでは，1cm^{3}あたりの重さが大きい方が重いので，重さは「A<C」，「B<D」であることがわかる。これらのことから，物体Aが最も軽く，物体Dが最も重いことがわかる。物体Bは，体積が12cm^{3}で1cm^{3}あたりの重さが0.972gよりも大きく，0.992g未満だから，重さは0.972(g)×12＝11.664(g)より大きく，0.992(g)×12＝11.904(g)未満であることがわかり，物体Cは，①より，9.92gより大きく，9.98g未満である。このことから，重さは「C<B」であることがわかる。よって，物体A～Dを重い順に並べると，「D>B>C>A」となる。

重要　(2)　水1gあたりの体積が4℃のときに最も小さくなるということは，水1cm^{3}あたりの重さが4℃のときに最も大きいということを意味する。物体1gあたりの体積は4℃の水と同じで変化しないことから，物体1cm^{3}あたりの重さも4℃の水と同じで変化しないといえる。右の図で，㋐と㋒の範囲では，1cm^{3}あたりの重さは物体の方が大きいので物体は沈み，㋑の範囲では，1cm^{3}あたりの重さは水の方が大きいので物体は浮く。よって，水の温度を10℃からゆっくりと下げていくと，はじめ物体は沈んでいる(図の㋒)が，一度浮き(図の㋑)，再び沈む(図の㋐)。

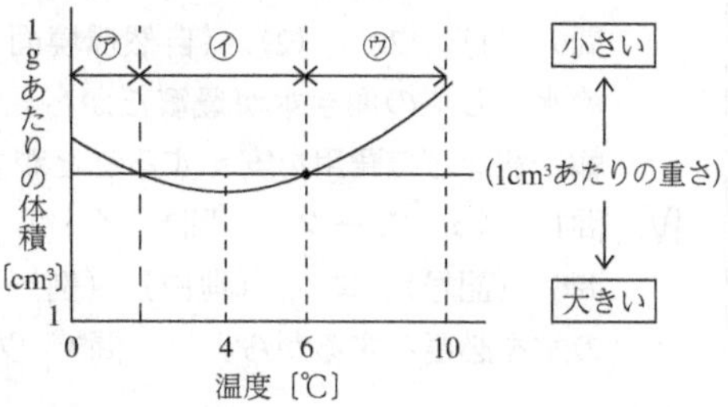

重要　(3)　水を冷やしていくと0℃になると氷になり，さらに冷やすと氷の状態で0℃から温度が下がっていく。また，(2)より水は1cm^{3}あたりの重さが最も大きく，氷は水よりも1cm^{3}あたりの重さが小さい。これらのことから，－10℃の空気にふれている氷の表面はおよそ－10℃まで温度が下がり，湖の中の水は，1cm^{3}あたりの重さが大きいおよそ4℃の水が湖底付近にあり，氷のすぐ下にはおよそ0℃の水があるとわかる。

3　(1)　バーナーで熱せられたバルーン内の空気は軽い(1m^{3}あたりの重さが小さい)ので，上に向かって動く。その結果，熱せられた空気よりも温度が低く重い（$1m^3$あたりの重さが大きい）上部にあった空気は，しだいにバルーン内を下へと動き，バルーン下部の空気を追い出す。

基本 (2)　バーナーで熱せられたバルーン内の空気は上に向かって動く。そのため，上部の穴を開くと，バルーンの下部から上部の穴を通って出ていくような空気の流れができる。

(3)　気球が浮かびやすくなると，乗れる人数をよりふやすことができる。気球が浮かぶのはバルーン内の空気$1m^3$あたりの重さがまわりの空気$1m^3$あたりの重さより小さいときで，空気は温度が高いほど$1m^3$あたりの重さが小さくなることから，バルーン内外の空気$1m^3$の重さの差が大きい冬の方が浮かびやすくなってより多くの人数を乗せることができる。

★ワンポイントアドバイス★

与えられた条件や情報などをもとに考察して解答していくような問題の出題が多く見られるので，日ごろから知識を身につけるだけでなく，理由や原理などをしっかりと考察していく習慣をつけておこう。

＜社会解答＞《学校からの正答の発表はありません。》

Ⅰ　問1　(1)　ア　(2)　エ　問2　エ→ア→イ→ウ　問3　イ・エ　問4　(1)　ア
(2)　(例)　降水量の少ない盆地に位置し，さらに大きな河川も付近にないから。
問5　(1)　イ・オ　(2)　ア・エ　問6　ウ　問7　(1)　肥料　(2)　①　イ
②　A　問8　①　イ　②　ウ

Ⅱ　問1　(1)　ウ→エ→ア→イ→オ　(2)　ア→ウ→エ→イ→オ　問2　ウ
問3　(1)　ア　(2)　エ　問4　イ　問5　ウ・オ　問6　(例)　水を通しやすいアスファルトなどを使用して舗装する。　問7　イ・エ

Ⅲ　問1　(1)　ちくご(川)　(2)　エ→カ→ア→ウ　問2　ウ→ア→イ→エ　問3　エ
問4　イ・オ　問5　A　ウ　B　ア　問6　エ　問7　イ　問8　ウ・エ
問9　(1)　ウ　(2)　(自然環境面)　(例)　富士山や南アルプスなどの山々に囲まれ，伏流水としての湧き水が豊富だから。　(費用面)　(例)　東京大都市圏の大消費地に近く，輸送費などの費用を安くすることができるから。　問10　イ・オ

Ⅳ　問1　ニューヨーク　問2　イ・カ　問3　エ・オ　問4　ア・オ　問5　ウ・エ
問6　(記号)　エ　(理由)　(例)　肉牛のための飼料生産や肉牛自体の飲料水などに多くの水を必要とするから。　問7　ウ・オ　問8　ア

○推定配点○

Ⅰ　問4(2)　4点　他　各2点×13(問2・問3・問5(1)・(2)各完答)
Ⅱ　問6　4点　他　各2点×8(問1(1)・(2)・問5・問7各完答)
Ⅲ　問9(2)　各4点×2　他　各2点×12(問1(2)・問2・問8・問10各完答)
Ⅳ　問6　4点(記号・理由完答)　他　各2点×7(問2～問5・問7各完答)　計100点

＜社会解説＞

Ⅰ （日本の歴史―「水」から見た日本の古代～近世）

重要 問1 (1) 縄文時代の人々が井戸をつくらなかったのは，その時代の人々は井戸をつくらなくても生活する上での水を得ることに困ることはなかった場所で生活していたと考えられる。したがって，そのような場所を知るためには，縄文時代の遺跡周辺の地形がわかる地図(選択肢ア)を調べればよい。 イ 縄文時代に使用されていた大工道具を調べることはその時代の住居などの様子を知ることはできるが，井戸をつくらなかった理由はわからない。 ウ 縄文時代の遺跡の海抜を調べるとその時代の人々が住んでいた場所の一部の様子を知ることはできるが，井戸をつくらなかった理由を知ることはできない。 エ 縄文時代の平均気温と降水量の変化を調べるとその時代の気候の様子を知ることはできるが，井戸をつくらなかった理由はわからない。 (2) 縄文時代の人々は多くの場合，数単位の家族が一カ所に集まって集落をつくった。それらの集落は水場に近く，日当たりのよい台地や尾根上の平地にあることが多く，井戸をつくらなくても水が得られる場所に住んでいたと考えられる。なお，ア・イは井戸をつくる場合の理由，ウは天候の理由であり，井戸をつくらなかった理由ではない。

問2 アの宋(960～1276年)が存在したのは平安時代半ば～鎌倉時代半ば，イの茶の湯が流行し始めたのは鎌倉～室町時代(1336～1573年)初期，ウの城下町の大路沿いに武家屋敷がつくられたのは江戸時代(1603～1867年)前半，エの環濠集落がつくられたのは弥生時代(紀元前4世紀ごろ～紀元後3世紀ごろ)のことである。したがって，これらのできごとを古い順に並べると，エ→ア→イ→ウの順になる。

問3 斉明天皇が在位したのは655～661年，天智天皇が在位したのは668～671年のことで，7世紀半ば～同世紀後半にかけての時期である。この頃の出来事は中臣(藤原)鎌足が大臣の位についたこと(669年，選択肢イ)と阿倍比羅夫による東北の蝦夷に兵を派遣したこと(斉明天皇の時代，選択肢エ)である。なお，アの金貨が発行され流通したこと，ウの日本書紀がつくられたこと(720年頃)，オの律令が整備され，国ごとに役所が置かれたのはいずれも奈良時代(710～784年)のことである。

やや難 問4 奈良時代の平城京があった大和平野の奈良盆地は普段から降水量が少なく，古くから農民は干害に悩まされてきた。また大和平野には大和川が流れているが，水源となる山地は低いために水量が乏しく，その流れは上流部では急で，中下流部ではゆるやかになるので土砂が堆積し，水を確保するのに苦労した。それに対して平安時代の平安京(選択肢イ)には東側に鴨川と西側に桂川，さらに井戸も豊富にあり，鎌倉時代の鎌倉(選択肢ウ)には川の支流が多く，水がわき出る井戸もそれなりにあったので，平城京に比べると飲料水を得ることは容易であった。

基本 問5 (1) イ 室町時代の農民は，彼らによる自治的な組織である惣(惣村)を形成した。惣は有力な農民を中心にまとまり，寄合を開いて用水や入会地の使い方や村の掟・行事などの生活の決まりを作り，自らの手で村を治めた。 オ 室町時代に武士と農民が力を合わせて立ち上がり，大名の軍を引き上げさせ，8年間にわたって自分たちの手で政治をおこなったのは，現在の京都府の南部地域で発生した山城国一揆(1485～1493年)である。この一揆は山城国南部の国人と農民らが，守護である畠山氏の内紛によって集まった軍勢の退去を求めて，民衆による守護の国外への追い出しに成功した一揆である。その後，山城国では8年間にわたって国人と農民による自治が行われた。 ア 備中ぐわや千歯こきなどの農具の使用が広まったのは，室町時代ではなく江戸時代である。 ウ 戸籍に登録された農民が豪族や大寺院のもとへ逃げ出したのは，室町時代ではなく平安時代である。 エ 幕府に年貢引き下げを求める百姓一揆が各地で起こったのは，室町時代ではなく江戸時代である。 (2) ア 雪舟(1420～1502頃)は，京都の相国寺で禅の修行をしながら画法を学んだ。その後，大内氏の保護のもとで明にわたって水墨画を学んで，帰国後に日本的な水墨画を完成させた。　エ　枯山水は石と白い砂利で山と水を表現する庭づくりの方法で，京都市にある龍安寺の石庭はその代表である。この枯山水の様式が盛んになったのは，室町時代の東山文化である。　イ　西まわり航路や東まわり航路がひらかれたのは，江戸時代のことである。　ウ　有田焼や薩摩焼などの陶器が作りだされたのは，江戸時代である。　オ　各地で阿弥陀堂がつくられ，貴族や皇族が熊野もうでを行ったのは，平安時代である。

問6　室町時代には「厠」に「し尿」をため，ためた「し尿」は農作物を育てるための肥料として使用された。田畑に「し尿」をまくと作物がよく育つので，「し尿」を捨てずに活用するために集めて運ぶ「くみ取り」も行われるようになった。　ア　平安時代にはトイレがつくられて流していたが，「し尿」の処理の規則はもうけられていなかった。　イ　各地に陶器が広く流通するのは，鎌倉時代ではなく江戸時代である。　エ　江戸時代には江戸・京都・大阪などの人口集積地の共同住宅(長屋)などでは共同便所が造られ，実質的に公衆便所のような役割を果たしていたが，幕府や藩によって，住宅密集地に公衆便所が設置されたことはない。

重要　問7　(1)　草木を燃やした後の灰は草木灰と呼ばれ，カリウムと石灰分を含む肥料として鎌倉時代から使用された。　(2)　①　資料2中の「せき」は河川の流水をさえぎる施設であり，その「せき」の直前の場所にいずれも用水路の入り口が位置しているので，その「せき」で川の流れを押さえて，用水路に水を引き入れていると考えられる。したがって，図中の「せき」と用水路がそのように機能するためには，図中の川の流れがイの方向でなければならない。　②　図中のAの集落とBの集落に向かう用水路の位置を比べると，Aの集落に向かう用水路の方がBの集落への用水路より，その多くが川の上流にあることがわかる。水を得るのは川の上流に用水路がある方が有利であることから，Aの集落の方が有利であることがわかる。

問8　①　資料1の荘園(貴族の領地)の代官(管理人)が隣の土地の代官と結んだ契約書の中で，「用水を分けてもらう見返りとして草木を提供してきましたが」とあるので，この時代の用水を管理していたのは，荘園という土地を持つ貴族(選択肢イ)であったことがわかる。　②　資料3の庄屋(村役人)が心構えを記した書物の中で，「他村と共同で利用している用水や土地に関しては」とあるので，この時代の用水を管理していたのは村人たち(選択肢ウ)とあることがわかる。

Ⅱ　(総合—「水」から見た日本の近現代)

重要　問1　(1)　アの函館の五稜郭で旧幕府軍が降伏したのは1869年，イの広島藩が廃止され，新たに広島県が置かれたのは1871年，ウの日米和親条約が結ばれたのは1854年，エの長崎港で新たにアメリカとの貿易が許可されたのは1859年，オの大阪放送局がラジオ放送を開始したのは1925年のことである。したがって，これらの事がらを古い順に並べると，ウ→エ→ア→イ→オとなる。

基本　(2)　アのアメリカの仲介により，日本とロシアが講和条約を結んだのは1905年，イの日本がアメリカと安全保障条約を結んだのは1951年，ウのアメリカで世界恐慌が始まったのは1929年，エのアメリカが対日石油輸出禁止に踏み切ったのは1941年，オの石油危機後にアメリカとの貿易摩擦が深刻化したのは1973年以降のことである。したがって，これらの事がらを古い順に並べると，ア→ウ→エ→イ→オとなる。

問2　北里柴三郎(1852～1931年)は1885年にドイツに留学してコッホに学び，1890年に破傷風の血清療法を発見した。帰国後，1892年に伝染病研究所を創設した。その後，ペスト菌の発見やコレラの血清療法の発見なども行った。　ア　志賀潔(1870～1957年)はインフルエンザの治療法を発見したのではなく，北里柴三郎の指導で赤痢菌を発見した細菌学者である。　イ　野口英世(1876～1928年)は結核菌の研究ではなく，アフリカで黄熱病の研究を行った細菌学者である。結核菌の研究で，世界的に認められたのはドイツの細菌学者のコッホ(1843～1910年)である。

エ　森鷗外(1862～1922年)は，狂犬病の研究所を創設したのではなく，『舞姫』などを著した小説家である。狂犬病の研究所を創設したのは，フランスの微生物学者のパストゥール(1822～1895年)である。

問3　(1)　明治時代の初期に欧米への視察に行ったのは，岩倉使節団(1871～1873年)であり，これに参加したのは右大臣の岩倉具視を全権大使とした参議や大臣たちであった。したがって，明治天皇が欧米へ視察に行ったことはない。　(2)　アジア太平洋戦争(1941～1945年)中，1942年3月に日本はオランダの植民地であったオランダ領東インド(現在のインドネシア)を占領した。

ア　オランダが日本と貿易を始めたのは1609年の江戸時代のことであり，戦国時代ではない。

イ　オランダはポルトガルやスペインと違い，キリスト教を伝えることをしなかった。　ウ　東アジアでのロシアの勢力拡大を恐れて20世紀の初めに日本と軍事同盟を結んだのは，オランダではなくイギリスである。

基本　問4　上水は整備された後もダム，取水場，浄水場，配水池などの施設が機能するように保つ必要があるので，一度整備すれば維持費用がかからないということはない。

問5　ウ　2024年から上水道の整備・運営・管理の仕事がこれまでの厚生労働省から国土交通省に移されることになった。それにより，これまで下水道の整備・管理を行ってきた国土交通省に上水道の整備・運営・管理の仕事も加わるようになった。したがって，上下水道の整備・運営・管理は一括して，環境省ではなく国土交通省が担うことになった。　オ　上水だけでなく，下水についても下水処理場で処理される水の水質が広域監視のしくみにより検査されている。したがって，水質が下水については，検査されることがないということはない。

やや難　問6　高度経済成長期以降に都市部で地下水の減少が進んだ理由の1つは，都市部の市街地化による道路などの地表のアスファルト舗装により，都市部に降った雨水の多くが地下にしみ込むことなく，地表を流れてしまうことである。他方，大雨後の処理しきれない雨水によって土地や建物が浸水する現象が起こる理由も，地表面の舗装により雨水の多くが地下にしみ込むことなく，一気に地表を流れることによるものである。したがって，この2つの現象の共通の原因は，都市部の舗装化によって雨水が地下にしみ込むことなく，地表を流れてしまうことである。そのためこれらの現象に対する改善策は，水を通しやすいアスファルトなどを使用して舗装することで，なるべく多くの雨水を地下にしみ込ませるようにして，地表を流れる水を減らすことである。

問7　イ　東京都における家庭から出る下水のほとんどは，地方公営企業である東京都下水道局によって，特別区区域，多摩地区の公共下水道から流入する下水を処理する事業によって都内で処理されている。　エ　東京都における家庭から出る可燃ごみのほとんどは，都内の多くの清掃工場で燃やされて灰にされ，セメントの原料にされている。　ア　東京都で使用される水道水のほとんどは河川水であるが，その約80%が利根川と荒川水系，約17%が多摩川水系なので，水道水のほとんどが都内を水源にしていることはない。　ウ　東京都で使用される電力のほとんどは，水力が栃木・群馬・長野・新潟の各県の山間部，火力が千葉・神奈川の東京湾沿いや茨城の鹿島，原子力は茨城の東海村などであるので，使用される電力のほとんどが都内で発電されていることはない。

Ⅲ　(日本の地理―「水」から見た日本)

重要　問1　(1)　筑後川は九州地方で最も長い川で九州北部の筑紫平野を流れ，有明海に注ぐ全長約143kmの河川で，別称で筑紫次郎と呼ばれる。　(2)　筑後川は阿蘇外輪山(熊本県，選択肢エ)に発する大山川と九重山から流れてくる玖珠川(大分県，選択肢カ)を合わせて，筑紫平野(福岡県，選択肢ア)を流れ，佐賀県(選択肢ウ)と県境を接する柳川市で有明海に注いでいる。したがって，筑後川の流域の4県を水源から河口に向けて順に並べると，エ→カ→ア→ウとなる。なお，イの長崎県は九州北西端にある県，オの宮崎県は九州の南東部に位置する県である。

問2　アの外国軍勢の再度の来襲に備え，幕府が博多湾の海岸線に防壁を築いたのは1274年の文永の役の後のこと，イの九州に巨大な城を築いて二度にわたって朝鮮に向けて出兵したのは豊臣秀吉による文禄・慶長の役(1592～1593年，1597～1598年)のこと，ウの九州一帯の政治のほか，外交に当たる地方官庁である大宰府が整備されたのは奈良時代(710～784年)のこと，エの鹿児島の町の一部が焼失する被害も出た外国との戦争とは薩英戦争(1863年)のことである。したがって，これらの出来事を古い順に並べると，ウ→ア→イ→エとなる。

基本　問3　沖縄県は1年を通じて降水量は多いが，県内に大きな川や湖沼がないため，これまでしばしば水不足に悩まされてきた。そのため山間部にダムを建設して水を確保したり(選択肢オ)や各家の屋根の上に給水タンクを設置したり(選択肢ア)した他，近年では海水を飲み水にする施設をつくったり(選択肢イ)や地下水をせき止めて水をためる地下ダムの建設(選択肢ウ)のようなことも行われている。他方，ため池は干害を受けやすい地域の農業用水かんがい用に造られた設備なので，降水量が多い沖縄県では農業用水をため池に依存してきたということはない。

問4　海洋深層水とは深さ200m以上の深海に分布する，表層とは異なった特色を持つ海水のことである。海洋深層水には陸水の影響を受けにくいために汚染が少ないこと，植物性プランクトンの成長に必要な栄養素が豊富であること，水温や成分が一定で水質が安定しているといった特色があることから，食用の塩(選択肢ア)，飲料水(選択肢ウ)，化粧水(選択肢エ)などに利用されている。他方，製鉄所の冷却水(選択肢イ)や水洗トイレの水(選択肢オ)には上水道と下水道の中間に位置する中水道が使用され，これは人体と直接接触しない場所や目的で使用される。そのため製鉄所の冷却水や水洗トイレの水は，人体と直接接触する用途にも使用されている海洋深層水の利用法や加工品としてはふさわしくない。

問5　日本の全国の水使用量の中で，農業用水(選択肢中のウ)は1980年から2019年に至るまでほぼ一貫して全体の約3分の2を占めている。他方，工業用水と生活用水の両方を合わせて都市用水というが，都市用水の中で1980年から2019年までに工業用水(選択肢中のア)は減少傾向にあるが，生活用水(選択肢中のイ)の方は全体として増加傾向にある。したがって，表中のAは農業用水，Bは工業用水となる。

問6　ため池は雨の少ない地域でかんがい用に造られた人工の池であり，その約60％が瀬戸内地方に分布している。したがって，表中のため池が多い上位5県は，兵庫・広島・香川・岡山・山口の全てが瀬戸内地方にある5県で構成されている選択肢エが適切である。なお，アの長野・山梨は中部地方，奈良は近畿地方，イの愛知は中部地方，和歌山は近畿地方，ウの新潟は中部地方，岩手・福島は東北地方，オの鳥取は山陰地方，福井は中部地方の県である。

問7　ため池は雨の少ない地域における日照り(干害)対策としてかんがい用に造られた人工の池であるが，近年では用水を建設することでかんがいをするようになってきたので，ため池の役割は低下している。したがって，戦後，日照り対策としてのため池の数が急速に増えたことはない。

重要　問8　地形図において，一般的に等高線が高い地点から低い地点に向かって張り出している部分は尾根，等高線が低い地点から高い地点に向かって食い込んでいる部分は谷の地形になっている。そのため設問の地形図中の場所ア～オは，ア・イ・オは谷，ウ・エは尾根の部分に位置していることがわかる。ため池が決壊するとその水は谷の地形に流れ出すので，谷の場所に位置するア・イ・オは浸水被害を受けることになる。他方，尾根の部分に位置するウ・エはいずれのため池が決壊しても浸水被害を受けないことになる。

やや難　問9　(1)　山梨県(選択肢ウ)のミネラルウォーターの年間生産量は約158キロリットル(2022年)と全国で1番であり，その割合は全体の約4割を占めている。(2)　(自然環境面)　山梨県は周囲を富士山，南アルプス(赤石山脈)，八ヶ岳，奥秩父などの山々に囲まれている。これらの山々に降った雨や雪は伏流水として甲府盆地などに貯えられ，湧き水となっている。これらのことから，山梨県ではミネラルウォーターの材料となる良質な水を豊富に得ることができる。（費用面）山梨県は中部地方であるが，場所的には首都圏に含まれ，表中の他県に比べて東京大都市圏などの大消費地に近い場所に位置している。そのため大消費地への輸送費などの経費が安くすみ，他県と比べて安くて良質な製品を販売することができる。なお，アの滋賀県とイの奈良県は0.1%，エの三重県は0.7%，オの北海道は2.8%のミネラルウォーターの生産の割合である。

問10　水力発電はダムなどに水をため，水が落下する時のエネルギーを利用して発電機を動かして発電する方法である。そのため水力発電所はダムを建設しやすい山間部に多くあり，発電所が建てられる場所が限られることがある(選択肢イ)。また日本では水力発電によってまかなわれているエネルギーは全体の9%(2021年)であり，全体の10%以下になっている。　ア　水力発電は水の落下時のエネルギーを利用して発電するので，夜間は発電できないことはない。夜間に発電できないのは太陽光発電である。　ウ　水力発電は，発電に化石燃料を使用することはない。化石燃料を使用しているのは火力発電である。　エ　水力発電は事故が起きた場合，大規模な自然破壊を起こす可能性はあるが，環境汚染を引き起こすことはない。　カ　再生可能エネルギーは自然界で再生し，繰り返し利用できるエネルギーのことなので，水力発電は再生可能エネルギーに含まれている。

Ⅳ　(政治ー「水」から見た世界)

基本　問1　国際連合の本部は，アメリカ合衆国のニューヨークのマンハッタン島東部にある。この本部は国連総会ビル，会議場ビル，事務局ビル，ダグ・ハマーショルド図書館の4つの建物で構成されている。

問2　SDGsの目標6には，①2030年までに，だれもが安全な水を安い値段で利用できるようにする(アに相当)，②2030年までにだれもがトイレを利用できるようにして，屋外で用を足す人がいなくなるようにする，③2030年までに汚染をへらす，ゴミが捨てられないようにする，有害な化学物質が流れ込むことを最低限にする，処理しないまま流す排水を半分に減らす，世界中で水の安全な再利用を大きく増やすなどの取り組みによって，水質を改善する(カに相当)，④2030年までに今よりもはるかに効率よく水を使えるようにし，淡水を持続可能な形で利用し，水不足で苦しむ人の数を大きく減らす，⑤2030年までに必要な時は国境を越えて協力して，あらゆるレベルで水源を管理できるようにする，⑥2030年までに山や森林，湿地，川，地下水を含んでいる地層，湖などの水に関わる生態系を守り，回復させる(エに相当)。という6つの達成目標がある。また，①2030年までに集水，海水から真水を作る技術や，水の効率的な利用，排水の処理，リサイクル・再利用技術など，水やトイレに関する活動への国際協力を増やし，開発途上国がそれらに対応できる力を高める(ウに相当)，②水やトイレをよりよく管理できるように，コミュニティの参加をすすめ，強化する(オに相当)，という2つの実現のための方法がある。　イ　民間の大企業が国全体の水道施設を管理すると，その国の水道事業がその企業の独占状態となり，水道料金が適切な値段になるとは限らない。そのことは，この目標の①の「だれもが安全な水を安い値段で利用できるようにする」ということにふさわしくない。　カ　それぞれの国ごとに水を国内で確保し，使用を国内に限ることは，目標の⑤の「必要な時は国境を越えて協力して，あらゆるレベルで水源を管理できるようにする」ということにふさわしくない。

基本　問3　人権(基本的人権)とは，人間が生まれながらに持っている権利(選択肢ア)で，人間らしく生きるための権利(選択肢ウ)で，国家などを含むだれにも侵害されない権利(選択肢イ)で，現在だけでなく将来にわたって保障されるべき権利(選択肢カ)である。他方，人権は国籍とは無関係に人間の普遍的権利とされているので，その国の国籍を持たない人には保障されない権利(選択肢エ)や憲法に明記されることで保障される権利(選択肢オ)ということはない。

問4　ア　途上国では，飲料水や生活用水を確保するための水汲みは子どもや女性の仕事とされていることが多い。彼らは片道1～2時間かかる水源と家の間を何往復も繰り返し，水汲みだけで毎日何時間も費やしている。そのような重労働が子どもの教育と女性の社会進出の機会を奪っている現実がある。　オ　干ばつにより降水量が平均を下回ると，農業や食料生産に大きな影響を与えることになる。このような農作物の不作は食料不足を引き起こし，人々の死亡率を引き上げる危険性がある。　イ　河川の上流地域が量に関係なく水をくみ上げる権利を持っていることが，国際的に決められていることはない。　ウ　国連は将来に向かって世界人口が減少するのではなく，世界人口は増加すると予想している。　エ　日本では人口密度の低い地域ではその地域を支える人が少ないことを意味するので，水道料金も下がりやすいことはなく，むしろ上がりやすい。

問5「水は国民の共有資源として管理する」とは，国民が水資源を使用する権利があり，利益が得られるとともに，水資源の維持・管理にも国民全体で責任を負うことである。　ウ　水道事業は国土交通省の管理であるが，その管理を国などの行政に任せきりにするのではなく，その事業内容を住民も参加して決めることを意味する。　エ　人口減少の自治体は十分に水道事業を維持することが困難な時もあるので，そのような場合は近隣の自治体と共同で水道事業を維持する必要がある。　ア　国民の共有資源としての水をもうけるための投資の対象にすることは，一部の人がもうけることになるので，国民の共有資源の趣旨に反する。イ　先進国の企業が途上国の水資源を買収することは，その企業の利益にはなるが，国民の利益にはならない。　オ　水道料金が上がることで使用できる家庭が限られることは，水を使用できる国民が限られることになるので，「水は国民の共有資源」ということにならない。

やや難　問6「ステーキ用の牛肉200グラムの生産」をするには，まずステーキ用の肉を取るための肉牛を育てる必要があり，その肉牛が成長するまでの飲み水が必要となる。さらにその肉牛を育てるためにはえさとなる牧草などの飼料も必要となるが，その牧草などを育てるための水も必要である。したがって，ステーキ用の肉には肉牛自体を育てる水とその肉牛の飼料のための水の二重の水が必要となる。他方，アは入浴，イは小麦のみの栽培，ウは庭への水まきなどの1つのものだけを目的にした水の使用である。したがって，ステーキ用の牛肉200グラムの生産することが，水資源を一番必要とすることになる。

問7　ウ　条例は地方議会が法律の範囲内で制定することができ，その地域内で適用される法であるので，条例の制定に国会の承認を経ることはない。　オ　条例はその地域内に適用されるので，知事もそれに従う義務がある。したがって，条例に従って活動してきた市民の会に対して，知事が解散を命じることはできない。

重要　問8　一人あたりのGDPが多い国は経済規模が大きいと考えられるので，経済規模が大きい国は工業用水や生活用水などの水の使用量も多いと考えられる。また，横軸の右側に位置する国はGDPが大きいことを，縦軸の上の方に位置する国は水資源の使用量が多いことを意味する。したがって，図の分布状況は横軸が右よりに位置する国ほど，縦軸の上の方に位置することになる。全体的にデータの点がそのような分布状況になっているのは図アである。なお，図イはGDPが小さい国の水資源の使用量が多く，GDPが大きい国の水資源の使用量が少なくなっていること，ウはGDPの小さい国ほど水資源の使用量が多いこと，エはGDPの大小と水資源の使用量の相関関係がみられないことがそれぞれ不適切である。

★ワンポイントアドバイス★

大問数が1題増えたり，1行の説明問題が1問増加したりと問題の形式にやや変化があるが，設問総数や難易度などが大きく変わっていることはない。基本事項を踏まえた上で，応用力を働かせるようにしよう。

＜国語解答＞ 《学校からの正答の発表はありません。》

一　問一　ウ　問二　1　(一)日千秋　2　(一)心不乱　3　心機(一)転
問三　(例)　不器用に手作りされているものの，入り組んだ形の田んぼ一つ一つが，それぞれの色合いの水を湛えている様子。　問四　ウ　問五　Ⅰ　イ　Ⅱ　イ
問六　(例)　田植えの準備で忙しくなることで，雪の多い長い冬が明けたことを実感し，収穫を楽しみにしながら張り合いのある作業に充実感を感じている心情。　問七　ア
問八　エ　問九　エ　問十　(例)　空から写した写真に写っていた，入り組んだ水田のある青森県　問十一　(例)　筆者が疎開していた地方の継ぎ足しの田んぼで収穫されたお米の味は，今も忘れることができないほどおいしく，その時の田んぼと空から写した写真の田んぼが重なったため，おいしいに違いないと思われたから。

二　問一　ア　問二　エ　問三　(例)　(友達の絵は)オリジナルに近く正確な形だが，機械的な線の痕跡で終わっている。　(自分の絵は)歪な形だが，オリジナルの感じに近く血の通う温かい雰囲気である。　問四　ア　問五　ウ　問六　(例)　遠近法によって風景が立体的に感じられるように描かれていた点。　問七　エ　問八　白　問九　イ

三　1　並行　2　合図　3　家庭　4　俵　5　操縦　6　潮時

○推定配点○

一　問一・問二　各2点×4　問三・問六　各6点×2　問十　5点　問十一　8点
他　各3点×6　二　問二・問八　各2点×2　問三　各5点×2　問六　8点　他　各3点×5
三　各2点×6　計100点

＜国語解説＞

一　(随筆文―大意・要旨・心情・細部の読み取り，指示語，ことばの意味，四字熟語，記述力)

問一　―①は，ここはもともと狭い谷あいの村だったと記憶している，ということなのでウが適切。

基本　問二　1の「一日千秋」の「千秋」は「千年」のことで，一日が千年にも感じられるということから。2の「一心」は一つのことに集中すること，「不乱」は心を乱さないこと。3の「心機」は気持ちや心の動き，「一転」はがらりと変わること。

重要　問三　―③前後の内容から，③は「手作りの感じ」で「入り組んで」いる「田んぼ」のことで，「一つ一つの田が，それぞれの色合いの水を湛えている」様子を表しているので，これらの内容をまとめる。

問四　―④直後で④の「田守りの舎」が「こんもりとした木立に寄り添われて，田んぼと一体の親密な絵になっている」と述べているのでウが適切。「一体の親密な絵」をふまえていない他の選択肢は不適切。

重要　問五　Ⅰ　―⑤の「それ」すなわち，現実には田植え前の相談事などで人々が家々を行き交っているだろうが，「空から見れば」そうした現実が「お伽話の世界」のように幻想的な世界に見える，

ということなのでイが適切。現実が感じられず，幻想的な世界であることを説明していない他の選択肢は不適切。

Ⅱ 「お伽話の世界のこと」は筆者が想像していることで，「一束一束，ひとびとが心を籠めて苗を植えつける」は「違いない」と述べているのでイが適切。他はいずれも現実の描写である。

やや難 問六　―⑥のある段落で，長い冬の後，⑥の「人々」が「田植えの準備をする様子は……楽しい張りに満ちた作業に見えた」と述べていることをふまえ，「人々」が⑥のようになる心情を具体的に説明する。

問七 「よそ目」は，無関係な人が見た感じ，という意味で，―⑦は「田植え」とは無関係の人の視点ということなのでアが適切。

問八 「一部始終」は，一冊の書物の始めから終わりまでの事件や物事の始めから終わりまでの詳しいいきさつや成り行き，事情を意味することが由来。

問九　―⑨の「及ぶべくもない」は比較することすらできないほど差が開いている，まるで比べ物にならない，という意味なのでエが適切。「～べくもない」は「とても～することはできない」「～したくても～できない」という不可能の意味を表す。

問十　―⑩は直前の段落の「この写真」すなわち，冒頭で述べているように「青森のある水田を，空から写した写真」のことなので，この内容をふまえて具体的に説明する。

やや難 問十一　太線部☆直前の3段落で，筆者が疎開した東北地方で収穫されたお米の味は今も忘れることができないこと，その田んぼも写真の田んぼのように継ぎ足し継ぎ足しであったことを述べていることをふまえ，☆のように筆者が思った理由を具体的に説明する。

二 （随筆文―要旨・心情・細部の読み取り，指示語，空欄補充，ことばの意味，慣用句，記述力）

重要 問一　―①の説明として①直後の段落で，①の「感じ」は「雰囲気」あるいは「形を覆う体温といった感覚」であること，また，「ある日……」で始まる段落で，「『ニュアンス』や『雰囲気』というものは他人にも伝わる」ことを述べているのでアが適切。他の人にも伝わり，「心に響く」ことを説明していない他の選択肢は不適切。

問二　―②は，相手が優れていると認めて敬意を払うこと。囲碁(いご)で，弱い方が先に一目を置いて勝負することから。

問三　―③のある段落で，「友達の絵」について「確かに比率が正確だ」が「オリジナルに近い形に仕上がったとしても機械的な線の痕跡で終わることもあ」ること，「自分の絵」について「(友達の絵より)自分の絵の方がマンガの雰囲気に近」く「若干歪な形でもオリジナルの感じに近く血の通う温かい雰囲気に仕上がるものもある」と述べていることをふまえ，それぞれの「形」と「雰囲気」の違いを具体的に説明する。

問四　―④の段落内容から④として，イ・ウ・エはあてはまるが，「男の子」が「新聞少年」であることは④のように感じてはいないので，アはあてはまらない。

問五　―⑤は，筆者である「自分」が「キャラクター付き上履き入れや下敷き」に「カイロ用ベンジンやハサミを駆使して……『無地』にし，マジックインキで好きなマンガを自分なりに配置して描」いた絵のことなのでウが適切。

やや難 問六　―⑥について直後の2段落で，⑥のようになった水彩風景画は「近景には大きな木の幹と葉っぱが描き込まれ，樹々の隙間から遠景の街並が見え隠れしてい」る「遠近法の風景」であることを述べているので，これらの内容を指定字数以内で説明する。

問七　―⑦のある段落と直前の段落で，「会場でその絵を見ながら思い浮かべる自分の絵は……ニセモノにしか思えず情けなくな」り，「明らかにマンガ写し絵とは異なる大人の世界があり，自分と(絵が掛けられている)パネルの間にも」⑦のように感じた，ということなのでエが適切。目の前の絵のような絵は自分には描くことはできないということを説明していない他の選択肢は不適切。

基本　問八　「白旗を揚げる」は，戦いにおいて戦意のないこと，降伏の意志を表す合図として用いたことから。

重要　問九　最後の4段落で，中学生のある時，失敗した絵に青色を塗り重ね，その絵の全体を眺めると，「斑模様の絵の中にさまざまな距離が一瞬で生まれたように思え，その距離は小学校の頃見た水彩風景画の中の出っぱり具合を引き寄せた」こと，それは「マンガの写し絵からしかたどり着くことのできない『斑模様の遠近法』だった」と述べていることからイが適切。遠近法の絵は自分には描けないと思っていたが，マンガの写し絵から遠近法にたどり着いたことを説明していない他の選択肢は不適切。

三　**（漢字の書き取り）**

1は並んで進むこと。2は身ぶりなどで知らせること。3は生活をともにする家族の生活の場。4の音読みは「ヒョウ」。熟語は「土俵」など。5は思いどおりに動かすこと。6はあることをするためのちょうどいい時期。

★ワンポイントアドバイス★

随筆文では，筆者が体験を通してどのような思いを抱いたか，筆者の心情に寄りそって読み進めよう。

MEMO

大切なことはメモしておこうネ！

2023年度

入　試　問　題

2023年度

2023年度

女子学院中学校入試問題

【算　数】（40分）　＜満点：100点＞

【注意】 計算は右のあいているところにしなさい。

1．(1)，(2)，(4)，(5)は □ にあてはまる数を入れなさい。

(1) $\left\{\left(4.5-\frac{1}{4}\right)\div0.75-1\frac{2}{15}\right\}\times\left(40.375-35\frac{5}{12}\right)\div\left(\square-\frac{11}{45}\right)=2023$

(2) □ ％の食塩水と □ ％の食塩水の重さの比を

3：2にして混ぜ合わせると，11.8％の食塩水になり，

1：3にして混ぜ合わせると，9％の食塩水になります。

(3) 下の □ には数を，□ には漢字を1文字ずつ入れなさい。

例：[4][以][下]

① 小数第2位を四捨五入して5になる数の範《はん》囲は

□ □□ で □ □□ です。

② ある整数を0.4で割った商の一の位を四捨五入すると5000になり，同じ整数を6で割った商の小数第1位を四捨五入すると334になります。

このような整数をすべてあげると □ です。

(4) 図は正方形ABCDと正三角形AEDとひし形BFGCを組み合わせた図形です。

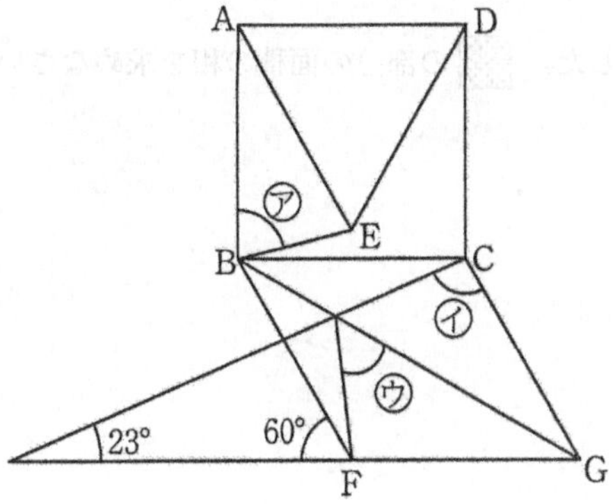

角㋐は □ 度

角㋑は □ 度

角㋒は □ 度

⑸　図のように，１辺の長さが１㎝の立方体を積んで立体を作ります。

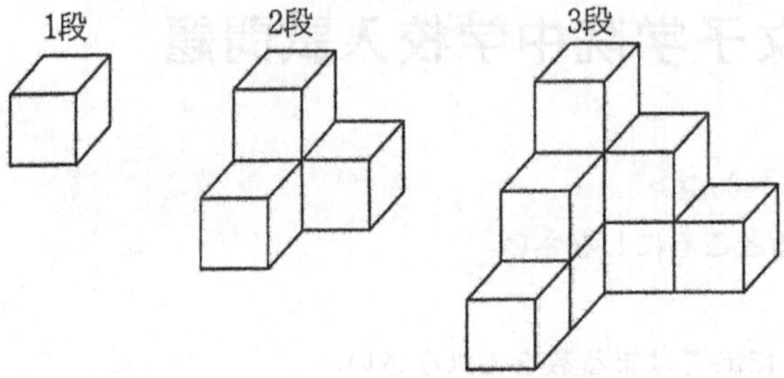

上から
1段目 1個
2段目 3個
3段目 5個

３段積んだときの立体の表面積は □ ㎠，体積は □ ㎤です。

同じ方法で立方体を10段積んだときの表面積は □ ㎠，体積は □ ㎤です。

2⑴，３，４について □ にあてはまるものを入れなさい。

2．大きさの異なる３つの正方形が図１のように置かれています。

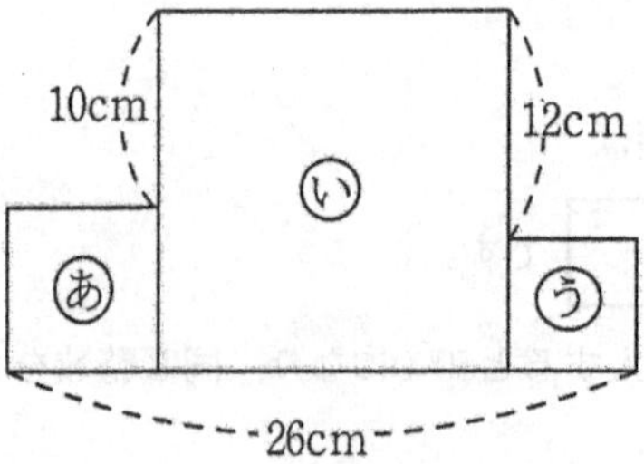

図１

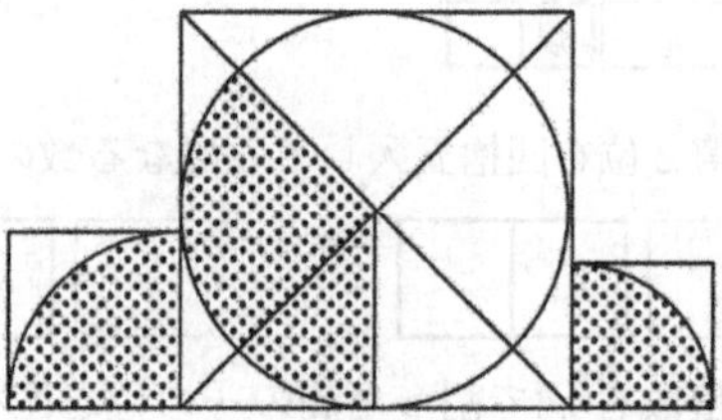

図２

⑴　正方形あ，い，うの１辺の長さは，それぞれ □ cm， □ cm， □ cm

です。

⑵　図２のように，図１に直線や円をかき入れました。 の部分の面積の和を求めなさい。
ただし，円周率は3.14として計算しなさい。

（式）

答え　　　　　　　　㎠

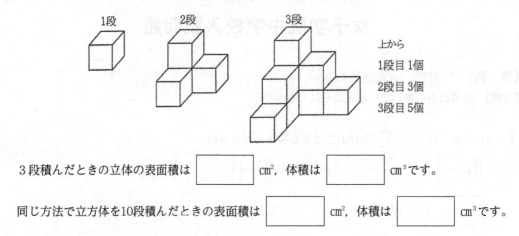

3． A，B，C，D，Eの５つのランプがあります。それぞれのランプにはスイッチがついていて，一度スイッチを押すとランプは点灯し，もう一度押すとランプは消えます。はじめ，すべてのランプは消えています。このスイッチをA→B→C→D→E→D→C→B→A→B→C→……の順に押します。例えば，10回目に押したスイッチはBで，そのときBとEのランプだけが点灯しています。

(1) スイッチを □ 回押したとき，消えていたCのランプは10回目の点灯をします。

(2) スイッチを150回押したとき，点灯しているランプをすべてあげると □ です。

(3) スイッチを200回押すまでの間に，点灯しているランプがBとCだけになるのは全部で □ 回あります。

4． 直角三角形と正方形が図のように直線上に置かれています。点Pは太線に沿ってBからGまで毎秒１cmの速さで進みます。このとき，AとP，BとPを結んで三角形ABPを作ります。下のグラフは点Pが進んだ時間（秒）と，三角形ABPの面積（cm^2）の関係を表したものです。

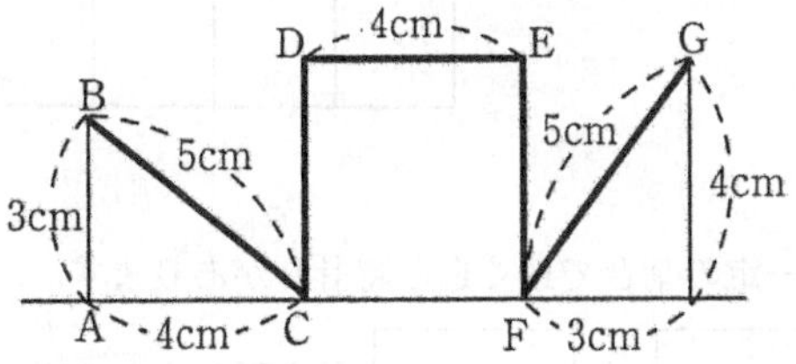

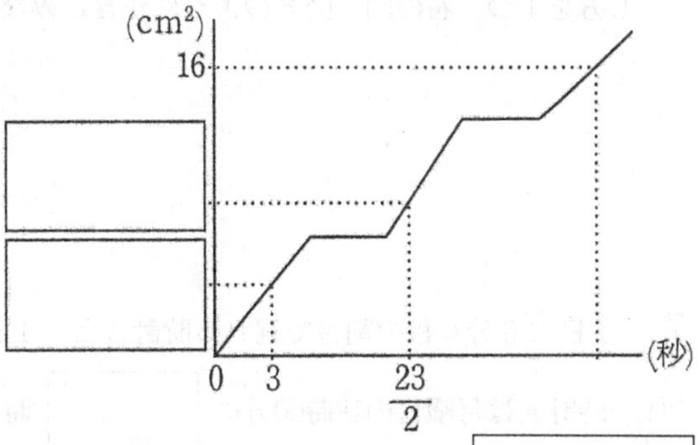

□

5，6(1)(2)，7について □ にあてはまる数を入れなさい。

5． 2023枚の折り紙をJ，Gの２人で分けるのに，同じ枚数ずつJ，G，G，J，J，G，G，J，J…の順に取っていき，最後にその枚数が取れなかった場合も順番通りの人が残りをすべて取ることにします。例えば，20枚ずつだとJは1020枚，Gは1003枚で，30枚ずつだとJは1003枚，Gは1020枚もらえます。

(1) 23枚ずつ取ると，Jは □ 枚もらえます。

(2) [あ] 枚ずつだとJは1023枚もらえます。ただし [あ] は素数です。

6．図1のマス目のアの位置に，図2のようにさいころを置き，イの位置までマス目に沿って右または下に転がします。

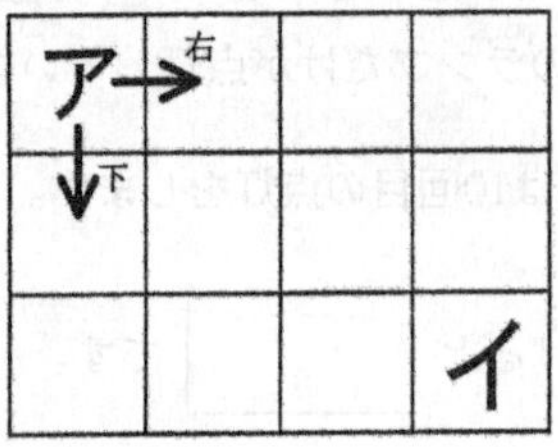

図1

図2

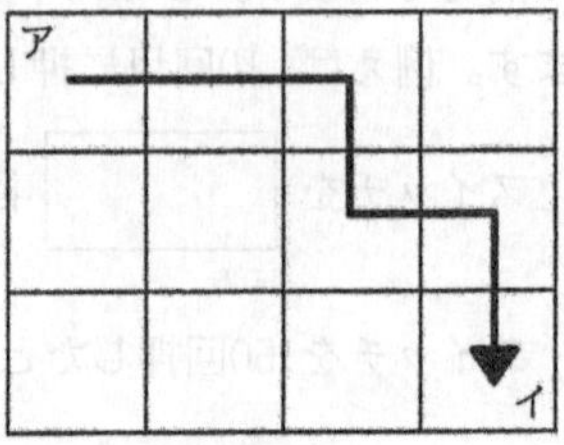

図3

(1) さいころの転がし方は全部で［　　］通りです。

(2) 図3のように転がすとき，さいころの上の面に現れる6つの目の和は［　　］です。ただし，さいころの向かい合う面の目の和は7です。

(3) さいころの上の面に現れる目の和が，(2)と同じになる他の転がし方を1つ，右の図に図3のようにかきこみなさい。

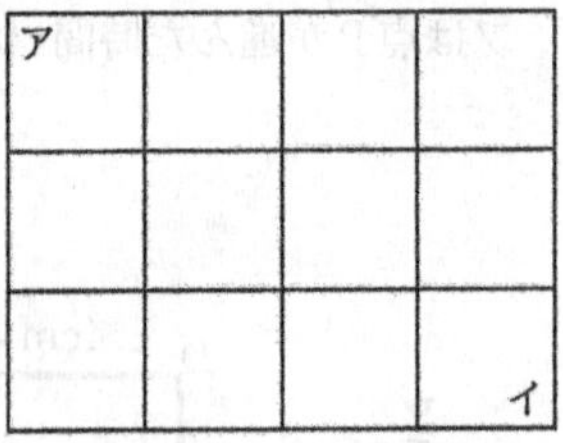

7．1日に6分0秒の割合で遅れる時計Aと，1日に一定の割合で速く進む時計Bがあります。

(1) 時計Aは月曜日の18時00分に［　　］時［　　］分［　　］秒を示しましたが，同じ週の土曜日の10時40分に正しい時刻を示しました。

(2) 月曜日の18時00分に時計Aは18時10分を示し，翌日の火曜日の8時00分に時計Bは7時50分を示しました。時計Bは1日に［　　］分［　　］秒の割合で速く進むので，同じ週の水曜日の20時00分に2つの時計は同じ［　　］時［　　］分［　　］秒を示しました。

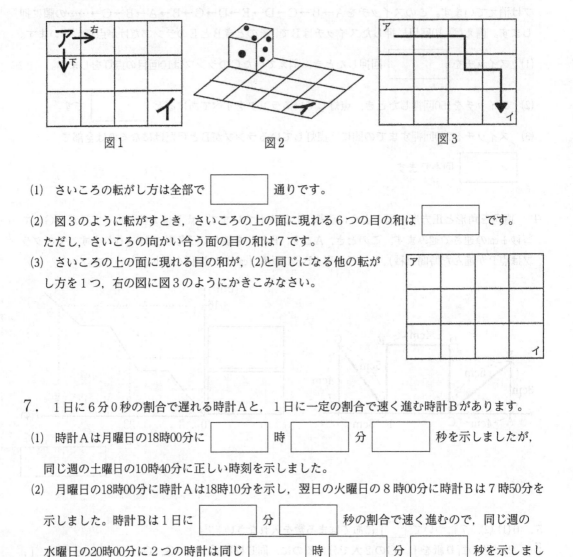

【理　科】（40分）　＜満点：100点＞

【注意】 答は解答用紙に書きなさい。選択肢《たくし》の問題の答が複数ある場合は，すべて答えなさい。

Ⅰ　太陽系には８個の惑《わく》星があり，それぞれが自転しながら太陽を中心とした円を描《えが》いて公転している。

1　水星は，自転周期59日，公転周期88日で，それぞれ右図の矢印の向きに運動している。以下の問いには，自転周期が60日，公転周期が90日であるとして答えること。

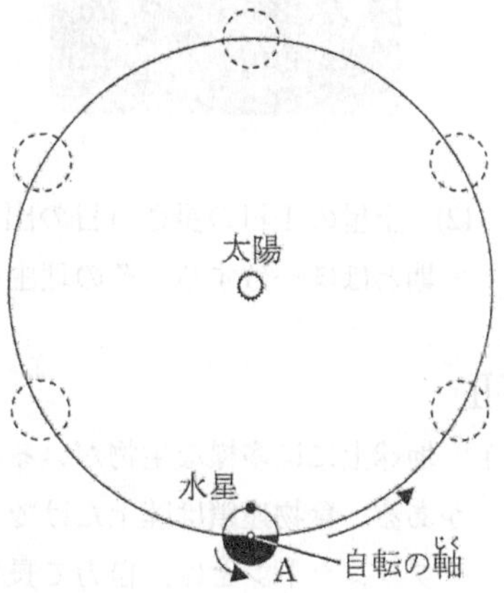

(1)　水星が図中のAにあるときから45日後の水星の位置を解答欄《らん》の◌から選び，太陽光が当たっていないところをぬりつぶしなさい。さらに，このときのAの●で示した地点の位置を●で示しなさい。

(2)　(1)で●で示した地点における太陽の見え方を次のア～エから選びなさい。

ア　地平線から昇《のぼ》ってくるところ
イ　最も高く昇っているところ
ウ　地平線に沈《しず》むところ
エ　沈んでいて見えない

(3)　水星の１日（日の出から次の日の出まで）の間に，水星は公転を何回しますか。

2　金星は，自転周期243日，公転周期225日で，それぞれ右図の矢印の向きに運動している。以下の問いには，自転周期と公転周期がともに230日であるとして答えること。

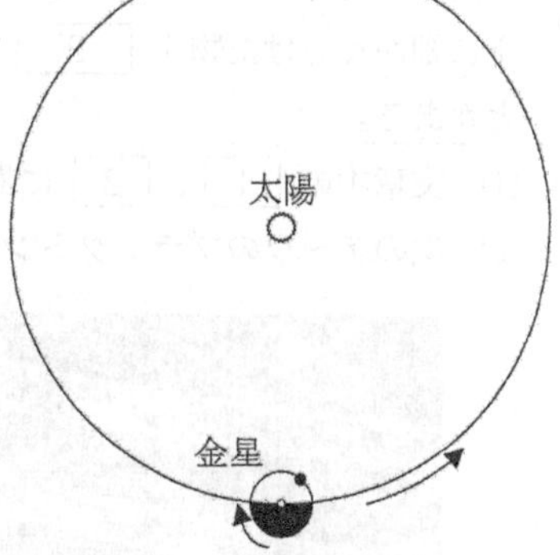

(1)　金星の１日の長さ（日の出から次の日の出まで）は何日ですか。

(2)　仮に金星の自転の向きが実際と逆向きだったとすると，図中の●で示した地点では，どのようなことが起こると考えられるか。次のア～オから選びなさい。

ア　１日の長さが実際より短くなる。
イ　１日の長さは実際ど変わらないが，太陽が見えている時間が実際より長くなる。
ウ　１日の長さは実際と変わらないが，太陽が見えている時間が実際より短くなる。
エ　太陽が沈まなくなる。
オ　太陽が一度沈むと，昇ってこなくなる。

3　土星の自転周期は10.5時間，公転周期は11.9年で，自転と公転の向きは同じである。

(1)　水星の自転周期は正確に計測できていたが，土星の自転周期を正確に計測することができたのは最近のことである。土星の自転周期を正確に計測するのが難しい理由を，次のページの水星と土星の写真から考えて述べなさい。

水星

土星

(NASA　HP より)

(2) 土星の1日の長さ（日の出から次の日の出まで）はおよそ10.5時間で，水星と異なり，自転周期とほぼ一致《ち》する。その理由を述べなさい。

Ⅱ

1 地球上には多様な生物がいる。生物と生物の間には様々な関係があるが，その1つに「食物連鎖《しょくもつれんさ》」がある。食物連鎖は陸上だけでなく，水中でもみられる。

プランクトンとは，自力で長い距離《きょり》を泳ぐことのできない，水中を漂《ただよ》う生物のことである。植物プランクトンは光合成によって養分をつくり出す。光合成とは光エネルギーを使って養分をつくり出すはたらきである。すべての生物は養分から生きるためのエネルギーを得ている。水中では植物プランクトンを動物プランクトンが食べ，動物プランクトンを小さな魚が食べる，食物連鎖の関係がみられる。水中の食物連鎖が陸上の食物連鎖につながることもある。例えば，産卵のために生まれた川に戻《もど》ってくる［ 1 ］などの魚をヒグマが食べることがある。

近年，海洋プラスチックごみの増加が問題になっている。海洋プラスチックごみのうち，5㎜以下に細かく砕《くだ》けた物を［ 2 ］といい，動物プランクトンや小さな魚が［ 2 ］を食べてしまうことがある。

(1) 文章中の［ 1 ］，［ 2 ］にあてはまる言葉を答えなさい。

(2) 次のア～ウのプランクトンの名前を答えなさい。

ア

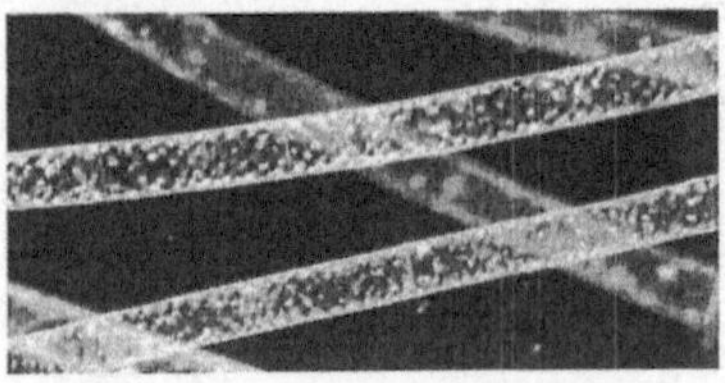

イ

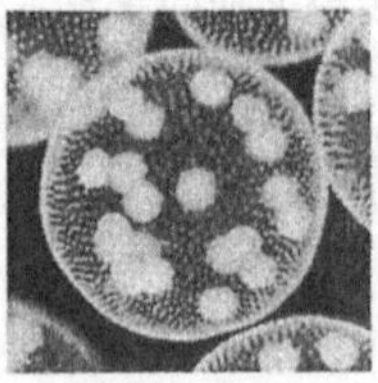

ウ

(NHK for School ミクロワールドより)

(3) (2)のア～ウから植物プランクトンを選びなさい。

(4) 次のア～ケの生物を海の食物連鎖の関係になるように4つ選んで，食われるものから順に並べなさい。

ア　イカ　　イ　メダカ　　ウ　ワカメ　　エ　オキアミ　　オ　ケイソウ

カ　フナ　　キ　イワシ　　ク　カエル　　ケ　ザリガニ

(5) 文中の下線部について，［ 2 ］を食べた動物プランクトンが受ける影響《えいきょう》を1つ挙げなさい。

2　小笠原諸島は，図１のように東京23区から南におよそ1000～1400km離《はな》れた場所に位置している。約30の島々からなる小笠原諸島は海底火山の噴《ふん》火によって形成され，大陸や他の島と一度も陸続きになったことがなく，豊かなサンゴ礁《しょう》や多様なウミドリがみられる。住民がいるのは父島と母島に限られ，外部からの交通手段は船のみである。2011年には豊かで独特な自然の価値が認められ，世界自然遺産に登録された。

小笠原諸島では第二次世界大戦中に放牧されていたヤギが野生化した。野生化したヤギ（ノヤギ）の増加により自然環境が大きな影響を受けた。

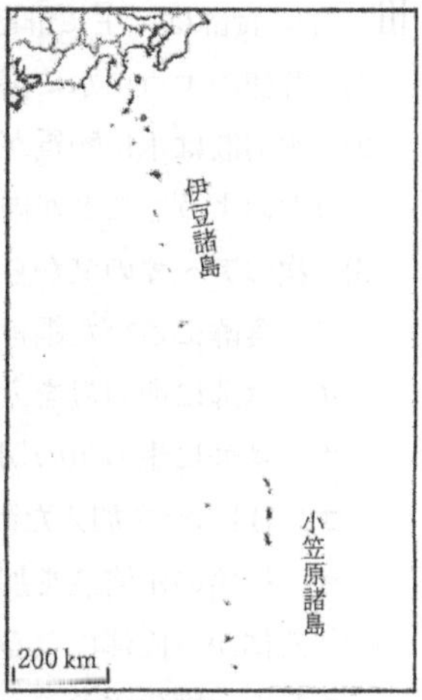

図１

(1)　ノヤギの増加によって起こったこととしてあてはまらないものを，次のア～エから１つ選びなさい。

ア　ノヤギを食べる大型動物が増えた。

イ　ウミドリの巣が，ふみ荒《あら》されて減った。

ウ　草が減って，地面がむき出しになった。

エ　土壌《じょう》が流出し，サンゴが減った。

父島では1970年代から，母島では1980年代から，本来，日本にいない北アメリカ原産の動物（動物Ａ）がみられるようになった。動物Ａの胃を複数調べてみると，【クモ類・バッタ類・カミキリムシ類・チョウ類】だけが含《ふく》まれていた。

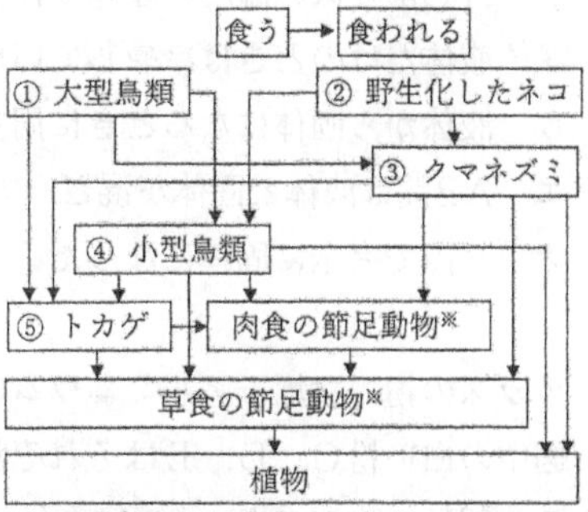

※節足動物とは昆虫やクモなど、あしに節がある動物のこと　(戸塚光彦 2014を改変)

図２

(2)　図２は父島における「食う食われるの関係」を示したものである。動物Ａは図２の①～⑤のどれにあてはまるか選びなさい。

(3)　動物Ａが北アメリカから父島に入ってきた経路として考えられるものを次のア～エから選びなさい。

ア　風に乗って飛んできた。

イ　ペットや観賞の目的で持ち込まれた。

ウ　コンテナにまぎれて運ばれた。

エ　海流に流されてきた。

母島では1980年代から1990年代にかけて，動物Ａの影響で草食性の昆《こん》虫であるカミキリムシ類の数が図３のように大きく変化していた。

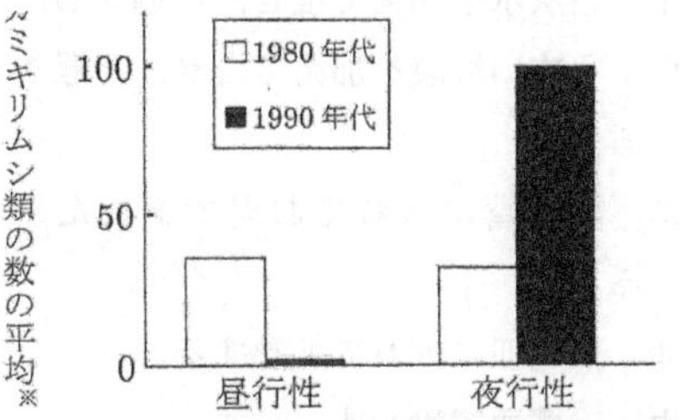

※数回にわたって同じ地点、期間、方法で採集したカミキリムシ類の数の平均　(横原寛ほか 2004より作成)

図３

(4)　動物Ａの特徴《ちょう》として考えられるものを次のア～ウから選びなさい。

ア　昼行性である。　　イ　夜行性である。

ウ　昼も夜も活動する。

(5)　夜行性のカミキリムシ類が図３のように変化した原因を考えて述べなさい。

Ⅲ　1　食酢《す》は，主に酢《さく》酸という液体が水に溶《と》けた水溶《よう》液である。

(1)　酢酸のように水に溶ける液体の物質を1つ答えなさい。

(2)　水溶液は水に物質が溶けたものであるが，固体や液体の物質が水に溶けないときには，それぞれどのようなことが観察されるか，答えなさい。

(3)　次のア～オの文から正しいものを選びなさい。

ア　食酢にさびた銅板を入れても変化がない。

イ　食酢に卵の殻《から》を入れると泡《あわ》を出して溶ける。

ウ　食酢に生の魚の切り身を入れると白くなって固まる。

エ　BTB液を加えた酢酸の水溶液にうすい塩酸を加えていっても，色は変化しない。

オ　酢酸の水溶液を加熱すると白い粉が残る。

(4)　液体から固体になる温度は，水は0℃，酢酸は17℃であるが，液体を冷やし続けて固体になるまでの温度変化のグラフは水も酢酸も同じような形になる。液体の酢酸を冷蔵庫の中で静かに冷やし続け，冷やした時間と酢酸の温度との関係を調べたところ，下のグラフのようになった。このとき，17℃を下回ったのに固体が見られず，あるところ（図中のA点）で一気にこおり始めた。グラフから考えて，次のア～オから間違《ちが》っているものを選びなさい。

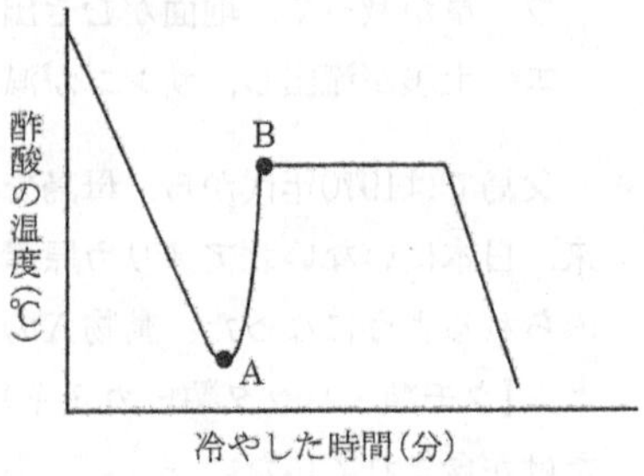

ア　17℃より低い温度の固体は存在しない。

イ　液体だけのときは冷やしていくと温度が下がる。

ウ　液体から固体になるときに周りに熱を出す。

エ　AB間は液体と固体が混ざっている。

オ　B点で完全に固体になった。

2　ガラスの粉，食塩，アルミニウムの粉が混ざったものを下図のようにして分けた。図中の白い粉C，D，Eはそれぞれ異なる1種類の物質であった。

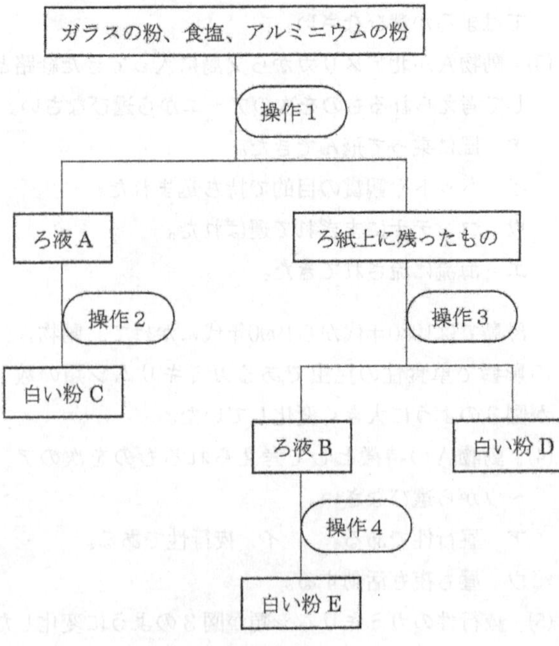

(1)　操作1～3にあてはまるものを次のア～キから選びなさい。

ア　水を加えて混ぜ，ろ過する。

イ　石灰水を加えて混ぜ，ろ過する。

ウ　うすい塩酸を加えて混ぜ，ろ過する。

エ　試験管に入れてお湯であたためる。

オ　蒸発皿に入れて加熱する。

カ　冷蔵庫で冷やす。

キ　小さな結晶をつるし，1時間放置する。

(2) 白い粉C，Dはそれぞれ何か，次のア～ウから選びなさい。あてはまるものがないときは×を書きなさい。

ア　ガラス　　イ　食塩　　ウ　アルミニウム

(3) 白い粉Eについて，正しいものを次のア～オから選びなさい。

ア　水に溶ける。　　イ　水に溶けない。　　ウ　泡を出しながら塩酸に溶ける。

エ　泡を出さずに塩酸に溶ける。　　オ　塩酸に溶けない。

(4) 実験前のガラスの粉，食塩，アルミニウムの粉が混ざったものの重さは全部で12.0ｇであった。ろ液Aをしばらく放置したところ。1.0ｇの白い粉Cが沈殿《ちんでん》し，20ｇの水溶液が残っていた。操作3，4で得られた白い粉Dの重さは3.5ｇ，白い粉Eの重さは9.9ｇであった。実験前に含まれていたアルミニウムの重さは全体の何％か，小数第1位を四捨五入して整数で答えなさい。ただし，この実験は20℃で行い，白い粉Cは20℃の水100ｇに38ｇ溶けるものとする。

Ⅳ　1　同じ電池，電球を使って右図のような回路を作ったところ，2つの電球は同じ明るさで，電球に流れる電流の向きも同じであった。以下の問いには，電球は電流が強すぎてこわれることはないものとして答えること。

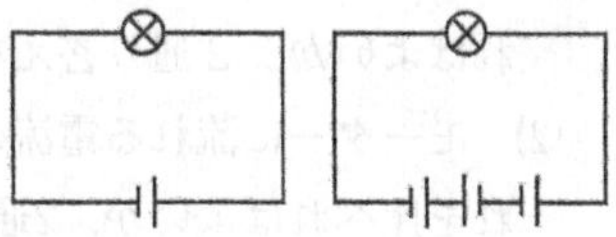

(1) 次のア～オの回路について，電球Aをソケットから取り外したとき，電球Bがつくものを選び，明るい順に並べなさい。ただし，同じ明るさのものは（　）でくくること。例：アイ（ウエ）オ

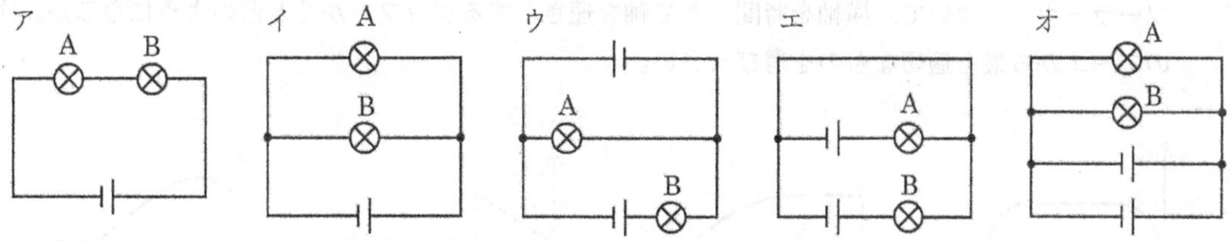

(2) 右図のA，B，1～8は端《たん》子（導線をつなぐところ）を表している。1と2の間には図のように電池1個がつながれている。3と4，5と6，7と8の間には下のア～コのいずれかがそれぞれつながれている。使った電池は1と2の間の電池も含め，全部で4個である。

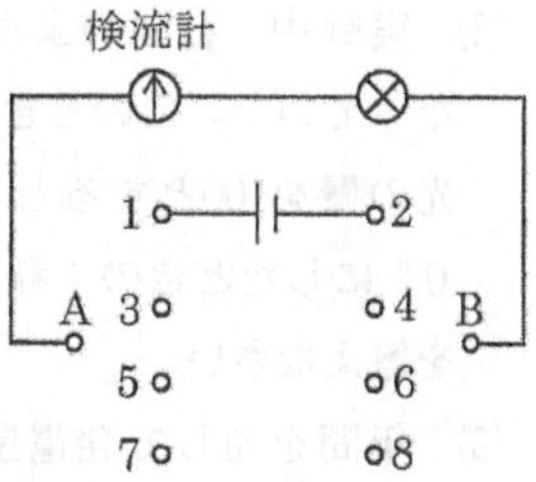

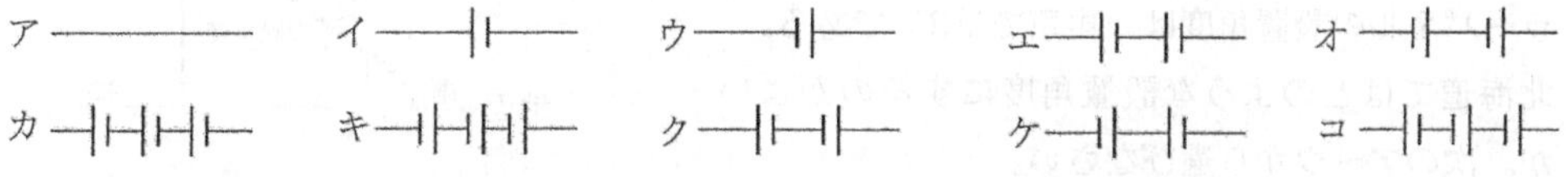

Aと1，2とBを導線でつなぐと検流計に右向きの電流が流れ，電球はついた。このときの電球の明るさを基準の明るさとする。下の表のように，つなぎ方を変えて検流計に流れる電流の向きと電球の明るさを調べた。

つなぎ方	結果
Aと3、4と7、8とBを導線でつなぐ	検流計に右向きの電流が流れ、電球は基準と同じ明るさでついた
Aと1、2と7、8とBを導線でつなぐ	検流計に電流が流れず、電球もつかなかった

①Aと1，2と3，4と5，6と7，8とBをつないだときの検流計に流れる電流の向きと電球の明るさを下から選び記号で答えなさい。

・検流計に流れる電流の向き　【ア　右　　イ　左　　ウ　流れない】

・電球の明るさ　【ア　基準より明るい　　イ　基準と同じ　　ウ　基準より暗い

エ　つかない】

②電球が最も明るくなるつなぎ方になるように，解答欄の□に端子の番号を書きなさい。

2　次のア～オのように，電池，モーター，プロペラ，軽い導線でプロペラカーを作った。

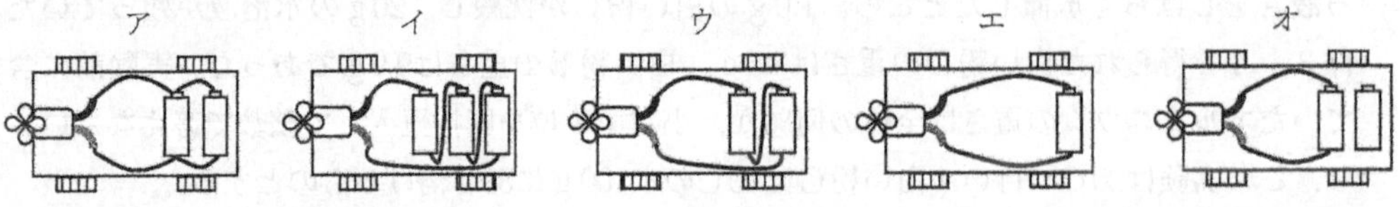

⑴　プロペラカーの重さによって，速さが変わることを調べるためにはア～オのどれとどれを比べればよいか，２通り答えなさい。

⑵　モーターに流れる電流の強さによって，速さが変わることを調べるためにはア～オのどれとどれを比べればよいか，2通り答えなさい。

3　光電池とモーターでソーラーカーを作り，野外で走らせた。

⑴　ソーラーカーは，日なたで静止した状態からスタートした後，日かげに入った。このときのソーラーカーについて，横軸《じく》を時間，たて軸を速さとするグラフをかくとどのようになるか。次のア～エから最も適切なものを選びなさい。

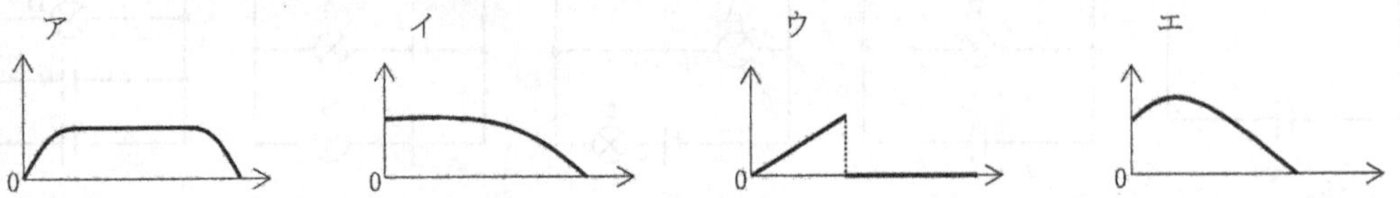

⑵　実験中，右図のように太陽の光が光電池に当たっていた。このときの１秒間に光電池に当たる光の量を100とすると，この光電池の設置角度を０°にしたときの１秒間に光電池に当たる光の量を答えなさい。

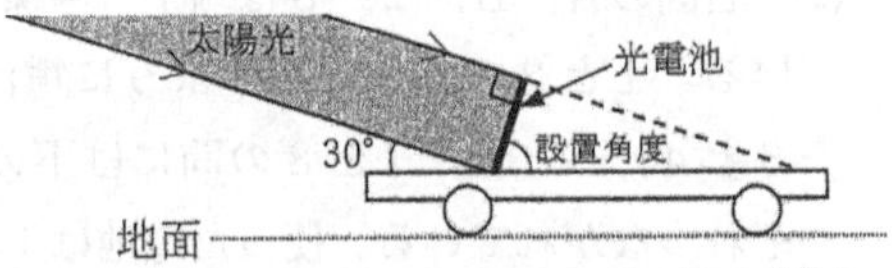

⑶　年間を通して発電量が大きくなるようなソーラーパネルの設置角度は，東京では35°である。北海道ではどのような設置角度にするのがよいか。次のア～ウから選びなさい。

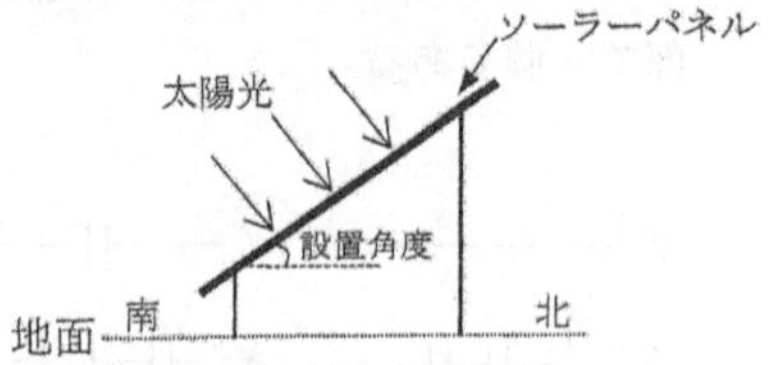

ア　35°より小さい　　イ　35°　　ウ　35°より大きい

【社　会】（40分）　＜満点：100点＞

【注意】 語句はできるだけ漢字で書きなさい。

Ⅰ　西陣《じん》織の起源は，①焼き物や②金属細工とともに，養蚕と絹織物の技術がもたらされた③5～6世紀にさかのぼります。④平城京が栄えた奈良時代を経て，⑤平安京に遷《せん》都後，朝廷《てい》の管理のもとで高級な絹織物作りが発達しました。⑥藤原氏など貴族の屋敷《しき》が立ち並んだ京には職人が集まる町もつくられました。やがて職人たちは自ら工房《ぼう》を立ち上げ，⑦室町時代には⑧座と呼ばれる組織を発展させました。15世紀後半に起こった⑨応仁の乱で町は壊滅《かいめつ》してしまいましたが，避《ひ》難していた職人たちが西軍の陣地であった地域に戻《もど》り，織物業を復活させました。⑩江戸時代，先に⑪染《せん》色した糸を用いて布を織る高級織物の産地となった西陣は，大変栄えました。桐生《きりゅう》など⑫北関東でも絹織物業が盛《さか》んになりました。西陣織は明治初期には原料の入手困難などによって衰《すい》退しましたが，その後⑬伝統産業として復興し，今日まで続いています。

問1　下線①について，瀬戸《せと》焼は日常の器として鎌倉時代には広く流通していました。瀬戸焼が鎌倉時代に流通したことは，文字の史料に記されている内容以外に，何によって確認できるでしょうか。20字以内で述べなさい。

問2　下線②について

(1)　銅や鉄に関する次の文を，古い順に記号で並べかえなさい。

ア　大王の名が刻まれた鉄剣《けん》がつくられた。

イ　農具に鉄製の刃《は》が使用され始めた。

ウ　朝廷が貨幣《へい》の発行を始めた。

エ　朝鮮半島の王から朝廷に，金銅の仏像が初めてもたらされた。

(2)　銅が主要な材料として使われることはないものを2つ選び，記号で答えなさい。

ア　農具の鎌《かま》や鍬《くわ》　　イ　お寺の鐘《かね》や像　　ウ　電気や信号を送る電線ケーブル

エ　鋳《ちゅう》造される貨幣　　オ　茶器や花器　　カ　飛行機の機体

問3　下線③の頃の東アジアについて述べた文として，正しいものを2つ選び，記号で答えなさい。

ア　分裂《れつ》していた中国を，隋《ずい》が統一した。

イ　日本は当時，百余りの小国に分かれ，複数の国が中国に使者を送っていた。

ウ　隋が成立したことで，朝鮮半島の国々も初めて統一された。

エ　中国や朝鮮半島からの渡《と》来人の中には，日本で外交や記録を担当する者もいた。

問4　下線④に武蔵《むさし》国から税を運ぶためにかかる日数は，古代の史料には「のぼり29日　下り15日」と記されています。武蔵国から平城京に税を運ぶ通常の経路として，もっともふさわしいと考えられるものを1つ選び，記号で答えなさい。（地名は現在のものです。）

ア　東京湾から船で太平洋に出て，大阪湾から陸路で平城京へ

イ　利根川から船で太平洋に出て，伊勢湾に入り，上陸して東海道沿いに平城京へ

ウ　陸路で群馬，長野，岐阜と進み，福井から琵琶湖の北東岸へ移動して，平城京へ

エ　神奈川，静岡，愛知と太平洋岸の地域を陸路で進み，三重を通って平城京へ

問5　下線④の朝廷が手に入れていた塩について述べた文として，ふさわしいものを2つ選び，記号で答えなさい。

ア　中国地方の山間部で取れる岩塩を削《けず》り取って，製塩していた。

イ　税の調として，生産地から成年男性によって平城京に運ばれた。

ウ　若狭《わかさ》湾や志摩《しま》半島などの沿岸で，海水を煮《に》つめる手法で作られていた。

エ　国営の複数の荘《しょう》園内で，専門の職人を集めて生産された。

問６　下線⑤とその周辺で起こった次のできごとを，古い順に記号で並べかえなさい。

ア　関白になった豊臣秀吉の権威《い》を示す，豪《ごう》華な屋敷が建てられた。

イ　足利義政が東山に障子《しょうじ》やふすまを用いた書斎《さい》を建てた。

ウ　承久の乱によって，幕府は朝廷に対して優位な立場となった。

エ　唐に渡《わた》って仏教を学んだ最澄が，比叡《えい》山に寺を築いた。

オ　平清盛が太政大臣となり，政治権力を握《にぎ》った。

問７　下線⑥は10世紀後半から11世紀半ばに摂政・関白として，世襲《しゅう》（特定の地位や職が子孫に受け継《つ》がれること）で政治を運営しました。藤原氏が世襲で政治を行うことができた理由を述べた文として，もっともふさわしいものを１つ選び，記号で答えなさい。

ア　地方政治について摂政･関白が細かく指示を出し，全国一律のしくみで政治が行われており，混乱が起こりにくかったため。

イ　それまで各地で起きていた武士の反乱がおさまり，地方が安定していたため。

ウ　中国や朝鮮半島など東アジアの国々との外交で，新しい状況《きょう》への対応をせまられることが少なかったため。

エ　土地の支配力を強めた寺院勢力が力を伸《の》ばして朝廷に対抗《こう》しており，貴族が力を合わせて政治を行う必要があったため。

問８　下線⑦には，商人たちの自治が行われる都市が発展しました。次のＡ，Ｂにあてはまる都市を，右の地図中の記号で答えなさい。

Ａ　戦乱で一時中断していた祇園《ぎおん》祭を，裕《ゆう》福な商工業者たちが中心となって復活させた。

Ｂ　貿易の拠《きょ》点として発展し，16世紀半ばには町の人々が武士をおさえて自治を行ったが，やがて織田信長の支配下に置かれた。

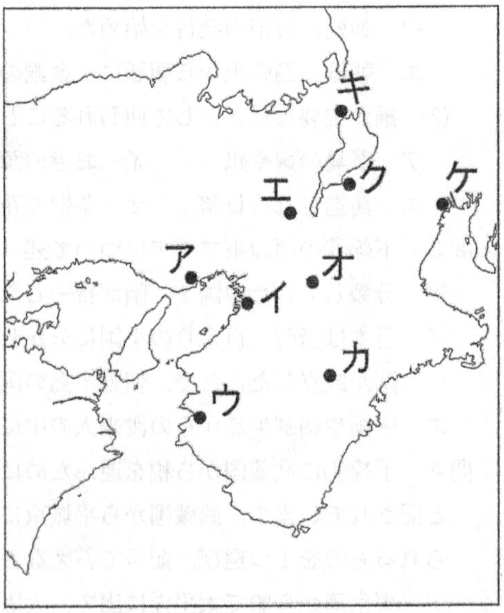

問９　下線⑧の廃《はい》止など，織田信長の経済政策によって急速に発展した城下町の位置を，右の地図中の記号で答えなさい。

問10　下線⑨以降の変化について述べた文として，正しいものを２つ選び，記号で答えなさい。

ア　室町幕府の将軍が，地方への支配を強めた。

イ　村の人々が団結して領主に対抗する動きが拡大した。

ウ　金閣に象徴《ちょう》される，華《はな》やかな文化が開花した。

エ　戦いによって周りの大名を従える大名が登場した。

オ　寺院や貴族の荘園が一層広がった。

問11　下線⑩の社会の変化について述べた文として，まちがっているものを２つ選び，記号で答えなさい。

ア　様々な職業が生まれ，互《たが》いに取引することで経済活動が活発になった。

イ　米の値段は常に安定していたため，年貢米を収入とする幕府の財政も安定していた。

ウ　町人文化が発展し，町人を読み手とする文学作品が登場した。

エ　江戸や大阪では，大名を上回る財力を持つ町人も現れた。

オ　経済発展によって貧しい民衆が減り，江戸時代後半には一揆《き》や打ちこわしが減少した。

問12　下線⑪について，藍《あい》染めでは，染料の原料として藍のどの部分を使用しますか。

問13　下線⑫について

(1)　2020年時点の北関東工業地域（群馬県・栃木県・茨城県）の特徴について，まちがっているものを１つ選び，記号で答えなさい。

ア　原料の輸入に便利な海沿いには，製鉄所が立地している場所がある。

イ　江戸時代から発達したせんい工業が，現在も，工業生産額に占める割合がもっとも高い。

ウ　北関東工業地域全体の工業生産額は，京葉工業地域の工業生産額を上回っている。

エ　太平洋ベルトに位置する他の工業地帯・地域と比べて，食料品工業の工業生産額の割合が高い。

(2)　次の表は群馬県前橋市・鳥取県米子《よなご》市・東京都大島町の月ごとおよび１年間の平均気温・降水量の合計です。群馬県前橋市にあてはまるものを選び，記号で答えなさい。なお，上の段の数値は気温（℃），下の段は降水量（㎜）を表しています。

	1月	2月	3月	4月	5月	6月	7月	8月	9月	10月	11月	12月	年
ア	4.7	5.1	8.2	13.2	18.2	21.8	26.2	27.3	23.0	17.5	12.2	7.1	15.4
	151.7	117.5	128.2	106.3	119.1	169.5	227.2	128.4	214.3	131.1	118.1	145.9	1757.2
イ	7.5	7.8	10.4	14.4	18.2	21.0	24.6	26.0	23.4	18.9	14.5	10.0	16.4
	137.3	146.0	238.4	247.4	256.5	328.8	255.9	191.7	341.3	405.2	192.8	117.6	2858.9
ウ	3.7	4.5	7.9	13.4	18.6	22.1	25.8	26.8	22.9	17.1	11.2	6.1	15.0
	29.7	26.5	58.3	74.8	99.4	147.8	202.1	195.6	204.3	142.2	43.0	23.8	1247.4

（統計は 1991～2020 年の平均　気象庁資料より作成）

問14　下線⑬について，現代の伝統工芸品の特色としてあてはまらないものを２つ選び，記号で答えなさい。

ア　製作する技術を身につけるには長い年月が必要なため，若い後継《けい》者が少ない。

イ　原材料は天然のものが多いが，国内で自給できなくなり，輸入に頼《たよ》るものもある。

ウ　おもに手作業でつくられているので，生産に時間がかかり，機械で大量につくる製品に比べ価格が高くなりがちである。

エ　伝統工芸品は貴族文化の中で発展したため，日常生活においてあまり使用されていない。

オ　生産量が多くないため，海外にはほとんど輸出されていない。

Ⅱ　日本で失業が①社会問題として認識されるようになったのは，②明治時代以降です。それまでは③職や地位が親から子へ受け継がれていました。1890年代以降，製糸業や紡《ぼう》績業を中心に④工業化が進むと，⑤工場でやとわれて働く労働者が増えました。⑥製糸工場の労働者の多くは，若い女性でした。⑦重化学工業分野が発展すると男性労働者もさらに増加しました。加えて，大学卒業後，企業で事務の仕事をする労働者も現れ，⑧職業が多様化しました。企業にやとわれる形で働く人の増加により，失業に追い込まれる人も増えました。

問１　下線①に関連して，労務作業が義務付けられている懲《ちょう》役刑《けい》と，義務とはなっていない禁錮《こ》刑の区別を廃止し，拘《こう》禁刑として統一する刑法の改正が2022年に成立しました。この改正に関して述べた文として，まちがっているものを２つ選び，記号で答えなさい。

ア　再犯防止のためには，刑務作業だけでなく立ち直りのための教育が必要である。

イ　出所後の生活場所を提供して，仕事に就くことを支援《えん》することは，再犯防止に役立つ。

ウ　刑務所を出た後に再び罪を犯す人の割合が減少している。

エ　刑事裁判では，禁錮刑が選択されることは非常に少なく，懲役刑と区別することの意義が薄《うす》れた。

オ　受刑者に65歳以上の高齢《れい》者の占める割合が減少している。

問２　下線②について

(1)　明治時代の制度について述べた文として，正しいものを２つ選び，記号で答えなさい。

ア　廃藩置県により，大名は知事となって県を治めた。

イ　北海道から沖縄に至る全国で，廃藩置県によって藩が一斉《せい》に廃止された。

ウ　義務教育の制度ができるとすぐに，ほとんどの児童が小学校に通うようになった。

エ　徴兵令が出されたが，徴兵された者はわずかで，引き続き各地の士族たちが政府の兵士となった。

オ　大日本帝国憲法の制定より前に，電信の技術や郵便制度などが導入された。

カ　政府が国会開設を約束したことがきっかけになり，自由民権運動が始まった。

キ　大日本帝国憲法では天皇が軍隊を率いるとされていた。

(2)　戦争について述べた文として，正しいものを２つ選び，記号で答えなさい。

ア　日清戦争の結果，日本は当時の１年間の国家収入を上回る賠償《ばいしょう》金を得た。

イ　日清戦争後，イギリスは日英同盟を結び，日露戦争では日本と共に戦った。

ウ　日露戦争は満州と樺《から》太をどちらの勢力の下に置くかをめぐって起こった。

エ　日露戦争の結果，ロシアは韓国（朝鮮）が日本の勢力の下にあることを認めた。

オ　日露戦争直後，日本では労働組合をつくる権利が認められた。

問３　下線③に関連して

(1)　現在，日本国憲法で世襲と定められている地位を答えなさい。

(2)　職業や地位を世襲することについて，日本国憲法で定められているもっとも関係の深い国民の権利は何ですか。憲法に書かれていることばで答えなさい。

(3)　選挙の選出方法は，どのような議会を構成するかに影響《きょう》を与えます。たとえば，ア～エの選出方法で定数100人を選ぶ選挙を行ったとし，投票用紙には１人あるいは１つの政党名しか書けないこととします。Ａ～Ｃにもっともなりやすい選出方法をア～エから１つずつ選び，記号で答えなさい。（同じ記号をくり返し使ってもかまいません。）

Ａ　落選者に投じられた票が一番多くなる。

Ｂ　世襲議員（父母，祖父母など親族に国会議員がいる候補者）であることが当選に影響を与えにくい。

Ｃ　議席をほぼ二分する２つの政営が議会を占《し》める。

ア　政党に投票し得票数に応じて100議席を配分する

イ　１つの選挙区から１人を選出する

ウ　１つの選挙区から３人～５人を選出する

エ　１つの選挙区から50人を選出する

問４　下線④で発展した自動車産業について

(1)　下のグラフから，日本の100人当たりの自動車保有台数の変化を表したものを１つ選び，記号で答えなさい。

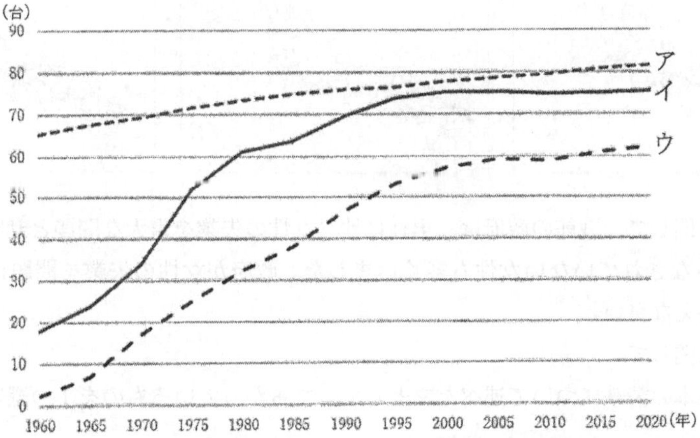

（日本国勢図会 2022/2023 より作成）

(2)　自動車産業について述べた文として，正しいものを１つ選び，記号で答えなさい。

ア　自動車工場は，同じ敷地内で細かい部品も含《ふく》め，すべての部品を組み立てる必要があるので広大な敷地面積となっている。

イ　2019年，日本の自動車の生産台数は世界第１位である。

ウ　現在，日本国内で生産された自動車の８割は海外に輸出されている。

エ　2019年の時点で，日本の自動車会社が生産する自動車の台数は，国内よりも海外工場で生産する台数の方が多い。

問５　下線⑤について，下のグラフは日本の大工場と中小工場の割合を示したものです。

Ａ　働く人の数

Ｂ　工業生産額

Ｃ　工場の数

にあてはまるものを，グラフからそれぞれ選び，記号で答えなさい。

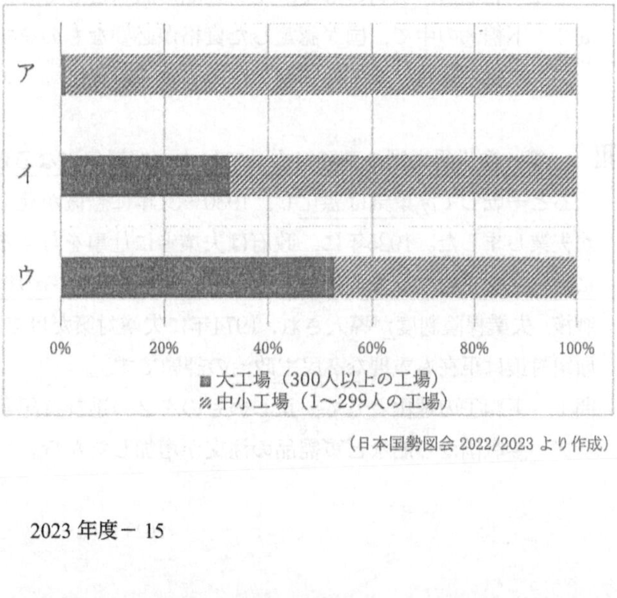

（日本国勢図会 2022/2023 より作成）

問６　下線⑤について，Ａ～Ｃの現在の工場分布図をそれぞれ選び，記号で答えなさい。

Ａ　IC工場　　Ｂ　自動車工場　　Ｃ　石油化学コンビナート

ア　　　　イ　　　　ウ

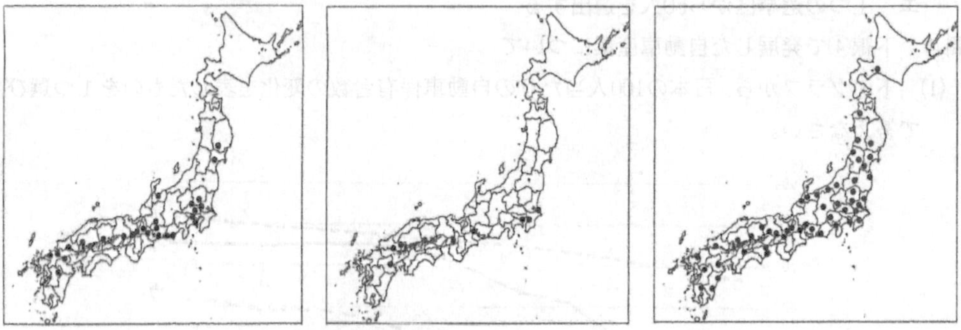

問７　下線⑥に関して，戦前の政府は，男性に比べ女性の失業を重大な問題とせず，職を失ったのに失業者とみなされていない女性も多くいました。政府が女性の失業を問題にしなかった理由を，考えて答えなさい。

問８　下線⑦に関して

⑴　戦後の日本の製鉄について述べた文として，まちがっているものを１つ選び，記号で答えなさい。

ア　鉄鉱石の産地の近くで，製鉄が行われていた場所がある。

イ　現在，原料の鉄鉱石の７割を海外からの輸入に頼っている。

ウ　製鉄には，鉄鉱石だけではなく石炭も使われている。

エ　製鉄所で鉄をつくるためには，大量の水や電気が必要である。

⑵　石油について述べた文として，まちがっているものを１つ選び，記号で答えなさい。

ア　製油所では，原油からガソリンや灯油などの石油製品をつくっている。

イ　騒《そう》音を防ぐため，製油所のまわりに緑地帯をつくる工夫をしている。

ウ　日本は，2019年現在，原油の99％以上を海外から輸入している。

エ　2019年の時点で，ロシアは日本の原油輸入先の３位までに入る。

オ　石油は，燃料のほか，工業製品の原料としても使われている。

問９　下線⑧の中で，国が認定した資格が必要なものをすべて選び，記号で答えなさい。

ア　衆議院議員　　イ　国務大臣　　ウ　看護師　　エ　市長　　オ　弁護士　　カ　社長

Ⅲ　①第一次世界大戦の勃《ぼっ》発によって日本が好景気になると，労働者数は急増しました。1920年代に入ると一転して②景気は悪化し，1930～31年に恐慌《きょうこう》が発生して企業が倒《とう》産すると，③多くの労働者が失業しました。1925年に，政府は失業者に仕事を与える救済事業を始めました。一方，④失業者に給付金を支給する失業保険制度は，企業経営者からの根強い反対によって実現しませんでした。戦後，失業保険制度が導入され，1974年に失業対策だけでなく⑤雇《こ》用保険制度へと改められました。雇用対策は現在も重要な⑥民主政治の課題です。

問１　下線①の理由として，正しいものを２つ選び，記号で答えなさい。

ア　参戦国から船など軍需《じゅ》品の注文が増加したから。

イ　ヨーロッパから日本への工業製品の輸出が増加し，日本の競争力が高まったから。

ウ　好景気となったアメリカへ，自動車などの工業製品の輸出が増加したから。

エ　ともに戦ったヨーロッパの国から資金援助を受けて，官営の製糸工場を建設したから。

オ　中国への工業製品の輸出が増加したから。

問２　下線②について，不景気の時に一般的に見られる現象として，正しいものを２つ選び，記号で答えなさい。

ア　電気の使用量が増える。

イ　会社の倉庫に商品が多く残る。

ウ　大型連休でも長期の旅行には行かなくなる。

エ　土地が値上がりしてマイホームが買えなくなる。

オ　家やビルの建設が盛んになる。

カ　企業が翌年納める法人税が多くなる。

問３　下線③に関して

(1)　1929年～1932年の，日やとい労働者とそれ以外（常勤）の労働者の失業率（％）の変化を表すグラフを選び，記号で答えなさい。

(2)　(1)で選んだグラフについて，なぜそのような変化になるのか考えて述べなさい。

ア

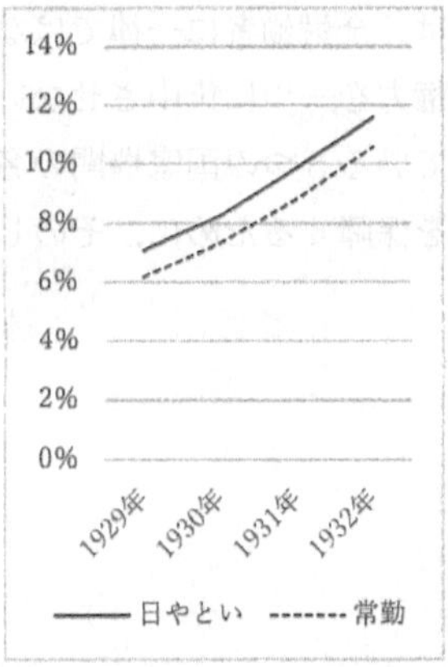

イ

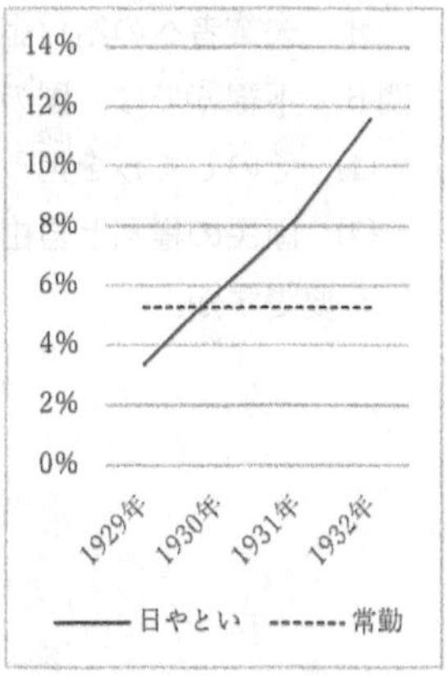

ウ

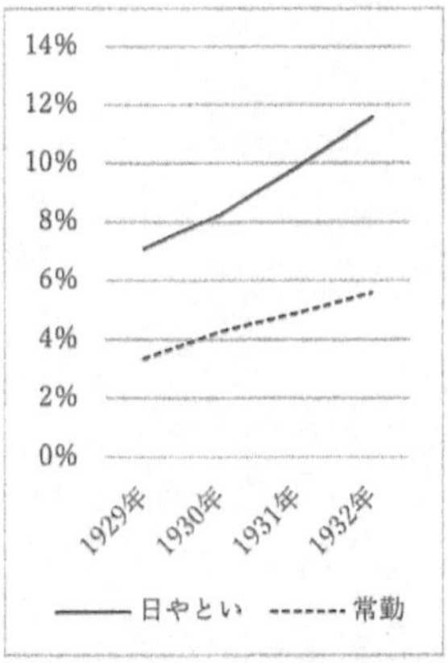

エ

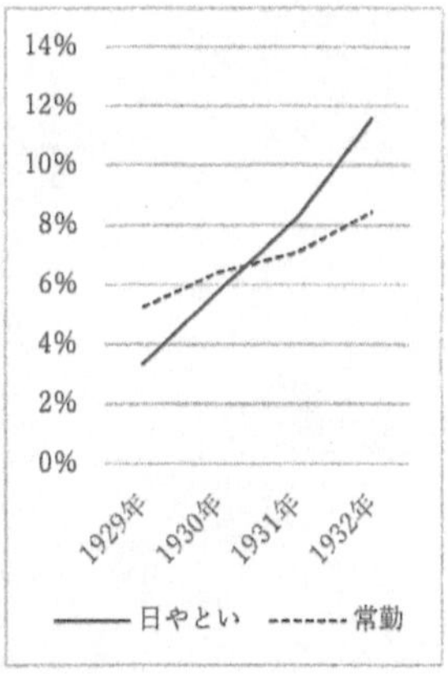

（労働運動史料委員会編『日本労働運動史料　第10巻』1959年をもとに作成）

問4　下線④について，経営者が制度に反対した主張として，もっともふさわしくないと考えられるものを1つ選び，記号で答えなさい。

ア　国が労働者に権利を与えると，労働者から経営者への要求が増えて，経営者と労働者との関係が悪くなる。

イ　失業しても生活が保障されていれば，厳しい労働条件で働く人がいなくなる。

ウ　企業が給付金の一部を負担することになれば，企業の利益が減少して，産業が衰退する。

エ　日本の労働者の労働条件は欧《おう》米と比べて良いにもかかわらず給付金を支給することで，国家の財政が悪化する。

オ　労働者が国に頼るようになり，怠《なま》け者になる。

問5　下線⑤の現在の内容として，まちがっているものを2つ選び，記号で答えなさい。

ア　この制度に加入するかどうかは，それぞれの企業の判断で決定する。

イ　失業中に，新たな資格を取るための受講料の一部が支給される。

ウ　アルバイトやパートタイム労働者は，一定の条件を満たしていれば加入できる。

エ　仕事を失ったときに備える保険なので，毎月の保険料は全額労働者が負担する。

オ　失業者への給付金は，全労働者に一律ではない。

問6　下線⑥では，国の権力を一つに集中させないしくみが大切です。

(1)　そのしくみを担《にな》っている3つの国家機関の名称《しょう》を書きなさい。

(2)　国民の権利と自由を保障するために，そのしくみを担う国家機関は互いにどうすることが必要ですか。

問五 ――⑤「実は全然そうではなかった」とありますが、どのようなことに気づいたのですか、簡潔《かんけつ》に答えなさい。

問六 ――⑥「これはシンパシーではなく、エンパシーである」とあるが、ここでいう「エンパシー」とはどのような心のはたらきであると考えられますか、最も適切なものを次から選びなさい。

ア 弱い立場の人に寄りそい、同情の気持ちで手を差しのべようとする心のはたらき

イ 自分とは違う存在に対して思いを巡《めぐ》らして、ともに生きようとする心のはたらき

ウ 生まれや育ちに関係なく、誰《だれ》に対しても平等で公平に接しようとする心のはたらき

エ 同じ体験をした人だけが共有できる仲間意識を大事にしようとする心のはたらき

問七 ――⑦「いつもと違う貌《かお》を見せ始めていた」とありますが、街の人々はどのように変化しましたか、説明しなさい。

三 次のカタカナを漢字に直しなさい。

1 ヨウショウのころの夢。

2 鳥の世話を妹にユダねる。

3 とうもろこしをユニュウする。

4 ドウソウ会に呼ばれる。

5 カクシン的な発明。

6 痛みがオサまる。

から同じ家族が住んでいてみんな互《たが》いをよく知っている公営住宅地とはわけが違う。だが、それでも、わたしたちが外に出ると、向かいの家も、隣の家も、住人たちが前庭に出て来ていた。とりあえず、配偶者と隣家の若い父親、向かいの家の中年男性が3人で叫び声がした家の様子を見に行くことになった。結局、外に出られなくてストレスを溜《た》めたティーン（十代の若者）の兄弟喧嘩《げんか》だったことがわかり、怪我《けが》をした息子を母親が緊急《きんきゅう》外来に連れて行くことになったが、彼らには病院に着けて行くマスクがなかったので、配偶者が家に戻ってきてマスクを数枚、持って行った。

なんとなくよそよそしく気取っていたストリートが、非日常な状況の中で⑦いつもと違う貌《かお》を見せ始めていた。

人々は、コロナ禍《か》をともに経験することで、「聞いたことを聞かなかったことにはできない」気分になっている。

（ブレイディみかこ『他者の靴を履く』）

※出題者注　キー・ワーカー…人々の生活に不可欠な仕事をする人。エッセンシャルワーカー。

問一　――①「とても面倒くさいことになったと思った」とありますが、どのようなことを感じたのですか、最も適切なものを次から選びなさい。

ア　まだコロナ感染者が少なかった時期なので、コロナ感染よりも、だれにも相談できないまま、親しい人や弱い立場にいる人の安全を守らなければならないことをたいへんだと感じた。

イ　まだコロナ感染者が少なかった時期なので、コロナ感染よりも、そのことが人に知られてしまい、地域の人々から仲間外れにされてしまうだろうことをおそろしく感じた。

ウ　まだコロナ感染者が少なかった時期なので、コロナ感染よりも、自分と関わる人にどのような影響《えいきょう》があるか一つ一つ考えなければならなくなったことを負担に感じた。

エ　まだコロナ感染者が少なかった時期なので、コロナ感染よりも、知らずに出歩いたことで自分が街で感染を広めてしまったかもしれないことに責任の重さを感じた。

問二　――②「わたしを起点として」とありますが、ウィルス感染をめぐって「わたし」が思い浮かべた人々を左の図のように表しました。A～Cにあてはまる人物を、文中の語を用いて書きなさい。（→で示したのは、そこから関わる人のことである。）

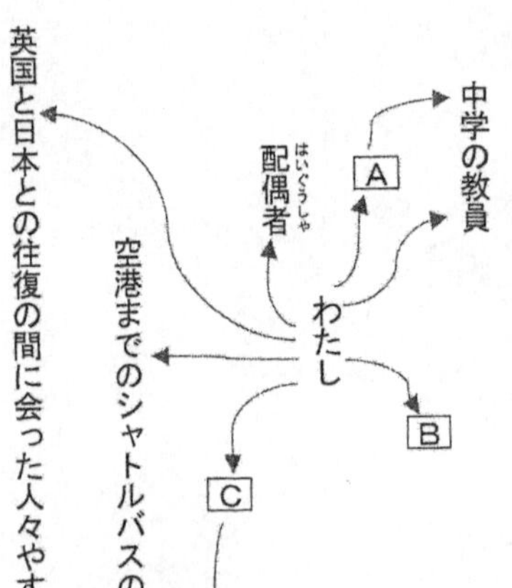

問三　――③「巨大な蜘蛛《くも》の巣」とはどのようなものの比喩《ひゆ》ですか、説明しなさい。

問四　――④「とりあえず、新型コロナ感染版の「人間分子の関係、網《あみ》目《め》の法則」は途切《とぎ》れた」とはどういうことですか、説明しなさい。

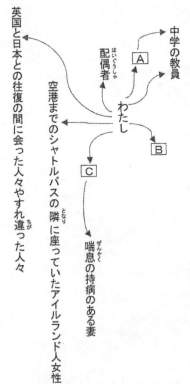

彼女は、その「ぞろぞろとつながっている」チェーンの中で搾取《さくしゅ》〈利益を不当に取り上げること〉されている人間がいることを考察していた。子どもの頃に暮らした山梨の山間の小さな村の様子を観察し、彼女はこう書いた。「私の考えでは、村で養蚕ができるなら、百姓はその糸を紡《つむ》いで仕事着にも絹物の着物を着て行けばいい。何も町の商人から木綿《もめん》の田舎縞《じま》や帯を買う必要がない。繭《まゆ》や炭を都会に売るからこそそれよりも遥《はる》かにわるい木綿やカンザシを買わされて、その交換《こうかん》上のアヤで田舎の金を都会にとられて行くのだ」。

コペル君は粉ミルクという商品から、金子文子は繭という原料から、逆の方向からそれぞれ資本主義社会における経済活動のチェーンを想像したわけだが、この「ぞろぞろと続く目に見えない大勢の人々とのつながり」は、ふだんの生活ではあまり想起することはない。自分自身や自分の生活は他者のそれとは切り離《はな》されたものであり、消費や生産も単独の行為《こうい》として考えがちだ。

1937年に出版された『君たちはどう生きるか』のコペル君や、1926年に獄中《ごくちゅう》死した金子文子がマルクス的に経済を通して不可視〈目に見えないこと〉の人々との繋がりを理解したとすれば、2020年のわたしたちは新型コロナウィルスを通してそのことを実感として捉《とら》えるようになったのではないだろうか。

わたしたちは孤立《こりつ》しているように見えて、⑤実は全然そうではなかったのである。

（略）

新型コロナウィルスによって立ち現れている人道主義とは、相手が誰《だれ》かで「区別はしない」。なぜなら、感染症は人種の違い、貧富の差、思想の違いとは関係なく、誰でもかかるものだからだ。災害時の助け合いは、敵だから見捨てるとか、味方だから援助《えんじょ》するとかいう性質のものではない。⑥これはシンパシーではなく、エンパシーである。実際、今回の新型コロナウィルス感染で他者に対する感覚が鋭《するど》くなったと思っている人は多いはずだ。

例えば、わたしは現在、自宅が改修工事中につき、仮住まいの身なのだが、毎週木曜日の夜に家の前に出て「※キー・ワーカーへの感謝の拍《はく》手《しゅ》」をするうちに、だんだん近所の人々と顔見知りになってきた。近所の高齢《こうれい》者や基礎疾患《きそしっかん》のある人々の家に食材を届けるボランティア・グループも結成され、一人暮らしや夫婦だけで生活している高齢者、障害者のいる家庭などに定期的に電話を入れ、何か切れている生活必需《ひつじゅ》品がないか聞いたり、雑談したりするサービスも行っている。車を運転しないわたしは、食品の調達や配達では役に立たないので、後者のほうに参加している。担当する家庭に電話して定期的に高齢者と話をしていると、これまで知らなかった人たちの知らなかった生活事情が見えてくる。戦前や戦中に生まれた世代に愛されている紅茶のティーバッグのブランドとかビスケットの種類とかがわかるようになった。そうなってくると、携帯《けいたい》電話の向こうにいる高齢者の背後に、無数の似たような状況にある高齢者たちの姿が見えてくる。いま、カスタードクリーム・ビスケットを食べたいのにスーパーに買いに行けないお年寄りが英国に何人ぐらいいるのだろうと思いを巡《めぐ》らすようになるのだ。

そんなある日、深夜に近所で大きな叫《さけ》び声がした。ガラスの割れる音がそれに続いた。わたしと配偶者は思わず外に出た。わが家が仮住まいしているエリアはミドルクラス〈中流階級〉の新興住宅地で、半世紀も前

ていた。（中略）

検査の結果が出るまで、いろいろなことを考えた。自分がコロナに感染していたとしても、14日間家で寝ていればいいというだけで、特に恐《きょう》怖《ふ》感はない。

それより、①とても面倒《めんどう》くさいことになったと思った。

その面倒くささこそが感染よりも不運なことに思えた。まだ学校が休校になる前だったので、息子の中学の教員に事情を説明して、検査結果が出るまで彼を休ませねばならない。日本に行っていた間に息子の世話をするため仕事を休んでもらった配偶者《はいぐうしゃ》にも、また2週間も自主隔離《かくり》してもらわねばならず、さすがにこれには彼も憤《いきどお》るだろう。

けれども何より気になったのは、日本に行く前、感染者の職場に行ったときに、帰りにジャガイモや牛乳を買って届けた近所のおばあちゃんのことだった。それでなくとも体が弱い彼女に感染させた可能性があるからだ。水道工事のために家に出入りしていた業者のことも思い出した。確か、以前、彼の妻には喘息《ぜんそく》の持病があると言っていたような気がする。そういえば、ブライトンからヒースロー空港までのシャトルバスで隣《となり》に座っていたアイルランド人の気さくな女性は妊娠《にんしん》中だった。英国と日本を往復した間に会った人々やすれ違《ちが》った人々が次々と思い出された。そして彼らの一人一人に家族があって、同僚《どうりょう》がいて、電車で隣に乗り合わせる人がいて、ショップのレジで前に並んでいる人がいると思うと、その人数はどこまでも増えていく。

②わたしを起点として、目に見えない③巨大な蜘蛛《くも》の巣が背後に広がったような感覚をおぼえた。

なぜか思い出したのは、吉野源三郎〈一八九九～一九八一〉の『君たちはどう生きるか』（岩波文庫）で主人公コペル君が唱えた「人間分子の関係、網目《あみめ》の法則」だった。コペル君は粉ミルクを一つの例として、オーストラリアの牛から搾乳《さくにゅう》されたミルクが、遠い日本に住む自分の口に入るまでのプロセスを想像し、牛と自分の間には「牛の世話をする人」や「汽船から荷をおろす人」など、きりがないほど大勢の人間が存在していて、粉ミルクの生産と流通、消費を通して繋《つな》がっているのだと気づく。そして「人間分子は、みんな、見たことも会ったこともない大勢の人と、知らないうちに、網のようにつながっている」と考える。

この「網目の法則」は、マルクス〈一八一八～一八八三〉が『資本論』の「第一章　商品」で書いた資本主義社会の商品論のサマリー〈要約したもの〉のようなものとして知られているが、この法則と似たようなことがウィルス感染についても言えるなあ、と考えていたところで検査の結果が出た。わりと早かった。あの頃は、検査を受ける人はレア〈めずらしいこと〉だったのである。

結果は陰性《いんせい》だったが、わたしのような健康きわまりない人間の場合にはふつうの風邪《かぜ》のほうがコロナよりもよっぽどきついのか、熱が下がらずしばらくは大変な目にあった。しかし、④とりあえず、新型コロナ感染版の「人間分子の関係、網目の法則」は途《と》切《ぎ》れた。病気になることよりも、網目がどんどん拡大《かくだい》していくことのほうが面倒くさいと思っていたので、イモと牛乳を届けたおばあちゃんや水道業者や東京で会った人々みんなに感染させたかもと心配する必要がなくなったことが何よりもわたしを安堵《あんど》させた。

ちなみに、金子文子〈一九〇三～一九二六〉もコペル君のマルクス的気づきと同じようなことを『何が私をこうさせたか』（岩波文庫）に書いている。

問六　――⑥「人は恐竜と違って「知らぬが仏」ではなくなってきている」とはどういうことですか、最も適切なものを次から選びなさい。

ア　人間は、先人たちが積み重ねてきた経験や記録にもとづいて物事の理解を深めてきたのであり、科学的な知識を持たないまま生きていた恐竜とは異なり、予測される危機に対して何もしないではいられなくなったということ。

イ　人間は、自分たちの生きている世界の仕組みを知ってしまった唯《ゆい》一《いつ》の生き物であり、知ってしまった以上は、そのすべてを明らかにするために、過去から続いてきた知恵のリレーを途《と》絶《だ》えさせることはできなくなってしまったということ。

ウ　人間は、ふだんの生活の中で知恵を活用することによって生き延びてきたのであり、それは高度な知能が発達していくために必要なことであったが、本能のままに生きる動物と異なり、心の平穏《へいおん》がもたらされなくなってしまったということ。

エ　人間は、あっけなく滅《ほろ》んでしまった恐竜と違って、何代にも渡って知恵を継承《けいしょう》することで、失敗と成功をくり返し、工夫するたびに進歩してきた生き物なのであり、もはや誰《だれ》も人間の進歩を止めることはできなくなったということ。

問七　――⑦「明日の自分のために極《きわ》めて大切だ、と知っておいたほうがよいものです」とありますが、なぜそう言えるのですか、最も適切なものを次から選びなさい。

ア　経験や記録というものは、自分が無視されたり、排除《はいじょ》されそうになったりしたときに我が身を守るのに役立つから。

イ　たくさんの経験をし、その記録を積み上げることのくり返しによって、明日の自分がより良いものになるから。

ウ　経験や記録を重んじ、これを守り伝える意識が共有されていかないと、人は手にした英知をすぐ失ってしまうから。

エ　現代の私たちが手にしている科学の発展は、過去の人々の経験や記録なしでは到達《とうたつ》することができないものだから。

問八　――⑧「一緒に前に進みましょう」、⑨「共に前に進もうとしました」とありますが、「一緒に／共に前に進む」とはどういうことですか、説明しなさい。

二　次の文章を読んで後の問いに答えなさい。

※本文中の〈　〉内の注は出題者による。

実は、わたしは英国で最も早い時期に新型コロナのＰＣＲ検査を受けた住民の一人だった。

２０２０年２月初頭に日本へ行き、1週間ほど東京で仕事をして英国に戻ったら、数日後に発熱と咳《せき》の症状《しょうじょう》が出た。「以下の国々からの便で英国に入国する方で、到着《とうちゃく》後14日以内に発熱や咳などの症状が出た人は、ＮＨＳ〈国民保健サービス〉に電話をしてください」という貼《は》り紙が空港のあちこちにあったのを覚えていた。そこに記された国のリストにはしっかりＪＡＰＡＮが入っていた。だから指示に従い、わたしはＮＨＳに電話した。

その頃、まだ英国でのコロナ感染者の数は一桁《けた》だった。が、わがブライトン〈英国の都市〉には不気味な予兆があった。アジアに旅をして帰国した男性が英国人で最初の感染者となり、市内で感染が広がっていたからだ。しかも、その感染者の一人の職場をわたしは日本に行く前週に訪れ中、いち早く感染症に関係する研究データを国際的に共有しよう、という動きがあったのです。

研究者というものは、ふだんはじっくりと慎重《しんちょう》に時間をかけて結果を磨《みが》き上げていくものです。信頼できるデータかということも厳しく調べて、論文などで成果を世に出すまでは研究データを公開しないことが多いのです。

でも、人間のピンチを前にして、もたもたしているうちに消える命をなんとしても救うのだと、彼らは所属機関や国境や民族を超え、情報を共有して疫病《えきびょう》と戦い、⑨共に前に進もうとしました。

私たち人間は迷信の時代を抜《ぬ》け出そうと、たった今も模索《もさく》とチャレンジを続けているところなのです。

ふだん座っているその椅子《いす》も、灯《あか》りも、部屋も、この本も、平和な朝がやってくることも、たくさんの知恵のリレーに支えられているといえます。

そういう目で、もう一度まわりを一つひとつ見渡《わた》してみてほしいのです。

360度どこを見ても、あなたの暮らしの中にあたりまえは何ひとつないはずです。

(野田祥代『夜、寝る前に読みたい宇宙の話』)

問一 ——①「いっぽう、人間は大さわぎです」とありますが、皆既日《かいき》食に対して、人間の反応が他の生き物たちと違《ちが》うのはなぜですか、理由を説明しなさい。

問二 ——②「私の背中に手を置いてくれたのを覚えています」とありますが、それはなぜだと考えられますか、最も適切なものを次から選びなさい。

ア 人々がみな大さわぎしている中、一人涙《なみだ》を流していることを見知らぬ人に気付かれてしまったのがはずかしかったから。

イ 「生かされている」という感覚を理解してくれる人がいるということが、涙が出るほどうれしかったから。

ウ 同じ場所に身を置いて神秘的な体験を共有したことで、婦人との間に強い仲間意識が生まれていたから。

エ 強く心を動かされて涙を流している自分を、優しく気づかってくれる人がいたということに心が温かくなったから。

問三 ——③「生活の役に立っていました」とありますが、「役に立つ」とはここでは具体的にどういうことですか。次の三つについて、空欄《くうらん》にあてはまる語句を、解答欄の字数以内で書きなさい。B、Cについては本文中の語を用いること。

・毎日の日の出入りや月の満ち欠けは、時計や(A)のような役割があった。

・いつも同じ方角にある星から、(B)がわかった。

・日の出直前に見えるおおいぬ座の「シリウス」から、ナイル川の氾濫《はんらん》に注意すべき時期と(C)時期がわかった。

問四 ——④「絶対にこうはなっていない」の「こう」とはどのようなことですか、次の空欄にあてはまる語を答えなさい。

日常的に( )を用いて( )な暮らしを送っていること。

問五 ——⑤「すごい」の意味としてあてはまらないものを次から一つ選びなさい。

ア すばらしい　イ 恐《おそ》ろしい

ウ かなり多くの　エ 偉大《いだい》な

ていました。でもその図書館も数百年後には壊《こわ》されてしまいました。ようやく手にした英知を、私たちは時代の流れの中に何度も落としたりなくしたりしてきたのです。

知恵をリレーするためには、あなたや私を含むたくさんの人がその価値を知って、意識的に管理したり保管したりする「空気」が必要なのです。もちろんこれは天文学にかぎった話ではありません。

天文の世界ではこんな知恵のリレーがありました。

高さ６００kmの宇宙空間に浮かぶハッブル宇宙望遠鏡の名前になった、エドウィン・ハッブルといえば、銀河系の外にも宇宙が広がっていること、ほかの銀河が私たちからどんどん遠ざかっていることを見つけた天文学者です。

彼の発見は20世紀の大発見でした。

というのも、この発見より前は、私たちのいるこの銀河系こそが宇宙のすべてで、宇宙は動かず、始まりも終わりもない、と考える人が多かったからです。

それが「宇宙は広大で無常である」と知ってびっくり仰天《ぎょうてん》、人間の宇宙観はこの発見をきっかけにガラッと変わり始めました。

でも、世の中のあらゆる成果と同様、この大発見もハッブル一人のがんばりだけで実現したものではありませんでした。

何年も前の観測データ（記録）を貴重品として保管していた人や、自分のデータを惜《お》しまず公開したスライファーという研究者の存在があり、発見には「過去のデータ」が重要な役目を果たしたのです。

ハッブルが使った「天体の距離《きょり》を測る方法」も、先にリービットというものすごく根気強い研究者がいて、彼女が発見していたものでした。

加えて、「大きくて性能の良い望遠鏡」は、ハッブルが自由に使うことができる状態になっていました。

ハッブルの大発見は、みんなが少しずつリレーした知恵や工夫が、満《まん》を持《じ》して花開いたものだったのです。

天文学には「データベース天文学」という研究方法があります。

これは、過去のデータをきちんと管理して誰《だれ》でも使える状態にしておくことで、別のデータと組み合わせたり、誰かの発見を確認（検証）したりする研究方法のことです。

たとえば、宇宙に向けてパシャリと撮影《さつえい》した写真（データ）には、無数の星や銀河が写っています。それは宇宙のある瞬間、ある場所を写した唯一《ゆいいつ》無二《むに》の記録です。そこには最初の研究目的とは違う、大発見につながる思いがけない現象や、地球の危機を救う〝何か〟が写っているかもしれません。

でも、ただ放っておくと、貴重で膨大《ぼうだい》なデータは使い捨てになってしまいます。そうならないためにも、「データベース天文学」は華々《はなばな》しくこそありませんが、とても重要な研究方法なのです。

最近では、研究成果やデータを人類のために公開する「オープンサイエンス」という世界的な動きもあります。これはいわば、世界中で知識や情報や成果を共有して⑧一緒に前に進みましょう、という流れです。

その流れは、２０２０年、世界が新型コロナウイルス感染症（ＣＯＶＩＤ‐19）で右往左往し始めたときにも見られました。

ウイルスの脅威《きょうい》によって、私たちは日々の何気ない暮らしだけでなく生命の危機にも直面してゴールの見えない状況に置かれました。そんな星座の星たちとは天でのふるまいが違《ちが》う惑星《わくせい》は、うつろいやすい人間社会の運勢と結びつけられることもありました（現代の星占いは、このあたりから生まれたようです）。

空に尾を引く彗星《すいせい》（ほうき星）や日食など、突然《とつぜん》起こる空のできごとは、不吉の前触《まえぶ》れとも考えられました。

今ほど、迷信と科学がはっきり分かれていなかった時代です。

古代の人たちにとって、空のできごとは今と比べものにならないほど神秘的でおごそかな現象として見えていたことでしょう。

ひるがえって現代の私たちは、日食がどうして起こるのかを科学的に知るようになりました。

太陽の位置を知らなくても時刻がわかるし、カーナビを使えば旅先で困ることも減ったし、わからないことはスマホやパソコンで検索《けんさく》すればあっという間にいろんな知識を教えてくれます。

考えたらすごいことです。

人に与えられた命の時間はせいぜい１００年足らず。あなたひとりや、私ひとりの力では④絶対にこうはなっていないのです。

人間がスペシャルなのは、ひとつには自分たちの⑤すごい知恵《ちえ》（英知《えいち》）を世代を超《こ》えてリレーしているところです。

知恵のリレーの横には、必ず「記録（データ）」があります。

たとえば新しいスマホやテレビドラマ、コンビニのお弁当メニューでも、何でもいきなり完成品はできませんよね。

たくさんのテストを重ねて、失敗するたびに工夫し、その経験や記録をもとにして、人は少しずつ前へと進んできたのです。

その結果として、この日常があって、ここが岩の惑星の上だということを知り、⑥人は恐竜と違って「知らぬが仏」ではなくなってきているのです。

ふだんの生活ではあまり気にしないものですが、経験や記録というのは、⑦明日の自分のために極《きわ》めて大切だ、と知っておいたほうがよいものです。というのも、この世界では人類の英知を無視したり排除《はいじょ》したりということが、いとも簡単に起きてしまうからです。

たとえば、５世紀のアレクサンドリアにヒュパティアという学者がいました。とても聡明《そうめい》な人で、数学者、天文学者、教師として多くの人たちから尊敬を集めました。

でも同時に、彼女の科学的で学術的な考え方や態度は、妬《ねた》みも生んでしまったようです。やがて信仰や思想がはずれていると追いつめられ、ついには暴徒におそわれてしまいました。とても残虐《ざんぎゃく》でむごい最期《さいご》だったと伝えられます。

近世のイタリアでは、地球や太陽が宇宙の中心ではない、と言ったブルーノという修道士が、教会の教えに背《そむ》いたという理由で火あぶりの刑《けい》になりました。

こうしたすぐれた知恵のもち主が、大勢の人の考えに合わないとか、権力をもった人の気に食わないという理由で消されてしまい、彼らがつなぐはずだった知恵のリレーは、その価値を理解できない人たちによって断ち切られてしまったのです。

英知そのものでもある書物を次の世代にリレーできない、ということもよく起きました。秦《しん》の始皇帝《しこうてい》が行った焚書《ふんしょ》（書物を焼いてしまうこと）もそのひとつです。

同じ時代の古代アレクサンドリアでは、図書館にせっせと書物を集め

【国　語】（四〇分）〈満点：一〇〇点〉

一　次の文章を読んで後の問いに答えなさい。

　1999年夏、私はハンガリーの草原に座っていました。皆既《かいき》日食《にっしょく》に合わせて開催《かいさい》された、若手研究会に参加させてもらったのです。

　「日食」は、太陽の手前を月が横切って日光をさえぎる天体現象です。中でもすっぽりと太陽をかくしてしまう皆既日食は、昼の明るい空が完全な闇夜《やみよ》に変わる、珍《めずら》しいイベントです。

　私も知識はありましたが、わかった気になっていたのかもしれません。

　それは初めて体験する、幻想《げんそう》的で、日常とは異質の風景でした。

　まず、太陽に変化を感じない頃から肌寒《はだざむ》くなります。じっとしていても汗《あせ》ばむほどの真夏だったのに、いつの間にか冷たい風が吹き始めて少し薄暗《うすぐら》くなってきました。

　異変を感じたのか、馬が何頭もヒヒーンといななき、鳥や蝶《ちょう》が忙《いそが》しそうに低空飛行していきます。

　そして、さらにあたりが暗くなって、ついに太陽の光が消えた瞬間《しゅんかん》――。

　夏の昼は闇になり、360度の地平線は朝焼け色に染まって、空には星がいくつもキラキラ輝《かがや》き始めました。

　馬はもう声も出さずに、じっとしています。

　暗くて鳥や蝶の姿は見えませんが、気配が消えています。

　①いっぽう、人間は大さわぎです。各国から集まった人たちからは歓声《かんせい》が上がり、ある人は口笛を吹き、ある人はカメラのシャッターを切り、カップルは抱《だ》き合っていました。

　でも人間も、もし数分後には月が通り過ぎて再び太陽が顔を出すことを知らなければ、本当にびっくりするだろうし、世にも恐《おそ》ろしいことが起きたと感じることでしょう。

　淡々《たんたん》と進む宇宙のできごとを前に、その時の私の感情が喜怒哀楽《きどあいらく》のどれだったかは、実はうまく表現ができません。

　ただ、ひとすじの光が月の裏側からこぼれ出た瞬間に、夜は昼になり、夏が戻《もど》り、馬が声を上げ、蝶が舞《ま》い、鳥の姿が見えて、私はとっさに「生かされている」と感じたのです。近くにいたご婦人が私を見て、

「あら、あなた泣いているの」

と②私の背中に手を置いてくれたのを覚えています。

　古代の人たちは、天を注意深く観察して③生活の役に立てていました。

　もちろん、時計もGPSもない時代です。日の出入りや月の満ち欠けは、時間が流れていることを教えてくれました。

　いつも同じ方角にある星は、旅をする人に進む道はどっちかを教えました。

　古代エジプトの人たちは、おおいぬ座の「シリウス」という星が日の出直前に見えると、もうすぐナイル川が氾濫《はんらん》する季節だ、というのを知りました。彼らは自然災害から身を守って、種まきのための栄養たっぷりの土がやってくるタイミングを星に教えてもらったのです。

MEMO

大切なことはメモしておこうネ！

2023年度

解　答　と　解　説

《2023年度の配点は解答欄に掲載してあります。》

＜算数解答＞《学校からの正答の発表はありません。》

1.　(1)　$\frac{23}{90}$　　(2)　15・7　　(3)　①　4.95以上・5.05未満　　②　2001　　(4)　㋐　75　㋑　97　　㋒　53　　(5)　3段…表面積34，体積9　10段…表面積258，体積100

2.　(1)　6・16・4　　(2)　116.18cm^2　　3.　(1)　75　　(2)　A・B・C・E　　(3)　12

4.　3.6(cm^2)，$9\frac{3}{4}$(cm^2)，$21\frac{4}{9}$(秒)　　5.　(1)　1011　　(2)　31

6.　(1)　10　　(2)　22　　(3)　解説参照

7.　(1)　18・28・10　　(2)　B　5・0　　2つの時計　19(時)57(分)30(秒)

○推定配点○

2～4　各3点×8　　他　各4点×19(1(2)・(3)①，2(1)，3(2)，7(1)・(2)B・2つの時計　各完答)

計100点

＜算数解説＞

1.　(四則計算，割合と比，消去算，概数，平面図形，立体図形，規則性，数の性質)

(1)　□＝$\left(4.25\times4\div3-1\frac{2}{15}\right)\times\left(40\frac{3}{8}-35\frac{5}{12}\right)\div2023+\frac{11}{45}=\frac{68}{15}\times\frac{119}{24}\div2023+\frac{11}{45}=\frac{1}{90}+\frac{11}{45}=\frac{23}{90}$

重要　(2)　A％とB％の食塩水を3：2の割合で混ぜる…A×3＋B×2＝11.8×(3＋2)＝59

A％とB％の食塩水を3：9の割合で混ぜる…A×3＋B×9＝9×(3＋9)＝108

したがって，Bは(108－59)÷(9－2)＝7(％)

Aは9×(1＋3)－7×3＝15

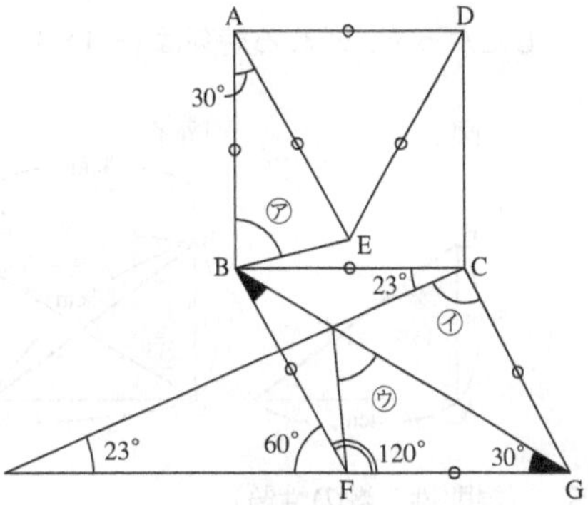

基本　(3)　①　小数第2位で四捨五入して5になる数…4.95以上5.05未満

②　0.4×4995＝1998以上，0.4×5005＝2002未満，6×333.5＝2001以上より，ある数は2001

基本　(4)　㋐　(180－30)÷2＝75(度)

㋑　180－(60＋23)＝97(度)

㋒　180－(97＋30)＝53(度)

基本　(5)　3段の表面積…{3＋2＋(3＋2＋1)×2}×2＝34(cm^2)

3段の体積…1＋3＋5＝3×3＝9(cm^3)

10段の表面積…{10＋9＋(10＋9＋…＋1)×2}×2＝(19＋110)×2＝258(cm^2)

10段の体積…1＋3＋…＋19＝10×10＝100(cm^3)

3段

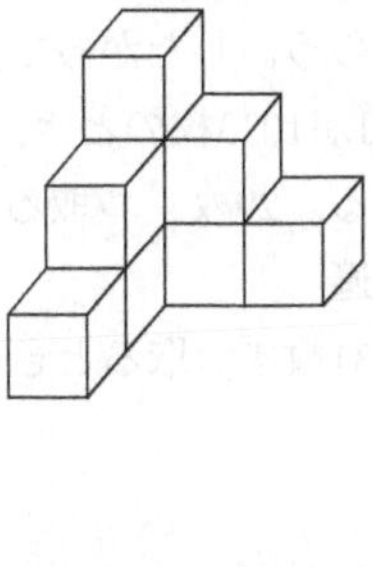

基本 2. **(平面図形，倍数算)**

(1)　図1より，ア＋イ＋ウ＝イ－10＋イ＋イ－12＝イ×3－22＝26
イは(22＋26)÷3＝16，アは6，ウは4

(2)　図2より，{(6×6＋4×4)÷4＋8×8÷8×3}×3.14＝116.18(cm^2)

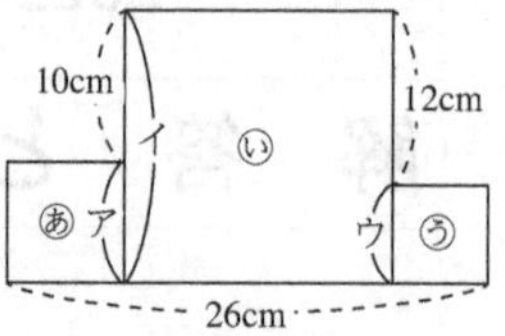

図1

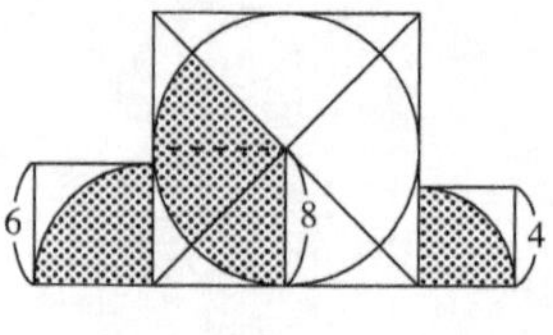

図2

重要 3. **(数の性質，規則性)**

(1)　Cが点灯する回…3回目，11回目，19回目より，Cが点灯するのが10回目になるのは3＋8×9＝75(回目)
【別解】　8×10－5＝75(回目)

(2)　右表より，8×1＋5＝13(回)押したとき，B・C・Dのランプが点灯しており，8×2＋5＝21(回)押したとき，A・B・C・D・Eのランプが点灯している。
8×18＋5＝149(回)押したとき，A・B・C・D・Eのランプが点灯している。したがって，150回押したとき，A・B・C・Eのランプが点灯している。

A	B	C	D	E
①	②	③	④	⑤
9	8	7	6	
	⑩	⑪	⑫	13
⑰	16	15	14	
⋮	⑱	⑲	⑳	㉑
⋮	⋮	⋮	⋮	

(3)　(2)の表より，14＝16×1－2(回)，30＝16×2－2(回)，…押したとき，B・Cのランプが点灯している。したがって，200÷16＝12…8より，B・Cのランプが点灯しているのは12回

重要 4. **(平面図形，相似，図形や点の移動，グラフ，速さの三公式と比，割合と比)**

図アの面積…3×4÷2÷5×3＝3.6(cm^2)
図イの面積…3×{4＋11.5－(5＋4)}÷2＝9.75(cm^2)
図ウの時刻
AHの長さ…16×2÷3＝$\frac{32}{3}$(cm)
FP：FG…$\left(\frac{32}{3}-8\right)$：3＝8：9
したがって，求める時刻は5＋4×3＋5÷9×8＝$21\frac{4}{9}$(秒)

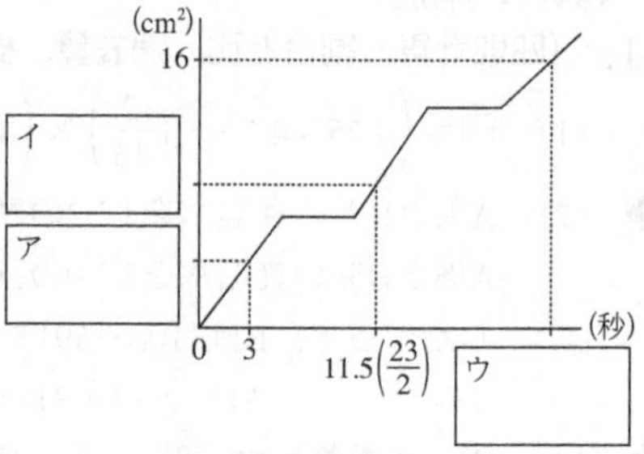

図ア

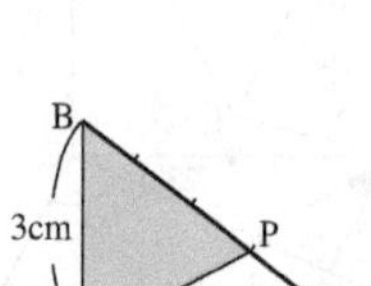

図イ

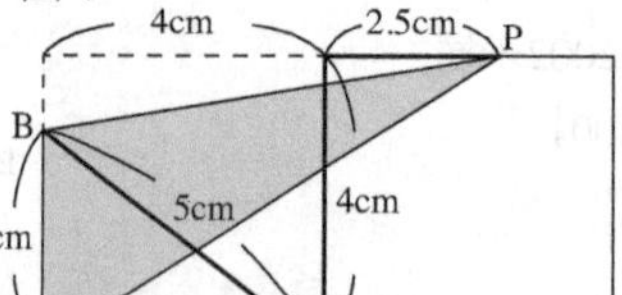

図ウ

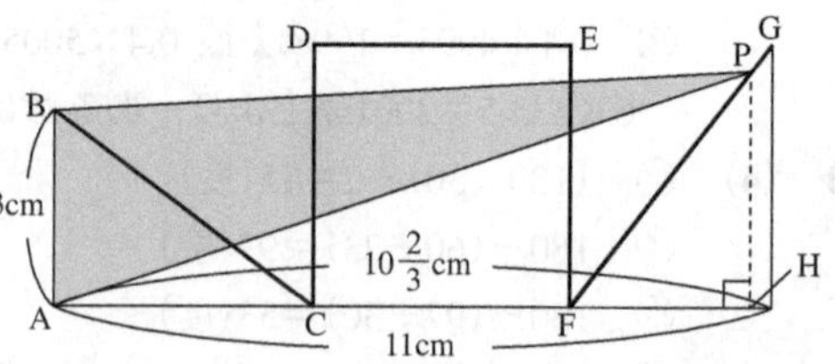

＋α 5. **(規則性，数の性質)**

重要 (1)　2023÷23＝87…22，87÷4＝21…3より，JGGJが21段とJGGが並び，22段目の右端のJが22枚もらう。したがって，Jの枚数は23×2×22－1＝1011(枚)

やや難 (2)　Jが1023枚のとき，JとGの差は1023×2－2023＝23(枚)であり，24以上の素数について計算する。29枚ずつ取るとき→29×4＝116，2023÷116＝17…51，51＝29＋22，29－22＝7より，不適
31枚ずつ取るとき→31×4＝124，2023÷124＝16…39，39＝31＋8，31－8＝23より，○

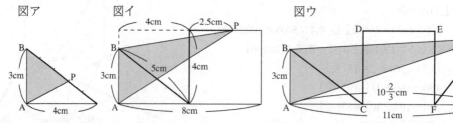

重要 6. (規則性)

(1) 図カより，10通り

(2) 図キより，$2\times2+4+5+6+3=22$

(3) 図クより，図ケのように描く。

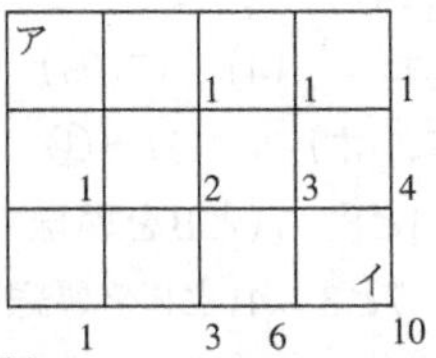

図カ

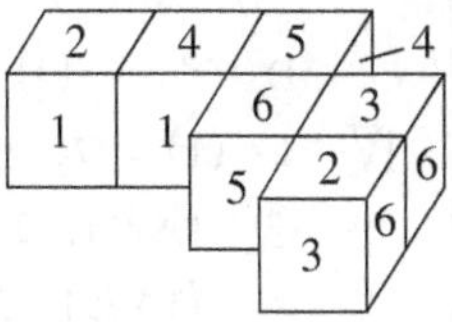

図キ

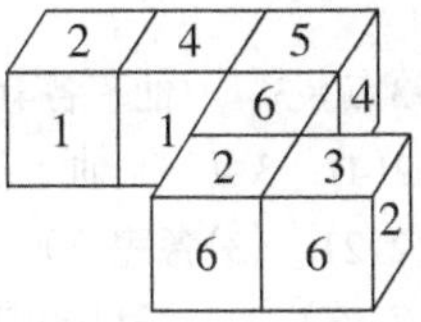

図ク

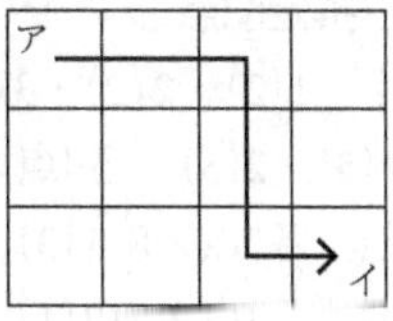

図ケ

重要 7. (時計算，割合と比，規則性，単位の換算)

(1) 月曜の18時から土曜の10時40分までは

4日と$24-18+10\frac{2}{3}=16\frac{2}{3}$(時間)

したがって，$6\times4+6\div24\times16\frac{2}{3}=$

$28\frac{1}{6}$(分)遅れるので月曜の18時には

18時28分10秒を指していた。

(2) 月曜の18時から水曜の20時までは2日と2時間であり，Aは$6\times2+6\div24\times2=12.5$(分)遅れるので，月曜の18時に18時10分を指していたAは，水曜の20時に19時57分30秒を指す。
火曜の8時から水曜の20時までは1日と12時間であり，月曜の8時に7時50分を指していたBは，水曜の20時に19時57分30秒を指していた。
したがって，1.5日で7.5分速くなるので1日に$7.5\div1.5=5$(分)0(秒)進む。

★ワンポイントアドバイス★

3.「5つのランプの点灯」は，表を書いて規則をつかむこと。4.「図形や点の移動」は，問題を読みまちがえなければ問題自体は難しくない。5.「2023枚の折り紙」の問題は簡単ではないが，(2)では「素数」がヒントになる。

＋α は弊社HP商品詳細ページ(トビラのQRコードからアクセス可)参照。

＜理科解答＞ 《学校からの正答の発表はありません。》

Ⅰ 1 (1) 右図 (2) ウ (3) 2(回) 2 (1) 115(日)
(2) エ 3 (1) (例) 土星の表面のもようは一様で，クレーターなどの目印になるようなものがないから。
(2) (例) 自転周期に対して公転周期が非常に長いため，公転の影響をほとんど受けないから。

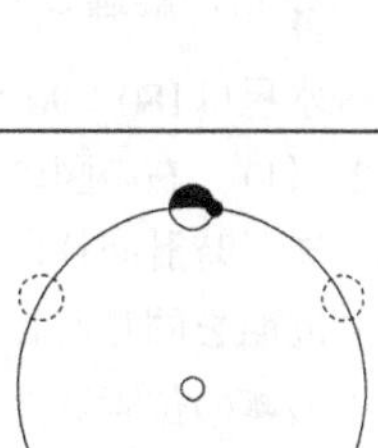

Ⅱ 1 (1) 1 サケ 2 マイクロプラスチック
(2) ア アオミドロ イ ボルボックス ウ ツリガネムシ (3) ア，イ
(4) オ，エ，キ，ア (5) (例) 消化器官の病気にかかってしまう。[エサを食べなくなってしまう。] 2 (1) ア (2) ⑤ (3) イ，ウ (4) ア
(5) (例) 昼行性の動物Aによって昼行性のカミキリムシ類が減少したことで，夜行性のカミキリムシ類の食べることができるえさが増加したから。

Ⅲ 1 (1) アルコール[エタノール，メタノール] (2) (固体) (例) 水より軽いものは浮き，水より重いものはしずむ。 (液体) (例) 水と液体が上下2層に分かれる。

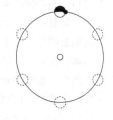

(3)　イ，ウ，エ　(4)　ア，オ　2　(1)　1　ア　2　オ　3　ウ　(2)　C　イ
D　ア　(3)　ア，エ　(4)　17(％)

Ⅳ　1　(1)　ウ，(イ，エ，オ)　(2)　①　(向き)　ア　(明るさ)　ア
②　(Aと1，2と)3，4と8，7(とBを導線でつなぐ)
[(Aと1，2と)8，7と3，4(とBを導線でつなぐ)]
2　(1)　アとエ，エとオ　(2)　アとウ，ウとオ　3　(1)　ア　(2)　50　(3)　ウ

○推定配点○
Ⅰ　1(2)・2(2)・3(2)　各3点×3　他　各4点×4　Ⅱ　1(1)～(3)　各1点×6((3)完答)
1(5)・2(5)　各4点×2　2(4)　3点　他　各2点×4(2(3)完答)　Ⅲ　1(2)・2(4)　各3点×3
他　各2点×8(1(3)，(4)・2(2)，(3)各完答)　Ⅳ　1(1)・3(1)　各2点×2
他　各3点×7(2(1)，(2)各完答)　計100点

＜理科解説＞

Ⅰ　(天体―惑星の運動)

やや難　1　(1)・(2)　水星の公転周期は90日であることから，水星は90日で太陽の周りを1周する。よって，45日では，太陽の周りを$\frac{45}{90}=\frac{1}{2}$周する。また，水星の自転周期は60日なので，90日では360(度)×$\frac{45}{60}$＝270(度)自転する。これらのことから，問題の図中のAの位置にあるときから45日後の水星および水星上の●の位置は右の図のようになり，水星の自転の向きから●の位置は日の入りの位置にあたることがわかる。

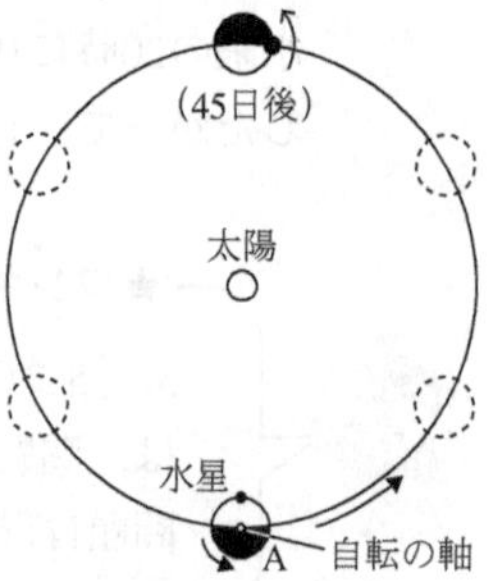

(3)　(1)，(2)より，●の位置が，水星がAの位置にあるときから45日で，「太陽が最も高く昇っているところ」から「太陽が地平線に沈むところ」に移動していることから，45日間で水星の$\frac{1}{4}$日が経過していることがわかる。よって，水星の1日は45(日)×4＝180(日)となり，このとき水星は180÷90＝2回転する。

やや難　2　(1)　右の図のように，金星が90度公転するときを考えると，太陽の周りを反時計回りに金星はXからYに移動する。また，金星の自転周期と公転周期を同じとして考えるとき，金星自身も90度時計回りに自転し，金星上の▲の位置は，日の出の位置から日の入りの位置に移動する。これらのことから，金星が90度公転すると金星の半日が経過することがわかる。よって，金星の1日の長さは，180度公転するときの230(日)÷2＝115(日)になる。

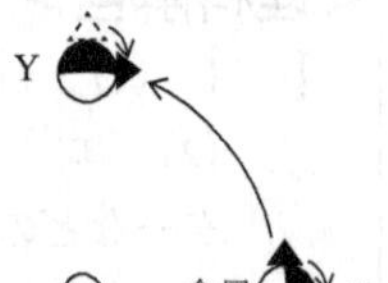

基本　(2)　金星の自転の向きが逆であったとすると，金星の自転の向きは公転の向きと同じになり，自転周期と公転周期が同じであるとき，金星が太陽の周りを反時計回りに90度，180度，…と公転すると，金星自身も反時計回りに90度，180度，…と自転するため，金星は太陽に対してつねに同じ面を向け続けることになる。このことから，金星の太陽が見えている地点では太陽が沈まなくなると考えられる。

3　(1)　写真から，岩石でできた水星の表面には多数のクレーターが見られ，見た目が一様でないのに対して，気体でできた土星の表面の見た目は一様であることがわかる。土星の表面に自転のようすの目印となるような特定の場所がなく，変化のようすがわかりにくいことから，自転周期

の正確な計測が難しい。

(2)　惑星が太陽の周りを公転していなければ，惑星の1日の長さはその惑星の自転周期と一致する。しかし，実際は惑星は公転していて，公転によって太陽の光の当たり方は変化することから，実際の惑星の1日の長さは自転と公転の両方の影響を受けることになる。土星の場合，自転周期10.5時間に対して，公転周期は11.9年と非常に長いため，土星が1回自転したときの公転による動きは非常に小さく，公転の影響はないものと考えることができる。

Ⅱ　(生態系―生物どうしのつながり)

1　(1)　1…サケは川でうまれ，海でおとなにまで育った後，うまれた川に戻って産卵する。

2…海洋プラスチックのうち，5mm以下の小さなものをマイクロプラスチックという。マイクロプラスチックには，海中の生物が食べてしまい，消化されずに体内に残ってしまうなどの問題がある。

基本　(2)・(3)　アオミドロ(ア)とボルボックス(イ)は植物プランクトン，ツリガネムシ(ウ)は動物プランクトンである。

(4)　海で生活する生物は，イカ(ア)，ワカメ(ウ)，オキアミ(エ)，ケイソウ(オ)，イワシ(キ)である。これらのうち，ワカメ以外の4種類の生物間で食物連鎖の関係があり，植物プランクトンであるケイソウが動物プランクトンであるオキアミに食べられ，オキアミはイワシに，イワシはイカに食べられる。

(5)　マイクロプラスチックは生物の体内では消化されないため，体内に残り続けてしまう。その結果，マイクロプラスチックによって消化器官が傷つけられたり，消化器官が正常にはたらかなくなったりして，病気を発症してしまうことがある。また，消化器官に残ったままであることから，満腹状態と同様の状態となり，エサをとらなくなってしまうこともある。

2　(1)　ノヤギは，もとは人間が島に持ちこんで飼育していたものであることから，島にはノヤギを食べる大型動物は存在しない。ヤギは草食動物であるため，ノヤギの増加によって草が大量に食べられ，地面がむき出しになる。また，地面がむき出しになることで，雨などによって土壌が海に流出し，海の生態系にも影響が生じる。

基本　(2)　動物Aが食べたクモ類は肉食の節足動物，バッタ類とカミキリムシ類，チョウ類は草食の節足動物である。よって，動物Aは，肉食の節足動物と草食の節足動物だけに矢印が向かっている⑤にあてはまることがわかる。

(3)　父島や母島と，北アメリカ大陸との間は太平洋をはさんで大きく離れていることから，風や海流にのって移動してきたことは考えづらく，他のものの輸送時のコンテナにまぎれて運ばれてきたり，人間がペットや観賞用として持ちこんだものが野生化したりしたことなどが要因であると考えられる。

やや難　(4)　図3から，昼行性のカミキリムシ類が減少し，夜行性のカミキリムシ類が増加していることがわかる。動物Aによって食べられるので，昼行性のカミキリムシ類の減少は動物Aによって食べられたことであると考えられる。また，夜行性のカミキリムシ類が減少せず，逆に増加していることから，夜行性のカミキリムシ類は動物Aに食べられることはなかったと考えられる。これらのことから，動物Aは昼行性の動物であると考えられる。

やや難　(5)　昼行性のカミキリムシ類の減少は動物Aに食べられたことであるのに対し，夜行性のカミキリムシ類の増加は，同じ生物をえさとする昼行性のカミキリムシ類の減少によって，得ることができるえさの量が増加したことである。

Ⅲ　(化学総合―水溶液，状態変化，物質の区別)

1　(1)　酢酸のほか，エタノールやメタノールなどのアルコールも水にとける。

重要 (2) 水にとけない固体の場合，水より軽い(密度が水より小さい)固体は水に浮き，水より重い(密度が水より大きい)固体は水中にしずむ。水にとけない液体の場合，水と液体は上下2層に分かれ，液体が水より軽いときは「上に液体，下に水」となるような2層になり，液体が水より重いときは「上に水，下に液体」となるような2層になる。

重要 (3) ア…食酢にさびた銅板を入れると，さびた銅(酸化銅)と食酢が反応してとける。よって，誤り。 イ…食酢に卵の殻を入れると，二酸化炭素の泡を出してとける。よって，正しい。
ウ…食酢に生の魚を入れると，魚の肉のたんぱく質が食酢と反応して白く固まる。よって，正しい。 エ…酢酸の水溶液も塩酸も酸性の水溶液なので，酢酸の水溶液に塩酸を加えても水溶液は酸性のまま変わらず，BTB液による色は黄色のまま変わらない。よって，正しい。 オ…酢酸は118℃，水は100℃で沸騰して気体になるので，酢酸の水溶液を加熱すると，酢酸も水も気体となるので，加熱後には何も残らない。よって，誤り。

重要 (4) 酢酸が17℃を下回っても固体が見られず，図のA点でこおり始めたことから，A点は17℃より低いことがわかる。純粋な物質が液体から固体に変化するとき，変化している間は加熱しても温度変化が一定になることから，BC間での酢酸の温度が17℃であることがわかる。よって，右の図で，冷やし始めてからA点までは酢酸はすべて液体，A点から酢酸が液体から固体に変化し始めてC点ですべてが固体になり，C点以降はすべてが固体になっていると考えることができる。C点で固体になった酢酸を冷やしていくと17℃以下の固体が存在することになる。これらのことから，ア，オは誤りとわかる。

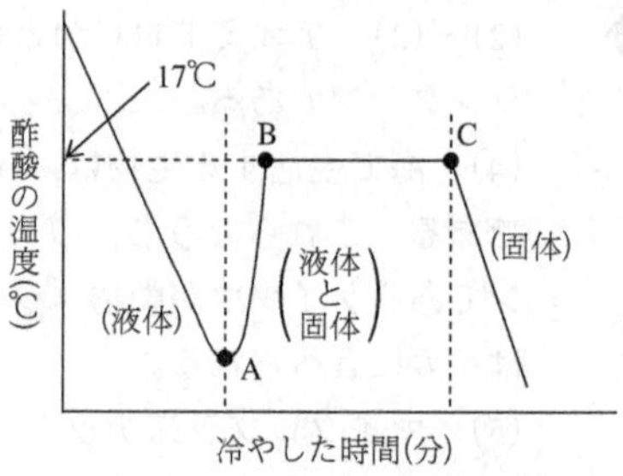

重要 2 (1) 操作1…ガラスの粉，食塩，アルミニウムの粉のうち，水にとけるのは食塩だけである。よって，水を加えて混ぜ，ろ過することで，食塩が水にとけているろ液Aとろ紙上にガラスとアルミニウムの粉が残る。
操作2…食塩がとけているろ液Aを蒸発皿に入れて加熱すると，食塩の固体(白い粉C)が残る。
操作3…ガラスとアルミニウムでは，ガラスはうすい塩酸にとけないがアルミニウムはうすい塩酸にとける。よって，うすい塩酸を加えて混ぜ，ろ過することで，アルミニウムが塩酸にとけているろ液Bとろ紙上にガラスの粉が残る。
(2) (1)より，白い粉Cは食塩，白い粉Dはガラスである。

基本 (3) アルミニウムがうすい塩酸にとけているろ液Bを蒸発皿に入れて加熱すると残る白い粉Eは，塩化アルミニウムと呼ばれる物質で，アルミニウムとは異なり，水にとけ，塩酸には泡を出さずにとける。
(4) 白い粉Cは食塩で，水溶液の重さが20gであることから，この水溶液にとけている食塩をxgとすると，食塩は20℃の水100gに38gとけることより，20(g)：x(g)＝(100＋38)(g)：38(g) x＝5.50…より，5.5(g)。また，食塩の沈殿が1.0gあることから，食塩の重さの合計は5.5＋1.0＝6.5(g)とわかる。ガラスは白い粉Dだから，その重さは3.5gである。これらのことから，実験前の粉12.0gのうち，アルミニウムの重さは12.0−(6.5＋3.5)＝2.0(g)となるので，実験前に含まれていたアルミニウムの重さは全体の2.0(g)÷12.0(g)×100＝16.6…より，17%

Ⅳ (電流と回路―回路と電流，光電池)

基本 1 (1) 電球をソケットから取り外すと，その部分の回路はとぎれて電流は流れなくなる。アの回路では回路全体に電流が流れなくなり，イ～オの回路は，次のような回路と考えることできる。

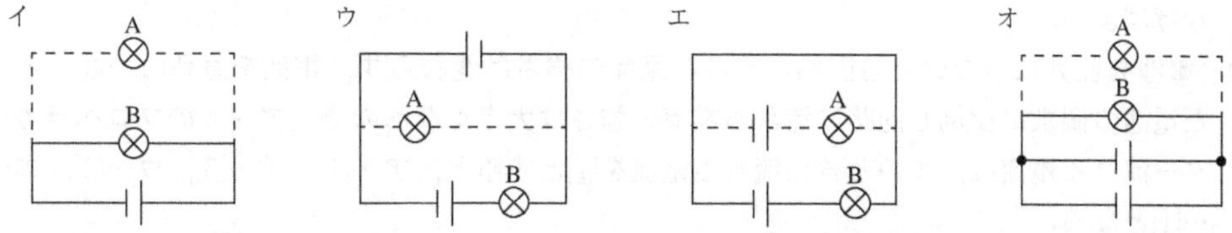

イ，エは電池1個と電球1個の回路，ウは直列につながれた電池2個と電球1個の回路，オは並列につながれた電池2個と電球1個の回路となる。直列につながれた電池の個数が多いほど流れる電流が強くなるため，電球の明るさは明るくなる。また，並列につながれた電池の個数は，回路を流れる電流の強さには関係しない。よって，電球Bが最も明るく光る回路はウで，イとエとオの回路の電球Bは同じ明るさで光る。

(2)　使った電池が全部で4個で，1と2の間に1個つながれていることから，ほかの3区間に合わせて3個がつながれていることがわかる。「Aと1，2とB」がつながれた回路を㋐とすると，㋐は右の図のようになる。また，「Aと3，4と7，8とB」をつないだ回路を㋑，「Aと1，2と7，8とB」をつないだ回路を㋒とする。

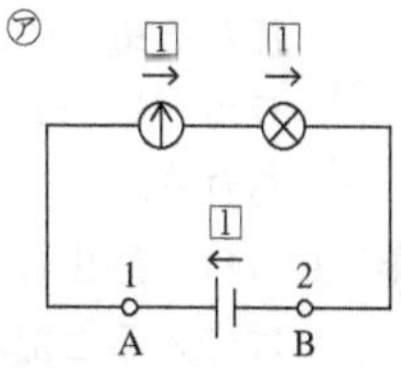

㋒の回路に電流が流れないようにするには，7と8の間にウかコのどちらかの電池をつなぐ必要がある。しかし，㋒の回路の7と8の間にコの電池をつなぐと，1と2の間に電池が1個，7と8の間に電池が3個になり，使った電池は4個であることから，3と4，5と6の間はアのように電池がつながれていないことになる。このとき，㋑の回路で，検流計を流れる電流の向きが左向きになり，表で示された条件と結果と矛盾する。よって，7と8の間の電池のつなぎ方はウとなる。
7と8の間の電池のつなぎ方がウのとき，㋑の回路に，㋐の回路と同じように電流を流すには，3と4の間の電池のつなぎ方をエにすればよい。
これらのことから，電池のつなぎ方をまとめると㋓のような回路となる。

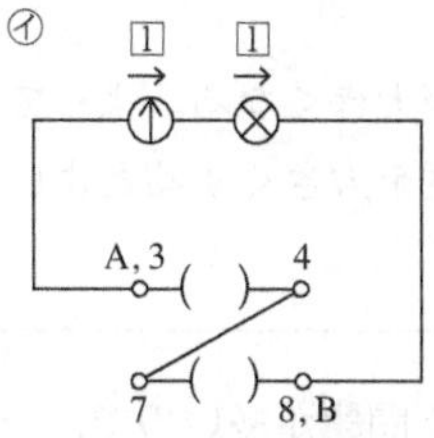

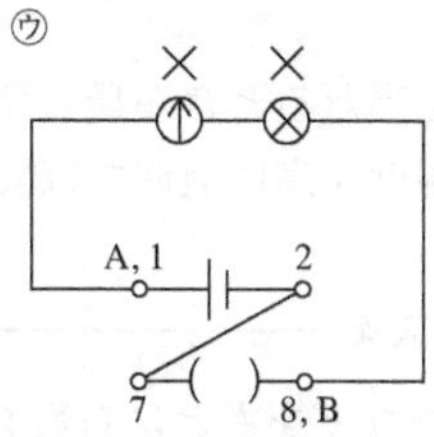

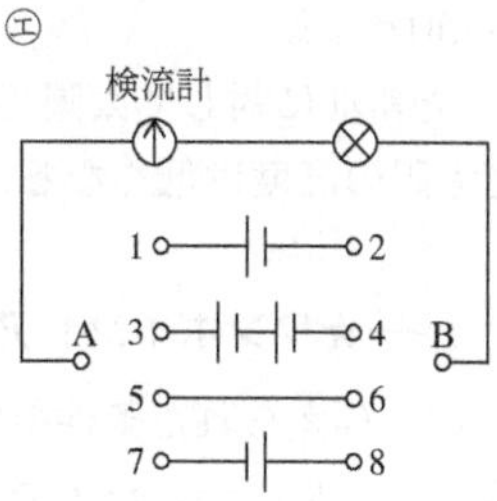

やや難　①　㋓のように電池がつながれた回路で，「Aと1，2と3，4と5，6と7，8とB」をつないだ回路は㋔のようになる。このとき，検流計を流れる電流の向きは右向きとなり，流れる電流の強さは㋐のときの2倍となるため，電球の明るさは基準より明るくなる。

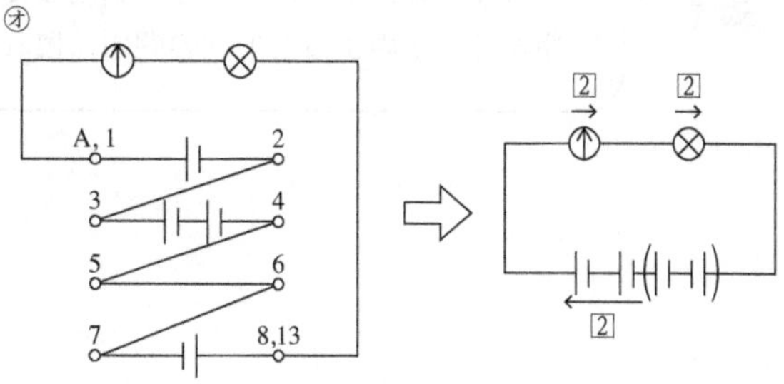

やや難　②　電球が最も明るくなるようにするには，㋕，㋖のように，回路中の4つの電池が直列になるように端子間をつなげばよい。㋕のような回路にするには，「Aと1，2と3，4と8，7とB」をつなげばよく，㋖のような回路にするには，「Aと1，2と8，7と3，4とB」をつ

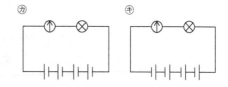

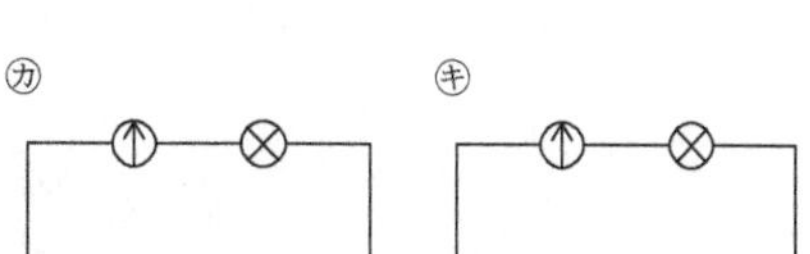

なげばよい。

2　電池を並列につないでも回路に流れる電流の強さは変わらず，電池を直列につなぐと，つないだ電池の個数に比例し回路に流れる電流の強さは大きくなるので，ア～オのプロペラカーのモーター流れる電流は，エのときに流れる電流を[1]とすると，ア…[1]，イ…[3]，ウ…[2]，エ…[1]，オ…[1]となる。

重要　(1)　プロペラカーの重さによって，速さが変わることを調べるためには，プロペラカーの重さが異なり，モーターに流れる電流が同じになる組み合わせにすればよい。この実験で，プロペラカーの重さが変わるのは，プロペラカーにのせた電池の個数を変えたときなので，モーターに電池1個分の電流が流れて電池が1個と2個の「アとエ」，「エとオ」の2通りの実験が考えられる。

重要　(2)　モーターに流れる電流の強さによって，速さが変わることを調べるためには，モーターに流れる電流の強さが異なり，プロペラカーの重さが同じになる組み合わせにすればよい。プロペラカーにのせた電池が2個で，電流の強さが[1]と[2]の「アとウ」，「ウとオ」の2通りの実験が考えられる。

基本　3　(1)　静止しているソーラーカーは動き出すと，だんだんと速くなって一定の速さで走り，日かげに入るとだんだんとおそくなって最終的に静止する。

やや難　(2)　右の図のように考えると，設置角度が60°のとき，図の三角形ABCは，角A＝90°，角B＝60°，角C＝30°の直角三角形となり，AB：BC＝1：2となる。そのため，設置角度を0°にすると，設置角度が60°のときに受けていた光のうちの半分だけしか受けられないことがわかる。よって，設置角度が60°のときの光の量を100としたとき，設置角度が0°のときの光の量は100÷2＝50となる。

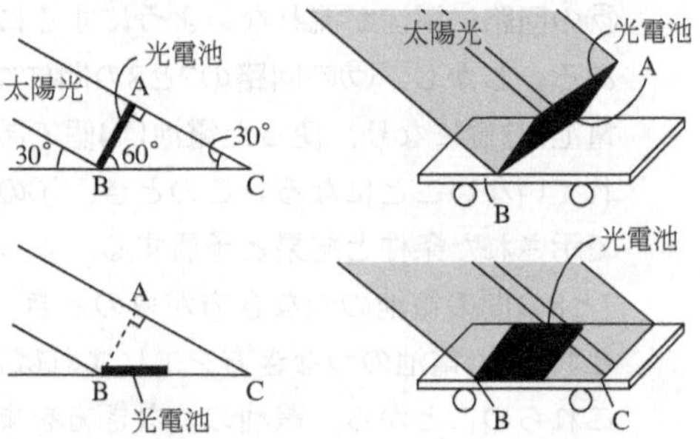

重要　(3)　光電池に対して太陽光が90°で当たるときが最も発電量が大きくなる。よって，緯度が高いほど太陽の高度は低くなるので，緯度が高い地域では設置角度を大きくするとよい。

★ワンポイントアドバイス★

与えられた条件や実験結果などをもとに考察を要する問題が多いので，正確な知識を身につけた上で，それらを利用していろいろと考察させるような問題に多く取り組んで，そのような形式の問題に慣れておこう。

＜社会解答＞《学校からの正答の発表はありません。》

Ⅰ　問1　(例)　鎌倉時代の史跡から出土した遺物から。　問2　(1)　イ→ア→エ→ウ
(2)　ア・カ　問3　ア・エ　問4　エ　問5　イ・ウ　問6　エ→オ→ウ→イ→ア
問7　ウ　問8　A　エ　B　イ　問9　ク　問10　イ・エ　問11　イ・オ
問12　葉　問13　(1)　イ　(2)　ウ　問14　エ・オ

Ⅱ　問1　ウ・オ　問2　(1)　オ・キ　(2)　ア・エ　問3　(1)　皇位
(2)　職業選択の自由　(3)　A　イ　B　ア　C　イ　問4　(1)　ウ　(2)　エ
問5　A　イ　B　ウ　C　ア　問6　A　ウ　B　ア　C　イ
問7　(例)　戦前，女性は結婚して家庭に入り，主婦として家事・育児をするのが普通とされたから。　問8　(1)　イ　(2)　エ　問9　ウ・オ

Ⅲ　問1　ア・オ　問2　イ・ウ　問3　(1)　ウ　(2)　(例)　失業率は日やとい労働者の方が高く，不況で上がりやすいと思われるから。　問4　エ　問5　ア・エ
問6　(1)　国会・内閣・裁判所　(2)　(例)　3つの機関が互いに抑制し合うことでつり合いを保ち，権力の集中を防ぐこと。

○推定配点○
Ⅰ　問1　4点　他　各2点×16(問2・問3・問5・問6・問10・問11・問14各完答)
Ⅱ　問7　4点　問8～問9　各2点×3　他　各2点×16(問1・問2・問9各完答)
Ⅲ　問3(2)・問6(2)　各3点×2　他　各2点×8(問1・問2・問5各完答)　計100点

＜社会解説＞

Ⅰ　(日本の地理・歴史―西陣織から見た日本)

やや難　問1　瀬戸焼は，古墳時代後期から鎌倉時代初期にかけて現在の愛知県名古屋市付近で使用されていた「猿投窯」の流れを受け継いだ陶磁器である。その起源はこの地域で5世紀前半に生産された須恵器であり，その後は中世にかけて名古屋市東部の地域に1000基を超える窯が造られ，陶磁器が生産された。この窯で造られた陶磁器やその破片などが日本各地の鎌倉時代の史跡から出土していることから，鎌倉時代に瀬戸焼が広く流通していたことが確認できる。

問2　(1)　アの大王の名が刻まれた鉄剣がつくられたのは5世紀末，イの農具に鉄製の刃が使用され始めたのは弥生時代(紀元前4世紀ごろ～紀元後3世紀ごろ)，ウの朝廷が貨幣の発行を始めたのは7世紀後半，エの朝鮮半島の王から朝廷に金銅の仏像が初めてもたらされたのは6世紀半ばのことである。したがって，これらのできごとを古い順に並べると，イ→ア→エ→ウの順になる。

(2)　ア　農具の鎌や鍬は，主要な材料が銅ではなく鉄が使用された。木の柄を付けた鉄鎌は稲の根刈りを可能にし，鉄の刃先を付けた鍬は開墾や池溝の開掘に威力を発揮した。　カ　飛行機の機体の大部分を占めているのは，軽量でありながら丈夫である「ジュラルミン」と呼ばれるアルミニウム合金である。この「ジュラルミン」は，アルミニウムが95%で残りは銅・マグネシウム・マンガンなどでできている。したがって，飛行機の機体に銅が主要な材料として使われていることはない。

重要　問3　ア　隋(581～618年)は当時，南北朝に分裂していた中国を，589年に南朝の陳を滅ぼすことで中国を統一した。　エ　中国や朝鮮半島から渡来人が日本に渡ってきたのは4～6世紀のことで，彼らは須恵器の技術や漢字・儒教・仏教などの文化をもたらした他，朝廷などで外交や記録を担当する者もいた。　イ　日本が百余りの小国に分かれ，複数の国が中国に使いを送っていたのは，5～6世紀ではなく紀元前1世紀ごろのことである。　ウ　朝鮮半島の国々が初めて統一されたの

は，新羅が唐の勢力を排除して676年に朝鮮半島を統一したときなので，5～6世紀ではなく7世紀後半のことである。

問4　税を平城京へ運ぶ人を運脚と呼び，運脚が必要になると運脚が通るための道の整備が求められた。そのため朝廷は主要な道として，東海道，東山道，北陸道などの7つの主要道路(七道)を整備した。武蔵国は現在の東京都，埼玉県と神奈川県の一部の地域にあたり，東海道に属していた。そのため武蔵国から平城京に税を運ぶ場合，同じ東海道に属する現在の神奈川，静岡，愛知の太平洋岸を陸路で進んで，さらに三重から奈良の平城京に至る全行程を東海道の陸路で運ぶのが通常の経路であった。　ア・イ　船による日本沿岸の航路や河川交通が発達したのは，奈良時代ではなく江戸時代のことである。ウ　現在の群馬，長野，岐阜は東山道，福井は北陸道に属しており，東海道に属する武蔵国から平城京に税を運ぶ経路としては遠回りとなり，ふさわしくない。

問5　イ　奈良時代に塩は地方の特産物とされ，税の1つである調として成年男子に課されて中央の平城京に運ばれた。　ウ　奈良時代の塩作りは，若狭湾や志摩半島などの沿岸の地域で，海水を煮詰める方法で作られた。乾燥した海藻に海水をふりかけて水分を蒸発させ，さらに海藻に付いた塩を再び海水で洗い落して濃い塩水を作り，このような作業を繰り返して一層濃い塩水とした。この濃い塩水を製塩土器の容器に入れ，長時間煮詰めることで，土器の底に残った塩を獲得した。ア　中国山地は砂鉄や石灰岩の埋蔵量は多いが，岩塩は取れない。　エ　荘園は743年の墾田永年私財法の発布後に出現した有力な寺社や貴族の私有地であり，国営の土地ではない。

問6　アの豊臣秀吉が権威を示す豪華な屋敷(聚楽第)を建てたのは1587年，イの足利義政が東山に障子やふすまを用いた書斎(同仁斎)を建てたのは1482年，ウの承久の乱によって幕府が朝廷に対して優位な立場になったのは1221年，エの最澄が比叡山に寺を築いたのは785年，オの平清盛が太政大臣となり，政治権力を握ったのは1167年である。したがって，これらのできごとを古い順に並べると，エ→オ→ウ→イ→アの順になる。

問7　10世紀後半から11世紀半ばの時期に，中国には北宋(960～1127年)が存在していたが，北宋は北方民族の圧迫などを受けて対外進出ができる状況ではなかった。他方，朝鮮半島では高麗(918～1392年)が存在していたが，この国も積極的な対外進出を行う国ではなかった。そのためこの時期の日本は東アジアの国々との外交で，新しい状況への対処をせまられることがほとんどなく，藤原氏は世襲で国内の摂関政治に集中することができた。　ア　律令制は10世紀ごろにはすでに機能していなかったので，摂関政治が行われた10世紀後半から11世紀半ばの時期には全国一律のしくみで政治が行われていることはなかった。　イ　10世紀前半の武士の反乱(承平・天慶の乱)はおさまったが，その後も11世紀半ばに前九年合戦(1051～1062年)が起こっており，地方が安定していたことはない。　エ　摂関政治は土地の支配力を強めた寺院勢力に対抗して行われたわけではなく，むしろ貴族の勢力争いの中で確立していった。

問8　A　戦乱で一時中断していた祇園祭を，裕福な商工業者たちが中心となって復活させたのは京都(地図中のエ)である。京都は応仁の乱(1467～1477年)で町の大半が焼け野原となったが，やがて商工業者を中心として復興が行われ，人口約10万人の大都市となった。そのような中で町衆という富裕な商工業者によって，応仁の乱で中断していた祇園祭が復興された。　B　16世紀半ばに町の人々が武士をおさえて自治を行っていたが，やがて織田信長の支配下に置かれたのは堺(地図中のイ)である。堺は和泉の港町で，朝鮮や琉球などとの貿易などで繁栄した。戦乱から町を守るために周囲を濠で囲み，傭兵を雇い，会合衆による自治が行われていた。なお，地図中のアは兵庫，ウは雑賀，オは奈良，カは吉野，キは海津，ケは桑名である。

基本　問9　織田信長の経済政策によって急速に発展した城下町は安土(地図中のク)である。安土は現在の滋賀県中部に位置し，戦国時代は六角氏が領有していた。1576年に織田信長が岐阜から移って安土城を築き，近在の商人を集めて楽市・楽座を行うとともに，市街を整備して近世の城下町の原型を築いた。

問10　イ　村の人々が，団結して領主に対抗する動きとは一揆のことで，応仁の乱後にはその動きが拡大した。一揆には代表者が訴える強訴，田畑を捨てて逃げる逃散などの形態がある。

エ　戦いによって周りの大名を従える大名とは戦国大名である。戦国大名は，応仁の乱後の下剋上の風潮の下で各地で活躍し，領国支配を展開した。　ア　応仁の乱後，戦国大名などの台頭があり，室町幕府の将軍は地方への支配を強めることはなかった。　ウ　金閣に象徴される華やかな文化とは，北山文化である。北山文化は14世紀末～15世紀初めに栄えた文化なので，応仁の乱の前のことである。　オ　応仁の乱後，荘園は戦国大名などの支配を受けるようになったので，寺院や貴族の荘園が一層広がったことはない。

問11　イ　江戸時代の米の値段は自然災害や気候などの状況により安定していなかったので，年貢米を収入とする幕府の財政も安定しなかった。そのため幕府では，三大改革などが実施された。

オ　経済発展によって人々の貧富の差が増大し，江戸時代後半には農民による一揆や貧しい町人による打ちこわしは増加した。

問12　藍はタデ科の一年草で高さは50～70cmになり，中国原産で日本へは奈良時代に入った。藍染めの原料とする場合には，花が咲く前に全草を刈り取って，その葉の部分を生のままか藍玉にして発酵させて使用する。

重要　問13　(1)　北関東工業地域では，高速道路沿いに工業団地が多く建設された。そのため京浜工業地帯などから自動車や電気機械などの組み立て工場が移転し，機械工業を中心に発展し，工業生産額の約半分を占めている。したがって，せんい工業が工業生産額に占める割合がもっとも高いことはなく，現在のせんい工業の割合は約1％である。　(2)　群馬県前橋市は内陸性の気候に含まれるので，一年を通して降水量が少なく，夏と冬の気温差が大きいことが特色である。したがって，そのような特色を示しているのは表中のウである。なお，表中のアは鳥取県米子市(日本海側の気候)，イは東京都大島町(太平洋側の気候)である。

問14　エ　現代の伝統工芸品に指定されるためには，①主に日常生活で使用されていること，②製造の主要部分が手作りであること，③伝統的な技術や技法で製造されていること，④伝統的に使われてきた原材料が主な原材料として使われていること，⑤一定の地域で少なくない数の人が製造していることの5つの条件を満たし，経済産業大臣の指定を受ける必要がある。したがって，伝統工芸品が日常生活においてあまり使用されていないということはない。　オ　伝統工芸品は主に日常生活で使用されていることから，生産量が多くないことはない。また，伝統工芸品の輸出を支援する事業などがあることから，伝統工芸品が海外にはほとんど輸出されていないことはない。

Ⅱ　(総合―近代以降の失業に関する諸問題)

問1　ウ　2020年の刑務所を出た後に再び罪を犯す人の割合(再犯者率)は過去最悪の49.1％であったこともあり，その割合が減少していることはない。　オ　2007年以降，受刑者数は減少している一方で，高齢受刑者は徐々に増え，この5年余りはほぼ横ばいであるが，2021年の全受刑者の中で65歳以上の高齢者が占める割合は14.4％であった。したがって，受刑者に65歳以上の高齢者の占める割合が減少していることはない。

問2　(1)　オ　電信の技術が導入されたのは1869年，郵便制度が導入されたのは1871年のことで，大日本帝国憲法が制定されたのは1889年である。したがって，大日本帝国憲法の制定より前に，電信の技術や郵便制度の導入がなされた。　キ　大日本帝国憲法では第11条で，天皇大権の1つとして，天皇による軍隊の指揮統率権(作戦・用兵)である統帥権が規定されていた。ア　廃藩置県により大名が知事となって県を治めたのではなく，知事は政府から任命・派遣された。廃藩置県(1871年)によって北海道から沖縄に至る全国で藩が一斉に廃止されたのでなく，沖縄県が設置されたのは1879年のことであった。　ウ　義務教育の制度(学制)ができたのは1872年であるが，ほとんどの児童が小学校に通うようになったのは，すぐにではなく30年以上経過した1900年代のことである。　エ　徴兵令が出されたことで政府の兵士になったのは，各地の士族たちではなく農家の二男・三男である。　カ　自由民権運動が始まったのは，政府が国会開設を約束したこと(1881年)ではなく，板垣退助らによる民撰議院設立の建白書の提出(1874年)がきっかけである。

(2)　ア　日清戦争の結果，日本は下関条約において清から2億両(当時の日本円で約3億1000万円)の賠償金を得た。この金額は当時の日本の1年間の国家収入の約3倍にあたる金額であった。

エ　日露戦争の結果，ロシアはポーツマス条約で韓国(朝鮮)に対する日本の指導・監督権を認めた。　イ　イギリスは日清戦争後に日英同盟を結んで，日露戦争では日本に対する経済的な支援は行ったが，日本と共に戦ったわけではない。　ウ　日露戦争は満洲をどちらの勢力の下に置くかをめぐって起こったもので，樺太(サハリン)のことは無関係である。樺太は，ポーツマス条約で日本がその南半分を譲り受けた場所である。　オ　日本では労働組合をつくる権利が認められたのは1945年12月の労働組合法によってであり，日露戦争ではなく第二次世界大戦直後(1945年8月)のことである。

重要 問3　(1)　日本国憲法の第2条には，「皇位は，世襲のものであって，国会の議決した皇室典範の定めるところにより，これを継承する。」とある。　(2)　日本国憲法の第22条1項には，「何人も，公共の福祉に反しない限り，居住，移転及び職業選択の自由を有する。」とあり，誰でも自分が就きたい職業を選び，営むことができる職業選択の自由が規定されている。　(3)　A　落選者に投じられた票が一番多くなるのは，1つの選挙区から1人を選出する小選挙区制(選択肢イ)である。B　世襲議員であることが当選に影響を与えにくいのは，政党に投票し得票数に応じて100議席を配分する比例代表制(選択肢ア)である。　C　議席をほぼ二分する2つの政党が議会を占めるのは，1つの選挙区から1人を選出する小選挙区制(選択肢イ)である。なお，選択肢ウの1つの選挙区から3人～5人を選出するのはかつての中選挙区制(大選挙区制の一種)，エの1つの選挙区から50人を選出するのは大選挙区制である。

問4　(1)　日本の100人当たりの自動車保有台数は1960年にはほとんど保有していなかったが，2019年では61.8台となっているので，日本の100人当たりの自動車保有台数の変化を表したグラフは「ウ」である。なお，グラフの「ア」はアメリカ，「イ」はイタリアの100人当たりの自動車保有台数の変化を表したものである。　(2)　日本の自動車会社は1982年より対米輸出の自主規制を行って現地生産を始め，その後も各国に生産拠点を拡大した。そのため2007年以降は，国内で生産する台数よりも海外工場で生産する台数の方が多くなっている。　ア　自動車工場は同じ敷地内ですべての部品を組み立てる必要があるのではなく，部品は自動車工場の近くにある関連工場で作られている。　イ　2019年の日本の自動車生産台数は世界第1位ではなく，中国，アメリカに次いで世界第3位である。ウ　現在，日本国内で生産された自動車は，8割ではなく5割(約49%，2021年)が海外に輸出されている。

基本 問5　A　働く人の数は，2019年の時点で大工場が約3分の1(22.7%)，中小工場が約3分の2(67.3%)なので，グラフのイである。　B　工業生産額は2019年の時点で大工場が全体の半分以上(52.6%)を占めるので，グラフのウである。　C　工場の数は，2019年の時点で中小工場が大部分(99.0%)を占めているので，グラフのアである。

問6　A　IC工場は，高速道路のインターチェンジ付近や空港付近にあり，かつてはシリコンロードと呼ばれた東北地方やシリコンアイランドと呼ばれた九州地方にも多く存在する(分布図のウ)。
B　自動車工場は日本を代表する自動車会社の本拠地と新しく拡大した地域である，愛知県，東京都と神奈川県，関東内陸部，大坂府，福岡県に集中している(分布図のア)。　C　石油化学コンビナートは，石油を海外から輸入しているため，太平洋ベルトの臨海部(分布図のイ)にある。

やや難　問7　戦前でも女性は製糸工場の女工，その後はタイピストや電話交換手などとして働いていた。しかし当時は，これらの働いていた女性の多くは未婚であり，結婚後は家庭に入って家事や育児に従事し，「家庭の主軸」となることが普通であった。そのため戦前には男性と比べて女性は主たる労働力とみなされておらず，したがって政府も男性に比べ女性の失業を重要な問題にすることはなかった。

問8　(1)　現在，日本は製鉄の原料となる鉄鉱石をオーストラリア，ブラジル，南アフリカ共和国などからの7割ではなく，全て(10割)を海外からの輸入に頼っている。　(2)　2019年の時点で，日本の原油輸入先の割合はサウジアラビア(35.3%)，アラブ首長国連邦(29.8%)，カタル(8.9%)，クウェート(8.4%)，ロシア(5.1%)である。したがって，ロシアは日本の原油輸入先の3位までに入っていることはない。

基本　問9　ウ　看護師になるためには法律で定められている必要な教育を受けた後，国家試験に合格し，免許を取得する必要がある。　オ　弁護士になるためには，まず法科大学院課程を修了し，または司法試験予備試験に合格することが必要である。次いで法務省司法試験委員会が行う司法試験に合格し，司法研修所で司法修習を修了して，日本弁護士連合会に登録する必要がある。なお，選択肢アの衆議院議員は衆議院議員総選挙で当選すること，イの国務大臣は内閣総理大臣の任命，エの市長は各都市の市長選挙で当選すること，カの社長は会社で出世することや起業することなどが必要であるが，いずれも国が認定した資格を必要とするわけではない。

Ⅲ　(日本の歴史・政治―景気・労働問題に関する問題)

問1　ア　第一次世界大戦(1914～1918年)によって世界的に商船が不足し，船などの軍需品の注文が増加した。それにより日本の商船がヨーロッパ諸国に利用されるようになり，日本の造船業や海運業が発展した。　オ　第一次世界大戦が勃発すると，ヨーロッパの列強は戦争に必要な物資の生産におわれるようになった。日本はその間にアジアの諸地域に市場を広げ，特に中国への工業製品の輸出が増加した。　イ　ヨーロッパから日本への工業製品の輸出が増加したのではなく，日本からヨーロッパへの工業製品の輸出が増加した。　ウ　アメリカへの輸出が増加したのは，自動車ではなく生糸・絹織物・綿織物などの工業製品である。　エ　官営の製糸工場を建設したのは明治時代(1868～1912年)初期のことであり，第一次世界大戦が起こった大正時代(1912～1926年)初期のことではない。

基本　問2　不景気とは経済活動が停滞し，不活発な状態になることで，商品が売れにくくなり，物価が下がり，企業は生産活動を低下する。そのため人々の所得が減り，購買力が下がり，倒産する企業が出て，失業者も増加する。したがって，不景気の時には商品が売れにくくなるので会社の倉庫に商品が多く残る(選択肢イ)ことになったり，人々の所得が減るので大型連休でも長期の旅行に行かなくなる(選択肢ウ)ことが，一般的に見られる。　ア　企業は生産活動を低下するので，電気の使用量が増えることはない。　エ　物価が下がるので，土地が値上がりすることはない。オ　経済活動が停滞するので，家やビルの建築が盛んになることはない。　カ　企業の生産活動が低下するので，企業が翌年納める法人税が多くなることはない。

やや難　問3　(1)・(2)　日やとい労働者とは職場が定まっていない労働者のことで，現在の非正規労働者(パートタイム労働者，アルバイト，派遣労働者など)にあたる。このような労働者は自らの都合で働き方を選ぶことができる反面，雇用が景気の状況に左右されやすく，特に不景気の場合には失業率が高くなる。一方，(常勤の)労働者は普通の労働時間(フルタイム)で働く労働者で，現在の正規労働者にあたる。この労働者は法律で待遇や保険などが定められているので，日やとい労働者に比べて雇用が安定しており，景気による雇用の影響も日やとい労働者に比べて少ない。そのため失業率は景気がどのような状態でも一般的には，(常勤の)労働者に比べて日やとい労働者の方が高い。他方，1929～1932年の時期の日本は昭和恐慌と呼ばれた深刻な不景気の時期であり，特に1930～1931年はひどい状況であった。したがって常に日やとい労働者の方の失業率が高く，1930～1932年の失業率の変化は日やとい労働者が8%から12%と4%の増加，(常勤の)労働者が4%から6%と2%の増加であるので，不景気の時に日やとい労働者の失業率が(常勤の)労働者の約2倍になっているグラフのウがこの時期の日やとい労働者と(常勤の)労働者の変化を表すグラフである。　ア　日やとい労働者の失業率が(常勤の)労働者の失業率より常に高いが，不景気の時に日やとい労働者と(常勤の)労働者の失業率がほぼ同じ割合で増加することはない。

イ・エ　一般的に(常勤の)労働者の失業率が，日やとい労働者の失業率より高くなることはない。

問4　失業者に給付金を支給することで国家の財政が悪化することはあるが，戦前の1930年代に日本の労働者の労働条件が欧米と比べて良いということはない。

問5　ア　雇用保険制度は会社や個人事業者の区別なく，労働者を1人でも雇う事業所は原則として雇用保険に加入しなければならない。したがって，この制度に加入するかどうかを，それぞれの企業の判断で決定することはできない。　エ　雇用保険制度は仕事を失ったときに備える保険であるが，その財源は労働者と事業者が納める保険料などである。したがって，毎月の保険料は全額労働者が負担することはない。

重要　問6　(1)　民主政治のしくみを担っている3つの国家機関は，法律を制定する権限(立法権)を持つ国会，法律や予算に基づいて国の仕事を行う権限(行政権)を持つ内閣，法律を適用して判断を下して解決する権限(司法権)を持つ裁判所である。　(2)　国家権力は，立法・行政・司法の3つの権限に分けることができる。それぞれの権限を持つ国会・内閣・裁判所が互いに抑制し合って，均衡を保つことで，特定の機関に権力が集中することを防ぎ，国民の自由を守るようにすることが大切である。そのようなしくみは，三権分立(権力分立)と呼ばれている。

★ワンポイントアドバイス★

設問数は昨年より10問程度増加したものの，問題全体の難易度や傾向が大きく変わるものではない。選択肢問題，記述問題，説明問題のいずれの問題に対しても，しっかり落ち着いて取り組むようにしよう。

＜国語解答＞

《学校からの正答の発表はありません。》

一　問一　(例)　皆既日食による異変を感じて警戒する他の生き物たちに対し，人間は日食が起こる仕組みを科学的に知っているため，珍しい貴重なイベントとして体験するから。

問二　エ　　問三　(例)　A　カレンダー　　B　目的地に進むべき道　　C　栄養ある土に種をまく　　問四　(例)　(日常的に)科学の力(を用いて)便利[快適](な暮らしを送っていること。)　　問五　イ　　問六　ア　　問七　ウ　　問八　(例)　国際的に知識や情報や成果を公開し，共有することで，人類の脅威やピンチを国や民族を超えて克服していくこと。

二　問一　エ　　問二　(例)　A　わたしの息子　　B　近所のおばあちゃん　　C　水道業者

問三　さまざまな人間が知らないうちに繋がって感染が拡大していくこと。

問四　(例)　筆者が陰性だったことで，直接的にも間接的にもつながっている大勢の人にコロナを感染させたかもしれないという心配をする必要がなくなったこと。

問五　(例)　大勢の人々とのつながりの中で生活しているということ。　　問六　イ

問七　(例)　新興住宅地でよそよそしく気取っていた住民たちが，コロナ禍をともに経験することで，お互いを気づかい，思いやるようになった。

三　1　幼少　　2　委(ねる)　　3　輸入　　4　同窓　　5　革新　　6　治(まる)

○推定配点○

一　問一・問八　各8点×2　　問三・問四　各4点×5　　問五　2点　　他　各3点×3

二　問三・問五　各5点×2　　問四・問七　各8点×2　　他　各3点×5　　三　各2点×6

計100点

＜国語解説＞

一　(随筆文―大意・要旨・心情・細部の読み取り，指示語，空欄補充，ことばの意味，記述力)

問一　―①前で，人間にとって珍しく貴重な体験である皆既日食に馬や鳥などの生き物は「異変を感じ」ていること，「ひるがえって……」で始まる段落で「現代の私たちは，日食がどうして起こるのかを科学的に知るようにな」ったと述べていることをふまえ，「人間の反応が他の生き物たちと違う」理由を具体的に説明する。

問二　―②からは，皆既日食に感動して涙を流している筆者を優しく気づかうご婦人の温かい気持ちを感じていることが読み取れるので，エが適切。アの「はずかしかった」，イの「理解してくれる人がいる」，ウの「強い仲間意識が生まれていた」はいずれも読み取れない。

問三　空欄Aは「時間が流れていることを教えてくれ」るものなので「カレンダー(5字)」などがあてはまる。Bは「いつも同じ方角にある星は，進む道はどっちかを教えました」，Cは「種まきのための栄養たっぷりの土がやってくるタイミングを星に教えてもらった」と述べていることをふまえる。

重要　問四　―④前で述べているように，「現代の私たちは，日食」を「科学的に知るようにな」ったこと，「太陽の……」で始まる段落内容から，「科学の力」によって暮らしが「便利」あるいは「快適」になったというような内容で④の「こう」を具体的に説明する。

基本　問五　「すごい」にはイの意味もあるが，―⑤では程度が並はずれているという，良い意味で用いられているので，イはあてはまらない。

問六　―⑥の「知らぬが仏」は本人がどんな状況に置かれているのかまったく認識していないので，平気でいる様子を皮肉るという意味なので，このことをふまえたアが適切。恐竜にふれていないイ，危機に対して何かしなくてはならないことを説明していないウ，「誰も……できなくなった」とあるエはいずれも不適切。

問七　―⑦直後で⑦の理由として「この世界では人類の英知を無視したり排除したりということが，いとも簡単に起きてしまうから」と述べているので，ウが適切。⑦直後の内容をふまえていない他の選択肢は不適切。

やや難　問八　―⑧～⑨のある段落内容から，「一緒に／共に」は国境や民族を超えて国際的に知識や情報や成果を人類のために公開し共有すること，「前に進む」はウイルスの脅威などの人間のピンチと戦って克服していく，というような内容で具体的に説明する。

二 (随筆文－要旨・細部の読み取り，空欄補充，記述力)

問一 ―①後「けれども……」で始まる段落で，筆者が職場や空港などに出歩いて会った人やすれ違った人に感染させてしまったかもしれないと思っていることを述べているので，エが適切。感染を広めてしまったかもしれない責任を感じていることを説明していない他の選択肢は不適切。

基本 問二 Aは→の先に「中学の教員」とあるので筆者すなわち「わたしの息子」があてはまる。「けれども……」で始まる段落内容から，Bは「近所のおばあちゃん」，→の先に「喘息の持病のある妻」とあるCは「水道業者」がそれぞれあてはまる。

重要 問三 問二の図のように，筆者を起点として，さまざまな人間が次々と知らないうちにつながって感染が拡大していく様子を，放射状に広がる「巨大な蜘蛛の巣」にたとえているので，人々が次々とつながっていくことを説明する。

問四 ―④の「人間分子の関係，網目の法則」は「なぜか……」で始まる段落で，『君たちはどう生きるか』のコペル君が「見たことも会ったこともない大勢の人と知らないうちに，網のようにつながっている」と考えたことの引用で，そのようなつながりをコロナ感染に重ね，自分が陰性だったことで「途切れた」すなわち大勢の人に感染させたかもしれないという心配がなくなった，ということである。

問五 ―⑤直前の段落で，「不可視〈目に見えないこと〉の人々との繋がりを理解したとすれば……新型コロナウィルスを通してそのことを実感として捉えるようになった」と述べていることをふまえ，⑤の「そう」＝「孤立している」ということではなかったと気づいたことを簡潔に説明する。

重要 問六 ―⑥の「エンパシー」は「相手が誰かで『区別はしない』」もの，「他者に対する感覚が鋭くなった」もので，⑥直後の具体例の内容からもイが適切。「弱い立場の人」に限定しているア，「平等で公平に接しようとする」とあるウ，「同じ体験をした人だけ」とあるエはいずれも不適切。

やや難 問七 ―⑦前後の段落で「街の人々」について，「新興住宅地で」「よそよそしく気取っていた」住民たちが，「コロナ禍をともに経験することで，『聞いたことを聞かなかったことにはできない』気分になっている」ことを述べているので，コロナ禍を経験してお互いを気づかい，思いやるようになったというような内容で説明する。

三 (漢字の書き取り)

1の「少」を「小」と間違えないこと。2の音読みは「イ」。熟語は「委任」など。3の「輸」を「輪」などと間違えないこと。4は同じ学校，または同じ先生に学んだこと。5は改めて新しくすること。6は痛みや病状がおだやかになること。同訓異字で，中に整理して入れる意味の「収まる」，金品などを受け取るべきところに入れる意味の「納まる」と区別する。

★ワンポイントアドバイス★

論説文に近い随筆文では，個人的な体験を通して何を論じようとしているのかを読み取っていこう。

2022年度

★★★★★★★★★★★★★★★★★★★★★★★★★

入　試　問　題

2022年度

女子学院中学校入試問題

【算　数】（40分）　＜満点：100点＞

【注意】 計算は右のあいているところにしなさい。円周率は3.14として計算しなさい。

1. 次の □ にあてはまる数を入れなさい。

(1) $5\frac{2}{3}\div 0.85\times\frac{37}{4}\times\frac{17}{25}-\left(\frac{13}{15}+5.25\right)=$ □

(2) 0.125の逆数は □ で，2.25の逆数は □ です。

(3) 図のように，中心角90°のおうぎ形の中に正三角形ABCと点Oを中心とする半円があります。

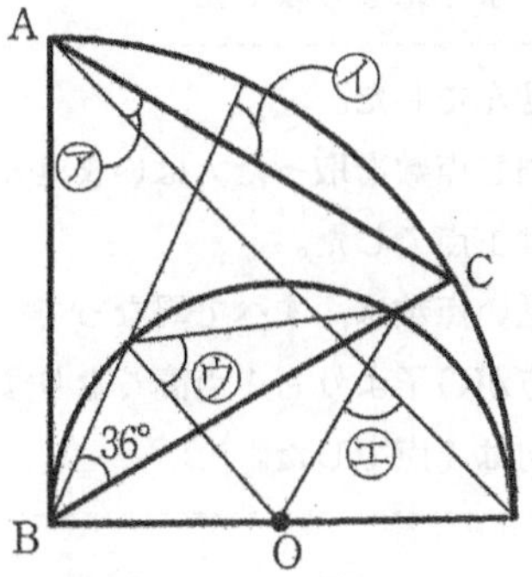

角㋐は □ 度

角㋑は □ 度

角㋒は □ 度

角㋓は □ 度

(4) 図のように，点Oを中心とする円の中に，1辺の長さが5cmの正方形が2つあります。影《かげ》をつけた部分の面積は □ cm^2です。

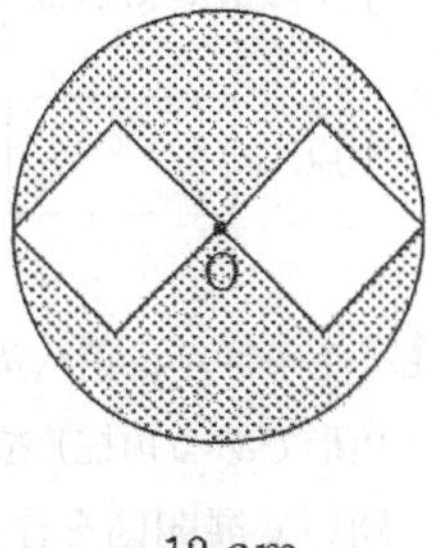

(5) 図の四角形ABCDは正方形で，同じ印のついているところは同じ長さを表します。影をつけた部分の面積は

□ cm^2です。

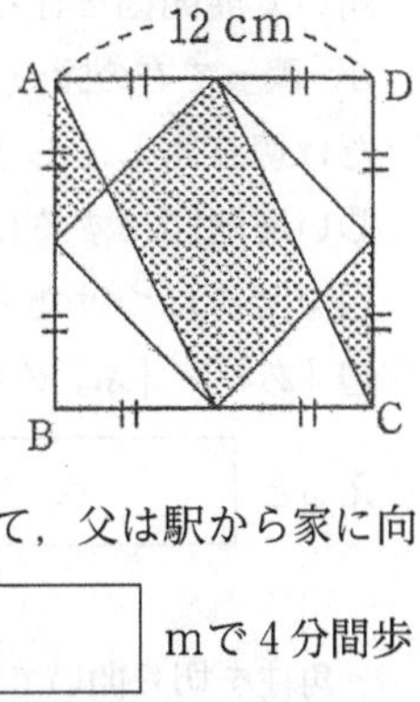

(6) J子さんの家から駅までは1995mあり，J子さんは家から駅に向かって，父は駅から家に向かって11時に同時に歩き始めました。J子さんは途《と》中の公園まで分速 □ mで4分間歩き，公園で5分間遊んでから，それまでより毎分7m速い速さで駅に向かいました。父は途中の

店まで分速80mで □ 分間歩き，店に３分間立ち寄ってから，分速75mで家に向かいました。２人は11時19分に出会い，その10分16秒後に父は家に着きました。

2，3，4の各問いについて □ にあてはまるものを入れなさい。

2. A，Bを整数として，A以上B未満の素数の個数をA★Bで表すとします。

(1) 10★50＝ □

(2) (20★A)×(A★B)×(B★50)＝9となるA，Bの組のうちAとBの和が最も大きくなるのは A＝ □ ，B＝ □ のときです。

3. 図のような的に矢を３回射って，そのうち高い２回の点数の平均を最終得点とするゲームがあります。J子，G子，K子がこのゲームをしたところ，次のようになりました。

・的を外した人はいませんでした。
・３回のうち２回以上同じ点数を取った人はいませんでした。
・K子の１回目の点数は１点でした。
・３人それぞれの最も低い点数は，すべて異なっていました。
・最終得点は，J子の方がG子よりも１点高くなりました。
・３人の最終得点の平均は４点でした。

J子の最終得点は □ 点，K子の３回の点数は低い方から順に１点，□ 点，□ 点でした。

4. J子さんは正八角柱（底面が正八角形である角柱）を辺にそって切り開いて展開図を作ろうとしましたが，誤って右の図のように長方形Ⓐだけ切り離《はな》してしまいました。正しい展開図にするには長方形Ⓐの辺をどこにつけたらよいですか。辺「あ」～「ふ」の中からすべて答えると □ です。

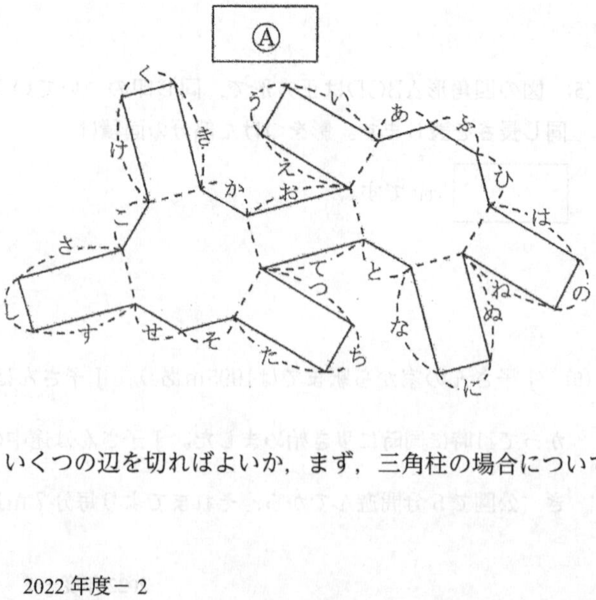

角柱を切り開いて展開図を作るとき，いくつの辺を切ればよいか，まず，三角柱の場合について考えてみます。

図1のように面をすべて切り離すと，すべての面の辺の数の和は □ です。

そのうち □ 組の辺をつけると図2のような展開図ができます。

立体の1つの辺を切るごとに，他の面とついていない辺が2つできるので，三角柱の場合は展開図を作るときに切る辺の数は □ です。

同じように考えると八角柱の場合は切る辺の数は □ で，三十角柱の場合は切る辺の数は □ です。

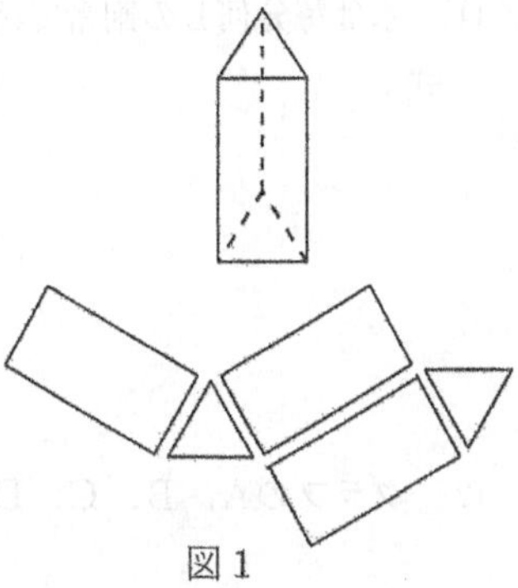
図1

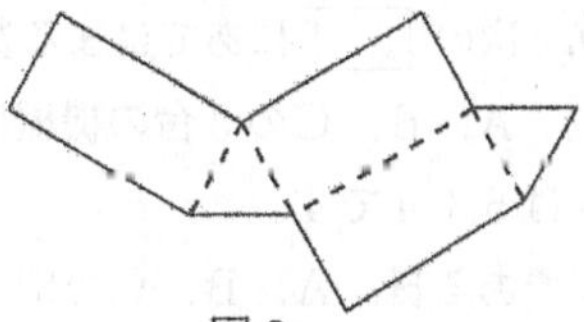
図2

5. 正四角柱（底面が正方形である角柱）の形をしたふたのない容器3つを図1のように組み合わせた水そうがあります。この水そうを上から見ると図2のようになり，㋐の部分の真上から一定の割合で水を注ぎました。グラフは，水を注ぎ始めてからの時間（分）と㋐の部分の水面の高さ（cm）の関係を表しています。グラフのDが表す時間の後は，水そうの底から毎分0.8Lの割合で排《はい》水しました。ただし，図2で同じ印のついているところは同じ長さを表し，3つの容器の厚みは考えません。

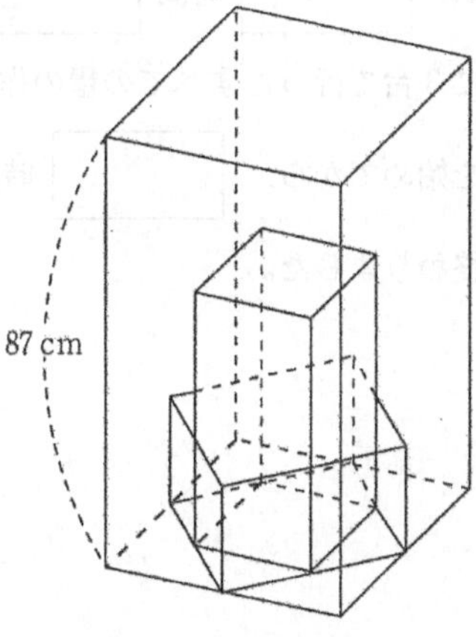

図1

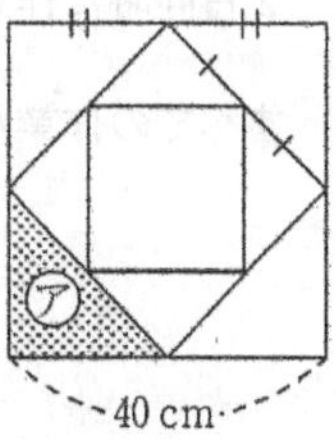

図2

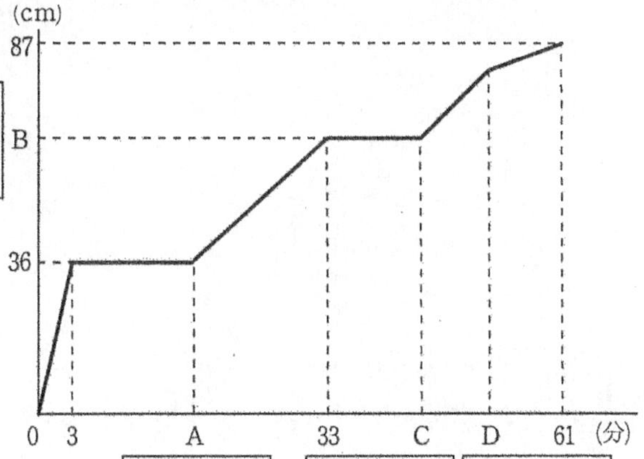

B □

A □　C □　D □

(1)　水は毎分何Lの割合で注がれていたか求めなさい。

式：

答え　　　　　　　　　L

(2)　グラフのA，B，C，Dにあてはまる数を□に入れなさい。

6.　次の□にあてはまる数を入れなさい。

A，B，Cの3台の機械は，それぞれ常に一定の速さで作業をします。BとCの作業の速さの比は5：4です。

ある日，A，B，Cで別々に，それぞれ同じ量の作業をしました。3台同時に作業を始め，Bが$\frac{1}{4}$を終えた6分後にAが$\frac{1}{4}$を終えて，Aが$\frac{2}{3}$を終えた12分後にCが$\frac{2}{3}$を終えました。作業にかかった時間は，Aが□時間□分，Bが□時間□分でした。

次の日，前日に3台で行ったすべての量の作業をA，Bの2台でしました。

2台同時に作業を始めてから，□時間□分□秒ですべての作業が終わりました。

【理　科】（40分）　＜満点：100点＞

【注意】 答は解答用紙に書きなさい。選択肢《たくし》の問題の答が複数ある場合は，すべて答えなさい。)

I　1　図1は，冬に東京で，南に足を向けて寝《ね》そべって夜空を見たときの様子を示したものである。オリオン座の星Aを中心として6つの1等星（星B～G）を結んでできる大きな六角形を見ることができる。これを「冬のダイヤモンド（大六角形）」という。

図2は，東京のある年の2月10日の星Aと冬のダイヤモンドのうち3つの星の高度の変化を示したものである。高度とは地平線とその星との間の角度で，0°（地平線）～90°（天頂：観測者の真上の点）の値をとり，星の移動とともに変化していく。

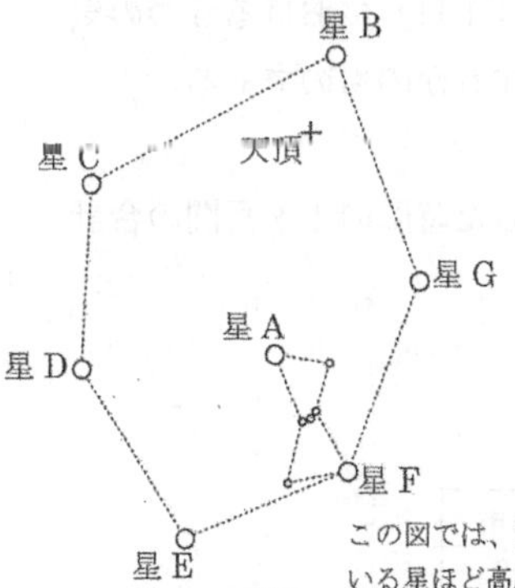

この図では、天頂から離《はな》れている星ほど高度が低い。

図1

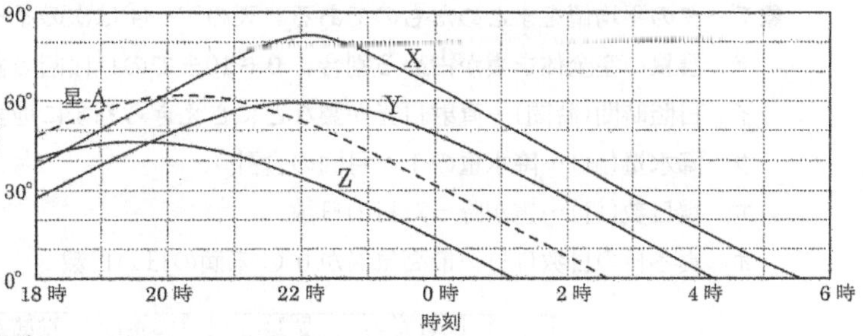

図2

(1)　図1の星A～Gから，「冬の大三角」をつくる星を選びなさい。

(2)　星Bと星Fはほぼ同時に，それぞれ高度が最も高くなる。このとき，星Fの高度が46°，星Fと星Bの間の角度が54.5°であった。このときの星Bの高度を求めなさい。

(3)　図2のX～Zは，図1の星B～Gのどの星の高度の変化を示したものか，それぞれ選びなさい。

(4)　次の①～③にあてはまる星を図1の星A～Gから選びなさい。

①高度が最も高くなる時刻が一番早い星

②最も北寄りの位置で地平線に沈《しず》む星

③高度が最も高くなってから地平線に沈むまでの時間が一番長い星

(5)　次の①～③の文の正誤の組み合わせとして正しいものを下のア～クから選びなさい。

①星Bと星Fは，ほぼ同時に地平線に沈む。

②星Eが地平線に沈んだあと，次に沈むのは星Fである。

③星Aが地平線に沈む位置と最も近い位置で沈むのは星Dである。

	ア	イ	ウ	エ	オ	カ	キ	ク
①	正	正	正	正	誤	誤	誤	誤
②	正	正	誤	誤	正	正	誤	誤
③	正	誤	正	誤	正	誤	正	誤

(6)　図2の日から1ヶ月後の星Aの高度の変化を解答欄《らん》に図示しなさい。

(7)　次のページの図3は，図2と同じ日の星H，Iの高度の変化を示したものである。星Iの見え方（動き）を星Hの名前を使って30字以内で説明しなさい。

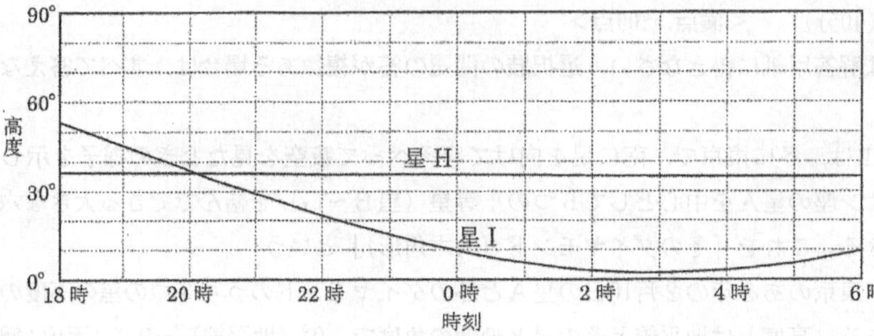

図3

2　下の表は，日本の５つの都市における1991年～2020年までの30年間の「１月」における５つの気象データの平均値をまとめたものである。表の①～④は次のイ～オのいずれかのものである。

ア　雲量…空全体を雲が占《し》める割合。０～10までの11段階で表す。

イ　日照時間(時間)…直射日光が雲などにさえぎられずに地表を照射した時間の１ヶ月間の合計

ウ　降水量(㎜)…降水量の１ヶ月間の合計

エ　雪日数(日)…雪が降った日の日数

オ　真冬日の日数(日)…最高気温が０℃未満の日の日数

	札幌《さっぽろ》市	新潟《にいがた》市	千代田《ちよだ》区	福岡《ふくおか》市	那覇《なは》市
雲量	8.2	9.0	4.3	7.4	7.7
①	90.4	56.4	192.6	104.1	93.1
②	29.1	22.7	2.8	6.3	0
③	108.4	180.9	59.7	74.4	101.6
④	16.7	0.2	0	0	0

気象庁 HP「過去の気象データ検索」より作成

(1)　表の①，②に当てはまる気象データを上のイ～オから選びなさい。

(2)　上のア～ウのうち，千代田区における「７月」の数値が１月のものより大きくなるものを選びなさい。

Ⅱ　1　次の問いに答えなさい。

(1)　次の①～④にあてはまる植物を下のア～ウから選びなさい。あてはまる植物がない場合は×をかきなさい。

①育てるときに支柱が必要ない。

②これら３種類の中で，最も種子が大きい。

③めしべのもとより上にがくがついている。

④花びら同士がつながっている。

ア　アサガオ　　イ　アブラナ　　ウ　ヘチマ

(2)　アサガオ，アブラナ，ヘチマの花のつくりの共通点を１つあげなさい。

(3)　次の文章中の ① ～ ③ にあてはまる言葉を答えなさい。

めしべの先に花粉がつくことを受粉と言う。受粉するとめしべのもとが ① になる。① の中には ② ができる。植物には，めばなとおばなを持つものがある。そのような植物の場合，受粉を行った後，おばなは ③ 。

2　受粉した後，花粉にはどのような変化が起こるのだろうか。Ｊ子さんは受粉した花粉のその後について本で調べたところ，次のようなことが分かった。

・受粉後，花粉からは花粉管という管が伸《の》びていく（図１　顕微《けんび》鏡写真）。
　これを花粉の発芽という。

図１

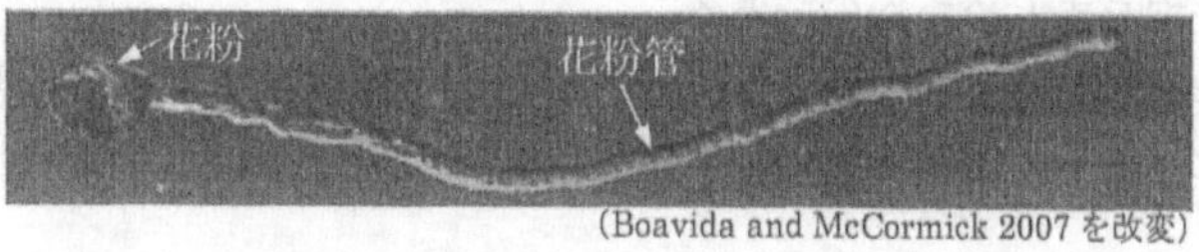

(Boavida and McCormick 2007 を改変)

・花粉管はめしべの中をめしべのもと（子房《しぼう》）に向かって伸びていく。
・花粉管の中では，精子にあたるつくりができる。その後，精子にあたるつくりは子房の中の卵にあたるつくりと合体する。

⑴　上の文章中の下線部は動物の何という現象と同じか。現象名を答えなさい。

Ｊ子さんは次の方法で，ある植物の花粉の発芽の様子を顕微鏡で観察した。

方法　１　Ａの上に，寒天を溶《と》かした液（寒天液）を薄《うす》く流し，固める（図２）。寒天液には花粉の発芽に必要な成分が含《ふく》まれている。

　　　２　寒天の表面に花を優しくなでつけ，花粉をつける（図３）。
　　　　　これを，ぬらしたろ紙を敷《し》いた容器に入れ，ふたをする（図４）。

　　　３　16時間後，顕微鏡で観察する。

図２

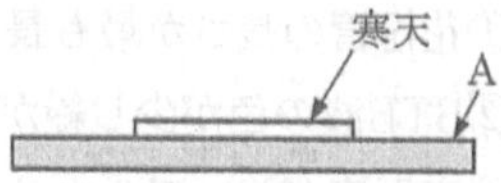

図３

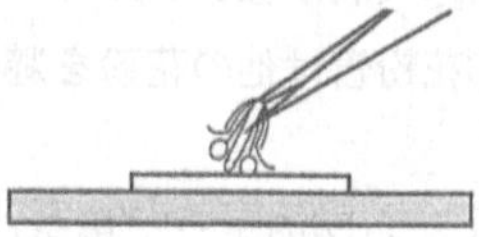

図４

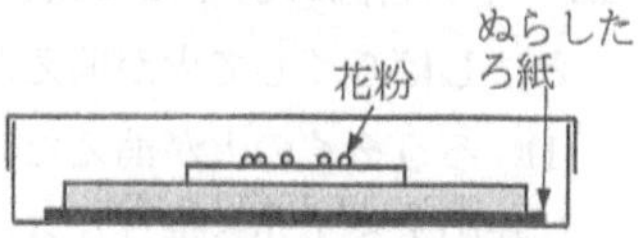

⑵　方法１で用いたＡの器具の名前を答えなさい。
⑶　方法２で，ぬらしたろ紙を敷いた目的を答えなさい。

図５，６はそれぞれ実験開始時および16時間後の顕微鏡観察の結果である。
Ｊ子さんは花粉管が１㎜以上伸びたときを花粉の発芽とみなして，発芽率（％）を求めることにした。

図５

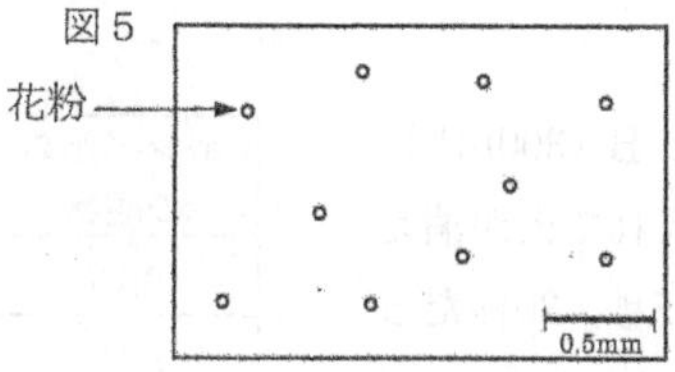

図６

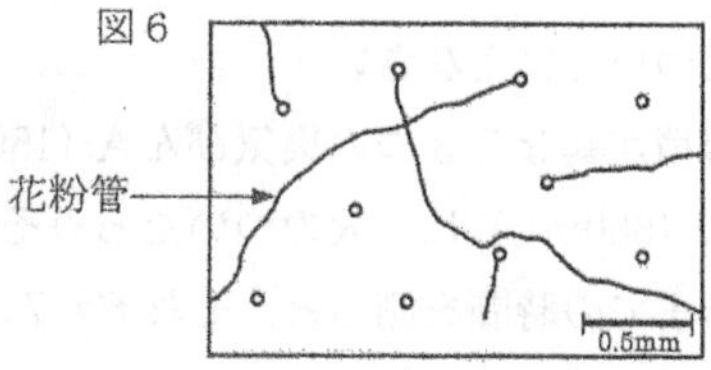

⑷　図５，６から，Ｊ子さんは花粉の発芽率(％)を『２÷８×100』と計算した。なぜ『２÷10×100』と計算しなかったのか。その理由を答えなさい。

次にＪ子さんは，BTB液を加えたときの色が異なる寒天液を４種類作った。４種類の寒天液それぞれで何回か方法１～３をくり返して，発芽率の平均を求めた。右の表はそれぞれの寒天液にBTB液を加えたときの色と花粉の発芽率の平均をまとめたものである。

BTB液の色	発芽率（%）
青色	71
少し緑がかった青色	81
緑色	60
黄色	44

(Boavida and McCormick 2007 を改変)

⑸　Ｊ子さんは表の結果をグラフにしてみた。どのような形式のグラフで表すとよいか。最もふさわしいグラフを次のア～ウから選びなさい。

ア　棒グラフ 　イ　柱状グラフ 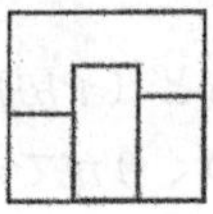　ウ　折れ線グラフ 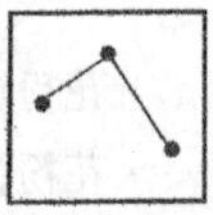

⑹　⑸で選んだグラフの横軸《じく》は何か答えなさい。

⑺　次の①～④の文について，実験結果から正しいと判断できるものにはA，誤りと判断できるものにはB，正しいとも誤りとも判断できないものにはCを書きなさい。

①花粉管の長さが最も長くなるのは，寒天液が中性より少しアルカリ性のときである。

②BTB液の色が少し緑がかった黄色になる寒天液を用いて実験すると，発芽率が52%になる。

③寒天液が強いアルカリ性であるほど，発芽率は高くなる。

④花粉管は他の花粉を避《さ》けるように曲がって伸びる。

Ⅲ　１　右図のように集気びんの中に火のついたろうそくを入れると，しばらくして火が消えた。

⑴　ろうそくの火が消えた後の集気びんの中について正しいものを次のア～エから選びなさい。

ア　ろうそくを燃やす前より二酸化炭素は増えた。

イ　酸素はなくなった。

ウ　ろうそくを燃やす前よりちっ素は増えた。

エ　壁《へき》面がくもった。

⑵　燃やしたときに二酸化炭素が生じないものを次のア～エから選びなさい。

ア　木　　イ　石油　　ウ　水素　　エ　スチールウール

２　次の実験について答えなさい。

【実験１】　容積が異なる３つの集気びんＡ（150mL），Ｂ（300mL），Ｃ（600mL）に，火のついたろうそくを入れて火が消えるまでの時間を測ると，それぞれ7.5秒，15秒，30秒だった。

【実験２】　集気びんＡとＢそれぞれに，右の表のような割合で酸素ボンベからの酸素と空気を集めた。そこに火のついたろうそくを入れて火が消えるまでの時間を測った。

ボンベからの酸素	空気
25%	75%
50%	50%
75%	25%
100%	0%

⑴　ボンベからの酸素を集気びんの容積の25%，空気を75%集めるには，どの図の状態からボンベ

の酸素を集めるのがよいか，最もふさわしいものを次のア～カから選びなさい。

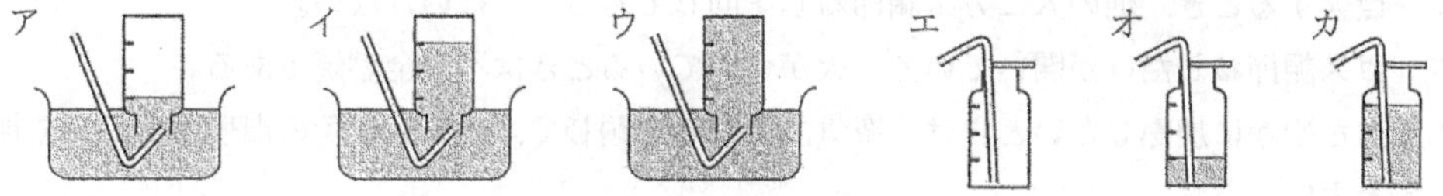

(2)　(1)で集めた気体中の酸素の割合を求め，最も近い値を次のア～エから選びなさい。

ア　21%　　イ　25%　　ウ　30%　　エ　40%

(3)　実験１，２の結果をグラフにすると右図のようになった。次の①～④について，グラフから考えて正しいものには○，間違《ちが》っているものには×をかきなさい。

①空気だけが入った集気びんでは，集気びんの容積が２倍，３倍になるとろうそくの火が消えるまでの時間も２倍，３倍になる。

②集気びん中の酸素がどんな割合でも，集気びんの容積が２倍になるとろうそくの火が消えるまでの時間も２倍になる。

③150mLの集気びん中の酸素の割合が50%以上のとき，ろうそくの火が消えるまでの時間は20秒以上である。

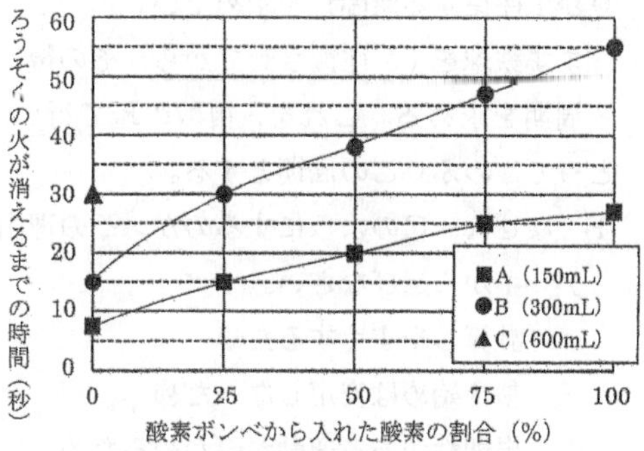

④集気びんの容積が違っても，酸素の量が同じときにはろうそくの火が消えるまでの時間も同じである。

3　ものが燃えるときの炎《ほのお》の様子は，燃えるものや燃え方によって異なる。

ガスコンロでは通常は青色の炎がみられるが，酸素が少ないときはオレンジ色の炎がみられることがある。このときの燃え方を「不完全燃焼」といい，酸素が十分にあるときの「完全燃焼」と比べると炎の温度は低い。メタンやプロパンはよく燃える気体であり，燃料などに利用される。

右の図は，ろうそくの炎の様子を示したものである。図のA～Cのうち，最も温度が高いのは［ア］のところである。ろうは，ろうそくのしんから［イ］して燃える。Bのところにガラス板を入れるとガラス板の表面に黒色の固体がついた。この固体は［ウ］である。火が消えたときにみられる［エ］は，固体になった［オ］である。

(1)　文章中の［ア］～［オ］にあてはまる言葉を答えなさい。ただし，［ア］はA～Cの記号で答えなさい。

(2)　メタン１Ｌを完全燃焼させると二酸化炭素１Ｌと水蒸気２Ｌが生じる。また，プロパン１Ｌを完全燃焼させると二酸化炭素３Ｌと水蒸気４Ｌが生じる。

メタンとプロパンを混合した気体10Ｌを完全燃焼させると二酸化炭素は11Ｌ生じた。燃焼前の気体に含まれるメタン，燃焼により生じた水蒸気はそれぞれ何Ｌか，答えなさい。

(3)　ガスバーナーについて正しい文を次のページのア～オから選びなさい。

ア　点火するとき，ガス調節ねじを開いてからマッチの火を横から近づける。

イ　点火するとき，他の人にガス調節ねじを回してもらってはいけない。

ウ　ガス調節ねじだけが開いていて，火がついているときは不完全燃焼である。

エ　おだやかに加熱したいときは，空気調節ねじを閉じて，オレンジ色の温度が低い炎で加熱するとよい。

オ　高温で加熱したいときは，空気調節ねじの限界まで回して空気を多く送り込《こ》むとよい。

Ⅳ　1　図１のように，長さ１mの軽い糸におもり（60ｇの鉄球）を取り付け，ふれはば（角度）を10°にしたところで鉄球を静かにはなし，このふりこの周期（おもりが１往復する時間）を求めたい。

まず鉄球を$_{A}$2往復させてから，その後，$_{B}$10往復する時間を測り，その時間から周期を求める。これを$_{C}$複数の班で行い，それぞれの班で求めた周期の平均をとってこのふりこの周期とする。

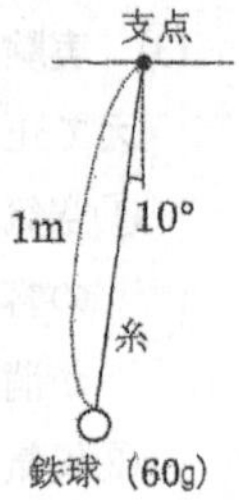

図１

(1)　なぜA～Cのようにするのか，その理由として最も適したものをそれぞれ次のア～キから選びなさい。

ア　計算しやすくするため

イ　動き始めは安定しないため

ウ　規則性がある運動か確かめるため

エ　１往復の時間が短くて測りにくいため

オ　動きが遅《おそ》くなってからの方が測りやすいため

カ　空気による抵抗《ていこう》の影響《えいきょう》を小さくするため

キ　測り方のわずかな違いで結果が変わってしまうため

(2)　５つの班でそれぞれふりこを作り，周期を求める実験をした。右の表はその結果を示したものである。

班	１班	２班	３班	４班	５班
求めた周期〔秒〕	2.005	1.997	2.024	1.788	2.009

①４班は実験方法を間違えたため，他班に比べて数値が小さくなっている。間違えとして考えられることをア～カから選びなさい。

ア　９往復の時間を測定してしまった。

イ　11往復の時間を測定してしまった。

ウ　ふれはばを10°より小さくしてしまった。

エ　ふれはばを10°より大きくしてしまった。

オ　糸の長さを１mより短くしてしまった。

カ　糸の長さを１mより長くしてしまった。

②実験結果から，このふりこの周期を求めなさい。ただし，小数第３位を四捨五入して小数第２位まで求めること。

(3)　次のページのア～オのふりこの周期を考える。ただし，ア～オのガラス球と鉄球は図１の鉄球と同じ大きさ，形である。

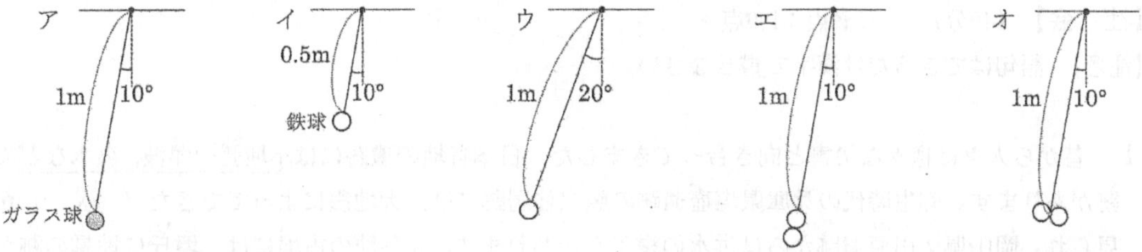

①ふりこの周期が長い順にア～オを並べなさい。ただし，同じ周期になるものがある場合は（　）でくくりなさい。

例：（ア イ）ウ エ オ

②前のページの図１と同じ周期のふりこの中で，最下点でのおもりの速さが最も速いものをア～オから選びなさい。

(4)　図２のように，水を少量入れたペットボトルでふりこを作り，周期を求めた。水の量を増やすと周期はどうなると考えられるか，次のア～ウから選びなさい。また，その理由も書きなさい。

ア　長くなる　　イ　短くなる　　ウ　変わらない

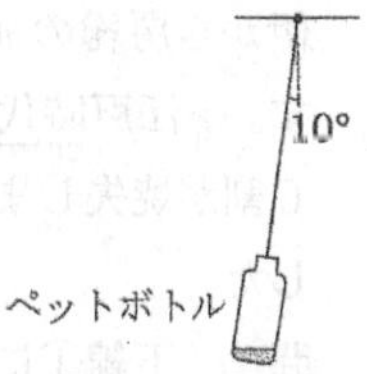

図２

2　下図のように，なめらかな曲面上のＰ点に鉄球を置き，静かに手をはなすと鉄球は曲面を下り，水平面上のＱ点にあるふりこのおもり（60ｇの鉄球）に衝突《しょうとつ》した。その後，おもりはふりこの運動をし，最高点に達した。右の表は「Ｐ点に置く鉄球の重さ」，「糸の長さ」，「Ｐ点の高さ」を変えたときの「最高点の高さ」を示したものである。

	鉄球の重さ〔g〕	糸の長さ〔cm〕	Ｐ点の高さ〔cm〕	最高点の高さ〔cm〕
ア	20	25	4	1
イ	20	25	20	5
ウ	20	100	4	1
エ	20	100	20	①
オ	60	25	4	4
カ	60	25	20	20
キ	60	100	4	②
ク	60	100	20	③

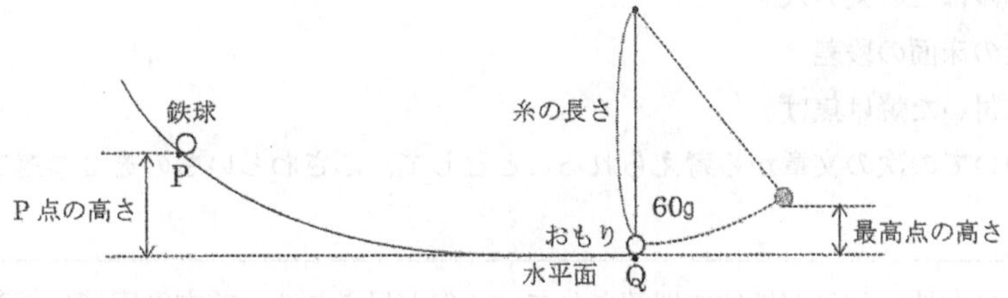

(1)　表の①～③にあてはまる数値を書きなさい。

(2)　衝突直後から最高点までのおもりの移動距離《きょり》が最も長いものを表のア～クから選びなさい。

(3)　衝突してからおもりが最高点に達するまでの時間がアと同じものを選び，衝突直後のおもりの速さが速い順に，アも含めて並べなさい。ただし，同じ速さになるものがある場合は（　）でくくりなさい。

(4)　おもりの最高点の高さを高くするためにはどうすればよいか，次のア～カから選びなさい。

ア　鉄球の重さを重くする　　イ　鉄球の重さを軽くする　　ウ　糸の長さを長くする

エ　糸の長さを短くする　　オ　Ｐ点の高さを高くする　　カ　Ｐ点の高さを低くする

【社　会】（40分）　＜満点：100点＞

【注意】　語句はできるだけ漢字で書きなさい。

I　昔から人々は様々な災害と向き合ってきました。日本各地の遺跡《せき》には①地震《しん》や津《つ》波，洪《こう》水などの跡《あと》があります。弥生時代の兵庫県塩壺《つぼ》遺跡の竪《たて》穴住居跡には，大地震によってできた（　X　）が見られ，岡山県久田原《くたばら》遺跡からは洪水の様子が伝わります。②各地の古墳《ふん》には，墳丘《きゅう》に地震の跡が見られるものがあります。史料にも，多くの自然災害の記録が残されており，869年に③陸奥《むつ》国で起きた貞観《じょうがん》地震では，津波が川をさかのぼったと書かれています。1293年に関東地方南部で起きた地震では，鎌倉の建長寺をはじめ多数の神社仏閣が倒壊《とうかい》しました。④室町時代には1498年に津波が紀伊から房総の海岸を襲《おそ》い，1596年の慶《けい》長伏見《ふしみ》地震では⑤豊臣秀吉が建てた伏見城も倒壊しています。⑥江戸時代も大規模な災害がしばしば起こりました。1657年の⑦明暦《れき》の大火では江戸の市街の6割が焼失しました。1783年の⑧浅間山噴《ふん》火では関東甲信越一帯に火山灰が降り，冷害が起こりました。

問1　下線①について，まちがっているものを3つ選び，記号で答えなさい。

ア　日本列島の周辺には，断層やプレート境界があり，世界でも有数の地震多発地帯となっている。

イ　太平洋側では津波が発生するが，日本海側では発生しない。

ウ　海底が震源の地震が起きても，常に津波が発生するとは限らない。

エ　何千キロも離《はな》れた場所で発生した津波でも，日本に被《ひ》害を及《およ》ぼすことがある。

オ　大地震が発生した時は，湾の一番奥にいれば津波がやってくる心配はない。

カ　1時間に50ミリ以上の降水量の発生件数は，1976年～1985年と2011年～2020年を比べると増減の変化はあまりない。

キ　土石流や地すべりなど，土砂災害警戒区域のある市町村は全国で6割を超《こ》える。

問2　文中の（X）の内容にあてはまる，地震の痕《こん》跡として最もふさわしいものを1つ選び，記号で答えなさい。

ア　表面の土と，その下の層の土の色の違《ちが》い

イ　直径1メートルほどの丸い穴

ウ　10センチ以上の床《ゆか》面の段差

エ　地面の一部に付いた焼け焦《こ》げ

問3　下線②についての次の文章から考えられることとして，ふさわしいものを2つ選び，記号で答えなさい。

> 各地の古墳には女性の首長が単独で埋葬《まいそう》されている例が見られる。前方後円墳に埋葬された首長のうち，女性は3割～5割を占《し》めていたという研究もある。棺《ひつぎ》には男性の首長と同じような鏡や玉が入れられていた。鏡や玉はまじないに使用したと考えられている。5世紀の巨《きょ》大な古墳には女性首長の埋葬例は見当たらず，女性首長の棺によろいやかぶとを納めた例もない。はにわには男女をかたどった様々な形のものがある。
>
> （国立歴史民俗《ぞく》博物館　『性差（ジェンダー）の日本史』　2020年　図録より）

ア　女性の首長が政治を行っていた地域がある。

イ　まじないは女性のみが担当した。

ウ　女性の首長は，常に男性の首長の補佐《ほさ》役として政治に関わった。

エ　儀《ぎ》式やまつりの場から，女性は排《はい》除されていた。

オ　軍事力による政治の主導が必要となった時には，男性首長が選ばれた。

問４　下線③に関して

(1)　次の文を古い順に記号で並べかえなさい。

ア　現在の宮城県にあたる地域に国分寺が建てられた。

イ　中尊寺が建てられた。

ウ　源頼朝が奥《おう》州（東北）を支配下に置いた。

エ　桓武《かんむ》天皇が派遣《けん》した軍が蝦夷《えみし》をおさえ，北上川流域を支配下に置いた。

(2)　陸奥国には現在の岩手県が含《ふく》まれます。岩手県について述べた文として，まちがっているものを２つ選び，記号で答えなさい。

ア　面積は，北海道に次いで第２位である。

イ　太平洋側では，寒流の親潮《しお》の上を通る夏のやませの影響《えいきょう》で，冷害が起こることがある。

ウ　リアス海岸が広がっており，漁港に適した地形になっている。

エ　青森県との県境に十和田湖が位置している。

オ　日本最深の湖である田沢湖は，県の中部に位置している。

問５　下線④について，次の文を古い順に記号で並べかえなさい。

ア　徳政を要求する一揆《き》が連続して起こるようになった。

イ　武田信玄《しんげん》が甲斐《かい》を支配した。

ウ　足利義満の支援《えん》を受けた世阿弥《ぜあみ》が能で活躍《やく》した。

エ　足利尊氏《たかうじ》が征夷《せいい》大将軍となった。

問６　下線⑤に関して述べた文として，正しいものを２つ選び，記号で答えなさい。

ア　二度にわたって朝鮮《せん》半島への出兵を命じた。

イ　将軍を京都から追放し，室町幕府を滅《ほろ》ぼした。

ウ　貿易の相手を中国とオランダに限定した。

エ　統一した基準で全国的な検地を行った。

オ　琵琶《びわ》湖のほとりに城を築き，城下町では商人が自由に営業することを認めた。

問７　下線⑥の人々の生活に関して述べた文として，まちがっているものを１つ選び，記号で答えなさい。

ア　村では，年貢《ぐ》の納入や犯罪防止のために連帯責任を負う五人組が組織された。

イ　村では，稲《いね》の刈《か》り取りに千歯こきが使われるようになり，農作業が早くなった。

ウ　都市では貧しい住民が中心となって打ちこわしを行うことがあった。

エ　ききんが起こると，百姓《しょう》一揆の件数が増えた。

問８　下線⑦からの復興や防災対策として，幕府がとった政策とは考えられないものを３つ選び，記号で答えなさい。

ア　町を再建する際，幅《はば》の広い道路や広場をつくる。

イ　消火に当たる人員を増やすため，幕府が消火部隊を設置する。

ウ　火元となりやすい大きな寺を江戸城の濠《ほり》（堀）の内側に移転させ監《かん》視する。

エ　家を失った被災者に粥《かゆ》を提供する。

オ　火災に強い町とするため，隅《すみ》田川にかかる橋を撤《てっ》去する。

カ　米の値段が下がるのを防ぐため，大火の直後に幕府が米を買い占める。

キ　新たに家を造る際，わらぶきの屋根にしないように命じる。

問9　下線⑧で大きな被害を受けた上野《こうずけ》国吾妻《あがつま》郡鎌原《かんばら》村は幕府が直接支配する領地でした。

(1)　鎌原村の復興のために，幕府は耕地の再開発費用を負担しました。そして，近隣《りん》の有力な百姓を工事の責任者に任命し，鎌原村の生存者や近隣の村の人々を工事の労働者として雇《やと》いました。この復興策の利点とは言えないものを2つ選び，記号で答えなさい。

ア　災害で職を失った人が収入を得られる。

イ　工事の労働力を近場で確保できる。

ウ　幕府の負担する再開発費用がごくわずかですむ。

エ　土木工事の専門的な知識を持った人々だけで工事を行える。

オ　被災地の状況をよく理解した復興対策がたてられる。

(2)　幕府は，石見《いわみ》や佐渡《さど》島も直接支配しました。その理由として最もふさわしいものを1つ選び，記号で答えなさい。

ア　鉱山があるから

イ　交通の要所であるから

ウ　貿易の拠《きょ》点だから

エ　防衛の重要な拠点だから

Ⅱ　たび重なる洪水への対策は，①各地方で行われてきました。例えば②濃尾《のうび》平野では多数の輪中がつくられ，富士川やその上流の③甲府盆《ぼん》地では，しばしば洪水が発生し，堤《てい》防をつくる工事が繰《く》り返されました。日本は④自然災害が多いですが，自然は私たちに多くの恵《めぐ》みも与《あた》えてくれています。⑤火山の周辺には多くの温泉が存在し，火山灰は，長い年月の間に土となり，多くの農作物を育《はぐく》んでいます。河川は徐《じょ》々に山を削《けず》り，その土砂で平野をつくりました。幾多《いくた》の災害を超えて，私たちの今の生活の土台がつくられたとも言えます。私たちは，⑥自然災害の被害を最小限にとどめながら，自然と共に生きることを考えていく必要があります。

問1　下線①に関して，地方公共団体が行っていることとして正しいものを2つ選び，記号で答えなさい。

ア　警察庁を設置して，犯罪者を逮捕《たいほ》し，治安の維《い》持を図る。

イ　地方裁判所を設置し，不正行為《い》を行った裁判官をやめさせる。

ウ　その地方にだけ適用される特別の法律を立案し，国会に提出する。

エ　地方銀行を設置し，紙幣《へい》を発行する。

オ　水道局を設置し，水道水を供給する。

カ　保健所を設置し，感染症《しょう》の拡大防止に努める。

問2　下線②に関して述べた文として，正しいものを2つ選び，記号で答えなさい。

ア　輪中がつくられたのは現在の愛知県内のみである。

イ　濃尾平野では，洪水対策のために以前は合流していた複数の大河川を分離《り》させる工事が行われた。

ウ　輪中は洪水に強いので，戦後，大きな被害を出した伊勢《いせ》湾台風の後，急速に数が増えた。

エ　輪中の土地の多くは周囲の川の水面よりも低く湿《しめ》った土地なので，農業は稲作しか行われていない。

オ　輪中には，食料や避《ひ》難のための舟《ふね》が備えられた水屋がつくられてきた。

問３　下の地図は，下線③の地形図です。

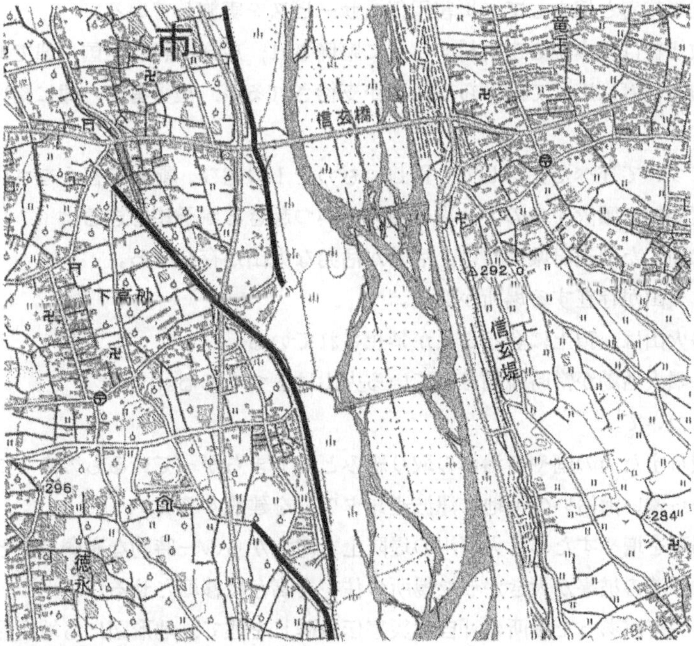

国土地理院　電子国土 Web より作成

(1)　地図中に見られる堤防（━━）を，このような形に築いた目的を，２つ考えて答えなさい。

(2)　地図の地域に関する説明としてふさわしくないものを１つ選び，記号で答えなさい。

ア　川は北から南へと流れている。

イ　この地形図の範《はん》囲には，農地と住宅地が混在している。

ウ　「下高砂《しもたかすな》」付近には，寺や神社，郵便局がある。

エ　川の水を引いて，河川敷《じき》が水田として利用されている。

オ　「信玄堤《つつみ》」より東側は，川の西側より土地が低く，おもに水田として利用されている。

問４　下線④に関する行政のかかわりとして，まちがっているものを２つ選び，記号で答えなさい。

ア　緊《きん》急地震速報は，気象庁が発表する。

イ　消防組織は国の消防庁が一括《かつ》管理しているため，すべての都道府県にあるわけではない。

ウ　大規模災害が発生した際には，都道府県知事が直接，自衛隊に災害派遣の命令を下す。

エ　内閣府に，防災行政を担当する大臣がいる。

オ　被害を最小限にとどめ，迅《じん》速に回復させる国土強靭《じん》化対策の費用は，現在，国の予算に組み込《こ》まれている。

問５　下線④で被災した人たちへの支援に関する説明として，まちがっているものを２つ選び，記号で答えなさい。

ア　東日本大震災では，GDP（国内総生産）上位国からのみ，人的，物的，金銭的支援がよせられた。

イ　地方自治体はボランティアセンターの管理などについて，非営利の活動団体（NPO）と連携《けい》して支援を行うことができる。

ウ　豪《ごう》雪地域では，雪処理の担い手を地域外からも確保している。

エ　被災地では，ボランティアの安全確保を図るよう配慮《りょ》する。

オ　電気通信事業者と協力して，災害用伝言サービスを実施《し》している。

カ　防災行政無線は日本中の市町村すべてに整備され，放送内容は全国一律である。

キ　住宅の損害程度に応じて国から支援金が支給されるが，被災者に一律に給付されるわけではない。

問６　下線⑤について述べた文として，正しいものを１つ選び，記号で答えなさい。

ア　火山は定期的に噴火するので，次の噴火がいつ起きるか予想できる。

イ　太平洋に面した都道府県にだけ，活動が活発な火山が存在する。

ウ　海底にも火山が存在する場所がある。

エ　すべての火山は，頂上に登ることが禁止されている。

オ　日本で，噴火活動が常時観測されている火山は５つである。

問７　下線⑥について

⑴　被害を減らすための国や自治体の取り組みとしてまちがっているものを２つ選びなさい。

ア　高台から遠い海沿いの低地に津波避難タワーを建設する。

イ　避難場所を増やすため，大河川の堤防上も津波からの一時的な避難場所とする。

ウ　過去に津波の被害が大きかった場所の住宅を高台に移転させる。

エ　大きな災害があった場所に「自然災害伝承碑《ひ》」を建て，地形図にも地図記号を記載《さい》する。

オ　警戒《かい》レベルが最高（レベル５）の緊急安全確保が発令されてから，避難誘導を開始する。

⑵　被害を減らすための個人の取り組みとして，ふさわしくないものを２つ選び，記号で答えなさい。

ア　避難訓練はいろいろな状況を考えて何種類も行う。

イ　非常食は，１週間分程度は常に用意しておく。

ウ　ハザードマップで，現在いる地域の特性を知っておく。

エ　大きな揺れが来たらすぐ車で逃《に》げられるように，タクシーを呼ぶ方法を確認しておく。

オ　豪《ごう》雨の時の避難場所として，地下街への入り口を探しておく。

カ　公共交通機関が利用できない場合の帰宅経路や受け入れ施設を確認しておく。

Ⅲ　原胤昭《たねあき》は，1876年に女子学院の前身の一つ，原女学校を創設しました。原は女学校の経営を２年ほどで人に譲《ゆず》り，その後，政府による①自由民権運動への弾《だん》圧を批判したために投獄《ごく》されました。この経験をきっかけに受刑《けい》者のために働く決意をし，釈《しゃく》放後，1884年に教誨《かい》師（服役中の人々に精神的な助言をする人）となりました。

当時，政府は受刑者を北海道へ送って鉱山の採掘や②道路建設を進めていました。教誨師として北海道に渡った原は，受刑者たちの悲惨《さん》な状況を目の当たりにし，待遇《ぐう》改善を訴《うった》えました。③政府も原の意見を一部受け入れました。1897年に原は刑期を終えて出所した人を保護する寄宿舎を設立し，出所した人と共に生活し，身元引受人（保証人）となって就職をあっせんする事業を始めました。④1923年に⑤関東大震災が起きた時，自分の家が焼けても，世話をした人たちを守りました。

原は⑥太平洋戦争中に亡くなるまで，⑦秩序を守ることを優先した政府とは異なり，⑧人権保障を通じて安全な社会の実現をめざす人でした。

問１　下線①の頃の出来事を，古い順に並べかえなさい。

ア　西郷隆盛らが西南戦争を起こした。

イ　政府は10年後に国会を開設することを約束した。

ウ　大日本帝国憲法が発布された。

エ　徴《ちょう》兵制度や学校制度が定められた。

問２　下線②について，右の図のような環《かん》状交差点（ラウンドアバウト）の通行ルールが2014年に導入されました。信号機のある交差点に比べて，環状交差点の特徴としてふさわしくないものを３つ選び，記号で答えなさい。

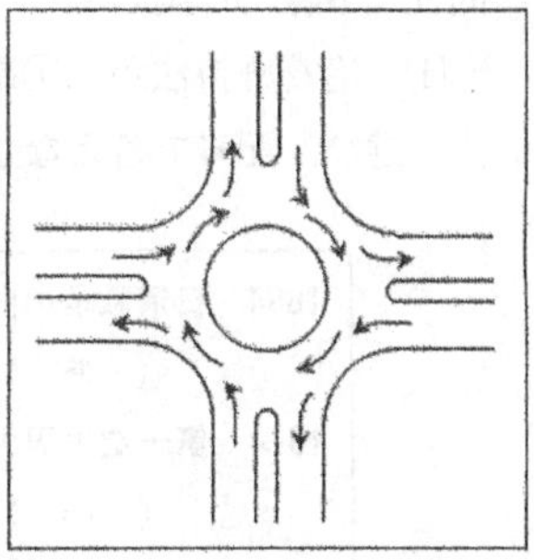

ア　出入口が何か所もある交差点でも円滑《かつ》に対応できる。

イ　１日１万台以上通行する交通量の多い交差点に適している。

ウ　より大きな用地が必要となる。

エ　正面衝《しょう》突など大事故が起こりやすい。

オ　災害に強い交差点である。

カ　維持管理費が少なくて済む。

キ　一般的に，二酸化炭素の削《さく》減効果は小さい。

ク　地域の景観の維持に役立つ。

問３　下線③は，1880年代の外交上の問題解決につながるとの考えが背景にありました。当時の事情にふれて，政府が囚《しゅう》人の待遇を改善したねらいとして考えられることを説明しなさい。

問４　下線④に関して，1920年代の日本社会のようすについて述べた文を１つ選び，記号で答えなさい。

ア　新聞や雑誌が発行されるようになり，ざんぎり頭や洋装がもてはやされた。

イ　綿織物などをつくる民間の工場が増える一方，政府は官営八幡製鉄所を建設した。

ウ　農村の中学校や高等学校を卒業した若者が集団で上京し，大都会の工場や会社に就職した。

エ　多くの人々が日本から満州に移住して農業を営んだり，会社を経営したりするようになった。

オ　都会ではデパートに買い物に行く人々が現れる一方，農村では生活に苦しむ小作人も多くいた。

問５　下線⑤に関して，震災直後の混乱と社会不安の中で命を奪《うば》われる人も少なくありませんでした。とりわけどのような人々が多く犠牲《ぎせい》となったか答えなさい。

問６　下線⑤からの復興をめざす中で再建された小学校は，避難所以外にも地域社会の中心としての役割を果たすようになりました。次の(1)(2)に対応して，体育館としても使える講堂はどのような役割を担うようになったか，具体的に答えなさい。

(1)　都市での人口増加　　(2)　国民の政治参加要求の高まり

問７　下線⑥の戦争中や戦争直後，台風による水害でも各地で多くの犠牲者が出ました。その理由としてまちがっているものを１つ選び，記号で答えなさい。

ア　軍需《じゅ》産業の必要から森林の伐《ばっ》採が進み，植林も遅《おく》れていたため。

イ　戦争の被害により，気象観測を行いデータを送ることが困難だったため。

ウ　資材が不足し，十分な水害対策が行われなかったため。

エ　政府や軍部が気象情報を重視せず，天気図が作成されなかったため。

問８　下線⑥の後に設立された国際連合について述べた文としてまちがっているものを２つ選び，記号で答えなさい。

ア　加盟国数は2022年１月現在で，約50ヵ国である。

イ　総会にはすべての加盟国が参加し，一国一票ずつ投票権を持っている。

ウ　国際連合の専門機関が予防接種の普及を進めたことで，天然痘《とう》が撲滅《ぼくめつ》された。

エ　国際連合は，各国政府だけでなくNGOとも協力して，様々な活動を行っている。

オ　日本は1956年に加盟した後，国際連合で採択《たく》された条約をすべて批准《じゅん》している。

問９　下線⑦に関して

(1)　治安維持法が，①制定された時期　②廃《はい》止された時期を，それぞれ下の（あ）～（き）から選び，記号で答えなさい。

1894	日清戦争の開戦
	（ あ ）
1914	第一次世界大戦のぼっ発
	（ い ）
1928	初の男子普通選挙の実施
	（ う ）
1931	満州事変のぼっ発
	（ え ）
1937	日中戦争の開始
	（ お ）
1945	第二次世界大戦の終結
	（ か ）
1951	サンフランシスコ平和条約の締《てい》結
	（ き ）
1964	東京オリンピック・パラリンピックの開催

(2)　人やものが日本へ入国する際に行われることとして，まちがっているものを１つ選び，記号で答えなさい。

ア　伝染病感染者が国内に感染を広げることを防ぐため，発熱の有無や体調を調べる。

イ　働くために入国する外国籍《せき》の人が，有効なパスポート（旅券）とビザ（査証）を持っているかを確認する。

ウ　国内の人々の健康に害を及ぼすことのないよう，輸入された食品の残留農薬などを検査する。

エ　政府を批判する活動をした日本人が日本に入国することのないよう，思想や言動を審《しん》査する。

オ　絶滅のおそれのある野生動物が違《い》法に取引されることのないよう，取り締《し》まりが行われる。

問10　下線⑧に関して，自由な表現活動が他の人の権利を脅《おびや》かす事例があります。そのような事例ではないものを１つ選び，記号で答えなさい。

ア　外国にルーツをもつ人を侮辱《ぶじょく》する言動やうその情報が広まり，偏《へん》見が広がる。

イ　多くの人の目にふれる形で，他人に知られたくない個人の情報が公開される。

ウ　著名人に対する誹謗《ひぼう》中傷が，インターネット上で集中的に寄せられる。

エ　要職にある政治家の差別的発言が報道され，辞任に追い込まれる。

オ　犯罪の加害者やその家族などの個人情報が公開され，更《こう》生や立ち直りが難しくなる。

問十二　――⑨「カムイという観念」とはどういう考え方ですか。本文から読み取って説明しなさい。

問十三　次の1～4のうち、本文の内容と合っているものには○を、間違っているものには×をつけなさい。

1　アイヌの人たちは、他の文化の影響《えいきょう》を受けず、アイヌの文化だけを守り続けている。

2　カムイとはこの世の全てのものに宿っており、どれも人間の役に立ってくれる存在である。

3　アイヌの人たちは、いつもカムイを感じているが、人間からカムイに働きかけることはない。

4　カムイと共に生きる精神を生かして生活することは、アイヌ以外の人にもよいことだ。

問十四　次の意味になるように（　）にあてはまる言葉をひらがなで書きなさい。

1　じゃまをする　→　水を（　　）

2　なかったことにする　→　水に（　　）

問十五　a「リンジ」・b「コンテイ」・c「シリョウ」を漢字に直しなさい。

三　次のカタカナを漢字に直しなさい。

1　外に出て日光をアびる。

2　長々しい説明をハブく。

3　出番を待ちカマえる。

4　山のイタダキに雪が残る。

十字～二十字で三点抜《ぬ》き出しなさい。

問三　（A）～（C）にあてはまる語をそれぞれ選びなさい。

ア　つまり　イ　また　ウ　しかし　エ　すると

オ　だから

問四　――③「そういう気持ちで以て」とありますが、どういうことを大切にする気持ちですか。最も適切なものを次から選びなさい。

ア　神を尊いものとして敬う　イ　相手の立場に立って考える

ウ　まちがったらすぐ改める　エ　集団生活のルールを守る

問五　――④「汚れ水は必ず出る」とありますが、アイヌの人は、汚れ水をどこに捨てるのですか。次の（　）に十五字～二十字の語句を入れて、説明を完成させなさい。

カムイのいないところはないので、（　　　　）場所

問六　――あ「よく」・い「キャッチフレーズ的に」のここでの意味として最も適切なものをそれぞれ選びなさい。

あ「よく」

ア　たくみに　イ　たやすく　ウ　みごとに　エ　しばしば

い「キャッチフレーズ的に」

ア　イメージが定まった印象的な言葉で

イ　今現在流行しているはでな言葉で

ウ　以前から使い古された言葉で

エ　強い主張をこめたりっぱな言葉で

問七　（D）にあてはまる漢字二字の熟語を考えて書きなさい。

問八　――⑤「ニコニコして戻ってきた」とありますが、おばあさんはなぜニコニコして戻ってきたのですか。その理由として最も適切なものを次から選びなさい。

ア　洋一少年が道具にまで餅を供える優《やさ》しさを持つことがうれしかったから

イ　洋一少年が予想外に様々なものに餅をお供えしていることが面白かったから

ウ　洋一少年が自分なりに考えて餅をお供えできていたことに満足したから

エ　洋一少年が納屋であれこれ悩《なや》んだあとが見えることがほほえましかったから

問九　――⑥「同じような気持ち」とはどのような気持ちか、最もあてはまらないものを次から選びなさい。

ア　自分のために働いてくれたという感謝の気持ち

イ　ずっとそばにあったものへの親しい気持ち

ウ　役に立つので手放せないという愛着の気持ち

エ　生活を支えてくれたものへの謙虚《けんきょ》な気持ち

問十　――⑦「はきふるしてよれよれになった靴でさえ」とありますが、この「さえ」と同じ働きの「さえ」を次から選びなさい。

ア　自然の恵みだと思えば、長い雨さえありがたく感じる。

イ　台風で、風に続いて雨さえ本格的になってきた。

ウ　強い雨さえ降らなければ、明日の遠足は決行です。

エ　気温が低いうえ、雨さえも降る寒い夜だった。

問十一　――⑧「ものがものとしてしかとらえられなくなってきた」とありますが、このことによって現代人はどのような行動をとると筆者は考えていますか。十字程度で答えなさい。

であっても、それが人間の役に立ってくれればピㇼカカムイ pirka kamuy「善神」なのであり、人間に害を及《およ》ぼせばウェンカムイ wen kamuy「悪神」ということになる。

穂別《ほべつ》町出身の大谷洋一氏は昭和三五年生まれで私よりも年が若いのだが、彼からこんな話を聞いたことがある。子供の頃《ころ》、暮れになると家族で餅《もち》つきをするのだが（これはもちろん和人の習慣）、そこで作った小さなお供え餅をおばあさんが洋一少年に持たせて、「お前が世話になったなと思っている神様に、これをあげておいで」というのだそうだ。そこで洋一少年は何にそのお餅を乗せたらよいのかわからないながら納屋《なや》へ行き、これも神様かな、あれも神様かなと考えつつ、馬のⒸシリョウ桶やら、農器具やら、自転車やらにそのお供え餅を乗せて戻《もど》ってくる。すると、おばあさんはしばらくしてから納屋へ見にいき、洋一少年が何にお供えしてきたか確認して、⑤ニコニコして戻ってきたというのである。これは学校に上がる前から小学校の中ぐらいまで続いた習慣だというが、これによって道具にも魂《たましい》があって、自分もその世話になっているという観念を、自然に体で覚えさせられたと大谷氏はいう。

農器具やら自転車やらもまたカムイであるとするならば、現代の都会生活の中でもカムイの観念を生かし、アイヌの伝統的な精神に即《そく》した生活をするのは、不可能ではないはずだ。かつては和人だとて、自分の使う道具などに対しては⑥同じような気持ちを抱《いだ》いて生活していたはずである。私自身も子供の頃には、⑦はきふるしてよれよれになった靴《くつ》でさえ愛着があって、捨てずに飾《かざ》っておいた覚えがある。あの時の気持ちがどういうものであったか明確には思い出せないが、もしかしたらそれがかつてのアイヌ的精神と同じものであったかもしれない。それがいまや、そんなことを言っている私自身が、狭《せま》い家の中にものばかりあふれかえっている生活を送り、邪魔臭《じゃまくさ》くなるとどんどん捨ててしまっている。私自身は日本の伝統文化もアイヌの伝統文化も、昭和四〇年代の高度成長期に壊滅的《かいめつてき》なダメージを受けたと考えているのだが、それは物質的な生活が豊かになることによってものの精神性が失われ、⑧ものがものとしてしかとらえられなくなってきたからではあるまいか。そう考えると、⑨カムイという観念を見つめることによって、われわれが本来そうであったはずの精神にわれわれ自身を戻すということが、できるのではないかという気がするのである。

（中川裕『アイヌ語をフィールドワークする』より
Ⅱ「アイヌ文化のキーワード　1　カムイ」）

問一　——①「いただきにまいりました」について、

(1)　敬語の説明として最も適切なものを次から選びなさい。

ア　尊敬語と謙譲《けんじょう》語が使われている
イ　謙譲語と丁寧《ていねい》語が使われている
ウ　丁寧語と尊敬語が使われている
エ　尊敬語と謙譲語と丁寧語が使われている

(2)　敬語を使わない、ふつうの言い方に直しなさい。

問二　——②について、

(1)　「迷信」の意味として最も適切なものを次から選びなさい。

ア　道理に合わない言い伝え　　イ　人々を混乱させるたくらみ
ウ　明確ではない考え方　　エ　ひとりよがりの思いこみ

(2)　「非常に合理的な側面を持っている」とありますが、「こうした見方」はどのような合理的な結果をもたらしていますか。本文中からカムイというのは人間と同じように生活しているものと考えられているので、水もまた夜になれば眠《ねむ》る。だから、夜、川へ水を汲みにいって、いきなり手桶《ておけ》を突《つ》っ込《こ》んだりしたら、びっくりして飛び起きて水がにごってしまう。だから、まず声をかけて水のカムイを起こし、それから表面の着物の部分をそっといただいてくるのである。水を汲む仕事というのは女性の仕事であり、こんなふうに夜ⓐリンジに汲んでこさせられるのは子供の役目だろうから、女の子が行かされることが多かっただろう。夜の闇《やみ》の中で心細く、「水の神様目をさまして私を守ってください」という気持ちも働いたかもしれない。そうやって呪文を唱えながら水を汲むことで、すべてのものに精神の働きを見るという気持ちが、知らず知らずのうちに育てられていったのに違《ちが》いない。

自然に対する②こうした見方は、現代人の目には単なる迷信としてしか映らないかもしれないが、非常に合理的な側面を持っている。水に精神があるものと見、その着物をそっといただいてくるという気持ちで水を汲めば、桶を乱暴に水に突っ込むようなこともなくなり、間違いなく水を濁《にご》さずに汲むことができるのだ。

それはまた川で洗濯《せんたく》をしないという習慣にも現れる。ふんだんに水の流れる川のそばで生活しながら、そこで洗濯をしない民族というのも珍しいのではないかと思うが、アイヌ人にとっては川にも精神があるのであり、それは人間と同じ感覚を持っている。人間にとって汚《きたな》いものは川にとっても汚いのである。（　A　）、汚《よご》れたものを川に流すなどということはしない。③そういう気持ちで以《もっ》て、川で洗濯することも、川に向かって立ち小便することもきつくいましめられるのであるが、それはもちろん必然的に下流に住む人々の飲み水を汚さないということにつながる。伝染病の蔓延《まんえん》をふせぐことにももちろんつながる。水を人と同じものと見るということが、社会生活を快適に営むための、こうした非常に合理的なシステムを支えているのである。

さて、それではかつてのアイヌ人は洗濯する時にどうやっていたのかというと、水を樽《たる》に汲んで、その樽で洗濯をしたのだった。（　B　）、樽で洗うにしたってなんにしたって、④汚れ水は必ず出る。その水はどうしたのかということはやはり疑問になるので、あるとき白沢ナベさんに聞いてみたことがあった。（　C　）、カムイのいないところに捨てるんだという。しかし、カムイのいないところといったって、それこそありとあらゆるものがカムイなのだから、いないところなんてないんじゃないのと聞き返したら、「だからそういうときは、『これから水をまかす（捨てる）から、カムイがいたらちょっとそこをどいてください』といって、それからまかすのさ」ということであった。

あらゆるものが人間と同じ

身の回りのあらゆるものに人間と同じ感情を見出すというこうした発想こそ、アイヌ文化のⓑコンテイをなすものである。(あ)よくアイヌ文化について「自然との共存」とか「自然との調和」といった言い方を（自分でもときどき）するが、それは(い)キャッチフレーズ的にわかりやすく言っているのであって、アイヌ文化の特質をもう少し正確にいえば、「この世を動かしているすべてのものに人間と同じ精神の働きを認め、それらが人間と同じルールにしたがって、人間とともにひとつの共同社会を形成しているという思想に基づいた文化」ということになろうか。

だから、なにも自然物ばかりに敬意を払《はら》うわけではない。（　D　）物したのはなぜですか。ていねいに説明しなさい。

問六 ――⑥「からだ中青ざめるほどのショックを受けました」とありますが、この時の女友だちの気持ちとして最も適切なものを次から選びなさい。

ア　約束を破ってまで手放したくなかった色鉛筆が、永遠に失われてしまったことを悲しく思う気持ち

イ　たまたま手に入れたとても高級な色鉛筆を、一度も使用することなく奪《うば》われてしまったくやしい気持ち

ウ　自分の罪が実は誰かに知られていたのだということに気づき、恥ずかしさのあまりぼうぜんとする気持ち

エ　みんなで協力し合って生きようとしていた人々を裏切った罪を、目の前に突《つ》きつけられたような苦しい気持ち

問七 ――⑦「知らず、傷にふれていたことになる」とありますが、

(1)「知らず」のここでの意味として最も適切なものを次から選びなさい。

ア　思い出せず　　イ　気づかないうちに

ウ　関わりはないが　　エ　わきまえもなく

(2)「傷」とは何をさしていますか。本文から二十字程度で抜き出し、最初と最後の三字を書きなさい。

問八 ――⑧「戦後」とありますが、この戦争は何年に終わったか、西暦で書きなさい。

問九 ――⑨「私にはやはり虹であり」とありますが、色鉛筆は「私」にとってどのようなものですか。「虹」という言葉に着目して答えなさい。

問十 ――⑩「戦中派の心模様である」とありますが、筆者の心模様として最も適切なものを次から選びなさい。

ア　最近の人たちに、戦時中のように物を大切にする気持ちを受けついでほしい

イ　戦時中とは異なり、好きなものをだいじにできる世の中であり続けてほしい

ウ　戦時中と比べて物に困ることのない豊かな生活を二度と手放したくない

エ　戦時中の学校生活のように先生の言いつけが絶対であるべきではない

オ　子どもの心を傷つける戦時中の学童疎開のようなことはあってはならない

二　アイヌの文化の「カムイ」について述べた次の文章を読んで後の問いに答えなさい。

水のカムイ

水に対する見方も面白い。炎《ほのお》が火のカムイの衣裳《いしょう》であるように、水は水のカムイの衣裳である。夜、水を汲《く》む時の呪文《じゅもん》としてこんな言葉がある。

ワッカ　モーㇱモㇱ。ワッカ　カㇷ゚カㇻ　クス　ケㇰナー。

wakka　mos　mos　wakka　kapkar　kusu　k=ek na。

「水よ起きてください。水のお着物を①いただきにまいりましたよ」。

まったのです」

その疎開先の食糧《しょくりょう》事情が極端《きょくたん》に悪くなり、彼女たちは両親のもとへ再び帰されることになった。りんご箱に身のまわりのものを詰《つ》め、親元へ、送ってもらう手はずになった。

「けれども、とうとう、色鉛筆の入ったりんご箱は、戻《もど》らなかったのです。どこへどう消えたのか。そのとき私は、色鉛筆を約束を破ってかくした罪の、これが天罰《てんばつ》なのだと、⑥からだ中青ざめるほどのショックを受けました」

一度も使わない色鉛筆だった。彼女の虹は、はかなく消えてしまい、約束を守らなかった、裏切り者という恥の記憶《きおく》が、以後、消え難《がた》くしみついたのだという。

○

色鉛筆の虹を抱きしめて深く傷ついた私の女友だち。偶然《ぐうぜん》、何年か前、彼女の誕生日に私は色鉛筆をおくったことがある。絵を描《か》くのが好きなひとだからである。⑦知らず、傷にふれていたことになる。

机の上に、色鉛筆。⑧戦後三十七年目の夏。絵を描こうという気持からでもなく、あれば机の上がはなやぐだろうと思って、色鉛筆を買った。ゆたかになって誰《だれ》も、色鉛筆を宝と思わなくなった。しかし、⑨私にはやはり虹であり、宝のひとつである。さんらん（※美しくかがやく）の虹である。そして虹はいかにも消えやすい。この虹を再び失いたくない思いは誰よりも強くある。⑩戦中派の心模様である。

（増田れい子『インク壺』所収「色鉛筆」）

※動員学徒＝第二次世界大戦中に労働力不足を補うために強制的に労働に従事させられた中学校以上の生徒

※は出題者注

問一 ――①「ひと思案した」の意味を次から選びなさい。

ア しばしあれこれ考えた　イ ひとなみに想像した

ウ 一つのことに集中した　エ 軽く思いを寄せた

問二 ――②「あたらしい机の上に、私はまず、筆箱を置いた」のはなぜか、その理由として最も適切なものを次から選びなさい。

ア 引き出しも飾りもないそまつな机が恥《は》ずかしかったから

イ 真新しい机には新しい筆箱がよく似合うと思ったから

ウ 初めてもらった机をお気に入りでいろどりたかったから

エ すてきな筆箱を持っていることをみんなに見てほしかったから

問三 ――③「机を持った日から、私はすこしおとなになった」とありますが、この時の「私」の気持ちとして最も適切なものを次から選びなさい。

ア 大切な自分の財産をすべて並べられることが誇《ほこ》らしい気持ち

イ 縁側という子どもの遊び場から離れてせいせいする気持ち

ウ 本格的に勉強に取り組む年齢になったことを自覚し緊張《きんちょう》する気持ち

エ 自分の自由にできる空間を初めて手に入れてうれしい気持ち

問四 （④）にあてはまる言葉を本文中から三字で抜《ぬ》き出しなさい。

問五 ――⑤「自分を泥棒のように思い、それでも、とうとう、色鉛筆をかくし通してしまったのです」とありますが、

(1) 色鉛筆は自分のものなのに、どういう点が「泥棒のよう」なのか、説明しなさい。

(2) 自分を泥棒のように思いながらも、女友だちが色鉛筆をかくし通

【国　語】〈四〇分〉〈満点：一〇〇点〉

一　次の文章を読んで後の問いに答えなさい。

それは、机の上の小さな虹《にじ》である。色鉛筆《えんぴつ》。父がつくった私の勉強机は、板の残りを利用した、引き出しもなければ飾《かざ》りもない、ただの机だった。

しかし、ニスだけはていねいにぬって、明るい茶色をしていた。はじめてもらう自分の机である。壁《かべ》ぎわに押《お》しつけ、何を置こうか①ひと思案した。小学校の三年か四年生ごろだったろうか。それまでは机らしいものは持たなかった。縁側《えんがわ》が、机の用をしていた。

母が所用で東京へ出かけるのは二、三か月に一度くらいの割合だったが、そのたび私は学用品をねだった。セルロイド（※プラスチックの一種）の筆箱、紙ばさみ、鉛筆、クレヨン、下敷《したじ》き。どれもこれも宝ものであった。わけても筆箱は、毎晩抱《だ》いて寝《ね》たいほど気に入っていた。机のない時代はそれら私の財産を、夜は枕元《まくらもと》に並べて、眺《なが》め入りながら眠《ねむ》りについたものだ。

②あたらしい机の上に、私はまず、筆箱を置いた。淡《あわ》いピンクのセルロイドがバラの花のように光った。十銭屋で買ったビーズのお財布ものせてみた。南京玉の指輪もひとつ。赤と白の玉が交互《こうご》につながったもの。水色の石けりの石。

③机を持った日から、私はすこしおとなになった。ある時、東京から帰った母は、十二色の色鉛筆をその机の上に置いた。ブリキの薄型《うすがた》の箱におさまった十二色の色鉛筆は、神々《こうごう》しいまでに美しかった。私の小さな机にはじめて虹が立った。

〇

私より少し年下の女友だちに聞いてみた。私は※動員学徒世代、彼女《かのじょ》は学童疎開《そかい》世代である。しかし共通しているのは、（　④　）そのものが宝ものであり、わけても色鉛筆は、ぜいたくのひとつの極《きわ》だったという思いである。色鉛筆にまつわる話を聞かせて、というと彼女は一瞬、声をとぎらせ、やがてこういった。

「それは、私の恥《はじ》を話すことになるの」

学童疎開で、家を離《はな》れる前日、小学校四年生だった彼女は、オルガンの先生にお別れを言いに行った。先生の一家はクリスチャンで、当時身をひそめるように暮らしていたが、オルガンを通して人々とかたく結ばれていた。神学校の生徒だったその先生は、お別れをいう彼女にプレゼントを下さった。スイス製の、十二色の色鉛筆だった。

「りんご箱の一番下にその色鉛筆を入れて、疎開先へ行ったのですが、もうノート一冊、鉛筆一本、自由に買えない時代になっていたでしょ、疎開先で先生は私たちに、持ってきたものは全部出して、ノートも鉛筆も、みんなで使うようにしましょう、とおっしゃったの。何でも共用。そうやって助け合いましょうって……」

生徒たちは素直だった。持ちものは全部、着るものは別にしても、供出し、わけあって使った。

「でも……。私はオルガンの先生からいただいた十二色の色鉛筆を、どうしても、りんご箱の底からとり出すことが出来なかった。あんなにきれいな色鉛筆。はじめての色鉛筆でした。かくして出さなかった。ほんとうは出さなければいけない、でも出したくない。毎日、私は⑤自分を泥棒《どろぼう》のように思い、それでも、とうとう、色鉛筆をかくし通してし

2022年度

解 答 と 解 説

《2022年度の配点は解答欄に掲載してあります。》

＜算数解答＞ ≪学校からの正答の発表はありません。≫

1. (1) $35\frac{49}{60}$ (2) 8, $\frac{4}{9}$ (3) ㋐ 15 ㋑ 96 ㋒ 54 ㋓ 75 (4) 107
(5) 60 (6) 50, 5

2. (1) 11 (2) A37, B47 **3.** J子4.5 K子3, 5

4. け・こ・さ・ふ 18, 4, 5, 15, 59

5. (1) 2.4L (2) A18, B66, C44, D52

6. A 3時間12分, B 2時間48分, (2台同時)4時間28分48秒

○推定配点○
4.(2問目以下) ～6. 各4点×13 他 各3点×16 計100点
(2.(2)・3.(K子の点数)・4.(1問目)各完答)

＜算数解説＞

1. (四則計算, 数の性質, 平面図形, 相似, 速さの三公式と比, つるかめ算, 割合と比, 単位の換算)

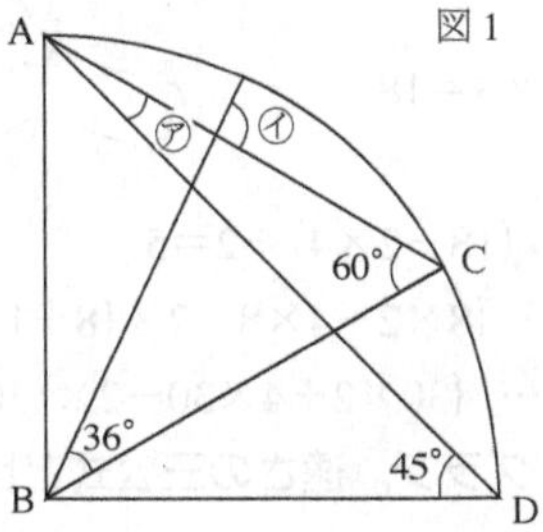

図1

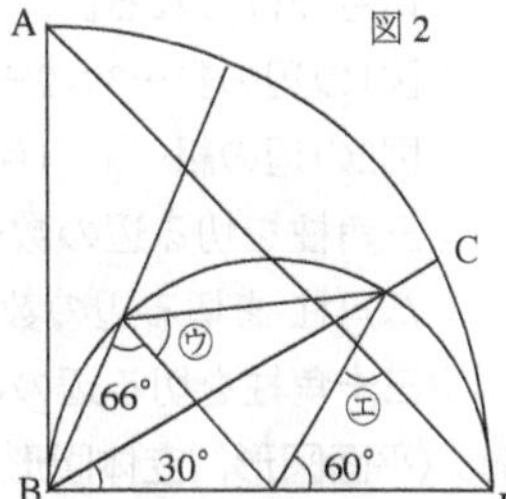

図2

(1) $\frac{17}{3}\times\frac{20}{17}\times37\times\frac{17}{100}-6\frac{7}{60}$
$=41\frac{14}{15}-6\frac{7}{60}=35\frac{49}{60}$

基本 (2) $0.125=\frac{1}{8}$の逆数は8
$2.25=\frac{9}{4}$の逆数は$\frac{4}{9}$

重要 (3) 図1…角㋐は60－45＝15(度)
角㋑は36＋60＝96(度)
図2…角㋒は[180－{(36＋30)×2－60}]÷2
＝90－36＝54(度)
角㋓は180－(60＋45)＝75(度)

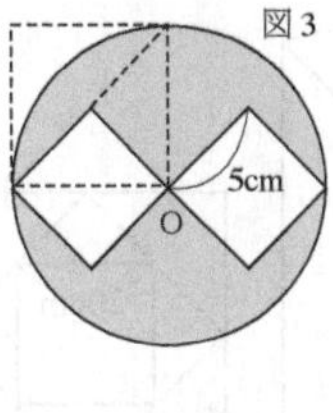

図3

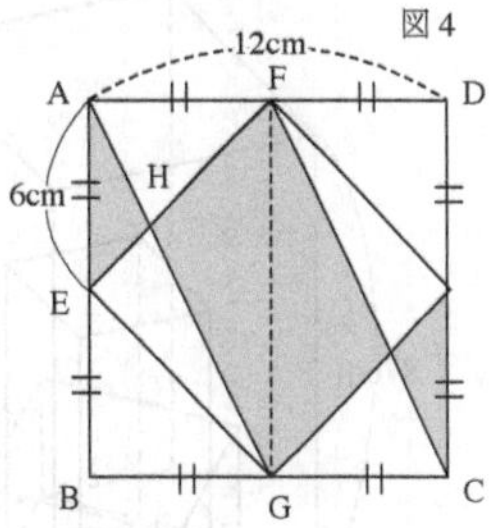

図4

重要 (4) 図3…円Oの半径×半径の面積は5×5×2＝50(cm^2)
したがって, 求める面積は
50×3.14－5×5×2＝107(cm^2)

基本 (5) 図4…三角形AEHとGFHの相似比は6：12＝1：2
したがって, 求める面積は6×6÷(1＋2)＋
12×6÷(1＋2)×2＝12＋48＝60(cm^2)

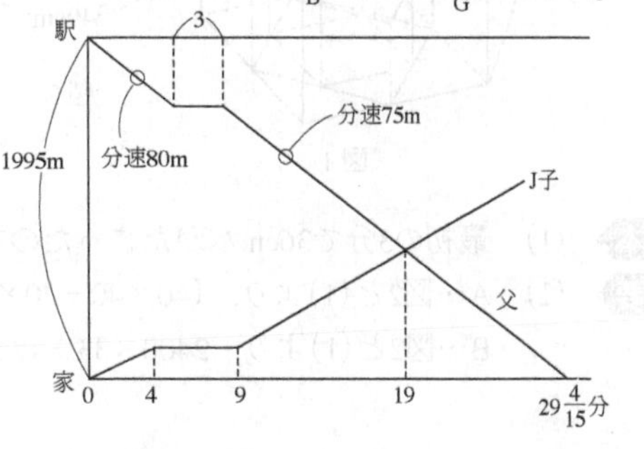

重要 (6) 右のグラフで計算する。
父の最初の時間…$29\frac{4}{15}-3=26\frac{4}{15}$(分)
で1995m進むので, 分速80mで歩いた

のは$\left(1995-75\times 26\frac{4}{15}\right)\div(80-75)$

＝5(分間)

J子さんの最初の分速…J子さんが19分までに進んだ距離は1995－{80×5＋75×{19－(5＋3)}＝770(m)

したがって，最初の分速は{770－7×(19－9)}÷(19－5)＝50(m)

2. (数の性質，演算記号)

基本 (1) 10以上49以下の素数の個数…11から47までの11(個)

やや難 (2) (20★A)×(A★B)×(B★50)＝3×3×1の場合，Aは37，Bは47

3. (平均算，場合の数)

・3人の3回の点数は1点から5点までであり，3回の点数に重複がない。

・G子の最終得点がＪ子のそれより1点低い。

G子の点数が(1，2，3)，最終得点が(2＋3)÷2＝2.5(点)のとき，J子の点数が(2，3，4)，最終得点が2.5＋1＝3.5(点)であり，3人の最終得点の平均が4点になるためにはK子の最終得点が4×3－(2.5＋3.5)＝6(点)になり，不適。

したがって，G子の点数が(2，3，4)，J子の点数が(3，4，5)のとき，K子の最終得点が4×3－(3.5＋4.5)＝4(点)になり，K子の点数は(1，3，5)

＋α 4. (平面図形，立体図形，場合の数，規則性)

展開図において<か>と<う>，<く>と<あ>が組み合されるのでⒶは<こ>,<ふ>につけられる。したがって，<け>,<さ>にもつけられる。

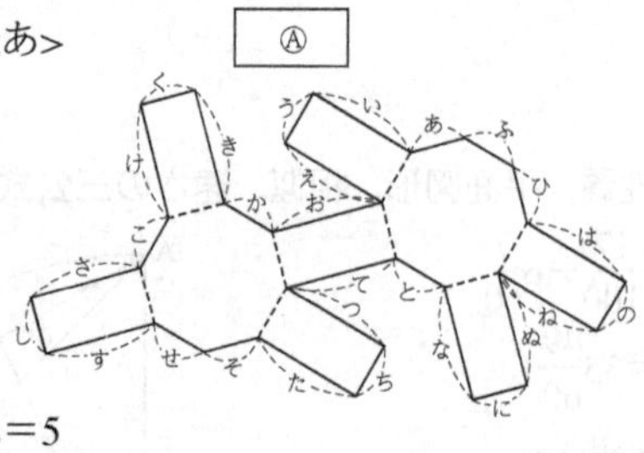

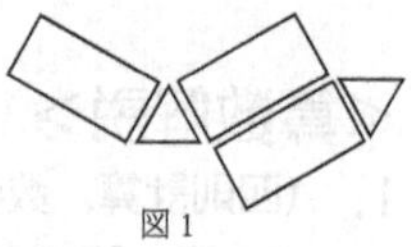
図1

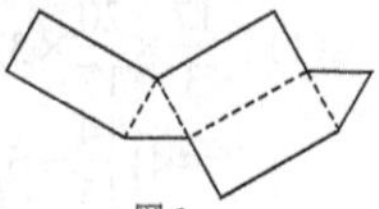
図2

図1の辺の数…3×2＋4×3＝18

図2の辺の組…3＋1＝4

三角柱を切る辺の数… (18－2×4)÷2＝5

八角柱 を切る辺の数… {8×2＋4×8－2×(8＋1)}÷2＝15

三十角柱を切る辺の数… {30×2＋4×30－2×(30＋1)}÷2＝59

5. (平面図形，立体図形，グラフ，速さの三公式と比，割合と比，つるかめ算，単位の換算)

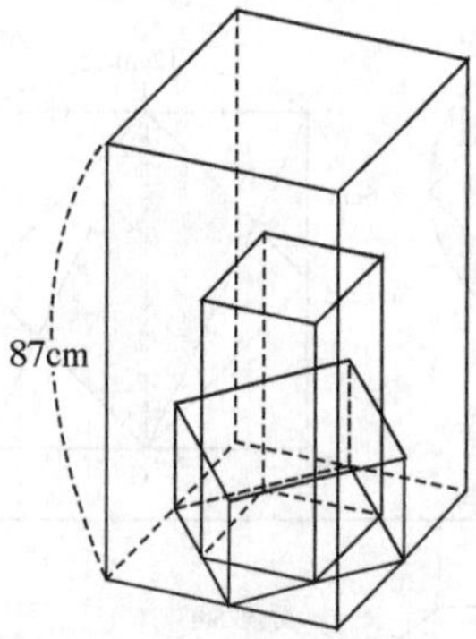

図1

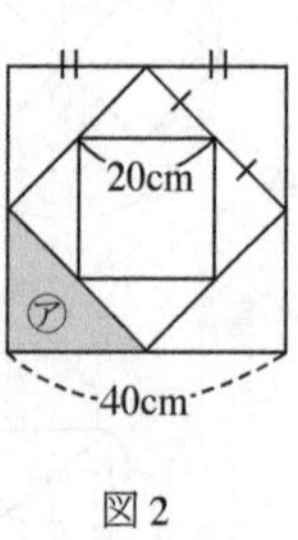

図2

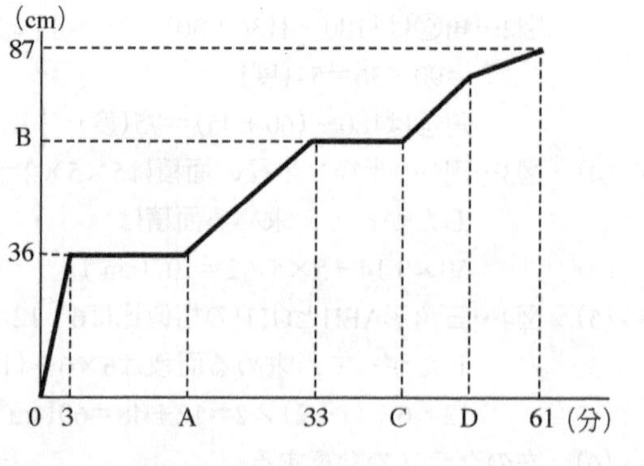

基本 (1) 最初の3分で36cm水がたまったので20×20÷2×36÷3÷1000＝2.4(L)

重要 (2) A…図2と(1)より，(40×40－20×20)×36÷2400＝1200×36÷2400＝18

B…図2と(1)より，2400×33÷1200＝66

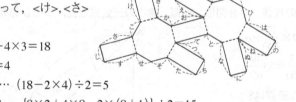

C…図2・B・(1)より，33＋20×20×66÷2400＝44

D…図2・B・(1)より，高さ66cm以上の部分に最初，水がたまる高さは毎分2400÷(40×40)＝1.5(cm)，排水後に水がたまる高さは毎分(2400−800)÷(40×40)＝1(cm)

したがって，Cより，44＋{87−66−1×(61−44)}÷(1.5−1)＝52

重要 6. **(仕事算，速さの三公式と比，割合と比，単位の換算)**

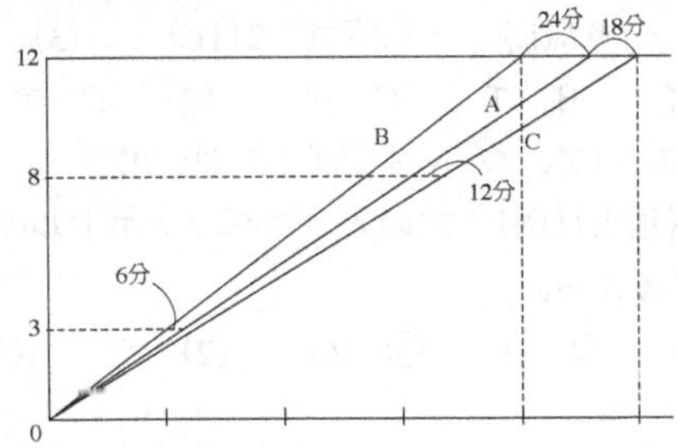

各機械の作業量を12とする。グラフにおいて，作業量が12÷4＝3のとき，BとAの時間差が6分，作業量が12のとき，BとAの時間差が6×4＝24(分)

同様に，作業量が12÷3×2＝8のとき，AとCの時間差が12分，作業量が12のとき，AとCの時間差が12÷2×3＝18(分)

したがって，作業量が12のとき，BとCの時間差が24＋18＝42(分)で，Bの時間は42×4＝168(分)すなわち2時間48分，Aの時間は2時間48分＋24分＝3時間12分

また，BとAの作業速度の比は3時間12分：2時間48分＝8：7であり，2台で作業をすると168×8×3÷(8＋7)＝268.8(分)すなわち4時間28分48秒

★ワンポイントアドバイス★

1(1)「分数計算」で，しっかり得点しよう。2.(2)「AとBの和が最大の場合」は簡単ではないので，後に回したほうがよい。4.の1問目はミスしやすいが，2問目以下は規則性を利用することがポイント。

＋α は弊社HP商品詳細ページ(トビラのQRコードからアクセス可)参照。

＜理科解答＞ ≪学校からの正答の発表はありません。≫

Ⅰ 1 (1) A，D，E (2) 79.5(°) (3) X C Y D Z F

(4) ① G ② B ③ B (5) キ

(6)

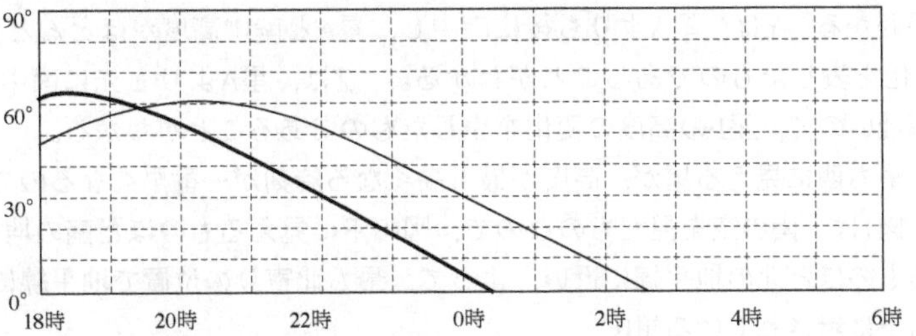

(7) (例) 北極星を中心に回るように動き，地平線に沈まず一晩中見える。

2 (1) ① イ ② エ (2) ア，ウ

Ⅱ 1 (1) ① イ ② ウ ③ ウ ④ ア，ウ

(2) (例) 胚珠が子房の中にある。

(3) ① 果実[実] ② 種子[たね] ③ かれる

2 (1) 受精 (2) スライドガラス

(3) (例) 寒天液が乾燥するのを防ぐため。

(4) (例) 2つの花粉の花粉管の正しい長さをはかることができなかったから。
(5) ア (6) BTB液の色 (7) ① C ② C ③ B ④ B

Ⅲ 1 (1) ア，エ (2) ウ,エ
2 (1) ア (2) エ (3) ① ○ ② × ③ × ④ ×
3 (1) ア A イ 気化 ウ 炭素 エ 白いけむり オ ろう
(2) メタン 9.5(L) 水蒸気 21(L) (3) イ，ウ

Ⅳ 1 (1) A イ B エ C キ (2) ① ア，オ ② 2.01(秒)
(3) ① エ，(ア，ウ)，オ，イ ② ウ
(4) イ (理由)(例) 水の入ったペットボトルの重心の位置が上がり，ふりこの長さが短くなるから。
2 (1) ① 5 ② 4 ③ 20 (2) ク (3) カ，イ，オ，ア (4) ア，オ

○推定配点○
Ⅰ 1(1)・2 各1点×4 他 各2点×10 Ⅱ 1・2(6) 各1点×9 他 各2点×9
Ⅲ 1(1)(2)・3(1) 各1点×7 他 各2点×9(3(3)完答)
Ⅳ 1(1)・(2)① 各1点×4 他 各2点×10(1(4)完答) 計100点

＜理科解説＞

Ⅰ (天体・気象―星の見え方・気象観測)

基本 1 (1) 冬の大三角は，オリオン座のベテルギウス(星A)，こいぬ座のプロキオン(星D)，おおいぬ座のシリウス(星E)の3つの星でつくられる。

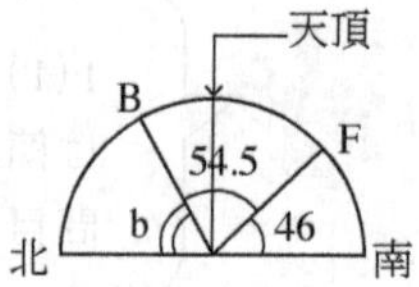

やや難 (2) 図1で，星Bは天頂よりも上にあることから，星Fは南の空で最も高くなったのに対して，星Bは北の空で最も高くなったことがわかる。右の図のように，星Bが最も高くなったときの真北に対する高度をb°とすると，b＝180－(46＋54.5)＝79.5(°)

(3) 南の空の星は東から西へ動いて見えるので，星Aよりも西(右)に見える星B，F，Gは星Aよりも先に南中し，星Aよりも東(左)に見える星C，D，Eは星Aよりも後に南中する。Xは，星Aよりも後に南中し，星Aよりも南中高度が高いので，星Cの高度の変化を表したものであることがわかる。Yは，星Aよりも後に南中し，星Aと南中高度がほとんど変わらないので，星Dの変化を表したものであることがわかる。 Zは，星Aよりも先に南中し，星Aよりも南中高度が低いので，星Fの高度の変化を表したものであることがわかる。

(4) ① 最も西に見える星が，高度が最も高くなる時刻が一番早くなるので，星G

② 図1は，南の空を見たものなので，図の下に見えるものほど南の地平線に近く，上にあるものほど北の地平線に近い。よって，最も北寄りの位置で地平線に沈む星は，図1で最も上に示されている星B

③ 地球は西から東に自転していることから，夜空の星は東から西へ動いて見える。また，日本は北半球に位置するため，北に見える星ほど夜空に見える時間は長くなる。よって，高度が高くなってから地平線に沈むまでの時間が一番長くなるのは，図1で最も上に見える(北に見える)星B

(5) ① 高度が最も高くなったときの高度が高い星ほど，夜空に出ている時間は長くなるので，星Bのほうが星Fよりも後に地平線に沈む。

② 星Fは星Eよりも西に見られるので，星Fは星Eよりも前に地平線に沈む。

③ 最も高くなるときの高度が近いほど，地平線に沈む位置は近くなる。星Aと最も高くなるときの高度がいちばん近いのは星Dなので，星Aと地平線に沈む位置が最も近いのは星Dとなる。

重要 (6) 星が最も高くなるときの高度は日にちがたっても変わらない。また，同じ位置に星が見える時刻は，1か月で2時間ずつ早くなる。よって，図2の日から1か月後の星Aの高度の変化は，18時すぎごろに最も高くなり，0時30分ごろに地平線に沈むような動きとなる。

重要 (7) 星Hは高度の変化がほとんどないことから北極星であることがわかる。また，星Iは，高度が最も低くなるときの高度が0°よりも高いことから，北の空に見える星で，一晩中観測できることがわかる。

重要 2 (1) 1月は冬型の気圧配置になることが多いため，日本海側では雪の降る日が多く，北陸地方では特に大雪になりやすい。また，太平洋側では乾燥した晴れの日が多くなる。①は，太平洋側の千代田区(東京都)で多く，日本海側の新潟市で少ないことから，「日照時間」である。②は，那覇市でのみ0であることから，「雪日数」である。③は，太平洋側の千代田区で少なく，日本海側の新潟市で多いことから，「降水量」である。④は，最も北に位置する札幌市で多く，本州ではほぼ0であることから，「真冬日の日数」である。

基本 (2) 7月の千代田区(東京都)は梅雨の時期にあたり，1月は乾燥した晴天の日が多くなることから，7月は1月と比べて，雲量や降水量は多くなる。

Ⅱ (植物―植物のなかま・受粉後の花粉のようす)

基本 1 (1) ① アサガオとヘチマはつるによって体を支えるため支柱が必要である。

② 3種類の植物の種子の大きさは，大きいものからヘチマ，アサガオ，アブラナの順になる。

③ めしべのもとの部分である子房は，アサガオとアブラナはがくよりも上にあるが，ヘチマの子房は，めしべだけの花のめばなにあり，がくより下にある。

④ アサガオとヘチマは花びら同士がつながっている合弁花，アブラナは花びらが1枚ずつ離れている離弁花である。

基本 (2) アサガオ，アブラナ，ヘチマは，種子でふえる種子植物のうちで，胚珠が子房の中にある被子植物に分類される。また，アサガオとアブラナは完全花で，ひとつの花におしべ・めしべ・花びら・がくがあるが，ヘチマは不完全花で，めしべのないおばなとおしべのないめばなに分かれている。

基本 (3) 花粉がめしべの先の柱頭につくことを受粉といい，受粉するとめしべのもとの子房が果実になり，子房の中にある胚珠が種子になる。おばなには花粉がつくられるおしべがあり，受粉を行うとおばなはかれる。

2 (1) 動物で，精子と卵が合体することを受精という。

基本 (2) 顕微鏡で観察するとき，観察物をのせるガラスをスライドガラスという。観察物をのせた後に上からかぶせるガラスはカバーガラス，スライドガラスに観察物をのせ，カバーガラスをかぶせてできたもの全体をプレパラートという。

重要 (3) ぬらしたろ紙をしいた容器の中に入れることで，寒天液が乾燥することを防ぎ，植物のめしべに近い状態を維持することができる。

やや難 (4) 右の図の○で囲んだ2つの花粉の花粉管の先端は図からはみ出していて，図中の長さは1mmに満たず，図の外で1mm以上伸びているかどうかを確認できないため，試料から外して計算する。

図6

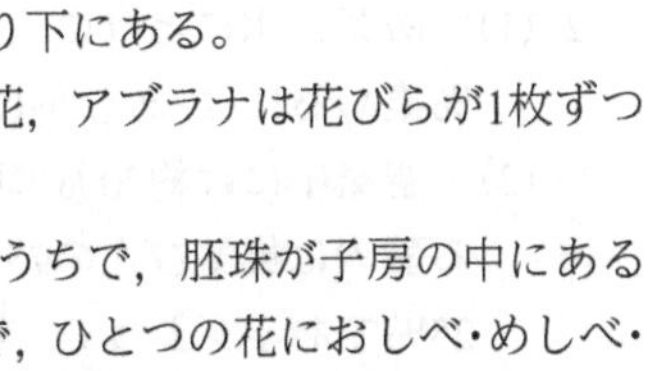

重要 (5)，(6) BTB液の色ごとの発芽率のちがいをわかりやすく

するには，横軸にBTB液の色，縦軸に発芽率の大きさをとった棒グラフを用いると，BTB液の色ごとの発芽率のちがいを比べやすい。柱状グラフは棒グラフに似た形であるが，柱状グラフは横軸に選ぶものが数値のように連続したものの場合に適している。折れ線グラフは，横軸の量の変化に対して縦軸の量がどのように変化しているかをわかりやすくするのに適したグラフである。

(7) ① BTB液は，アルカリ性で青色，中性で緑色，酸性で黄色を示す。表から，4種類の寒天液で調べた結果では，中性より少しアルカリ性のときのものが花粉管の長さが最も長くなっているが，中性より少し酸性のものなど，寒天液の性質について細かく分類して実験を行った結果ではないので，花粉管の長さが最も長くなるのは，寒天液が中性より少しアルカリ性のときであると言い切ることはできない。

② BTB液で調べた寒天液の性質は数値化して表されたものではないため，実験からは寒天液の性質と発芽率の間の数的な関係性を導き出すことはできない。

③ BTB液が青色のときと，少し緑がかった青色のときの発芽率のちがいから，寒天液が強いアルカリ性で発芽率が低くなっていることがわかる。よって，誤り。

④ 図6で，花粉管が交差して伸びているものが確認できるので，花粉管は他の花粉を避けるように曲がって伸びるとは言えない。よって，誤り。

Ⅲ （燃焼―燃焼，気体の性質）

重要 1 (1) ろうそくが燃えると，水と二酸化炭素が発生する。ろうそくが燃えるとき酸素を消費するが，酸素の割合が一定以下になると燃えなくなるため，集気びんの中の酸素はなくならない。

(2) 木や石油は炭素をふくむため，燃やすと二酸化炭素が発生する。水素を燃やすと水ができ，スチールウール(鉄)を燃やすと酸化鉄になる。

基本 2 (1) 酸素は水にとけにくいので水上置換法で集める。酸素を集気びんの容積の25%，空気を75%集めるには，あらかじめ空気が75%，水が25%入った状態の集気びんに酸素を集めればよい。

(2) 空気中には約20%の酸素がふくまれているので，集気びんの75%をしめる空気にふくまれる酸素は集気びんの75(%)×0.2=15(%)である。また，ボンベから集めた酸素は集気びんの25%である。よって，集気びんに集めた気体中の酸素の割合は，25＋15＝40%

やや難 (3) ① 実験1の結果から，空気だけが入った集気びんでは，びんの容積が150mL，300mL，600mLと変えたとき，ろうそくの火が消えるまでの時間が7.5秒，15秒，30秒となっていることから，びんの容積と火が消えるまでの時間は比例していることがわかる。よって，正しい。

② グラフから，酸素ボンベから入れた酸素の割合が50%，75%，100%のとき，集気びんBでろうそくの火が消えるまでの時間は，集気びんAでろうそくの火が消えるまでの時間の2倍よりも小さくなっていることがわかる。よって，誤り。

③ (2)と同様に考えると，酸素ボンベから入れた酸素が50%のとき，集気びん中の酸素の割合は，およそ50(%)+50(%)×0.2=60(%)である。グラフより，酸素ボンベから入れた酸素の割合が50%のとき，つまり集気びん中の酸素の割合が約60%のとき，集気びんAのろうそくの火が消えるまでの時間が20秒なので，集気びん中の酸素の割合が50%のとき，ろうそくの火が消えるまでの時間は20秒よりも短いと考えられる。よって，誤り。

④ 酸素ボンベから入れた酸素の割合が25%のとき，集気びん中の酸素の割合は40%，酸素ボンベから入れた酸素の割合が75%のとき，集気びん中の酸素の割合は80%となるので，酸素ボンベから入れた酸素の割合が25%のときの容積300mLの集気びんBにふくまれる酸素の割合と，酸素ボンベから入れた酸素の割合が75%のときの容積150mLの集気びんAに

ふくまれる酸素の割合は等しくなる。このとき，ろうそくの火が消えるまでの時間は，集気びんAでは25秒，集気びんBでは30秒であることから，集気びんの容積が違うと，酸素の量が同じでもろうそくの火が消えるまでの時間は異なることがわかる。よって，誤り。

基本　3 (1)　ろうそくの炎は，空気とよくふれあい，酸素が十分にある図のAの部分でよく燃えていて温度が高くなる。ろうは，ろうそくのしんから熱によって液体→気体と変化して燃える。Bの部分ではろうは不完全燃焼をしていて，燃えなかった炭素があり，ガラス板を入れると表面に炭素のすすがつく。ろうそくの火を消したときに見られる白いけむりは，火を消したことで燃えなくなったろうの固体が見えたものである。

やや難　(2)　メタン10Lを完全燃焼させると二酸化炭素は10L発生する。メタン1Lを完全燃焼させると二酸化炭素が1L，プロパン1Lを完全燃焼させると二酸化炭素が3L発生することから，メタン1Lをプロパン1Lに置きかえると発生する二酸化炭素は3－1＝2(L)ふえることがわかる。混合気体10Lを完全燃焼させると二酸化炭素が11L発生したことから，混合気体中のプロパンの体積は(11-10)÷2＝0.5(L)，メタンの体積は10－0.5＝9.5(L)とわかる。

メタン9.5Lを完全燃焼させたときに発生する水蒸気は，2(L)×9.5＝19(L)，プロパン0.5Lを完全燃焼させたときに発生する水蒸気は，4(L)×0.5＝2(L)なので，混合気体10Lを完全燃焼させると，19＋2＝21(L)の水蒸気が発生する。

重要　(3)　ア…点火するときは，マッチに火をつけてからガス調節ねじを開く。

エ，オ…ガスバーナーで加熱するときは，空気調節ねじを適切に開いて青色の炎にする。

Ⅳ　**(物体の運動―ふりこの運動)**

重要　1 (1)　A…ふりこの動かし始めは運動が安定しないため，しばらく動かしてから測定を始める。

B…ふりこの1往復の時間は短いため，時間を測定しやすい回数往復する時間を測る。

C…人間の手による測定では測定による差が出やすいので，複数の班で実験を行って結果の平均を利用することで，実際の結果と測定結果の差を小さくする。

重要　(2)　①　往復する回数が少ないほど時間は短くなるので，求めた周期が短くなった原因として，10往復ではなく9往復の時間を測定したことが考えられる。ふれはばを変えてもふりこが1往復する時間は変わらないので，ふれはばは求めた周期が短くなった原因とは考えられない。ふりこが短いほどふりこが1往復する時間は短くなるので，求めた周期が短くなった原因として，糸の長さが1mより短かったことが考えられる。

②　実験方法を間違えた4班の結果は使用しない。よって，ふりこの周期は，

(2.005＋1.997＋2.024＋2.009)(秒)÷4＝2.00875(秒)より，2.01秒

重要　(3)　①　ふりこの長さは糸を固定した部分からおもりの重心までの長さなので，ア~オでのふりこの長さはそれぞれ，

ア…1m＋球の半径，イ…0.5m＋球の半径，ウ…1m＋球の半径，

エ…2個の鉄球を合わせたものの重心は，鉄球が接している部分にあるので，1m＋球の直径

オ…2個の鉄球を合わせたものの重心は，鉄球が接している部分にあるので，1m

ふりこの長さが長いものほどふりこの周期は長くなるので，ふりこの周期が長いものから順に，エ>ア＝ウ>オ>イ

②　図1と同じ周期のものは，ふりこの長さが(1m＋球の半径)となるアとウである。アとウでは，ふれはばが異なり，アよりウのほうが球が動く長さが大きいので，1往復する時間が等しいことから，ウのほうが最下点でのおもりの速さが速くなる。

重要　(4)　ふりこの周期はふりこの長さによって決まり，ペットボトルの水の量を増やすと，水の入った

ペットボトルの重心の位置がしだいに糸に近づき，ふりこの長さは短くなり，周期は短くなる。

2 (1)　アとウの結果から，最高点の高さは糸の長さによらないことがわかる。

① エはイと糸の長さがちがうだけなので，最高点の高さはイと同じ5cmである。

② キはオと糸の長さがちがうだけなので，最高点の高さはオと同じ4cmである。

③ クはカと糸の長さがちがうだけなので，最高点の高さはカと同じ20cmである。

重要 (2)　おもりは糸を固定した部分を中心とし，糸の長さを半径，ふれはばを中心角とするおうぎ形の弧をえがくように運動する。よって，衝突直後から最高点までのおもりの移動距離が最も長くなるのは，糸の長さが100cmで，最高点の高さが最も高くふれはばが大きくなるクのときである。

重要 (3)　衝突してからおもりが最高点に達するまでの時間は，ふりこが1往復する時間の14なので，時間がアと同じものは，ふりこの1往復の時間が等しい，つまり糸の長さが等しいイ，オ，カである。衝突してから最高点に達するまでの時間が同じとき，衝突直後のおもりの速さは，最高点の高さが高いものほど速くなる。よって，衝突直後のおもりの速さが速い順に並べると，カ>イ>オ>アとなる。

(4)　アとオ，イとカの結果から，鉄球の重さを3倍にすると，最高点の高さが5倍になることがわかる。アとイ，オとカの結果から，P点の高さを5倍にすると，最高点の高さが5倍になることがわかる。また，(1)より，最高点の高さは糸の長さによらない。よって，おもりの最高点の高さを高くするには，鉄球の重さを重くするか，P点の高さを高くすればよい。

★ワンポイントアドバイス★

実験や観察の結果に入試標準レベルの知識を組み合わせて考察するような問題が多いので，まずは，正確な知識を身につけた上で，いろいろな実験や観察に関する問題に取り組んで慣れていこう。

＜社会解答＞ ≪学校からの正答の発表はありません。≫

Ⅰ　問1　イ・オ・カ　問2　ウ　問3　ア・オ　問4　(1)　ア→エ→イ→ウ　(2)　エ・オ　問5　エ→ウ→ア→イ　問6　ア・エ　問7　イ　問8　ウ・オ・カ　問9　(1)　ウ・エ　(2)　ア

Ⅱ　問1　オ・カ　問2　イ・オ　問3　(1)　(目的1)　(例)　洪水時に水をためることで，水の流れの勢いを弱めるため。　(目的2)　勢いをなくした水を速やかに本流に戻すため。　(2)　エ　問4　イ・ウ　問5　ア・カ　問6　ウ　問7　(1)　イ・オ　(2)　エ・オ

Ⅲ　問1　エ→ア→イ→ウ　問2　イ・エ・キ　問3　(例)　条約改正を行うためには，日本が近代的な文明国であることを示す必要があったから。　問4　オ　問5　朝鮮人[と中国人]　問6　(1)　(例)　地域の人々の交流の場となった。　(2)　(例)　政治の演説会場や選挙の投票場になった。　問7　エ　問8　ア・オ　問9　(1)　①　い　②　か　(2)　エ　問10　エ

○推定配点○

Ⅰ　問9　各2点×2　他　各3点×9(問1，問3，問4(1)・(2)，問5，問6，問8，問9(1)各完答)

Ⅱ　各3点×10(問1，問2，問4，問5，問7(1)・(2)各完答)

Ⅲ　各3点×13(問1，問2，問8各完答)　計100点

＜社会解説＞

Ⅰ　(日本の歴史―災害から見た日本)

問1　イ　津波は地震や海底火山の噴火などで海底や海岸の地形が急激に変化することで，海面が上下に変動して海で広範囲に発生する大規模な波の動きである。そのため津波は特定の海だけで起こるものではなく，地震や海底火山がある海ではどこでも発生する可能性がある，したがって，日本において津波が「太平洋側では発生するが，日本海側では発生しない」ということはない。　オ　津波は海面が上昇した場合に湾に入るとさらに高まり，湾口が広く，奥が狭い海岸では大きな被害を受けやすい。したがって，「湾の一番奥にいれば津波がやってくる心配がない」ということはない。　カ　1時間に50ミリ以上の降水量の発生件数は，1976年～1985年は約226回，2011年～2020年は約334回なので，その期間に約1.5倍に増えている。したがって，「1976年～1985年と2011年～2020年を比べると増減の変化はあまりない」ということはない。

問2　地震は地下の岩盤が周りから押されることで地表や地中が振動する現象で，陸上では地割れ，山崩れ，地盤沈下などの被害が発生する。そのため竪穴住居跡でみられる地震の痕跡として最もふさわしいものは，地盤沈下等によると考えられる「10センチ以上の床面の段差」である。　ア　表面の土とその下の層の土の色の違いは各層の土の成分に違いによるもので，地震の痕跡ではない。　イ　竪穴住居跡での直径1メートルほどの丸い穴は，地震でできた穴よりは竪穴住居の柱の跡の穴である可能性が高い。　エ　地面の一部に付いた焼け焦げは火の使用によるもので，地震の痕跡ではない。

重要　問3　ア　文中に「各地の古墳には女性の首長が単独で埋葬されている例がみられる。」とある。首長とは一定の地域の社会集団で指導者や支配者として政治を行っていた者のことなので，これらのことから「女性の首長が政治を行っていた地域がある」ことがわかる。　オ　文中に「5世紀の巨大な古墳には女性首長の埋葬例は見当たらず，女性首長の棺によろいやかぶとを納めた例もない。」とある。よろいやかぶとは「軍事力による政治の主導」を表すものと考えられ，女性首長の棺にそれらのものを納めた例がないことから，「軍事力による政治の主導が必要となった時には，男性首長が選ばれた」と考えられる。　イ　文中に「棺には男性の首長と同じような鏡や玉が入れられていた。鏡や玉はまじないに使用されたと考えられている。」とある。そのため,「まじないは女性のみが担当した」ということはない。　ウ　文中に「各地の古墳には女性の首長が単独で埋葬されている例がみられる。」とあるので,「女性の首長は常に男性の首長の補佐役として政治に関わった」ということはない。　エ　文中に「棺には男性の首長と同じような鏡や玉が入れられていた。鏡や玉はまじないに使用されたと考えられている。」とあるので，「儀式やまつりの場から女性が排除されていた」ことはない。

問4　(1)　アの現在の宮城県の地域に国分寺が建てられたのは740年ごろ，イの中尊寺が建てられたのは1105年，ウの源頼朝が奥州を支配下に置いたのは1189年，エの桓武天皇が派遣した軍が蝦夷をおさえ，北上川流域を支配下に置いたのは803年である。したがって，これらのできごとを古い順に並べると，ア→エ→イ→ウの順になる。

(2)　エ　十和田湖は青森県十和田市と秋田県鹿角郡小坂町にまたがる湖なので，青森県と岩手県の県境に位置していることはない。　オ　田沢湖は秋田県仙北市にある湖なので，岩手県の中部に位置していることはない。

基本　問5　アの徳政を要求する一揆が連続して起こるようになったのは1428年，イの武田信玄が甲斐を支配したのは1541年，ウの足利義満の支援を受けた世阿弥が能で活躍したのは1347年～1408年，エの足利尊氏が征夷大将軍になったのは1338年である。したがって，これらのできごとを古い順に並べると，エ→ウ→ア→イの順になる。

問6　ア　豊臣秀吉は文禄の役(1592～1593年)と慶長の役(1597～1598年)の二度にわたって，朝鮮半島への出兵を命じた。　エ　豊臣秀吉は1582年から，ものさしやますなどの基準を統一して全国的な検地である太閤検地を行った。　イ　将軍を京都から追放し，室町幕府を滅ぼした(1573年)のは織田信長である。　ウ　貿易の相手を中国とオランダに限定した(1639年)のは，徳川家光である。　オ　琵琶湖のほとりに城を築き(1576年)，城下町で商人が自由に営業することを認めたのは織田信長である。

基本　問7　江戸時代の村で使われた農具の中で千歯こきは稲や麦の脱穀に使われた農具であり，稲の刈り取りに使用されたのではない。

問8　ウ　明暦の大火後に幕府は，大名たちの屋敷や大きな寺社などを郊外へ移転させ，江戸の町中に火よけ地や広小路と呼ばれる大きな通りや土手などを建設して，防災を重視した町づくりを始めた。したがって，「火元になりやすい大きな寺を江戸城の濠の内側に移転させて監視する」ことはない。　オ　明暦の大火後に幕府は，それまでは町外れであった本所や深川を開発し，武蔵国と下総国を結ぶ両国橋を架けた。したがって，「火災に強い町とするため，隅田川にかかる橋を撤去する」ことはない。　カ　幕府は被災した町民に対して米6000石を放出して，市中に御救小屋を建て粥の配給などを行った。したがって，「米の値段が下がるのを防ぐため，大火の直後に幕府が米を買い占める」ことはない。

重要　問9　(1)　ウ　幕府は，鎌原村の復興のための再開発費用を負担している。そのため近隣の有力な百姓を工事の責任者に任命したり，鎌原村の生存者や近隣の村の人々を工事の労働者として雇っても，そのことで幕府の負担する再開発費用が少なくなることはない。　エ　工事の責任者とした有力な百姓や労働者として雇った鎌原村の生存者や近隣の村の人々は，いずれも土木工事の専門的な知識を持っているとは限らない。したがって，「土木工事の専門的な知識を持った人々だけで工事が行える」そのため，「幕府の負担する再開発費用がごくわずかですむ」ことはない。

(2)　「石見」は島根県太田市にあった銀山で，戦国時代～江戸時代に銀を産出した。他方，「佐渡島」には大規模な金・銀山があり，江戸幕府が直轄地として開発した。すなわち「石見」と「佐渡島」にはいずれも鉱山があり，幕府はこれらの鉱山から納められる税や金・銀を輸出することで多くの利益を得ていた。

Ⅱ　(日本の地理・歴史―自然災害と日本の国土)

問1　オ　水道局は地方公共団体が運営している主に上水道の供給を行っている部局であるが，下水道事業も同時に行っている場合もある。　カ　保健所は地域保健法に基づいて都道府県や中核市などの地方公共団体に設置された公的機関で，感染症の拡大防止などの地域住民の健康や衛生を支えている。　ア　警察庁は国家公安委員会の管理の下にある最高の警察機関で，地方公共団体が設置する機関ではない。　イ　地方裁判所は法律に基づいて各都府県に1つ，北海道に4つ置かれる国の機関である。　ウ　法律を立案し，国会に提出することができるのは，内閣と国会議員であり，地方公共団体ではない。　エ　地方銀行は民間企業の一種なので，地方公共団体が設置するものではない。また紙幣を発行できるのは，中央銀行である日本銀行である。

基本　問2　イ　濃尾平野に合流して流れ込んでいた木曽川・長良川・揖斐川の護岸工事は，明治時代にオランダ人の技師の指導によって3つの大河川を分離させる工事が行われ，1902年に完成した。

オ　輪中には洪水が発生した時に避難するための水屋と呼ばれる小屋がつくられ，この小屋には食料や寝具，避難するための舟などが備えられていた。　ア　輪中がつくられたのは現在の愛知県内のみではなく，岐阜県南部から愛知県西部にかけての地域である。　ウ　輪中の地形はお盆のようになっているので，洪水が起こると長い間水につかってしまい，洪水に対しては弱い。

エ　輪中の地域は豊かな水と肥えた土にめぐまれているので，古くから米づくりや野菜作りが行われてきた。したがって，農業は稲作しか行われていないことはない。

やや難 問3　(1)　設問の地図中に見られる河川の堤防は連続して繋がっているのではなく，所々で間が空いているのが確認できる。このように意図的に水をあふれさせることを想定して，故意に繋げていない堤防のことを「霞堤」という。この「霞堤」では大雨で川が氾濫すると，増水した水をわざと霞堤の間の場所に導いて，そこに水を一時的にためることで洪水の水流の勢いを弱めるようにする(目的1)。その後，勢いを失った洪水の水を速やかに河川の本流に戻すようにしている(目的2)。このように「霞堤」は完全に洪水を防ぐことをしない代わりに，河川周辺の洪水被害をなるべく少なくするための工夫をほどこして築かれた堤防である。　(2)　河川敷とは，「平時に水が流れている川の区域」と「増水時に水があふれ出す河川周辺の平坦な土地」を合わせた堤防で取り囲まれた内側の区域である。地図中の河川敷は水田(‖)として利用されているのではなく，荒れ地(ılı)になっている。水田として利用されているのは，河川敷の外側の地域である。

問4　イ　消防組織は市町村に設置された消防本部や消防署のことで，全国に消防本部が728ヵ所，消防署が1719ヵ所(2018年)設置されている。そのため「すべての都道府県にあるわけではない」ということはない。　ウ　大規模災害が発生した際に，自衛隊は都道府県知事等の要求に応じて防衛大臣やその指定する者の命令によって派遣され，捜索・救助・人員や物資の輸送などの災害派遣活動を行う。したがって，自衛隊の災害派遣について命令を下すのはあくまでも防衛大臣やその指定する者であり，都道府県知事が直接，自衛隊に命令を下すわけではない。

問5　ア　東日本大震災では20以上の国と地域から緊急援助隊や医療支援チームが日本を訪れたり，さまざまな人的，物的，金銭的支援がよせられたりした。それらの国と地域の中には191ヵ国中でイギリス(5位)・ドイツ(4位)・フランス(7位)などのGDP上位国(2021年)だけでなく，スリランカ(65位)・ヨルダン(88位)・モンゴル(131位)などのGDPの上位ではない国々からの支援もよせられた。したがって，GDP上位国のみから支援がよせられたということはない。　カ　防災行政無線は日本の市町村にも整備されている。しかしその整備率は全市町村(1741)中で固定系は77.5%，移動系は59.2%であり，日本中の市町村すべてに整備されているわけではない。

基本 問6　火山は，地下にたまったマグマが地表の裂け目を通って溶岩や火山灰として噴き出ることで形成された山である。このようなマグマが噴き出る地表の裂け目は主に地球のプレートがぶつかり合う場所で形成されるが，そのような場所は地上だけでなく海底にもみられ，大西洋中央海嶺やハワイ諸島などはその例である。　ア　火山の噴火は地下のマグマだまりからマグマが噴き出る時で起こるが，そのマグマの吹き出しが定期的に起こるわけではないので，次の噴火がいつ起こるのかを予想することはできない。　イ　鳥海山(山形県)，御嶽山(長野県と岐阜県)，阿蘇山(熊本県)などのように活動が活発な火山は，太平洋に面した都道府県にだけあるのではない。

エ　火山にはレベル5までの噴火警戒レベルが設定されているが，レベル1ならば登山に対する規制はされていない。そのためすべての火山は，頂上に登ることが禁止されていることはない。

オ　日本には111の活火山があるが，その中で火山噴火予知連絡会によって選定された50の火山については，「火山防災のために監視・観測体制の充実等が必要な火山」として火山活動が24時間体制で観測・監視されている。したがって，噴火活動が常時観測されている火山は5つではない。

重要 問7　(1)　イ　津波は海岸だけでなく，河川を遡って内陸にも侵入してくる。そのため避難場所を増やすために，大河川の堤防上を一時的な避難場所とすることは津波に巻き込まれる危険もあるので，被害を減らすための取り組みにはならない。　オ　津波に対しては，津波警報などの発表や避難指示の発令を待つことなく，すぐに避難を開始することがよいとされる。そのため警戒レベルが最高の緊急安全確保が発令されてから，避難誘導を開始することは被害を減らすための取り組みにはならない。　(2)　エ　地震の時には揺れが収まっていないうちに動き回ることは，建物の倒壊や物の落下等が起こることがあるので，非常に危険とされる。そのため大きな揺れが来たらすぐに車で逃げることは，被害を減らすための個人の取り組みとしてはふさわしくない。

オ　地下街は，地上より低い場所に造られている。そのため豪雨による水は土地の低い場所に流れ込むので，地上より海抜が低い地下街を避難場所とすることは被害を減らすための個人の取り組みとしてはふさわしくない。

Ⅲ （総合―人権保障に関する諸問題）

問1　アの西郷隆盛らが西南戦争を起こしたのは1877年，イの政府は10年後に国会を開設することを約束したのは1881年，ウの大日本帝国憲法が発布されたのは1889年，エの徴兵制度や学校制度が定められたのは1872～1873年である。したがって，これらのできごとを古い順に並べると，エ→ア→イ→ウの順になる。

重要　問2　環状交差点（ラウンドアバウト）は，信号機のない円形交差点である。この交差点は1)環道（車が通るための円形の道路），2)中央島（環状交差点の中心部），3)　エプロン（環道と中央島のあるスペース），4)路肩（車道と歩道の間の場所），5)分離島（環状交差点の進入車両と流出車両を分ける設備），6)流出入部と交通安全施設（単路から環道をつなげる部分）の6つのものから構成されている。この環状交差点の主な特徴は①平面交差の中で，環道の交通が優先されること，②環道の交通が時計回りの一方通行であること，③車は徐行で環道に進入すること，④出会い頭の事故が起きにくいこと，⑤信号機がないため災害時の停電などの影響を受けにくいこと，⑥環道を走る車がなければスムーズに交差点に入ることができるので，信号待ちの無駄な時間が無くなり，渋滞や二酸化炭素排出量が減少すること，⑦中央島の部分にモニュメントなどを設置することで，地域の景観を維持することができること，⑧設置にはある程度の大きな用地が必要であること，⑨交通量の多い道には向いていないことなどがある。　イ　①の環道の交通が優先されることや③の車は徐行で環道に進入することなどのことから，環状交差点は信号交差点と比べると交通容量は低いので，1日1万台以上通行する交通量の多い交差点には適しているとはいえない。　エ　②の環道の交通が時計回りの一方通行であることや④の出会い頭の事故が起きにくいことから，正面衝突などの大事故が起こりやすいことはない。　キ　⑥の渋滞や二酸化炭素排出量が減少することから，一般的に二酸化炭素の削減効果は小さいことはなく，大きいといえる。

やや難　問3　1880年代の外交上の問題とは，条約改正である。この時期には1886年にノルマントン号事件が発生したことで，国民の間に条約改正における政府のあいまいな態度に反対し，治外法権の撤廃を求める声が高まった。このような国民の声に応えるためには不平等条約の改正が必要であるが，イギリスは条約改正のためには日本が欧米諸国のような法律の整った国になることが必要であると指摘した。そこで政府は欧米のような法律を作ることを始め，また外務卿の井上馨は日本の様々な面をヨーロッパ風にして諸外国の気に入るようにしようとする欧化政策を進め，鹿鳴館時代（1882～1887年）はその典型とされた。そのような時期に政府が囚人の待遇を改善したのは，そのことで欧米諸国と同様に人権を尊重していることを示すことで，日本が近代的な文明国であることを強調する目的があった。

問4　1920年代の日本は，大正時代から昭和時代初期にあたる。この時期の日本ではガス・水道・電気などの整備によって都市では欧米風の生活様式が広まり，欧米風の外観や応接室がある「文化住宅」が流行した。またライスカレーやコロッケなどの洋食が広まるとともに，様々な商品を並べて販売するデパート（百貨店）も発達した。その一方で都市と農村の間の格差も広がり，一般農家の生活水準は低く，生活に苦しむ小作人も多かった。　ア　新聞や雑誌が発行されるようになり，ざんぎり頭や洋装がもてはやされたのは，明治時代初期の文明開化の時期（主に1870年代）である。　イ　政府が官営八幡製鉄所を建設した（1901年）のは，明治時代中期のことである。

ウ　農村の若者が集団で上京し，大都会の工場や会社に就職したのは，戦後の主に高度経済成長期(1954～1973年)のことである。　エ　多くの人が日本から満州に移住したのは，昭和時代の1930年代から1940年代半ばのことである。

問5　関東大震災の混乱の中で「朝鮮人や社会主義者が井戸に毒を入れた。暴動を起こす」等の流言が広がり，人々を不安に陥れた。このような混乱によって，軍隊，警察，民衆の自警団などにより多くの朝鮮人や中国人，社会主義者が殺害された。

やや難　問6　(1)　1920年代には都市化と工業化の進展によって，東京や大阪をはじめとした都市では会社員や公務員などのサラリーマン(俸給生活者)が多くなり，都市の人口が増加した。そのため小学校の講堂は，都市で生活しているそのような人々の交流の場として使用された。　(2)　関東大震災後の1924年には普通選挙の断行を求める第二次護憲運動が起こり，1925年には満25歳以上のすべての男子に選挙権が認められた普通選挙法が成立した。そのため国民の政治参加要求も高まり，小学校の講堂も政治集会の演説会場や選挙時の投票所として使用されるようになった。

問7　天気予報などの気象情報は，戦争のためには必要不可欠な情報である。そのため戦争になると政府や軍部は自国を有利にするために自国の気象情報を自国民に対して隠すことはあっても，気象情報を軽視したり，天気図を作成しないことはない。したがって，戦争中や戦争直後，台風による水害でも各地で多くの犠牲者が出たのは，政府や軍部が気象情報を重視せず，天気図が作成されなかったからではない。

基本　問8　ア　国際連合の加盟国数は2021年の時点で193ヵ国あるので，加盟国数が2022年1月現在で約50ヵ国であることはない。加盟国が約50ヵ国であったのは，1945年の国際連合の設立時(51ヵ国)である。　オ　例えば核兵器禁止条約は2017年7月に国連総会で採択され，2021年に発効したが，日本はまだこの条約を批准していない。そのため日本は1956年に加盟した後，国際連合で採択された条約をすべて批准していることはない。

問9　(1)　①　治安維持法が制定されたのは1925年なので，年表中の「1914　第一次世界大戦のぼっ発」と「1928　初の男子普通選挙の実施」の間の(い)の時期となる。　②　治安維持法が廃止されたのは1945年10月なので，年表中の「1945　第二次世界大戦の終結」と「1951　サンフランシスコ平和条約の締結」の間の(か)の時期となる。　(2)　人が日本へ入国する際に，入管法では外国人に対しては有効なパスポートを持っていることや入国に対する審査をすることを定めている。他方，日本人に対しては帰国の権利が保障されているので，日本人が海外から日本に戻る際には外国人が日本に入国する時のような審査は行われず，単に「帰国」の確認をするだけである。したがって，政府を批判する活動をした日本人が日本に入国することのないよう，思想や言動を審査することはない。

問10　要職にある政治家の差別的発言が報道されることは，自由な表現活動である。ただし，そのことで要職の辞任に追い込まれるのは差別的発言をした政治家自身であり，他の人が辞任させられるわけではない。したがって，この例は自由な表現活動が他の人の権利を脅かす事例とはいえない。

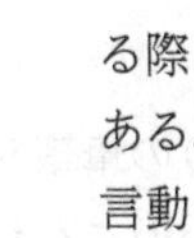

★ワンポイントアドバイス★

昨年と比べて設問数はさらに減少したが，その分より一層の思考力や判断力を試す傾向が明らかになっている。説明問題だけでなく，選択肢問題についてもよく選択肢の内容を読み込んで解答する必要性が高まっている。

<国語解答> ≪学校からの正答の発表はありません。≫

一　問一　ア　問二　ウ　問三　ア　問四　学用品　問五　(例)　(1)　みんなで助け合いましょうという先生との約束を破って，色鉛筆をかくして出さなかった点。(2)　自由に物が買えない戦時中，色鉛筆はぜいたく品であるだけでなく，疎開先のオルガン先生からいただいた十二色の色鉛筆はお別れのプレゼントであり，大切な宝ものだったから。　問六　エ　問七　(1)　イ　(2)　約束を～の記憶
問八　一九四五(年)　問九　(例)　美しくかがやいているが，はかなく消えやすい宝もの　問十　イ

二　問一　(1)　イ　(2)　もらいにきた　問二　(1)　ア　(2)　・水を濁さずに汲むことができる　・下流に住む人々の飲み水を汚さない　・伝染病の蔓延をふせぐ
問三　A　オ　B　ウ　C　エ　問四　ア　問五　(例)　カムイに声をかけ，ちょっとどいてもらった　問六　㋐　エ　㋑　ア
問七　(例)　人工　問八　ウ　問九　ウ　問十　ア　問十一　(例)　邪魔になるとどんどん捨てる　問十二　(例)　この世を動かしているすべてのものには人間と同じ精神の働きがあり，人間とともに共同社会を形成していることに敬意を払うという考え方。　問十三　1　×　2　×　3　×　4　○　問十四　1　(水を)さす
2　(水に)ながす　問十五　a　臨時　b　根底　c　飼料

三　1　浴(びる)　2　省(く)　3　構(える)　4　頂

○推定配点○

一　問一・問四・問七(2)・問八　各2点×4　問五(1)・問九　各4点×2
問五(2)　5点　他　各3点×5

二　問二(2)・問十二　各4点×2(問二(2)完答)
問四・問五・問八・問九・問十一・問十三　各3点×6(問十三は完答)　他　各2点×15

三　各2点×4　計100点

<国語解説>

一　(随筆文－心情・細部の読み取り，空欄補充，ことばの意味)

問一　「ひと思案した」は，少しの間いろいろと考えた，ということ。

問二　傍線部②前で書かれているように，「机のない時代」には寝るときに，お気に入りの筆箱や鉛筆などの宝ものを枕元に並べていた「私」は，「あたらしい机の上に」それらの宝ものとともに「ビーズの財布」や「指輪」などお気に入りのもので飾りたくなったので，ウが適切。さまざまなお気に入りのものを飾って並べたいという心情をふまえていない他の選択肢は不適切。

問三　問二でも考察したように，あたらしい机の上に自分の宝ものでもある「私の財産」をすべて並べたことで「私」は誇らしい気持ちになり，傍線部③のようになっているので，アが適切。「私の財産」に触れていない他の選択肢は不適切。

基本　問四　空欄④には「色鉛筆」などのことを指す，「母が所用で……」で始まる段落の「学用品」が入る。

やや難　問五　(1)　傍線部⑤直前の「ほんとうは出さなければいけない，でも出したくない」という心情をふまえ，「『みんなで……助け合いましょう』」という先生との約束を破って，色鉛筆をかくして出さなかったことを説明する。　(2)　「私より少し年下……」から続く2段落の内容をふまえ，戦時中であったこと，オルガン先生からいただいたお別れのプレゼントだったことに触れながら，女友だちにとって「色鉛筆」がどのようなものであったかを具体的に説明する。

問六　傍線部⑥直前に「色鉛筆を約束を破ってかくした罪の，これが天罰なのだ」という心情が書かれているので，このことをふまえたエが適切。⑥直前の心情をふまえていない他の選択肢は不適切。

重要 問七　(1)「知らず」は「知らず知らず(のうちに)」という形でも用いる。　(2)　傍線部⑦の「傷」は直前の段落にあるように，女友だちの「約束を守らなかった，裏切り者という恥の記憶(21字)」のことである。

問八　注釈の説明にあるように，この文章は「第二次世界大戦」中のことが書かれており，この戦争が終わったのは「一九四五(年)」である。

やや難 問九「十二色の色鉛筆」は「私」にとって「宝もの」で「神々しいまでに美しかった」もので，机の上の色鉛筆を「私の小さな机にはじめて虹が立った」と表現していること，また「虹」は「いかにも消えやすい」と表現していることをふまえて説明する。

問十　傍線部⑩は「この虹を再び失いたくない思い」すなわち，女友だちは戦時中に虹が消えてしまったが，「私」にとって今も虹である色鉛筆を再び失いたくない，という思いなのでイが適切。「私」や女友だちにとっての虹＝色鉛筆という，宝ものでもある好きなものに触れていない他の選択肢は不適切。

二　(論説文－主題・要旨・細部の読み取り，接続語，空欄補充，ことばの意味・用法，漢字の書き取り，敬語)

重要 問一　(1)　傍線部①の「いただき」「まいり」は謙譲語，「ました」は丁寧語。　(2)「いただき(く)」は「もらい(う)」，「まいり(る)」は「くる」，「～ました」は「～た，した」に直す。

問二　(1)「迷信」は，人々に信じられていることのうちで，合理的な根拠を欠いているものや言い伝えのこと。　(2)　傍線部②直後～次段落で述べている内容から，「水を濁さずに汲むことができる(14字)」点，「下流に住む人々の飲み水を汚さない(16字)」点，「伝染病の蔓延をふせぐ(10字)」点の三つを抜き出す。

問三　空欄Aは直前の内容を根拠とした内容が続いているので「だから」があてはまる。空欄Bは直前の内容とは相反する内容が続いているので「しかし」があてはまる。空欄Cは直前の内容から引き続いて起こる内容が続いているので「すると」があてはまる。

やや難 問四　傍線部③は直前の段落で述べているように，アイヌ人の自然に対する見方を元にした気持ちで，次章冒頭で「善神」に敬意を払うアイヌ文化のことを述べているので，アが適切。「神様」に敬意を払うことをふまえていない他の選択肢は不適切。

重要 問五　傍線部④後の「『これから水をまかす(捨てる)から，カムイがいたらちょっとそこをどいてください』」というアイヌ人の言葉を参考にする。

問六　あは，しばしば，たびたびという意味。いの「キャッチフレーズ」は，強い印象を与えるように工夫された言葉や文章のこと。

問七　空欄Dは直前の「自然(物)」の反対語として「人工(物)」があてはまる。

問八　傍線部⑤は「『お世話になったなと思っている神様に，これをあげておいで』」と言われた洋一少年が，わからないながらも考えながらお供え餅を乗せ，それを確認したおばあさんの表情なので，ウが適切。洋一少年が自分なりに考えてお供え餅を乗せてきたことを説明していない他の選択肢は不適切。

重要 問九　傍線部⑥は「カムイの観念を生かし，アイヌの伝統的な精神に即した生活をする」ときに抱く気持ちのことである。⑥直後で「はきふるしてよれよれになった靴」に愛着があって，捨てずに飾っておいた気持ちが，アイヌ的精神と同じものであったかもしれないと述べているが，ウの「役に立つので」とは述べていないのであてはまらない。

問十　傍線部⑦とアは，極端な例を挙げて他を類推させる副助詞。イ，エは添加の副助詞，ウは限定の副助詞。

問十一　傍線部⑧前で⑧のこととして「……ものばかりあふれかっている生活を送り，邪魔臭くなるとどんどん捨ててしまっている」と述べている部分をふまえる。

やや難　問十二　「身の回りの……」で始まる段落で「アイヌ文化の特質」として「この世を……基づいた文化」と述べている部分，次段落の「自然物ばかりに敬意を払うわけではない」と述べている部分を参考にしながら，「カムイという観念」の考え方を説明する。

重要　問十三　1の「他の文化の影響を受けず」とは述べていない。「人間に害を及ぼせば……『悪神』ということになる」と述べているので，2の「どれも人間の役に立ってくれる存在」は合っていない。「水を汲む時の呪文」として川のカムイに声をかけたり，自転車などにお供え餅を乗せたりするので，3の「人間からカムイに働きかけることはない」は合っていない。4は最後の段落で述べている。

基本　問十四　1は，熱い湯や濃いものなどに水を加えてぬるくしたり薄くしたりすることから。2は，自分の体にたまった罪などを川に浸かったり，滝に打たれたりすることで洗い流してしまうということから。

問十五　aの「臨」の部首は「臣(シン)」であることに注意。bは物事の根本，基礎。cは家畜に与えるえさ。

三　(漢字の書き取り)

1の音読みは「ヨク」。熟語は「入浴」など。2の音読みは「セイ，ショウ」。熟語は「反省」「省略」など。3の音読みは「コウ」。熟語は「構造」など。4の音読みは「チョウ」。熟語は「頂点」など。

★ワンポイントアドバイス★

随筆文では，筆者の個人的な体験を述べていることが多いので，その実体験を通して筆者がどのようなことを感じ，思ったかを読み取っていこう。

2021年度

★★★★★★★★★★★★★★★★★★★★★★★★

入　試　問　題

2021年度

女子学院中学校入試問題

【算　数】（40分）　＜満点：100点＞

【注意】 計算はあいているところにしなさい。

1．次の □ にあてはまる数を入れなさい。

(1)　$7\frac{2}{5}\div 2.4\times\frac{3}{4}-\left(4.66-3\frac{3}{25}\right)\div\frac{7}{6}=$ □

(2)　$2\div\left(1\frac{2}{5}+0.3\right)=\frac{\text{あ}}{\text{あ}-33}$　　あにあてはまる数は □

(3)　図の四角形ABCDは正方形で，曲線は点Cを中心とする円の一部です。

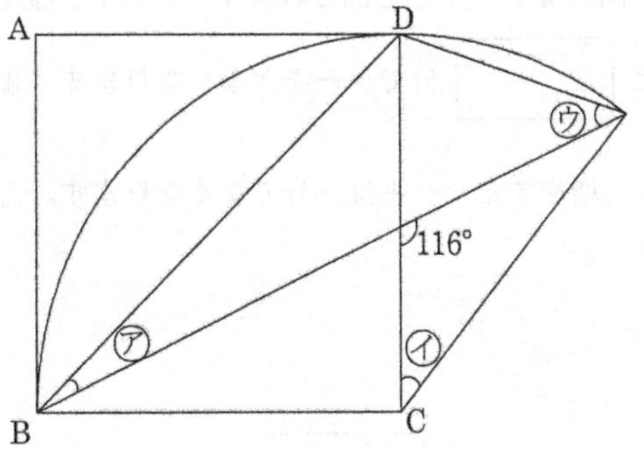

角㋐は □ 度

角㋑は □ 度

角㋒は □ 度

(4)　原価 □ 円の品物に，A店では１割の利益を見込《こ》んで定価をつけ，特売日に定価の20％引きにしました。B店では1620円の利益を見込んで定価をつけ，特売日に定価の30％引きにしたところ，A店の特売日の価格より180円安くなりました。

(5)　白と黒の石を左から１列に並べていきます。

［１］ 図１のように並べて，最後に黒い石を置いたら，白い石だけが24個余りました。

図１

○○●●○○●●・・・

［２］ 図２のように並べて，最後に黒い石を置いたら，黒い石だけが30個余りました。

図２

●○○●○○・・・

［１］から，白い石は黒い石より □ 個または □ 個多いことが分かり，

［２］から，白い石の数は，黒い石の数から □ を引いた数の２倍であることが分かりま

す。これらのことから，白い石の数は □ 個または □ 個です。

⑹　図のように２つの長方形を重ねてできた図形があります。

AB：BC＝11：4で，CD：DE＝１：３です。

重なった部分の面積が14.2㎝^{2}であるとき，

太線で囲まれた図形の面積は □ ㎝^{2}です。

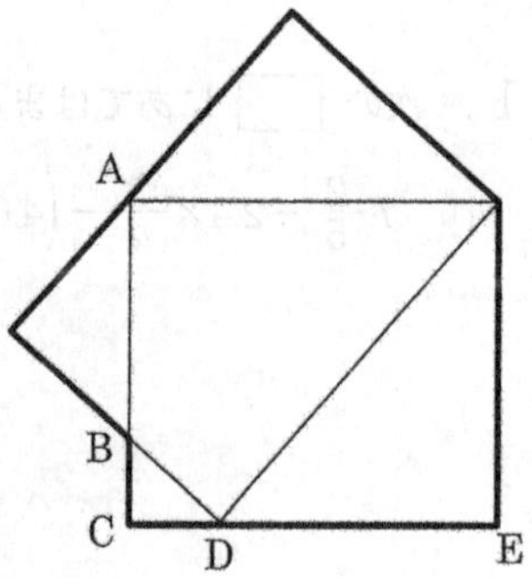

２，３，４ ⑴の各問いについて □ にあてはまる数を入れなさい。

２． ２つの整数あといの最大公約数は48で，和は384です。あがいより大きいとき，あにあてはまる

数をすべて求めると， □ です。

３． ある店でケーキの箱づめ作業をしています。はじめにいくつかケーキがあり，作業を始めると，１分あたり，はじめにあったケーキの数の５％の割合でケーキが追加されます。３人で作業をすると20分でケーキがなくなり，４人で作業をすると □ 分でケーキがなくなります。また，３人で作業を始めてから □ 分後に４人に増やすとケーキは16分でなくなります。どの人も作業をする速さは同じです。

４． 円周率は3.14として，計算しなさい。

⑴　底面が半径６㎝の円で，高さが５㎝の円柱の側面の面積は □ ㎝^{2}です。

⑵　次のページの図のように，⑴の円柱の形をした容器Aと，高さ10㎝の正十二角柱（底面が正十二角形である角柱）の形をした容器Bがあります。容器の厚みは考えないものとします。

①　容器Bの底面の面積を求めなさい。

式：

答え　　　　　㎝^{2}

② 容器Aにいっぱいになるまで水を入れた後，その水をすべて容器Bに移しました。
このとき，容器Bの水面の高さを求めなさい。

式：

答え　　　　　　cm

容器A

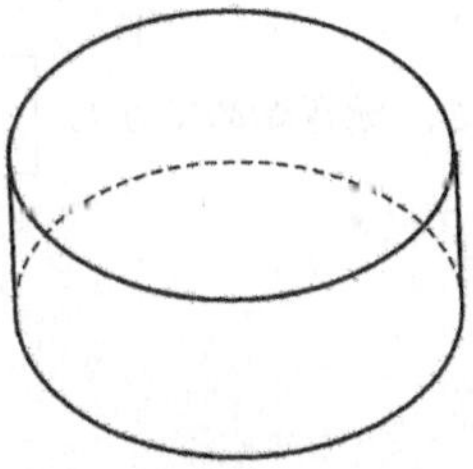

容器B

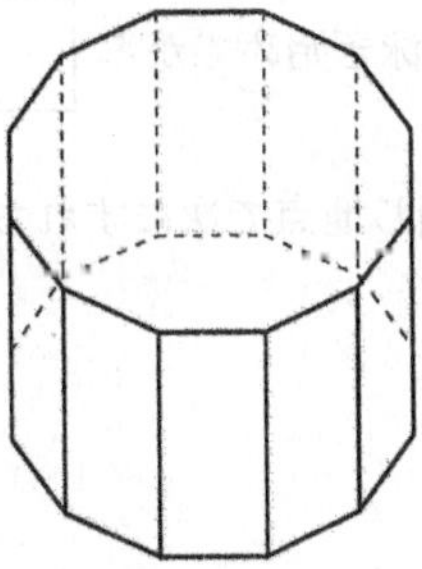

容器Bの底面

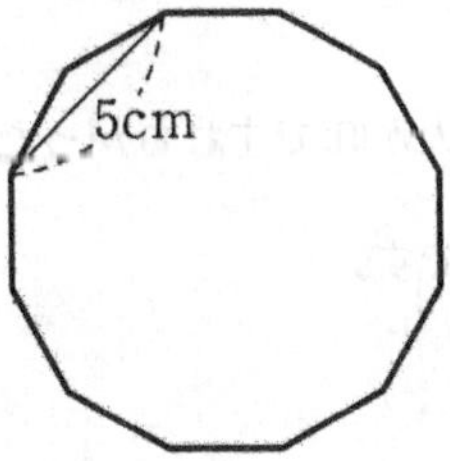

5，6の各問いについて □ にあてはまるものを入れなさい。

5．図のような立方体の展開図の面に1から6までの整数を1つずつ書きます。組み立てたとき，3組の向かい合う面の数の和がすべて異なり，いずれも7にならないようにします。面㋐に「6」を書いたとき，面㋑に書くことができる数をすべてあげると □ です。

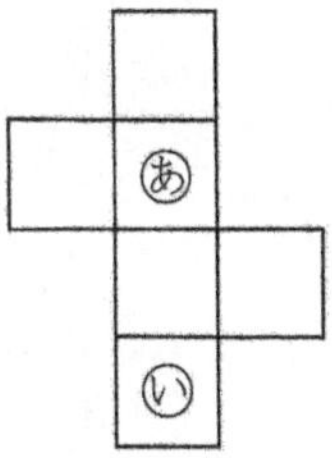

6．右端《はし》から左端までが20mのプールを兄と妹が往復します。兄は一定の速さで泳ぎ，1往復するごとに10秒間休みますが，妹は一定の速さで泳ぎ続けます。2人は同時に泳ぎ始め，妹が16m泳いだときに初めて兄とすれちがい，兄がちょうど5往復したときに妹はちょうど4往復しました。

(1) 「泳ぎ始めてからの時間（秒）」と「プールの右端との距離《きょり》（m）」の関係を，兄は――で，妹は------で途《と》中までグラフに表します。グラフ①からグラフ④のうち，正しいものはグラフ □ で，㋐にあてはまる数は □ です。

グラフ①

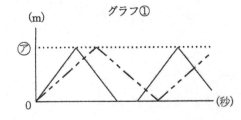

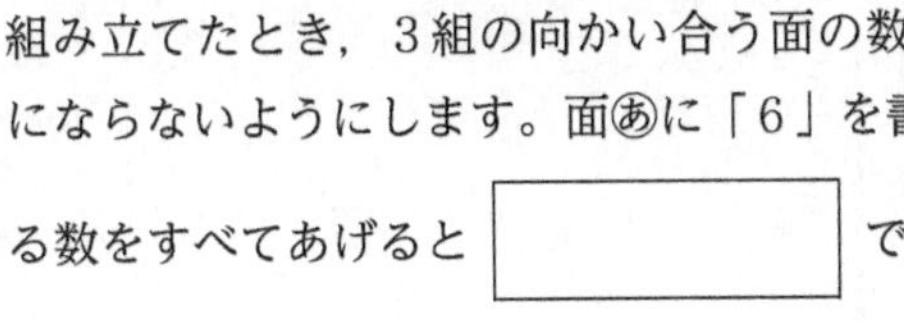

グラフ②

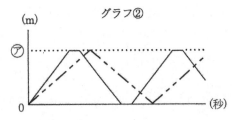

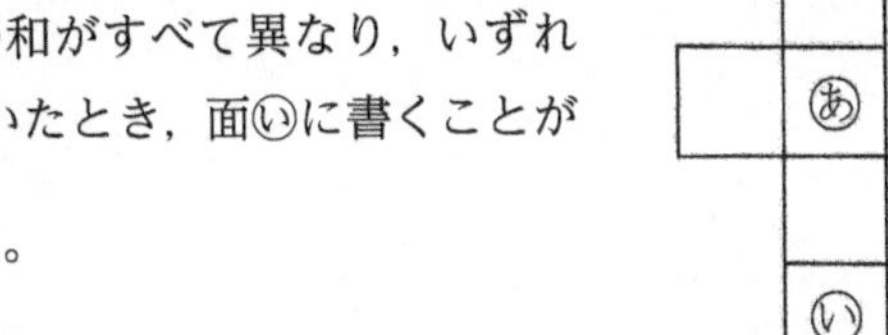

グラフ③

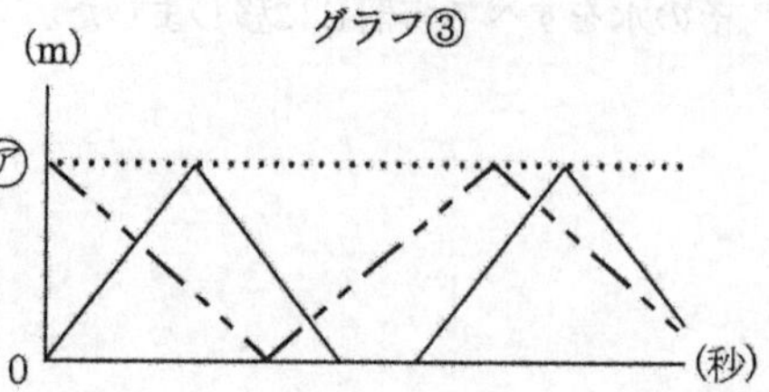

グラフ④

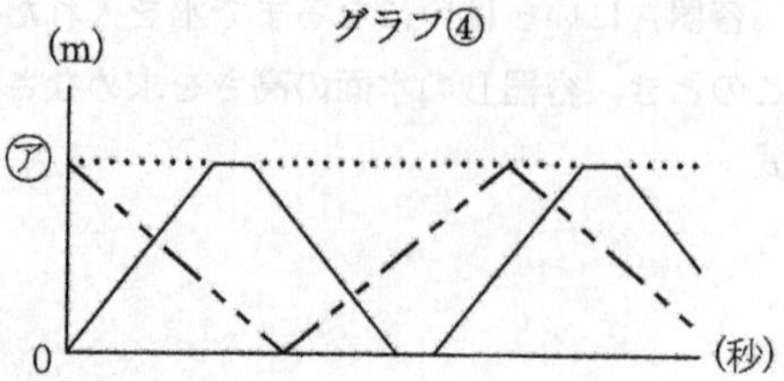

⑵　妹は20m泳ぐのに □ 秒かかります。

⑶　２人が２回目にすれちがうのは，泳ぎ始めてから □ 秒後です。

⑷　２人が⑶ですれちがった地点と同じ地点で次にすれちがうのは，泳ぎ始めてから □ 秒後です。

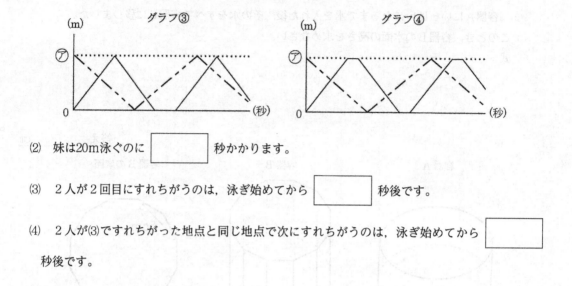

【理　科】（40分）　　＜満点：100点＞

【注意】 選択肢《たくし》の問題の答が複数ある場合は，すべて答えなさい。

Ⅰ　私たちの日常生活で使われている扇《せん》風機や洗濯《たく》機には，モーターが使われている。モーターの仕組みを調べよう。

1　モーターには電磁石が使われている。まず電磁石の性質を調べるために，エナメル線を100回巻きつけたストローに鉄心を入れたものを用意した。これを電磁石Aとする。他にも，Aを作ったときと同じ長さのエナメル線を使って，巻き数，エナメル線を巻いてある部分の長さをそれぞれ変えた電磁石BとCを用意した。A～Cに電池２個を直列につないだときの，電磁石にくっつくゼムクリップの数を調べると，下の表のようになった。

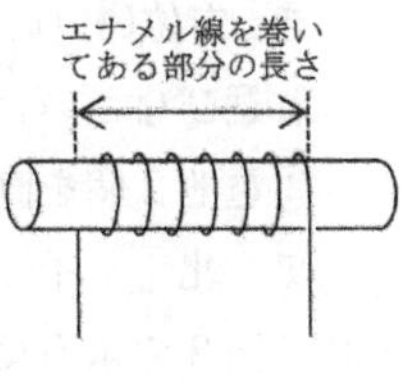

	巻き数	エナメル線を巻いてある部分の長さ	エナメル線の長さ	エナメル線の太さ	鉄心の太さ	くっついたゼムクリップの数〔個〕			
						1回目	2回目	3回目	平均
A	100回					5	5	6	5.3
B	Aより多い	Aと同じ	Aと同じ	Aと同じ	Aと同じ	7	8	7	7.3
C	Aと同じ	Aより短い	Aと同じ	Aと同じ	Aと同じ	12	10	10	10.7

⑴　Aに電池２個を直列につないだとき，電流計で流れる電流の強さを調べると図１のようになった。このときの電流の強さを答えなさい。ただし，−端《マイナスたん》子は５Aを使った。

⑵　下線部のように実験条件をそろえるのは，何を同じにするためですか。

⑶　上の表から考えて，エナメル線の長さと太さ，鉄心の太さ，直列につなぐ電池の数が同じとき，強い電磁石を作るにはエナメル線をどのように巻くとよいですか。

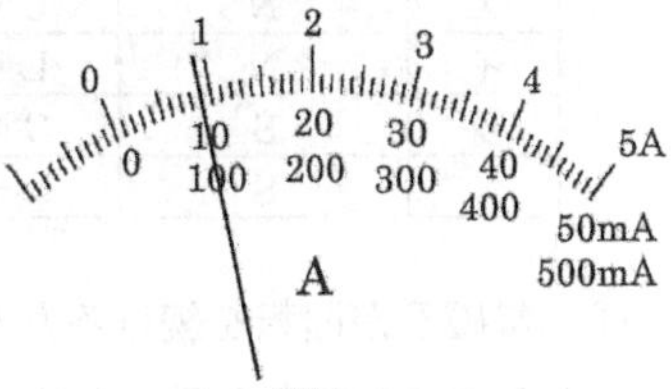

図１

次に，エナメル線の長さ，鉄心の太さをそれぞれ変えた電磁石DとEを用意した。D，Eに電池２個を直列につないだときの，電磁石にくっつくゼムクリップの数を調べると，下の表のようになった。

	巻き数	エナメル線を巻いてある部分の長さ	エナメル線の長さ	エナメル線の太さ	鉄心の太さ	くっついたゼムクリップの数〔個〕			
						1回目	2回目	3回目	平均
D	Aと同じ	Aと同じ	Aより長い	Aと同じ	Aと同じ	4	4	4	4.0
E	Aと同じ	Aと同じ	Aと同じ	Aと同じ	Aより細い	2	2	3	2.3

⑷　Aに電池２個を直列につないだものを，より強くするにはどう変えればよいか，ア～カから選びなさい。

ア　エナメル線の長さを短くする　　イ　エナメル線の太さを細くする

ウ　２個の電池を並列につなぐ　　エ　鉄心をアルミニウムの棒にかえる

オ　鉄心の太さを太くする　　カ　直列につなぐ電池の数を増やす

2　電磁石を図2のように方位磁針と並べて置いた。電磁石に電流を流すと方位磁針の針が振《ふ》れて，北を指していたN極が西を指した。

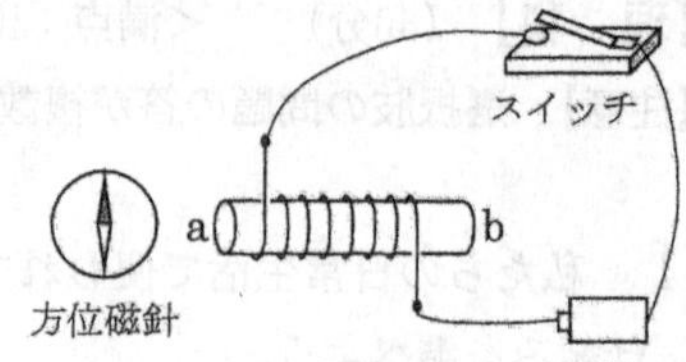

図2

⑴　このとき電磁石のａ側は何極ですか。

⑵　図2において，次の①，②のように変えて電流を流したとき，方位磁針のN極はどの方角を指すか，ア～エからそれぞれ選びなさい。

①電池2個を直列につなぐ　　②電池のつなぐ向きを変える

ア　北　　イ　東　　ウ　南　　エ　西

⑶　図3のように，回転軸《じく》をつけ回転できるようにした電磁石を2つの棒磁石の間に配置して，矢印の向きに電流を流した。このときの電磁石の回転について，以下の文の［　］に入る言葉の組み合わせとして正しいものをア～エから選びなさい。

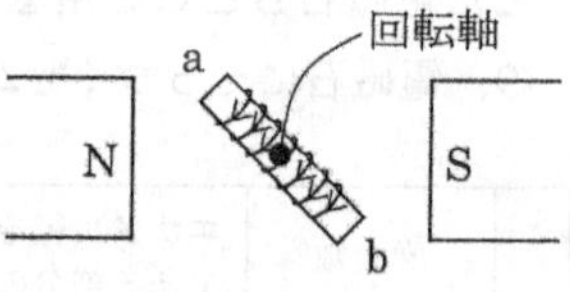

図3

電磁石のａ側が［①］極になり棒磁石のN極と［②］あい，［③］回りに回転しはじめるが，1回転はできなかった。

	①	②	③
ア	N	しりぞけ	時計
イ	N	しりぞけ	反時計
ウ	S	ひきつけ	時計
エ	S	ひきつけ	反時計

⑷　電磁石が回転を続けるためには，回転の途《と》中で電磁石に流れる電流の向きを変える必要がある。図4の電磁石のP側が，どこを通過するときに電流の向きを変えればよいか，ア～エから選びなさい。

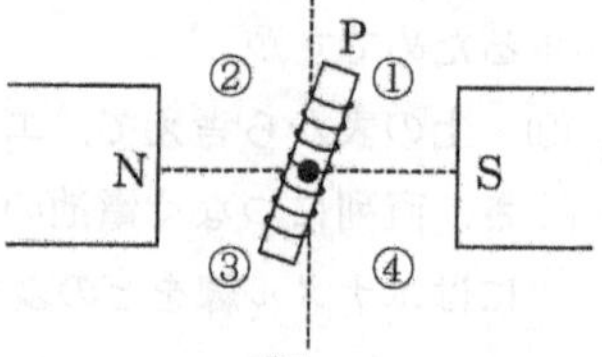

図4

ア　①と②の境界　　イ　②と③の境界

ウ　③と④の境界　　エ　①と④の境界

⑸　モーターには図5のように3つの電磁石を組み合わせて作ったものがある。電磁石にそれぞれ図の矢印の向きに電流が流れているとき，ａ側～ｃ側はそれぞれ何極になりますか。また，このときのモーターの回転する向きをア，イから選びなさい。

ア　時計回り　　イ　反時計回り

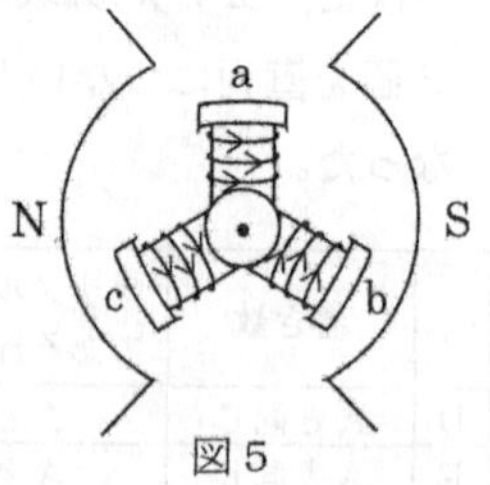

図5

Ⅱ　地球の半径を6350㎞，地球の自転周期を24時間として以下の問いに答えなさい。

1　国際宇宙ステーション（ＩＳＳ）は，高度約400㎞を時速約28000㎞で次のページの図1のように地球を周回している。ＩＳＳが地球を1周するのにかかる時間は約［①］である。その間に地球は自転するので，地上から見るとＩＳＳの軌《き》道は1周につき［②］へ［③］°ずつずれていき，ある地点の上空にあったＩＳＳは［④］周すると，つまり［⑤］日後，もとの地点の上空に戻る。次のページの図2はある期間のＩＳＳの軌道を地図上に示したものである。

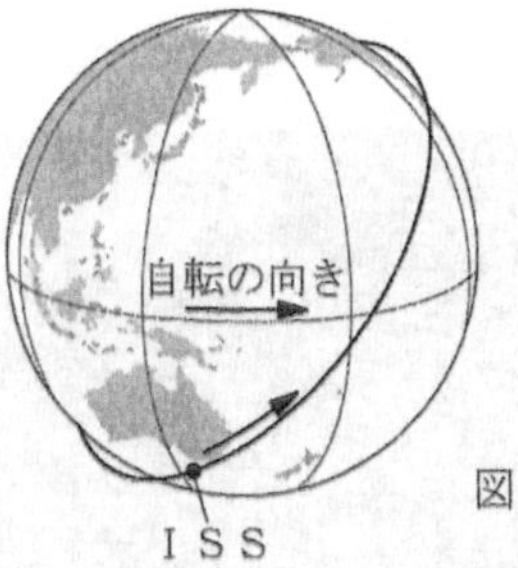

図１

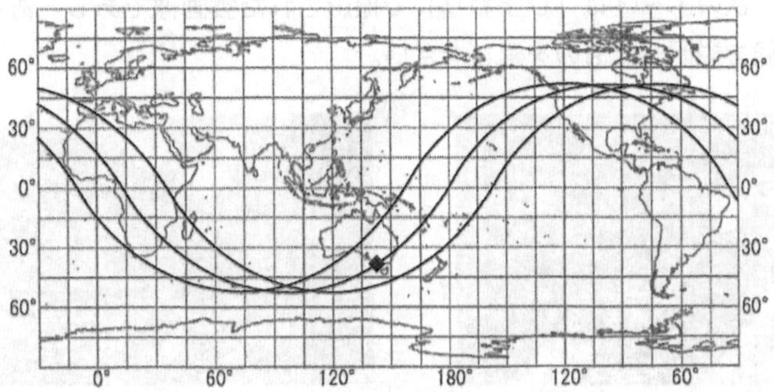

図２

⑴ ［①］に入る時間を計算し，最も近いものをア～キから選びなさい。

ア　5分　　イ　30分　　ウ　45分　　エ　90分　　オ　150分　　カ　6時間　　キ　12時間

⑵ ［②］に入る方角をア～クから選びなさい。

ア　北　イ　北東　ウ　東　エ　南東　オ　南　カ　南西　キ　西　ク　北西

⑶ ［③］～［⑤］に入る数値を⑴で選んだ時間を用いて計算しなさい。

⑷ ＩＳＳがその上空を飛行することのない大陸をア～オから選びなさい。

ア　ユーラシア大陸　　イ　北アメリカ大陸　　ウ　南アメリカ大陸　　エ　アフリカ大陸

オ　南極大陸

⑸ 図２の◆の位置にＩＳＳがあったときから，１周後のＩＳＳの位置を解答欄《らん》の図に●で示しなさい。また，●から１周分のＩＳＳの軌道を図中の点線をなぞったり，必要があれば線をかき加えたりして図示しなさい。

⑹ ある日の日没《ぼつ》時，ＩＳＳがちょうど真上に位置していた地点において，ＩＳＳはこのあとどのように見えるか，ア～エから選びなさい。

ア　真上で静止して見える。

イ　星座をつくる星より速く動いて見える。

ウ　星座をつくる星と同じ速さで動いて見える。

エ　星座をつくる星よりゆっくり動いて見える。

⑺ ＩＳＳにある日本の宇宙実験棟《とう》を何というか，ア～オから選びなさい。

ア　きぼう　　イ　ひかり　　ウ　はやぶさ　　エ　かぐや　　オ　ハッブル

2　日本の気象衛星「ひまわり」は，常に東経140°の赤道上空にある。

⑴ 「ひまわり」が常に東経140°の赤道上空にあるためには，どのように地球を周回すればよいか説明しなさい。

⑵ 「ひまわり」は小さく，はるか上空を周回するため地上から見ることができないが，仮に夜に日本で「ひまわり」が見えるとしたとき，その見え方として正しいものをア～オから選びなさい。

ア　真夜中に東から昇《のぼ》り，日の出前に南の空に見える。

イ　日没後，南の空に見えて，真夜中に西に沈《しず》む。

ウ　日没から日の出まで南の空から動かず，一晩中見える。

エ　日没から日の出まで真上から動かず，一晩中見える。

オ　日没後に東から昇り，日の出前に西へ沈み，一晩中見える。

⑶　次の①～③は「ひまわり」で撮影《さつえい》された雲画像である。あとのア～オから，それぞれの日の天候を説明したものを選びなさい。

①
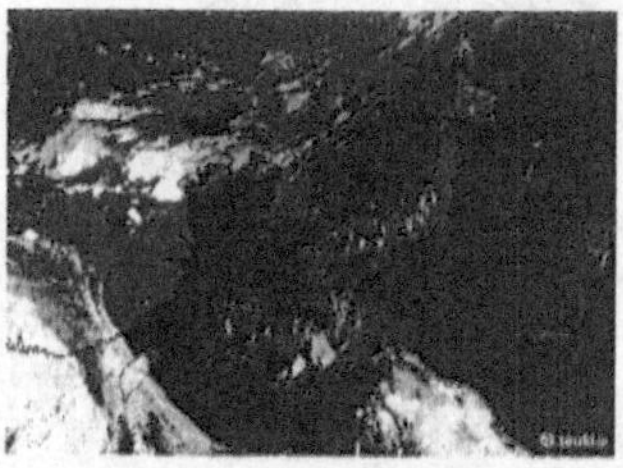
②
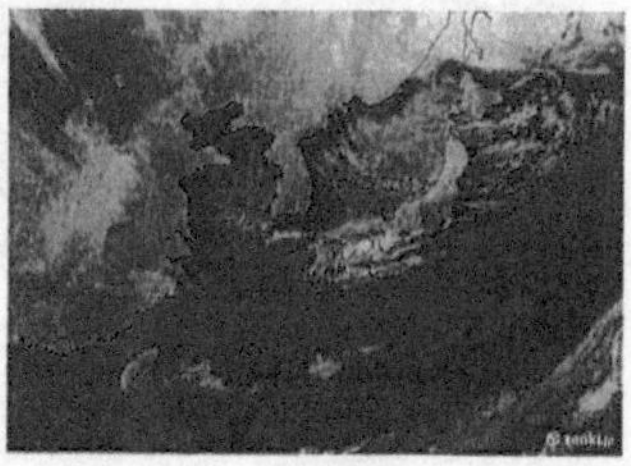
③

日本気象協会ＨＰ　tenki.jp より

ア　梅雨前線が日本の南岸沿いにのび，九州から関東にかけて広い範《はん》囲で雨となった。

イ　発達した低気圧が本州の南岸から三陸へ進み，東北地方から北海道にかけて大荒《あ》れの天気となった。

ウ　太平洋高気圧に覆《おお》われ，全国的に晴れて猛《もう》暑となったが，各地で積乱雲が発生した。

エ　大型で非常に強い台風の上陸・通過により，東日本・北日本で激しい降雨となった。

オ　強い冬型の気圧配置となり，発達した筋状の雲が日本海を渡《わた》り，日本海側や北日本で雪となった。

Ⅲ　バッタについて以下の問いに答えなさい。

1　トノサマバッタについて正しく述べた文をア～カから選びなさい。

ア　卵→幼虫→さなぎ→成虫と育つ。　　イ　卵→幼虫→成虫と育つ。

ウ　一度しか脱皮《だっぴ》しない。　　エ　幼虫の体は頭・胸・腹に区別できる。

オ　幼虫の食べ物と成虫の食べ物は同じである。　　カ　幼虫にははねがない。

2　トノサマバッタと異なる育ち方をする昆《こん》虫をア～カから選びなさい。

ア　カブトムシ　　イ　クワガタムシ　　ウ　セミ　　エ　ダンゴムシ　　オ　トンボ

カ　モンシロチョウ

3　トノサマバッタはどのようなところに産卵するか，ア～オから選びなさい。

ア　枯《か》れ葉の裏　　イ　木の幹の皮の内側　　ウ　草の葉の裏　　エ　土の中　　オ　水の中

サバクトビバッタは，西アフリカから中東，インドまでの南西アジアにかけて広く分布するトノサマバッタの仲間である。サバクトビバッタは普《ふ》段は数が少なく，見つけるのが大変であるが，ある時突然大発生し，巨《きょ》大な群れを作る。普段のサバクトビバッタを孤《こ》独相，群れを作るサバクトビバッタを群生相という。孤独相の幼虫は緑色，群生相の幼虫は黒色であるほか，孤独相と群生相との間には体つきや色，習性などに様々な違《ちが》いがある。例えば，図１のＣ，Ｅ，Ｆの長さについて，孤独相の成虫と群生相の成虫では，「ＥをＦで割った値（Ｅ/Ｆ値）」，「ＦをＣで割った値（Ｆ/Ｃ値）」が異なる。群生相は孤独相と比べ，Ｅ/Ｆ値が大きく，Ｆ/Ｃ値は小さい。

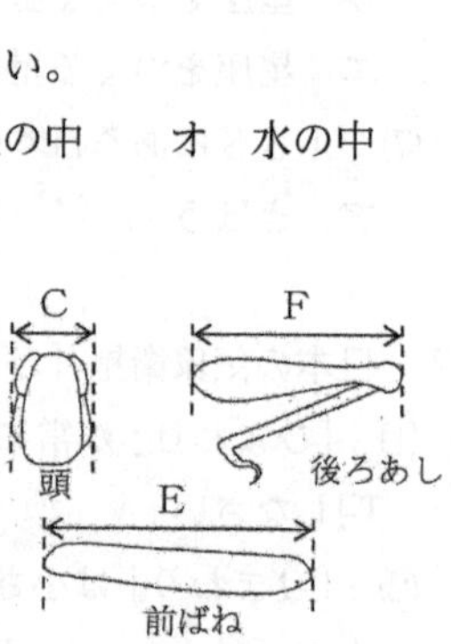

図１

4　Ｆの長さが同じ孤独相と群生相のサバクトビバッタがいたとする。この時，孤独相と群生相のバッタのE，Cの長さについて正しく述べた文をア～オから選びなさい。

ア　EもCも，孤独相の方が長い。

イ　EもCも，群生相の方が長い。

ウ　EもCも，群生相と孤独相とでそれぞれ同じである。

エ　Eは群生相の方が長く，Cは孤独相の方が長い。

オ　Eは孤独相の方が長く，Cは群生相の方が長い。

サバクトビバッタを使って次の実験を行った。

【実験1】　孤独相のメス成虫とオス成虫を交尾《び》のため一日一緒《しょ》にした後，メスを1匹《ぴき》だけにしておく（単独飼育）と，産卵した卵から緑色の幼虫が生まれてくる。しかし，交尾した後もメスをオスと一緒にしておく（集団飼育）と，黒色がかった幼虫も生まれてくる。そこで，幼虫を体色で5段階のグループに分けた。体色1は緑色，5は黒色を表す。図2は幼虫の体色とふ化時の体重（平均値）の関係を示したグラフである。

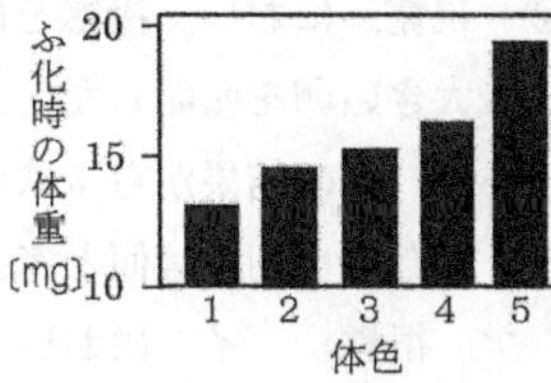

図2

【実験2】　ふ化した幼虫の体色ごとのグループをさらに2つに分けて飼育した。片方は単独飼育（1匹ずつ箱に入れて飼育），もう一方は集団飼育（同じ箱で飼育）した。成虫になったときにFとCを測定し，F/C値を求めた。図3は，飼育条件ごとに幼虫の体色とF/C値（平均値）との関係を示したグラフである。

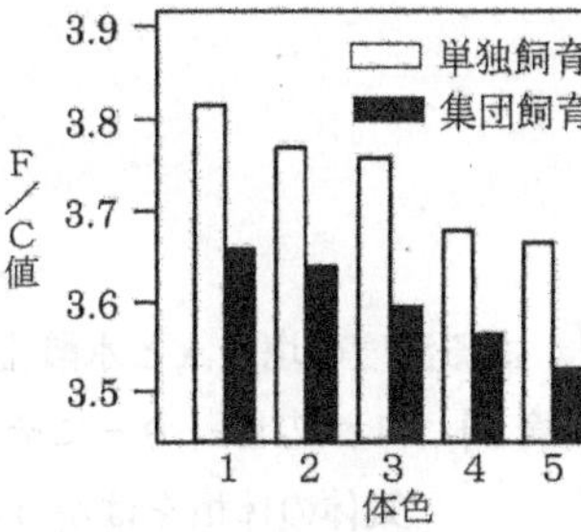

図3

5　図2，3の結果について正しく述べた文をア～カから選びなさい。

ア　単独飼育された成虫のF/C値は，集団飼育された成虫のF/C値より大きかった。

イ　ふ化時の体重の平均値が最も大きい幼虫グループを集団飼育すると，単独飼育した時と比べ成虫のF/C値は半分以下となった。

ウ　ふ化時の体重の平均値が最も大きい幼虫グループを単独飼育しても，ふ化時の体重の平均値が最も小さい幼虫グループを集団飼育した時より，群生相的な成虫となった。

エ　単独飼育の場合，ふ化時の体重の平均値が大きな幼虫グループほど，より群生相的な成虫となった。

オ　どの体色の幼虫グループでも，集団飼育すると単独飼育した時よりも群生相的な成虫となった。

カ　F/C値は幼虫の体色によって決まっていた。

6　単独飼育していたサバクトビバッタのメスの成虫を集団飼育すると，単独飼育していた時より大きい卵を産卵するようになる。メスが大きい卵を産卵する刺激《しげき》は何だろうか。視覚，におい，接触《しょく》のうち，どの刺激によってメスは大きい卵を産卵するようになるのかを調べた。

(1)　単独飼育されたメス（交尾を終えたもの）に特定の刺激を与えるために，次のページの①～③のような実験装置を用意した。①～③の装置でメスに与《あた》えられる刺激をそれぞれ次のページのア

～ウから選びなさい。

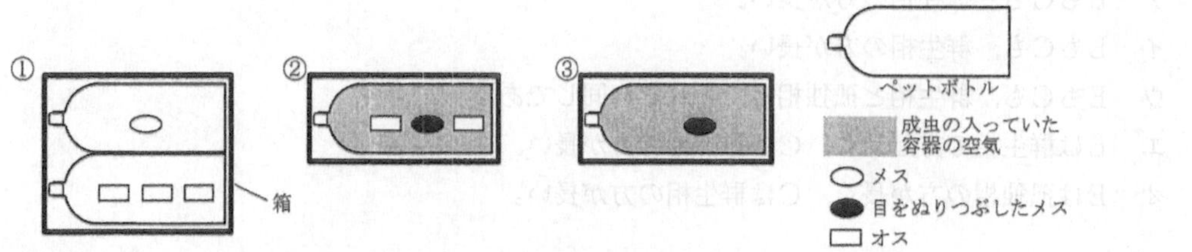

ア　視覚　　イ　ニオイ　　ウ　接触

(2)　視覚，におい，接触を色々な組み合わせでメスに与え，その後大きい卵を産卵したメスの割合を調べた。図４はその結果である。この結果からメスが大きい卵を産卵することに最も大きくはたらく刺激は何と考えられるか，ア～ウから選びなさい。

ア　視覚　　イ　におい　　ウ　接触

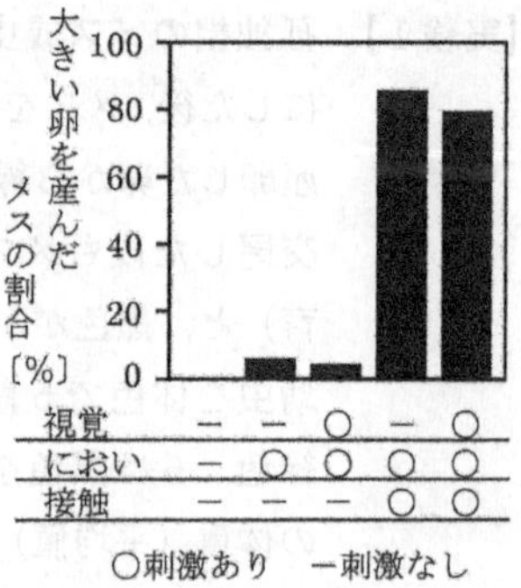

図４

（『孤独なバッタが群れるとき』前野ウルド浩太郎 を改変）

Ⅳ　ある濃《のう》度の塩酸Ａと水酸化ナトリウム水溶《よう》液Ｂについて次の実験をした。

【実験１】　４つのビーカーにそれぞれ塩酸Ａ30㎤を入れ，その中にアルミニウムを加えて発生した気体の体積をはかった。加えたアルミニウムの重さを変えて実験したところ，発生した気体の体積は下の表のようになった。

アルミニウムの重さ〔g〕	0.1	0.25	0.5	0.75
発生した気体の体積〔cm³〕	130	325	650	819

1　発生した気体の名前を答えなさい。

2　この気体の性質としてあてはまるものをア～カから選びなさい。

ア　空気中に0.04%含《ふく》まれる　　イ　無色である

ウ　ものを燃やすはたらきがある　　エ　刺激臭《しげきしゅう》がある

オ　よく燃える　　カ　ろうそくを燃やしたときに生じる

3　塩酸Ａ30㎤と過不足なく反応するアルミニウムは何ｇですか。ただし，割り切れないときは小数第３位を四捨五入して答えること。

【実験２】　７つのビーカーに塩酸Ａと水酸化ナトリウム水溶液Ｂを下の表のように混ぜ，合計を30㎤とした。え にＢＴＢ液を加えると緑色になる。

	あ	い	う	え	お	か	き
塩酸Ａの体積〔cm³〕	30	25	20	15	10	5	0
水酸化ナトリウム水溶液Ｂの体積〔cm³〕	0	5	10	15	20	25	30

あ～きにそれぞれアルミニウム1gを加えたとき，発生した気体の体積をはかって，右のようなグラフをつくった。

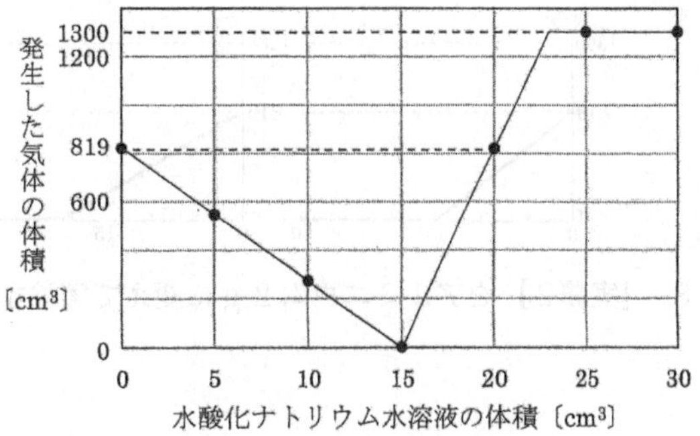

4　アルミニウムを入れる前の液を赤色リトマス紙につけるとリトマス紙が青色になる液をあ～きから選びなさい。

5　あ～きにアルミニウム1gを加え気体が発生しなくなったときに，アルミニウムが残らない液をあ～きから選びなさい。

6　えにアルミニウムを加えたのち，上澄《ず》み液を蒸発皿にとって加熱し，水を蒸発させたところ，食塩（塩化ナトリウム）だけが残った。次の①～⑤の上澄み液をとって加熱し，水を蒸発させたときに残るものをア～エから選びなさい。残るものが何もないときは×をかきなさい。ただし，塩酸や水酸化ナトリウム水溶液にアルミニウムがとけたときには水に溶《と》ける固体ができる。

①アルミニウムを加える前のあ　②アルミニウムを加える前のう

③アルミニウムを加える前のお　④アルミニウムを加えて反応が終わった後のう

⑤アルミニウムを加えて反応が終わった後のか

ア　水酸化ナトリウム

イ　食塩（塩化ナトリウム）

ウ　塩酸にアルミニウムがとけてできたもの

エ　水酸化ナトリウム水溶液にアルミニウムがとけてできたもの

7　【実験2】を次の①，②のように変えて実験すると，グラフはどのようになるか，ア～コから選びなさい。

①アルミニウムを鉄にかえる。ただし，どれも最後に鉄は残っていた。

②水酸化ナトリウム水溶液をBの2倍の濃度にする。

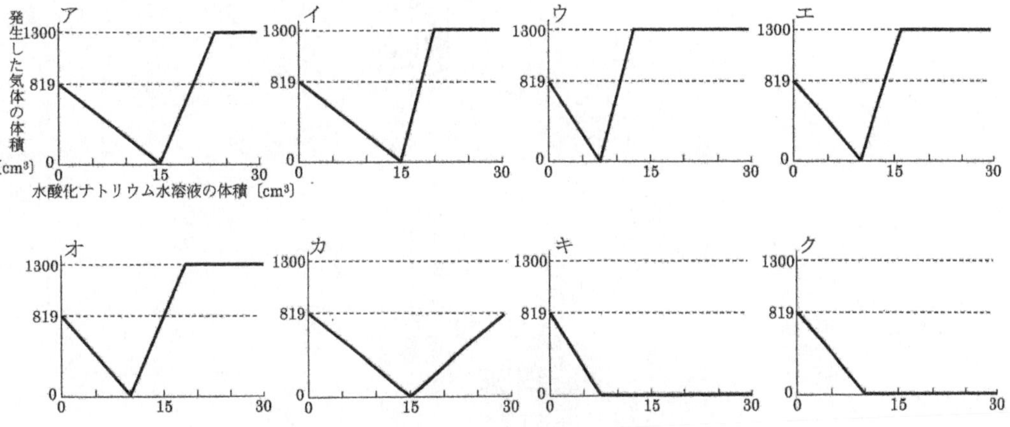

ケ

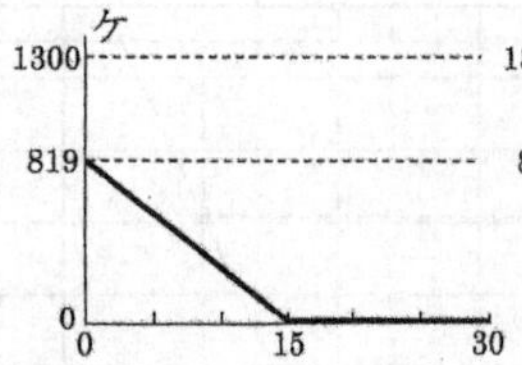

コ

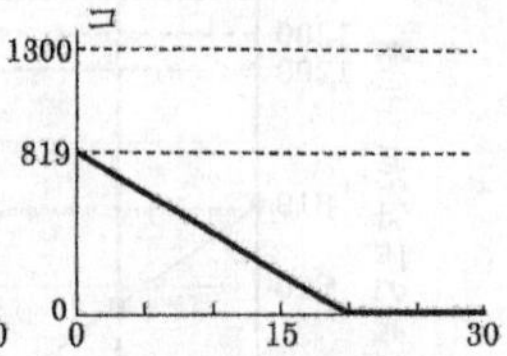

8　【実験２】をアルミニウム２ｇに変えて実験すると，きで発生する気体は何cm^3ですか。

【社　会】（40分）　＜満点：100点＞
【注意】　語句はできるだけ漢字で書きなさい。

Ⅰ　日本列島は生物多様性に恵《めぐ》まれています。縄文時代以来，人々は①住居をつくり，狩《か》りや漁《りょう》をしたり，木の実などを採集したりしてきました。その後，水稲《とう》農耕が始まり，米が主要な食料に加わります。やがて②大和政権（朝廷《てい》），さらに③律令《りょう》国家が成立するに至りました。

④平安時代までの食事は，食べる際に自分で塩などをつけて味付けするという単純なものでした。⑤鎌倉時代になると，ゴマ油や濃《こ》い調味料で味付けされた料理が作られるようになりました。鎌倉時代の僧《そう》，一遍《いっぺん》を描《えが》いた絵巻には，市に掘《ほっ》立て小屋が並び，米・魚・塩などが売られている様子が描かれています。また⑥14・15世紀の資料には，多様な食品が棚《たな》に並び，売られている様子が記されています。⑦昆布《こんぶ》やかつお節《ぶし》などは室町時代より「だし」として料理に使われるようになりました。また，醸《じょう》造業が発達し，酢《す》・みりん・（　X　）などの調味料が普及《ふきゅう》します。⑧16世紀には，⑨新大陸原産のカボチャやトウガラシ，油で揚《あ》げる料理，金平糖《こんぺいとう》やカステラなどの⑩砂糖を用いた菓《か》子が伝わりました。

⑪江戸時代には流通網《もう》が整備され，魚市場や青物市場に多様な食材や加工品が集まりました。城下町や宿場町には食べ物屋や料理店が並ぶ一方，⑫江戸時代になっても多くの農民はヒエ・アワなどの雑《ざっ》穀を主食にしていました。⑬食は，時代とともに変化してきました。

問１　下線①に関して，絵１と絵３では，家の建て方はどう変化しましたか。絵２にふれて説明しなさい。（絵は一部加工しています。）

絵１
平安時代の
竪《たて》穴住居

絵２　室町時代　職人２人で
大鋸（おが）を使って作業する姿

「三十二番職人絵合」より

絵３　室町時代　京都の町家

「洛中洛外図屏風」より

問2　文中空欄《らん》（X）にあてはまる，銚子《ちょうし》などで生産されてきた調味料をひらがなで書きなさい。

問3　前のページの文章の内容から，各時代の食材や料理としてふさわしくないものを含《ふく》む組み合わせを１つ選び，記号で答えなさい。

ア　縄文時代――木の実・焼いた肉・干した貝

イ　弥生時代――米・焼いた魚・木の実

ウ　平安時代――米・つくだ煮《に》・海草

エ　室町時代――米・ごま豆腐《ふ》・お吸いもの

オ　江戸時代――米・天ぷら・うどん

問4　下線②に関して，４世紀から６世紀のできごとではないものを２つ選び，記号で答えなさい。

ア　巨《きょ》大な前方後円墳《ふん》が各地に造られた。

イ　まわりを堀《ほり》やさくで囲んだ集落が初めて現れた。

ウ「ワカタケル」と読める人名が漢字で記された。

エ　古事記や日本書紀がまとめられた。

オ　のぼりがまを用いて薄《うす》くてかたい土器がつくられた。

問5　下線③に関して，平城京には食材など様々な特産物が運び込《こ》まれました。各地の人々はなぜ，特産物を都に運んだのですか。

問6　下線④に都で既《すで》に行われていたことを１つ選び，記号で答えなさい。

ア　ぼんおどり　　イ　七夕《たなばた》　　ウ　能　　エ　歌舞伎《ぶき》　　オ　人形浄瑠璃《じょうるり》

問7　下線⑤について述べた文として，正しいものを２つ選び，記号で答えなさい。

ア　御《ご》家人は守護に任命され，米などの年貢《ぐ》の取り立てに当たった。

イ　御家人は，市の立つ土地を含めた領地の一部を，奉《ほう》公として幕府に差し出す義務を負った。

ウ　源氏の将軍は３代で絶え，北条氏が執《しっ》権として政治を行った。

エ　元の大軍と戦った時，幕府は防衛のため，朝廷に命令して博多湾《わん》沿岸一帯に石垣《がき》をつくらせた。

オ　陸上交通の便が良いところや，海や河の水運が使用できる場所に，市が立った。

カ　幕府は一遍など比叡《えい》山延暦《りゃく》寺の勢力を弾《だん》圧した。

問8　下線⑥の前後のできごとを，古い順に記号で並べかえなさい。

ア　朝廷が南朝と北朝に分かれて対立し，戦乱のため食料の確保に苦労する貴族もいた。

イ　木や石の配置に工夫をこらした庭園のある銀閣《かく》がつくられた。

ウ　六波羅《ろくはら》探題が滅《ほろ》ぼされ，町中が混乱して市での売買にも影響《えいきょう》が及《およ》んだ。

エ　幕府が明と貿易を開始し，珍《めずら》しい物産が輸入された。

問9　下線⑦に関して，現在，昆布の生産量とかつおの漁獲《かく》量がもっとも多い都道府県をそれぞれ１つずつ選び，記号で答えなさい。

⑴　昆布　　ア　徳島県　　イ　鹿児島県　　ウ　佐賀県　　エ　北海道　　オ　福井県

⑵　かつお　ア　島根県　　イ　福岡県　　ウ　静岡県　　エ　新潟県　　オ　熊本県

問10　下線⑧の商工業者を描いた絵には，女性が酒，餅《もち》，ところてん，そうめんを売り歩く様子が見られます。

⑴　ところてんの主な原材料を１つ選び，記号で答えなさい。

ア　ワラビ科の植物の地下茎《けい》　　イ　マメ類

ウ　海藻《そう》のテングサ　　エ　動物の皮や骨に含まれるゼラチン

⑵　そうめんの主な原材料を１つ選び，記号で答えなさい。

　ア　ジャガイモ　　イ　カタクリ　　ウ　米　　エ　小麦

問11　下線⑨について，新しい食材や料理を伝えたのは，どこの商人ですか。代表的な国名を１つ答えなさい。

問12　下線⑩の原料であるサトウキビについて述べた文として，まちがっているものを１つ選び，記号で答えなさい。

ア　生育期は高温多雨，収穫《かく》期は乾燥《かんそう》する気候が，栽培《さいばい》に適している。

イ　地下に深く根を張るので，台風などの強風や日照りに強い。

ウ　日本では，主に沖縄県と鹿児島県で栽培されている。

エ　日本産の砂糖の大半は，サトウキビを原料としている。

問13　下線⑪の様子を述べた文として，まちがっているものを１つ選び，記号で答えなさい。

ア　様々な商品を取引した大阪や長崎は，幕府が直接支配した。

イ　各藩《はん》は，大阪や江戸などの大都市へ特産物を運んで売った。

ウ　武家諸法度《はっと》に違《い》反した大名は幕府に取りつぶされ，家屋敷《しき》は都市の商人に売り渡された。

エ　大名の家臣たちは，城下町に集められて住み，城の周辺に武家屋敷が立ち並んだ。

問14　下線⑫に関して，明治時代になると主食に米を食べる人の割合が増え，ヒエ・アワなどの雑穀を食べる人の割合が減りました。この変化の理由を述べた文として，まちがっているものを１つ選び，記号で答えなさい。

ア　海外から安価な米が輸入されるようになったから。

イ　品種改良の結果，米の収穫量が増えたから。

ウ　東京や大阪などの都市に住み，米を購《こう》入する人が増えたから。

エ　雑穀を育てていた畑を桑《くわ》畑に変え，養蚕で収入を得た農家が米を買うようになったから。

オ　農民に現金で税を納めさせるようになり，豊作のときには政府が税率を下げたから。

問15　下線⑬に関して，明治時代以降の食について書かれた文を，古い順に記号で並べかえなさい。

ア　食品加工業が発達し，調理済みの冷凍《とう》食品が広まった。

イ　鹿鳴《ろくめい》館が建てられ，外国人に洋食のコース料理が提供された。

ウ　第一次世界大戦で日本軍捕虜《ほりょ》になったドイツ人により，バウムクーヘンが日本に紹介《しょうかい》された。

エ　米の節約のため，水分を増し，大根などの野菜を加えた雑炊《すい》やすいとんが代用食とされた。

Ⅱ　①昭和初期の不景気の中で，学校に弁当を持って行けず，②食事がとれない児童の増加など社会問題が起こりました。③日中戦争・太平洋戦争が終わった後，国は④長崎県に⑤広大な水田を造成する計画を立てました。その他の地域でも，⑥水田にする目的で新しい耕地がつくられました。長崎県の水田造成事業はその後，目的や規模が当初の計画から大きく変わりました。またこの事業の影響で，佐賀県では遠浅で干満の差が大きい海を利用した（　Ｘ　）の養殖など，漁業への影響が指摘《てき》されています。

問１　下線①に関して

⑴　農民の生活向上に努め，この頃《ころ》「雨ニモマケズ」を書いた人物をあとから選び，記号で答えなさい。

ア　石川啄木《たくぼく》　　イ　宮沢賢治《けんじ》

ウ　金子みすず　　エ　新美南吉《にいみなんきち》

⑵　下線①以降のできごとをすべて選び，記号で答えなさい。

ア　米騒《そう》動が全国に広がった。

イ　アメリカが日本への石油輸出を禁止した。

ウ　足尾銅山鉱毒事件が起こった。

エ　軍人が大臣らを殺害する二・二六事件が起こった。

オ　日本が韓国を併《へい》合した。

カ　全国水平社が結成され，差別をなくす運動が展開された。

問2　下線②に関して，戦後，アメリカから給食用物資が日本に提供されたことをきっかけに，学校給食が広まりました。学校給食の説明として，まちがっているものを2つ選び，記号で答えなさい。

ア　戦後，海外からの脱脂《だっし》粉乳の支援《えん》があり，のちに学校給食で牛乳が出されるようになった。

イ　給食の普及は，子どもたちの栄養状態の改善を目指して進められた。

ウ　戦後，アメリカから日本に小麦粉が提供され，パンの給食が始まった。

エ　米飯が給食で頻繁《ひんぱん》に出されるようになったのは，輸入小麦粉が不足したからである。

オ　学校給食は全国的な制度であるが，各地で郷土料理が献《こん》立に取り入れられている。

カ　学校給食は費用を安く抑《おさ》える必要があるため，地元の産物ではなく安価な輸入食材がほとんどを占《し》めている。

問3　下線③の戦中・戦後の食料に関して述べた文として，正しいものを2つ選び，記号で答えなさい。

ア　太平洋戦争が泥沼《どろぬま》化して食料や日用品が不足すると，まず農村から配給制が始められた。

イ　政府は国民に対して「ぜいたくは敵だ」などのスローガンによって倹《けん》約や節約を奨励《しょうれい》した。

ウ　配給所で食料や日用品を配給する作業は，すべて役人が行った。

エ　学童疎《そ》開先では，子どもの成長に欠かせない動物性たんぱく質が多く含まれた食事が提供された。

オ　配給量も不足したため，人々は空き地にカボチャやさつまいもを植えて自給に努めた。

カ　日本が連合国に降伏《ふく》して戦争が終結するとともに，配給制も終わった。

キ　家計に占める食費の割合は，1940年代後半から1970年代にかけて大幅に増大した。

問4　下線④に関して述べた文として，まちがっているものを2つ選び，記号で答えなさい。

ア　隠岐《おき》諸島をはじめ多くの島々があり，アジやサバなどの漁獲量が多い。

イ　山がちで平野が少なく，活動が活発な火山がある。

ウ　1945年8月9日，アメリカによって日本に2発目となる原子爆《ばく》弾が投下され，多くの犠牲《ぎせい》者が出た。

エ　殖《しょく》産興業の政策がとられる中で造船所がつくられ，明治時代に造船業が発展した。

オ　日米修好通商条約の締《てい》結後，それまで長崎で行われていたオランダ貿易と同じ制限のもと，欧米との貿易が行われた。

カ　戦国時代には宣教師による布教が行われ，キリスト教が広まった。

問5　下線⑤に関して，この公共事業によって，1997年に一部が潮受け堤防で閉め切られた場所をあとの中から選び，記号で答えなさい。

ア　八代《やつしろ》海　イ　熊野灘《なだ》　ウ　諫早《いさはや》湾　エ　玄《げん》界灘　オ　島原湾

問６　下線⑥に関して，次のうち，一般に水田として利用するのにもっとも適さない場所を１つ選び，記号で答えなさい。

ア　干拓《たく》地　イ　扇《せん》状地　ウ　湿《しっ》地　エ　三角州《す》

問７　文中（Ｘ）にあてはまる水産物をひらがなで書きなさい。

Ⅲ　飼料作物とは，①家畜《ちく》のエサとする作物のことです。②牧草のほか，③トウモロコシや大豆，④飼料用米，アワ，キビ，ヒエなどの雑穀と多くの種類があります。雑穀はかつて日本で⑤主食として重要であり，広く栽培されていました。「濡《ぬ》れ手で粟《あわ》」ということわざがあることからも，とても⑥身近な農作物だったことがわかります。今でも五穀米や十穀米などに含まれ，健康によい食品として利用されていますが，日本では⑦雑穀は昔よりも生産が少なくなっています。⑧日本の農業を考える上で，今後，⑨食料自給率を高めることが求められています。

問１　下線①について

⑴　中国との外交や貿易で栄えたため，明治時代以前から豚《ぶた》の飼育が盛んに行われ，豚肉料理が伝統料理として定着している地域はどこですか。現在の都道府県名で答えなさい。

⑵　牛乳や乳製品の生産に関わる次のできごとを，古い順に記号で並べかえなさい。

ア　徳川吉宗は，オランダ商館長から熱心に知識を取り入れ，その助言により乳牛の飼育を始めた。

イ　大宝律令で「乳戸《にゅうこ》」と呼ばれる酪《らく》農家が設けられ，牛乳の加工品がつくられた。

ウ　北海道開拓使による官営工場で，外国人技術者の指導の下，牛乳・乳製品の製造が行われた。

エ　藤原道長は，牛乳の加工品と蜜《みつ》を練り合わせ加熱したものを愛用していた。

問２　下線②は飼料作物として栽培されています。牧草地を示すと考えられる地図記号を次の中から選び，記号で答えなさい。

ア　　イ　　ウ　　エ　

問３　下線③に関して

⑴　トウモロコシと小麦を日本がもっとも多く輸入している国名を答えなさい。

⑵　トウモロコシ・小麦・米など穀物の自給率が高い順に，国名を記号で並べかえなさい。

ア　中華人民共和国　イ　サウジアラビア　ウ　カナダ　エ　日本

問４　下線④は，近年，政府の推《すい》進もあって生産量が増加しています。政府が生産を推進する理由としてまちがっているものを１つ選び，記号で答えなさい。

ア　主食の米を作っていた水田で生産が可能だから

イ　耕作放棄《き》地の減少につながるから

ウ　農地の環境を維《い》持することができるから

エ　今後の重要な輸出品として期待されているから

問５　下線⑤の米について述べたこととして，まちがっているものを１つ選び，記号で答えなさい。

ア　カロリー（熱量）を多く摂《と》ることができる。

イ　通常，加熱して食事にとり入れている。

ウ　日本では数十年前と比べて一日の食事の中での割合が増えた。

エ　菓子など様々な形態に加工されて利用されている。

問6　下線⑥に関して，次のうち，みかんの生産量がもっとも少ない県を1つ選び，記号で答えなさい。

ア　熊本県　　イ　広島県　　ウ　神奈川県　　エ　埼玉県　　オ　愛知県

問7　下線⑦の理由としてふさわしいものを2つ選び，記号で答えなさい。

ア　より高く売れる農作物を畑で生産するようになったから

イ　日常生活であまり食べなくなったから

ウ　食糧《りょう》不足を補うため，外国からの輸入が戦後急速に増加したから

エ　土地がやせて生産できなくなってしまったから

問8　下線⑧に関して

(1)　日本の農業では，促《そく》成栽培など様々な工夫が行われています。通常，促成栽培でつくられていないものを2つ選び，記号で答えなさい。

ア　なす　　イ　ピーマン　　ウ　ごぼう　　エ　きゅうり　　オ　トマト

カ　さつまいも

(2)　農家の経営にとって，促成栽培の利点を説明しなさい。

問9　下線⑨について，グラフ1は米の自給率の変化を表しています。この変化にもっとも近いものを1つ選び，記号で答えなさい。

ア　りんご　イ　鶏《けい》卵　ウ　大豆　エ　栗《くり》　オ　マグロ　カ　しいたけ

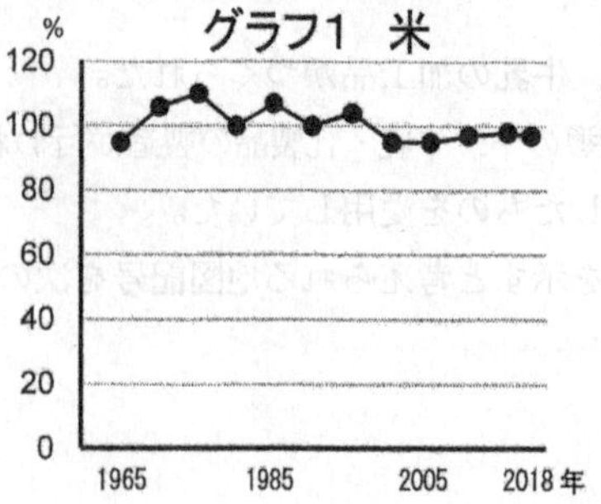

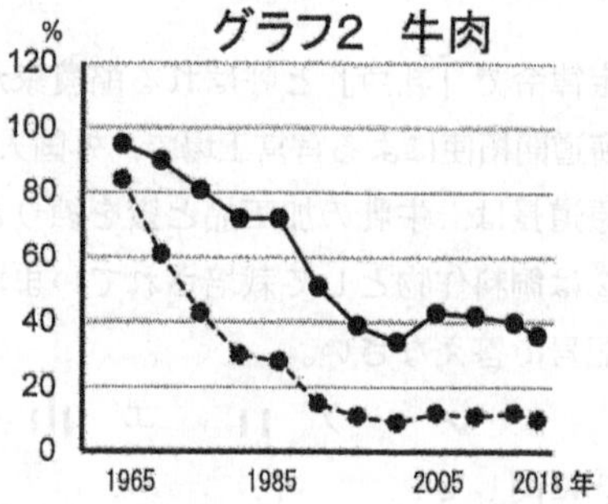

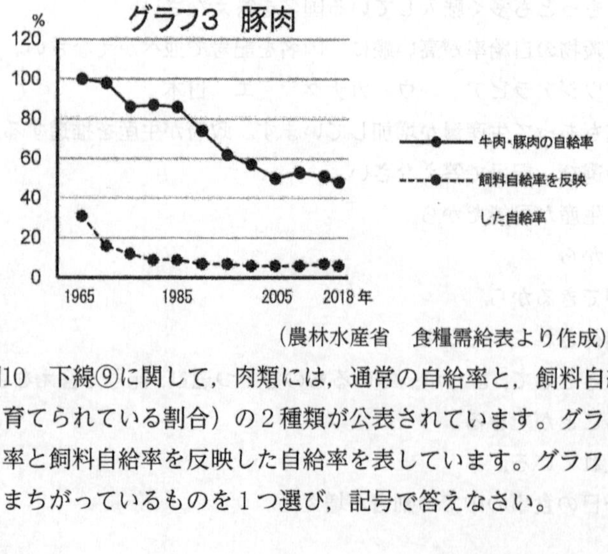

（農林水産省　食糧需給表より作成）

問10　下線⑨に関して，肉類には，通常の自給率と，飼料自給率を反映した自給率（国産のエサで育てられている割合）の2種類が公表されています。グラフ2・グラフ3は，牛肉・豚肉の自給率と飼料自給率を反映した自給率を表しています。グラフ2・グラフ3から分かることとして，まちがっているものを1つ選び，記号で答えなさい。

ア　自給率は豚肉の方が高い状態を保ってきた。

イ　牛肉と豚肉は，1980年代半ばから2000年代に海外からの輸入が特に増加した。

ウ　1965年ころに注目すると，牛と豚の飼料の主な中身は異なると考えられる。

エ　豚は牛より国産の飼料の割合が高い状態が続いてきた。

問11　下線⑨に関して述べた文として，正しいものを２つ選び，記号で答えなさい。

ア　食料自給率が100％を超《こ》える国は，先進国の中には存在しない。

イ　Ｇ７の国の中で，この50年間に食料自給率の上昇《しょう》が持続した国がある。

ウ　国際連合には，食料や農業を扱う専門機関が存在する。

エ　世界の中には，穀物の自給率がゼロの国は１つもない。

Ⅳ　政府の食料政策は，国民の食や農業に影響を与えてきました。また，毎日の生活の中で何をどのように食べるかということは，私たちの社会の現在，そして将来に関わっています。

問１　「健全な食生活を実践《せん》することができる人間を育てる食育を推進」することを目的とした食育基本法が2005年に制定され，小学校・保育園・幼稚《ち》園などで取り組みが進められています。

⑴　法律は国会でつくられます。国会について述べた文として正しいものを２つ選び，記号で答えなさい。

ア　国民は，報道機関を除き国会を傍聴《ぼうちょう》することはできない。

イ　国会は選挙で選ばれた議員によって構成されるので，任期途《と》中で解散されることはない。

ウ　国会と内閣，裁判所の三権は分立しているので，国会が裁判官をやめさせることはできない。

エ　国会は，内閣の提出した予算案を審《しん》議し，１年ごとの予算を決める。

オ　国会議員でない者は，総理大臣にはなれないが，国務大臣にはなれる。

⑵　この法律の理念とは合わない取り組みを１つ選び，記号で答えなさい。

ア　家庭で朝食をとることが難しい児童に対し，学校で朝食の提供を行う。

イ　小学校に栄養教諭《ゆ》を設置し，食育指導に当たる。

ウ　栄養や食事マナーに関する親子教室を開き，食育への取り組みを保護者に奨励する。

エ　給食を残さず食べてもらうため，素早く食べられる人気のハンバーガーを取り入れる。

問２　市街地やその周辺において行われる農業を，都市農業といいます。

⑴　都市の街づくりに農業が必要だとした都市農業振《しん》興基本法が2015年に成立しました。都市農業の役割には関係しないものを２つ選び，記号で答えなさい。

ア　高価格な農作物の開発　　　　イ　雨水の保水

ウ　鮮《せん》度の高い作物の提供　　　エ　景観の保全

オ　住民や学童の農業体験の提供　カ　災害時の防災空間

キ　大規模農業のための区画整理　ク　ヒートアイランド現象の抑《よく》制

⑵　都市農業振興基本法は国会議員によって法案が提出され，成立しました。その過程として正しいものを１つ選び，記号で答えなさい。

ア　参議院農林水産委員会で議決→参議院本会議で議決→衆議院本会議で議決・成立

イ　参議院本会議で議決→参議院農林水産委員会で議決→衆議院本会議で議決→衆議院農林水産委員会で議決・成立

ウ　参議院本会議で議決→衆議院農林水産委員会で議決→衆議院本会議で議決・成立

エ　参議院農林水産委員会で議決→参議院本会議で議決→衆議院農林水産委員会で議決→衆議院本会議で議決・成立

問３　アメリカでは，植物由来の肉を取り入れる様子が見られます。植物由来の肉についての説明として，まちがっているものを２つ選び，記号で答えなさい。

ア　植物由来の肉に切り替《か》えても，温室効果ガスは減少しない。

イ　カロリー面などの点から健康志向に合っている。

ウ　ハンバーガーショップなど飲食店でも提供されるようになった。

エ　アメリカ人の半分以上が宗教上の理由で牛肉を食べないことが開発のきっかけとなった。

オ　肉だけでなく，牛乳に代わる植物由来のミルクがすでに販《はん》売されている。

カ　フード（食品）とサイエンス（科学）をかけ合わせた食の技術革新が開発の背景にある。

キ　現在，植物由来の肉の実用化は他国でも進行している。

問４　2019年10月に消費税が８％から10％へ増税されました。この際には，酒類・外食を除く飲食料品の消費税率を８％に据《す》え置く軽減税率が導入されています。

⑴　消費税について述べた文として正しいものを２つ選び，記号で答えなさい。

ア　年齢《れい》に関係なく広く国民から集めることができる。

イ　収入が少ない人ほど，税率の上昇により生活への打撃《げき》を受ける。

ウ　税率を上げると景気が良くなる。

エ　税率を上げる直前は，短期的にものが売れなくなる。

オ　税率を上げることは，内閣の判断だけでできる。

⑵　ものやサービスによっては，軽減税率が導入される以前から消費税がかからないものもあります。次のうち，消費税がかからないと考えられるものはどれですか。３つ選び，記号で答えなさい。

ア　車いす　　イ　自転車　　ウ　出産費用　　エ　住民票の発行　　オ　学校の制服

カ　ランドセル

問５　家庭の食卓《たく》に食料が安定的に並ぶことは大切です。日本において食料供給が今後数十年にわたって滞《とどこお》る原因となると考えられるものを４つ選び，記号で答えなさい。

ア　輸出国で紛《ふん》争が起こり，輸送網が混乱した。

イ　農業や漁業に携《たずさ》わる人々の後継《けい》者が減った。

ウ　効率よく生産するため，年間を通して同じ畑で同じ作物を栽培する。

エ　輸出国の天候不順によって，凶《きょう》作が発生した。

オ　世界規模での温暖化が進行した。

カ　世界的に感染症《しょう》が発生し，農作業に従事する外国人労働者が激減する。

キ　農薬や化学肥料を大量に用いて，安く生産する。

ク　アブラムシが大発生し，虫害が起きる。

問６　企《き》業や家庭などが廃《はい》棄しようとしている食品を寄付してもらい，必要としている人に提供する民間の活動をフードバンクといいます。フードバンクのようなしくみが必要とされているのは，憲法に書かれている何という制度が不十分だからですか。

問三　段落[X]と[Y]の関係を説明した文を次から選びなさい。

ア　[X]の内容を[Y]で具体的に説明している。

イ　[X]と[Y]は対比的な関係になっている。

ウ　[X]の理由を[Y]でわかりやすく説明している。

エ　[X]の内容を[Y]で簡潔に要約している。

問四　――③「そうしたこと」とはどういうことですか、最も適当なものを次から選びなさい。

ア　人間が新世界に侵《しん》入したために、結果的には人間が存在できる自然の範《はん》囲が狭《せま》くなったこと。

イ　人間が未開の地に新たにやってきたことで、固有の動植物に変異が起きたこと。

ウ　人間が新しい地域に足を踏《ふ》み入れたことで、その地域特有の生き物の生息が損《そこ》なわれたこと。

エ　人間が外来種を世界各地に持ち込《こ》んだために、多様な生物が暮らせるようになったこと。

問五　――④「人間の「やさしい」ふるまい」という表現からは筆者の批判が読みとれますが、どのようなことに対する批判ですか。解答欄の空欄を適切に埋《う》めなさい。

問六　～～⑤「ノスタルジックな感情から生まれてくる自然保護運動」についての説明としてあてはまらないものを選びなさい。

ア　保護する対象については、各々大切にするものが異なるが、形状や色彩《さい》などが目を引く種になる傾《けい》向がある。

イ　人間の手が全く入っていない本来の豊かな自然に戻《もど》すことを、最終的な目的とする。

ウ　自分と違《ちが》う世代に対しても、自分が保護したいと考えた種の保護の正しさを強く主張する。

エ　自分が慣れ親しんできた自然が、環境の変化により失われていくことを止めようとしている。

問七　――⑥「二次的な風景」の具体例を本文中の══㋐～㋔の中から二つ選びなさい。

問八　最初の段落に[この二つのタイプ]とありますが、どのような考え方ですか。それぞれ二十～三十字で書きなさい。

三　次のカタカナを漢字に直しなさい。

1　暑い日に水分をオギナうことは大切だ。

2　各国のシュノウが集まる。

3　カンダン差の激しい地域。

4　食料をチョゾウ庫にしまう。

5　今度の土曜日にカンゲキに行く予定だ。

このノスタルジック自然保護には、いくつかの特徴《ちょう》がある。ひとつには、自分の誕生以前の自然は関係ないという点だ。けっして自分がいま住んでいる場所を一〇〇〇年前（生命の歴史から見れば、つい先日だ）の巨樹の森に戻《もど》そうとは思わない。せいぜいトンボやホタルの住む環境の復活あたりまでの話だ。人が豊かな自然といって指差す模範的な風景は、（驚くべきことに）たいていは人間が作りだした⑥二次的な風景である。多くの場合、私たちは人間の手の入っていない自然のことなど、文字で知ってはいても、感覚的にはほとんど何も知ってはいない。

二つ目に、自分が見てきたものにこだわるため、対象への思い入れ、すなわち重要度が人によって異なる。ある人はホタルにこだわり、ある人はオオムラサキにこだわる。個人の成長の過程で気がつかなかった小さな生物、たとえばササラダニやカマアシムシやカニムシなどの保護運動が盛り上がったことが、これまでどれほどあっただろうか。この手の自然保護が色や形、大きさ、話題性などにおいて、きわめて目立つ種を保護する傾《けい》向が高いことも「証拠《こ》」のひとつとしてあげていいだろう。

三つ目は、そうした保護を若い世代にも強要するということだ。わかりやすくいえば、紙芝居《しばい》の復活とか、駄菓子《だがし》屋の復活などのようなものだ。いまの若い世代には彼《かれ》らなりのノスタルジーがあり、それは彼らの親世代のものとはまったく異なる。その時代錯《さく》誤に自然保護運動家は気がつかず、自分たちの主張こそ正しいと信じて疑わない。そしてそれは本能として、きわめてまっとうな反応でもあるところがなんともむずかしい。

この手の自然保護運動家は、ともかくも保護、保護、と叫《さけ》ぶことが多い。しかしそれは、保護すべきであると主張する種が本当に「すべての人にとって」重要であるからではけっしてない。ただ、自分が生きてきた環境へのノスタルジーがそうさせているにすぎない。いってみれば趣《しゅ》味の世界だ。にもかかわらず、それらの生物を滅ぼしつつあるものが、自分たちの日常生活であるのを認めることに、心の底から納得しているわけでもない。

以上、二つの例を挙げただけにすぎないが、自然保護といっても、その中身はさまざまだ。私自身、正直にいえば、せめて昭和三〇年代あたりの自然にまで戻してほしいと思わないでもない。

しかし、環境破壊の果てにたどり着く未来というものが、いまの私たちから見てたとえどれほどひどいものであったとしても、その時代に生まれ育った人間には、さほど悪いものとは映らないだろうとも思っている。

（高橋敬一『昆虫にとってコンビニとは何か？』より
「昆虫にとって自然保護とは何か？」）

※ノスタルジック…遠く離《はな》れた故郷や、遠い過去の時をなつかしんであこがれる気持ちを感じるさま。この文章では「ノスタルジー」も同様。

問一 ——①「危機感」とありますが、どういう危機感ですか。解答欄《らん》に適切な語句を十字前後で書きなさい。

問二 ——②「この場合の「自然」」にあてはまるものを、次から選びなさい。

ア 農業用に作られたため池
イ すべてが木材でできた民家
ウ ベランダで育てたトマト
エ 生息環境《かん》を再現した水族館

であるかのように思わせる操作も、たしかに行なわれている。しかし昆《こん》虫に関しては、「共存」という関係は、ミツバチやカイコなどごく一部を除いてはこれまでもなかったし、今後も成立しない。人間はこれまでも環境改変によって一方的に昆虫を滅《ほろ》ぼしてきた。そこに共存などという関係はなく、昆虫は「生き残れる種は生き残ってきた」というのが実態だ。これは昆虫のみならず他のすべての生物についてもあてはまる。

（中略）

それでもいまさら、「人間が生き残るために、最低限必要なものを残すんだ」あるいは「共存なんてできやしないんだ」などとあからさまにいうと反感を生みだすだろうし、人間が神のごとき能力を持っていて、④人間の「やさしい」ふるまいによって、すべての生物が楽しく友好的に暮らしていけると考えるのは気持ちがいい。ただ実際には、人間が生存しつづけるための「必要なぎりぎりのラインで」環境にやさしくしよう、というのがこうした自然保護の実態であること、それに、生物界には本来、生存競争しか存在しないことだけは、やはり認識しておくべきだろう。人間は少しやりすぎたのだ。ここらで手加減しないと、自らが存続していくための土台自体が崩《くず》れてしまうかもしれない。

とどのつまり、人間は人間のことだけ考えて生きていくしかない。そして実際、いつも人間は人間の都合だけで生きてきた。だから「自然保護」も、その対象が人間に役立つから保護する、人間が生きるための道具として保護するという考え方で一向にかまわない。それで手一杯《ぱい》なのだ。多くの生物種が、人間による環境改変が原因で進行しているといわれる第六回目の大絶滅（「完新世の大絶滅」という。これ以前の大絶滅は、大陸移動や火山活動、あるいは隕《いん》石の衝突《しょうとつ》などによって生じた地球環境の大変動によって引き起こされてきた）によって滅ぼされるのは、「人間が生きていく」という大前提の前にはしかたのないことだ。といっても、複雑な自然システムのどこまでが人間に必要なのか、その見きわめはきわめてむずかしいのだけれど。

さて、こうした考え方に立つと、昆虫を含めた生物種のほとんどは滅びていかざるを得ない。そしてこうした事態に反対する自然保護もある。そのひとつに※ノスタルジックな感情に基づく自然保護がある（学術的な意味での自然保護とは異なる）。こちらのほうがより一般《ぱん》的には、自然保護というイメージに合うかもしれない。ゲンジボタルやオオムラサキやギフチョウなどの保護は、これにあたる。

人間の本能のなかには「自分が生き残ってきた環境については、現状維《い》持が好ましい」という指令が含まれている。少なくとも自分がこれまで生きてこられた環境のなかでは、これからも生きのびることが期待できるからだ。そういう本能を持った私たち人間が、自分の生存には直接関係ないとはいえ、自らの風景の一構成要素であった生物種が滅びていくのを見て不安を感じるのは無理もない。それはまさに生理的な反応といってもいい（しかしまた同様な理由で、そういう種を救うためとはいえ、自分たちの生活を大きく変えるのも嫌《いや》がるのだが……）。

この⑤ノスタルジックな感情から生まれてくる自然保護運動は、今日、数かぎりなくある。やっている本人になぜ保護するのかと聞けば、それこそいろんな答えが返ってくる。「オオムラサキは国蝶《ちょう》である」「生命は大切にしなくてはならない」「滅びていく種のなかには人間に有用である種もいるかもしれない」等々。しかし本当の理由は、失われていくものへのノスタルジーである。

①危機感から生じる自然保護だ。②この場合の「自然」というのは人間の手の入っていない㋐原生林のことだけでなく、㋑田畑なども含《ふく》む、人間を取り囲むすべての自然環《かん》境を指していると考えていい。そしてこれらの自然を「保護する」とは、人間の生存にとって最低限必要なもの、魚など食料としての資源、災害を防ぐものとしての森林、飲み水としての河川の水質、等々を保護することを目的としている。すなわち、人間生活に欠くことのできない資源および環境を確保するという意味での自然保護だ。

X 人間の日常的作業によって生じる環境改変と環境悪化こそ、人間の誕生以降、多くの生物種を絶滅《めつ》に追いやってきた最大の張本人だ。約二〇万年前にアフリカに生まれたホモ・サピエンスが、七万年ほど前にアフリカを出て世界各地へと散らばっていく過程で、大型動物たちはばたばたと地上から姿を消していった。人間の狩《か》りによるものである。当時の世界人口はいまの人口の一〇〇〇分の一以下だったというのに。（中略）

Y 人間が、当時は地続きとなっていたベーリング陸橋を渡《わた》って、アメリカ大陸へ侵《しん》入すると、マンモスやオオナマケモノなど、新世界の大型哺《ほ》乳類はあっというまに絶滅してしまった。それは、たかだか一万年ほど前のことにすぎない。もし人間が南北アメリカ大陸に侵入していなかったなら、そこには驚《おどろ》くほど多様な動物たちが、いまもなお生息しつづけていたことだろう。また、ニュージーランドに生息していた飛べない巨《きょ》鳥、モアの仲間も、人間によってあっというまに食い尽《つ》くされてしまった。今日、世界でもっとも美しい国ともいわれるニュージーランドは、じつは外来生物の天国でもある。かつて㋒森林で覆《おお》われていた平野は、いまやその多くが㋓牧草地に変わり、そこでは、南半球にもうひとつのイギリスを作るために持ち込《こ》まれた動植物たちがはびこっている。ニュージーランド固有の動植物のほとんどは、もはや小さな島々か㋔高山帯にしか残っていない。

③そうしたことが起こったにもかかわらず、人間がいまも生存しつづけているということは、人間に最低限必要な自然は、本来人間がいなければ存在していたであろう自然に比べれば、ごくごくかぎられた範《はん》囲のもので十分であることを示している。それでも、そういった最低限必要な自然を保護することでさえ、いまでは、いよいよむずかしい状況《きょう》になってきた。最近あたりまえのように聞かれる「エコ」とか「環境（地球）にやさしい」とかいう言葉は、こうした背景のなかから生まれてきたものだ。「エコ」も「環境にやさしい」も、自分たち人間が生き残りたいからであり、その点でゲンジボタルやオオムラサキなどの保護とは基本的に異なっている。

とくに企《き》業などは最近さかんにこれらの言葉を使いだし、そうした言葉を使った広告文字の背景には、かならずといっていいほど青空や緑の風景が広がっている。しかしその背後で企業は、大きな環境悪化をもたらす可能性のある工程を海外に移したり、熱帯の森林を破壊《かい》してヤシを植え、そこから得た植物成分を「エコ」と称《しょう》して原料に使ったり、日本では処分できない産業廃棄《はいき》物を海外で処分させたりもしてきた。日本だけでも何とかきれいにしようとする努力は買うが、そのつけをまわされた外国が疲弊《ひへい》することになれば、それらの国々からの批判も起こり、結局は日本国内での解決方法を模索《さく》しなくてはならない。

また、「エコ」あるいは「環境にやさしい」という言葉を使うとき、まるで人間と他の生物とが仲良く共存する、おとぎ話的世界が実現可能れが、世の不条理に初めて触《ふ》れた経験だったように思う。

（梯久美子『好きになった人』所収「風船スケーターの不条理」）

問一 ——①とありますが、

（１）「あの感じ」とはどういう感覚か、文中の言葉を用いて四十字以内で答えなさい。

（２）なぜ筆者は「懐《なつ》かしさ」が込《こ》み上げたのか、最も適当なものを次から選びなさい。

ア 競技スケートをしていたことがあるから。

イ オリンピックの開会式にスケーターで参加したから。

ウ フィギュアスケートの選手にあこがれていたから。

エ 一時期スケートに慣れ親しんでいたから。

問二 ——②「見よう見まね」の言葉の意味として、最も適当なものを次から選びなさい。

ア 他人のやり方を見て自分でもできるようにすること

イ 先生にならって一生懸《けん》命練習して身につけること

ウ 見た目だけをまねをしてうまいふりをすること

エ 上手な人を意識して見るようにして上達すること

問三 ——③とありますが、「製氷を行う」とはどうすることか、本文から読みとって説明しなさい。

問四 ——④とありますが、「本格的」の反対の意味を表す言葉として、最もふさわしくないものを次から選びなさい。

・㋐簡素なすまいで生活する。

・昨年の降水量は㋑異常だった。

・㋒略式の服装で参列する。

・質問に㋓適当に答えてはいけない。

問五 ——⑤「目と鼻の先」とありますが、

（１）「目と鼻の先」の意味を五字以内で書きなさい。

（２）「目」が使われている次の慣用句のうち、「目」の意味が他と異なるものを一つ選びなさい。

ア 目でものを言う　　イ 目を合わせる

ウ 目の上のたんこぶ　　エ 目もくれない

問六 ——⑥「迷った末に、私は手を挙げなかった」とありますが、この時の「私」の気持ちの動きを説明しなさい。

問七 ——⑦とありますが、なぜ「得意そう」に見えたのか、最も適当なものを次から選びなさい。

ア ほかの生徒よりもスケートの技術に自信があるから。

イ 授業よりも練習を優先させていいと特別に言われたから。

ウ 貴重な経験をさせてもらう機会を勝ち取ったから。

エ 開会式に出るという晴れやかな役目を負っているから。

問八 ——⑧「私は裏切られたような気持ちになった」とありますが、「裏切られたような気持ち」とはどのような気持ちか、ていねいに説明しなさい。

二 次の文章を読んで後の問いに答えなさい。

自然保護という言葉を聞くとき、私にはすぐに二つのタイプが思い浮《う》かぶ。もちろん自然保護に対する考え方はこれ以外にもあるが、本項《こう》ではこの二つのタイプに注目してみたい。

ひとつ目は「おい、もう、ちょっとこのままではやばいよ」という

【国語】（四〇分）〈満点：一〇〇点〉

一　次の文章を読んで後の問いに答えなさい。

たまたまテレビをつけたら、フィギュアスケートの大会の様子が映っていた。若い女子選手が滑《すべ》っている。アップになった一瞬《しゅん》、きりっとひっつめた髪《かみ》の、わずかな後れ毛が風になびいているのが見えた。

①ああ、あの感じ、覚えてる――急に懐《なつ》かしさが込《こ》み上げた。室内リンクの空気は止まっているのに、滑り出したとたん、自分めがけて風が集まってくる感じがする。

私は小学生から中学生にかけて遊びで滑っていただけだが、②見よう見まねでスピンやジャンプなどもやっていた。フィギュアスケートは、見た目よりもずっとスピードのあるスポーツである。氷を蹴《け》って勢いよくリンクに滑り出していくたびに、向かい風の中に飛び込んでいくような気分になったものだった。

ときおり、滑っている途《と》中で「③製氷を行いますのでリンクから上がってください」というアナウンスが入った。大勢が滑って凹凸《おうとつ》のできたリンクの表面を、氷上車がつるつるにしてくれる。札幌《さっぽろ》オリンピックのフィギュアスケート競技が行われたリンクだったので、そういうところは④本格的だった。製氷直後のリンクは、氷がスケートの刃《は》にぴたっと吸いついてくるようだった。まるで鏡のようなリンクを滑る快感には、一種官能的なものがあったように思う。

札幌オリンピックが開催《さい》されたのは一九七二年二月である。当時私は小学校四年生で、開会式とスケート競技が行われた競技場は、通っていた小学校の⑤目と鼻の先にあった。

開会式が一か月後に迫《せま》ったある日、担任の先生が言った。

「オリンピックの開会式に、札幌市内の小学生が参加できることになりました。風船を持って滑り、最後に空に飛ばす大事な役割です。参加したい人は手を挙げてください。何にもつかまらず、転ばないで百メートル滑ることができるのが条件です」

⑥迷った末に、私は手を挙げなかった。本当はすごく出たかったのだけれど、まだスケートを始めて間もない頃《ころ》だった。一応、滑るには滑れたが、本番で転んだりしたら大変なことになると思ったのだ。手を挙げたのはクラスの三分の一ほどだった。

開会式までの約一か月間、風船スケーター（と当時は呼ばれた）になったクラスメイトたちは、週に二～三回、二時間ほど授業を留守にした。⑦スケート靴《ぐつ》をかかえて教室を後にする子たちは皆《みな》、得意そうだった。正直言って羨《うらや》ましかった。

開会式当日、私は家で一人テレビを見ていた。色とりどりの風船を持った大勢の小学生のスケーターが画面に登場する。何だか胸がどきどきした。と、次の瞬間、一人の子が派手に転ぶシーンが大写しになった。持っていた風船は手を離《はな》れ、みんなのよりも先に空に飛んでいってしまった。

そのシーンは、その後、テレビで開会式の模様が紹介《しょうかい》されるたびに繰《く》り返し放映された。ほほえましく、可愛《かわい》らしい映像として。子供たちが参加した開会式の演出は大成功で、世界中で評判になりました、とアナウンサーは言った。

⑧私は裏切られたような気持ちになった。転んでも良かったんだ。転んだ子がほめられるんだ。そんなの話が違《ちが》うじゃないか――。思えばあ

2021年度

解　答　と　解　説

《2021年度の配点は解答欄に掲載してあります。》

＜算数解答＞ ≪学校からの正答の発表はありません。≫

1. (1) $\frac{397}{400}$　(2) 220　(3) ㋐ 19　㋑ 38　㋒ 45　(4) 7300

(5) 24, 25, 31, 110, 112　(6) 33.8

2. 240, 336　**3.** 12, 10　**4.** (1) 188.4　(2) ① 75　② 7.536

5. 2, 4, 5　**6.** (1) ①, 20　(2) 30　(3) 54　(4) 186

○推定配点○

各4点×25(5完答)　計100点

＜算数解説＞

1. (四則計算，数の性質，平面図形，割合と比，規則性，倍数算)

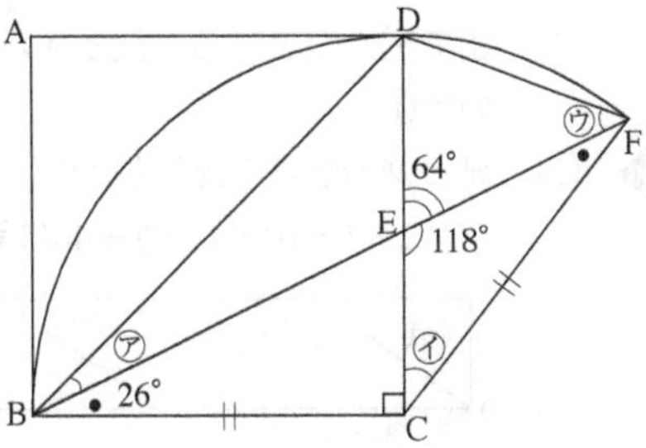

(1) $\frac{74}{24}\times\frac{3}{4}-1.54\times\frac{6}{7}=\frac{37}{16}-\frac{33}{25}=\frac{397}{400}=0.9925$

重要 (2) $2\div1.7=\frac{20}{17}=1\frac{3}{17}$　㋐÷(㋐－33)＝1…33

したがって，㋐は17×(33÷3)＋33＝220

重要 (3) 右図において，角FBCは116－90＝26(度)，

角㋐は45－26＝19(度)，角㋑は180－116－26

＝38(度)，角㋒は(180－38)÷2－26＝45(度)

重要 (4) A店の売り値…原価の(1＋0.1)×(1－0.2)＝0.88(倍)

B店の売り値…原価の0.7倍＋1620×0.7＝原価の0.7倍＋1134(円)

したがって，原価の0.88－0.7＝0.18(倍)が1134＋180＝1314(円)であり，原価は1314÷0.18＝7300(円)

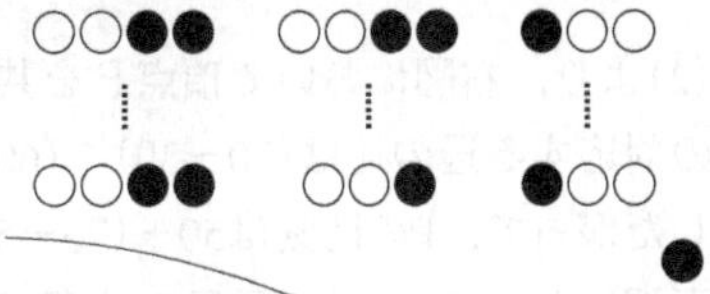

重要 (5) [1]…白は黒より24個多いか24＋1＝25(個)多い

[2]…白は黒から30＋1＝31(個)引いた個数の2倍

したがって，右の線分図より，

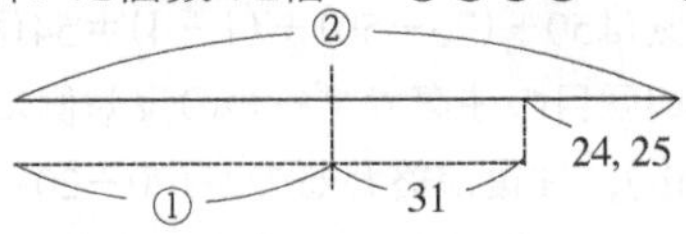

白は(31＋24)×2＝110(個)

または(31＋25)×2＝112(個)

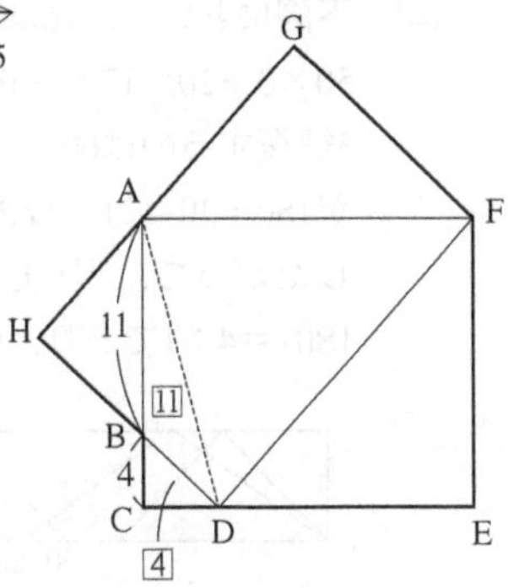

やや難 (6) 右図において，三角形BCDの面積を$\boxed{4}$とする。

長方形ACEF…($\boxed{4}$＋$\boxed{11}$)×2×4＝$\boxed{120}$

三角形ADF…$\boxed{15}$×4＝$\boxed{60}$

長方形HDFG…$\boxed{60}$×2＝$\boxed{120}$

四角形ABDF…$\boxed{120}$－($\boxed{4}$＋$\boxed{45}$)＝$\boxed{71}$ ($14.2cm^2$)

したがって，全体の面積は14.2÷71×(120×2－71)＝33.8(cm^2)

重要 **2.** (数の性質)

㋐が48×ア，㋑が48×イのとき，48×(ア＋イ)＝384，ア＋イ＝384÷48＝8＝7＋1または5＋3

したがって，㋐は48×7＝336または48×5＝240

+α 3. (ニュートン算，割合と比，鶴亀算)

3人，20分より，例えば，初めにあるケーキの数を60にすると，1分で増えるケーキの数は60×0.05＝3であり，1人が1分で箱づめする量は(60＋3×20)÷(3×20)＝2である。

したがって，4人で箱づめすると60÷(2×4－3)＝12(分)でケーキがなくなり，合計16分で箱づめする場合，4人の前に3人で箱づめする時間は{2×4×16－(60＋3×16)}÷2＝10(分)

4. (平面図形，立体図形，割合と比)

基本 (1) 6×2×3.14×5＝6×31.4＝188.4(cm)

重要 (2) ① 右図より，正十二角形の面積は5×2.5×6＝75(cm^2)

② ①より，6×6×3.14×5÷(5×2.5×6)

＝2.4×3.14＝7.536(cm^2)

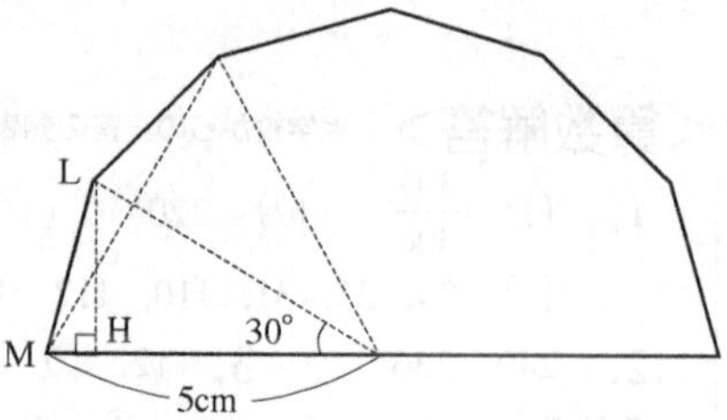

重要 5. (平面図形，場合の数)

3組の対向面の数の和が7以外で，

すべて異なる場合は，右図のような

例があり，㋑に書ける数は2，4，5

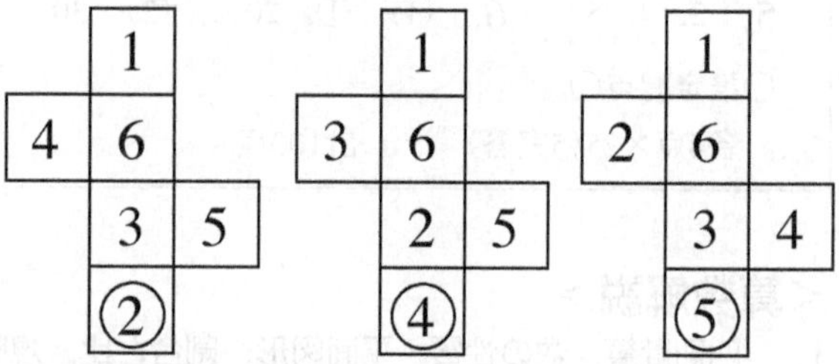

6. (速さの三公式と比，グラフ，割合と比)

基本 (1) ㋐…20m

グラフ…兄は往復するごとに10秒間休み，妹は片道の16÷20＝$\frac{4}{5}$まで進んだところで兄とすれ違うので①

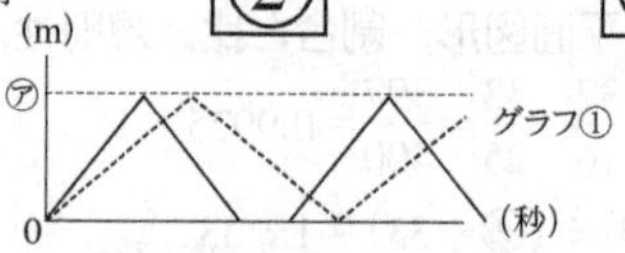

重要 (2) 兄と妹の速さの比は(20×2－16)：16＝3：2である。下図において，③×2×4＝㉔が②×2×5＋10×4＝⑳＋40に等しく，③は40÷(24－20)×3＝30(秒)

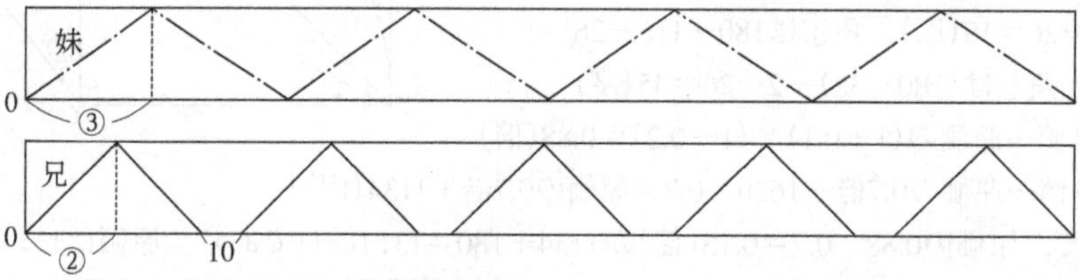

(3) (2)より，右図において頂点Pを共有する2つの相似な三角形の対応する辺の比は(70－30)：(60－50)＝4：1である。

したがって，Pの時刻は50＋(70－50)÷(1＋4)＝54(秒後)

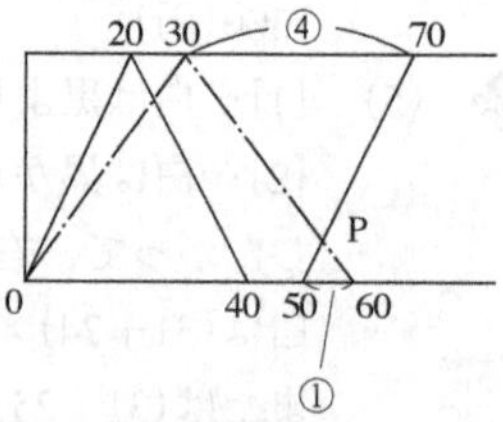

(4) 下図において，兄は4回目の往復でプールの反対側に着くのが50×3＋20＝170(秒後)，往復が終わるのが170＋20＝190(後)，妹が3往復するのは60×3＝180(秒後)，この後，プールの反対側に着くのが180＋30＝210(秒後)である。

したがって，頂点Qを共有する2つの相似な三角形の対応する辺の比は(210－170)：(190－180)＝4：1であり，Qの時刻は180＋(210－180)÷(1＋4)＝186(秒後)

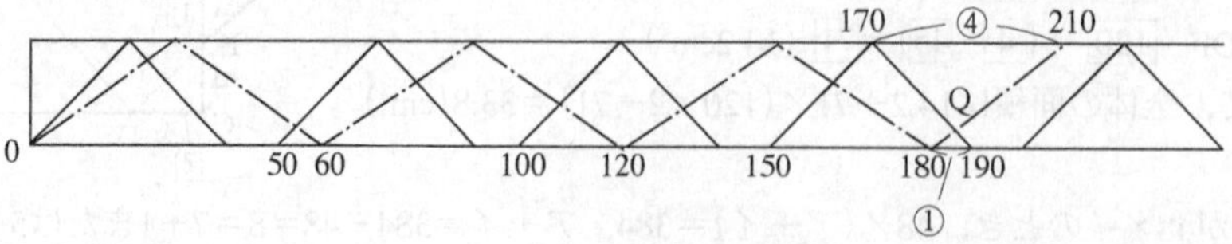

★ワンポイントアドバイス★

1(2)「分数計算」は「帯分数」の利用に気づくとヒントが見つかり，(5)「白石・黒石」は落ち着いて問題文を把握すれば難しくなく，(6)「面積」は三角形ABDの面積を利用することがポイント。3.「ニュートン算」で差がつく。

＋α は弊社HP商品詳細ページ(トビラのQRコードからアクセス可)参照。

＜理科解答＞

≪学校からの正答の発表はありません。≫

Ⅰ 1 (1) 0.9[0.90](A)　(2) エナメル線の抵抗[エナメル線の電流の流れにくさ]
(3) (例) 巻き数を多くし，エナメル線を巻いてある部分の長さを短くする。
(4) ア，オ，カ
2 (1) N(極)　(2) ① エ　② イ　(3) エ　(4) イ，エ
(5) a N(極)　b S(極)　c S(極)　(向き) ア

Ⅱ 1 (1) エ　(2) キ　(3) ③ 22.5　④ 16(周)　⑤ 1(日後)
(4) オ　(5)

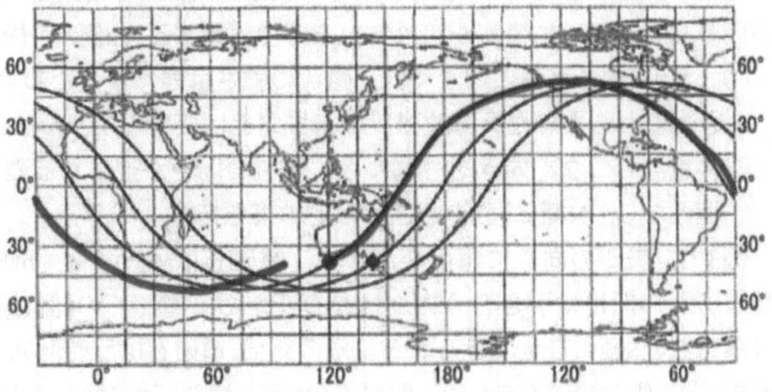

(6) イ　(7) ア
2 (1) (例) 地球の自転を同じ向きに24時間で1回周回すればよい。
(2) ウ　(3) ① ウ　② オ　③ イ

Ⅲ 1 イ，エ，オ　2 ア，イ，カ　3 エ　4 イ　5 ア，エ，オ
6 (1) ① ア　② イ，ウ　③ イ　(2) ウ

Ⅳ 1 水素　2 イ，オ　3 0.63(g)　4 お，か，き　5 か，き
6 ① ×　② イ　③ ア，イ　④ イ，ウ　⑤ ア，イ，エ
7 ① ケ　② ウ　8 2457(cm^3)

○推定配点○

Ⅰ 各2点×14　Ⅱ 各2点×14　Ⅲ 各2点×9　Ⅳ 各2点×13　計100点

＜理科解説＞

Ⅰ (電気と磁石―電磁石)

基本 1 (1) 電流計の－端子に5Aを使っているので，図1の電流計では，一番上の目もりを読みとる。1目もりが0.1Aを表すので，図1の電流計の示す電流の強さは0.9A(0.90A)となる。

重要 (2) 巻き数による電磁石の強さを調べる実験なので，巻き数以外の条件は同じにして実験を行う。エナメル線は長くなるほど抵抗が大きくなって電流が流れにくくなるため，エナメル線

の抵抗が変わらないように，エナメル線の長さは同じにして実験を行う。

(3) くっついたゼムクリップの数が多いほど強い電磁石である。AとBの結果から，巻き数を多くすると電磁石が強くなることがわかる。また，AとCの結果から，エナメル線を巻いてある部分の長さが短くなると電磁石が強くなることがわかる。

重要 (4) AとDの結果から，エナメル線の長さを長くすると電磁石が弱くなることがわかる。このことから，エナメル線の長さを短くすると，電磁石をより強くできると考えられる(ア)。AとEの結果から，鉄心の太さを細くすると電磁石が弱くなることがわかる。このことから，鉄心の太さを太くすると，電磁石をより強くできると考えられる(オ)。直列につなぐ電池の数をふやすと電磁石に流れる電流の強さが強くなるため，電磁石をより強くすることができる(カ)。イ…エナメル線の太さを細くすると電流が流れにくくなるため，電磁石は弱くなる。ウ…2個の電池を並列につないだときに回路に流れる電流の強さは電池1個のときと同じなので，電磁石の強さは変わらない。エ…アルミニウムは磁石につかない金属なので，鉄心を使ったときよりも電磁石は弱くなる。

重要 2 (1) 電磁石に電流を流したとき，右手で電磁石をにぎるようにして考えると，親指以外の4本指で電流の向きを表したときののばした親指はN極のある向きを指す。図2では，b側から見て右回り(時計回り)に電流が流れているので，電磁石のa側がN極，b側がS極となる。

(2) ① 電池2個を直列につなぐと，電流の強さは強くなるため電磁石は強くなるが，電流の向きは変わらないため方位磁針の指す向きは変わらず，N極は図2のときと同じ西を指す。

② 電池のつなぐ向きをカエルと，電流の向きが逆になるため電磁石はa側がS極，b側がN極となり，N極は図2のときとは逆の東を指す。

重要 (3) 図3で，矢印の向きに電流を流すと，電磁石はa側がS極，b側がN極になる。磁石の異なる極どうしの間には引き合う力がはたらくため，電磁石のa側は棒磁石のN極に，電磁石のb側は棒磁石のS極にひきつけられる。その結果，電磁石は反時計回りに回転しはじめる。しかし，電磁石のa側と棒磁石のN極，電磁石のb側と棒磁石のS極がそれぞれひきつけあうと，電磁石の回転は止まってしまう。

重要 (4) (3)より，電磁石のa側と棒磁石のN極，電磁石のb側と棒磁石のS極が最も近づくと電磁石の回転が止まってしまうので，最も近づく直前(②と③の境界)で，電磁石に流れる電流の向きを変えて電磁石の極を逆にする。そうすることで，電磁石と棒磁石の間にはしりぞけあう力がはたらき，電磁石は反時計回りの回転を続けることができる。また，半回転して電磁石の側が棒磁石のS極，電磁石のb側が棒磁石のN極に近づいたときも同様にして電流の向きを逆にすることで，そのまま電磁石は反時計回りの回転を続けることができる。

(5) 図5では，電流の流れる向きから，a側はN極，b側はS極，c側はS極になる。このとき，aにはN極からしりぞけられ，S極にひきつけられる力，bにはS極からしりぞけられる力，cにはN極にひきつけられる力がそれぞれはたらく。よって，モーターは時計回りに回転する。

Ⅱ (太陽と月―国際宇宙ステーション・気象衛星)

1 (1) 国際宇宙ステーション(ISS)は地球の中心を，その周回軌道の中心としているので，半径6350＋400＝6750(km)の円軌道を時速28000kmで周回していると考えることができる。よって，ISSが地球を1周するのにかかる時間は，(6750×2×3.14)(km)÷28000(km/時)＝1.51…より，約1.5時間＝90分である。

(2) 地球は，西から東に24時間で1回転(360°)自転しているので，ある地点の上空にあったISSが1周したとき，地上のある地点もISSに対して東に回転していることから，地上から見ると，ISSは西にずれていくように見える。

(3) ③ ISSが1周する1.5時間の間に地球は，$360(°)\times\dfrac{1.5(時間)}{24(時間)}=22.5(°)$自転する。

④ ISSが1周するごとに地球のある地点に対して22.5°ずつずれていくので，もとの地点の上空にくるには，360(°)÷22.5(°)＝16(周)したときである。

⑤ ISSは1周するのに1.5時間かかるので，16周するのには，1.5(時間)×16＝24(時間)＝1(日)かかる。

(4) 図2より，ISSは北緯約50°～南緯約50°の上空を飛行することがわかる。よって，南緯90°付近にある南極大陸の上空を飛行することはない。

やや難 (5) ISSが◆の位置(東経約142.5°)にあったときから1周するとき，下の図の㋐の点線の軌道を進み，◆の位置から西に22.5°ずれた東経約120°の位置にくる。ISSは1周するごとに，地球から見て22.5°ずつ西にずれていくので，●から1周分の軌道は下の図の㋑のようになる。なお，図の㋒と㋓は西経30°で緯度が同じである。また，図2の経線は，経度15°ごとに引かれているので，22.5°は1.5目もり分にあたる。

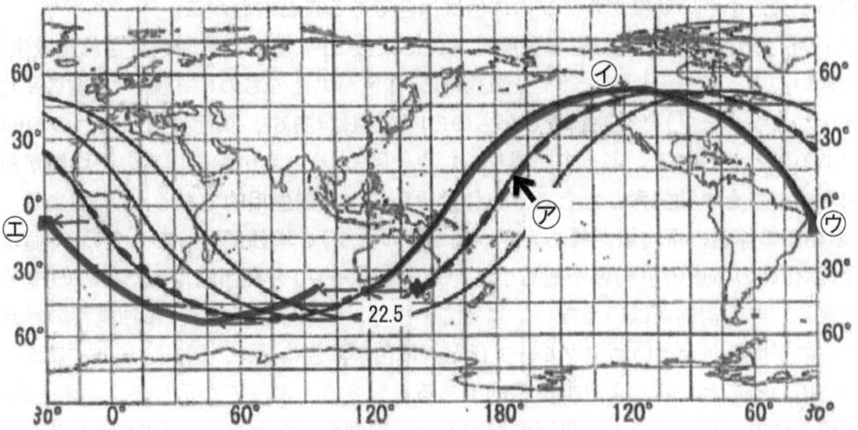

(6) 星座をつくる星は，同じ時刻に観察すると1日に約1°ずつ西にずれて，1年で1周して同じ位置に見える。そのため，1日に約22.5°ずつ西にずれていくISSの動きは，星座をつくる星よりも速く動いて見える。

(7) ISSにある日本の宇宙実験棟をきぼうという。はやぶさは小惑星探査機の名称，かぐやは月周回衛星の名称，ハッブルは宇宙望遠鏡の名称である。

基本 2 (1) 地球は常に自転しているので，地球の自転と同じように，24時間に1回，北極側から見て反時計回りに周回すれば，衛星は地球の同じ地点の上空に常に位置することができる。

(2) 「ひまわり」は常に東経140°の赤道上空にあることから，日本からはほぼ真南の上空に常にあるように見える。

重要 (3) ① 日本列島付近や日本付近の太平洋上には大きな雲がほとんど見られないことから，夏の日の雲画像であると考えられる。また，局地的に雲が見られ，この雲は夕立などを降らせる積乱雲であると考えられる。 ② 日本海上を大陸から日本列島に向かうすじ状の雲が見られることから，冬の日の雲画像であると考えられる。このころ，日本海上のすじ状の雲によって，日本海側や北日本では雪が降る。 ③ 東北地方から北海道を広くおおっている雲は，発達した低気圧による雲である。低気圧が発達すると，コンマ(,)状の雲になる。なお，発達した台風の場合，雲はコンマ状ではなく同心円状になり，中心にはっきりとした目をもつことが多い。

Ⅲ　(昆虫・動物―バッタの生態)

基本　1　トノサマバッタなどバッタのなかまは不完全変態の昆虫で，さなぎの時期がなく，卵からふ化して幼虫になり，脱皮を複数回くり返して成虫となる。幼虫の体は成虫に似ていて，頭・胸・腹に区別でき，幼虫の体にもはねがある。また，幼虫の食べ物は成虫と同じである。

基本　2　カブトムシ，クワガタムシ，モンシロチョウは，さなぎの時期のある完全変態の昆虫である。セミとトンボはバッタと同じ不完全変態の昆虫である。ダンゴムシは昆虫のなかまではない。

基本　3　トノサマバッタは土の中に産卵する。

4　群生相は孤独相に比べて，E/F値が大きいことから後ろあしの長さ(F)に対して前ばねの長さ(E)の割合が大きく，F/C値が小さいことから後ろあしの長さ(F)に対して頭の大きさ(C)の割合が大きいことがわかる。よって，Fの長さが同じであるとき，孤独相と群生相を比べると，群生相のほうがEもCも大きくなる。

やや難　5　図2より，ふ化時の体重の平均値が最も大きい幼虫グループの体色は黒色で，ふ化時の体重の平均値が最も小さい幼虫グループの体色は緑色であることがわかる。

ア…図3より，どの体色でも単独飼育された成虫のF/C値は，集団飼育された成虫のF/C値より大きい。よって，正しい。　イ…図3より，体色が黒色のもの(ふ化時の体重の平均値が最も大きい幼虫グループ)を単独飼育したもののF／C値は約3.67，集団飼育したもののF/C値は約3.53であることがわかる。よって，誤り。　ウ…図2より，ふ化時の体重の平均値が最も大きい幼虫グループを単独飼育したとき，体色は黒色になり群生相的であるが，図3より，体色が黒色(ふ化時の体重の平均値が最も大きい幼虫グループ)を単独飼育したもののF/C値は，体色が緑色(ふ化時の体重の平均値が最も小さい幼虫グループ)を集団飼育したもののF／C値よりやや大きく，群生相的とはいえない。よって，誤り。　エ…図2より，単独飼育の場合，ふ化時の体重の平均値が大きい幼虫グループほど，体色が黒色に近く，図3より，F/C値が小さくなっていっていることから，より群生相的であるといえる。よって，正しい。　オ…図3より，どの体色の幼虫グループでも，集団飼育すると単独飼育したときよりもF/C値が小さくなっていることから，より群生相的であるといえる。よって，正しい。　カ…図3のF／C値は平均値として求められたものなので，幼虫の体色によって決まっていたと言い切ることはできない。よって，誤り。

重要　6 (1)　①　目をぬりつぶしていないメス1匹だけがペットボトルに入れられているので，オスとの接触と他のにおいはなく，刺激は視覚だけになる。　②　目をぬりつぶしているため視覚による刺激はないが，成虫の入っていた容器の空気を入れたペットボトルの中に入っているためにおいの刺激はあり，オスとともにいるので接触の刺激もある。　③　目をぬりつぶし，オスとともに入れていないので，視覚と接触の刺激はないが，成虫の入っていた容器の空気を入れたペットボトルの中に入っているためにおいの刺激はある。

(2)　図4から，視覚の刺激があったメスもなかったメスも大きい卵を産んでいる割合が大きいことから，視覚の刺激のはたらきは小さいと考えることができる。においの刺激があったメスで，大きい卵を産んだ割合が大きいものと小さいもののどちらもみられることから，においの刺激のはたらきは小さいと考えることができる。接触の刺激があったメスでは，刺激があったものでは大きい卵を産んだメスの割合が大きく，刺激がなかったものでは大きい卵を産んだメスの割合が小さかったことから，接触の刺激のはたらきは大きいと考えることができる。

Ⅳ　(水溶液の性質―中和)

基本　1　塩酸とアルミニウムが反応すると，アルミニウムは塩酸にとけて水素が発生する。

重要　2　水素は無色の気体で，よく燃えて水に変化する。ア…空気中に0.04%含まれているのは，二酸化炭素である。ウ…ものを燃やすはたらきがある気体は酸素である。エ…刺激臭がある気体には，アンモニアや塩素，塩化水素などがある。カ…ろうそくを燃やしたときに生じる気体は，二酸化炭素と水蒸気である。

重要 3　実験1から，アルミニウム0.1g，0.25g，0.5gでは，アルミニウムの重さと発生した気体の体積が比例していることがわかる。また，アルミニウム0.75gになると，アルミニウムの重さと発生した気体の体積が，アルミニウム0.5gまでと同じように比例していないことがわかる。このことから，塩酸A30cm^{3}とアルミニウムが過不足なく反応したときに発生する気体の体積は819cm^{3}であることがわかる。塩酸A30cm^{3}と過不足なく反応するアルミニウムをxgとすると，0.1(g):130(cm^3)＝x(g)：819(cm^3)　x＝0.63(g)

重要 4　グラフから，気体の発生がなくなる塩酸A15cm^{3}と水酸化ナトリウム水溶液B15cm^{3}を混ぜると，過不足なく反応して中和し，混ぜた後の水溶液が中性になることがわかる。よって，あ，い，うは酸性，えは中性，お，か，きはアルカリ性であることがわかる。赤色リトマス紙を青色に変えるのはアルカリ性の水溶液なので，お，か，きでリトマス紙が青色になる。

5　アルミニウムは，塩酸にも水酸化ナトリウム水溶液にもとけて水素が発生する。グラフから，水酸化ナトリウム水溶液20cm^{3}と25cm^{3}の間から発生した気体の体積が一定になっているので，アルミニウム1gを加え気体が発生しなくなったときに，アルミニウムが残らないのは，か，きとなる。

6 ①　アルミニウムを加える前のあは未反応の塩酸なので，水を蒸発させたときに残るのは塩酸中の塩化水素であるが，塩化水素は気体であるため何も残らない。

②　アルミニウムを加える前のうでは，塩酸と水酸化ナトリウム水溶液が反応して，水と食塩が生じ，未反応の塩酸が残っている。そのため，水を蒸発させると，食塩の固体が残る。

③　アルミニウムを加える前のおでは，塩酸と水酸化ナトリウム水溶液が反応し，水と食塩が生じ，未反応の水酸化ナトリウム水溶液が残っている。そのため，水を蒸発させると，食塩と水酸化ナトリウムの固体が残る。

④　アルミニウムを加えて反応が終わった後のうでは，水酸化ナトリウム水溶液と反応しなかった塩酸とアルミニウムが反応して，アルミニウムがとける。また，アルミニウムと塩酸が過不足なく反応するのは，加えた水酸化ナトリウム水溶液の体積が15cm^{3}のときなので，アルミニウムはすべてとけ，塩酸の一部が未反応で残る。そのため，水を蒸発させると，食塩と，塩酸にアルミニウムがとけてできたものの固体が残る。

⑤　アルミニウムを加えて反応が終わった後のかでは，塩酸と反応しなかった水酸化ナトリウム水溶液とアルミニウムが反応して，アルミニウムがとける。また，アルミニウムと水酸化ナトリウム水溶液が過不足なく反応するのは，加えた水酸化ナトリウム水溶液の体積が20cm^{3}と25cm^{3}の間(約23cm^3)のときなので，アルミニウムはすべてとけ，水酸化ナトリウム水溶液の一部が未反応で残る。そのため，水を蒸発させると，食塩と水酸化ナトリウム，水酸化ナトリウム水溶液にアルミニウムがとけてできたものの固体が残る。

7 ①　鉄は塩酸にはとけるが，水酸化ナトリウム水溶液にはとけない。そのため，加えた水酸化ナトリウム水溶液が15cm^{3}までは未反応の塩酸と鉄が反応して気体が発生するが，加えた水酸化ナトリウム水溶液が15cm^{3}以上になると，気体は発生しない。

②　水酸化ナトリウム水溶液の濃度をBの2倍にすると，同じ体積中に含まれる水酸化ナトリウムの量が2倍になるため，塩酸Aと過不足なく反応する水酸化ナトリウム水溶液の体積は，15(cm^3)÷2＝7.5(cm^3)となる。また，アルミニウムがすべて反応するときの水酸化ナトリウム水溶液の体積も水酸化ナトリウム水溶液Bのときの半分の10cm^{3}と12.5cm^{3}の間になる。

やや難 8　塩酸A15cm^{3}と水酸化ナトリウム水溶液B15cm^{3}が過不足なく反応するので，きでは，水酸化ナトリウム水溶液Bが30－15＝15(cm^3)残っている。ここで，アルミニウム1ｇがすべて反応したときに発生する気体が1300cm^{3}で，[お]のとき，アルミニウムを加えると819cm^{3}の気体が発生することから，アルミニウム1ｇと過不足なく反応する水酸化ナトリウム水溶液Bの体積を$x$cm^{3}とすると，5(cm^3)：819(cm^3)＝x(cm^3)：1300(cm^3)　x＝7.936…より，約7.94cm^{3}であることがわかる。よって，アルミニウム2gと過不足なく反応する水酸化ナトリウム水溶液Bの体積は，7.94(cm^3)×2＝15.88(cm^3)より，[き]では，水酸化ナトリウムはすべて反応し，アルミニウムが残ることがわかる。よって，水酸化ナトリウム水溶液B15cm^{3}がアルミニウムが過不足なく反応したときに発生する気体をy cm^{3}とすると，5(cm^3)：819(cm^3)＝15(cm^3)：y(cm^3)　y＝2457(cm^3)

★ワンポイントアドバイス★

典型的なもの以外を題材にした問題も多く，試験時間に対して量・質ともに厳しいので，確実に解答できる問題は素早く正確に解き，思考を要する問題などは計算や考え方などにミスが生じないように解くことを日頃から意識しよう。

＜社会解答＞ ≪学校からの正答の発表はありません。≫

Ⅰ　問1　(例)　大鋸によって木材加工が容易になり，木材をあまり使用しない竪穴住居から板葺きの屋根や壁をもった木造住宅の町家が建てられるようになった。
問2　しょうゆ　問3　ウ　問4　イ・エ　問5　(例)　都に特産物を納める税の調があったから。　問6　イ　問7　ウ・オ　問8　ウ→ア→エ→イ
問9　(1)　エ　(2)　ウ　問10　(1)　ウ　(2)　エ　問11　ポルトガル
問12　エ　問13　ウ　問14　オ　問15　イ→ウ→エ→ア

Ⅱ　問1　(1)　イ　(2)　イ・エ　問2　エ・カ　問3　イ・オ　問4　ア・オ
問5　ウ　問6　イ　問7　のり

Ⅲ　問1　(1)　沖縄県　(2)　イ→エ→ア→ウ　問2　イ　問3　(1)　アメリカ
(2)　ウ→ア→エ→イ　問4　エ　問5　ウ　問6　エ　問7　ア・イ
問8　(1)　ウ・カ　(2)　(例)　出荷時期をずらすことで他の産地との競争を避け，高い値段で売ることができること。　問9　イ　問10　エ　問11　イ・ウ

Ⅳ　問1　(1)　エ・オ　(2)　エ　問2　(1)　ア・キ　(2)　エ　問3　ア・エ
問4　(1)　ア・イ　(2)　ア・ウ・エ　問5　ア・イ・エ・オ　問6　社会保障(制度)

○推定配点○

Ⅰ　問1　4点　問2～問15　各2点×16　Ⅱ　各2点×8
Ⅲ　問1～問8(1)　各2点×10　問8(2)　4点　問9～問11　各2点×3
Ⅳ　各2点×9　計100点

＜社会解説＞

Ⅰ　(日本の歴史―「食」から見た古代～明治時代)

やや難　問1　旧石器時代後期から存在したとされる竪穴住居(絵1)は，地面を40～50cmの深さに掘り下げた場所に数本の柱を立てて草などで屋根をふいたものが中心であった。その後，室町時代に中国から大鋸が導入される(絵2)と木材の生産能率が飛躍的に増大して木材が入手しやすくなると，庶民の間でも京都の町家にみられるような板葺きの屋根や壁をもつ木造建築の住居(絵3)が建て

られるようになった。

問2　しょうゆは主として穀物を原料とし，醸造技術により発酵させて製造される液状の調味料であり，日本料理における基本的な調味料の1つである。関東地方は小麦の産地が多く，気候も比較的良いことから，現在の千葉県や茨城県などの地域で醸造が盛んになった。そのため江戸時代の半ばから関西地方のしょうゆより品質が向上し，銚子や野田などではしょうゆの生産が盛んになった。

問3　つくだ煮は，しょうゆと砂糖で甘辛く煮付けた食べ物で，特に小魚，あさりなどの貝類，昆布などの海藻類，イナゴなどの昆虫類を煮染めたものが知られている。つくだ煮は，江戸時代に隅田川河口の佃島の漁民が出漁時の船内食や自家用としての保存食としていたものが始まりとされる。その後，その保存性の高さと値段の安さから江戸の庶民に食されるようになり，さらに各地に広まったとされる。したがって，つくだ煮は平安時代には料理として存在していない。

問4　イのまわりを堀やさくで囲んだ集落である環濠集落が初めて現れたのは，弥生時代(前4世紀頃～後3世紀)のこと，エの古事記がまとめられたのは712年，日本書紀がまとめられたのは720年でともに8世紀のことなので，いずれも4世紀から6世紀のできごとではない。

重要　問5　律令国家には各地の特産物を都の朝廷に納める「調」と呼ばれる税があったが，それらの特産物を都まで運んで納めることも各地の人々の義務(運脚)であった。したがって，奈良時代には各地の人々によって，都の平城京へ各地の特産物が運び込まれた。

問6　七夕は中国の伝説に基づいた，7月7日の夜に織姫星と彦星の2つの星にまつわる行事のことである。この行事は奈良時代以降に盛んになり，中世には民間にも広がった。したがって，七夕はすでに平安時代の都で行われていた。なお，アのぼんおどりとウの能は室町時代，エの歌舞伎とオの人形浄瑠璃は江戸時代から始まったものである。

問7　ウ　鎌倉幕府では源頼朝(位1192～1199年)，源頼家(位1202～1203年)，源実朝(位1203～1219年)の3代の源氏の将軍が続いた後に源氏の将軍が途絶えると，都の摂関家(藤原氏)から将軍を迎えて，北条氏が執権として政治を行った。　オ　市は人が多く集まる陸上交通の便がよい場所，海や河の水運が使用できる場所に立ち，次第に定期的となった。平安時代には月3回の定期市である三斎市が開かれ，鎌倉時代には一般的になった。さらに室町時代になると農産物や手工業製品の取引が盛んになって，月6回開かれる六斎市も現れた。　ア　米などの年貢の取り立てに当たった御家人は，守護ではなく地頭である。　イ　奉公とは将軍からの御恩に対して御家人が将軍に奉仕することであり，市の立つ土地を含めた領地の一部を幕府に差し出すことではない。　エ　元寇の時に幕府は，朝廷ではなく九州に領地を持つ武士に命令して博多湾沿岸一帯に石垣をつくらせた。　カ　一遍は時宗を開いた鎌倉時代の僧であるが，幕府に弾圧されたことはない。

問8　アの朝廷が南朝と北朝に分かれて対立したのは1336～1392年，イの銀閣がつくられたのは1489年，ウの六波羅探題が滅ぼされたのは1333年，エの(室町)幕府が明との貿易を開始したのは1404年である。したがって，これらのできごとを古い順に並べると，ウ→ア→エ→イの順になる。

問9　(1)　昆布の生産量が日本でもっとも多いのは北海道(エ)で，全体の約90％を占めている。また青森県，岩手県，宮城県といった東北地方でも生産量がある。　(2)　2018年の日本の全国のかつおの漁獲量は，259833トンである。他方，同年の各県のかつおの漁獲量とその割合は，アの島根県が346トン(0.1％)，イの福岡県が30トン(0.01％)，ウの静岡県が81353トン(31.3％)，エの新潟県が12986トン(5.0％)，オの熊本県が337トン(0.1％)となっている。したがって，これらの県の中でかつおの漁獲量がもっとも多いのは静岡県である。

問10　(1)　ところてんは，テングサ(ウ)やオゴリノなどの紅藻類をゆでて煮溶かし，発生した寒天質を冷まして固めたものである。　(2)　そうめんは，小麦粉に食塩と水を混ぜてよく練り，食用油などを塗ってからよりをかけながら引き延ばして乾燥させたものである。したがって，その主な原材料は小麦(エ)である。

基本 問11　16世紀には，ポルトガル商人やスペイン商人をはじめとした南蛮船との南蛮貿易が行われた。その貿易によって，日本にカボチャ，トウガラシ，金平糖，カステラなどの新しい食材や料理が伝えられた。

問12　現在の日本産の砂糖は，全体の生産量の約4分の3がサトウキビではなく，てんさいを原料として生産されている。

問13　江戸時代には武家屋敷が集まる武家地，町人の住む町屋が集まる町人地，寺社地に分けられているので，大名が取り潰されてもその家屋敷が町人にあたる都市の商人に売り渡されることはなかった。

基本 問14　明治政府が農民に現金で税を納めさせるようにした地租改正は，作物の豊作や凶作に関係なく政府の収入を安定させることが目的なので，豊作の時に政府が税率を下げたことはない。

問15　アの調理済みの冷凍食品が広まったのは1965年以降のこと，イの鹿鳴館が建てられたのは1883年，ウのバウムクーヘンが日本に紹介されたのは1919年，エの雑炊やすいとんが代用食とされたのは第二次世界大戦(1939～1945年)末期から終戦にかけての頃である。したがって，これらのできごとを古い順に並べると，イ→ウ→エ→アの順になる。

Ⅱ　**(日本の地理・歴史―「食」から見た大正時代以降の日本)**

問1　(1)　宮沢賢治(1896～1933年)は日本の詩人，童話作家で，仏教信仰と農民生活に根差した創作を行った。『雨ニモマケズ』は彼が花巻の実家で闘病中であった1931年の秋に，当時使用していた手帳に鉛筆で記されたものである。なお，アの石川啄木(1886～1912年)は岩手県渋民村出身の明治時代の歌人・詩人，ウの金子みすず(1903～1930年)は大正時代末期から昭和時代初期にかけての童話詩人，エの新美南吉(1913～1943年)は愛知県出身の児童文学作家である。

(2)　昭和初期の不景気とは，1930年に起こった昭和恐慌である。他方，アの米騒動が全国に広がったのは1918年，イのアメリカが日本への石油輸出を禁止したのは1941年，ウの足尾銅山鉱毒事件が起こったのは19世紀後半，エの二・二六事件が起こったのは1936年，オの日本が韓国を併合したのは1910年，カの全国水平社が結成されたのは1922年のことである。したがって，昭和恐慌以降に起こったできごとは，イのアメリカが日本への石油輸出を禁止とエの二・二六事件が起こったことである。

重要 問2　エ　第二次世界大戦後の学校給食は，当初はパンだけであったが，しだいに日本が復興して社会的に豊かになり，食料も豊富になると，食生活の洋風化から米余りの問題も生じた。そこで1976年に米飯の給食が制度化され，1980年代には米飯の給食が全国的に広まった。したがって，米飯が給食に頻繁に出されるようになったのは，輸入小麦粉が不足したからではない。　カ　学校給食は1980年代から「食事の教育的側面」である食育が注目されるようになり，食を通した郷土や異文化理解を進めるようになった。したがって，「学校給食は費用を安く抑えるため，地元の産物ではなく安価な輸入食材がほとんどを占めている」ということはない。

重要 問3　イ　日中戦争が始まると1938年に国家総動員法が制定され，国民生活への統制が強められた。米・砂糖などの食料も配給制や切符制になり，「ぜいたくは敵だ」などのスローガンによって節約や倹約が求められた。オ　戦争が長期化すると米などの配給量も不足するようになったので，人々は空き地にカボチャ，大豆，さつまいもなどを植えてその代用食とした。ア　配給制は農村ではなく，都市から始められた。　ウ　配給所で食料や日用品を配給する作業は，すべて役人ではなく町内会や隣組などの組織を通じて行われた。　エ　学童疎開先では食料難や物資欠乏のために，動物性たんぱく質が多く含まれた食事は提供されなかった。　カ　配給制は戦争の終結で終ったのではなく，戦後も継続していた。しかし1947年のたばこの配給廃止を始めとして次第に廃止されていったが，米穀に関しては1982年まで配給制が続いていた。 キ 1940年代後半から1970年代にかけて，国民の所得が増えたので，家計に占める食費の割合は大幅に増大ではなく低下した。

問4 ア 長崎県にあるのは隠岐諸島ではなく，五島列島，壱岐島，対馬などの多くの島々である。隠岐諸島があるのは，島根県である。 オ 日米修好通商条約の締結後の欧米との貿易は，長崎でそれまで行われていたオランダ貿易と同じ制限のもとではなく，自由貿易が行われた。

問5 諫早湾は有明海内にあり，1989年から「国営諫早湾干拓事業」の工事が行われたことで湾の奥に潮受け堤防が建設され，1997年に潮受け堤防の水門が閉め切られた。なお，アの八代海は九州本土と天草諸島に囲まれた内海，イの熊野灘は和歌山県の潮岬から三重県大王崎にかけての海域，エの玄界灘は九州の北西部に広がる海域，オの島原湾は有明海の内に入口に近い方の湾である。

基本 問6 扇状地(イ)は山地を流れる川が運んできた砂や小石などが，川が山地から平野・盆地になる場所で扇状に堆積した地形である。この堆積物は大小様々な小石などが含まれているので，大変水分を通しやすい。したがって，水を得ることが難しいので水田には利用しにくい地形となっている。

問7 有明海は筑後川と矢部川から栄養豊富な水が流れ込んでくることから，栄養豊かな海となっており，また約6メートルの干満の差があることでも知られている。有明海ではこの干満の差を利用してのりの養殖が行われており，その中でも佐賀県は兵庫県と並んで全国の約4分の1の生産量をあげている。

Ⅲ （日本の地理—農業に関する諸問題）

重要 問1 (1) 14世紀頃から沖縄では中国や東南アジアとの交易が始まり，そのような状況の中で中国から黒豚がもたらされた。豚は沖縄の気候と生活様式に適合したことから豚の飼育が広がり，豚食文化が沖縄の大きな特色となった。 (2) アの徳川吉宗が将軍職にあったのは18世紀前半，イの大宝律令が成立したのは701年，ウの北海道開拓使が置かれたのは1869年，エの藤原道長(966～1027年)が活動したのは10世紀後半から11世紀前半にかけての頃である。したがって，これらのできごとを古い順に並べると，イ→エ→ア→ウの順になる。

基本 問2 日本では耕地を水田と畑に区分しているが，牧草地は普通畑や樹園地とともに畑に分類されている。したがって，地図記号では畑を示す「  」(イ)となる。なお，アの「  」は広葉樹林，ウの「  」は田，エの「  」は荒れ地を示す地図記号である。

問3 (1) 日本がトウモロコシと小麦をもっとも多く輸入している国はアメリカで，それぞれ全体の輸入量のトウモロコシが69.3%，小麦が45.9%（ともに2019年)を占めている。 (2) それぞれの国の穀物の自給率はアの中華人民共和国が97%，イのサウジアラビアが8%，ウのカナダが179%，エの日本が31%である。したがって，これらの国を穀物の自給率の高い順に並べるとウ→ア→エ→イの順になる。

問4 日本国内で生産される飼料作物はほぼ全てが国内で消費されるが，大幅に不足しているので，その多くが輸入されている。したがって，飼料用米が今後の重要な輸出品として期待されていることはない。

問5 日本国内での一人あたりの米の年間消費量は1962年度に118kgとピークとなったが，その後はしだいに減少が続き，2018年度には54kgとなった。そのため，「日本では数十年前と比べて一日の食事の中で米の割合が増えた」ことはない。

問6 2018年の各県のみかんの生産量の割合は，アの熊本県は11.7%，イの広島県は3.1%，ウの神奈川県は2.2%，エの埼玉県は0%，オの愛知県は3.8%である。したがって，これらの県の中で，みかんの生産量のもっとも少ない県は埼玉県である。

問7　雑穀はかつての日本では重要な主食穀物であったが，昭和時代に米が増産されると消費と栽培が減少した。また食生活の洋風化もあり，日常生活ではあまり食べられなくなり(イ)，それに応じて農家も野菜などの雑穀よりも高く売れる農作物を畑で生産するようになっていった(ア)。そのため日本では，昔よりも雑穀の生産が少なくなった。　ウ　雑穀は日本国内でも生産ができるので，食糧不足を補うために外国からの輸入を戦後に急速に増加させる必要はない。　エ　雑穀は比較的やせた土地でも作ることができるので，土地がやせて生産できなくなってしまったということはない。

やや難　問8　(1)　促成栽培で栽培される作物はなす(ア)，ピーマン(イ)，きゅうり(エ)，トマト(オ)などの夏野菜が中心であり，ごぼう(ウ)のような根菜やさつまいも(カ)のような穀類は促成栽培ではつくられていない。　(2)　促成栽培は出荷時期を早めることで他の地域(産地)との出荷時期をずらし，競争を避けることで出荷した作物を高値で売ることができる利点がある。

問9　鶏卵(イ)の自給率は1960年から2018年まで90%後半から100%近くを維持しているので，その自給率の変化は米の自給率の変化ともっとも近くなっている。

問10　グラフ2の牛肉とグラフ3の豚肉の飼料自給率を反映した自給率をみると，牛肉の飼料自給率を反映した自給率は1965年の時から2018年までに大きく減少している。しかし豚肉の飼料自給率を反映した自給率と比べると1965年で牛肉の飼料自給率は約80%，豚肉の方は約30%，1985年で牛肉の飼料自給率は約30%，豚肉の方は約10%とともに牛肉の方が高く，またいずれの時期も牛肉の飼料自給率を反映した自給率の方が豚肉の飼料自給率を反映した自給率よりも高めになっていることがわかる。したがって，「豚は牛より国産の飼料の割合が高い状態で続いてきた」とはいえない。

重要　問11　ア　先進国の中にもアメリカ合衆国(127%)，ドイツ(113%)，フランス(189%)(いずれも2013年)のように，食料自給率が100%を超える国は存在する。　イ　G7の国とは，アメリカ合衆国，カナダ，イギリス，フランス，ドイツ，イタリア，日本の7ヵ国である。これらの国の中でカナダの食料自給率は，1970年が109%，1980年が156%，1990年が187%，2000年が161%，2010年が225%，2017年が255%と多少の増減はみられるが，基本的にこの50年間で食料自給率の上昇が持続したといえる。　ウ　国際連合には，1945年に設立された食糧の増産や農民の生活水準の改善などを行う国連食糧農業機関(FAO)という食料や農業のことを扱う専門機関が存在する。　エ　アラブ首長国連邦，クウェート，ジブチなどの国は穀物の自給率が0%なので，「世界の中には，穀物の自給率がゼロの国は1つもない」ということはない。

Ⅳ　(政治―食料政策に関する問題)

重要　問1　(1)　エ　予算とは，国の1年間の歳入(収入)と歳出(支出)の計画のことである。予算案は内閣が作成して国会に提出し，国会はその予算案を審議して1年ごとの予算を決める。　オ　総理大臣は国会議員の中から国会の議決で指名されることが，日本国憲法第67条1項で規定されている。また国務大臣はその過半数が国会議員の中から選ばれなければならないことが，日本国憲法第68条1項で規定されている。したがって，国会議員でない者は総理大臣にはなれないが，国務大臣にはなれることになる。　ア　両議院の会議は公開とすることが日本国憲法第57条1項で規定されているので，「報道機関を除き国会を傍聴することはできない」ということはない。

イ　衆議院議員の任期は4年であるが，衆議院には解散があるので，任期途中で解散されることがある。　ウ　国会は弾劾裁判を行うことで，職務上の義務違反をした裁判官をやめさせることができる。　(2)　ハンバーガーは，短時間で調理，注文してすぐに食べることができるファストフードの代表的な食品である。したがって，ファストフードの典型であるハンバーガーを給食に取り入れることは，健全な食生活を実践することができる人間を育てるための食育基本法の理念とは合わない。

重要 問2 (1) 都市農業とは，都市の中で都市と調和しながら行われる農業のことである。都市農業の役割には，①新鮮で安全な農産物の提供(ウ)，②身近な農業体験の提供(オ)，③災害時の防災空間の確保(カ)，④やすらぎをもたらす緑地空間の提供(エ)，⑤国土・環境の保全(イ・ク)，⑥都市住民の農業への理解などがある。したがって，高価格な農作物の開発(ア)や大規模農業のための区画整理(キ)は都市農業の役割には関係しない。 (2) 国会における法案審議の過程は，まず法案が一方の議院の議長に提出され，次いで議長から関係する委員会にまわされて審議される。委員会で議決されると本会議で議決され，他の議院に送られる。他の議院でも同様の委員会での審議・議決と本会議での議決が行われ，最終的に法案が成立する。したがって都市農業振興基本法の成立過程は，参議院農林水産委員会で議決→参議院本会議で議決→衆議院農林水産委員会で議決→衆議院本会議で議決・成立(エ)となる。 ア「参議院本会議で議決」の後に「衆議院農林水産委員会で議決」されることが必要である。 イ この法案の審議は，各本会議での議決の前に各議院の農林水産委員会での議決が必要である。 ウ「参議院本会議で議決」の前に「参議院農林水産委員会で議決」されることが必要である。

問3 植物由来の肉とは，大豆やエンドウ豆などから取り出された植物姓タンパク質を主な原料とする食肉に似せた加工食品のことである。 ア 植物由来の肉に切り替えることで，食肉のもとになる家畜の飼育頭数を減らすことができる。家畜は温室効果ガスの一種であるメタンガスを排出するので，植物由来の肉に切り替えることで家畜の飼育頭数を減らすことは，温室効果ガスは減少させることになる。 エ 人口の半分以上が宗教上の理由で牛肉を食べないのはアメリカ人ではなく，牛を神聖なものとみなすヒンドゥー教徒が多いインド人である。

問4 (1) 消費税は購入する商品やサービスにかけられる税金で，所得にかかわりなく，あらゆる人が同じ割合で負担するものである。したがって，年齢に関係なく広く国民から集めることができる(ア)が，収入の少ない人ほど税率の上昇によって生活への打撃を受ける(イ)ことになる。
ウ 消費税の税率を上げると，景気は良くなるのではなく悪くなる。 エ 消費税の税率を上げる直前は税率が上がる前にものを買う人が増えるので，短期的にものは売れるようになる。
オ 消費税の税率を上げるには法律の改正を行わなければならないので，内閣の判断だけではできない。 (2) 消費税は購入する商品やサービスにかけられる税金なので，車いす(ア)や出産費用(ウ)などの医療・介護，住民票の発行(エ)などの行政サービスなどに消費税はかからない。

重要 問5 現在の日本の農業・水産業の課題には主に国内の問題として，農業・水産業従事者の減少や高齢化，後継者不足，耕地面積の減少，食料自給率の低下などが，国外の問題として食料の海外依存度の増大，地球環境の変化による影響などがある。この諸問題の中で日本において食料供給が今後数十年にわたって滞る原因と考えられるものは，アの「農産物の輸出国で紛争が起こり，輸送網が混乱した」は食料自給率の低下，イの「農業や漁業に携わる人々の後継者が減った」は後継者不足，エの「輸出国の天候不順によって，凶作が発生した」は食料の海外依存の増大，オの「世界規模での温暖化が進行した」は地球環境の変化による影響にあてはまる。 ウ 年間を通して同じ畑で同じ作物を栽培すると連作障害が発生することがあるが，そのことで日本の食料供給が滞ることはない。 カ 世界的に感染症が発生するとその時点では農作業に従事する外国人労働者が激減するが，それは農業の労働力の問題であり，日本の食料供給の問題ではない。
キ 農薬や化学肥料を大量に用いる農法は集約農業で，日本で行われているが，この農法で農産物を安く生産することはできず，高くなってしまう。 ク アブラムシが大量に発生すると虫害が起きるが，そのことで今後数十年にわたって日本の食料供給が滞ることはない。

基本 問6　社会保障は，すべての国民が「健康で文化的な最低限度の生活ができる」ように国が国民の生活を保護しようとするしくみである。日本の社会保障制度は社会保険，社会福祉，公的扶助，公衆衛生の4つの部分からなるが，フードバンクのようなしくみが必要とされているのは，その中の公的扶助が不十分だからである。

★ワンポイントアドバイス★

設問数は昨年よりも減少したが，複数解答の文章選択問題の割合が高いことから，全体的に思考力や判断力を試す問題となっている。また昨年と同様に1行程度の説明問題も複数あり，表現力も試される問題になっている。

＜国語解答＞ ≪学校からの正答の発表はありません。≫

一　問一　(1)　(例)　滑り出すと，自分めがけて風が集まり，向かい風の中に飛び込んでいくような感覚。(38字)　(2)　エ　問二　ア　問三　(例)　大勢が滑ったことでできたリンク表面の凹凸を，氷上車でなめらかにみがくこと。　問四　イ　問五　(1)　すぐ近く(4字)　(2)　ウ　問六　(例)　本当は開会式に出たかったが，転ばずに滑る自信もなく，大事な本番で転んでしまったら大変なことになると思い，あきらめる気持ち。　問七　エ　問八　(例)　オリンピックの開会式では，転ばないことが条件だと先生に言われてあきらめたのに，実際には転んでしまった子の映像が可愛らしいと評判になったため，参加をあきらめた自分が大人にだまされたような気持ち。

二　問一　(例)　(このままでは)人間が生存できなくなる(11字)(かもしれないという危機感。)　問二　ア　問三　ア　問四　ウ　問五　(例)　(実際には，人間は)人間の都合だけで自然を保護している(のに，「やさしい」という語を用いて)他の生物と仲良く友好的に共存できる(という印象を与えること。)　問六　イ　問七　イ・エ　問八　(例)　・人間の生活に不可欠な資源と環境を確保するために自然を保護する(30字)(という考え方。)　・自分が生きてきた環境へのノスタルジーから自然を保護する(27字)(という考え方。)

三　1　補(う)　2　首脳　3　寒暖　4　貯蔵　5　観劇

○推定配点○

一　問一(1)・問三　各6点×2　問六　7点　問七　4点　問八　8点　他　各3点×5

二　問一・問五　各6点×2　問二・問三　各3点×2　問八　各7点×2　他　各4点×3(問七完答)

三　各2点×5　計100点

＜国語解説＞

一　(随筆文－心情・細部の読み取り，指示語，ことばの意味，慣用句)

重要 問一　(1)　傍線部①直後で，リンクに「滑り出したとたん，自分めがけて風が集まってくる感じがする」「向かい風の中に飛び込んでいくような気分になった」という感覚が描かれているので，これらの内容を指定字数以内にまとめる。　(2)　筆者は「小学生から中学生にかけて遊びで滑っていただけだが，」フィギュアスケートをやっていたことを述べているので，エがふさわしい。

アの「競技スケートをしていた」，ウは述べていないのでふさわしくない。「オリンピックの開会式」には参加しなかったので，イもふさわしくない。

問二　傍線部②は，直接教えてもらうのではなく，他人のやり方を見て，そのまねをして自然と覚えてできるようになること，という意味。

問三　傍線部③直後で③の説明として，「大勢が滑って凹凸のできたリンクの表面を，氷上車がつるつるにしてくれる」とあるので，この部分を説明する。

問四　「本格的」は，本来の方式などに従っているさま，正式であるさま，という意味で，この意味の反対の意味を表す言葉として，むだや飾りけがないという意味のア，正式な手続きを一部省いて簡単にしたものという意味のウ，その場しのぎでいいかげんなことという意味のエはふさわしい。普通と違っているという意味のイはふさわしくない。イの反対語は「正常」である。

基本　問五　(1)　傍線部⑤は，目と鼻の間のように，距離が非常に近いこと。「目と鼻の間」ともいう。

(2)　目つきや目くばせで気持ちを伝えるという意味のア，視線を合わせる，目で合図するという意味のイ，見向きもしないという意味のエは，いずれも目つきや視線という意味で「目」が使われている。目の上のこぶは目ざわりでうっとうしいことから，何かと目ざわりで邪魔になる人のことのたとえであるウの「目」は，顔にある目の位置として使われているので，他と異なる。

重要　問六　傍線部⑥直後で⑥の理由として，「本当はすごく出たかったのだけれど，まだスケートを始めて間もない頃だった」「本番で転んだりしたら大変なことになると思った」という筆者の心情が描かれているので，これらの心情を具体的に説明する。

問七　傍線部⑦の「子たち」には，オリンピックの開会式で風船スケーターとして参加するという大事な役割があり，そのことをほこらしく感じているために⑦のようになっているので，エが適当。アの「自信がある」，イの「特別に言われた」，ウの「勝ち取った」はいずれも描かれていないので不適当。

問八　傍線部⑧直後の「転んでも良かったんだ。転んだ子がほめられるんだ。そんなの話が違うじゃないか」という筆者の心情を確認する。開会式に参加するには「転ばないで百メートル滑ることができるのが条件」だったのであきらめたのに，実際には転んでしまった子のシーンが可愛らしい映像として評判になり，大人にだまされたような気持ちになっている。筆者がどのようなことに「裏切られたような気持ちになった」のか，⑧直後の心情をふまえて，具体的に説明する。

二　**（論説文－主題・要旨・段落構成・細部の読み取り，指示語）**

重要　問一　傍線部①は，同段落内で述べているように「人間の生存にとって最低限必要な」資源など，すなわち「人間生活に欠くことのできない資源および環境」に対する「危機感」なので，「このままでは人間が生存できなくなるかもしれないという危機感」というような内容で説明する。

問二　傍線部②は「田畑なども含む，人間を取り囲むすべての自然環境」のことであり，「人間生活に欠くことのできない資源および環境という意味での自然保護」の目的となるものなので，アがあてはまる。個人的な事がらや個別のものである他のはあてはまらない。

問三　「人間の日常的作業によって生じる環境改変と環境悪化こそ」が「多くの生物種を絶滅に追いやってきた最大の張本人」である，というⓍの内容を，Ⓨでは，アメリカ大陸やニュージーランドへの侵入といった具体的な例を挙げて説明しているので，アが適当。

問四　傍線部③は，直前の段落で述べているように，人間がアメリカ大陸やニュージーランドへ侵入したことによって，アメリカ大陸の大型哺乳類，ニュージーランド固有の動植物といったものが失われてしまったことを指しているので，ウが適当。それぞれの地域固有の動植物が損なわれてしまったことを説明していないア，エは不適当。「変異が起きた」とは述べていないので，イも不適当。

やや難 問五　傍線部④について，④前後や「そうしたこと……」から続く3段落で，自分たち人間が生き残りたいから，環境にやさしくしよう，というのが自然保護の実態であり，人間の都合だけで自然を保護すること，「(環境に)やさしい」という言葉は，人間と他の生物とが仲良く共存できることが実現可能であるかのように思わせること，を述べている。「やさしい」すなわち「環境にやさしい」という言葉に対する筆者の批判を，具体的に読み取っていく。

重要 問六　傍線部⑤の特徴として「このノスタルジック……」から続く4段落で，自分の誕生以前の自然は関係ないという点，重要度が人によって異なり，色や形，大きさなどにおいて，きわめて目立つ種を保護する傾向が高いこと(＝ア)，自分たちの主張を若い世代にも強要すること(＝ウ)，自分が生きてきた環境へのノスタルジーによって，ともかく保護を叫ぶことが多いこと(＝エ)，を述べている。自分がいま住んでいる場所を100年前の巨樹の森に戻そうとは思わない，とも述べているので，イはあてはまらない。

基本 問七　傍線部⑥は「人間が作りだした」ものなので，イ，エである。

やや難 問八「この二つのタイプ」の一つ目は，「ひとつ目は……」で始まる段落で述べているように，「人間生活に欠くことのできない資源および環境を確保するという意味での自然保護」である。二つ目は，「さて，こうした……」以降で述べている「ノスタルジックな感情に基づく自然保護」のことで，「この手の……」で始まる段落で述べているように，「自分が生きてきた環境へのノスタルジー」によって自然を保護すべきであると主張するものである。これらの内容をふまえ，それぞれの自然保護のタイプを指定字数以内で説明する。

三　(漢字の読み書き)

1の音読みは「ホ」。熟語は「補足」など。2は，政府や会社など組織や団体などの中心にいて指導的な役割を果たす人。3は，寒さと暖かさ。4は，物をたくわえてためておくこと。5は，演劇を見ること。

★ワンポイントアドバイス★

論説文では、主題(テーマ)＝何について述べている文章か、また主題についてどのように論じているかを具体的に読み取っていくことも重要だ。

2020年度

★★★★★★★★★★★★★★★★★★★★★★★★

入　試　問　題

2020年度

女子学院中学校入試問題

【算　数】（40分）　＜満点：100点＞

【注意】 計算はあいているところにしなさい。円周率は3.14として計算しなさい。

1． ⑴～⑸は □ にあてはまる数を入れなさい。

⑴　$20 \div \left\{\left(\square + \frac{5}{16}\right) \div 0.325\right\} - 6\frac{2}{3} = 4$

⑵　図のひし形ABCDの面積は

□ cm²です。

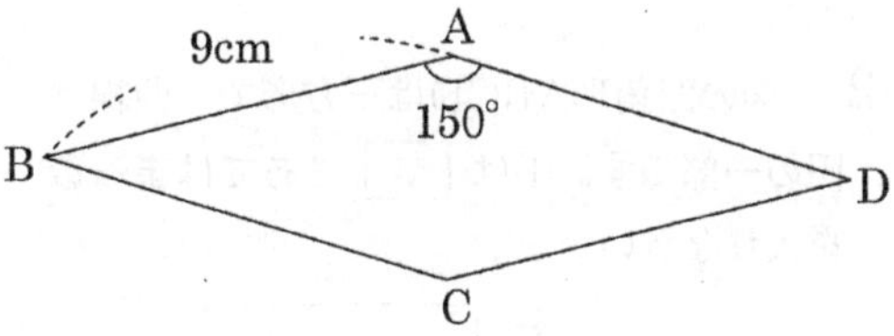

⑶　図の四角形ABCDは正方形で，曲線は円の一部です。

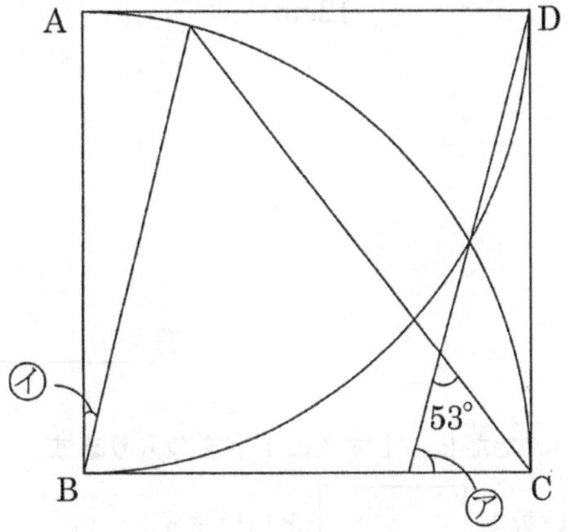

角㋐は □ 度

角㋑は □ 度

⑷　1個 □ 円のジャガイモを，4個入りの1袋で買うと10%引きの値段になります。ジャガイモ1袋とニンジン3本は同じ値段です。ジャガイモを2個と1袋，ニンジンを5本買うと合計754円です。

⑸　Aさんは1日おき，Bさんは2日おき，Cさんは3日おきに，あるボランティア活動をしています。ある年の7月1日の土曜日に3人は一緒《いっしょ》に活動しました。次に，この3人が土曜日に一緒に活動するのは，同じ年の □ 月 □ 日です。

⑹　図の四角形ABCDは長方形です。角㋐～角㋔のうち，46°である角に○を，そうでない角には×を表に入れなさい。

㋐	㋑	㋒	㋓	㋔

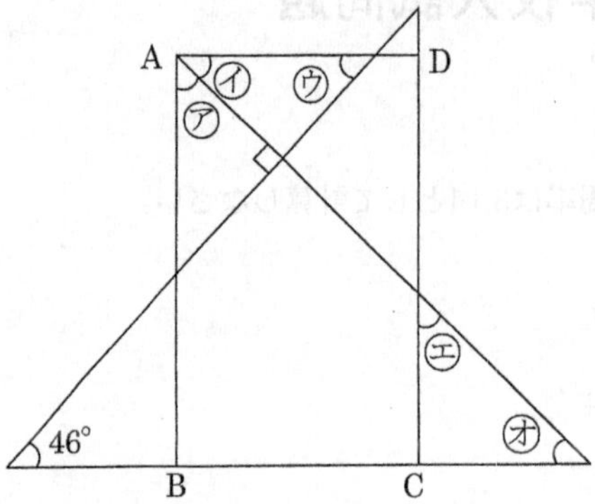

2． 図の四角形ABCDは正方形で，曲線は円の一部です。⑴は □ にあてはまる数を入れなさい。

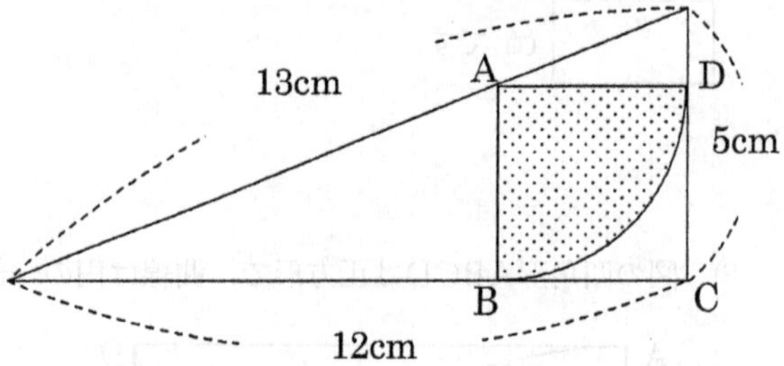

⑴　辺ABの長さは □ cmです。

⑵　図の影《かげ》をつけた部分の周の長さを求めなさい。

式：

答え　　　　　cm

3． 次の □ に最も適切なことばや数を入れなさい。ただし，1マスに1字ずつ入ります。

⑴　1以外の整数で，1とその数自身しか約数がない数を □□ といいます。

⑵　2つの数の □ が □ となるとき，一方の数を他方の数の逆数といいます。

⑶　円周率とは □□ が □□ の何倍になっているかを表す数です。

4． 次のページの図のように，半径3cmで中心角が90°のおうぎ形と，1辺の長さが3cmのひし形を組み合わせた図形を底面とする，高さが6cmの立体があります。点Pは，1→2→3→4→5→6→7→8→9→1の順で線に沿って動きます。点Pが6cmの辺上を動くときの速さは，3cmの辺上を動くときの速さの2倍です。次のページのグラフは，点Pが進んだ時間（秒）と道のり（cm）の関係を表したものです。グラフのア，イ，ウの □ にあてはまる数を入れなさい。

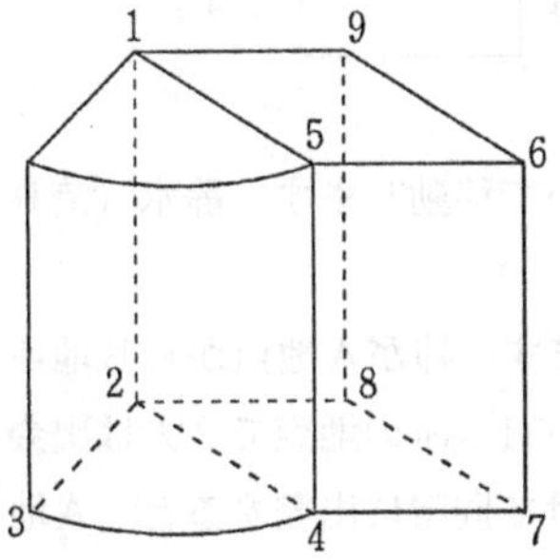

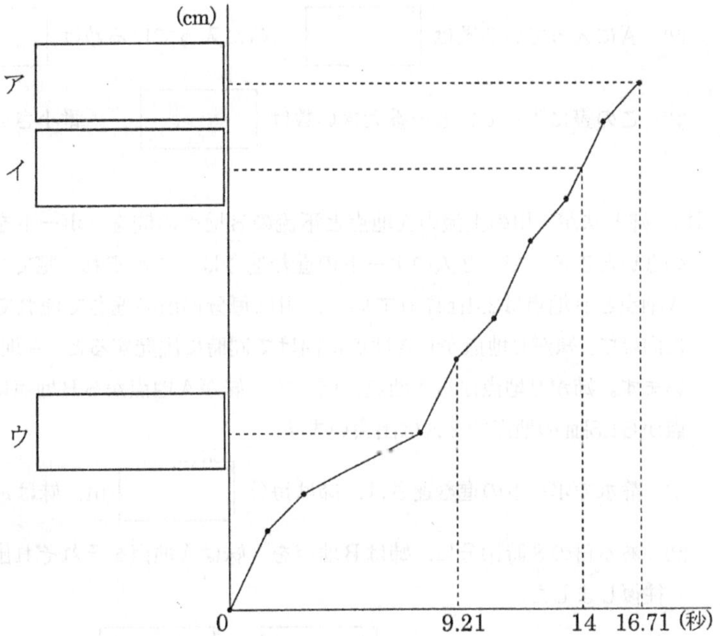

5，6の各問いについて □ にあてはまる数を入れなさい。

5． 下のように，AからPまでに，ある整数が入っている表があります。この表に，次の規則に従って○か×の印をつけます。

① AからPまでの数の1つに○をつけ，その数と同じ行，同じ列に並んでいる印のついていない数すべてに×をつける。
② 印のついていない残りの数の1つに○をつけ，その数と同じ行，同じ列に並んでいる印のついていない数すべてに×をつける。
③ もう一度②を行い，残った数に○をつける。

	1列目	2列目	3列目	4列目
1行目	A	B	C	D
2行目	E	F	G	H
3行目	I	J	K	L
4行目	M	N	O	P

この表の一部の整数は，右のようになっています。

A	12	C	D
E	15	G	9
8	J	9	L
M	N	15	11

この表では，どこを選んで○をつけていっても，①から③の作業をした後に○のついた数の和がいつでも同じになることが分かりました。

(1) ①から③の作業をした後に○のついた数は全部で □ 個あり，それらの数の和はいつでも □ です。

⑵　Aに入っている数は □ ，Gに入っている数は □ です。

⑶　この表に入っている一番大きい数は □ ，一番小さい数は □ です。

6． 姉と妹が，川の上流のA地点と下流のB地点の間を，ボートをこいで移動します。静水（流れのないところ）で，２人のボートの進む速さは，それぞれ一定です。

A地点とB地点は2.4km離《はな》れていて，川は毎分15mの速さで流れています。姉がA地点からB地点に向けて，妹がB地点からA地点に向けて同時に出発すると，A地点から1.8kmの地点で２人は出会います。姉がB地点からA地点に向けて，妹がA地点からB地点に向けて同時に出発すると，A地点から1.5kmの地点で２人は出会います。

⑴　静水でボートの進む速さは，姉は毎分 □ m，妹は毎分 □ mです。

⑵　ある日の８時10分に，姉はB地点を，妹はA地点をそれぞれ出発してA地点とB地点の間を１往復しました。

２人が２回目に出会うのは □ 時 □ 分のはずでしたが，姉がA地点を出発してから □ 分 □ 秒の間，ボートをこがずに川の流れだけで進んだため，実際に２人が２回目に出会ったのは， □ 時 □ 分で，A地点から1.2kmの地点でした。

【理　科】（40分）　＜満点：100点＞
【注意】 選択肢《たくし》の問題の答が複数ある場合は，すべて答えなさい。

Ⅰ　だ液について次のような実験を行った。

実験１　でんぷん液２mLと水0.5mLを入れた試験管A，でんぷん液２mLと だ液0.5mLを入れた試験管Bを用意し，それぞれ40℃で30分保温した。その後，試験管にヨウ素液を加えたところ，試験管Aではヨウ素液の反応が見られたが，試験管Bではヨウ素液の反応が見られなかった。

実験２　だ液をそれぞれ0.5mL入れた試験管Cと試験管Dを用意した。試験管Cはふっとうした湯で20分加熱した。この間，試験管Dは室温に置いておいた。試験管Cが室温に戻《もど》ったのを確かめて，試験管Cと試験管Dにでんぷん液２mLを入れ40℃で30分保温した。その後，試験管にヨウ素液を加えたところ，試験管Cではヨウ素液の反応が見られたが，試験管Dではヨウ素液の反応は見られなかった。

1　でんぷん液はでんぷんをどのようなものに混ぜて作るか，ア～エから選びなさい。
ア　20℃の水　　イ　20℃のエタノール　　ウ　80℃の水　　エ　70℃のエタノール
2　でんぷんの消化が起きた試験管をA～Dから選びなさい。
3　実験１で試験管Aに水0.5mLを加えたのは実験条件をそろえるためである。その実験条件とは何ですか。
4　実験１で試験管Aにヨウ素液を２滴《てき》入れた。試験管Bに入れるヨウ素液の量として最も適切なものをア～ウから選びなさい。
ア　２滴
イ　はっきりとした青むらさき色になるまで
ウ　はっきりとした茶色になるまで
5　実験２からだ液の性質についてわかることを説明しなさい。

だ液にはアミラーゼという物質が含《ふく》まれている。だ液がでんぷんを消化するのは，アミラーゼのはたらきによる。アミラーゼは動物だけでなく植物も持っている。発芽におけるアミラーゼのはたらきを調べるために，次のような実験を行った。

図１はコムギの実のもみ殻《がら》を取りのぞき，内部の種《たね》の様子を表した図である。コムギの種の端《はし》には将来植物になる部分（胚《はい》）がある。コムギの種を図１のように点線で切断し，胚を持つ断片Xと，断片Yを作った。

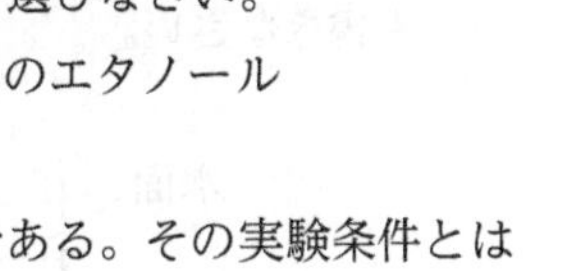

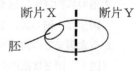

図１

次にでんぷんを混ぜて固めた寒天を３つ用意し，そのうち１つには断片Xを，もう１つには断片Yを，切り口を下に向けて図２のようにのせた。１つには何ものせなかった。寒天の上に水を加え３日おいた。３日後，断片を取りのぞき，寒天をヨウ素液で染めたところ，図３のようになった。ただし，色のついた部分はヨウ素液の反応のあったことを示しており，点線は断片のあった位置と大きさを表している。（図２・図３は次のページにあります。）

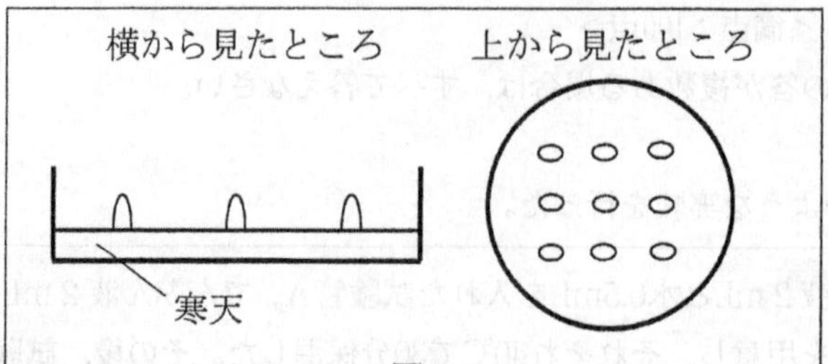

図２

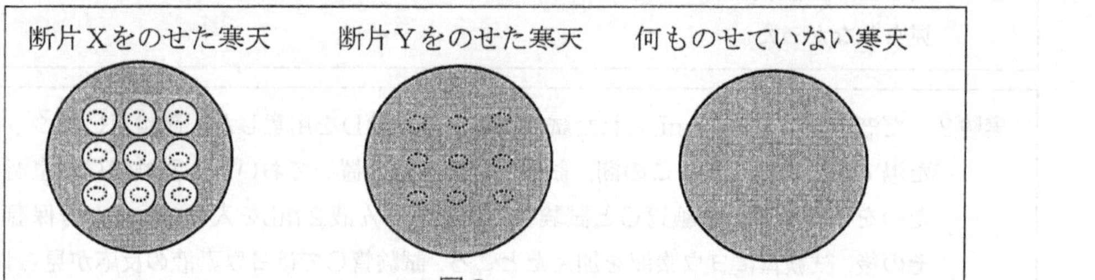

図３

6　下線部の水の量は，３日間どの程度に保つべきか。正しいものをア，イから選び，選んだ理由も書きなさい。

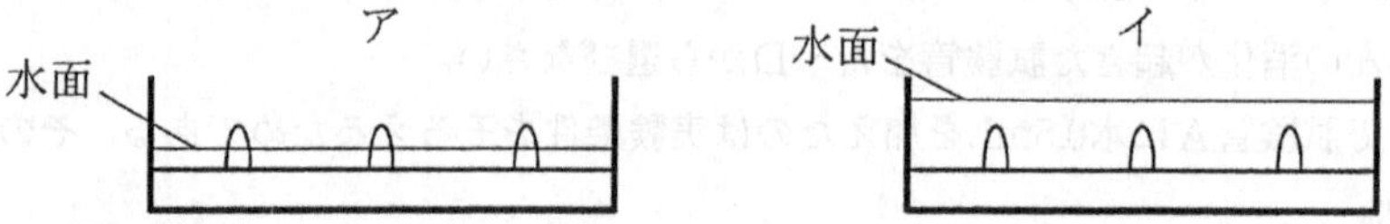

7　図３の結果から考えられることとして正しいものをア～オから選びなさい。

ア　胚があるとアミラーゼがはたらく。

イ　切断された種ではアミラーゼははたらかない。

ウ　種の外でもアミラーゼははたらく。

エ　実験開始３日後の断片Ｘに含まれるでんぷんの量は実験開始時とほぼ同じである。

オ　実験開始３日後の断片Ｙに含まれるでんぷんの量は実験開始時とほぼ同じである。

Ⅱ　1　図１は，同一経線上にある北半球のＸ地点とＹ地点（Ｙ地点の方が高緯《い》度にある）における春分の日，夏至の日，冬至の日の太陽の移動経路をそれぞれ示したものである。図１のように，太陽の移動経路は日や緯度によって変化する。

図２は，同じＸ，Ｙ地点において，「ある日」から１年間の太陽が真南に位置したときの地面から太陽までの角度（南中高度という）の変化をそれぞれ示したグラフである。

（図１・図２は次のページにあります。）

⑴　「ある日」とはいつか。次のア～エから選びなさい。

ア　春分の日～夏至の日　　イ　夏至の日～秋分の日

ウ　秋分の日～冬至の日　　エ　冬至の日～春分の日

⑵　次の文中の□に当てはまる言葉を（　）から選んで答えなさい。

図２のＡは，①（Ｘ・Ｙ）地点の②（春分・夏至・秋分・冬至）の日の南中高度を示している。

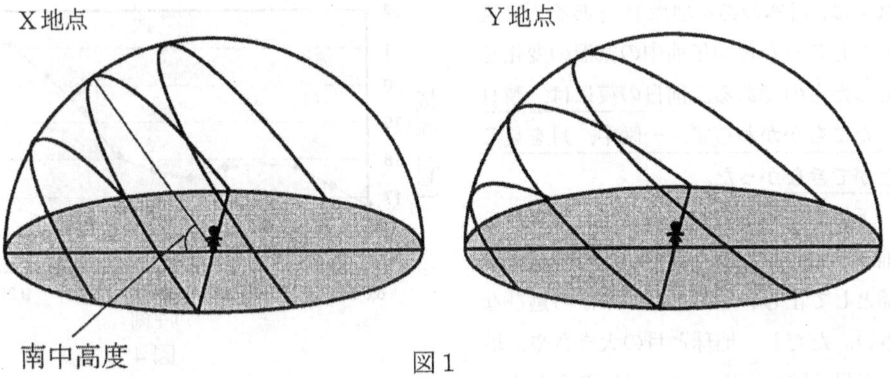

図1

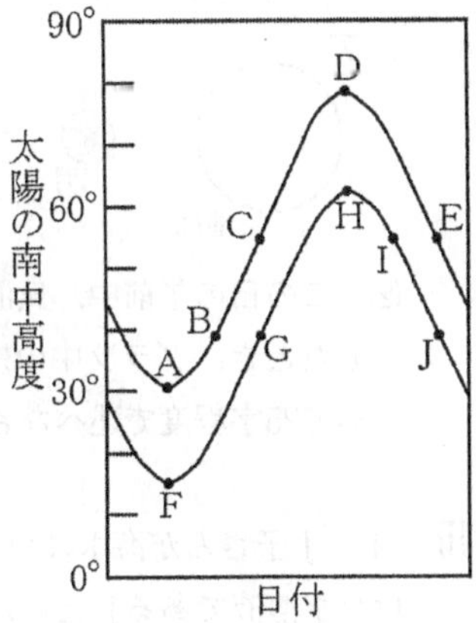

図2

⑶　図2のA～Jから，日の出の位置が真東より北寄りとなるものを選びなさい。

⑷　次の表は，X地点とY地点の南中高度と昼の長さを比べたものである。①，③，⑤に当てはまるものを選択肢ア～ウから，②，④，⑥に当てはまるものを選択肢エ～カからそれぞれ選びなさい。

	南中高度	昼の長さ
夏至の日	①	②
冬至の日	③	④
春分の日	⑤	⑥

①，③，⑤の選択肢（ア　X地点の方が大きい　イ　Y地点の方が大きい　ウ　同じである）
②，④，⑥の選択肢（エ　X地点の方が長い　オ　Y地点の方が長い　カ　同じである）

⑸　X地点とY地点の南中高度が同じときのそれぞれの昼の長さについて，正しいものをア～エから選びなさい。
ア　X地点の方が長い。
イ　Y地点の方が長い。
ウ　X地点の方が長い場合とY地点の方が長い場合がある。
エ　同じである。

⑹　図3は，図1を真上から見たときのY地点の夏至の日の太陽の移動経路を示したものである。
①　図3中のアの方角を答え，太陽の移動の向きをイ，ウから選びなさい。
②　Y地点の冬至の日の太陽の移動経路を解答欄《らん》に図示しなさい（向きは書かなくてよい）。
③　X地点の夏至の日の太陽の移動経路を解答欄に図示しなさい（向きは書かなくてよい）。

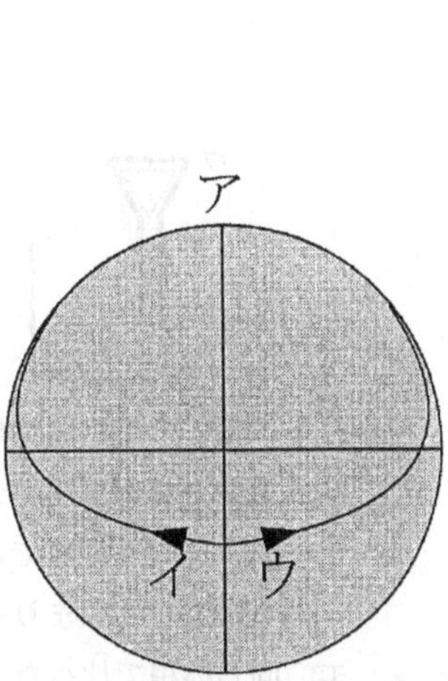

図3

2　図4は，日本のある地点で，「ある天文現象」が起こった日の午前中の気温の変化を記録したものである。前日の夜には，晴れていたにもかかわらず，一晩中，月を見ることができなかった。

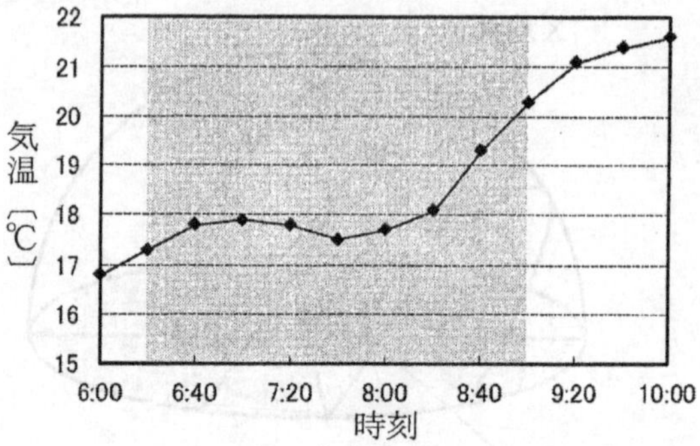

図4

⑴　下線部に関して，このとき，太陽から地球の方を見たときの地球と月の位置関係として正しいものをア～ウから選びなさい。ただし，地球と月の大きさや，地球と月の間の距離《きょり》については考えなくてよい。

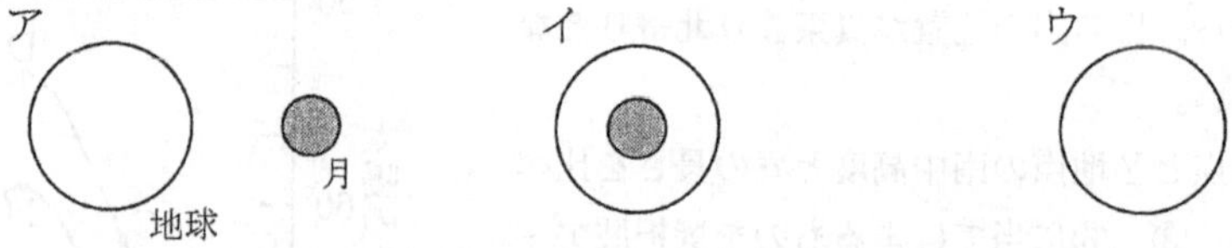

⑵　この日の午前中，気温以外の気象条件（雲の量や厚さ，風の様子など）に変化はなかったとしたとき，グラフ中の影《かげ》の範《はん》囲で起こった気温の変化の原因を，「ある天文現象」の名前を含めて25字程度で述べなさい。

Ⅲ　1　J子さんが海水について調べると「海水は，およそ96.6%が水で，3.4%の白色固体が水に溶《と》けた水溶《よう》液である」とわかった。そこで海水から白色固体を取り出すために，①ろ過してごみなどを取りのぞいた海水1㎏を鍋《なべ》で煮《に》詰《つ》めた。液量がはじめの$\frac{1}{10}$ほどになったとき②白くにごっていたのでそれを取りのぞいた。残った液を液量が$\frac{1}{2}$ほどになるまでさらに煮詰めたところ③再び白くにごっていた。ここで加熱をやめてしばらく置いておくと，④鍋の底に白色固体がたまり，液は透《とう》明になった。

⑴　ろ過の装置について正しいものをア～カから選びなさい。

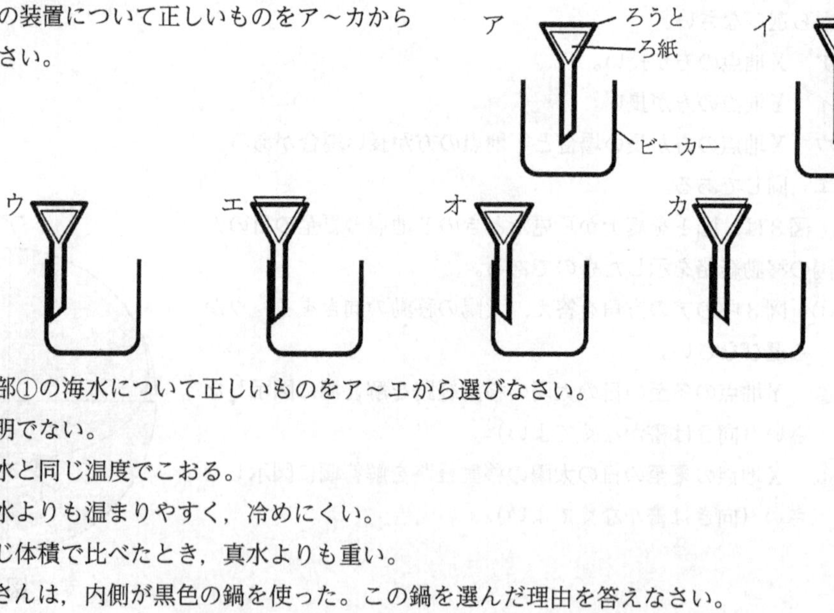

⑵　下線部①の海水について正しいものをア～エから選びなさい。

ア　透明でない。

イ　真水と同じ温度でこおる。

ウ　真水よりも温まりやすく，冷めにくい。

エ　同じ体積で比べたとき，真水よりも重い。

⑶　J子さんは，内側が黒色の鍋を使った。この鍋を選んだ理由を答えなさい。

海水に溶けている白色固体について調べると，食塩以外のものもあることがわかった。白色固体について主なものを表にまとめた。

海水に溶けているもの	白色固体中の割合（%）	水 100g に溶ける量〔g〕	
		20℃	100℃
食塩（塩化ナトリウム）	78	37.8	41.1
塩化マグネシウム	10	54.6	73.3
硫酸《りゅうさん》マグネシウム	6	33.7	50.4
硫酸カルシウム	4	0.205	0.067

(4)　上の表から考えて，水に溶ける固体の量と温度との関係について正しいものをア～オから選びなさい。

ア　100℃と20℃とで溶ける量の差が最も大きいのは塩化マグネシウムである。

イ　どの固体も温度が高くなるほど，水に溶ける量は多くなる。

ウ　どの固体も温度が高くなると，水に溶ける量は大きく変化する。

エ　ある温度で同じ量の水に溶ける量が同じになるものがある。

オ　0℃の水に溶ける量は0gである。

(5)　海水1㎏を煮詰めて水の量を10gにし，20℃まで冷やしたとき，出てくる食塩は何gですか。ただし，食塩が水に溶ける量はほかの白色固体に影響《えいきょう》されないものとする。

(6)　下線部②，③の白色のにごりはそれぞれ主に何か，上の表から考えて次のア～エから選びなさい。

ア　食塩（塩化ナトリウム）　　イ　塩化マグネシウム

ウ　硫酸マグネシウム　　エ　硫酸カルシウム

(7)　下線部④のときの液の様子を表しているものをア～エから選びなさい。ただし，図の液の色の濃《こ》さは水溶液の濃《のう》度を表している。

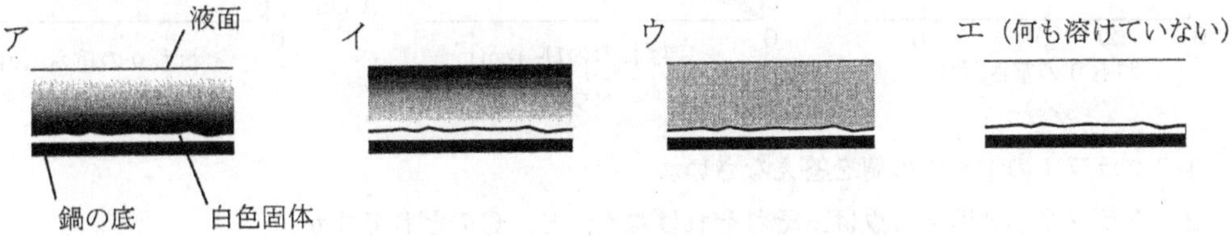

2　次の文章中のA～Eの固体は，アルミニウム，食塩，水酸化ナトリウム，石灰石，ろうのどれかである。

A～Eを水に入れてかきまぜるとA，Bはすべて溶け，Cは水に浮《う》かび，D，Eは沈《しず》んだ。Cを加熱するとすぐにとけ，やがて火がついた。このとき，Dにうすい塩酸を加えると発生する気体と同じ気体が発生した。また，この気体をA，Bの水溶液に通すとAよりもBの水溶液の方が気体が多く溶けた。

(1)　食塩，石灰石，ろうはそれぞれA～Eのどれですか。

(2)　Eにうすい塩酸を加えると発生する気体は何ですか。

⑶　下線部のようになったのはBのどのような性質からか，正しいものをア～オから選びなさい。

ア　水に溶けやすい固体だから　　　　イ　吸湿《しつ》性がある固体だから

ウ　水溶液が酸性だから　　　　　　　エ　水溶液がアルカリ性だから

オ　水溶液に金属を入れると金属を溶かすから

Ⅳ　3種類の重さが無視できる軽いばねA，B，Cがある。これらのばねをそれぞれ天井《じょう》につるし，30gのおもりを1個ずつつるしていったときのばねの長さを測定したところ，下の表のような結果になった。また，表からグラフ1～3を作った。ばねの長さ，ばねののびとは右図に示したものである。おもりの重さをさらに増やしていったときも，おもりの重さとばねののびの関係は変わらないものとする。

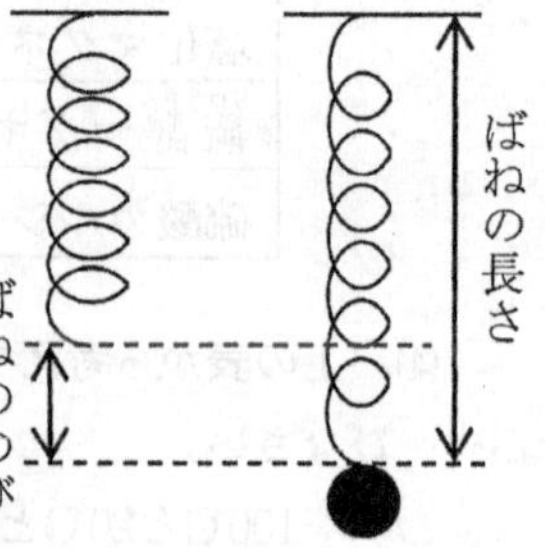

おもりの重さ	30g	60g	90g	120g	150g
ばねAの長さ〔cm〕	10.0	12.0	14.0	16.0	18.0
ばねBの長さ〔cm〕	9.0	12.0	15.0	18.0	21.0
ばねCの長さ〔cm〕	13.5	15.0	16.5	18.0	19.5

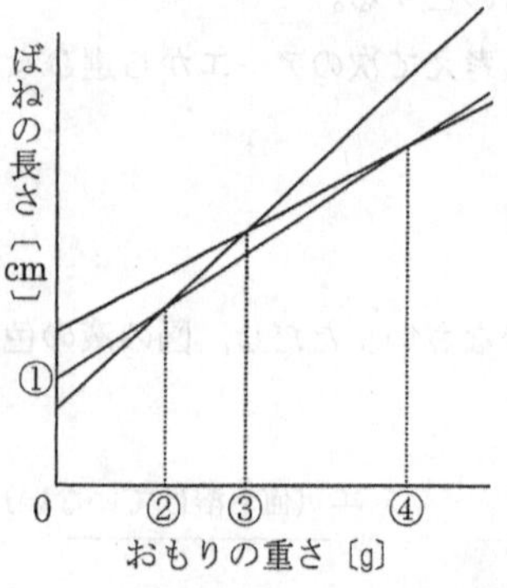

グラフ1

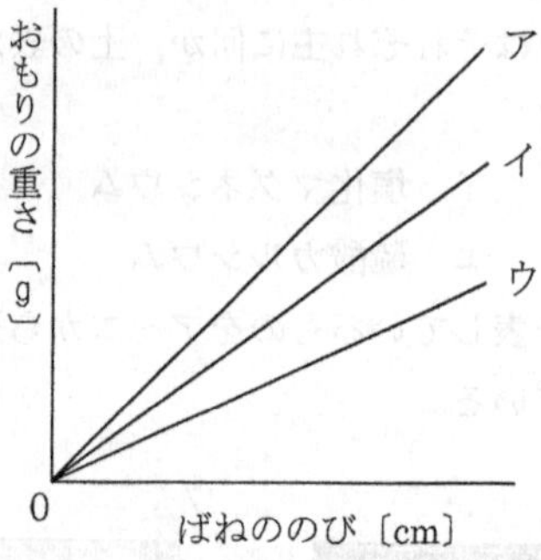

グラフ2

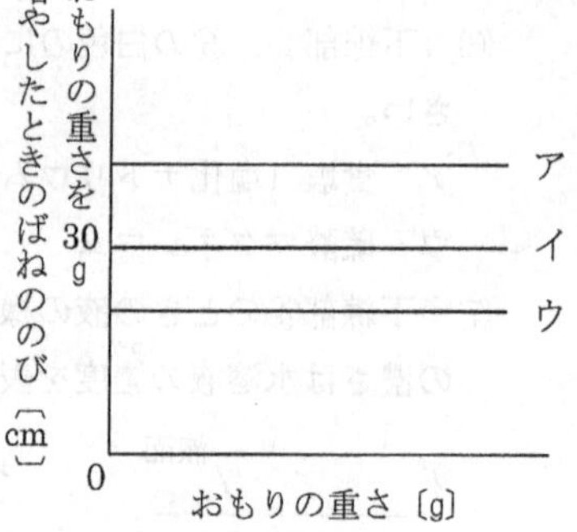

グラフ3

1　グラフ1の①～④の値を答えなさい。

2　グラフ2，3のア～ウは，それぞればねA，B，Cのどれですか。

3　ばねAを1cmのばすのに必要なおもりの重さを答えなさい。

4　ばねA，B，Cについて，ばねがかたい順に書きなさい。

5　ばね2本と30gのおもり2個を右図のようにして静止させた。(例)のときのばねC2本の長さの和は30.0cmであった。①～③のばねAとBの長さの和をそれぞれ求めなさい。

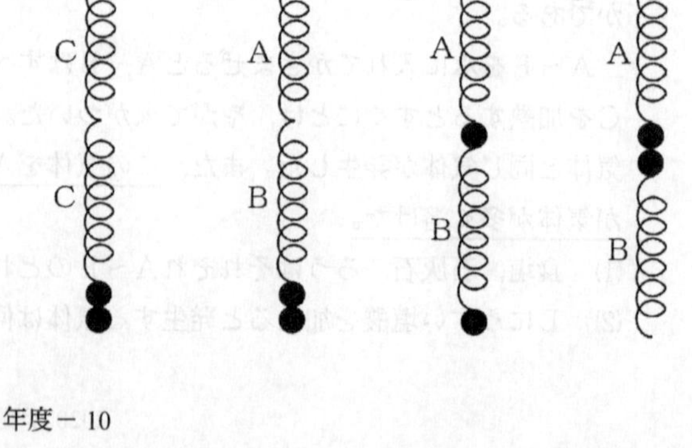

6　重さが無視できる軽い棒の両端にそれぞればねＡを取り付け，右図のように天井からつるした。棒の真ん中に30g のおもりを１個つるしたときのばねの長さを求めなさい。

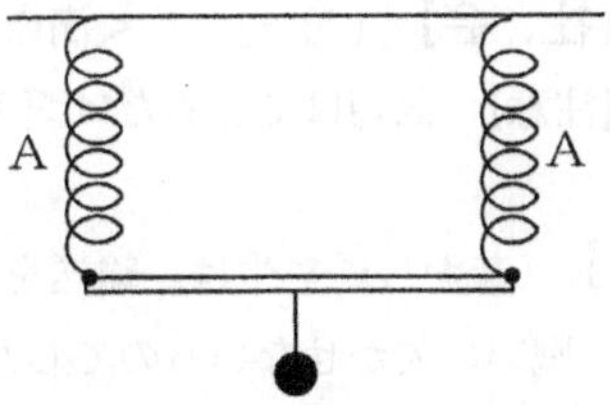

7　重さが無視できる軽い棒の両端にばねＢとＣを取り付け，右図のように天井からつるした。棒の真ん中に30g のおもりを何個かつるしたところ，２本のばねの長さは等しくなり棒は水平になった。

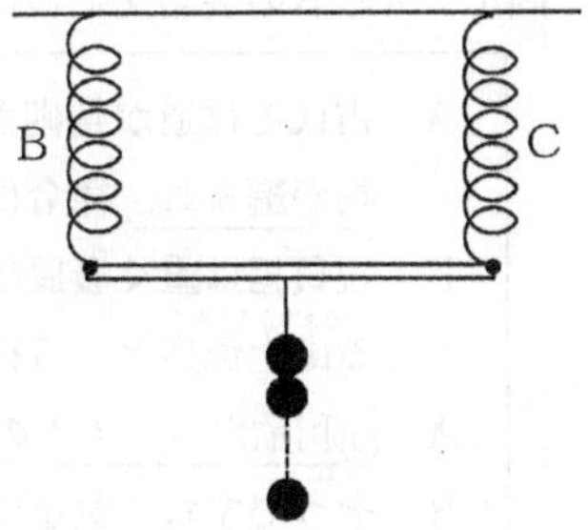

⑴　このときの，ばねの長さとおもりの重さを求めなさい。

⑵　おもりをつるす位置は変えずに，おもりの重さを増やしたところ，棒は水平ではなくなった。棒は左右どちらが下がりますか。

⑶　おもりの重さを600g にして，ばねＢとＣの長さが等しくなり棒を水平にするためには，おもりはどの位置につるせばよいか。【棒の左端からおもりをつるす位置までの長さ】と【おもりをつるす位置から棒の右端までの長さ】の比を，最も簡単な整数の比で答えなさい。

8　重さが無視できる軽い棒の両端にばねＢとＣを取り付け，右図のように棒の左端から６：５の位置に30g のおもりを何個かつるしたところ，２本のばねの長さは等しくなり棒は水平になった。このときの，ばねの長さとおもりの重さを求めなさい。

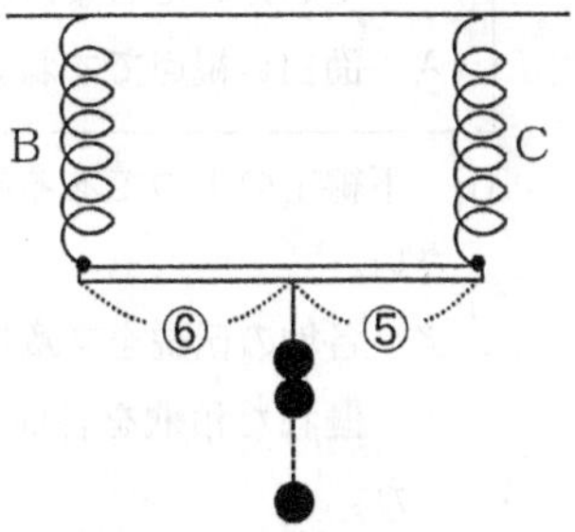

【社　会】（40分）　＜満点：100点＞

【注意】　語句はできるだけ漢字で書きなさい。

Ⅰ　昔から馬や牛は，輸送をはじめとして人々の生活に深く関《かか》わってきました。馬は武士にとって戦いに欠かせないものでした。

問1　AとBの会話文について問に答えなさい。

A　古代では道が整備され多くの人や馬が行きかいました。①奈良時代には，いろいろな書物が編まれ，律令により戸籍《せき》と税のしくみも整いました。

B　税負担は重く農民はみな貧しい生活で，里長はひどい支配をしていました。万葉集にある山上憶良《やまのうえのおくら》という役人の和歌から，農民の実態がよく分かります。

A　②和歌から，人々のくらしをそのように断定できるでしょうか。

B　そうですね。気をつけて考えた方がいいですね。

A　戸籍には女性の数が不自然なほど多く，偽籍《ぎせき》（いつわりの戸籍）も多いのではないかと考えられているそうです。

B　なぜ戸籍をいつわるのでしょうか。

A　律令制度での税は，（　　X　　）からだと考えます。

B　なるほど。それにしても，なぜ③国司《こくし》（国から地方に派遣された役人）は偽籍を見逃していたのでしょう。

A　面白い視点ですね。

⑴　下線①の１つである風土記について述べた文として，正しいものを１つ選び，記号で答えなさい。

ア　各地の伝説を文章にまとめて保存することで，人々が地方ごとに団結できるようにした。

イ　優れた和歌を各地で収集し，文学を国家全体でさかんにしようとの願いがこめられていた。

ウ　山河《が》，海や平野の絵図を作成し，地方の人々が道に迷わないように役立てた。

エ　天皇の命令で，地名や地形，産物や地域に伝わる昔話を報告させ，地域の様子を把握《はあく》しようとした。

⑵　下線②について，断定できない理由を和歌の性質から述べなさい。

⑶　空欄《らん》（X）にふさわしい文を１つ選び，記号で答えなさい。

ア　男女両方に均等に与えられた田に課された

イ　女性が多い家では，収穫《かく》量に対して租の税率が下がる

ウ　兵役や地域での労働の提供など，男性の負担が重い

エ　男性の特産物納入を，女性の２倍の量としていた

⑷　平安時代の下線③について，正しいものを２つ選び，記号で答えなさい。

ア　担当の国で，税を集める責任者とされた。

イ　何世代にもわたって地域を支配し，武力で領地を広げた。

ウ　希望する国の国司になれるように，都の有力貴族にみつぎ物をした。

エ　地域の農民を集めて引率し，都で警備を行う義務があった。

問２　戦いに関わりのある次の文を，古い順に記号で並べかえなさい。

ア　将軍のあとつぎをめぐって，応仁の乱が起こった。

イ　二度にわたり九州地方に攻めてきた元軍と，御家人が戦った。

ウ　桶狭間《おけはざま》の戦いで今川軍が敗北した。

エ　承久の乱が，幕府によって平定された。

オ　壇《だん》ノ浦の戦いで平氏が滅ぼされた。

問３　鎌倉時代や室町時代には，農民や商人の中に，馬や牛車を用いた運送業を営む者が現れました。

⑴　鎌倉時代と室町時代の農業や商工業に関する文として，正しいものを２つ選び，記号で答えなさい。

ア　米と麦の二毛作が各地に広まった。

イ　商工業者は座を作り，誰でも自由に商工業が行えるようにした。

ウ　土地を深く耕すことのできる備中ぐわが広く使われるようになった。

エ　銀閣寺を建てた足利義満は，明と勘《かん》合貿易を行った。

オ　田植えの時に農民がおどった田楽がもととなり，能や狂言へと発展した。

⑵　馬を用いた運送業者は，しばしば一揆《いっき》の中心となりました。その理由としてふさわしいものを２つ選び，記号で答えなさい。

ア　運送業者は，農民と利害が対立していたので，幕府が農民の借金を帳消しにしたことに反発したから。

イ　各地を移動する運送業者は，いろいろな地域の人とつながりを持ち，協力することができたから。

ウ　安全に輸送するため，運送業者が地域の支配者に対して，関所で通行税を取ることを求めたから。

エ　運送業者は，輸送する品物を守るために武装することがあったから。

問４　江戸時代には，幕府によって管理される五街道が定められ，街道の途中には宿場が整備されました。幕府が街道の管理や整備を行った目的として，ふさわしくないものを１つ選び，記号で答えなさい。

ア　江戸から地方の役人に，より速く情報を伝達するため

イ　地方で反乱が起こった際に，すぐに制圧するため

ウ　宿場《しゅくば》町を栄えさせ，商人の力を強めるため

エ　参勤交代の移動で使用するため

問５　江戸時代の交易や交流について，まちがっているものを１つ選び，記号で答えなさい。

ア　対馬藩《つしまはん》を通じて，朝鮮との貿易が行われた。

イ　出島のオランダ人を通して，幕府は海外の情報を手に入れた。

ウ　蝦夷《えぞ》地では，松前藩がアイヌの人々から米を買い入れた。

エ　薩摩《さつま》藩は，琉球王国を通じて中国の品物を手に入れた。

問６　現在，酪《らく》農がさかんな北海道について，問に答えなさい。

⑴　釧路と札幌の８月の平均気温の差は４℃近くあります。釧路の８月の気温が低い理由として，ふさわしくないものを次のページから１つ選び，記号で答えなさい。

ア　千島海流の影響を受けるため

イ　海からの霧《きり》におおわれる日が多いため

ウ　流氷の南限に位置するため

エ　オホーツク海上空から吹き出す北東風の影響を受けるため

⑵　下の表は，生乳処理量（工場で殺菌《きん》などの処理をされた量）の内訳を，北海道と関東で比較したものです。生乳処理量に関して述べた文として，ふさわしくないものを１つ選び，記号で答えなさい。

		北　海　道	関　東
生乳処理量		3,449,089 t	1,343,075 t
内訳	牛乳等向け	548,156 t	1,233,870 t
	乳製品向け	2,878,104 t	98,644 t
	その他	22,829 t	10,561 t

（農林水産省　平成 29 年牛乳乳製品統計より作成）

ア　北海道は東京などの大消費地から遠いため，牛乳等向けの生乳処理量は少ない。

イ　北海道では日持ちのする乳製品向けの生乳処理量が多い。

ウ　北海道ではおみやげ品として，多くの生乳がチーズなどの乳製品に加工される。

エ　北海道には安い外国製の牛乳が入ってくるので，牛乳等向けの生乳処理量が少ない。

⑶　北海道の地理について，まちがっているものを１つ選び，記号で答えなさい。

ア　南北方向に連なる日高山脈の南端《たん》には，宗谷岬《そうやみさき》がある。

イ　南東側に太平洋，西側には日本海，北東側にはオホーツク海が広がっている。

ウ　日本海に注ぐ石狩《いしかり》川の中流には上川《かみかわ》盆地，下流には石狩平野が開けている。

エ　北海道で２番目に広い流域面積をもつ十勝川は，太平洋に注いでいる。

Ⅱ　近代になると，ものや情報を伝達するためのしくみとして，郵便制度や鉄道が発達しました。

> 前島密《まえじまひそか》は1835年に越後《えちご》国頸城《くびき》郡（現在の①新潟県上越《じょうえつ》市）の豊かな農民の家に生まれました。前島は若い時に蘭《らん》学，英語，航海術などを学び，1865年に②薩摩藩に招かれ，英語を教えました。1870年に新政府の役人となり，③イギリスに出かけて近代郵便制度を学び，④社会全体のしくみを整えることが必要であると考えるようになりました。1871年に帰国するとさっそく，⑤官営（国営）事業として⑥郵便事業を始めます。また⑦万国郵便連合に加盟し，欧米諸国にならって郵便事業での国際協力を始めました。

問１　下線①に関する問に答えなさい。

⑴　次のページの地図は上越市高田《たかだ》の25000分の１の地形図の一部を拡大したものです。地図から読みとれることとして，まちがっているものを16ページの中から２つ選び，記号で答えなさい。

（※実際の入試では横向きです。90％に縮小してあります。）

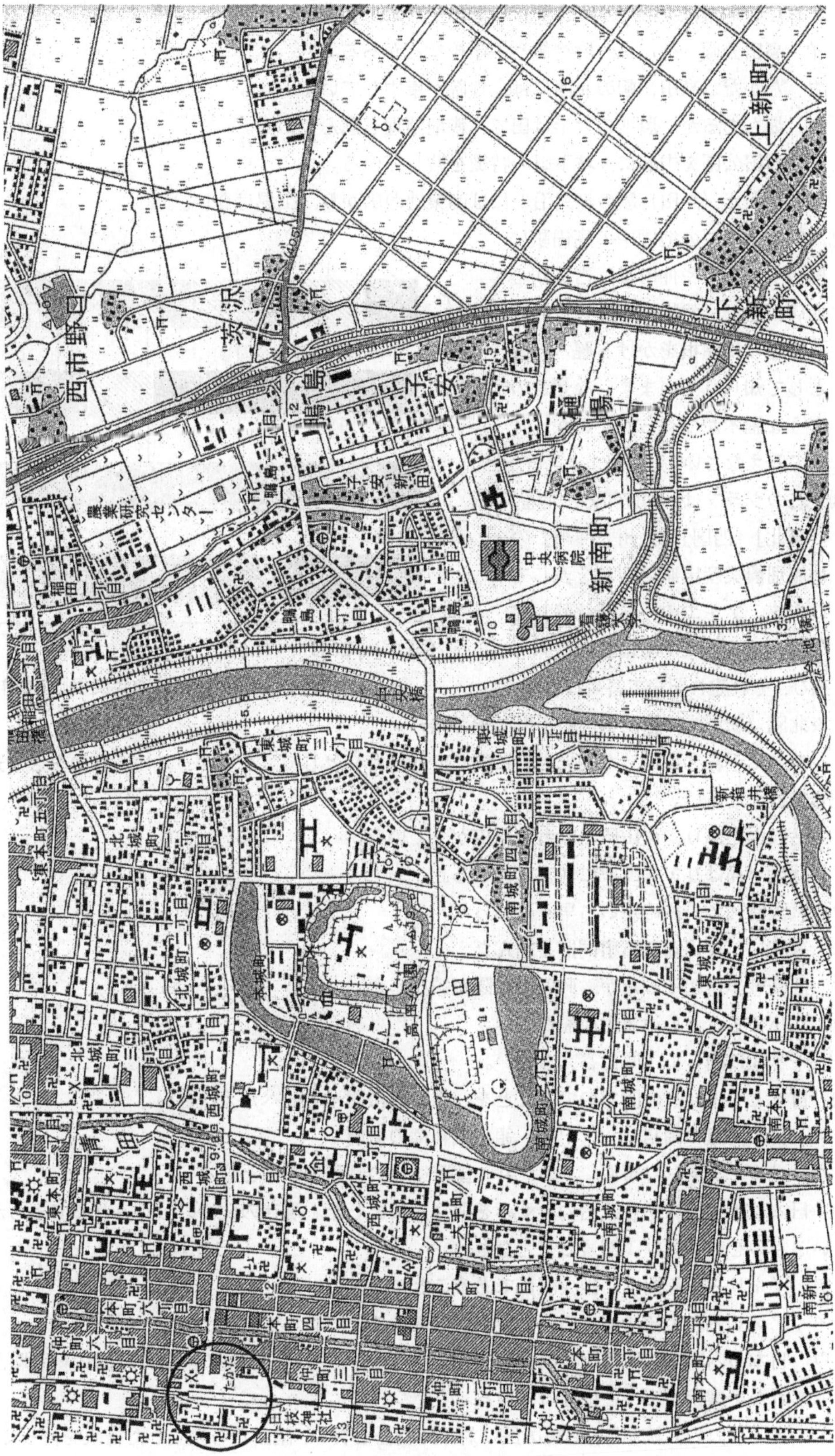
上新町
下新町
新南町
中央病院
農業研究センター

ア　この地域は平野で，南に向かって川が流れている。

イ　高田公園一帯には，博物館や中学校などがある。

ウ　たかだ（高田）駅の北西には，寺院が集中している。

エ　畑もあるが，農地の大半は田で，耕地整理も進んでいる。

オ　高田公園を中心に，城下町の特徴を残している。

カ　たかだ（高田）駅の線路沿《そ》いには商業地が広がり，工場はない。

⑵　前のページの地図中の高田駅に隣《りん》接する本町や仲町は，古くから商店が並び，建物のひさしをのばして通りに屋根をかける雁木《がんぎ》の町として知られています。なぜこのような雁木がつくられたのか，考えて答えなさい。

⑶　右のグラフは，2017年の「北陸」「東北」「四国」「九州・沖縄」の地域別農業産出額の割合を表しています。ア～エのうち「北陸」と「九州・沖縄」にあてはまるものを選び，それぞれ記号で答えなさい。

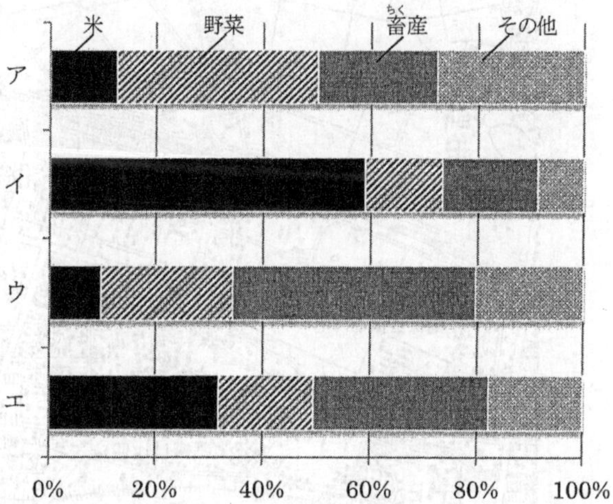

（『日本国勢図会 2019/20 年度版』より作成）

※北陸（新潟県，富山県，石川県，福井県）

問２　かつて下線②があった鹿児島県に関して述べた文として，まちがっているものを２つ選び，記号で答えなさい。

ア　活火山があり，火山灰土の台地が広がっている。

イ　薩摩半島はリアス海岸に囲まれている。

ウ　戦国時代に，鉄砲《ぽう》がいち早く伝わった。

エ　幕末に，長州藩と軍事同盟を結んだ。

オ　西南戦争が起こったが，政府の軍隊が鎮《ちん》圧した。

カ　九州でもっとも漁業生産額が多い。

問３　下線③に関して，問に答えなさい。

⑴　日本とイギリスの間でのできごとを，古い順に記号で並べかえなさい。

ア　日英同盟の締《てい》結　　　イ　領事裁判権の撤廃《てっぱい》

ウ　ノルマントン号事件　　エ　共に国際連盟の常任理事国となる

⑵　日本はイギリスから政治のしくみを取り入れました。現在の政治のしくみとしてまちがっているものを１つ選び，記号で答えなさい。

ア　イギリスの首相は，国会議員であることになっている。

イ　アメリカの大統領は，必ず国会議員であることになっている。

ウ　日本の内閣は，衆議院で内閣不信任案が可決されると衆議院の解散か内閣の総辞職かのいずれかを選択《たく》することになっている。

エ　アメリカの大統領は，直接国民に対して責任を負い，議会から独立した権限を持っている。

問４　国の予算案づくりは下線④に関わっています。国の予算の説明として，まちがっているものを１つ選び，記号で答えなさい。

ア　前年度に納められた税金の範囲内で，次年度の予算を決める。

イ　国会は予算が使われた後に決算についても議決する。

ウ　国家の収入が不足する場合には，国債《さい》を発行している。

エ　国の予算は，内閣が原案をまとめ，国会に提出する。

問５　下線⑤に関して，明治時代に政府が国営の工場をつくった目的としてふさわしくないものを１つ選び，記号で答えなさい。

ア　近代的な工業の技術を持っている人を養成するため

イ　民間の産業発展を抑《おさ》え，政府が利益を独占《せん》するため

ウ　輸入していた工業製品を国内で製造できるようにするため

エ　産業を発展させて輸出をさかんにし，国力を上げるため

問６　下線⑥に関して，問に答えなさい。

⑴　江戸時代に，手紙などを運ぶ仕事をしていた人たちを何と呼びますか。ひらがなで書きなさい。

⑵　戦地の兵士と家族を結ぶ軍事郵便という制度があります。太平洋戦争が始まった頃《ころ》から，受取人に届かない手紙が多くなりました。戦地から出された手紙が家族に届かなかった理由として，戦局の悪化で輸送手段が断たれたこと以外に，考えられることを記しなさい。

問７　下線⑦は，現在，国連の専門機関の１つです。国連が機関をつくって取り組んではいないものを１つ選び，記号で答えなさい。

ア　伝染病の予防　　　　　イ　原子力の軍事利用の防止

ウ　産業用ロボットの開発　エ　世界の食糧《りょう》生産と分配の改善

1881年，前島密は⑧大隈重信とともに政府を去り，東京専門学校（現在の早稲田大学）の校長に就任するとともに，関西鉄道会社をはじめ，多くの⑨鉄道事業にも関わりました。そして1888年に政府に戻《もど》ると，⑩逓信《ていしん》省次官として⑪電話事業の発展にも力を尽《つ》くしました。前島はその後，貴族院議員を務め，⑫1919年に亡《な》くなりました。

問８　下線⑧が行ったことを２つ選び，記号で答えなさい。

ア　『学問のすすめ』を書いた　　イ　最初の内閣総理大臣になった

ウ　幕府を倒《たお》す運動に参加した　　エ　立憲改進党の設立に関わった

問９　下線⑨に関して，大正時代になると大都市の近郊《こう》で民間の鉄道会社による鉄道建設がさかんになりました。次のページの資料は1936年に鉄道会社が作成した広告です。（広告の中の横書きの文字は右から左へ読みます。）

⑴　広告の中から，民間鉄道会社が鉄道事業以外に営んでいたと考えられる事業を２つ書きなさい。

⑵　民間の鉄道会社が⑴のような事業を営んだ理由を，鉄道事業との関連をふまえて述べなさい。

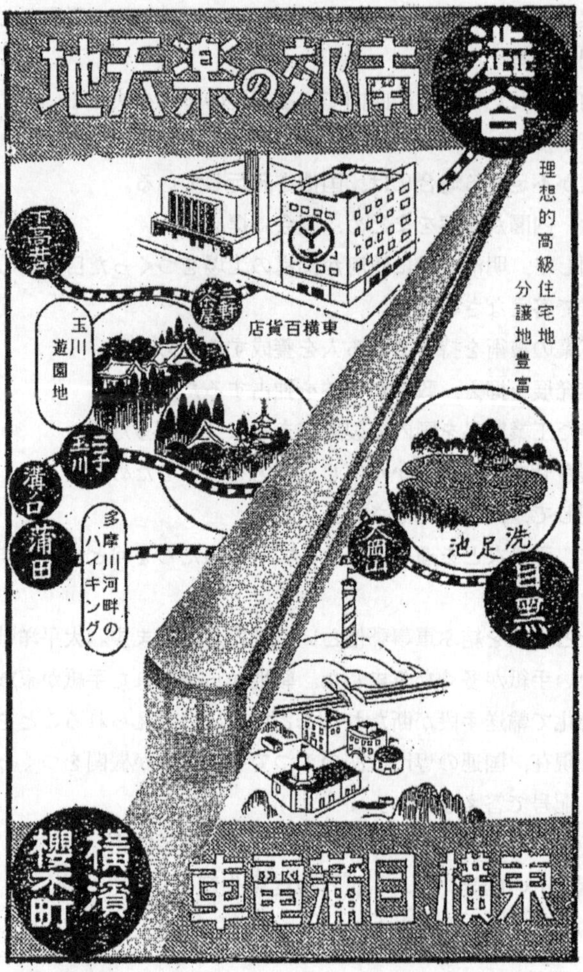

(『旅窓に学ぶ　東日本篇《へん》』ダイヤモンド社　1936年　一部改変あり)

問10　下線⑩に関して，現在，郵便や電話などの通信事業を監督《かんとく》している省を書きなさい。

問11　下線⑪や郵便事業が国営事業で進められた理由として，ふさわしくないものを１つ選び，記号で答えなさい。

ア　通信を発達させるため，郵便や電話を早く各地に普及《ふきゅう》させたかったから。

イ　国営事業なら，地域ごとに異なる料金が設定できると考えたから。

ウ　民間経営では，国家機密を守ることが困難だと考えたから。

エ　外国の企《き》業に頼《たよ》らずに，国内の通信事業を進めようとしていたから。

問12　下線⑫以降の日本に関するできごとを，古い順に記号で並べかえなさい。

ア　東京オリンピックの開催《さい》

イ　ラジオ放送の開始

ウ　財閥《ばつ》の解体

エ　テレビ放送の開始

オ　太平洋戦争の勃《ぼっ》発

Ⅲ　現在の日本には，外国から働きに来ている人々もいますが，労働条件には問題があることも少なくありません。また外国との貿易をめぐって問題も起きています。

問１　働く人を守るために，日本の法律が雇《やと》い主に対して定めていることとして，まちがっているものを１つ選び，記号で答えなさい。

ア　原則として，労働時間は週40時間，一日８時間を超《こ》えてはならない。

イ　労働者を辞《や》めさせる時は，少なくとも30日前に伝えなくてはならない。

ウ　例外的な仕事を除いて，15歳未満の子どもを働かせてはならない。

エ　毎週少なくとも二日以上の休日を与えなければならない。

オ　働く場所が安全で事故がおきないようにしなければならない。

問２　2019年４月から，より多くの職種で外国人労働者の入国が認められるように法律が改正されました。外国人労働者に関して，正しいものを２つ選び，記号で答えなさい。

ア　大企《き》業の多くは，外国人労働者の受け入れ拡大に反対している。

イ　この改正には国内の深刻な労働力不足を補《おぎな》う目的がある。

ウ　同じ業務に就《つ》いていても，日本人と異なる安い賃金が認められている。

エ　建設現場や介護施設などでは高度な意思疎《そ》通が必要なため，外国人労働者を雇うことはできない。

オ　日本で働くすべての外国人は，家族と一緒に日本に滞《たい》在できる。

カ　外国人労働者の受け入れには本来，学んだ技能を持ち帰り，母国の産業育成を支援する目的がある。

問３　日本に暮らす外国人には一切認められていない権利を１つ選び，記号で答えなさい。

ア　平等権　　イ　選挙権　　ウ　集会の自由　　エ　表現の自由

問４　1980年代には日米間で自動車の貿易摩擦《まさつ》が深刻になりました。貿易摩擦の直接的な原因として，もっともふさわしいものを１つ選び，記号で答えなさい。

ア　自国の政府が関税を引き下げることで，輸出品の価格が下落する。

イ　燃料や原料の輸入価格が急激に上昇する。

ウ　ある商品が大量に輸入されることを防ぐため，輸入制限を行う。

エ　ある商品が大量に輸出されるため，国内の商品が品薄《うす》になる。

問５　近年，世界各地に工場をつくり，自動車などを生産するようになりました。現地生産について，まちがっているものを２つ選び，記号で答えなさい。

ア　日本国内でその商品を生産している人々の仕事が減る。

イ　関税をかけられずに現地で販売することができる。

ウ　賃金や土地の使用料などが比較的安く，生産に必要な費用を安くできる。

エ　自動車の部品はすべて日本から運んでくる。

オ　それぞれの国に住む人の好みに合った自動車を，より早く届けることができる。

カ　現地で販売するものだけを生産しており，日本で販売されることはない。

問６　自動車の価格に含まれている費用は「原材料費」「製造・組立費」「宣伝費」「販売費」「研究開発費」の他に何がありますか。１つ答えなさい。ただし人件費，土地の使用料，税金は，それぞれの費用に含まれます。

問７　現在，日本はいくつかの国や地域と自由に貿易できる取り決めを結び，環太平洋パートナーシップ（TPP）協定にも参加しています。自由な貿易の推《すい》進にはつながらないことを１つ選び，記号で答えなさい。

ア　自国の関税を下げる。

イ　それぞれの国が，通貨の交換《かん》を互いに制限しない。

ウ　輸入する時の食品の安全基準を引き上げる。

エ　政治的対立があっても，貿易のルールを各国に等しく適用する。

問８　日本が自由に貿易できる協定を結んでいない国を１つ選び，記号で答えなさい。

ア　シンガポール　　イ　ベトナム　　ウ　フィリピン　　エ　イラン　　オ　タイ

問９　自由な貿易を推進する目的で1995年に発足し，現在，160を超える国・地域が加盟し，貿易に関する国家間の紛《ふん》争を解決する役割も担《にな》っている国際機関を答えなさい。（略称《しょう》でもよい）

問10　外国為替《かわせ》レート（外国の通貨との交換比率）が１ドル150円から１ドル100円になるとします。日本で1500円で売られている商品を，ドルに換算した場合，価格はどのように変わりますか。ふさわしいものを１つ選び，記号で答えなさい。

ア　５ドル上がる　　イ　５ドル下がる　　ウ　15ドル上がる　　エ　15ドル下がる

問11　2015年に日本を訪れる外国人の数が，海外旅行をする日本人の数を上回ったことがニュースになりました。日本を訪れる外国人が急増している原因とは言えないことを２つ選び，記号で答えなさい。

ア　日本に特別な手続きなく入国できる対象国を拡大すること

イ　アジアをはじめ，世界的に海外旅行者が増加していること

ウ　外国為替レートが１ドル100円から150円へではなく，80円へと変動すること

エ　飛行機の就航路線の新設や便数の拡大を行うこと

オ　日本は世界各国より物価水準《じゅん》が低いので，買い物や観光がしやすいこと

カ　ユネスコ無形文化遺産に和食が登録されるなど，日本への関心が高まること

キ　外国人旅行者を増やすため，日本政府が積極的に海外向けの宣伝に取り組むこと

問十　——⑧「そんな技の根絶やし状態」とは、どのような状態のことですか。説明しなさい。

問十一　——⑨「「つくる」ことがわたしたちから遠ざかっていった」とありますが、どういうことですか。最も適切なものを次から選びなさい。

ア　特別な技術を持つ人だけがものを作るようになったこと
イ　使うのではなく鑑賞するものばかり作られるようになったこと
ウ　職人たちが生産地からはなれてあちこちで作るようになったこと
エ　簡単に製品が手に入ることで作れるものを作らなくなったこと

問十二　——⑩「おんぶしてもらったり、もたれさせてもらったりもする」とありますが、他の人に対してどのような関係であると考えられますか。最も適切なものを次から選びなさい。

ア　どんな時も相手に甘《あま》えてしまう関係
イ　強いものが弱いものを助ける関係
ウ　何かを与える代わりに何かをもらう関係
エ　安心して相手を頼《たよ》っている関係

問十三　——⑪「個々人の存在の縮こまり」と最も近い内容を持つものを次から選びなさい。

ア　自分以外の人や物と支え合ってお互いの存在を高めていくことができない状態。
イ　自分以外の人や物とふれあいながら自分が存在する世界を広げることができない状態。
ウ　自分以外の人や物と関わりながら自分の存在の意味を確かめることができない状態。
エ　自分以外の人や物と信じ合ってお互いの存在価値をみつけることができない状態。

三　次のカタカナを漢字に直しなさい。

1　今評判のお菓子のガンソはあの店だ。
2　近所の公園をサンサクする。
3　ハクガク多才な人。
4　教室に学級文庫をモウける。

ウ　存在の基本を見つけられる場所
エ　周りがよく見わたせる場所

問二　――②「人が「つくる」といういとなみから外れた」とはどういうことですか。最も適切なものを次から選びなさい。
ア　人がつくるという仕事を投げ出してしまう
イ　人がつくることの利点に関心がなくなる
ウ　人がつくることの影響《えいきょう》を忘れてしまう
エ　人がつくるという行動をしなくなる

問三　A、B にあてはまる動詞を解答欄《らん》に合わせてひらがなで書きなさい。

問四　――③「他人の仕事とのネットワークのなかでなされてきた」とありますが、たとえば一冊の本ができあがるまでにどのような内容の仕事がありますか。「文章を書く仕事」以外に二つ書きなさい。

問五　――④「物との対話」とは、どのようなことですか。最も適切なものを次から選びなさい。
ア　物を作る人が、ネットフークを通して材料の生産地をよく知ること
イ　物を作る人が、物のよさをひき出そうとみなでよく話し合うこと
ウ　物を作る人が、材料などに直接ふれてその性質をたしかめること
エ　物を作る人が、完成品の用途をきちんと使う人に伝えること

問六　――⑤「じぶんが生きる場の広がりを実感するようになる」とありますが、小学生の感想として、本文の流れに合わないものを次から二つ選びなさい。
ア　何か一つのものを作るにも、さまざまな職種の人が関わっていることを知りました。
イ　物を作るときには、できるだけたくさんの店から材料を集めるのがいいと思います。
ウ　作る人が、自分の作ったものがどのように使われているのかまで考えているのに驚きました。
エ　職人が長い時間をかけてものの作り方を身につけてきたことに気づかされました。
オ　せっかく物を作ったのなら、多くの人に知らせるようにするのがおもしろいと考えました。

問七　二か所ある C に共通して入る適切な語を書きなさい。

問八　――⑥「「消費者」へと座を移していった」とはどういうことですか。最も適切なものを次から選びなさい。
ア　消費に気を取られて作ることを考えず、自然の恵みに目を向けない暮らしをするようになった。
イ　自分の欲望のままに消費するので、作っている他者への配慮《はいりょ》に欠けた暮らしをするようになった。
ウ　作ることを専門家に任せて消費に専念し、自分の役割のみを考えて生活するようになった。
エ　自分では作れないものも手に入れて消費できる、便利で安楽な暮らしをするようになった。
オ　いつでも消費する一方であるので、作ることの意味を失ったまま生活するようになった。

問九　――⑦「おろか」のここでの意味を次から選びなさい。
ア　いいかげんにして　　イ　いうまでもなく
ウ　ばかばかしくて　　エ　とるにたらなくて

当たるまな板の性質も、刃を研《と》ぐ砥石《といし》の性質も熟知していなければならない。さらにそれで野菜を切るのか肉を切るのか、肉でもどの部分を削《そ》ぐのかという用途もまたよく頭に入れておく必要がある。

　こうした人の繋がり、④物との対話、用途の連なり、それらがあればこそ、わたしたちは、身を寄せられるもの、あるいは拠《よ》りどころとできるものの《たしかさ》に安らうことができる。⑤じぶんが生きる場の広がりを実感するようになるのだ。

　ところが、「文明」の進化とともに、人は「つくる」ことの手間を省いて、「つくられた」ものを［C］ほうに、関心を移していった。家や車はもちろん、日用の道具も料理も、作るのではなく［C］ようになった。製造と流通のシステムに「つくる」ことのほとんどを託《たく》すことで、人はホモ・ファーベル（作る人）から⑥「消費者」へと座を移していった。

　便利に、快適になった。が、そうしたシステムに漫然《まんぜん》とぶら下がっているうち、「つくる」という、生きる基本となる能力を損《そこ》なってしまった。気がつけば、調理すること、工作することは⑦おろか、排泄《はいせつ》物を処理することも、赤子を取り上げることも、遺体の清拭《せいしき》や埋葬《まいそう》も、みずからの手ではできなくなった。いのちを繋ぐために世代から世代へと伝えられてきた技《わざ》をも損なってしまった。⑧そんな技の根絶やし状態をとことん思い知らされたのは、大震災《しんさい》でシステムが停止もしくは破綻《はたん》したとき、つい6年前のことである。

　一方で、「つくる」ことは「ものづくり」へと純化され、「創《つく》る」こととして神棚《かみだな》に上げられていった。匠《たくみ》の技として、道具が工芸品や美術品にまつりあげられる。用いられるはずのものが鑑賞《かんしょう》されるものになった。道具は、用いられるものとして、人びとの繋がり、物たちの連なりに根を生やしていたはずなのに。こうして⑨「つくる」ことがわたしたちから遠ざかっていった。

　このことは「つかう」ことの痩《や》せ細りをも招いた。道具は人がじっくり使いこなすものではなくなり、「つかう」はお金を使うことに縮こまっていった。

　「つかう」というのは何かを手段として利用するだけのことではない。人は物だけでなく他の人も使うが、それは簒奪《さんだつ》〈家臣が君主の位をうばい取ること〉や搾取《さくしゅ》〈資本家が労働者の利益を不当にしぼり取ること〉ばかりではない。⑩おんぶしてもらったり、もたれさせてもらったりもする。

　「つかう」とは「つきあい」からくるもの、つまり「付く」と「合う」の縮約形である。そして、道具を使うとは、道具の構造を受け容《い》れることでそれにじわじわ馴染《なじ》みつつ、みずからの可能性を外へと拡《ひろ》げてゆくことであり、そのかぎりで「仕《つか》う」ことでもある。

　さらに「つかう」には「遣《つか》う」の意味もある。人を遣わすとは、だれかをおのれの名代《みょうだい》として送ること。この者の言葉はわたしの言葉と思っていただいてよいと。そういう信頼《しんらい》が「遣う」の核《かく》にある。そういう「つかう」の多層的な意味もまた「つくる」の萎縮とともに失われていったのではないだろうか。冒頭《ぼうとう》にあげた⑪個々人の存在の縮こまりも、おそらくこのことと無関係でない。

（鷲田清一『濃霧の中の方向感覚』）

問一　――①「身の置きどころがない」とありますが、「身の置きどころ」とはどのような場所ですか。最も適切なものを次から選びなさい。

ア　逃げてかくれられる場所

イ　心や体が落ち着いていられる場所

エ　子どもがとても夢中になって遊ぶので、日々の心配事を忘れてしまう。

問七　――⑦とありますが、「『いまここ』を生きる子ども」の様子として、最も適切なものを次から選びなさい。

ア　明日素敵なペンを買ってもらうのを待てずに、棒きれでもよいので今地面に絵を描きたがる。

イ　大人になったらとても忙《いそが》しくなるので、今のうちに心ゆくまで遊んでおこうとする。

ウ　運動会で一等賞をとるために、本当はやりたくない練習でも毎日一生懸《けん》命がんばる。

エ　昨日弟におやつをあげてほめられたことがうれしかったので、今日は妹におやつをあげる。

問八　[⑧]に、子どもの絵について説明する文を入れるとしたら、どのような文が入りますか。二十五字以上三十五字以内で書きなさい。

問九　――⑨「子どものように描く」とありますが、大人と子どもはそれぞれどのように絵を描きますか。説明しなさい。

問十　――A「次の絵」にあたるものを選びなさい。（出題の都合上、一部加工してあります。）

ア

イ

ウ

エ

二　次の文章を読んで後の問いに答えなさい。（わかりにくい言葉は〈　〉内に意味を付記しました。）

居場所がない、①身の置きどころがない、ひとりはじき出されている感じがする、まるでじぶんの存在が消え入る点になったみたいに……。そんな心細い思いが、人をしばしば蝕《むしば》む。ずっと長くそんな不安な思いに沈《しず》み込《こ》んだままの人もいる。

存在のこうした萎縮《いしゅく》は、②人が「つくる」といういとなみから外れたところで起こるのではないかと、このところ思いはじめている。

人は生きるために、みなとともに生きのびるために、土を[A]て米や豆や野菜を作り、それに使う道具を作り、身につける衣装《いしょう》を作り、物を運ぶ車や船を作り、雨風と夜露《よつゆ》をしのぐ家を造ってきた。農作と工作、製作と造作。作ることは、生きることの基盤《きばん》をなすいとなみの一つである。

だから幼稚《ち》園でも小学校でも、子どもにはまず「つくる」ことを教えてきた。料理を作ったり、土を[B]て何かの形にしたり、木を削《けず》って棒を作ったり、紙で箱を作ったり。くりかえすが、作ることは生きることの基本である。

ここで忘れてならないのは、そういう製作が単独の仕事ではなく、③他人の仕事とのネットワークのなかでなされてきたということである。たとえば包丁一つ作るのでも、鍛冶《かじ》職人、刃付け職人、柄《え》作り職人、そして最後に銘《めい》を切り、柄をつけ、包丁に仕上げる産地問屋《どんや》というふうに、異なる人びとの繋《つな》がりがなくてはどうにもならない。

それにくわえて、いずれの職人も作るにあたって材料となる木や鉄がどのような性質をもっているかを知りつくしていないといけない。刃のく説明してくれたそうだ。

そう言われれば、一見稚拙《ちせつ》に見えるこの絵も、［⑧］様子をありありと描いた絵に見えてくる。もし大人の立場から「こう描きなさい」などと指導したら、いかに的外れなことだろうか。せっかくの表現力を大人の理解不足で台無しにしてしまいかねない。

教科書には、「この幼児は、顔という『もの』を描こうとしているのではなく、寝ていたという『こと』を表そうとして様々な工夫をしているのである」と説明がされている。

それでは逆に大人にはこのような絵は描けるだろうか？　大人の絵はつい知識や概念が先行してしまう。もし大人同士が集まって自分の似顔絵を描きましょうということになったら、みな真っ先に鏡を見たり、写真を見たりして、似てるか似てないか、上手く描けるか描けないかということを気にしだすだろう。そういう意識で描かれた絵は、それがいかに自分に似せて描けたとしても所詮《しょせん》はコピー、ニセモノでしかない。

その一方で、この子どもが描いた絵は、似てる似てない、上手い下手という次元を超《こ》えて、ありのままの真実である。ここに大人と子どもの世界の越《こ》えられない大きな壁《かべ》がある。

⑨ピカソは「子どものように描くのに一生涯《しょうがい》かかった」と言ったそうだ。ピカソの絵画活動とは、生涯をかけて子どもの世界を取り戻すことだったのかもしれない。

（阿《おか》　純章『「迷子」のすすめ』）

問一　――①とありますが、「ドギマギする」の意味を次から選びなさい。

ア　はじめてのことで照れている

イ　心配でおそれおののいている

ウ　落ち着きを失ってあわてている

エ　不安と期待で胸が高鳴っている

問二　――②「何か」とありますが、それは何ですか。文中の語を用いて十五字以上二十字以内で答えなさい。

問三　――③「目をまん丸にして」とありますが、このときの女の子についての説明として最も適切なものを次から選びなさい。

ア　あまりの楽しさにいきいきしている

イ　あまりの美しさに驚いている

ウ　あまりの不思議さに用心している

エ　あまりの騒がしさに緊張している

オ　あまりの珍しさに見入っている

問四　［④］に二字の熟語を入れなさい。

問五　――⑤「どちらのほうが音楽の楽しみを知っているだろう？」とありますが、子どもはどのように音楽を楽しみますか。子どもの音楽の楽しみ方を二種類、それぞれ本文中の具体例をあげて説明しなさい。

問六　――⑥とありますが、「頭がカラッポになる」とはどういうことですか。最も適切なものを次から選びなさい。

ア　子どもの遊び方にあまり慣れていないので、体が疲《つか》れて気も抜《ぬ》けてしまう。

イ　子どもが実に楽しそうに遊ぶので、自分がつまらなく思えて情けなくなる。

ウ　子どもの遊び方が本当に自由なので、驚いて何のアイデアも浮かばなくなる。

知っているだろう？　子どもは文字通り「音」を「楽」しむという音楽の本質を理解しているのだ。

（中略）

登園する前の私は、「今日はあれやんなきゃ、これやんなきゃ」と積み重なった仕事が心配で憂鬱《ゆううつ》な気分になることもあるが、⑥子どもたちと遊ぶだけで頭がカラッポになり、自宅に戻《もど》るときには「なんにも……」といった心境になる。すると、なんだか無条件に人生が満たされているような気分になるから不思議だ。

どうやって計測したか知らないが、幼児期の子どもは一日に平均三〇〇回笑うらしい。それに対して大人は一日に平均一五回だという。ちなみに私はこれを書いている本日午後三時の時点でまだ一回だけ……。平均値まであと一四回かと思うと、ますます笑えなくなる。

それはともかく、三〇〇対一五というのが子どもと大人の世界を分ける差だ。この大きな開きは一体何だろう。大人の世界はそんなにも楽しみが少ないのだろうか。それとも大人になると感受性が鈍《にぶ》くなるのか。

いや、大人だって子ども以上に人生の楽しみはあるし、感受性だって枯《か》れてはいない。むしろ子ども以上に人生を深く味わって生きているじゃないか。でも、笑う回数となると、確かに大敗を認めざるを得ない。

その差の理由はいろいろ考えられるのかもしれないが、⑦一番大きな理由は、「いまここ」を生きる子どもと「いまここ」に生きられない大人の差からくるのだろう。幼児心理学では、子どもには時間という概念《がいねん》が希薄《きはく》で、常に「今」だけを生きていると言われている。確かに自分の子どもの頃《ころ》を思い出すと、過去や未来を考えず、とにかく一日が永遠のように長く感じられた。だから笑う時には他のことは一切考えず、今楽しければ今笑う。

ところが、大人になるにつれて思考力が身につくと、「次はこれしなきゃ」「こうしてはいられない」と時間にとらわれて、今必要ではない別のことをあれこれ考えて深刻になってしまう。身体は「いまここ」にあっても、頭の中は先のことばかり。楽しいことがあっても笑えなくなってしまう。

（中略）

A次の絵をご覧いただきたい。私が幼稚園教員免許《めんきょ》を取得するために学んだ教科書に載《の》っていたものだ。今でも子どもと接するときには、常に念頭に置いている座右の書ならぬ、座右の絵になっている。

一体どんな絵かと言うと、ある幼稚園で三歳《さい》の子どもが書いた自画像だという。もし皆さんのご家庭に三歳の子供がいたとして、「これボクだよ」「ワタシだよ」と持ってきたらどんな反応を示すだろうか。

表面上は「うまく描《か》けたね」と言うかもしれないが、内心は、「なぜ白目なの？」「顔はもっと丸いでしょ」「はやく絵画教室に通わせなきゃ」などと思うかもしれない。

でも、担任の先生は、この子どもは何を伝えようとしているのかと思い、直接尋《たず》ねてみたところ、「ぼく、おひるねしたよ」という思いがけない言葉が返ってきたという。つまり、昼寝《ね》をしているのだから、当然、目の玉はなくていいのである。さらにこの子どもは、「寝ているときは横向きになっているよ」と言ったそうだ。それだから体が横に伸《の》びている。そしてまた「寝ているときはおしゃべりしないから口を閉じてるよ」「口は閉じていても鼻でちゃんと息をしてるから大丈夫だよ」と事細か

【国語】（四〇分）〈満点：一〇〇点〉

一　次の文章を読んで後の問いに答えなさい。筆者は幼稚《ち》園の園長です。

子どもの世界にいると、いつも驚《おどろ》きや発見でいっぱいだ。私が幼稚園に入園、いや就《しゅう》任した入園式の時、こんなことがあった。年少児は初めての幼稚園に慣れず、そこら中で「ママー！」とか「やだー！」という叫《さけ》び声や泣き声が聞こえていた。そういう私自身も園児たちとの触《ふ》れ合いはほぼ初めてで内心はどう接してよいか①ドギマギしていた。

そんな時、入園したばかりの女の子が②何かを拾って私のところに駆《か》け寄り、③目をまん丸にして「これ、何？」といって見せてくれた。それは一枚の桜の花びらだった。園庭の桜が満開だったので、花びらが落ちていても珍《めずら》しくもないと思ったが、その子があまりに目を輝《かがや》かせて驚いているので、「きれい、なんだろね」と一緒《しょ》に驚いていると、他の園児たちも集まってきて、「きれいな色！」「かわいい！」などと騒《さわ》ぎはじめた。なかには「これは桜の花びらだよ」と分かっている子もいたが、はじめて桜の花びらを見る子どもにとっては、きっと宝物でも見つけたような気分だったのだろう。すると桜の花びらを持ってきてくれた子が、「これすごくきれいだから先生にあげるね」と言って、私にプレゼントしてくれたのだ。

桜の花は確かに美しいが、毎年当たり前に咲くと思っている大人の見方と、初めてその美しさを発見する子どもとで、その美しさはどう違《ちが》って見えるのだろう。

また、こんなこともあった。ある時、数人の園児が私の耳元に何かを持ってきて、「先生、ほら」と、カサカサと音をたてたのである。何かと思ったら、葉っぱや小枝をクルクルと回し、耳元でその音を聞いてケラケラと笑っているのだ。

大人である私なら、葉っぱは葉っぱ、枝は枝にしか見えないが、子どもはそれを一瞬《しゅん》にして［　④　］にしてしまう。

またある時、園庭の真ん中で園児が一人でピョンピョンと飛び跳《は》ねていた。それも時折リズムが違うので不思議に思っていたら、幼稚園近くの建築中の家から聞こえてくるトンカチの「トン・ト・ト・トーン……」という音にあわせて飛び跳ねていたのである。

子どもが音楽を聴《き》く時は、決して耳だけでは聴いていないのである。音に合わせて跳ねるかもしれない。手足をバタバタさせて地べたに転がるかもしれない。奇声《きせい》を発するかもしれない。頭のてっぺんから足のつま先まで、全身で自由に表現する。聴いた音を聴いたままに受け入れる。全身が音楽になりきってしまうのである。だから音楽の上手《うま》い下手もない。

大人の場合、音楽というのは、先《ま》ずそれが誰《だれ》の演奏か、何の楽器を使っているのか、技術はどうか、今流行《はや》っているのか、などの知識的な理解から入ろうとするが、子どもはそんなことは一切気にしない。彼らにとって音楽とは、大人がつくった既成《きせい》の楽器を演奏したり、童謡《どうよう》を歌ったりするだけではなく、身の周りで奏《かな》でられる音すべてが音楽であり、大人の音楽世界よりもずっとスケールが大きい。子どもの音楽世界は宇宙そのものであるといっても大げさではないように思う。

坐《すわ》って腕《うで》組みしながら聴いて、隣席《りんせき》の人が拍手《はくしゅ》したのを見てあわてて拍手をするような大人と比べたら、⑤どちらのほうが音楽の楽しみを

MEMO

大切なことはメモしておこうネ！

2020年度

解 答 と 解 説

《2020年度の配点は解答欄に掲載してあります。》

＜算数解答＞ ≪学校からの正答の発表はありません。≫

1. (1) $\frac{19}{64}$ (2) 40.5cm^2 (3) 角㋐ 75度 角㋑ 14度 (4) 65円
(5) 9月23日 (6) 解説参照

2. (1) $3\frac{9}{17}$cm (2) 12.6cm **3.** (1) 素数 (2) 積(が)1 (3) 円周(が)直径

4. ア 40.71 イ 32.87 ウ 13.71

5. (1) 4，44 (2) A9 G13 (3) 17，5

6. (1) (姉) 毎分45m (妹) 毎分35m (2) 9時52分，10分40秒，9時58分

○推定配点○
各4点×25(1(6)，3(2)・(3)，6(1)は各完答) 計100点

＜算数解説＞

1. (四則計算，数の性質，平面図形，相似，割合と比，消去算)

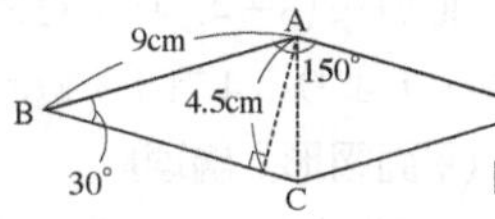

問1

(1) $\square=20\div\frac{32}{3}\times\frac{13}{40}-\frac{5}{16}=\frac{39}{64}-\frac{20}{64}=\frac{19}{64}$

重要 (2) 図1より，9×4.5＝40.5(cm²)

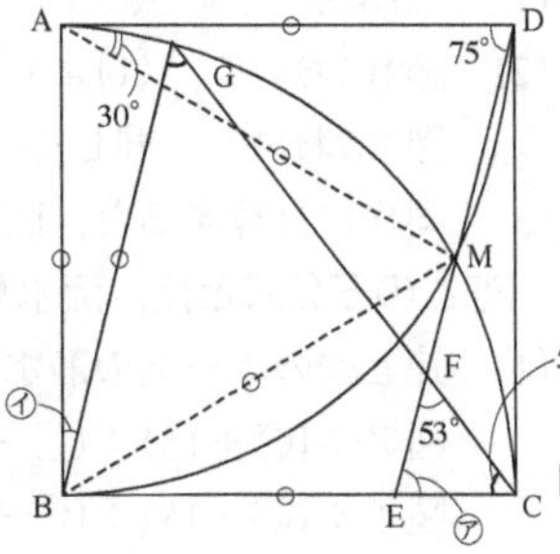

問2

重要 (3) 図2において，三角形ABMは正三角形であり二等辺三角形AMDの底角MDAは{180－(90－60)}÷2＝75(度)であるから，平行線の錯角により，角㋐も75度

三角形ECFにおいて，角ECFは180－(75＋53)＝52(度)で，二等辺三角形BCGの頂角GBCは180－52×2＝76(度)であるから，角㋑は90－76＝14(度)

やや難 (4) ジャガイモ1個，ニンジン1本の値段をそれぞれ●，○で表す。

●×4×(1－0.1)＝●×3.6＝○×3…①

●×2＋●×3.6＋○×5＝●×5.6＋○×5＝754…②

したがって，①×$\frac{5}{3}$より，●×6＝○×5，

②より，●×5.6＋●×6＝●×11.6＝754であり，

●は754÷11.6＝65(円)

重要 (5) Aさんは2日周期，Bさんは3日周期，Cさんは4日周期であり，1週間は7日であるから，これらの数の最小公倍数12×7＝84(日後)すなわち7月1日を入れて85日目は85＝31×2＋23より9月23日

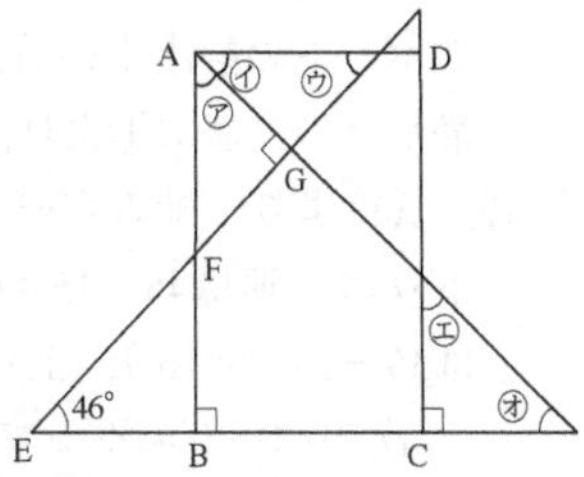

基本 (6) 右図において，三角形EBFとAGFは相似で○アは46度，平行線の同位角より，○エも46度，平行線の錯角より，㋒も46度である。

㋐	㋑	㋒	㋓	㋔
○	×	○	○	×

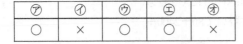

重要 **2.** (平面図形，相似)

(1) 右図において，三角形ADEとFCEは相似であり

EDが⑤のとき，⑤＋⑫＝⑰が5cmに相当する。

したがって，ABは$5\div17\times12=\frac{60}{17}$(cm)

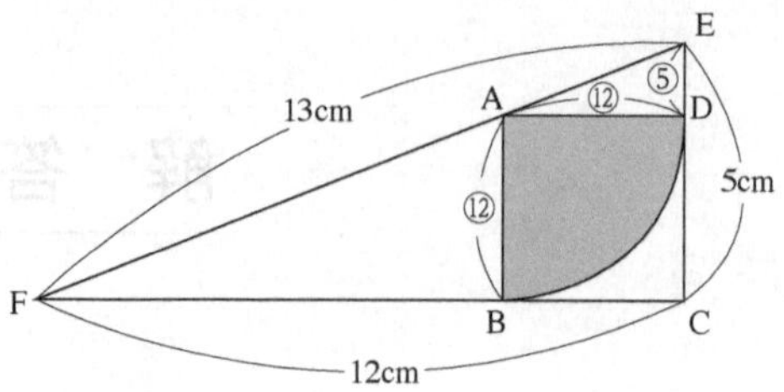

(2) (1)より，$\frac{60}{17}\times2+\frac{60}{17}\times2\times3.14\div4=$

$\frac{60}{17}\times3.57=6\times2.1=12.6$(cm)

基本 **3.** (数の性質，平面図形)

(1) 素数…2，3，5以下，2から97まで25個

(2) 積が1…7の逆数は$\frac{1}{7}$

(3) 円周が直径(の何倍）…直径がアcmの円の内側に接する正六角形の周はアcmの3倍

重要 **4.** (平面図形，図形や点の移動，立体図形，速さの三公式と比，割合と比，グラフ)

ア…6×4＋3×4＋3×2×3.14÷4＝36＋4.71＝40.71(cm)

イ…右のグラフにおいて，6cmと3cmの辺上を進む時間は等しく，DEの時間は(16.71－9.21)÷5＝1.5(秒)である。

したがって，BD：CDは1.5：(16.71－14－1.5)＝1.5：1.21であり，CDに相当する辺上の長さは6÷1.5×1．21＝4.84(cm)，イは40.71－(3＋4.84)＝32.87(cm)

ウ…アより，4.71＋3＋6＝13.71(cm)

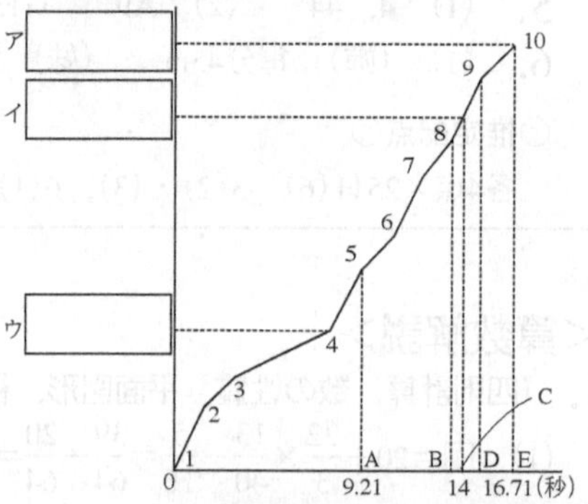

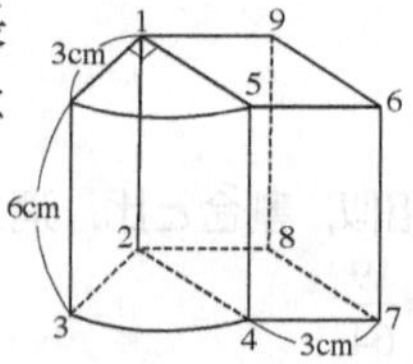

重要 **5.** (平面図形，論理)

(1) 図1より，○の数は4個，これらの数の和は8＋12＋15＋9＝44

(2) 図2において，(1)より，Aは44－(15＋9＋11)＝9

図3において，同じく，Gは44－(8＋12＋11)＝13

(3) 同様に計算すると，図4より，最大が17，最小が5

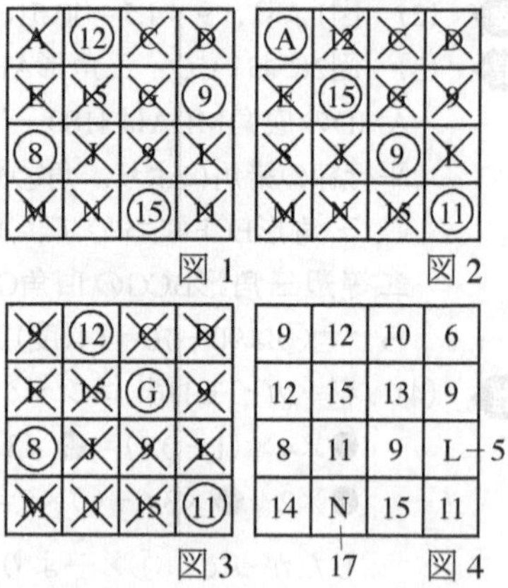

図1　図2　図3　図4

＋α **6.** (速さの三公式と比，流水算，割合と比，鶴亀算，単位の換算)

(1) 姉と妹のボートの静水上の分速をそれぞれ◎，○で表す。

図ア：(◎＋15)：(○－15)＝1.8：0.6＝3：1…①

図イ：(◎－15)：(○＋15)＝0.9：1.5＝3：5…②

①, ②の場合,「下りの分速＋上りの分速」は◎＋○になり，変わらない。

したがって，①の比を6：2に変換すると，

(◎＋15)：(◎－15)＝6：3＝2：1であり，図ウより，姉のボートの静水上の分速は15×3＝45(m)，妹のボートの静水上の分速は①より，(45＋15)÷3＋15＝35(m)

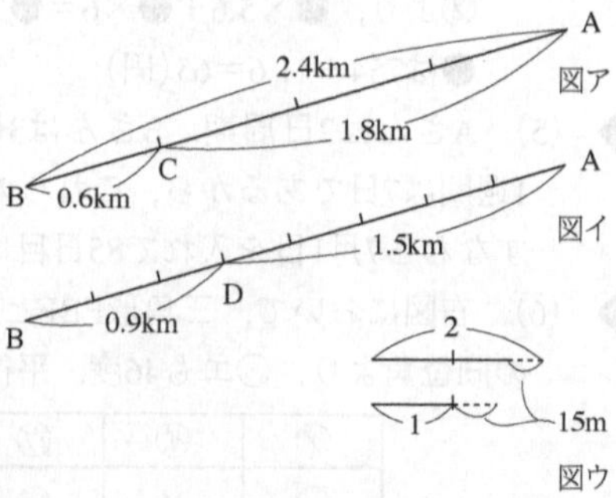

図ア　図イ　図ウ

(2) (1)より，姉のボートの上りの分速は45－15＝30(m)，下りの分速は45＋15＝60(m)，妹のボートの下りの分速は35＋15＝50(m)，上りの分速は35－15＝20(m)である。

次のページのグラフにおいて，妹のボートは2400÷50＝48(分)にBに着いて48＋2400÷20＝168(分)にAに着き姉のボートは2400÷30＝80(分)にAに着いて80＋2400÷

60＝120(分)にBに着く。点Fを共有する2つの三角形の対応する辺の比は72：88＝9：11であり，2人は80＋(120−80)÷(9＋11)×11＝102(分後)すなわち1時間42分後の8時10分＋1時間42分＝9時52分に出会う予定であった。妹がAB間の中央まで進んだ時刻は48＋1200÷20＝108(分後)の9時58分であり，このとき，実際に2人が出会ったことになる。したがって，姉が流速15mで下った時間は，{60×(108−80)−1200}÷(60−15)＝$10\frac{2}{3}$(分)すなわち10分40秒である。

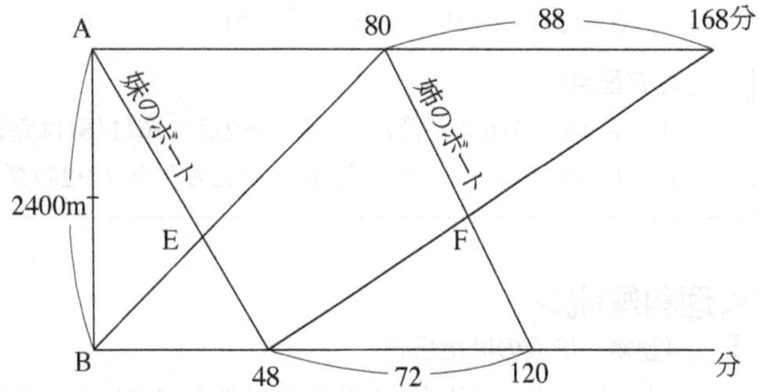

★ワンポイントアドバイス★

見かけほど簡単ではない問題は今年度も1.(3)「角度」であり,(4)「□日おき」の意味を的確につかまないとまちがえる。4.「グラフ」は一見するほど難しくはなく，5.「整数の表」，6.「流水算」も問題自体は難しくない。

＋α は弊社HP商品詳細ページ(トビラのQRコードからアクセス可)参照。

＜理科解答＞

≪学校からの正答の発表はありません。≫

Ⅰ　1 ウ　2 B, D　3 でんぷん液の濃さと量　4 ア

5 (例) 40℃ででんぷんを消化することができるが，100℃で加熱するとはたらきを失う。

6 ア　(理由)(例) 種が呼吸できるように，空気にふれさせるため。

7 ア，ウ

Ⅱ　1 (1) ウ　(2) ① X　② 冬至　(3) D, H, I

(4) ① ア　② オ　③ ア　④ エ　⑤ ア　⑥ カ　(5) イ

(6) ① (方角) 北　(向き) イ

②

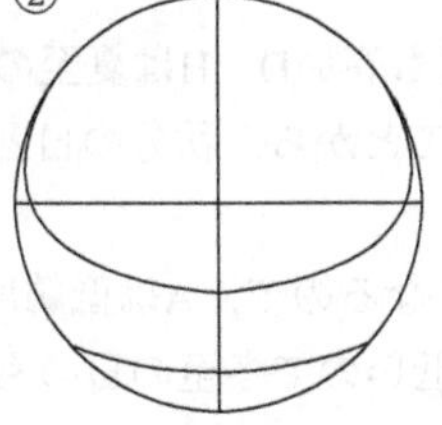

③

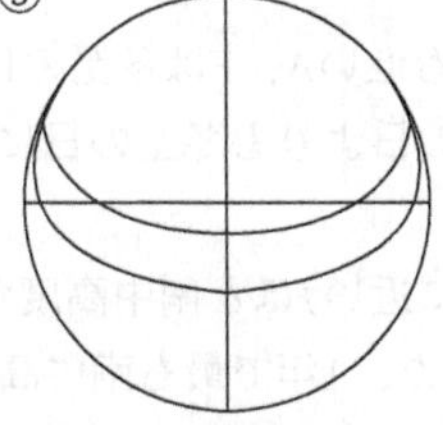

2 (1) イ　(2) (例) 日食が起こり，太陽の光による熱が月でさえぎられたから。

Ⅲ　1 (1) ウ　(2) エ　(3) (例) 出てくる白色固体を見やすくするため。

(4) ア，エ　(5) 22.74　(6) ② エ　③ ア　(7) ウ

2 (1) (食塩) A　(石灰石) D　(ろう) C　(2) 水素　(3) エ

Ⅳ　1 ① 8　② 60　③ 120　④ 240

2 (グラフ2) (ア) C　(イ) A　(ウ) B

(グラフ3) (ア) B　(イ) A　(ウ) C

3 15　4 C, A, B　5 ① 24　② 21　③ 18　6 9

7 (1) (長さ) 18　(重さ) 240　(2) 左　(3) 3：2

8 (長さ) 21　(重さ) 330

○推定配点○

Ⅰ 各2点×7(6は完答)　Ⅱ 各2点×16(1(6)は完答)　Ⅲ 各2点×13

Ⅳ 1 各1点×4　他 各2点×12(2のグラフ2・2のグラフ3・7(1)・8は各完答)　計100点

<理科解説>

Ⅰ (動物―だ液のはたらき)

1 でんぷんは，エタノールや冷水にはとけないが，あたためた水と混ぜ合わせるとのりのような状態になり，でんぷん液を作ることができる。

基本 2 でんぷんがあるとヨウ素液の反応が見られる。実験1の試験管B，実験2の試験管Dではヨウ素液の反応が見られなかったことから，でんぷんの消化が起きてでんぷんがなくなったと考えられる。

重要 3 だ液のはたらきについて調べる実験を行うので，だ液以外の条件はすべてそろえて実験を行う。このようにして行う実験を対照実験という。

4 でんぷんとヨウ素液は少量でもじゅうぶんに反応するので，でんぷん液に加えるヨウ素液は数滴でよい。

5 試験管Dではヨウ素液の反応がなかったことから，40℃ではだ液はでんぷんを消化するはたらきをもつことがわかる。また，ヨウ素液の反応があったことから，ふっとうした湯で加熱した試験管Cにはでんぷんが残っていることがわかる。この結果から，だ液は100℃に加熱すると，そのはたらきが失われることがわかる。

基本 6 発芽前の種も呼吸をしているので，空気にふれさせて呼吸できるようにする。

やや難 7 断片Xをのせた寒天のようすで，胚がある種の断片のあった部分とその周囲でヨウ素液の反応がなかったことから，胚がある種でアミラーゼがはたらくことと切断された種でアミラーゼがはたらくこと，種の外でもアミラーゼがはたらくことがわかり，実験開始3日後の断片Xにはでんぷんが含まれていないことがわかる。実験開始3日後の断片Yをのせた寒天ではヨウ素液の反応があったことからでんぷんが種に含まれていることはわかるが，種に含まれているでんぷんの量が実験開始時と同じであるかどうかは確認できない。

Ⅱ (太陽と月―太陽の動き)

基本 1 (1) 図2から，南中高度が最も低いA，Fは冬至の日，最も高いD，Hは夏至の日であることがわかる。「ある日」は，夏至の日よりも冬至の日に近いことから，秋分の日と冬至の日の間であると判断できる。

基本 (2) 北半球では低緯度(赤道に近い)ほど南中高度が高くなるので，Aは低緯度にあるX地点のものであることがわかる。また，1年で最も南中高度が低いので冬至の日のものである。

重要 (3) 春分の日と秋分の日の太陽は真東からのぼり，夏至の日の太陽が最も北寄りからのぼる。よって，A～Eの中では，Aが冬至の日，Cが春分の日，Dが夏至の日，Eが秋分の日を表しているので，日の出の位置が真東より北寄りとなるものは，Dのみである。また，F～Jの中では，Fが冬至の日，Gが春分の日，Hが夏至の日，Jが秋分の日を表しているので，日の出の位置が真東より北寄りとなるものは，HとIである。

やや難 (4) 図1から，南中高度は1年を通してX地点の方が大きいことがわかる。図1において，半球表面の太陽の移動経路の長さが昼の長さを表している。図1で，X地点，Y地点それぞれの半球表面の太陽の移動経路は，最も長い一番右が夏至の日のもの，真ん中が春分の日・秋分の日のもの，最も短い一番左が冬至の日のものである。それぞれの長さを比べると，夏至の日は

Y地点の方が長く，冬至の日はX地点の方が長く，春分の日は長さが等しいことがわかる。

やや難　(5)　X地点とY地点で南中高度が同じとき，右の図のように，日の出・日の入りの位置がY地点の方が北寄りにあるため，半球表面の太陽の移動経路の長さはつねにY地点の方が長くなる。

基本　(6)　①　太陽は真南にきたときに最も高くなるので，図3では下側が南とわかる。よって，上(ア)は北，左は西，右は東となる。また，太陽は東からのぼって西にしずむので，図3において，太陽の移動の向きはイとなる。

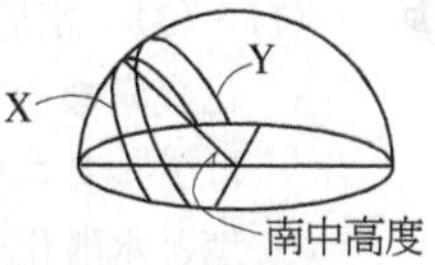

②　冬至の日の太陽は，真東よりも南寄りからのぼり，真西よりも南寄りにしずむ。また，南中高度は1年で最も低く，昼の長さも一年で最も短くなる。図1のY地点の太陽の移動経路を示したものうち，最も左側の経路が冬至の日のもので，これを真上から見たものを図示すればよい。　③　図1で，夏至の日の太陽の移動経路は，X地点，Y地点ともに最も右側のものである。X地点の太陽の移動経路は，Y地点のものと比べて，日の出，日の入りの位置はY地点よりも南寄り，南中する位置はY地点よりも北寄りであることがわかる。

基本　2 (1)　一晩中，月を見ることができなかったことから，新月であることがわかる。新月になるのは太陽と地球の間に月があるときなので，太陽から見ると，地球の手前に月があるように見える。

(2)　晴れた日，気温以外の気象条件の変化がない場合，太陽光の熱であたためられた地面によって空気はあたためられる。グラフ中の中の影の範囲の時間帯では気温があまり上昇していないことから，太陽光の熱による地面をあたためるはたらきがほとんどなかったと考えられる。新月の晴れた日で，太陽光が地面に届かなくなるという点から，「ある天文現象」は，月が太陽光をさえぎる日食であると判断することができる。

Ⅲ　(水溶液―ものの溶け方・水溶液の性質)

基本　1 (1)　ろ過の装置では，ろうとの先のとがったほうをビーカーの先につける。

(2)　水溶液はすべて透明である。海水のこおる温度は真水よりも低い。海水は真水よりも温まりやすく冷めやすい。ふつう，温まりやすいものは冷めやすく，温まりにくいものは冷めにくい。

(3)　出てくる固体が白色なので，はっきりと見やすくするためには，白色が目立ちやすい黒色の鍋を使うとよい。

(4)　ア…水100gに溶ける量の差が最も大きいのは塩化マグネシウムで，73.3－54.6＝18.7(g)である。イ…温度が高くなると，硫酸カルシウムの溶ける量は少なくなる。ウ…食塩(塩化ナトリウム)や硫酸カルシウムは，温度が変化しても溶ける量はあまり大きく変化しない。エ…水の温度が20℃から100℃に変化すると，食塩の溶ける量は37.8gから41.1gに変化し，硫酸マグネシウムの溶ける量は33.7gから50.4gに変化することから，20℃と100℃の間で，食塩と硫酸マグネシウムの溶ける量が同じになる温度があると考えられる。オ…0℃の水にも物質は溶ける。

重要　(5)　海水中の白色固体の割合は3.4％，白色固体中の食塩の割合は78％なので，海水1kgに含まれている食塩は，1000(g)×0.34×0.78＝26.52(g)である。また，水に溶ける物質の量は，水の重さに比例するので，20℃の水10gに溶ける食塩の量は，$37.8(g)\times\frac{10(g)}{100(g)}=3.78(g)$である。よって，海水1kgを煮詰めて10gにし，20℃に冷やしたときに出てくる食塩は，26.52－3.78＝22.74(g)である。

重要　(6)　煮詰めていくと水の量が少なくなり，同じ量の水に溶ける量が少ないものから順に溶けきれずに固体として出てくる。表中のもので，100℃の水に溶ける量が最も少ないのは硫酸カルシウムなので，一番はじめに出てくる白色のにごり(下線部②)は硫酸カルシウムである。次に出てくる白色のにごり(下線部③)は，その次に溶ける量が少ない食塩である。

重要 (7) 鍋の底に溶けきれなくなった白色固体が出てきても，すべてが出てきたわけではなく，まだ液には白色固体が溶けている。水溶液は濃度が均一なので，液中のどの部分も濃度にちがいはない。

重要 2 (1)・(3) 水に浮かぶCはろうであることがわかる。ろうを加熱したときに発生する気体は二酸化炭素なので，うすい塩酸を加えて二酸化炭素が発生するDは石灰石とわかる。水に沈むのはアルミニウムと石灰石で，Dが石灰石だからEはアルミニウムとわかる。水に溶けるのは食塩と水酸化ナトリウムであるが，Bの水溶液のほうが二酸化炭素が多く溶けることから，Bが水酸化ナトリウムであることがわかる。水酸化ナトリウム水溶液はアルカリ性の水溶液，食塩水は中性の水溶液である。二酸化炭素は水に溶けると酸性を示し，アルカリ性と中性の水溶液では，中和反応が起こるアルカリ性の水溶液のほうがより多く溶ける。

重要 (2) アルミニウムにうすい塩酸を加えると水素が発生する。

Ⅳ (力のはたらき―ばね)

重要 1 30gのおもりで，ばねA，B，Cはそれぞれ2.0cm，3.0cm，1.5cmのびるので，何もつるさないときのばねA，B，Cの長さはそれぞれ8.0cm，6.0cm，12.0cmとわかる。

よって，グラフ1において，ばねA～Cのグラフは右の図のようになる。

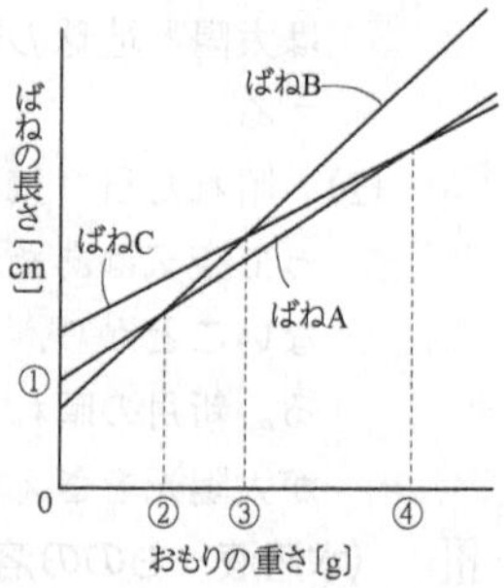

① ばねAに何もつるさないときの長さなので，ばねAに30gのおもりをつるしたときの長さが10.0cmだから，何もつるさないときの長さは，10.0－2.0＝8.0(cm)。よって，①の値は8である。

② ばねAとばねBの長さが等しくなるときのおもりの重さなので，表より値は60である。

③ ばねBとばねCの長さが等しくなるときのおもりの重さなので，表より値は120である。

④ ばねAとばねCの長さが等しくなるときのおもりの重さである。表から，ばねAとばねCは，おもりの重さが30g重くなるごとに，長さの差が0.5cmずつ短くなることがわかる。おもりの重さが30gのときの長さの差は，13.5－10.0＝3.5(cm)だから，長さが等しくなるのは，30gから$30(\mathrm{g})\times\frac{3.5(\mathrm{cm})}{0.5(\mathrm{cm})}=210(\mathrm{g})$重くなったときなので，④の値は，30＋210＝240である。

やや難 2 グラフ2…ばねを同じ長さだけのばすのに必要なおもりの重さを考える。ばねを6.0cmのばすのに必要なおもりの重さは，(ばねA)長さが10.0cmと16.0cmのときを比べて，120－30＝90(g)，(ばねB)長さが9.0cmと15.0cmのときを比べて，90－30＝60(g)，(ばねC)長さが13.5cmと19.5cmのときを比べて，150－30＝90(g)となる。これらから，アはばねC，イはばねA，ウはばねBとわかる。

グラフ3…1より，おもりの重さを30g増やしたときのばねののびは，ばねAが2.0cm，ばねBが3.0cm，ばねCが1.5cmであるから，アがばねB，イがばねA，ウがばねCとわかる。

基本 3 ばねAは30gで2.0cmのびるので，1cmのばすのに必要なおもりの重さは，30(g)÷2＝15(g)

4 ばねがかたいほど，同じ重さのおもりをつるしたときののびは小さくなり，ばねを同じ長さだけのばすのに必要なおもりは重くなる。よって，ばねのかたい順は，のびにくい順を考えればよいので，C，A，Bの順になる。

重要 5 ① ばねA，ばねBのそれぞれに60gの力がはたらくので，表より，ばねAの長さは12.0cm，ばねBの長さは12.0cmである。よって，長さの和は，12.0＋12.0＝24.0(cm)

② ばねAには60g，ばねBには30gの力がはたらくので，表より，ばねAの長さは12.0cm，ばねBの長さは9.0cmである。よって，長さの和は，12.0＋9.0＝21.0(cm)

③ ばねAには60gの力がはたらき，ばねBには力がはたらかないので，表より，ばねAの長さは

12.0cm，1より，ばねBの長さは6.0cmである。よって，長さの和は，$12.0+6.0=18.0(\text{cm})$

基本 6　図のようにして，棒の真ん中に30gのおもりをつるすと，左右のばねにそれぞれ15gの力が加わる。ばねAは30gの力で2.0cmのびるので,15gでは，$2.0(\text{cm})\times\frac{15(\text{g})}{30(\text{g})}=1.0(\text{cm})$のびる。よって，ばねの長さは，$8.0+1.0=9.0(\text{cm})$

基本 7 (1)　おもりは棒の真ん中につるしているので，ばねBとばねCに加わる力の大きさは等しい。同じ大きさの力がはたらき，ばねBとばねCの長さが等しくなるのは，1より，それぞれのばねに120gの力がはたらいたときで，それぞれのばねの長さが18.0cmになるときである。よって，ばねの長さは18cm，つるしたおもりも重さの合計は，$120(\text{g})\times2=240(\text{g})$である。

(2)　2より，同じ大きさの力が加わると，ばねBの方がのびが大きくなるので，棒は左が下がる。

やや難 (3)　棒の真ん中に600gのおもりをつるしたとすると，ばねBとばねCにはそれぞれ300gの力が加わる。このとき，ばねBの長さは，$6.0(\text{cm})+3.0(\text{cm})\times\frac{300(\text{g})}{30(\text{g})}=36.0(\text{cm})$，ばねCの長さは，$12.0(\text{cm})+1.5(\text{cm})\times\frac{300(\text{g})}{30(\text{g})}=27.0(\text{cm})$となり，ばねBの方が9cm長くなる。そこで，ばねBに加わる力を30g小さくし，ばねCに加わる力を30g大きくすると，ばねBの長さは，$6.0(\text{cm})+3.0(\text{cm})\times\frac{(300-30)(\text{g})}{30(\text{g})}=33.0(\text{cm})$，ばねCの長さは，$12.0(\text{cm})+1.5(\text{cm})\times\frac{(300+30)(\text{g})}{30(\text{g})}=28.5(\text{cm})$となり，長さの差は4.5cmとなり，ばねBからばねCに力を30g移動させると，長さの差が4.5cm縮まることがわかる。よって，ばねBとばねCを同じ長さにするには，ばねBからばねCに力を60g移動させればよいことがわかる。つまり，ばねBの力を$300-60=240(\text{g})$，ばねCの力を$300+60=360(\text{g})$にすればよい。ばねに加わる力の大きさは，ばねをつるす位置からの距離に反比例するので，ばねBとばねCに加わる力の大きさの比が，240：360＝2：3だから，おもりをつるす位置からばねBまでとばねCまでの距離の比は，3：2となる。

やや難 8　棒の左端から6：5の位置におもりをつるすと，ばねBとばねCに加わる力の大きさの比は5：6となる。また，30gのおもりを何個かつるしているので，おもりの重さは30の倍数となる。これらのことから，おもりの重さを$30(\text{g})\times(5+6)=330(\text{g})$とする。このとき，ばねBに加わる力の大きさは，$330(\text{g})\times\frac{5}{5+6}=150(\text{g})$，ばねCに加わる力の大きさは，$330-150=180(\text{g})$で，それぞれのばねの長さは，ばねBは，$6(\text{cm})+3(\text{cm})\times\frac{150(\text{g})}{30(\text{g})}=21(\text{cm})$，ばねCは，$12(\text{cm})+1.5(\text{cm})\times\frac{180(\text{g})}{30(\text{g})}=21(\text{cm})$となる。よって，おもりの重さが330gのとき，それぞれのばねの長さが21cmで等しくなる。

★ワンポイントアドバイス★

問題数や問題のタイプから40分の試験時間は厳しいだろう。また，実験の条件や結果などから考察が必要な問題や，計算を要する問題も多く出題されているので，しっかりと練習を重ね，速さと正確さを身につけていこう。

＜社会解答＞ ≪学校からの正答の発表はありません。≫

Ⅰ 問1 (1) エ (2) (例) 和歌の多くは貴族などによって詠まれたので，社会の様子を正確に描いているとは限らないから。 (3) ウ (4) ア・ウ 問2 オ→エ→イ→ア→ウ 問3 (1) ア・オ (2) イ・エ 問4 ウ 問5 ウ
問6 (1) ウ (2) エ (3) ア

Ⅱ 問1 (1) ア・カ (2) (例) 雪が積もった時でも人が通りを歩くことができるようにするため。 (3) (北陸) イ (九州・沖縄) ウ 問2 イ・カ
問3 (1) ウ→イ→ア→エ (2) イ 問4 ア 問5 イ 問6 (1) ひきゃく
(2) (例) 軍による検閲が行われたり，被災や疎開などにより住所が不明になったから。
問7 ウ 問8 ウ・エ 問9 (1) (例) 住宅地の開発・百貨店の経営
(2) (例) 鉄道沿線の住宅・施設ならば人を集めやすく，鉄道の利用客も増やすことができるから。 問10 総務(省) 問11 イ 問12 イ→オ→ウ→エ→ア

Ⅲ 問1 エ 問2 イ・カ 問3 イ 問4 ウ 問5 エ・カ 問6 輸送(費)
問7 ウ 問8 エ 問9 世界貿易機関[WTO] 問10 ア 問11 ウ・オ

○推定配点○
Ⅰ 各2点×12(問1(4)・問2・問3(2)各完答)
Ⅱ 各3点×18(問1(1)・問2・問3(1)・問8・問9(1)・問12各完答)
Ⅲ 各2点×11(問2・問5・問11各完答) 計100点

＜社会解説＞

Ⅰ (日本の地理・歴史―輸送から見た日本)

やや難 問1 (1) 『風土記』は各国別にまとめられた古代の地理書(地誌)で，713年に元明天皇(位707～715年)によって諸国に編纂が命じられた。その国の地名の由来や地形・産物・地域に伝わる伝承や昔話などが記され，中央の朝廷が地域の様子を把握しようとしたものである。現在では常陸や出雲などの5つの『風土記』が残っているが，完全なものは『出雲国風土記』だけである。
ア 『風土記』は，人々が地方ごとに団結できるようにしたことを目的とするものではない。
イ 『風土記』は和歌を収集したものではなく，文学を国家全体でさかんにしようとしたものではない。 ウ 『風土記』は各国別の地誌であり，絵図ではなく，地方の人々が道に迷わないように役立てたこともない。 (2) 古代の和歌の多くは，皇族や貴族などの知識人によって作られたものであった。『万葉集』に収められている，農民の苦しい生活を表した「貧窮問答歌」を作った山上憶良も中級貴族の役人であり，農民だったわけではない。農民をはじめとした当時の人々を題材とした和歌の多くは，これらの皇族や貴族などの知識人が当時の農民などの人々の気持ちになって詠んだものである。したがって，それらの和歌は，当時の人々の生活の実情よりも，知識人たちの人々に対する思い入れが大きく反映されている。そのためそのような性格の和歌からは，当時の農民などの人々のくらしの実態を断定することはできない。 (3) 律令制度下での税には，租(口分田を支給された農民に収穫高の約3%の稲を課した)・調(成年男子に課された，地方の特産物を中央に納めた)・庸(成年男子に課された，都での10日間の労役の代わりに布を納めた)・雑徭(成年男子に課された，国司のもとで年60日以内の労働)・兵役(成年男子に課された，国ごとの軍団で勤務)がある。その中で租以外は成年男子を対象として課されたものであり，女性よりも男性の負担が重いことがわかる。 ア 律令制度下では班田収授法で男女に口分田が与えられたが，男子には2段，女子はその3分の2なので均等に与えられたものではない。 イ 租

の税率は一律に収穫量の約3％なので，女性が多い家に関して，収穫量に対して租の税率が下がることはない。　エ　特産物を納入するのは「調」であるが，これは成年男子に課されたもので女性は課税対象ではなかった。　(4)　平安時代に班田収授法が崩れてくると，朝廷は地方の政治を国司に任せるようになった。国司は担当する国で税を集める責任者とされた(ア)が，彼らは毎年定められた税額を中央の朝廷に納めればよかった。そのため彼らの中には以前よりも税を重くしたり，自分の収入を増やすために不正な税を取り立てたりする者もいた。また国司の任期は4年であったので，引き続き希望する国の国司に任命されるように，藤原氏などの都の有力貴族に貢物を送ったりもした(ウ)。　イ　国司には4年の任期があったので，何世代にもわたって地域を支配することはなかった。　エ　国司には，地域の農民を集めて都で警備を行う義務はなかった。

基本　問2　アの応仁の乱が起ったのは1467年，イの二度にわたって九州地方に攻めてきた元軍と御家人が戦ったのは1274年と1281年，ウの桶狭間の戦いは1560年，エの承久の乱は1221年，オの壇ノ浦の戦いは1185年である。したがって，これらのできごとを古い順に並べると，オ→エ→イ→ア→ウの順になる。

問3　(1)　ア　二毛作とは，同じ耕地で表作と裏作のように1年間で種類が異なる2種類の作物を作ることである。鎌倉時代から米の裏作に麦を栽培する二毛作が西日本一帯で行われるようになった。　イ　座は鎌倉・室町時代の商工業者の組合であるが，彼らが有力な貴族や寺社に税を納めることで製造や販売の独占権を認めてもらうものなので，誰でも自由に商工業が行えるわけではない。　ウ　土地を深く耕すことができる備中ぐわが広く使われるようになったのは，鎌倉・室町時代ではなく江戸時代である。　エ　足利義満が建てたのは，銀閣ではなく金閣である。
オ　能は，足利義満の保護下で観阿弥・世阿弥父子が田植えの際に農民が躍った田楽，あるいは猿楽をもとにして大成させた演劇である。また，能の合間には狂言が演じられた。　(2)　中世から近世にかけて活動した，馬を用いた運送業者を馬借という。馬借は日頃から集団で行動し，都市と農村を結ぶ街道を通行していたので，世の中の事情に詳しく，いろいろな地域の人々とつながりを持ち，協力することが可能であった(イ)。また当時，交通路は必ずしも安全とは限らなかったので，馬借たちは輸送する品物を盗賊などから守るために自ら武装することもあった(エ)。そのため，馬借はしばしば一揆の中心となって活動した。　ア　当時の運送業者(馬借)は，農民と利害が対立していたことはなく，正長の土一揆などでも行動をともにしている。　ウ　当時の運送業者が安全な輸送のために，支配者に対して関所で通行税を取ることを求めたことはない。

問4　江戸時代に五街道が定められ，幕府が街道の整備や管理を行った目的は，地方で反乱などが起こった場合にすぐに制圧することができるようにするため(イ)や江戸から地方に早急に情報を送ることを可能にするため(ア)などの主として，政治・軍事的な必要性からであった。また，1635年に参勤交代の制度が定められると，大名たちがその移動で使用するためにも整備が進められた(エ)。しかしそのような幕府の政策の結果として，人々の往来が増加し，宿場町が発展し，商人の力を強めることになった。したがって，ウの「宿場町を栄えさせ，商人の力を強める」ことは，幕府が街道の管理や整備を行った目的ではなく，結果である。

基本　問5　江戸時代には蝦夷地におけるアイヌの人々との交易は，北海道南部の渡島半島に置かれた松前藩に独占権が認められていた。この交易で松前藩が米・木綿・小袖などを，アイヌ側が乾燥鮭・ニシン・鶴・鷹・トド油などを提供し，交換が行われていた。したがって，松前藩がアイヌの人々から米を買い入れたことはない。

重要　問6　(1)　釧路は，太平洋に面した場所に位置している。他方，流氷はオホーツク海でできた氷が風や海流によって南下し，北海道のオホーツク海沿岸に押し寄せるもので，その時期は1月下旬から2月上旬である。また流氷の南限は北海道のオホーツク海沿岸であり，太平洋に面した釧路は流氷の南限ではない。したがって，選択肢ウの「流氷の南限に位置するため」は，釧路の8月の気温が低いことの理由ではない。 (2) 北海道で牛乳向けの生乳処理量が少ないのは，北海道は関東に比べると東京などの大消費地から遠いため(選択肢ア)であり，北海道に安い外国製の牛乳が入ってくるためではない。 (3) 日高山脈の南端にあるのは，宗谷岬ではなく襟裳岬である。宗谷岬は，北海道の稚内市にある日本の本土における最北端の場所である。

Ⅱ (総合―近代の郵便制度や鉄道から見るた日本)

やや難 問1 (1) ア 設問中の地図には方位記号が見られないので，この地図の方位は上方が北となる。他方，この地図の標高を示す数字は，地図中の「今池橋」の上側に「13」,「鴨島三丁目」の下側に「10」,「東城町三丁目」の右上に「5」とある。「今池橋」・「鴨島三丁目」・「東城町三丁目」はこの地図中の川沿いの下側から上側に順に並んでいることから，この地図で示された地域は南から北の方面にいくにしたがって低くなっていることがわかる。したがって，この地図中の川は,「南に向かって流れている」のではなく「北に向かって流れている」ことになる。 カ たかだ(高田)駅の線路沿いには，この地図中の「仲町三丁目」の左下に工場を示す地図記号「☼」がみられるので,「工場がない」ことはない。 (2) 雁木は新潟県の商店街などでみられる雪よけの屋根のことであり，秋田県や青森県でも同様のものがみられる。これは連なった民家や商店街の店が軒を延ばして，ひさしを道路側に突き出すようにしたものである。従来は木製で作られていたが，最近ではそれ以外のものもみられる。雁木の目的は雪が積もる時期にも交通の障害を取り除いて，人が通れるような生活路を確保することである。しかし，一方で日当たりが悪くなるなどの欠点もある。 (3)「北陸」・「東北」・「四国」・「九州・沖縄」の4つの地域の中で「北陸」は米の生産量が多く，水田単作地帯であることから農業産出額の中で米の割合が半分以上を示すグラフの「イ」,「九州・沖縄」は他の地域に比べて畜産が盛んなので農業産出額の中で畜産の割合が最も多いグラフの「ウ」があてはまる。なお，グラフの「ア」は「四国」,「エ」は「東北」の農業産出額の割合を示したものである。

問2 イ 薩摩半島は鹿児島県南部にある半島で，鹿児島湾の西岸に位置する。半島の北西部には冠岳，南部には開聞岳があり，南西部の坊津にはリアス海岸もみられるが，薩摩半島がリアス海岸で囲まれているということはない。 カ 鹿児島県の漁業生産額は75200トン(2017年)で，他方，長崎県の漁業生産額は317100トン(2017年)である。したがって，鹿児島県は九州でもっとも漁業生産額が多い県ではない。

問3 (1) アの日英同盟の締結は1902年，イの領事裁判権の撤廃は1894年，ウのノルマントン号事件1886年，エの(日本とイギリスが)共に国際連盟の常任理事国となったのは1920年である。したがって，これらのできごとを古い順に並べると，ウ→イ→ア→エの順になる。 (2) アメリカの大統領の資格として，アメリカ合衆国憲法では①合衆国市民であること，②35歳以上の者，③14年以上合衆国の住民であることが規定されている。したがって，アメリカの大統領は，必ず国会議員であることにはなっていない。

基本 問4 国の予算は，その年の4月1日から翌年の3月31日までの会計年度の歳入と歳出の見積もりのことである。したがって，次年度の予算は，前年度に納められた税金の範囲内で決めるものではない。

問5 明治時代に政府が国営の工場をつくったのは，近代的な工業技術を持っている人を養成して(ア)，それまで輸入していた工業製品を国内で製造できるようにして近代産業を育成すること(ウ)である。さらに近代産業を発展させたことで，国力を上げること(エ)もある。しかし政府が国営の工場をつくることで，民間の産業発展を抑え，政府が利益を独占するためということはない。

重要 問6 (1) ひきゃく(飛脚)は，江戸時代に手紙・小さな荷物・金銭などを送り届ける仕事をしていた人々のことである。その種類には幕府の公用を行っていた継飛脚，江戸と大名の国元を結んでいた大名飛脚，民間の町飛脚があった。　(2)　日本の軍事郵便制度は日清戦争の時に始まり，1945年の敗戦まで存在していた。軍事郵便は戦地の野戦郵便局が集配を行い，戦地の兵士と故国の家族･知人の間のコミュニケーション手段となっていたが，太平洋戦争時に戦局が悪化すると，戦地からの輸送手段が断たれたことによって，しだいに届きにくくなった。また軍事郵便には内容についての検閲制度があったため，戦局の悪化などに関する当時の政府や軍部にとって都合の悪い内容が記されていた場合には，政府によって配達が止められて家族などのもとに届けられなくなっていった。さらに太平洋戦争末期には，国内の家族も被災・疎開したことによって住所不明となることもあり，戦地からの郵便も家族らのもとに届けることが不可能になる状態も増加していた。

問7　国連には経済社会理事会に属している専門機関，国連の常設機関，国連総会で承認を得て設立された国際機関などの多くの機関があり，様々な業務に取り組んでいる。他方，選択肢ウの産業用ロボットの開発は主に国や民間の研究機関や企業によって行われており，国連が機関をつくって取り組んでいることではない。なお，選択肢アの伝染病の予防を行っているのは専門機関の世界保健機関(WHO)，イの原子力の軍事利用の防止は国際機関の国際原子力機関(IAEA)，エの世界の食糧生産と分配の改善は専門機関の国連食糧農業機関(FAO)によって取り組まれている。

問8　大隈重信(1838～1922年)は，佐賀県出身の政治家である。彼は佐賀藩の武士の家に生まれ，幕末には幕府を倒す運動に参加した(ウ)。明治維新の時期に外交などで活躍したことで中央政府に抜擢されて政府の要職を務めたが，明治14年の政変(1881年)で一時失脚した。その後，1882年に立憲改進党を設立する(エ)などの政党の活動に関与しながらも，たびたび大臣の要職も務めた。1898年に初めて内閣総理大臣となり，さらに1914年には再び内閣総理大臣となって第一次世界大戦に参戦した。なお，アの『学問のすすめ』を書いたのは福沢諭吉(1834～1901年)，イの最初の内閣総理大臣になったのは伊藤博文(1841～1909年)である。

やや難　問9　(1)　設問の広告中の右上に「理想的高級住宅地分譲地豊富」とあるので，この鉄道沿線で住宅地の開発が行われていたことが推測できる。また広告の上方には「東急百貨店」とあるので，この鉄道会社が百貨店の経営・運営もしていることが伺える。さらに広告中の「洗足池」・「玉川遊園地」・「多摩川河畔のハイキング」の記述がそれぞれ鉄道沿線の駅名の周囲に書かれていることから，この鉄道会社が沿線にさまざまなレジャー施設をつくっていることもわかる。

(2)　鉄道会社の利益の中心は，人や物を運ぶことで生じるものである。そのため利益を増やすには，鉄道の利用客を増加させることが必要である。また人を移動させる事業の特性から，移動先の地域を開発したり，施設などを経営したりすることで鉄道事業以外の利益も期待できる。そのため鉄道沿線に住宅地を開発したり，さまざまなレジャー施設などをつくって，経営・運営することで人を集めやすくし，さらにそれらの住宅や施設を鉄道で結び付けることで，それらの施設を利用するための鉄道の旅客も増やすことができ，鉄道事業とその他の事業の両方で利益を得ることができる。

問10　総務省は，行政組織や公務員制度・地方行政・選挙・消防・情報通信などの監督・指導を行う国の行政機関(省)である。したがって，現在，郵便や電話などの通信事業を監督しているのは総務省である。

基本　問11　近代の郵便事業は1840年にイギリスで始まり，日本では1871(明治4)年に発足した。この近代の郵便事業の特色は，①国営事業として行われること，②全国のどこでも均一料金であること，③料金は郵便の配達前に支払われることの３点であり，日本を含めた世界各国がこの制度を取り入れた。したがって，イの「国営事業なら，地域ごとに異なる料金が設定できると考えた」ということは，郵便事業が国営事業で進められた理由ではない。

問12　アの東京オリンピックの開催は1964年，イのラジオ放送の開始は1925年，ウの財閥の解体は1945～1947年，エのテレビ放送の開始は1953年，オの太平洋戦争の勃発は1941年である。したがって，これらのできごとを古い順に並べると，イ→オ→ウ→エ→アの順になる。

Ⅲ　(政治―労働問題・貿易に関する諸問題)

問1　働く人を守るために，日本が雇い主(使用者)に対して定めている法律の1つが，労働基準法(1947年)である。その労働基準法の第35条1項には，「使用者は，労働者に対して，毎週少なくとも1回の休日を与えなければならない。」とある。したがって，エの「二以上の休日」の部分は誤りである。

やや難　問2　外国人労働者が生まれる大きな原因として，労働者を送り出す国の経済的な遅れによる働き場所の不足，および労働者を受け入れる国の経済発展による労働力不足がある。日本は少子高齢化などにより，近年は労働力不足が著しくなったことで，その不足を外国人労働者で補おうとしている(イ)。他方，日本の外国人労働者は技能研修制度などにより，一定の期間日本で学んだ後，その技術や技能を持ち帰って母国の産業発展に活かすことを基本としていた(カ)が，2019年4月から「特定技能」を有している外国人労働者は日本に長く受け入れることができるようになった。

ア　日本の大企業の多くは外国人労働者の受け入れ拡大に反対ではなく，賛成している。　ウ　同じ業務において，日本人と比べて外国人労働者を安い賃金で使用することは認められていない。　エ　2019年4月から，「特定技能」の外国人を建設業や介護などの14業種で雇うことができるようになった。したがって，建設現場や介護施設で外国人労働者を雇うことができる。　オ　日本で働く外国人の中で「特定技能」1号にあたる人は家族と一緒には日本に滞在できないので，日本で働くすべての外国人が家族と一緒に日本に滞在できるわけではない。

問3　日本国憲法第15条1項では，「公務員を選定し，及びこれを罷免することは，国民固有の権利である。」とされている。また同第43条1項では，「両議院は，全国民を代表する選挙された議員でこれを組織する。」とある。したがって，現段階では日本に暮らす外国人には選挙権は一切認められていない。

問4　貿易摩擦とは外国からの輸入が急増することで国内の産業が打撃を受け，貿易収支や国際収支が赤字となることを原因として，輸出国と輸入国間で発生する紛争のことである。したがって，ある商品が大量に輸入されることを防ぐため，輸入制限を行うことは，貿易摩擦の直接的な原因となる。　ア　自国の政府が関税を引き下げることで価格が下落するのは，輸出品ではなく輸入品である。　イ　燃料や原料の輸入価格が急激に上昇しても，それらの燃料や原料を購入せざる得ない国もあるので，貿易摩擦の直接的な原因とはならない。　エ　ある商品が大量に輸出されるために国内の商品が品薄になることは，貿易ではなく国内の経済の問題である。

重要　問5　エ　現地生産とは企業が海外に生産拠点を移して，その地で生産活動を行うことである。したがって，そこで生産される製品だけでなく製品の作製に必要な部品もできるだけ現地で調達しようとするので，自動車の部品をすべて日本から運んでくることはない。　カ　現地生産された製品は現地で販売されるのが基本であるが，近年は現地生産された安い製品を本国に逆輸入して販売する方法も行われ，日本の企業も現地生産された製品を日本に逆輸入して販売していることも多い。したがって，現地生産は現地で販売するものだけを生産しているわけではなく，その製品が日本で販売されないこともない。

重要　問6　自動車の本体価格といわれるものの費用には，「原材料費」・「製造・組立費」・「宣伝費」・「販売費」・「研究開発費」の他に，生産工場から販売店などへ運ぶための費用である輸送費が含まれている。

問7　自由な貿易を推進することは，輸入品への高い関税や輸入品の制限をなくすことである。「輸入する時の食品の安全基準を引き上げる」ことは，輸入品の制限をなくすのではなく厳しくすることなので，自由な貿易の推進にはつながらない。

問8　日本は自由に貿易を行うための経済連携協定〔EPA〕をアのシンガポール(2002年)・イのベトナム(2009年)・ウのフィリピン(2008年)・オのタイ(2007年)などの国と結んでいるが，イランとはまだこのような協定を結んでいない。

問9　世界貿易機関〔WTO〕は，それまでの「関税及び貿易に関する一般協定〔GATT〕」に代わって，ウルグアイで開催された多国間貿易交渉(ウルグアイ・ラウンド)で合意された成果を実施するために1995年に設立された国際機関である。その本部はスイスのジュネーブに置かれ，加盟国・地域による閣僚会議を最高意思決定機関としている。

基本　問10　1ドル150円の時に日本において1500円で売られている商品は，ドルに換算すると10ドル(1500÷150)となる。他方，1ドル100円の時には，日本において1500円で売られている商品は15ドル(1500÷100)となる。したがって1ドルが150円から100円になると，日本において1500円で売られている商品はドルに換算すると10ドルから15ドルになるので，5ドル上がることになる。

問11　ウ　外国為替レートが1ドル100円から80円になることを，円高という。円高は日本の通貨である円の価値が上がり，その他の通貨の価値が下がることになるので，日本を訪れる外国人にとっては日本においてあらゆる物の値段が上がることになり，旅行費用も高くなる。したがって，このような円高の状態の時には日本を訪れる外国人にとっては負担が増えることになるので，日本を訪れる外国人が急増する原因とはならない。　オ　日本は世界各国よりも物価水準が低いことはなく，むしろ高い。したがって，日本より物価水準が低い他の国々から日本を訪れる外国人にとって，日本で買い物や観光がしやすいことはなく，日本を訪れる外国人が急増する原因とはならない。

★ワンポイントアドバイス★

かつてのように設問数は多くないが，文章選択問題にしても短答式の問題にしても全体的に思考力や判断力を試す問題が多くを占めている。また1行の説明問題も複数あり，思考力や判断力に加えて表現力も試される問題になっている。

＜国語解答＞　≪学校からの正答の発表はありません。≫

一　問一　ウ　　問二　(例)　園庭ではじめて見つけた一枚の桜の花びら。

問三　イ　　問四　楽器

問五　・(例)　葉っぱや小枝をまわしてカサカサと音を立てて笑い合うなど，身の周りで奏でられるすべての音を音楽として楽しむ。

・(例)　音に合わせて，飛び跳ねたり，手足をバタバタさせたり，奇声を発したり，全身で自由に表現しながら楽しむ。

問六　エ　　問七　ア

問八　(例)　子どもが横向きになり，口を閉じて鼻で息をしながら，昼寝をする(様子)

問九　大人　(例)　知識や概念が先行して，上手に描こうと意識して描く。

子ども　(例)　描く対象と似てる似てない，上手い下手という次元を超えて，ありのままの真実を描く。

問十　ウ

二　問一　イ　　問二　エ　　問三　A　たがやし(て)　　B　こね(て)
問四　・(例)　文字を校正する仕事。・(例)　印刷して製本する仕事。
問五　ウ　　問六　イ・オ　　問七　買う[購入する]
問八　オ　　問九　イ
問十　(例)　私たちが消費者として便利で快適なシステムに漫然とぶら下がっているうちに，生きる基本となるつくる能力を損ない，さらに，いのちをつなぐために世代から世代へと伝承されてきた能力までも損なってしまった状態。
問十一　ア　　問十二　エ　　問十三　イ
三　1　元祖　2　散策　3　博学　4　設(ける)

○推定配点○
一　問一・問三・問四・問六・問七・問十　各3点×6　　他　各4点×6
二　問十　5点　　他　各3点×15
三　各2点×4　　計100点

＜国語解説＞

一　(随筆－展開・細部表現の読み取り，空欄補充，記述，ことばの意味)

問一　「ドギマギ」とは，平静さを失ってうろたえあわてる様子を意味する。傍線①直前からもわかるように，筆者は園児たちとの触れ合いが初めてで，動揺していたのである。解答はウになる。アの「照れている」は，傍線①の文脈では読み取れない。イは「あわてている」という意味がない選択肢であり，誤答になる。エの「不安と期待」も「ドギマギ」の意味にあわない。

問二　傍線②以降の文脈をおさえることで，「何か」の内容をとらえることができる。傍線③直後には，「一枚の桜の花びらだった」とある。そして，「園庭の桜が満開だった」のである。それは，その子にとって，「はじめて桜の花びらを見る」機会だったのである。以上の情報をおさえて解答を作る。「はじめて見る／はじめて見つけた」＋「一枚の桜の花びら」という内容を中心にする。

問三　傍線③直後に「その子があまりにも目を輝かせて驚いている」とある。傍線③の部分で，女の子は驚いているのだ。その後，女の子は「すごくきれいだから先生にあげるね」と発言している。ここから，女の子が花の美しさに驚いていたことがわかる。「あまりの美しさ」「驚いている」とある，イが正解になる。アは「驚いている」という，女の子の心情がない。ウは「用心している」がおかしい。エは「騒がしさ」「緊張」などの表現がおかしい。オは「珍しさ」がおかしい。

基本　問四　空欄④を含む段落の内容をおさえて，あてはまる熟語を考える。子どもたちは，「葉っぱ」や「枝で，自分たちが楽しむことができる音を作り上げたのである。空欄④以降，「大人の場合，音楽というのは……」で始まる段落内に，「楽器」という熟語がある。音を作り出したのであるから，空欄④には，「楽器」があてはまる。

やや難　問五　「子どもの音楽の楽しみ方」を具体例とともにまとめる問題である。子どもが子どもなりに音楽を楽しんでいる具体的な様子は，傍線⑤までに二点書かれている。一つは，空欄④直前に書かれた，葉っぱと枝で音を立て，ケラケラと笑う楽しみ方である。これは，傍線⑤直前にあるように，身の周りで奏でられる音をすべて音楽だととらえる楽しみ方である。また，傍線⑤より前の「子どもが音楽を聴く時……」で始まる段落には，音に合わせて，跳ねたり，手足をバタバタさせたり，奇声を発したりする楽しみ方が書かれている。これは，同じ段落に表現されているように，全身で自由に表現する楽しみ方だと言える。以上の二点をまとめる。

問六　傍線⑥直前に「心配で憂鬱な気分になることもあるが」とある。つまり，心配で憂鬱な気分から頭がカラッポになるのである。心配ごとを忘れることができるという意味である。「夢中になって遊ぶ」「心配事を忘れてしまう」とある，エが正解になる。

問七　「いまここ」を生きる子どもと，「いまここ」に生きられない大人を対比して考えると分かりやすい。「いまここ」を生きる子どもは，時間という概念が希薄で，常に「今」だけを生きているのである。一方，「いまここ」に生きられない大人は，過去や未来のことをあれこれと考えてしまうのである。選択肢の中で，「いまここ」だけを生きているのは，ア。アが解答になる。イは「大人になったら」と未来を考えている。ウは「一等賞をとるために」と未来を考えている。エは「昨日……」と過去にこだわっている。

問八　空欄⑧以前の，「でも，担任の先生は……」で始まる段落に着目する。段落内の子どもの説明は，「昼寝をしていた」「横向きになっていた」「口を閉じ，鼻で息をしていた」とある。「そう言われて見れば……」と筆者も納得しているのだから，当然，その三点が絵に含まれているのだ。三点をまとめて，子どもの絵について説明した解答を作る。

問九　傍線⑨より前の部分に着目して，解答の手がかりを見つける。まず，大人だが，「それでは逆に大人は……」で始まる段落に，大人の描き方がまとめられている。大人は知識や概念が先行して，上手く描けるか描けないかを気にするのだ。「知識や概念が先行する」＋「うまく描こうと意識する」という内容を中心にまとめる。次に子どもだが，「その一方で，この子どもが描いた……」で始まる段落に，子どもの描き方がまとめられている。似てる似てない，上手い下手の次元を超え，ありのままの真実を描くのである。大人の場合も子どもの場合も，段落の表現を活用してまとめることができる。

重要　問十　選ぶポイントは，「昼寝」「横向き」「口を閉じ，鼻で息をしていた」である。ただし，まさに横向きになっている「ア」には，鼻がない。そこで，筆者が「なぜ白目なの？」「目の玉はなくていい」と記したことに着目する。白目になっている絵が，ウのみである。ウは，白目で，目の玉がないが，それが子どもにとって寝ている様子になるのだろう。そして，ウは横向きである。口を閉じ，鼻を開いて息をしている。

二　(随筆文－主題・細部表現の読み取り，指示語，空欄補充，記述，ことばの意味)

問一　身の置きどころがなくなることで，傍線①以降にあるように，「心細い思い」や「不安な思い」につながるのである。逆に考えると，身の置きどころがあれば，「心細い思い」や「不安な思い」は少なくなり，「心や体が落ち着く」のだろう。「心や体が落ち着いていられる」とある，イが正解になる。

問二　「いとなみ」とは，行動という意味。「いとなみから外れた」とは，ここでは，その行動をしなくなったという意味になる。傍線⑤以降の，「ところが，『文明』の進化……」で始まる段落にも，「人は『つくる』ことの手間を省いて……」と記されている。人は作ることをしなくなったのだ。「つくるという行動をしなくなる」とある，エが正解になる。

問三　A　空欄Aに続く文脈から，農業に関係することがわかる。直前に「土」とあるので，耕すのである。解答は「たがやし(て)」となる。B　土から何かを作るのである。陶器などを作るとき，まずは土をこねる。空欄Bは「こね(て)」になる。

問四　書籍が出版されるまでのプロセスを考えて解答する。書かれた後，文字などが正しいかどうか，校正作業が行われる。また，できあがったものは，印刷して製本される。以上のようなプロセスを思い描き，具体的に二つ書く。

問五　傍線④直前の段落を解答の手がかりにする。「物との対話」とは，材料がどのような性質を持っているかを知りつくすことである。いずれの職人も性質を熟知していないと，正しく作ることにはつながらない。以上の点をふまえて，選択肢を確認する。材料の性質をよく知ることに関係する,「直接ふれてその性質をたしかめること」と書かれたウが正解になる。

問六　ア　傍線③の後にある,「たとえば」以降に記された具体例からも読み取れる。包丁であっても,作り上げられるのに,さまざまな人が関わっている。アは,感想として正しい。

イ　物はさまざまな人の繋がりによってできていると述べられているが,たくさんの店から材料を集めた方がいいという感想につながる内容は書かれていない。イは,まちがった感想である。

ウ「それにくわえて……」で始まる段落には,包丁がどのように使われるのかを職人たちが考えている,ということが書かれている。ウは,感想として正しい。エ　傍線⑦直後に,「いのちを繋ぐために世代から世代へと伝えられてきた技」とある。職人たちが身につけてきた技も,同じように伝わってきた技だと考えられる。エは,感想として正しい。オ　作り上げたものを伝えるという話題は,この文章の内容には合わない。オは,感想として正しくない。

基本　問七　空欄C以降には,「消費者」とある。消費者は,作られた製品を購入する。そのため,Cには,「買う」「購入する」などの言葉があてはまる。

問八　傍線⑥前後の内容から考える。傍線⑥直前にあるように,「つくる」ことのほとんどを託すようになってしまったのである。そして,傍線⑥直後にあるように,「つくる」という生きる基本となる能力を失い,さまざまなことが自らの手ではできなくなり,世代から世代へと伝えられてきた技も失ってしまったのである。つまり,「つくる」ことが意味していたものを失って生活することになってしまったのである。解答は,「消費する一方」「作ることの意味を失ったまま生活する」とある,オになる。エは,「『消費者』へと座を移していった」ことを説明しているが,その意味を深く掘り下げていない。「作ることの意味を失ったまま生活する」と,意味を掘り下げたオが正解になる。

問九「AはおろかBまでも」という形がある。「Aは言うまでもなく,Bまでも」という意味になる。「金はおろか命まで奪われてしまう」などと用いる。ここでは,「工作すること」は言うまでもなく,「排泄物を処理することも,赤子を取り上げることも……」,みずからの手ではできなくなったという文脈である。解答は,「いうまでもなくて」とある,イになる。

重要　問十「そんな」は,傍線⑧直前の内容を指している。そのため,傍線⑧が含まれる段落内の情報をおさえることで,解答を作り上げることができる。傍線⑧の最初に「便利に,快適になった」とある。その便利で,快適なシステムに漫然とぶら下がって,人は生きる基本となる「つくる」能力を損なったのだ。さらに,人はいのちを繋ぐために世代から世代へと伝えられてきた技も損なってしまった。以上の点をまとめて,解答を作る。

やや難　問十一　傍線⑨が含まれる段落内の情報に着目する。用いるものではなく,「匠の技」として美術品に祭り上げられたのである。鑑賞されるものになってしまったのである。それが,「『つくる』ことがわたしたちから遠ざかっていった」状態なのである。誰もが自ら用いるために「つくる」のではなく,鑑賞のための芸術品のように,芸術家のような一部の人がつくるものになってしまったのだ。解答はアになる。

問十二　おんぶしてもらう。もたれさせてもらう。以上の表現から,相手に頼っていることがわかる。解答は「安心して相手を頼っている」とある,エになる。アは「どんな時も」とあり,おかしい。「どんな時も」という意味までは,傍線⑩から読み取れない。

問十三　傍線⑩以降の部分に,「つかう」の意味がまとめられている。「つかう」には,みずからの可能性を外へと広げていくという意味があるのだ。そのような「つかう」の多層的意味も,「つくる」の委縮とともに失われていったという文脈である。この部分の「縮こまり」とは,「自分が存在する世界を広げることができない状態」とある,イに結びつく。

基本 三　（漢字の書き取り）

1　ここでは，最初という意味である。「祖」には，最初という意味以外に，父母の父母という意味がある。その意味で，「祖父」「祖母」などの言葉がある。

2　特別な目的もなく，ぶらぶら歩くこと。つまり，「散歩」である。

3　広い分野にわたって，豊かな知識を持っていること。「博学多才」とは，豊富な知識がある上，才能も豊かなことを意味する。

4　ここでは作り備えるという意味。作り備えられた問題のことを，「設問」という。

★ワンポイントアドバイス★

記述問題は，解答の手がかりが明確なものが多い。文章構成などを意識して，解答の手がかりを正確にとらえ，書くべき内容をていねいに判断して欲しい。取り組み方をまちがえなければ，確実に得点できる。

MEMO

大切なことはメモしておこうネ！

2019年度

★★★★★★★★★★★★★★★★★★★★★★★

入　試　問　題

2019年度

女子学院中学校入試問題

【算　数】（40分）　　＜満点：100点＞

【注意】　計算は問いの下の空白のところにしなさい。円周率は3.14として計算しなさい。

1．次の □ にあてはまる数を入れなさい。

⑴　$\left(\frac{7}{37}+\frac{2}{185}\right)\times\left(0.5-0.18\div1\frac{2}{25}-\frac{1}{673}\right)=$ □

⑵　図のように，半径８㎝，中心角90°のおうぎ形の中に半径４㎝の半円と，半径２㎝の半円があります。影《かげ》をつけた部分の面積は □ cm^2です。

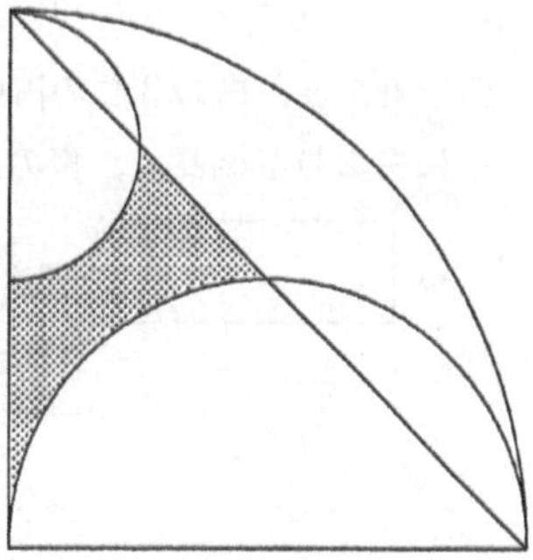

⑶　ある数Ｘの逆数を，［Ｘ］で表すとします。たとえば，［３］＝$\frac{1}{3}$，［0.25］＝４　です。

①　$\frac{1}{1-[A]}=3$　　Ａは, □

②　$\frac{1}{1+\frac{1}{1-[6]}}=B$　　Ｂは, □

(4)　図の四角形ABCDは正方形で，点Oは円の中心です。辺ABと直線EFは平行です。太線の図形は，直線EFを対称《しょう》の軸《じく》とした線対称な図形です。

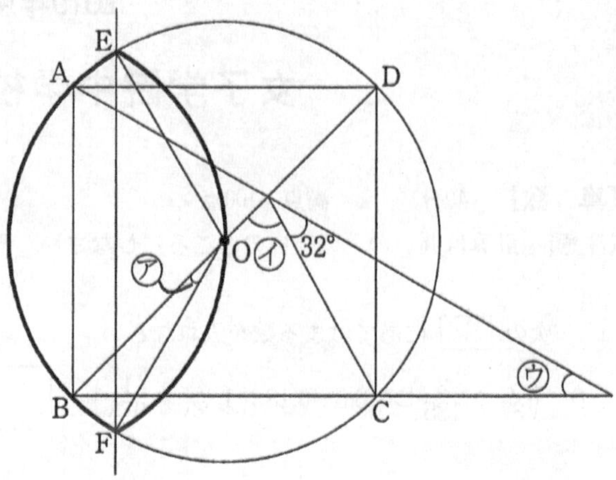

角㋐は [　　] 度　角㋑は [　　] 度　角㋒は [　　] 度

(5)　青，赤，白の３つの円柱の形をした積み木があります。底面積は３つとも同じです。赤の高さは白より５㎝高く，青の上に白をのせたものと赤の高さの差は，青の高さの$\frac{3}{5}$です。青の高さは [　　] ㎝または [　　] ㎝です。

２．図１のように，半径１㎝の円をＡからＤまで太線に沿ってすべらないように転がしました。ただし，AB＝５㎝，CD＝５㎝，ＢからＣの曲線は半径４㎝の円の円周の一部です。

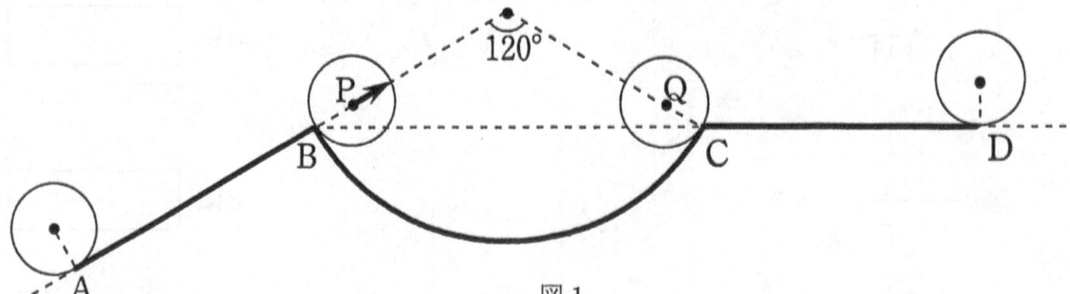

図１

(1)　円の中心が動いてできる線の長さを求めなさい。ただし，答えは小数第２位を四捨五入しなさい。

式：

答え　　　　　　㎝

⑵　円の中心がPにきたとき，図1のように円に矢印をかきました。円の中心がQにきたときの矢印を図2にかきこみなさい。また，矢印と点線との角度もかきこみなさい。

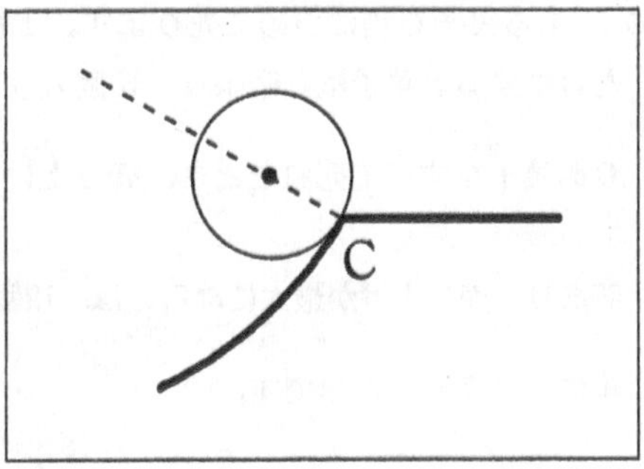

図2

3．図1のように，厚紙に同じ大きさの12個の正方形をかいて，1～12の数を入れました。この厚紙の必要のない部分を切り取って立方体の展開図を作ります。

1	2	3	4
5	6	7	8
9	10	11	12

図1

⑴　[12]を使ってできる展開図は全部で何通りですか。

答え　　　　　通り

⑵　展開図にかかれている数の和が一番小さいものを1つ作ります。使う数を図2に○で囲みなさい。

1	2	3	4
5	6	7	8
9	10	11	12

図2

4，5，6の各問いについて □ にあてはまる数を入れなさい。

4．今，時計の長針は文字盤《ばん》の1～12のいずれかの数ちょうどを指していて，今から$56\frac{4}{11}$分後に，長針と短針のつくる角が180°になります。

今，長針と短針のつくる角は □ 度で，時刻は午前 □ 時 □ 分です。

5．ある菓《か》子を箱につめて売ります。1箱12個入りは1500円で，15個入りは1800円です。12個入りだけにすると菓子は6個余り，15個入りだけにすると菓子は9個余ります。それぞれの場合で箱入りの菓子がすべて売れたとき，売り上げの差は4500円になります。菓子は全部で □ 個あり，売り上げが最大になるのは，12個入りを □ 箱と15個入りを □ 箱にして売ったときです。

6．クラス対抗《こう》の球技会が行われます。バスケットボール，ドッジボール，サッカー，卓《たっ》球の4つの競技で，1人1つまたは2つの競技に出場します。あるクラスの生徒の出場は次の通りです。

(ア) サッカーと卓球の両方に出場する生徒はいません。

(イ) 2つに出場する生徒は，9人です。

(ウ) バスケットボールとドッジボールの両方に出場する生徒の人数は，バスケットボールに出場する人数の$\frac{1}{5}$，ドッジボールに出場する人数の$\frac{1}{4}$です。

(エ) バスケットボールに出場しない生徒は，20人です。

(オ) バスケットボール，サッカー，卓球のうち，2つに出場する生徒は，ドッジボールのみに出場する生徒より3人少ないです。

バスケットボールとドッジボールの両方に出場する生徒は □ 人，サッカーまたは卓球に出場する生徒は □ 人，このクラスの人数は □ 人です。

【理　科】（40分）　＜満点：100点＞

【注意】　選択肢《たくし》の問題の答が複数ある場合は，すべて答えなさい。

I　私たちが捨てるごみのうち，「資源ごみ」といわれるものの多くはリサイクルされている。資源ごみには様々なものがあるが，飲料の容器に使われているペットボトルもその一つである。

1　ペットボトルに火をつけると燃え，ドライアイスから出る気体と同じ気体ができる。この気体をAとする。

⑴　Aの名前を答えなさい。

⑵　Aが水に溶《と》ける量について，正しいものをア～エから選びなさい。

ア　温度に関係なくほとんど溶けない　　イ　低温ほどよく溶ける

ウ　高温ほどよく溶ける　　エ　温度に関係なくよく溶ける

⑶　①～③にあてはまるものをア～キから選びなさい。ただし，香《こう》料などは入っていないものとする。

①　酸性の水溶《よう》液

②　アルカリ性の水溶液で固体が溶けているもの

③　酸性以外の水溶液でにおいを持つもの

ア　せっけん水　　イ　酢《す》　　ウ　塩酸　　エ　水酸化ナトリウム水溶液

オ　アンモニア水　　カ　さとう水　　キ　サラダ油

⑷　Aを通すと反応する無色透《とう》明の水溶液の名前と反応の様子を書きなさい。

⑸　一般《ばん》に，火を消すときには次にあげたア～ウの方法がある。①～④に最も関係が深いものをア～ウから選びなさい。

ア　燃えるものを取り除く　　イ　燃焼を助ける気体を遮《しゃ》断する

ウ　燃えているものの温度を下げる

①　消火器につめたAを噴《ふん》射すると火が消える。

②　紙でつくった鍋《なべ》に水を入れて火にかけると紙を燃やさずに湯を沸《わ》かすことができる。

③　燃えているアルコールランプにふたをすると火が消える。

④　火のついたろうそくの芯《しん》の根元（右図の矢印の部分）をピンセットでつまむと火が消える。

⑹　燃えやすく，実験で発生させるときに注意が必要な気体に水素がある。反応させると水素が発生する2つのものの組み合わせをア～コから選んで例のように（　　　）で囲んで答えなさい。ただし，同じ記号を何度使ってもよい。　例（ア　イ）

ア　銅　　イ　アルミニウム　　ウ　スチールウール　　エ　二酸化マンガン

オ　チョーク　　カ　炭酸水　　キ　アンモニア水　　ク　過酸化水素水

ケ　うすい塩酸　　コ　うすい水酸化ナトリウム水溶液

2　水素をエネルギー源として発電するときには有害なものが生じない。しかし，有害なものが排《はい》出される発電方法もある。そのような発電方法をア～カから選びなさい。

ア　水力発電　　イ　地熱発電　　ウ　原子力発電　　エ　太陽光発電　　オ　風力発電

カ　火力発電

3　ペットボトル本体をつくるときに，日本では共通のきまりがある。それは，次の製品にリサイクルしやすくするためである。どのようなきまりか，予想して書きなさい。

4　アルミニウムとペットボトルの小さなかけら（同じ大きさ，形）が混ざっていたとき，重さの差を利用してそれぞれに分ける方法を考えて書きなさい。ただし，同じ体積で比べたとき，アルミニウムはペットボトルの２倍程度の重さで，両方とも水に沈《しず》む。

Ⅱ　テレビの天気予報を見ていると，「大気の状態が不安定のため，急な雷《らい》雨に警戒《かい》して下さい」といった言葉をよく耳にする。

「大気の状態が不安定」とはどのような状態なのだろうか。

熱気球からわかるように，周りよりもあたたかい空気は自然に上昇《しょう》する。上昇した空気は，周囲の空気の温度と関係なく温度が下がり（空気は上昇すると膨《ぼう》張して温度が下がる），空気中の水蒸気は水滴《てき》や氷の粒《つぶ》に姿を変え雲となり，成長した水滴や氷の粒は雨として落下する。「大気の状態が不安定」とは，空気が自然に上昇しやすい状態をいう。では，どのようなとき，「自然に上昇しやすい，周りよりもあたたかい空気」は生じるのだろうか。

高い山に登ると肌《はだ》寒く感じるように，大気下層（高度 約11km付近まで）の気温は高度が高くなるにつれ，低くなっていく。下図は，日本のある地点のある日（A，B，C）の気温の分布を示したものである。それぞれの日，高度０kmにある空気を風船に入れて高度１kmまで持ち上げたあと，風船がどのように動くか調べてみた。また，風船の中の空気の温度を測ると，周囲の空気の温度と関係なく100m持ち上げるたびに１℃ずつ温度が下がっていった。ただし，この風船は自由に伸《の》び縮みし，その重さは無視できるものとする。また，いずれの日も高度１kmまでの範《はん》囲では雲は発生しなかった。

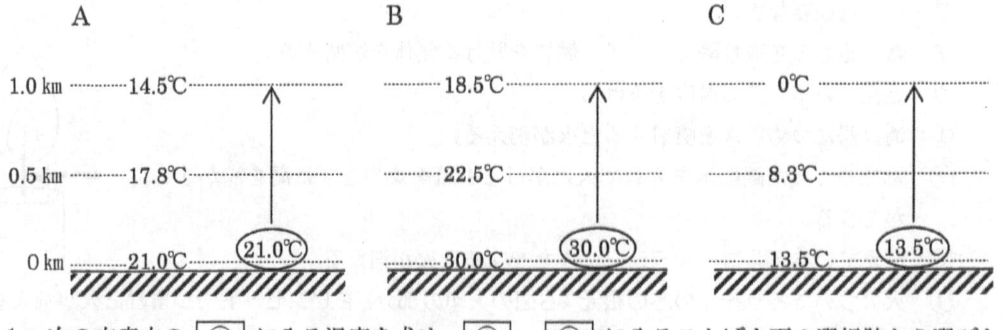

1　次の文章中の ① に入る温度を求め， ② ， ③ に入ることばを下の選択肢から選びなさい。

Aの日，０kmにある21℃の空気が入った風船を１kmまで持ち上げた。このとき，風船の中の空気の温度は ① となり，周囲の空気の温度 ② ため，この風船は ③ 。

②　（ア　より高くなる　　イ　と同じになる　　ウ　より低くなる）

③　（ア　自然に上昇する　　イ　その場にとどまる　　ウ　自然に落ちる）

2　次の文章中の ④ ～ ⑧ に入ることばを次のページの選択肢から選びなさい。

Bは日射の強い日だった。この日，０kmにある30℃の空気が入った風船を１kmまで持ち上げた。このとき，風船の中の空気の温度は，周囲の空気の温度 ④ ため，この風船は ⑤ 。

Bの日の０kmと１kmでの気温差は，Aの日 ⑥ 。Bの日のような気温分布となるのは，強い日射であたためられた地表面によって地表付近の空気が ⑦ ためである。このようなとき，地表付近のあたたかい空気は持ち上がると ⑧ なりやすい。

④（ア　より高くなる　　イ　と同じになる　　ウ　より低くなる）

⑤（ア　自然に上昇する　　イ　その場にとどまる　　ウ　自然に落ちる）

⑥（ア　より大きい　　イ　と同じである　　ウ　より小さい）

⑦
ア　よくあたためられ，空気は熱を伝えやすいので，上空の空気も地表付近と同じようにあたためられる
イ　よくあたためられるが，空気は熱を伝えにくいので，上空の空気は地表付近ほどあたためられない

⑧
ア　温度が下がり，周囲の空気より温度が低く
イ　温度が下がるが，周囲の空気より温度が高く

3　次の文章中の ⑨ ～ ⑪ に入ることばを下の選択肢から選びなさい。

Cは，天気予報でよく耳にする「上空に強い寒気が入ってきた」日だった。この日，０kmにある13.5℃の空気が入った風船を１kmまで持ち上げた。このとき，この風船は ⑨ 。

Cの日のような気温分布となるのは，上空に強い寒気が ⑩ ためである。このようなとき，地表付近のつめたい空気は持ち上がると ⑪ なりやすい。

⑨（ア　自然に上昇する　　イ　その場にとどまる　　ウ　自然に落ちる）

⑩
ア　入ってきて，空気は熱を伝えやすいので，地表付近の空気も上空と同じようにつめたくなる
イ　入ってきても，空気は熱を伝えにくいので，地表付近の空気は上空ほどつめたくならない

⑪
ア　温度が下がり，周囲の空気より温度が低く
イ　温度が下がるが，周囲の空気より温度が高く

4　次の文中の ⑫ に入ることばを15字程度で答えなさい。

以上をまとめると，空気が自然に上昇しやすいのは， ⑫ が大きくなっているときである。このような大気の状態を不安定という。

Ⅲ　1　メダカについて次の問いに答えなさい。

⑴　メダカの飼い方について，次の①～③のA，Bからどちらが良いか選び，最もふさわしい理由をア～エから選びなさい。

①　水そうは，（A　日光が直接当たる　　B　日光が直接当たらない）明るいところに置く。

ア　中に入れた水草の光合成によって，水の中の酸素を増やすため
イ　メダカの体についている細菌《きん》を，日光で殺菌するため
ウ　水の温度が大きく変化しないようにするため
エ　日光によってメダカが日焼けしないようにするため

②　水そうの水をかえるときは，（A　水道水を２～３日置いておいたもの　　B　新鮮《せん》な水道水）を使う。

ア　水がくさる前に使うため
イ　水道水に溶けている薬品が空気中に抜《ぬ》けてから使うため
ウ　水道水に溶けている酸素が減らないうちに使うため

エ　ゾウリムシやミジンコを水の中に発生させてから使うため」

③　エサは（A　少なめに　　B　多めに）あたえる。

ア　エサをあたえる回数を減らせるから
イ　残ったエサがあると，水が汚《よご》れるから
ウ　エサが少ないと，メダカどうしがエサを取り合うから
エ　メダカは食べ過ぎると太って病気になるから

⑵　めすが産んだ卵は，おすが出した精子と結びつくと育っていく。卵と精子が結びつくことを何といいますか。

⑶　メダカの産卵行動について，次の①～⑥から正しいものを選んで行われる順に並べたものを，ア～カから選びなさい。

①　めすが卵を産む。　　②　めすが卵を腹につけてしばらく泳ぐ。
③　おすが卵を腹につけてしばらく泳ぐ。　　④　めすが卵を水草につける。
⑤　おすが卵を水草につける。　　⑥　おすが卵に精子をかける。

ア　①②④⑥　　イ　①②⑥④　　ウ　①③⑤⑥　　エ　①③⑥⑤　　オ　①⑥②④
カ　①⑥③⑤

⑷　おすが卵に精子をかけるときにおすはひれをどのように使っているか，ア～エから選びなさい。

ア　出した精子を尾《お》びれで卵につける。
イ　精子が卵の方に行くように，尾びれを動かし水の流れをつくる。
ウ　しりびれと背びれでめすの腹を包む。
エ　精子が卵の方に行くように，胸《むな》びれと腹びれを動かし水の流れをつくる。

⑸　メダカのめすが一度に産む卵の数はどれくらいか，ア～エから選びなさい。

ア　1～3個　　イ　10～40個　　ウ　200～300個　　エ　1000～2000個

⑹　成熟したおすとめすはひれの形が異なっているが，ひれの他におすとめすのからだの形で異なるところがある。どこがどのように違《ちが》うか，おす，めすの違いがわかるように答えなさい。

⑺　メダカのうろこをはがして見てみると，丸い形をしている。うろこは全部が表面に表れているのではなく，図1のように，他のうろこの下にもぐりこんでいる部分（被覆部《ひふくぶ》）の方が大きく，たくさんのうろこがかわら状に重なり合って体表をおおっている。図1のAの向きは体のどの部分に向いているか，ア～エから選びなさい。

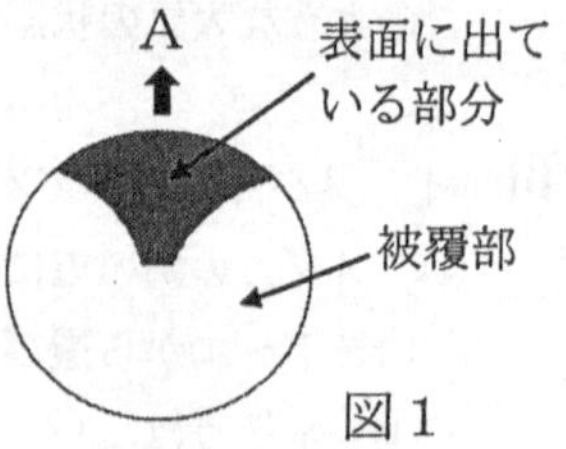

図1

ア　頭　　イ　尾　　ウ　背　　エ　腹

2　メナダは日本付近の海に生息し，全長が最大100㎝になる魚である。うろこをよくみると図2のように環《かん》状の模様が何本もみられ，これを隆起線《りゅうきせん》という。メナダについて，ふ化からふ化後80日まで，魚の全長，うろこの大きさ，うろこの隆起線の数を調べた。うろこは胸びれの下の部分からとったものを用いた。また，うろこの大きさは図2のBの長さで示す。

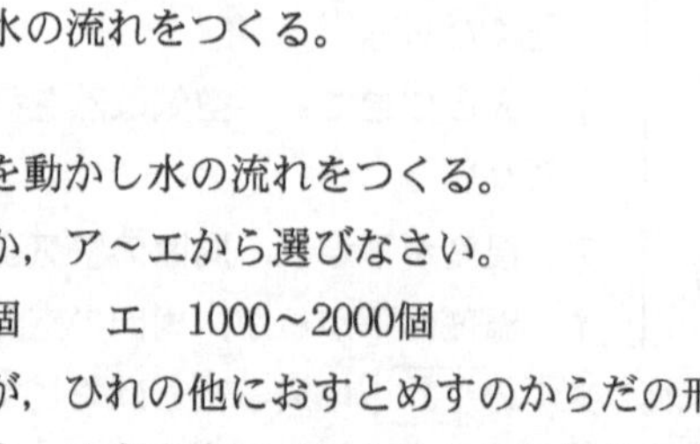

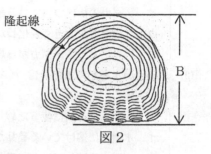

図2

図３はふ化後の日数と全長との関係，図４は全長とうろこの大きさとの関係，図５は全長と隆起線の数との関係，を示したものである。

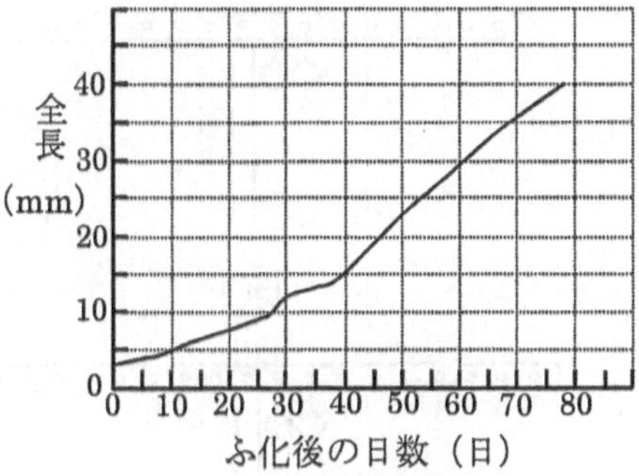

図３

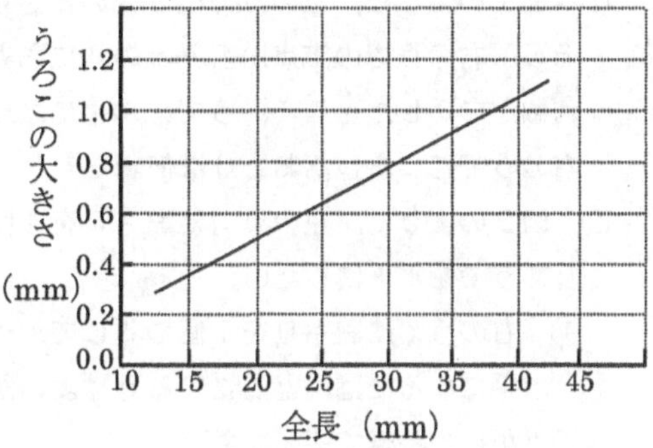

図４

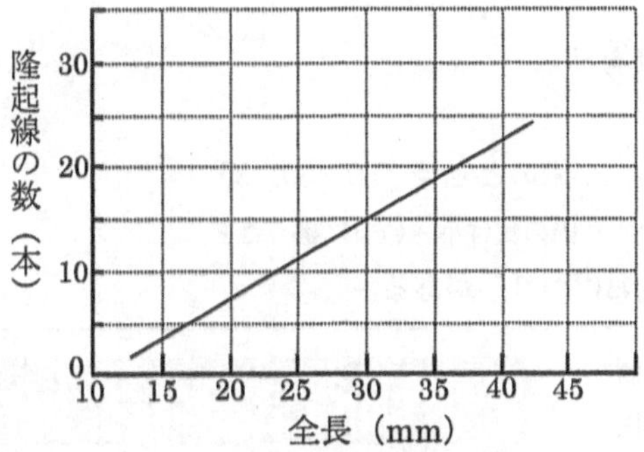

図５

吉松隆夫(1996)を参考に作成

(1)　次の①，②について，【X：ふ化してから20日までの20日間】と【Y：ふ化後50日から70日までの20日間】とを比べた。図３から考えて，それぞれ正しいものをア～ウから選びなさい。

①　20日間での成長率（全長がもとの何倍になるか）

②　１日あたりの全長の増加量

ア　X＞Y　　イ　X＝Y　　ウ　X＜Y

(2)　ふ化後50日のうろこの大きさは何mmか。最も近い数字を下の［　］の中から選んで書きなさい。

［ 0.2　0.4　0.6　0.8　1.0　1.2　1.4　1.6 ］

(3)　うろこの大きさが0.2mm大きくなるごとの隆起線の増える本数について，正しいものをア～エから選びなさい。

ア　うろこの大きさが大きくなると，隆起線の増える本数は多くなる。

イ　うろこの大きさが大きくなると，隆起線の増える本数は少なくなる。

ウ　うろこの大きさが大きくなっても，隆起線の増える本数は同じである。

エ　うろこの大きさが変わると，隆起線の増える本数は変わるが規則性はない。

(4)　隆起線の数が15本のうろこは，ふ化してからおよそ何日後のメナダのものだと考えられますか。

Ⅳ　1　5㎝ごとに穴のあいている実験用てこと1個20ｇのおもりがいくつかある。おもりは軽い糸でてこの穴につるすことができる。ただし，おもりは支点につるせない。

⑴　図1のように，左のうでに3個のおもりをつるし，右のうでの支点から25㎝の穴におもりを何個かつるしたところ，うでは水平になった。右のうでにつるしたおもりは何個ですか。

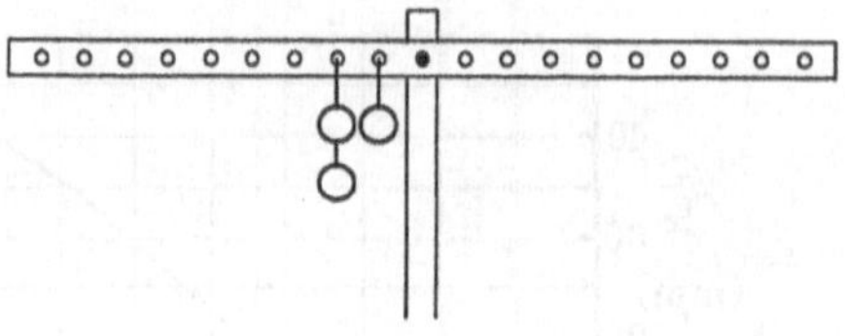
図1

⑵　図2のように，左のうでにおもりを4個つるしてうでを水平にしたい。

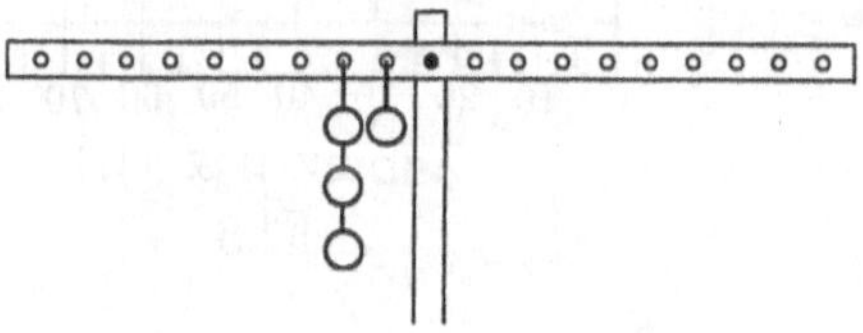
図2

①　右のうでにおもりを1個つるして，うでを水平にするには，どこにつるせばよいか，支点からの距離《きょり》で答えなさい。

②　右のうでにおもりを3個つるして，うでを水平にするには，どのようにつるせばよいか，例のように，支点からの距離で組合せをすべて答えなさい。

(例)　30㎝のところに2個，35㎝のところに1個のとき⇒（30，30，35）

（　）内の数は小さい順に書くこと。

2　つり合いを利用して重さをはかる道具に「さおばかり」がある。

さおばかり…皿に物をのせて，おもりの位置を動かして棒を水平にする。棒には目盛りが記されており，おもりの位置の目盛りから物の重さが分かる道具。
(右の写真)

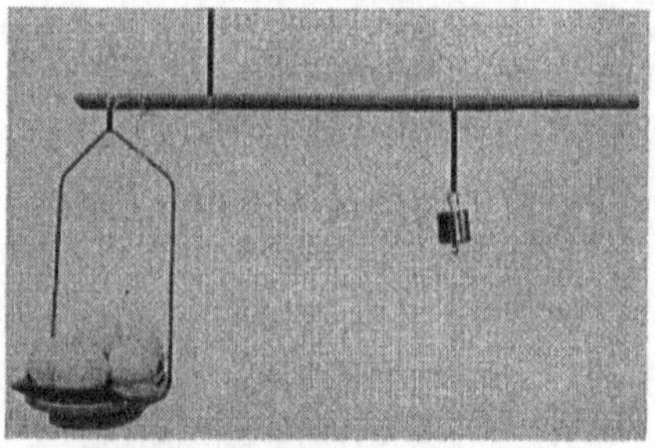

図3のように，長さ80㎝の均質な棒の左端《はし》から20㎝のところに支点があり，皿は左端から10㎝の位置Aと左端Bにつるすことが出来るようになっているさおばかりがある。皿をAにつるして使用するときとBにつるして使用するときの目盛りは異なり，このさおばかりの棒には，2種類の目盛りが記されている（ただし図にはかかれていない）。このさおばかりで使用するおもりは100ｇのおもり1つだけである。皿をAにつるすと，おもりをつるさなくても棒は水平になった。

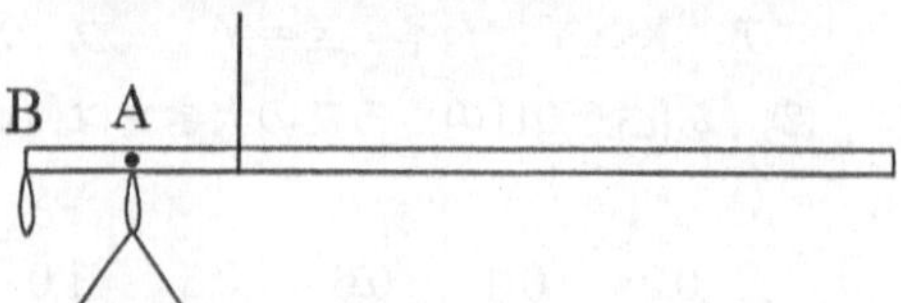

図3

⑴　棒が水平になる理由を説明した次の文の①～③にあてはまるものを選び，記号で答えなさい。ただし，②はあてはまるものをすべて書くこと。

皿が棒を①(ア　時計回り　　イ　反時計回り) に傾《かたむ》けるはたらきと，次のページの図4の棒の部分②(ア　㋐　　イ　㋑　　ウ　㋒　　エ　㋓) が棒を③(ア　時計回り　　イ　反時計回り) に傾けるはたらきが同じ大きさだから。

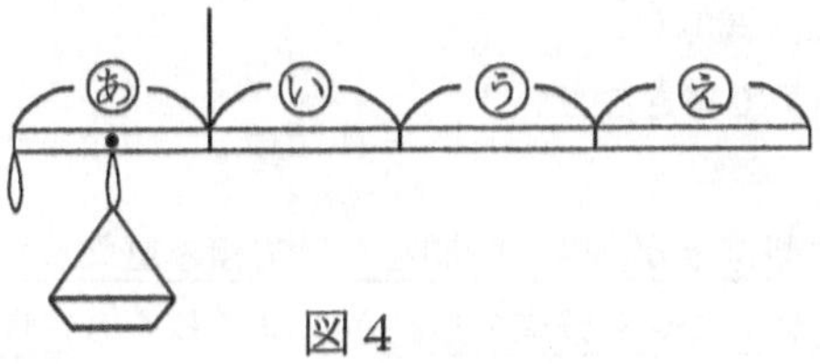

図４

⑵　皿をAにつるして使用したときの，①支点の位置の目盛り，②支点から40㎝の位置の目盛り，はそれぞれ何ｇか答えなさい。

⑶　皿をBにつるして使用するときの，①０ｇの目盛りの位置，②０ｇと100ｇの目盛りの間隔《かく》，はAのときと比べてどのようになるか。次のア～ウからそれぞれ選びなさい。

①　ア　左にずれる　　　イ　変わらない　　ウ　右にずれる

②　ア　広くなる　　　　イ　変わらない　　ウ　せまくなる

⑷　皿をAにつるして使用するときと，Bにつるして使用するときを比べて，それぞれの利点として正しいものをア～エから選びなさい。

ア　はかれる範囲が広い

イ　はかれる範囲がせまい

ウ　軽いものをはかるときでも，おもりを０ｇの目盛りの位置から大きく動かすことになるので，より精密にはかれる

エ　重いものをはかるときでも，おもりを０ｇの目盛りの位置から少ししか動かさなくてよいので，より精密にはかれる

3　てこを利用した道具は，私たちの身のまわりにたくさんある。①～③のようなてこにあてはまる道具をア～エから選びなさい。

①　支点が，力点と作用点の間にある

②　作用点が，支点と力点の間にある

③　力点が，支点と作用点の間にある

ア　栓《せん》抜き　　イ　ピンセット　　ウ　ペンチ　　エ　バール（釘《くぎ》抜き）

【社　会】（40分）　＜満点：100点＞

【注意】　語句はできるだけ漢字で書きなさい。

Ⅰ　①古代の人類が捨てた貝殻《がら》などが，長い時間をかけて積み重なった遺跡《せき》からは，土器や動物の骨などが出土しています。②藤原京や平城京の遺跡からは，多くの③荷札が出土しています。藤原京跡《あと》から出土した④7世紀末の荷札は，⑤大宝律令制定までの地方行政の組織が，日本書紀に記されていた「郡」ではなく「評」であったことを明らかにしました。また荷札からは，⑥関東地方の魚や海草，布など，各地から平城京に物資が運び込《こ》まれていたことがわかります。多くのものが集まり，多くの人が集まって住む都市で，ごみの処理は今も昔も大きな問題です。

18世紀の初め，江戸には100万人もの人々が生活していました。そのため，⑦江戸は様々な商品の大消費地でした。しかし，江戸時代に日本を訪れた西洋人は，都市がとても清潔であると記しています。⑧江戸では不要になったものが徹《てっ》底して再利用されていました。

問1　下線①を何といいますか。

問2　下線②の遺跡がある都道府県名を答えなさい。

問3　下線③に関して，紙の使用が広まる前に用いられた，木でできた札を何と呼びますか。

問4　下線④の時期までに中国大陸や朝鮮半島から伝わり，日本各地に広まったものを２つ選び，記号で答えなさい。

ア　禅《ぜん》宗　　イ　鉄器　　ウ　宋《そう》銭　　エ　漢字　　オ　木《も》綿

問5　下線⑤前後のできごとを，古い順に記号で並べかえなさい。

ア　大化の改新が始められた。　　イ　仏教が正式に伝わった。

ウ　日本書紀が完成した。　　エ　遣隋《けんずい》使が派遣された。

問6　下線⑥に関する文を，古い順に記号で並べかえなさい。

ア　平氏が，武力を背景に関東でも領地を広げた。

イ　北条氏が，周りの大名と関東で勢力を争った。

ウ　ヲワケという豪《ごう》族がワカタケル大王に仕えた。

エ　北条氏が執《しっ》権となり，幕府の政治を進めた。

問7　下線⑦に関して，江戸時代後半になると，江戸の町人の中では浮《うき》世絵を持っている人が増えました。なぜ多くの人々が浮世絵を買うことができたのですか。浮世絵の作り方にふれて説明しなさい。

問8　江戸時代の人々の様子について述べた文として，まちがっているものを１つ選び，記号で答えなさい。

ア　町の運営は，町人から選ばれた町役人が行っていた。

イ　経済力では大名を上回る大商人もいた。

ウ　農民や町人からも，厳しく差別された身分の人々がいた。

エ　農村ではふだん，米のほか雑穀などを食べていた。

オ　歌舞伎《ぶき》は江戸や大阪に限って上演が認められていた。

問9　次の職業から，下線⑧の方法には３通りあったことがわかります。ア～カを２つずつ組にして３つのグループに分け，それぞれどのように再利用したか述べなさい。

ア　古着屋：古い着物を買い取り，洗ってから仕立て直して市内で売った。

イ　古傘《がさ》買い：傘を買い取り，折れた骨をはずし，油紙は味噌《そ》や魚の包装紙として市内で売った。

ウ　灰買い：まきなどを燃やして出た灰を買い集め，農村で売った。

エ　焼継《やきつ》ぎ：欠けた陶《とう》器を，鉛《なまり》ガラスの粉末を使って接着し，再び焼いて市内で売った。

オ　肥《こえ》くみ：人の小便・大便をくみとって買い取り，農村で売った。

カ　ほうき買い：古くなったほうきを買い取り，タワシなどにして市内で売った。

問10　江戸時代，品物の再利用がさかんだった理由として，ふさわしくないものを１つ選び，記号で答えなさい。

ア　業者は修理すれば，わずかでも収入が得られたから。

イ　多くの品物は，新たに買うよりも修理する方が安かったから。

ウ　多くの品物は，比較《かく》的低い技術でも修理できたから。

エ　多くの品物はとてもじょうぶで，ほとんど壊《こわ》れることがなかったから。

問11　江戸時代後半になると，城下町などの都市と農村との間では，人や品物の行き来《き》がさかんになりました。その理由を述べた文としてふさわしくないものを１つ選び，記号で答えなさい。

ア　農家は作物を売って現金収入を得ることが必要になっていったから。

イ　武士が，出費がかさむ城下町を嫌《きら》い，農村に移り住むようになったから。

ウ　貧しい農民の中には，仕事を求めて農村から都市に働きに出る者が増えたから。

エ　有力な農民の中には作業場を建てて織物や酒などを作り，都市で売る者が現れるようになったから。

Ⅱ　鉄や石炭，石油といった鉱物資源は，歴史上大きな役割を果たしてきました。

問１　鉄を使用した武器に関する史料を読んで，下の問に答えなさい。

一、諸国の百姓《しょう》たちが，刀，弓，槍《やり》，鉄砲《ぽう》，その他，武器武具を所有することを厳しく禁止する。不必要な武器を手元に持って，年貢《ぐ》・税の納入をしぶり，一揆《き》をくわだて，けしからぬ行為をなす者たちは，もちろん厳しい罰《ばつ》を受けるだろう。そうなれば，（処罰された者たちの田畑は耕作されず）年貢が入らず，土地が無駄《だ》になってしまうため，地域の代官《だいかん》（役人）など徴《ちょう》税の責任者は，以上のような武具を全て取り集めて差し出すようにせよ。

一、（没《ぼっ》収して）取っておいた刀などは，決して無駄にされるのではない。今度，大仏が建てられるが，そこで，くぎなどの金具に使うように命令される。そうすれば，この世では言うまでもなく，死んでからの来世《らいせ》まで，百姓たちは救われることになるのである。

一、百姓は農具を持って耕作に集中していたならば，子孫まで長く栄えるであろう。百姓たちをいとおしむ心からこのように命じられたのである。誠《まこと》にこれは国土が安全無事で，全ての人々が快適に楽しく暮らせる基礎《そ》となるものである。（この命令の）考えを守り，おのおのが意味や目的をよく理解して，百姓は農耕・養蚕にはげむこと。

天正16　(1588) 年

⑴　この史料の命令を発した人物を答えなさい。

⑵　この史料の前後に起こったできごとを，古い順に記号で並べかえなさい。

ア　朝鮮出兵　　イ　関ヶ原の戦い　　ウ　長篠《ながしの》の戦い　　エ　本能寺の変

⑶　この史料から読み取れることとして，まちがっているものをすべて選び，記号で答えなさい。

ア　この法令が出された目的は，百姓の一揆を防止することである。

イ　百姓は耕作に集中し，きちんと納税をするべきである。

ウ　没収された武器や武具は，大仏の金具に使うので，無駄にはならない。

エ　農民は生糸などの生産を禁止されていた。

オ　農民が一揆を企《くわだ》てた場合，中心人物のみが処罰される。

カ　税を集める代官に，刀などの没収が命じられた。

⑷　この史料で命令されたことが，実際に行われたかを調べるには，いろいろな方法が考えられます。次の文にはふさわしい方法が複数あります。そのうち１つを選び，どのようなことがわかれば実際に行われたと考えられるのか説明しなさい。

ア　1590年に作成された，複数の農民の所有物を書き上げた表を見る。

イ　この命令を発した人物が，周囲の人に書き送った和歌を調べる。

ウ　史料に述べられている大仏の金具がどのような形かを調べる。

エ　当時の代官の日記を読む。

オ　1603年に起こった一揆の回数を調べる。

問２　石炭と関わりのある次のできごとを，古い順に記号で並べかえなさい。

ア　本州にある主な炭鉱で，石炭の採掘《くつ》が行われなくなった。

イ　新橋と横浜の間に鉄道が開通した。

ウ　九州の炭鉱を含む産業施《し》設が，「明治日本の産業革命遺産」として世界遺産に登録された。

エ　長州藩《はん》は領内で石炭を採掘していた。

オ　筑豊《ちくほう》炭田の石炭と中国の鉄鉱石を用い，八幡《やはた》製鉄所が操業を開始した。

問３　明治以降の労働運動について述べた文として，正しいものを１つ選び，記号で答えなさい。

ア　明治時代の製糸工場で働く女性は，労働時間が短く，恵《めぐ》まれていたため，女性による労働運動は起こらなかった。

イ　治安維《い》持法は，労働者を取りまく社会や政治の仕組みを変えようとする運動を取り締《し》まった。

ウ　労働条件を改善するため，労働者による組合が日本で初めて結成されたのは，第二次世界大戦後である。

エ　第二次世界大戦後，労働条件を改善するために経済産業省が設置された。

問４　20世紀初めに石油を燃料とする乗り物がアメリカで大量生産され，人々に広く使われるようになると，石油の消費は大幅《はば》に増えました。この乗り物は何ですか。

問５　石油と関わりのある次の文を，古い順に記号で並べかえなさい。

ア　西洋から石油ランプが日本に輸入され，ろうそくにかわる明かりとして使われはじめた。

イ　天智《てんじ》天皇に「燃える水」が献《けん》上された。

ウ　石包丁《ぼうちょう》が使われるようになると，その接着剤《ざい》として，石油を原料とする天然のアスファルトが用いられた。

エ　満州国で油田の探索《さく》が行われた。

問６　1950年代の日本で「三種の神器《じんぎ》」と呼ばれた電化製品のうち，白黒テレビ以外の２つが人々に余暇《か》を楽しむゆとりを与えた理由を説明しなさい。

問７　1973年に，中東での戦争の影響《えいきょう》による石油の値上げで，国内の物価が急上昇《しょう》し，経済が混乱しました。

⑴　このような経済の混乱を防ぐ政策として，ふさわしくないものを１つ選び，記号で答えなさい。

ア　企《き》業や家庭に対し，石油を効率的に使用し省エネルギーに努めるようにうながす。

イ　石油にかわる新しいエネルギーの開発を行う企業や研究所に，助成金を出す。

ウ　ガソリンなど，さまざまな商品の値上がりを防ぐため，所得税を減税する。

エ　できるだけさまざまな地域の国から石油を輸入する。

⑵　1973年よりも後に起こったできごとを２つ選び，記号で答えなさい。

ア　阪神・淡路《あわじ》大震《しん》災が起こった。　　　イ　東京オリンピックが開かれた。

ウ　朝鮮戦争が勃《ぼっ》発した。　　　エ　日中平和友好条約が結ばれた。

Ⅲ　東京都にある日《ひ》の出町《でまち》は，関東平野の西部から関東山地にまたがる町です。以下の問に答えなさい。

問１　図１は，日の出町の主な道路（都道《とどう》）やいくつかの施設を表したものです。⑴「日の出町役場」，⑵「工場が一番多くある地域」は，どの範《はん》囲にあると考えられますか。それぞれ選び，記号で答えなさい。（ただし，同じ記号を２回選ぶことはできません。）

ア　Aより西側　　イ　AとBの間　　ウ　BとCの間　　エ　Cより東側

図１

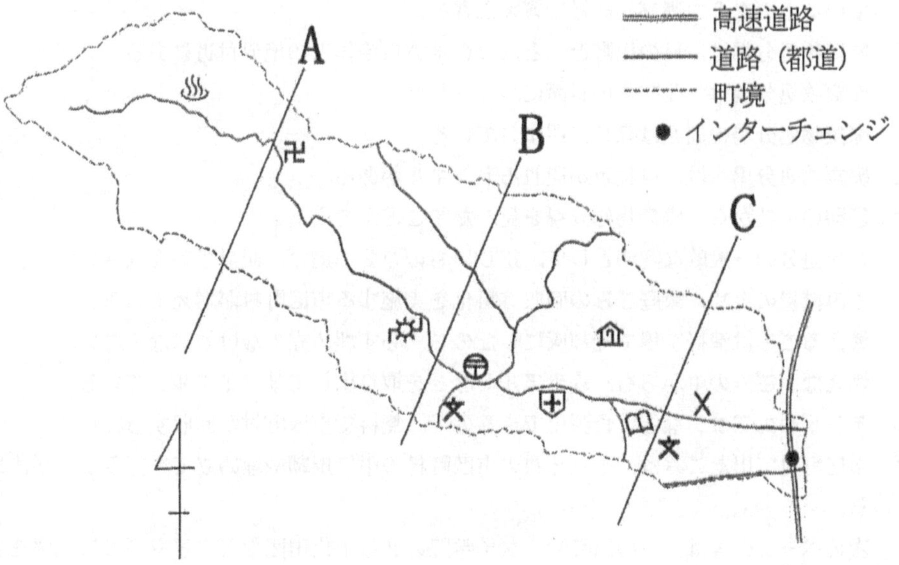

問２　「町役場」を表す地図記号を書きなさい。

問３　図１の中にない施設を１つ選び，記号で答えなさい。

ア　病院　　イ　老人ホーム　　ウ　小中学校　　エ　消防署　　オ　寺院　　カ　交番

キ　郵便局

図２

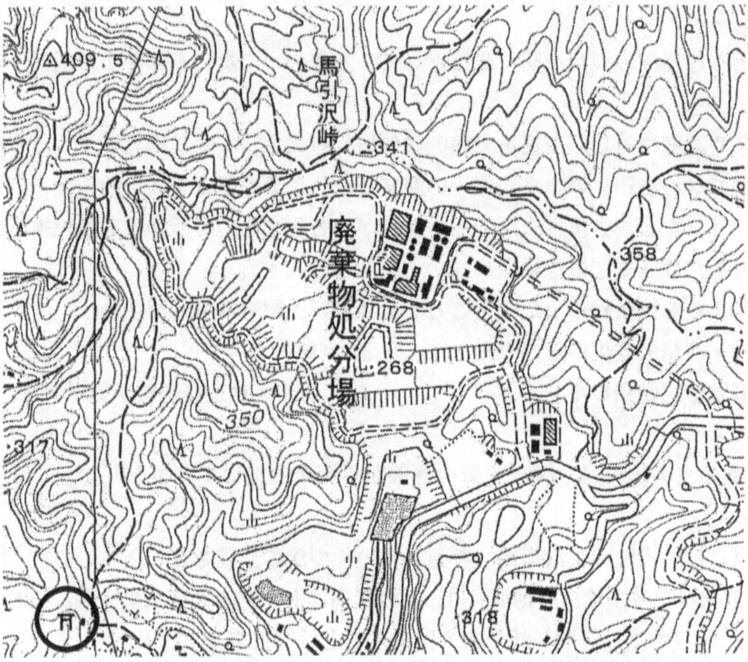

国土地理院　平成25年6月1日発行 1:25,000 地形図「武蔵御岳」より

問４　図２は日の出町にある廃棄《はいき》物処分場周辺の地形図です。図から読み取れることとして，まちがっているものを２つ選び，記号で答えなさい。

ア　廃棄物処分場は，日の出町と，となりの地方自治体との境界付近にある。

イ　廃棄物処分場は，北向きの斜《しゃ》面につくられた。

ウ　廃棄物処分場の周囲は森林に囲まれている。

エ　廃棄物処分場へは，自動車が通れるトンネルがある。

オ　○印の神社から，廃棄物処分場を見わたすことができる。

問５　ごみ処分の一般的な説明として，正しいものを２つ選び，記号で答えなさい。

ア　ごみ減量のため，家庭ごみの回収有料化を実施する市区町村が増えている。

イ　燃えるごみは清掃《そう》工場で焼却《きゃく》灰にしたのち，必ず埋《う》め立てなければならない。

ウ　燃えないごみの中からも，鉄やアルミなどを取り出してリサイクルしている。

エ　テレビやエアコンなどは資源化できるので，無料で市区町村が回収する。

オ　市区町村で出たごみは，それぞれの市区町村の中で焼却や埋め立てを行うことが決められている。

問６　次のページの表は，日の出町や，女子学院のある千代田区などの昼夜間《ちゅうやかん》人口比率を表しています。昼夜間人口比率は，常住《じょうじゅう》人口（住んでいる人の数）を100とした場合の昼間《ちゅうかん》人口（昼間その地域にいる人の数，ただし観光客などはふくまない）の割合です。通学者についても，「常住」・「昼間」の意味と昼夜間通学者比率の求め方は同様です。

⑴　表を見て，次の文のうち，まちがっているものを２つ選び，記号で答えなさい。

ア　常住人口密度より昼間人口密度が高い市区町村は，昼夜間人口比率が100を超《こ》える。

イ　昼間人口と常住人口がともに上位である市区町村は，昼夜間人口比率も上位となる。

	昼夜間人口比率	昼間人口（人）	常住人口（人）	昼間人口密度（人／km^2）	常住人口密度（人／km^2）	昼間通学者（人）	常住通学者（人）
東京都	117.8	15920405	13515271	7267	6169	1679335	1421603
千代田区		853068	58406	73162	5009	69443	5654
中央区	431.1	608603	141183	59609	13828	10298	10667
世田谷区		856870	903346	14761	15562	120823	93647
練馬区		605084	721722	12585	15011	63681	79728
日の出町	98.6	17205	17446	613	622	1234	1943

「東京都の統計」ホームページ（2018年3月公表）より作成

ウ　日の出町のように，昼夜間人口比率が100を下回ることは，23区内では起こらない。

エ　世田谷区と練馬区では昼間人口より常住人口の方が多いが，通学者は昼間，世田谷区では流人が多く，練馬区では流出が多い。

オ　中央区は，昼間に通勤してくる人が多いが，昼夜間通学者比率は100を下回る。

⑵　千代田区の昼夜間人口比率としてふさわしいものを１つ選び，記号で答えなさい。

ア　46.6　　イ　460.6　　ウ　1460.6　　エ　14606

⑶　千代田区の昼間人口と常住人口を他の区や町と比較した上で，千代田区の昼間人口と常住人口の差が大きい理由を考えて述べなさい。

日の出町の地域では，戦国時代，市が立ち①炭（木炭）などが取引されていました。江戸時代になると炭の取引量は増加しました。一帯の②森林の木材は，川を使って運ばれて③材木の大消費地であった江戸で取引されました。また織物業もさかんになりました。この地域では明治時代になると，④自由民権運動の政治結社「五日市《いつかいち》学芸講談会」ができ，人民の権利の保護を規定した「五日市憲法草案」がつくられました。

日の出町一帯は1893年に神奈川県から東京府に編成されました。翌年に青梅《おうめ》線が開通し，福生《ふっさ》駅ができました。大正時代に村には電灯が導入され，石灰石の本格的な採石が始まり，（　X　）工場ができました。

問７　下線①について述べた文として，まちがっているものを１つ選び，記号で答えなさい。

ア　刀の鍛冶《かじ》場で燃料として使用されてきた。

イ　魚や肉を焼くなど調理に使用される。

ウ　暖房《ぼう》用として使用されてきた。

エ　砕《くだ》いて固めたものは書道で墨《すみ》として使用される。

問８　下線②に関して，問に答えなさい。

⑴　国土に占《し》める森林面積の割合が日本に最も近い国を１つ選び，記号で答えなさい。

ア　エジプト　　イ　オーストラリア　　ウ　フィンランド　　エ　中国

⑵　森林面積の割合が最も高い府県を１つ選び，記号で答えなさい。

ア　大阪府　　イ　千葉県　　ウ　香川県　　エ　秋田県　　オ　沖縄県

⑶　森林の間伐《ばつ》について述べた文として，まちがっているものを１つ選び，記号で答えなさい。

ア　間伐をしていない森林が増えたため，日本では人工林が急速に減少している。

イ　間伐をしていない森林が増えた理由の１つとして，外国から値段の安い木材が多く輸入されるようになったことがあげられる。

ウ　間伐が滞《とどこお》っている理由の１つとして，林業で働く人が不足していることがあげられる。

エ　間伐した木を「木質バイオマス」として利用し，燃料として使う取り組みがある。

問９　下線③に関して，材木の値段は，江戸で冬に急上昇することがありました。それはどのようなことが起きた後でしたか。

問10　下線④に関する次の文を，古い順に記号で並べかえなさい。

ア　板垣退助が政府の役人をやめ，国会を開くことを主張し始めた。

イ　伊藤博文を中心に憲法案が完成した。

ウ　政府は1881年に国会を開設することを約束した。

問11　文中の（X）にふさわしい語句を１つ選び，記号で答えなさい。

ア　繊維《せんい》　　イ　陶磁器　　ウ　せっけん　　エ　セメント

Ⅳ　日本では便利で豊かな生活を送ることができますが，これは第二次世界大戦後の急激な経済発展によりもたらされたものです。1956年５月１日，熊本県の病院から「原因不明の中枢《すう》神経疾患《しっかん》発生」という報告が地元の保健所にありました。水俣《みなまた》病は，この日，公式に発見されたのです。①水俣病の患者とその家族は，水俣病の原因となった（　X　）を含む排《はい》水を行った工場を訴え，その後，国や県の責任を問う裁判を起こしました。水俣病の原因となった（　X　）は現在でも，蛍《けい》光灯など身近なところで使われています。2013年，②「（　X　）に関する水俣条約」が採択《たく》されました。水俣市は，公害で苦しんだ経験から「環《かん》境モデル都市づくり宣言」をして，ごみの減量や分別収集などに取り組み，③環境や資源を大切にするまちづくりを進めています。

④廃棄物が大量に発生する「使い捨て」の時代から，大切な資源を有効に用いる「⑤循《じゅん》環型社会」の形成を目指す動きが始まっています。⑥循環基本法（循環型社会形成推《すい》進基本法）をはじめ，多くの法律も整備されています。

世界でも，環境を守りながら，限りある資源を有効に活用して開発を進める（　Y　）な社会の実現が求められています。将来にわたって⑦世界の人々がともに豊かに暮らすために，限りある資源から得られる利益を公平に分かち合えるしくみを考えることも大切です。2015年に開催《さい》された「国連（　Y　）な開発サミット」では，「（　Y　）な開発目標」として17の目標が掲《かか》げられ，2030年までの達成に向けて各国で取り組みが進められています。2018年に来日したアミーナ・モハメッド国連副事務総長は「持っているものを手放せと言われたら，誰でも惜《お》しくなるものです。それでも私たちは繁《はん》栄を分かち合うすべを見つけなくてはいけない。自分の生活が誰かに害を与えていないかを常に考えるべきなのです。」と語っています。

問１　文中の（X）には漢字２字，（Y）には漢字４字の語句が入ります。それぞれ答えなさい。

問２　下線①について，日本国憲法に基づいて考えると，本来，国や県にはどのような権利を守る責任があったのですか。日本国憲法に用いられている表現で答えなさい。

問３　下線②に関して，条約を締《てい》結する権限を持つ国の機関を答えなさい。

問４　下線③に関して，市町村の中には，産業廃棄物の排出や埋め立てに税金をかけることで，ごみの減量をすすめようとしているところもあります。このような市町村独自の税金の徴収を決める機関を１つ選び，記号で答えなさい。

ア　国税庁　　イ　国会　　ウ　市町村長　　エ　市町村の議会　　オ　税務署

問５　下線④に関連して，プラスチックごみについての説明として，正しいものを３つ選び，記号で答えなさい。

ア　使い捨てのプラスチック製ストローを廃止する方針を打ち出した飲食店チェーンがあり，廃止の動きは世界的に加速している。

イ　2018年のＧ７サミットでは，海のプラスチックごみ削《さく》減を盛り込んだ「海洋プラスチック憲章」にすべての参加国が署名した。

ウ　中国は，日本や米国，欧州などからプラスチックごみを資源ごみとして輸入していた。

エ　海に流れたプラスチックの多くは，波や紫《し》外線で砕け５ミリ以下に小さくなり，その後，短時間で溶《と》けてなくなる。

オ　魚がプラスチックごみを飲みこむと，食物連鎖《さ》により人体に悪影響を与える可能性が指摘《てき》されている。

カ　一人当たりのプラスチックごみ排出量で，日本は世界の国々の中で下位である。

問６　下線⑤の実現につながらないものを１つ選び，記号で答えなさい。

ア　空きびんを特定の場所に返却すると，返金される。

イ　古い電球を持っていくと，寿《じゅ》命の長いＬＥＤ電球と交換《かん》してくれる。

ウ　電化製品の新型モデルが発売されると，新しいものに買い替《か》える。

エ　不要になったものをフリーマーケットで売る。

問７　下線⑥に定められていることは，私たちの生活にも関係しています。法律の内容としてまちがっているものを１つ選び，記号で答えなさい。

ア　廃棄物を燃やした際に発生する熱を，エネルギーとして地域で利用する。

イ　使い終わった製品の再利用や処分についての責任は，製造した企《き》業にはなく，買った人が負う。

ウ　国は自ら率《そっ》先して，再生品を使用する。

エ　製品を長期間使用して，廃棄物をできるだけ出さないようにする。

問８　下線⑥では，政策の基本的な計画を定めることとなっています。計画を定める中心となるのは，何大臣ですか。

問９　下線⑦について，利益を公平に分かち合うためには，日本で生活する私たちがチョコレートや衣料品などの商品を購《こう》入するときにどのようなことを考えて選べばよいか，述べなさい。

で「私」は「老婦人」に対してどのような思いを伝えていますか、書きなさい。

問十二　次の文学作品について以下の問いに答えなさい。

Ａ　幸福にアスパラガスを茹《ゆ》で零《こぼ》す　倉田素香

Ｂ　山の唄《うた》アスパラガスを炒《いた》めつゝ《（つ）》　藤田湘子

１、右の文学作品について述べた次の文の（　）にあてはまる漢字二字の語を入れなさい。

このような文学の形式を（　ア　）といい、十七音で作ること、「アスパラガス」のような（　イ　）を表す言葉を用いることが原則である。

２、ＡＢの作品に共通していることとして最も適切なものを次から選びなさい。

ア　せわしない日常にも満足している

イ　得意な料理をすることをよろこんでいる

ウ　ほがらかな生活の場面を楽しんでいる

エ　現実から離《はな》れた美しさにあこがれている

オ　懐《なつ》かしい自然の風景を思い出している

問十三　本文中の「薹《とう》が立つ」は、慣用句として「何かをするのにちょうどよい年令をすぎてしまう」という意味でも使われます。次の意味になるような「…が立つ」という慣用句を、（　）に漢字一字を入れて完成させなさい。

１　名誉《めいよ》が保たれる　→（　　）が立つ

２　しゃくにさわる　→（　　）が立つ

３　文章が上手だ　→（　　）が立つ

三　次のカタカナを漢字に直しなさい。

１　祖母の言葉を人生のシシンにする。

２　カイシンの笑みを浮《う》かべる。

３　料金のサガクを支払《しはら》う。

４　姉の勉強に対するシセイを見習う。

５　目上の人をウヤマう。

イ　身に迫《せま》っていて重大な
ウ　分かりきっていて当然な
エ　突然《とつぜん》降りかかってきて緊急《きんきゅう》な

問二　――②「なかなか派手な所見を示しており」とは検査の結果のどんな様子を表していますか。最も適切なものを次から選びなさい。
ア　ずいぶん悪い　イ　かなり不規則だ
ウ　とても意外だ　エ　実にはっきりしている
オ　わりと見やすい

問三　――③「理由はきわめてシンプルなものであった」とありますが、その「理由」はなんですか。「アスパラガス」という言葉を使って説明しなさい。

問四　――④「にわかに」の意味を次から選びなさい。
ア　突然　イ　はげしく　ウ　ゆっくり　エ　一気に

問五　[A] にあてはまることばとして最も適切なものを次から選びなさい。
ア　自分中心でわがままになる
イ　農業のことしか話そうとしない
ウ　なんでも急いでしようとする
エ　心ここにあらずで落ち着かない
オ　医者の言うことを聞かなくなる

問六　――⑤「最大の難物のひとつ」とありますが、どういう点で「難物」なのですか。最も適切なものを次から選びなさい。
ア　医師との対決　イ　収入の減少
ウ　農業での苦労　エ　治療の障害

問七　――⑥「患者《かんじゃ》と喧嘩《けんか》になった」とありますが、
1、患者と喧嘩になったのは誰《だれ》ですか。次から選びなさい。
ア　娘《むすめ》
イ　医者
ウ　看護師《かんごし》
エ　救急隊員
2、1の人の主張を十二字以内で答えなさい。

問八　――⑦「状況《じょうきょう》さえ許せば」とありますが、どのような状況になればよいのですか。最も適切なものを次から選びなさい。
ア　農家の人々の生活が苦しくない状況
イ　患者の病状がさしせまってはいない状況
ウ　本人と家族の意思が非常に強い状況
エ　病院のスタッフが農業に理解のある状況

問九　――⑧「策略」とありますが、
1、「策略」の意味を次から選びなさい。
ア　相手の怒りをしずめるための機嫌《きげん》をとるようなふるまい
イ　相手の気をそらすためのその場にそぐわないふるまい
ウ　相手に自分の本心を知られないようにするためのはかりごと
エ　相手を自分の望んでいる事態《じたい》におちいらせるためのはかりごと
2、ここでの「策略」の内容を説明しなさい。

問十　[B] に入る最も適切な語を次から選びなさい。
ア　もの悲しい　イ　なさけ深い
ウ　気難《きむずか》しい　エ　堅苦《かたくる》しい

問十一　――⑨「ため息とともに苦笑すれば」とありますが、この表情

　八十二歳の女性が、発熱と息切れで救急搬送《はんそう》されたのだが、検査の結果は立派な肺炎《はいえん》であった。酸素状態は悪くないものの、X線検査も血液検査も②なかなか派手な所見を示しており、当然入院して治療《ちりょう》すべき病状である。にもかかわらず、老婦人の訴えは微塵《みじん》もゆるがなかった。

「頼むから家に帰らせてくれ」と。

　③理由はきわめてシンプルなものであった。「アスパラガス」である。時節は五月、一般的《いっぱんてき》には連休以外に格別感興を起こさせない月かもしれないが、信州の片田舎では特別な存在感を持つ。この時期、長い冬を終えた信州は一足飛びに夏へと疾走《しっそう》を始め、一斉《いっせい》に開き始めた野花とともに④にわかに活発化するのが種々の農作業である。気温の上昇《じょうしょう》に呼応するかのように農道には軽トラが現れ、耕運機《こううんき》が国道を横断し、病院の待合室の話題も血圧や糖尿病《とうにょうびょう》の話から、農事に一変する。話題が一変するだけならよいのだが、これにかかわる患者《かんじゃ》さんたちの態度も一変する。要するに［A］のである。

　農家にとっては田植えをはじめとする農作業が、生活における最優先事項《じこう》である。このためしばしば外来を無断で休み、ときに内服を忘れ、手術の日取りを延期し、肺気腫《はいきしゅ》だろうと変形性膝関節症《へんけいせいひざかんせつしょう》であろうと、お構いなしに作業に勤《いそ》しむようになる。これらが即《そく》、命にかかわるというわけではなかろうが、見守る主治医が気をもむことは言うまでもない。

　そうした中でも⑤最大の難物のひとつが、アスパラガスの収穫《しゅうかく》である。この春の大地からの贈《おく》り物は、収穫のタイミングが早朝の数時間に限られている。半日違《たが》えるなど以《もっ》ての外で、二時間遅《おく》れただけでも一気に*1薹《とう》が立つのだそうだ。ゆえに刈《か》り入《い》れ時期は、肺炎だろうと心不全だろうと入院などしている場合ではないということになるのである。

　こうした出来事にまだ不慣れであった数年前は、ずいぶん当惑《とうわく》させられ、ときに苛立《いらだ》つこともあった。命よりもアスパラが大事ですかと問えば、「もちろんだ」と即答《そくとう》する。しかし救急車を呼んだのでしょう？と告げても、「娘《むすめ》が勝手に呼んだのだ」と力説する。なんとか宥《なだ》めようと言葉を重ねても「こんな時間がもったいない」と遮《さえぎ》られ、しまいに⑥患者と喧嘩《けんか》になったこともあるのだが、最近になってようやく見えてきたこともある。この土地では、人は季節とともに生きている。生きるということとは、ただ呼吸をするということではなく、何事かを営《いとな》むということと同義である。ゆえに今では、⑦状況《じょうきょう》さえ許せば、アスパラガスを優先することも少なくない。抗生剤《こうせいざい》を内服させ、収穫が終わったらすぐ戻《もど》ってくることを説明の上帰宅にする。そうすると、三時間もすれば、家族とともに皆《みな》病院へ帰ってくるのである。

　「おかえりなさい」と私が告げた場所は、朝九時前の外来診察室である。娘に付《つ》き添《そ》われて戻ってきた老婦人は、誇《ほこ》らしげに新聞紙で包んだ大きなアスパラの束をさし出してくれた。さし出しつつ「明日の朝も行ってきていいかね？」と問うてくるのは、婦人の⑧策略というものである。私はとりあえず［B］顔をしてみるのだが、採れたてのアスパラの魅力《みりょく》に抵抗《ていこう》することは容易でない。やがて⑨ため息とともに苦笑すれば、老婦人は満足げに笑顔を浮《う》かべてうなずいた。どうやら明日も、この素敵な贈《おく》り物《もの》を届けてくれるらしい。

（「五月の贈り物」夏川草介）

*1　薹が立つ…野菜が生長しすぎて、固くて食べられなくなってしまうこと。

問一　――①「切実な」の意味として最も適切なものを次から選びなさい。

ア　長い間待ち続けていて大切な

＊2　リューベック…ドイツの都市。

問一　――①「人々は、間隔《かんかく》が狭《せま》いと光と水の奪《うば》い合いになる、と心配するようだ」とありますが、奪い合いになるのはどのような場所においてなのか、本文から十五字以内で抜《ぬ》き出しなさい。

問二　――②「ブナの木は〝公平さ〟に重きを置いている」と言えるのは、ブナ林がどのような状態にあるからですか。最も適切なものを次から選びなさい。

ア　どんな土壌に生えた木でも、葉一枚がつくる糖分量が等しい状態
イ　どんな太さの木でも、得られる光と水の量が同じである状態
ウ　どんな間隔で植えられた木でも、樹冠が均等に広がっている状態
エ　どんな気候で育った木でも、幹が均一なはやさで生長する状態

問三　――③「申し合わせたかのように」の意味として最も適切なものを次から選びなさい。

ア　互いに真似《まね》をしたかのように
イ　遠慮《えんりょ》しあっているかのように
ウ　前もって相談していたかのように
エ　誰かに命じられているかのように

問四　――④「その状態をよくないと考える林業従事者もたくさんいて」とありますが、なぜ林業従事者は「よくない」と考えるのか、理由として最も適切なものを次から選びなさい。

ア　木が養分と水分をうまく分配することができないから。
イ　病気の流行や害虫の発生により不健康な木になるから。
ウ　樹冠が小さく見た目がとてもみすぼらしくなるから。
エ　幹が伐採可能な太さにまでなかなか生長しないから。

問五　――⑤「そういう木は健康でよく生長するが、長生きすることはない」とありますが、

1、「そういう木」とはどのような木ですか。説明しなさい。

2、「長生きすることはない」とありますが、「そういう木」が長生きできない理由を二つに分けて説明しなさい。

問六　――⑥「連携《れんけい》を失った森」とありますが、

1、「連携」のことばの意味として、最も適切なものを次から選びなさい。

ア　連帯して互いに影響《えいきょう》を与えること
イ　連絡《れんらく》をとって共に物事を行うこと
ウ　連動させて目的を達成すること
エ　連続の中で周囲と関わりを持つこと

2、森の中の「連携」とはどのようなことですか。文中の言葉を使って説明しなさい。

問七　――⑦「本来ならありえないこと」とありますが、「ありえないこと」の内容を、文中の言葉を使って二十五字以内で書きなさい。

問八　――⑧「社会の真の価値は、そのなかのもっとも弱いメンバーをいかに守るかによって決まる」とありますが、筆者はどのような人間社会を価値があると考えていますか。解答欄《らん》に合わせて答えなさい。

二　次の文章を読んで後の問いに答えなさい。

頼《たの》むから家に帰らせてくれ、というのが、その老婦人の①切実な訴《うった》えであった。

早朝五時の救急外来である。

が木が健康に育つ。養分や水分をよりうまく分配できるからか、どの木もしっかりと生長してくれる。

窮屈《きゅうくつ》そうだと思って、人間が手助けのつもりで〝邪魔者〟を取り除くと、残された木は孤独《こどく》になり、お隣《となり》さんとの交流が途絶えてしまう。なにしろ、隣には切り株しか残らないのだから。すると一本一本が自分勝手に生長し、生産性にもばらつきがでてくる。一部の樹木だけがどんどん光合成をして、糖分を蓄《たくわ》える。⑤そういう木は健康でよく生長するが、長生きすることはない。なぜなら、一本の木の寿命《じゅみょう》はそれが立つ森の状態に左右されるからだ。

⑥連携《れんけい》を失った森にはたくさんの〝敗者〟が立ち並ぶことになる。養分の少ない土壌に立っている木。一時的に病気になってしまう木。遺伝的に欠陥《けっかん》のある木。そういったメンバーが、強いものから助けてもらえずに衰弱《すいじゃく》し、害虫や菌類の攻撃《こうげき》を受けやすくなってしまう。強者だけが生き延びるのは、進化の過程において当然のことだと考える人がいるかもしれないが、樹木の場合はそうではない。

樹木自身の幸せは、コミュニティの幸せと直接的に結びついている。弱者がいなくなれば、強者の繁栄《はんえい》もありえない。森の木々はまばらになり、日光と風が直接入り込み、湿った冷たい空気が失われる。その状態が続くと、強い木も病弱になり、まわりの木のサポートに頼《たよ》らざるをえなくなる。そんなときにまわりに木がなければ、どんな巨木でも害虫がついただけで死んでしまう。

私自身、この助け合いを体験したことがある。林業を始めて間もないころ、私は若いブナの木に〝環状剥皮《かんじょうはくひ》〟を施《ほどこ》した。地上一メートルのところで幹のまわりの樹皮をぐるりとはがすのだ。そうすると木は枯《か》れてしまう。これは間伐《かんばつ》法の一つで、木を切るかわりに枯れさせて、枯死木《こしぼく》として森に残すのだ。枯死木は葉を失うので、倒さなくても隣にある生きた木のスペースが増える、という算段だ。皮をはがれた木が死ぬまでには数年かかる。残酷《ざんこく》な話だと思っただろうか？　私もそう思う。だから、もう二度とするつもりはない。

樹皮をはがされたブナたちは必死に生きようとした。それどころか、現在まで枯れずに生きつづけた木もある。⑦本来ならありえないことだ。樹皮がなければ葉でつくられた糖分が根に届かないからだ。本来なら、根に糖分が届かなくなった木は飢《う》え死にし、水を吸い上げるのをやめ、枝葉に水分がなくなり枯れてしまう。それなのに、剥皮のあとも多少なりとも生長を続けた木がたくさんあった。

今の私にはその理由がわかる。まわりの木の援助《えんじょ》によって生きつづけることができたのだ。地中のネットワークを通じて、栄養を分け合っていたのだろう。はがれた皮を再生することに成功した木も少なからずあった。

私は今では、自分がしたことの愚《おろ》かさを恥ずかしく思っている。この出来事を通じて、木のコミュニティの団結力がいかに強いかを学ぶことができた。⑧〝社会の真の価値は、そのなかのもっとも弱いメンバーをいかに守るかによって決まる〟という、職人たちが好んで口にする言葉は、樹木が思いついたのかもしれない。森の木々はそのことを理解し、無条件にお互いを助け合っている。

（『樹木たちの知られざる生活　森林管理官が聴いた森の声』
ペーター・ヴォールレーベン・著／長谷川圭・訳）

＊1　樹冠…樹木の上部の、枝や葉が茂っている部分。

【国　語】（四〇分）〈満点：一〇〇点〉

一　次の文章を読んで後の問いに答えなさい。

うちの庭には木が多すぎるのではないか、木と木の間隔《かんかく》が狭《せま》すぎるのではないか、という相談をよく受ける。①人々は、間隔が狭いと光と水の奪《うば》い合いになる、と心配するようだ。しかも、林業に詳《くわ》しい人ほど不安がる。植林地では、幹をできるだけ早く伐採《ばっさい》可能な太さにしなければならないので、大きな＊1樹冠《じゅかん》が均等に広がるように充分《じゅうぶん》な間隔を確保する。そのために、五年ごとに邪魔《じゃま》になる木を切り倒すほどだ。

切られなかった木は一〇〇歳という若さで製材所送りになるので、少しぐらい不健康でもかまわない。不健康？　邪魔者がいなくて、たくさんの光を浴びて、水も充分に吸収できる木ほど、すくすくと元気に育つはずだ、不健康なはずがない。あなたもそう思っただろうか？　さまざまな種類の樹木が生える森では、たしかにそのとおりだ。それぞれの木が少しでも多くの光や水を得ようと競争する。

しかし、同じ種類の樹木同士ではそうはならない。すでに紹介《しょうかい》したように、ブナなどの木は仲間意識が強く、栄養を分け合う。弱った仲間を見捨てない。仲間がいなくなると、木と木のあいだに隙間《すきま》ができ、森にとって好ましい薄暗《うすぐら》さや湿度《しつど》の高さを保てなくなってしまうからだ。つまり、局所的な気候が変わってしまう。最適な気候が維持《いじ》できてはじめて、それぞれの木は自分のことを考え、自由に生長できるようになる。そうはいっても、完全に自由なわけではない。少なくとも②ブナの木は〝公平さ〟に重きを置いている。私が管理しているブナ林で、ある女学生が興味深い発見をした。信じられないことに、そこにある木はどれもまるで③申し合わせたかのように同じ量の光合成をしていた。どの木もそれぞれ違《ちが》う環境《かんきょう》に立っていて、土が柔らかい場所もあれば、石が多い場所もある。湿《しめ》っぽい区画もあれば、乾燥《かんそう》しがちな土壌《どじょう》もある。栄養素がどれぐらい含まれているかも区画によってまちまちで、それこそ数メートルごとに環境が異なっている。条件が違うのだから、内部で合成される糖分の量もばらばらで、生長のはやさもそれぞれ異なっている。それなのにどの木も同じだけの光合成をしているのはなぜだろう？

私はこう考える。太い木も細い木も仲間全員が葉一枚ごとにだいたい同じ量の糖分を光合成でつくりだせるように、木々は互《たが》いに補い合っている。この調節は地中の根を通じて行われているのだろう。根を使って、私たちが想像する以上の情報が交換されているにちがいない。豊かなものは貧しいものに分け与《あた》え、貧しいものはそれを遠慮《えんりょ》なくちょうだいする。ここでも、菌類《きんるい》の巨大《きょだい》なネットワークが活躍《かつやく》し、出力調整機のような役割を果たしている。あるいはまた、立場の弱いものも社会に参加できるようにする社会福祉《ふくし》システム、といえるかもしれない。

ブナの場合、木と木の間隔が近すぎると生長できない、などということはない。逆に一メートルの範囲《はんい》内に何本かが並んでいることもある。その場合、間隔が狭《せま》いので樹冠も小さくなる。④その状態をよくないと考える林業従事者もたくさんいて、彼らは間隔をもっと空けるためにそのうちの一本を切り倒したりする。

ところがあるとき、＊2リューベックの専門家が、密集しているブナ林のほうが生産性が高いことに気づいた。資源（主に木材）量の年間増加率が、密集林のほうが明らかに高いのだ。つまり、密集しているほう

MEMO

大切なことはメモしておこうネ！

2019年度

解　答　と　解　説

《2019年度の配点は解答欄に掲載してあります。》

＜算数解答＞ 《学校からの正答の発表はありません。》

1. (1) $\frac{134}{2019}$　(2) 6.3　(3) ① 1.5　② $\frac{5}{11}$　(4) ㋐ 15　㋑ 74　㋒ 29
(5) 12.5cm，$3\frac{1}{8}$cm

2. (1) 18.9cm　(2) 解説参照　3. (1) 9通り　(2) 解説参照

4. 130[230]度，8(時)20(分)　5. 834個，67箱・2箱　6. 3人，17人，35人

○推定配点○

各5点×20(5.「箱数」完答)　計100点

＜算数解説＞

1. (四則計算，平面図形，演算記号，割合と比)

(1) $\frac{37}{185}\times\left(0.5-\frac{1}{6}-\frac{1}{673}\right)=\frac{1}{5}\times\frac{670}{2019}=\frac{134}{2019}$

基本 (2) 右図において，黒い部分は8×8÷2－(2×2＋4×4)÷2－(2×2＋4×4)×3.14÷4＝22－15.7＝6.3(cm²)

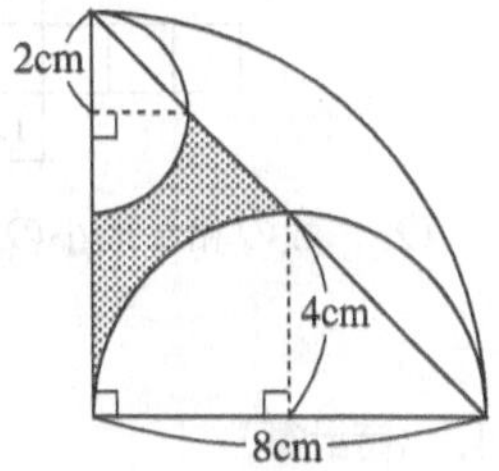

基本 (3) ① $1-[A]=1\div3=\frac{1}{3}$　$[A]=1-\frac{1}{3}=\frac{2}{3}$　したがって，Aは$\frac{3}{2}$である。

② $B=1\div\left(1+1\div\frac{5}{6}\right)=1\div\frac{11}{5}=\frac{5}{11}$

重要 (4) 図1において，三角形OMBは正三角形であり，三角形OHBは直角二等辺三角形であるから，㋐は60－45＝15(度)　図2において，三角形KACは二等辺三角形であり，㋑は(180－32)÷2＝74(度)，三角形BJKにおいて，㋒は180－(45＋74＋32)＝29(度)

図1

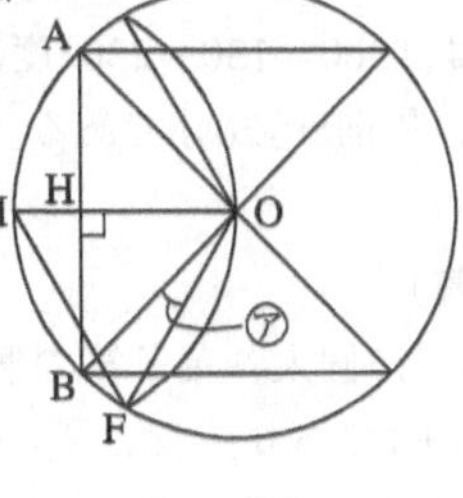

図2

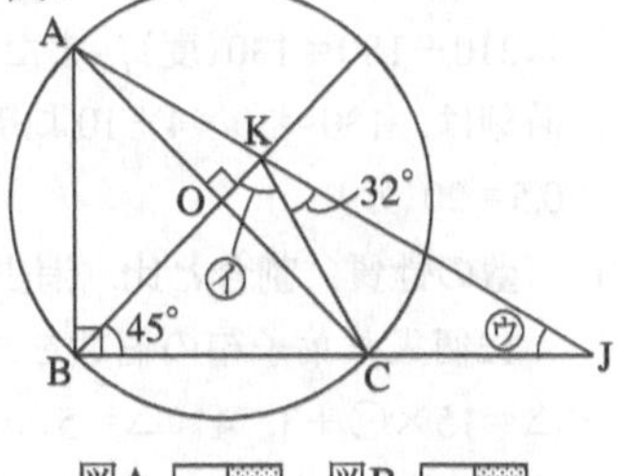

重要 (5) 図Aにおいて，青の高さは5÷(5－3)×5＝12.5(cm)，図Bにおいて，青の高さは5÷(5＋3)×5＝$\frac{25}{8}$(cm)

図A

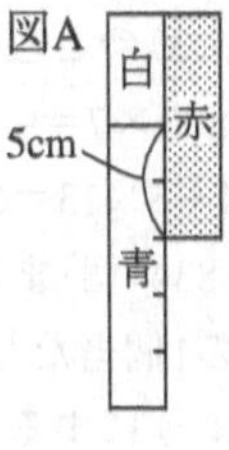

図B

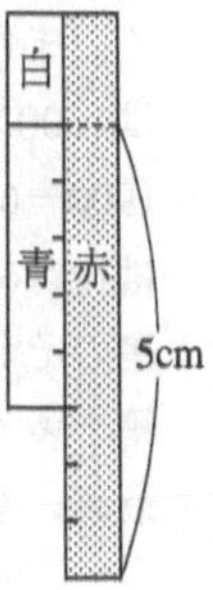

2.（平面図形，図形や点の移動，概数）

重要 (1)　図アにおいて，円の中心の軌跡は5×2＋1×2×3.14×(90＋60)÷360＋3×2×3.14÷3＝10＋$\frac{17}{6}$×3.14より，10＋8.9＝18.9(cm)である。

図ア

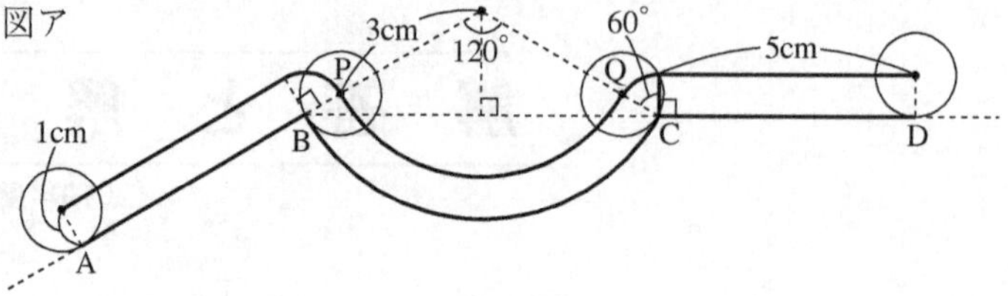

やや難 (2)　図イにおいて，弧BCの長さと半円1cm円の円周の比は(4÷3)：1＝4：3＝8：6であり，弧BCの長さを8にすると，3の位置で矢印はRから円Oの半径にそって外側へ向いて，6の位置で矢印はSから円Oの半径にそって内側へ向き，円Oの半径にそって180度回転する。したがって，Cの位置で矢印はQから円Oの半径方向から180÷3×2＝120(度)回転している。

図イ

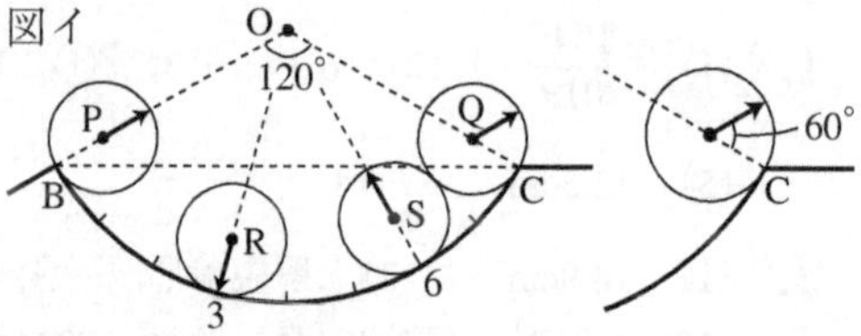

3.（平面図形，立体図形）

＋α (1)　以下の9通りがある。

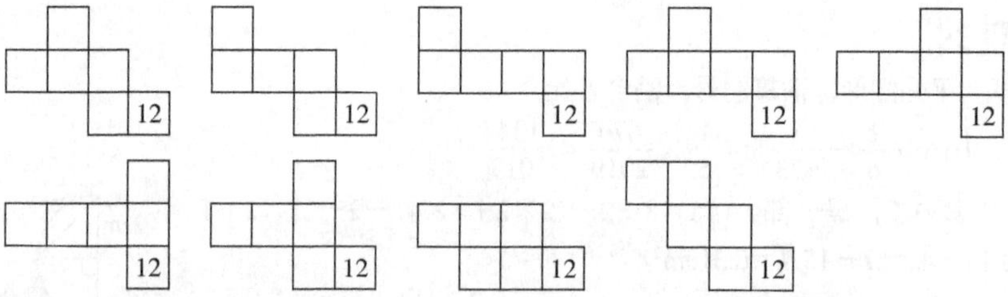

(2)　数の和が最小の34になる場合は，右の2通りがある。

①	②	3	4
5	⑥	⑦	⑧
9	⑩	11	12

1	2	③	④
⑤	⑥	⑦	8
⑨	10	11	12

4.（時計算）

重要 $56\frac{4}{11}$分は(6－0.5)×$56\frac{4}{11}$＝310(度)に相当し，現在の両針の間の角度は310－180＝130(度)，または，360－130＝230(度)である。このときの時刻は，130＝30×4＋10より，午前8時20分である。…10度は短針で10÷0.5＝20(分)

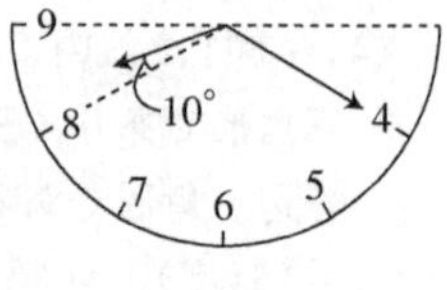

5.（数の性質，割合と比，消去算）

重要 12個入り菓子箱の個数を△，15個入り菓子箱の個数を○とする。12×△＋6＝15×○＋9，12×△＝15×○＋3，4×△＝5×○＋1であり，(△，○)の組合せは(4，3)，(9，7)，(14，11)，…と続く。また，(4，3)のとき，売上げの差は1500×4－1800×3＝600(円)，(9，7)のとき，売上げの差は1500×9－1800×7＝900(円)であり，差が4500円になるとき，△は4＋(9－4)×(4500－600)÷(900－600)＝4＋5×13＝69，○は69－1－13＝55または3＋(7－3)×13＝55であるから，菓子の個数は12×69＋6＝834(個)または15×55＋9＝834(個)である。さらに，12個入り菓子箱と15個入り菓子箱のそれぞれの1個当たりの値段は1500÷12＝125(円)，1800÷15＝120(円)であり，12個入り菓子箱を多く売るようにすると834÷12＝69…6より，(67，2)のとき，余る菓子がなくなり，売上げが最高になる。

やや難 **6.（数の性質，集合，消去算）**

各競技に出場した生徒を分類すると，右表になる。問題文(エ)より，B＋X＋Z＝20，(オ)より，B＝Y＋3，X＋Y＋Z＝20－3＝17(カ)であり，サッカーまたは卓球に出場した生徒は17人である。(ウ)より，A＋Y＝C×4，B＋Z＝C×3，A＋B＋Y＋Z＝C×7，(イ)より，C＋Y＋Z＝9であり，C＝1は不適，C＝2のとき，Y＋Z＝9－2＝7，A＋B＝2×7－7＝7，(カ)より，X＝17－7＝10，B＋Z＋X＝2×3＋10＝16で20(エ)と一致せず不適，C＝3のとき，Y＋Z＝9－3＝6，A＋B＝3×7－6＝15，X＝17－6＝11であり，クラスの人数は15＋11＋9＝35(人)である。

バスケ	ドッジ	サッカ	卓球	人数
○				A
	○			B
		○		X
			○	
○	○			C
○		○		Y
○			○	
	○	○		Z
	○	○		

★ワンポイントアドバイス★

1.(4)「角度」は，一見やさしそうでも実際は簡単ではなく，2.(2)「作図」も，正解者は多くないはずである。さらに，3.「展開図」もミスが生じやすく6.「球技会」は，難しい。したがって，これら以外の問題がポイントになる。

＋α は弊社HP商品詳細ページ(トビラのQRコードからアクセス可)参照。

＜理科解答＞ 《学校からの正答の発表はありません。》

Ⅰ　1　(1)　二酸化炭素　(2)　イ　(3)　①　イ，ウ　②　ア，エ　③　オ
(4)　(名前)　石灰水　(反応の様子)　白くにごる　(5)　①　イ　②　ウ　③　イ
④　ア　(6)　(イ，ケ)　(イ，コ)　(ウ，ケ)　2　ウ，カ　3　他の物質を混ぜたり，色をつけたりしない。　4　ペットボトルのかけらが浮く食塩水を作り，浮く物質と沈む物質に分ける。

Ⅱ　1　①　11.0　②　ウ　③　ウ　2　④　ア　⑤　ア　⑥　ア　⑦　イ　⑧　イ
3　⑨　ア　⑩　イ　⑪　イ　4　地表付近と上空の空気の温度の差

Ⅲ　1　(1)　①　B・ウ　②　A・イ　③　A・イ　(2)　受精　(3)　オ　(4)　ウ
(5)　イ　(6)　オスは口が上を向いている　(7)　イ　2　(1)　①　ア　②　ウ
(2)　0.6(mm)　(3)　ウ　(4)　60(日後)

Ⅳ　1　(1)　1(個)　(2)　①　35(cm)　②　(5，10，20)　(5，15，15)　(5，5，25)　(10，10，15)　2　(1)　①　イ　②　ウ，エ　③　ア　(2)　①　0(g)　②　400(g)
(3)　①　ウ　②　ア　(4)　A　ア　B　ウ　3　①　ウ，エ　②　ア　③　イ

○推定配点○

Ⅰ　1(1)～(4)　各1点×7　1(5)～2　各2点×6　3・4　各3点×2
Ⅱ　1～3　各2点×11　4　3点　Ⅲ　1(1)　各1点×3　他　各2点×11
Ⅳ　1(1)・(2)①・3　各1点×5　1(2)②・2　各2点×10　計100点

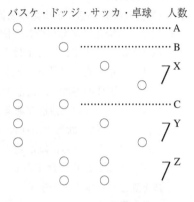

＜理科解説＞

Ⅰ （物質の性質－様々な物質の性質）

重要 1 (1) 二酸化炭素を冷やして固体にしたものをドライアイスという。 (2) 気体は，一般的に温度が低いほど水によく溶ける。 (3) 酢と塩酸は酸性の水溶液である。石けん水と水酸化ナトリウム水溶液，アンモニア水はアルカリ性の水溶液で，その中で石けん水と水酸化ナトリウム水溶液は固体の溶けた水溶液である。酢とアンモニア水はにおいがあり，酢は酸性，アンモニア水はアルカリ性の水溶液である。 (4) 石灰水に二酸化炭素を加えると，石灰水は白くにごる。(5) ①と③は，酸素とふれ合わないようにして火を消している。②は，水の温度が100°C以上は上がらないことから，紙が発火点以上の温度にならず，紙は燃えない。④はろうが芯を伝わることができないため，燃えるものがなくなり火が消える。 (6) うすい塩酸に，アルミニウム，鉄を加えると水素を発生する。また，うすい水酸化ナトリウム水溶液にアルミニウムを加えると水素を発生する。

2 原子力発電は，核分裂による熱で蒸気を作りタービンを回して発電するので，放射性物質ができて放射性物質が放射線を出す。火力発電は，化石燃料を燃やしてタービンを回し発電するので二酸化炭素を発生する。

やや難 3 リサイクルがしやすいように，ペットボトルはPET（ポリエチレンテレフタレート）という物質だけで作り，他の物質をまぜないようにしたり，色をつけず透明にするなどのきまりがある。

4 食塩水は，水よりも同じ体積で比べたときに重くなり，ペットボトルのかけらよりも同じ体積で比べたときに重い食塩水を作れば，ペットボトルのかけらは浮くため，アルミニウムと分けることができる。

Ⅱ （気象－上昇気流）

重要 1 100m持ち上げると1°C下がるので，1000mでは11.0°C（21.0－10）となる。風船の中の温度が周囲の温度よりも低くなるため，風船は落ちると考えられる。

2 風船の中の温度は20°C（30.0－10）なので，周囲の空気の温度より高くなり，風船は上昇する。Bの日の上下の気温差はAの日よりも大きく，地表が強く温められると地表付近の気温は上がりやすいが空気は熱を伝えにくいため上空の気温は上がらず差が大きくなる。

3 風船の中の温度は3.5°Cとなり，上昇する。空気は熱を伝えにくいため，地表付近は冷たくならず，持ち上げられた空気は周りよりも温度が高い。

4 地表付近の気温が上空の気温よりも高く，気温差が大きくなっているとき，空気が上昇しやすいことがわかる。

Ⅲ （昆虫・動物－メダカの生活）

重要 1 (1) 水そうは，温度が上がり過ぎないように日光が直接当たらない場所に置き，水道水は塩素を蒸発させるため汲み置きした水を使う。エサは水が汚れるのを防ぐため，30分ほどで食べきれる量を与える。 (2) 魚類，両生類の動物は，メスが生んだ卵にオスが精子をかける体外受精により受精する。 (3) メスが卵を産むと，オスはすぐに精子をかける。その後，メスが腹の卵を水草につける。 (4) オスがひれでメスの腹を包むことによって，精子は効率よく卵にかかる。 (5) メダカは，春になると一度に10～40個ほどの卵を早朝に産む。 (6) オスは口が上を向いている。 (7) うろこの重なり方から，Aは尾の方向であることがわかる。

やや難 2 (1) 図3のグラフから，成長率はXの方が大きいが，増加量はYの方が大きいことがわかる。
(2) ふ化後50日後の全長は約22.5cmなので，うろこの大きさは図4より約0.6mmである。
(3) うろこが大きくなっても，隆起線の増える本数は一定である。 (4) 全長が30mmになるのは，図3よりふ化後60日である。

Ⅳ（力のはたらき－てんびん）

重要 1 (1) 左回りのはたらきは500(5×20＋10×40)なので，25cmの穴におもりを1個(500÷25÷20)つるせばよい。 (2) ① 左回りのはたらきは700(5×20＋10×60)なので，35cm(700÷20)の穴につるせばよい。 ② 右回りのはたらきが700になるように組み合わせればよい。

2 (1) 棒の(あ)と(い)の部分はつり合っていると考えられ，皿は棒の(う)(え)とつり合っている。 (2) 支点の位置は回転の中心なので0g，40cmの位置は400g(40×100÷10)となる。 (3) 左回りのはたらきが大きくなるので，0gの位置は右にずれ，目盛りの間隔は広くなる。 (4) Aにつるすとはかれる範囲は広くなるが，目盛りの幅は小さくなる。Bにつるすとはかれる範囲は狭くなるが，目盛りの間隔は広くなる。

重要 3 ①と②は，支点から作用点の距離より支点から力点の距離を長くすることができるため，小さな力で大きな力を出すことができる。③は，支点から作用点の距離が支点から力点までの距離よりも長いため，大きな力は出せないが，作用点の動きが大きくなるので細かい動きをすることができる。

★ワンポイントアドバイス★

基本的な問題が多いが，問題数が多いので時間配分に気をつけて解いていこう。

＜社会解答＞《学校からの正答の発表はありません。》

Ⅰ 問1 貝塚 問2 奈良県 問3 木簡 問4 イ・エ 問5 イ→エ→ア→ウ
問6 ウ→ア→エ→イ 問7 (例) 木版刷りになったことで，安く大量に作ることができたから。 問8 オ 問9 (記号・説明の順) ア・エ (例) 直して元の形に近いものにした。 イ・カ (例) 使える部分を加工して別の物にした。 ウ・オ (例) 加工することなく別の目的で使った。 問10 エ 問11 イ

Ⅱ 問1 (1) 豊臣秀吉 (2) ウ→エ→ア→イ (3) エ・オ (4) (記号・説明の順) (例) ア・農民の所有物の中に武器や武具の記録がないこと。[エ・日記の中に農民から武器を集めたことが記されていること。] 問2 エ→イ→オ→ア→ウ 問3 イ
問4 自動車 問5 ウ→イ→ア→エ 問6 (例) 家事にかける時間を短くすることができたから。 問7 (1) ウ (2) ア・エ

Ⅲ 問1 (1) ウ (2) エ 問2 ○ 問3 エ 問4 イ・オ 問5 ア・ウ
問6 (1) イ・ウ (2) ウ (3) (例) 国の役所・会社・学校などの施設が多いので，周辺地域から通勤・通学している人が多いから。 問7 エ 問8 (1) ウ (2) エ (3) ア 問9 (例) 火事が起こった後 問10 ア→ウ→イ 問11 エ

Ⅳ 問1 X 水銀 Y 持続可能 問2 (例) 健康で文化的な最低限度の生活を営む権利
問3 内閣 問4 エ 問5 ア・ウ・オ 問6 ウ 問7 イ 問8 環境(大臣)
問9 (例) 原料を作っている人がきちんと利益を得られているかということ。

○推定配点○

Ⅰ 問1～問8 各2点×8 問9～問11 各1点×8 Ⅱ 各2点×12 Ⅲ 各2点×16
Ⅳ 各2点×10 計100点

＜社会解説＞

Ⅰ　(日本の歴史－古代～江戸時代のごみとその再利用)

基本　問1　貝塚とは，古代の人々が捨てた貝殻などが積み重なってできた遺跡である。この遺跡では貝がらだけでなく獣や魚の骨・壊れた土器・人骨なども出土するので，この時代の人々の生活の様子を知ることができる貴重な資料となっている。

問2　藤原京は現在の奈良県の飛鳥地方の大和三山(畝傍山・耳成山・天香久山)に囲まれた地にあった日本で最初の本格的な都城で，694～710年間の帝都であった。この都は天武天皇の時代から建設が始まり，持統天皇(位686～697年)が完成させて，694年に遷都した。他方，平城京は710～784年の都であり，元明天皇(位707～715年)によって唐(618～907)の都の長安にならって奈良盆地の北部に造営された。碁盤の目のように広い道路で区切られ，北方の中央に平城宮が置かれていた。

問3　木簡とは文字を記すためにつくられた短冊形をした木の札で，平城京や藤原京跡などから多く発見されている。当時は紙の入手が難しかったので，紙の代わりに木を薄く削ることで諸国からの荷物の荷札の他，役所の記録簿や漢字の練習用などに使用された。

問4　イ　鉄器は日本に弥生時代の紀元前４世紀ごろに青銅器とともに伝わり，その後，武器・工具・農具などとして広く使用された。　エ　漢字は主に4～6世紀にかけて中国大陸や朝鮮半島から渡ってきた渡来人によって日本にもたらされ，5世紀ごろからその音を借りて名前や地名を記されるようになった。なお，アの禅宗は鎌倉時代に伝わったもの，ウの宋銭は平安時代末期から室町時代に輸入されたもの，オの木綿は室町時代(15世紀)に中国や朝鮮から輸入されたものである。

基本　問5　アの大化の改新が始められたのは645年，イの仏教が正式に伝わったのは552年，ウの日本書紀が完成したのは720年，エの遣隋使が派遣されたのは607年である。したがって，これらのできごとを古い順に並べると，イ→エ→ア→ウの順になる。

問6　アの平氏が武力を背景に関東でも領地を広げたのは10世紀～11世紀初めの時期，イの北条氏が周りの大名と関東で勢力を争ったのは16世紀，ウのワカタケル大王が存在したのは5世紀末，エの北条氏が執権となって幕府の政治を進めたのは13世紀である。したがって，これらのできごとを古い順に並べると，ウ→ア→エ→イの順になる。

やや難　問7　浮世絵は，庶民の風俗を題材とした絵画である。当初は肉筆画であったが，木版刷りの技術が進んで版画になったことで大量に刷られて価格が下がり，多くの人々が買うことができるようになった。元禄時代の初めに菱川師宣(？～1694年)が木版画としての基礎を確立し，その代表作が「見返り美人図」である。その後，18世紀頃には多色刷りの錦絵も出現した。

問8　歌舞伎は江戸時代に発達し，江戸に市川団十郎，上方に坂田藤十郎などの名優が出現したが，江戸や大阪に限って上演が認められたということはない。

重要　問9　ア・エ　古い着物を洗って仕立て直したり，欠けた陶器を接着して再び焼いて市内で売ることとは，不要になった物を元の物に近い形に戻して再利用することである。　イ・カ　傘の折れた骨をはずして油紙を味噌や魚の包装紙にしたり，古いほうきをタワシなどにして市内で売ることは，不要になった物の使える部分を加工して別の物として再利用することである。　ウ・オ　燃やして出た灰を買い集めたり，人の小便や大便をくみとって買い取って農村に売ることは，不要になった物を加工することなく別の目的で使用したものである。

問10　江戸時代の品物は，金属や石材よりは木材や紙などを原材料にしていることが多かった。そのため原材料の加工がしやすい反面，金属や石材に比べて丈夫ではなく，壊れやすかった。そのようなことが品物の再利用をさかんにした1つの要因でもあった。

重要 問11　江戸時代は，身分によって住む地域も制限されていた。そのため武士は基本的に城下町の武家屋敷の地域に住んでおり，農村に住んだり，城下町から農村に移り住むことはなかった。

Ⅱ　**(日本の歴史一歴史上の鉱物資源に関する問題)**

重要 問1　(1)　史料の命令は刀狩(1588年)であり，この命令を発したのは豊臣秀吉(1537～1598年)である。彼は織田信長に仕えて才能を発揮し，織田信長の死後に明智光秀を破って信長の後継者となった。その後，天下統一の事業を進め，1590年に関東の北条氏を滅ぼし，東北の伊達氏を従えて，全国統一を完成した。　(2)　アの朝鮮出兵は1592～93年と1597～98年，イの関ヶ原の戦いは1600年，ウの長篠の戦いは1575年，エの本能寺の変は1582年である。したがって，これらのできごとを古い順に並べると，ウ→エ→ア→イの順になる。　(3)　エ　史料中の最終行に「百姓は農耕・養蚕にはげむこと」とある。養蚕は蚕を飼育して繭をとるものであるが，その繭からは生糸がつくられるので，生糸の生産が禁止されていたとはいえない。　オ　史料中の2行目に「一揆をくわだて，けしからぬ行為をなす者たちは，もちろん厳しい罰を受けるだろう。」とある。したがって，農民が一揆を企てた場合，中心人物のみが処罰されるのではなく，一揆に参加した者が全て処罰されることになる。　ア　史料中の第1番目の命令の前半の部分から，この命令の目的が百姓の一揆を防止することであることがわかる。　イ　史料中の第1番目の命令の前半の部分や第3番目の命令の前半の部分から，百姓は耕作に集中してきちんと納税することが求められていることがわかる。　ウ　史料中の第2番目の命令の前半の部分から，没収された武器や武具は大仏の金具に使うことがわかる。　カ　史料中の第1番目の命令の後半の部分から，税を集める代官に刀などの武具の没収が命じられたことがわかる。　(4)　ア　1590年は刀狩が行われた後なので，その年につくられた複数の農民の所有物を書き上げた表の中に武器や武具の記述がないことが確認できれば，それ以前に実際に農民から武器や武具を取り上げることが行われたと考えることができる。　エ　史料中の4行目に「地域の代官(役人)など徴税の責任者は，以上のような武具を全て取り集めて差し出すようにせよ。」とある。したがって，当時の代官の日記の中に刀などの武具を農民から集めたことの記述が確認できれば，実際に代官によって刀狩が行われたと考えることができる。　イ　刀狩は武具を取り集めることなので，刀狩を発した人物が周囲の人に送った和歌とは無関係であり，その和歌を調べても刀狩が実施されたかどうかは判断できない。　ウ　大仏の金具のことは史料中に述べられているが，その大仏の金具の形を調べても，刀狩が行われたどうかを判断することはできない。　オ　1603年は刀狩が行われた後ではあるが，この年に起こった一揆の回数がたとえ少なかったとしても，そのことが刀狩の影響であるかどうかは不明である。また「百姓一揆」などの一揆は江戸時代に入っても，その発生回数は必ずしも減っているわけではない。そのため起こった一揆の回数で，刀狩が行われたかどうかを判断することはできない。

問2　アの本州にある主な炭鉱で石炭の採掘が行われなくなったのは，「エネルギー革命」が起こった1960年代，イの新橋と横浜の間に鉄道が開通したのは1872年，ウの「明治日本の産業革命遺産」が世界遺産に登録されたのは2015年，エの長州藩が領内で石炭を採掘していたのは江戸時代(1603～1867年)，オの八幡製鉄所が操業を開始したのは1901年のことである。したがって，これらのできごとを古い順に並べると，エ→イ→オ→ア→ウの順になる。

問3　治安維持法(1925年)は，普通選挙の実施による労働者を取りまく社会や政治の仕組みを変えようとする社会主義運動の拡大などを取り締まるために制定された。しかしその後は拡大解釈され，労働運動や自由主義者も弾圧された。　ア　明治時代の製糸工場で働く女性の労働時間は長く，女性による労働運動も発生した。　ウ　日本で労働者による組合が初めて結成されたのは，第二次世界大戦後ではなく第二次世界大戦前のことである。　エ　労働条件を改善するための国の役所は，経済産業省ではなく厚生労働省である。

重要 問4　20世紀初頭のアメリカ合衆国ではフォード(1863～1947年)が自動車会社を設立し，「組み立てライン」方式と呼ばれる流れ作業による生産方式によって自動車の大量生産を行った。そのため自動車の価格の大幅な値下げに成功し，自動車は人々に広く買われて使用されるようになった。

基本 問5　アの石油ランプが日本に輸入されて使われ始めたのは明治時代(1868～1912年)初期，イの天智天皇(位668～671年)が在位したのは飛鳥時代の7世紀後半，ウの石包丁が使用されたのは弥生時代，エの満州国(1932～1945年)が存在したのは昭和時代(1926～1989年)前期のことである。したがって，これらのできごとを古い順に並べると，ウ→イ→ア→エの順になる。

やや難 問6「三種の神器」とは，1950年代後半から始まった高度経済成長期において人々のあこがれの的になった，「白黒テレビ・電気洗濯機・電気冷蔵庫」のことである。この中で電気洗濯機は洗濯，電気冷蔵庫は炊事というように，それまでは非常に手間がかかっていた家事の時間を大幅に短縮することになり，そのことによって生じた時間が人々に余暇を楽しむゆとりを与えることになった。

問7　(1)　所得税を減税するのは，そのことによって消費活動を活発にして物価を上昇させて景気を回復させることが目的である。したがって，さまざまな商品の値上がりを防ぐための政策としてはふさわしくない。　(2)　アの阪神・淡路大震災が起こったのは1995年，イの東京オリンピックが開かれたのは1964年，ウの朝鮮戦争が勃発したのは1950年，エの日中平和友好条約が結ばれたのは1978年のことである。したがって，1973年よりも後に起こったできごとは，アの阪神・淡路大震災とエの日中平和友好条約が結ばれたことである。

Ⅲ　(日本の地理ー東京都の日の出町から見た諸問題)

重要 問1　(1)「町役場」は，その地域の行政の調整・統轄などを行う地方行政の中心となる施設である。実際の行政上の様々な仕事の多くが病院・郵便局・学校などの公共施設で行われるので，「町役場」もそれらの公共施設が多く集まっている地域にあることが多い。したがって図1中では，「町役場」があるのはこれらの公共施設が多く集まっているBとCの間(ウ)である。　(2)　工場の立地としてふさわしい条件はいくつかあるが，その中の1つが原材料の調達や製品の搬出のための交通の便がよいことである。したがって図1中で「工場が一番多くある地域」は，日の出町内を結ぶ道路(都道)と町外に繋がる高速道路があるCより東側(エ)の地域である。

基本 問2「町役場」と「村役場」を表す地図記号は「○」(一重丸)で示され，この記号は政令指定都市の区役所も表している。

問3　消防署を表す地図記号は「Y」であり，この記号は江戸時代に消防の仕事に携わっていた「火消し」と呼ばれた人々が使用していた「刺(さす)股(また)」という道具を記号化したものである。なお，アの病院「⛨」，イの老人ホーム「⌂」，ウの小中学校「文」，オの寺院「卍」，カの交番「X」，キの郵便局「〶」はいずれも図1中にみられる。

問4　イ　図2の地形図には方位記号がみられないので，地形図の上が北になる。地形図中で廃棄物処分場の施設がある地域の上方に「341」，下方に「268」と高度を示した数字がみられ，またその地域には多くの崖もみられる。そのため廃棄物処分場がある地域は，北から南の方向にかけて低くなっている土地であることがわかる。したがって，廃棄物処分場は北向きではなく，南向きの斜面につくられたことになる。　オ　地形図中で廃棄物処分場は約300～340mの高さの場所にあり，他方，○印の神社は高さ約260mの場所にある。図2の地形図上で○印の神社から廃棄物処分場のある方向を直線で結ぶと，その間には標高約370mの山地があり，視界が閉ざされることがわかる。したがって，神社の位置から廃棄物処分場を見渡すことはできない。

問5　ア　ごみの量を減らすために，家庭ごみについてもその処理費用の一部を住民に負担を求める回収有料化を実施する市区町村が増えている。　ウ　燃えないごみのリサイクル品の中でも鉄やアルミなどのリサイクルの割合は高く，回収方法や分別技術の向上などにより，再資源化率は90%以上になっている。　イ　燃えるごみから出た焼却灰はその一部がコンクリート用骨材などの再利用されており，必ず埋め立てなければならないことはない。　エ　テレビやエアコンなどは家電リサイクル法によって，無料ではなく有料で回収されている。　オ　市区町村から出たごみは，それぞれの市区町村の中だけでなく，複数の市区町村が共同で処分をしている例もみられる。

やや難　問6　(1)　イ　昼夜間人口比率が上位となるのは，昼夜間人口比率の数字が大きくなることである。そのためには昼間人口が多く，常住人口が少なく，その差が大きいことが条件になる。表中の例でも，世田谷区は中央区よりも昼間人口と常住人口がともに多いが昼夜間人口比率は94.9(866870÷903346×100)となり，中央区(431.1)の方が上位になっている。したがって，昼間人口と常住人口がともに上位である市区町村が，昼夜間人口比率も上位になるとは限らない。
ウ　昼夜間人口比率が94.9の世田谷区は23区内にあるので，23区内でも昼夜間人口比率が100を下回ることがある。　(2)　表中から千代田区の昼間人口は853068人，常住人口は58406人なので，昼夜間人口比率は1460.6(853068÷58406×100)となる。　(3)　千代田区の昼間人口が常住人口よりも非常に多いということは，昼間の方が千代田区で過ごす人が多いということである。その理由は千代田区には国や地方公共団体の役所や施設，民間の会社，学校などの多くの施設があり，周辺地域からの通勤・通学によって昼間はそれらの施設で過ごし，夜間には周辺のそれぞれの居住地域に戻る人々が多いからである。

問7　墨は松煙や油煙などのすすを「膠(にかわ)」などで練り固めたものなので，炭(木炭)から作られたものではない。

重要　問8　(1)　日本の国土に占める森林面積の割合は，66%(2016年)である。他方，外国の国土に占める森林面積の割合(2016年)はアのエジプトが0.1%，イのオーストラリアが16.1%，ウのフィンランドが65.6%，エの中国が21.8%である。したがって，その割合が日本に最も近いのはフィンランドである。　(2)　中の府県の森林面積の割合(2015年)はアの大阪府が30.2%，イの千葉県が30.8%，ウの香川県が46.4%，エの秋田県が71.8%，オの沖縄県が48.7%である。したがって，これらの府県の中で森林面積の割合が最も高いのは，秋田県である。　(3)　間伐とは，森林において樹木の健全な発育を助けるために一部の木を切ることである。また人工林とは，人が樹木を植えて森林のようにした後は自然に任せて育てたものである。したがって人工林でも間伐をしていないことはあり，間伐をしていない森林が増えたことで人工林が急速に減少していることはない。

問9　江戸時代の一般の人々の家や店などの多くは，燃えやすい木材や紙で造られていた。また1601年から1867年の267年間で江戸では大火が49回発生し，大火以外の火事も含めると1798回の火災が発生したとされる。江戸の火事の中で大火となったものの多くは雨がほとんどふらず，北西風や北風が吹いて乾燥している冬から春の時期に発生した。そのため火災後の焼けた家や店を立て直すために多くの木材が必要とされたので，木材の値段が冬に急上昇することがあった。

問10　アの板垣退助が国会を開くことを主張し始めたのは1874年，イの伊藤博文を中心に憲法案が完成したのは1888年，ウの政府が国会を開設することを約束したのは1881年である。したがって，これらの出来事を古い順に並べるとア→ウ→イの順になる。

基本　問11　問題文中の空欄Xの直前に「石灰石の本格的な採掘が始まり」とあるので，それに関連するものはセメントである。セメントは粘土を含んだ石灰石や石膏を焼いて粉末にしたもので，コンクリートやモルタルをつくるための結合材として使われる。なお，アの繊維の原料は植物繊維(綿花・亜麻など)・動物繊維(絹・羊毛など)・鉱物繊維(石綿など)，イの陶磁器は粘土や長石など，ウのせっけんは樹脂酸や脂肪酸などから造られる。

Ⅳ （政治ー環境問題）

問1 X 水俣病は(有機)水銀による汚染を原因として熊本県と新潟県で発生した公害病で，「公害の原点」と呼ばれた四大公害病の1つである。特に熊本県の水俣病は1953年ごろから熊本県と鹿児島県の八代海沿岸で手足のしびれに苦しんだり，原因不明の病気で亡くなる人々が出て，その調査によりチッソ水俣工場から排出された(有機)水銀を原因とする公害病と判明した。

Y 2015年に「国連持続可能な開発サミット」が開催され，そこで2030年までに持続可能な社会を実現するための国際目標として「持続可能な開発目標(SDGs)」が採択された。なお，「持続可能な開発」とは，「開発」と「環境保全」を調和させ，将来の世代のために再生可能な範囲で資源を利用しようとするものである。

重要 問2 日本国憲法の第25条1項には，「すべての国民は，健康で文化的な最低限度の生活を営む権利を有する。」とある。この規定は人間らしい生活を保障した社会権の中の生存権と呼ばれるものであり，国や地方公共団体は国民に対するこのような権利を守る責任がある。

基本 問3 条約は，国家間で約束したことを文書にしたものである。その条約を結ぶ権限を持っている国の機関は，行政の最高機関である内閣である。なお，内閣が締結した条約は，締結前あるいは締結後に国会の承認を得ることが必要である。

基本 問4 地方議会は地方公共団体の議決機関で，都道府県の議会と市町村の議会がある。その主な仕事は①条例の制定・改廃，②予算の審議・議決，③地方税や使用料などの徴収の決定，④執行機関の行政の調査である。したがって，市町村独自の税金を決める機関は，市町村の議会である。なお，アの国税庁，イの国会，オの税務署は国家機関，ウの市町村長は地方公共団体の執行機関である。

問5 ア 例えば2018年7月にアメリカ合衆国のコーヒーチェーン店であるスターバックスは，プラスチック製の使い捨てストローの使用を2020年までに世界中の店舗で廃止することを発表した。そのような動きは，欧米をはじめとした世界中に広がっている。 ウ 中国は，2017年末にこれまでに世界各国から輸入してきたプラスチックごみの輸入を禁止した。それまで中国は，1992年から1億600万トンのプラスチック製のごみを輸入していた。 オ 海に捨てられたプラスチックのごみを魚が食べて，その魚を人間が食べることで人体に悪影響が出る可能性があることが指摘されている。それは食物連鎖によって，人間が普通なら食物にはならないプラスチックを食べていることになるからである。 イ 2018年のG7サミットで提案された「海洋プラスチック憲章」にはすべての参加国が署名したことはなく，アメリカ合衆国と日本は署名しなかった。 エ 海に流れたプラスチックの多くは波や紫外線で砕けて5mm以下に小さくなるが，短時間で溶けてなくなることはなく，「マイクロプラスチック」と呼ばれる物になって海中に残り，漂うことになる。 カ 現在，一人当たりのプラスチックごみの排出量の世界1位はアメリカ合衆国(約45kg)，2位は日本(約32kg)であり，日本は世界の国々の中で下位ではなく上位である。

問6 循環型社会とはリデュース(ごみの発生を抑える)・リユース(繰り返し使う)・リサイクル(ごみを再生して使う)を基本として，無駄遣いを無くして環境への負担を少なくした社会をつくることである。したがって，ウの「新型モデルが発売されると新しいものに買い替える」ことはごみを増やすことになり，循環型社会の実現にはつながらない。

問7 環境基本法には使い終わった製品の再利用や処分について，第8条では製造した事業者(企業)が，第9条では国民がその責任を負うことが明記されている。したがって，その責任は買った人だけでなく，製造した企業にもあることになる。

問8 環境基本法(2000年制定)は循環型社会をつくるための基本原則を定めた法律で，その政策の基本的な計画を定めるのは環境省(2001年に環境庁から昇格)で，その中心となるのが環境大臣である。

やや難 問9 チョコレートはカカオ，衣料品は綿花といった原料を加工した商品である。これらの原料はアジア・アフリカなどの発展途上国で生産されていることが多い。そのためこれらの加工した商品の価格を不当に安くしてしまうと，原料の価格をより安くしなければならなくなり，それらの原料を作っている発展途上国の人々の生活を圧迫することになる。そこで発展途上国の原料などを適正な価格で継続的に購入することで，立場の弱いこれらの国々における産業を育成し，その地域の生産者や労働者の働き場や収入を確保し，彼らの生活改善と経済的な自立を目指すことが大切になる。したがって，日本で生活する私たちがこれらの加工した商品を購入するときには利益を公平に分かち合うことを考えることが必要であり，価格の安さのみを求めるのではなく，適正な値段の商品を購入することが重要になる。そのような取り組みのことを，フェアトレード(公正取引)という。

★ワンポイントアドバイス★

設問数に大きな変化はないが，文章選択問題や1行程度の説明問題ともに単純な暗記問題ではなく全体的に思考力を試す問題が増えている。基礎的な知識を土台として，それらの知識を活用できるようにする訓練を怠らないようにしよう。

＜国語解答＞ 《学校からの正答の発表はありません。》

一 問一 さまざまな種類の樹木が生える森 問二 ア 問三 ウ 問四 エ
問五 1 (例) 密集していない状態で，孤独に，自分勝手に生長している木。
2 (例) 密集状態がなくなった結果，日光と風が森に直接入り込み，湿った冷たい空気が失われ，木が病弱になるから。 (例) 密集状態がなくなった結果，周りの木のサポートを受けたいときも受けられず，害虫や菌類の攻撃を受けやすくなってしまうから。
問六 1 ア 2 (例) 木に何かが起こったとき，周りの木が援助すること。
問七 (例) 樹皮をはがされたブナが，枯れずに生き続ける(こと)
問八 (例) (弱いメンバーが)助けられることで，社会に参加できる(社会)

二 問一 イ 問二 ア 問三 (例) 収穫のタイミングが限られるアスパラガスを刈り入れないといけないから。 問四 ア 問五 オ 問六 エ 問七 1 イ
2 (例) 農業よりも治療が大切だ。 問八 イ 問九 1 エ 2 (例) 採れたてのアスパラガスをさし出しながら，明日も農作業を認めて欲しいと願うことで，医者が断りにくくすること。 問十 ウ 問十一 (例) 本当は治療を優先したいが，農作業に行くことをやむを得ず認める，という思い。 問十二 1 ア 俳句 イ 季語
2 ウ 問十三 1 顔 2 腹 3 筆

三 1 指針 2 会心 3 差額 4 姿勢 5 敬う

○推定配点○

一 問一～問四・問六1 各3点×5 他 各5点×6点

二 問三・問九・問十一 各4点×3 問七2 3点 他 各2点×15 三 各2点×5

計100点

＜国語解説＞

一　（随筆－主題・理由・細部表現の読み取り，記述，ことばの意味）

問一　傍線①には「光と水の奪い合いになる」という表現がある。設問が求めている場所が「光と水の奪い合い」に関係することをおさえる。次の段落の最後の一文には，「少しでも多くの光や水を得ようと競争する」という表現がある。競争している主体は，その前の文に書かれている。「さまざまな種類の樹木が生える森」である。その部分が解答の場所になる。

問二　傍線②に「ブナの木は公平さに重きを置いている」と書かれている。その「公平さ」の根拠となる内容を見出す設問である。傍線②が含まれる段落内には，ブナの仲間意識が強く，栄養を分け合い，仲間を見捨てない，という情報が書かれているが，それは公平さの言い換えである。ブナが仲間を見捨てないといえる根拠(具体的な様子)はその後の段落から，見出せる。傍線②が含まれる段落の次の段落には，どの木も同じ量の光合成をしていると書かれている。そして，その後，どの木も葉一枚ごとにだいたい同じ量の糖分を光合成で作り出していると書かれている。また，このようにして，木々は立場の弱いものも社会に参加できるように，「社会福祉システム」を整えていると説明されている。以上の点から判断する。選択肢の中では「葉一枚がつくる糖分量が等しい」とある，アが正解になる。イ，ウ，エは，生育環境の違いを表しているが，傍線③以降の内容にあわない。

基本　問三　「申し合わせ」とは，話し合いによって決めること。ここでは，「前もって相談していた」とある，ウが正解になる。「申す」という言葉から，言うという意味に結びつけ，「合わせ」と言葉から，お互いに言い合ったのか，という意味に結びつけていけば，類推しやすい。

問四　傍線④が含まれる段落の最初の部分に，一般的に考えられる木の状況が書き表されている。「木と木の間隔が近すぎると生長できない」という内容である。だから，間隔が近くなりすぎないように，切り倒すのである。解答は，「伐採可能な大きさ」「なかなか成長しない」とある，エになる。アは「木が……分配する」とあるが，分配はしない。誤答である。ウは生長に触れていない。誤答である。

重要　問五　1　傍線⑤の「そういう」は，直前の内容を指している。密集していない点，孤独に，自分勝手に生長している点。以上の内容を活用してまとめるとよい。　2　傍線⑤を含む段落よりも後に，木が長生きできない理由がまとめられている。「連携を失った森……」で始まる段落と「樹木自身の幸せは……」で始まる段落である。解答の一つには，密集状態がなくなったことで，日光と風が森に直接入り込むなど，木の生育環境が悪化したことについて書く。もう一つは，他の木のサポートが受けられず，万が一のときに衰弱してしまうという，木々の助け合い機能が失われたことについて書く。

問六　1　ここでは，森の中の木々の連携を表す。つまり，強いものが弱いものを助けるなど，何かあったときに，相手をサポートするような，協力関係を意味する。解答は，「連帯」「互いに影響」とある，アになる。「連帯」は，お互いが結びついているという意味。森の木々は，お互いに結びついて，助け合うなどの影響を与え合っているのだ。イの「共に物事を行う」はおかしい。ウの「連動」「目的を達成」もおかしい。エの「連続」も，ここでは意味が合わない。　2　設問には「文中の言葉を使って」とある。そのため，文中の言葉を活用する。森に何かがあったとき，「助け合う」「まわりの木が援助をする」などの内容を中心に記述する。

問七　傍線⑦前後の内容から，書くべき内容を判断できる。樹皮をはがされたブナが，枯れずに生き続けたのである。

重要　問八　文章全体が木の助け合いについて述べられているので，筆者が助け合う人間社会に価値を見出していることは分かりやすい。また，立場の弱い木が助けられて生き続けていることから，人間社会の場合，傍線④よりも前にあるように，「立場の弱いものも社会に参加できる」ことを，筆者が理想としていることも読み取れる。解答の際には，「助けられる」＋「社会に参加できる」という内容を中心に記述する。

二 **（随筆文ー心情・理由・細部表現の読み取り，空欄補充，記述，慣用句，俳句関連）**

基本　問一 「切実な」とは，ここでは，直接にかかわりがあって重大なことを意味する。「身にせまって」「重大な」とある，イが正解になる。言葉の意味が分からなかったとしても，老婦人がまさに今帰りたがっているという状況から判断できる。

問二 「所見」とは，ここでは，判断や見解を意味する。傍線②直後に，「当然入院して治療」とある。すぐに入院しなければいけない程度の検査結果が出ているのである。選択肢の中では，「ずいぶん悪い」とある，アが正解になる。

重要　問三　傍線③の直後にも，理由が「アスパラガス」であることが述べられている。その後，傍線⑤以降に，アスパラガスの収穫のタイミングが限られていることが書かれている。それらの部分を活用して，記述答案を作成する。

問四 「にわかに」とは，物ごとが急に起こる様子を意味する。

問五　農作業の時期になり，話題も農事に関することばかりになる。そのような状況で，「患者さんたちの態度」も変わるのである。変わった様子は，文章の冒頭の老婦人と同じような感じである。医者の言うことを聞かなくなるのだ。解答はオになる。空欄Aを含む段落の次の段落にも，最後に「見守る主治医が気をもむ」とある。この文章で，文脈は医師の視点になっている。ア～エには，その医師の視点がない。

問六　農作業の季節になると，医師の言う通りにしない。農作業を優先して，治療に専念してくれない。そういう文脈である。特にアスパラガスの刈り入れ時期は，農家にとって，「肺炎だろうと心不全だろうと入院している場合」ではないのだ。だから，「アスパラガス」は，医師の言う通りの治療に専念させるという点において，難物なのである。つまり，「治療の障害」になるのだ。解答はエになる。アは，「医師との対決」とある。文章は，医師の視点から，治療上の障害である「難物」について述べられている。そのため，アは正解にならない。

問七　1　傍線⑥が含まれる段落を読み進めると，「ずいぶん当惑させられ」たのは医者であり，「救急車を呼んだのでしょう？」と告げたのも，医者である。その後，遮られたのも医者であり，しまいには，患者と喧嘩になるのである。喧嘩になったのは，イの「医者」である。　2　傍線⑥より前の「命よりもアスパラガスが大事ですか」との問いから，1の人（医者）の主張は判断できる。農業よりも，治療（命）が大切だと言いたいのである。

問八　傍線⑦以降の状況を確認すると，「抗生剤を内服」「収穫が終わったらすぐ戻ってくる」など，最低限の安全を確保して，農業優先を認めていることがわかる。つまり，「状況さえ許せば」とは，患者の安全がある程度確保できる状況であることを意味しており，イの「患者の病状がさしせまってはいない」が正解になる。

やや難　問九　1　策略とは，相手を自分の思い通りにするはかりごとのこと。　2　老婦人はアスパラガスをさし出しつつ，願いごとを申し出ている。空欄B以降にあるように，アスパラガスは魅力的で抵抗しにくい存在なのである。医者が「ダメだ」と言いにくくする。そこに老婦人の策略の意図がある。

問十　空欄B直前の「とりあえず」とは，まずは，という意味。つまり，治療が必要な患者が，明日も農作業に行きたいと言い出したとき，まずは「医者がとるであろう態度」を考えればよい。空欄には，ウの「気難しい」があてはまる。ダメだ，という「気難しい」表情をするのは，普通のことである。

問十一　「ため息」から，本当は治療を優先したい，という思いが読み取れる。「苦笑」から，やむを得ず農作業に行くことを認める，という思いが読み取れる。この二つの思いをまとめる。

問十二　1　ア　五・七・五の形式から，俳句だとわかる。　イ　アスパラガスは春の季語である。

2　ア 「せわしない」様子は読み取れない。　イ 「得意」なのかどうかは，判断できない。

ウ　どちらも，幸福感やのんびりした様子が読み取れる。「ほがらかな生活の場面」とある，ウは正解になる。　エ　むしろ，現実社会の様子を表している。　オ 「自然の風景」ではない。

問十三　1　名誉や評判に関係するのは，「顔」である。「顔が立つ」になる。　2 「しゃく」とは，ものごとが気に入らないこと。「しゃくにさわる」で不快な様子を意味する。「腹が立つ」が解答になる。　3　文章を書くことにかかわるのは，「筆」である。ここでは「筆が立つ」になる。

三　（漢字の書き取り）

1 「指針」となる。取るべき態度などを示す基本的方針のこと。設問では，どのように生きていくべきなのかを決めるための基本的な方針，という意味。

2 「会心」となる。心から満足に思える状態を表す。格闘などのとき，相手に与えることができた，満足が行くような打撃を「会心の一撃」という。

3 「差額」となる。二つの金額の違いを意味する。差し引いてみた金額である。

基本　4 「姿勢」となる。ここでは，心がまえという意味である。「防御の姿勢」などと使う場合，意味は「体のかまえ」というようになる。

5 「敬う」となる。ここでは，尊敬するという意味である。

★ワンポイントアドバイス★

記述問題に取り組む場合，例えば，傍線部内のそれぞれの言葉が，どのような意味を持っているのかを分析する。傍線部内の言葉の意味を明らかにすることで，その部分に傍線を引いた出題者の意図がわかることもある。

平成30年度

★★★★★★★★★★★★★★★★★★★★★★★

入　試　問　題

平成30年度

女子学院中学校入試問題

【算　数】（40分）　＜満点：100点＞

【注意】　円周率は3.14として計算しなさい。

1.　次の □ にあてはまる数を入れなさい。

(1)　$\left\{\left(1.26+\frac{19}{20}\right)\div\frac{1}{5}-\left(0.24\div\frac{8}{45}-\frac{13}{15}\times0.75\right)\right\}\div0.9=$ □

(2)　右図のように，正五角形の中に，二等辺三角形や直角三角形などがかかれています。ただし，同じ印のついているところは，同じ長さを表します。

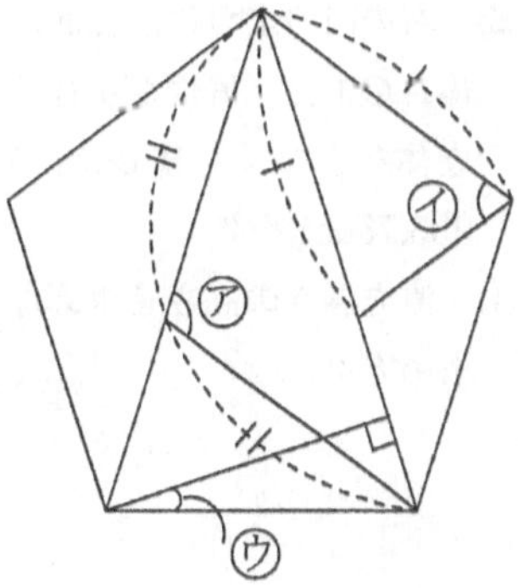

角㋐は □ 度

角㋑は □ 度

角㋒は □ 度

(3)　□ 円で仕入れた商品に25％の利益を見込《こ》んで定価をつけました。

この商品を定価の100円引きで売ると82円の利益があり，この商品を定価の □ ％引きで売ると，91円の損が出ます。

(4)　１周200mの流れるプールがあります。Ｊ子さんは流れにそって，Ｇ子さんは流れに逆らって同じ地点から同時に泳ぎ始めました。泳ぎ始めてから２人が最初に出会うまでに泳いだ道のりの差は52mです。流れのないプールではＪ子さんは毎分80m，Ｇ子さんは毎分70mの速さで泳ぎます。２人が最初に出会ったのは泳ぎ始めてから

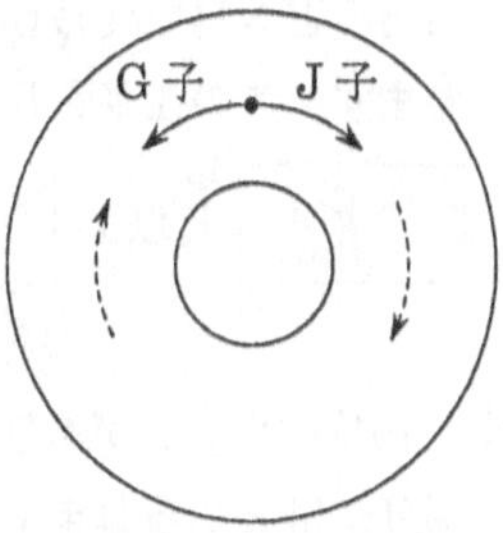

□ 分 □ 秒後で，流れの速さは毎分 □ m

です。

(5)　ある公園の土地は次のページの図１のような形で，影《かげ》をつけた部分の花だんの面積は

□ m^2です。この花だんを，面積を変えずに次のページの図２のような平行四辺形にします。辺ABの長さは □ mです。

図1

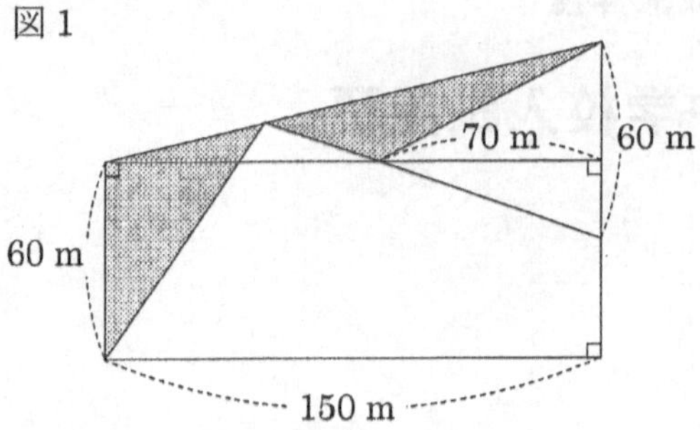

図2

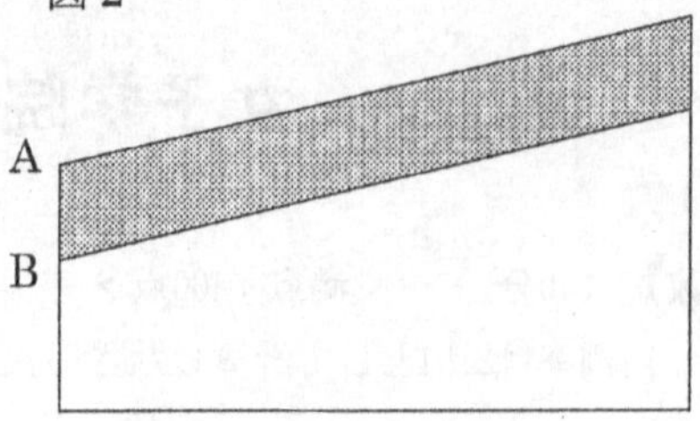

2　⑵，3，4の各問いについて □ にあてはまる数を入れなさい。

2. 右の図のように，底面が1辺12㎝の正方形である直方体Aの上に，底面が半径5㎝の円である円柱Bをのせて立体Cをつくりました。立体Cの高さは9㎝，体積は935.75㎤です。

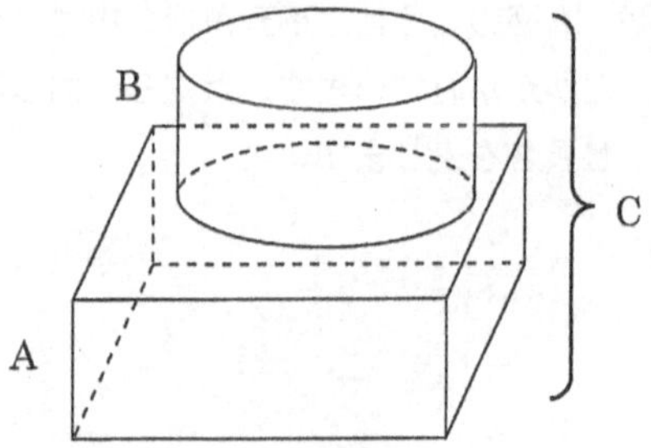

⑴　直方体Aの高さを求めなさい。

求め方：

答え　　　　　㎝

⑵　立体Cの表面積は，□ ㎠です。

3. ある仕事をするためにA，Bの2種類のロボットが用意されています。A11台で仕事をすると，ちょうど3日で終わります。A3台とB2台で仕事をすると，3日間では仕事が残り，4日目に終わります。この仕事をB1台ですると，

□ 日以上 □ 日以下の日数で終わります。

4. 40枚のカードがあり，それぞれ右のように4色にぬりわけられています。白い部分には2から41までの整数が，1つずつ書いてあります。赤には白の数の約数の個数が書いてあります。白の数を素数だけのかけ算で表したときの，2の個数が緑に，3の個数が青に，それぞれ書いてあります。

⑴　白に18と書いてあるカードの赤には □，緑には □，青には □ と書いてあります。

⑵　赤に2と書いてあるカードは全部で □ 枚あり，そのうち，緑に1と書いてあるものは □ 枚あります。

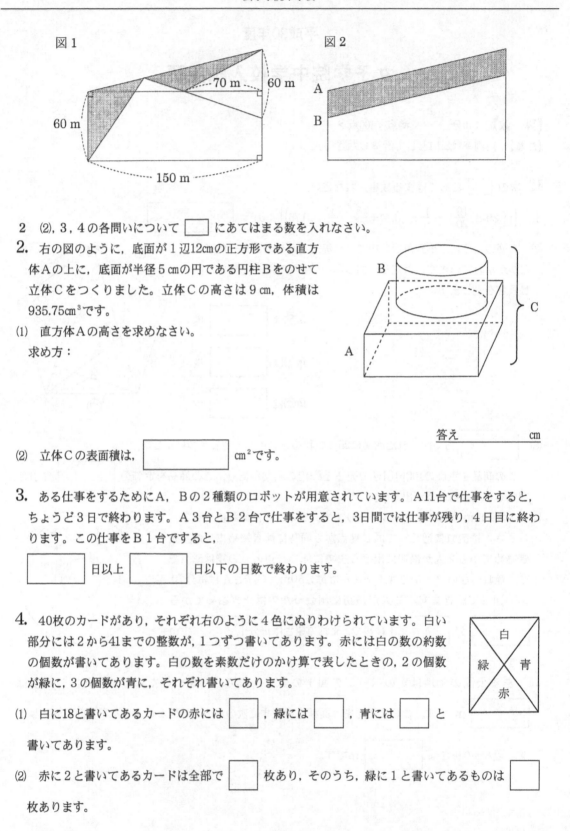

⑶　赤に８，緑に１，青に１と書いてあるカードの白には □ と書いてあります。

⑷　赤に３と書いてあるカードの白の数をすべて書くと □ です。

５，６，７の各問いについて □ にあてはまる数を入れなさい。

5. 中学生が何台かのバスで遠足に行きます。
各バスには，先生が必ず２人乗ります。乗客55人乗りのバス □ 台では，30人分が空席になります。
乗客40人乗りのバスでは，55人乗りのときより２台増やしても生徒29人が乗れません。
中学生は全員で □ 人です。

6. ある店で，びん入りのジュースを売っています。この店では，飲んだあとの空きびんを６本持って行くと，新品のジュース１本と交換《かん》してくれます。
160本のジュースを買うと，空きびんと交換したジュースも含《ふく》めて，全部で □ 本のジュースを飲むことができます。
また，160本のジュースを飲むためには，少なくとも □ 本のジュースを買う必要があります。

7. ⑴　11.2％の食塩水 □ ｇと，2.8％の食塩水140ｇを混ぜると，6.4％の食塩水ができます。

⑵　はじめに，容器Ａに11.2％の食塩水300ｇ，容器Ｂに2.8％の食塩水200ｇが入っていました。

容器Ａに水を □ ｇ加えてかき混ぜた後，そこから100ｇを取り出して容器Ｂに入れてかき混ぜると，4.2％の食塩水ができました。
次に，容器Ｂに入っている食塩水の水を蒸発させて食塩水の重さを □ ｇにした後，そこから95ｇを取り出して容器Ａに入れてかき混ぜると，6.8％の食塩水 □ ｇができました。

【理　科】（40分）　＜満点：100点＞

【注意】　選択肢《たくし》の問題の答が複数ある場合は，すべて答えなさい。

Ⅰ

1　生命は，約40億年前に誕生したと考えられており，その歴史を通じてめざましい多様化をとげた。環《かん》境の変化に応じて，様々な生物が出現しては，絶滅《めつ》していった。過去に生きていた生物の骨や殻《から》などは「化石」となり，海や湖の底で泥《どろ》や砂が積み重なった［A］から産出することがある。化石からは，過去に生きていた生物について様々なことがわかる。

⑴　文章中の［A］にあてはまる言葉を答えなさい。

⑵　右のB，Cは，「生きている化石」と呼ばれる生物の化石の写真である。

①　B，Cは何の化石か。生物名をそれぞれ答えなさい。

②　「生きている化石」とはどのような生物か説明しなさい。

⑶　サンゴも「生きている化石」の1つである。サンゴの化石が，ある［A］から産出すると，その［A］ができたとき，その場所の環境が，「あたたかくて浅い海」だったと推定できる。

「生きている化石」は，［A］ができたときの環境を推定できる化石となりえる。なぜなら，「生きている化石」が ⑵ ②のような生物であるということは，大昔から［　D　］と考えられるからである。

［D］に入る文を考えて，20字程度で答えなさい。

B

「手取川流域の手取統珪化木産地調査報告書」（石川県教育委員会）より

C

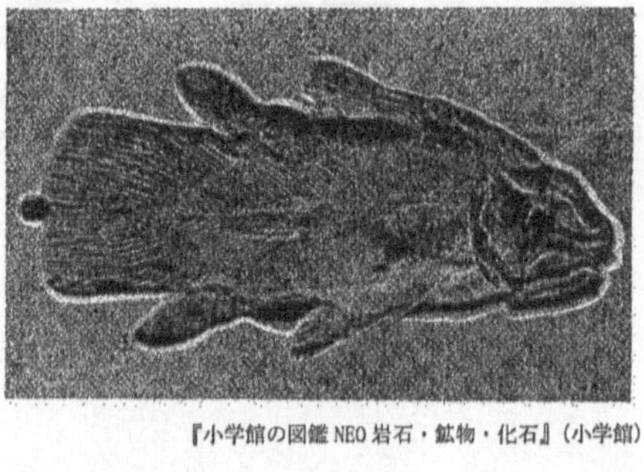

『小学館の図鑑 NEO 岩石・鉱物・化石』（小学館）より

⑷　生物の歴史の中で，はねや翼《つばさ》を羽ばたかせることによって飛行できる生物のグループは4つである。そのうちの3つは，「恐竜《きょうりゅう》と同じ時代に生きていたプテラノドンなどの翼《よく》竜類」，「羽毛でできた翼をもつ鳥類（一部を除く）」，「ヒトと同じホ乳類の生物で指や前あしに張られたうすい膜《まく》を翼とする［E］類」である。

［E］に入る生物名と，残り1つの生物のグループ名「［F］類（一部を除く）」を答えなさい。

2　江戸《えど》時代の日本では，「不定時法」という方法で時刻を定めていた。これは日の出と日没《ぼつ》を基準とする方法で，その間を昼夜それぞれ6等分した長さを時間の単位（1刻）とするものである。ただし，日の出，日没とは，太陽の中心が地平線上にあるときとする。

⑴　江戸（東京）において，次の①～⑥の文が正しい場合には○，誤っている場合には×を書きな

さい。

①「日の出から日没まで」が最も長い日は，昼の時間は６刻である。

②昼と夜で１刻の長さが同じ日，1刻の長さは，現在の１時間と同じ長さである。

③１年中いつでも日の出から３刻たつと，太陽はほぼ真南に位置する。

④「昼の１刻の長さ」が長い日ほど，太陽が真南に位置するときの高さは高くなる。

⑤「昼の１刻の長さ」が「夜の１刻の長さ」より長い日は，太陽の日の出・日没の位置は，真東よりも南側となる。

⑥「夜の１刻の長さ」が「昼の１刻の長さ」より長い日は，昼間，太陽は北の空の低い位置を移動していく。

⑵　江戸時代には，日の出や日没から何刻たったかを鐘《かね》の音の回数で知らせていた。「おやつ（お八つ）の時間」とは，日の出から４刻たったときに鐘を８回鳴らして時間を知らせたことに由来する。

次のア，イとでは，「おやつの時間」は現在の時間でどちらが何分早いか。

ア　日の出が現在の時刻で５時00分の日

イ　日の出が現在の時刻で７時00分の日

Ⅱ　植物は光があたると［①］と［②］から［③］を作り出すことができる。こうして作られる［③］は植物の成長などに使われる。また，植物は［④］という穴から［①］を取り入れる。一方［④］では蒸散が起こり，［②］が失われる。［④］は開いたり閉じたりすることができ，植物は環《かん》境に合わせて蒸散量を調節できる。しかし，それは同時に［①］を取り入れる量に影響《えいきょう》を与《あた》えることとなる。

1　文章中の［①］～［④］にあてはまる言葉を答えなさい。

2　植物で蒸散が起きていることを確かめたい。

⑴　どのような実験をしたらよいか，解答欄《らん》に図と言葉で説明しなさい。

⑵　どのような結果となるか，説明しなさい。

3　校庭に生えている植物Ａの葉をたくさん用意し，2つのグループに分け，それぞれの重さを測った。そして，一方は明るい部屋に，もう一方は暗い部屋に置いた。２つの部屋の温度や湿《しつ》度は同じであった。数時間たってから再び葉の重さを測り，「実験前の重さに対する実験後の重さの割合」を計算した。明所に置いた葉では70%，暗所に置いた葉では77%と結果に差が出た。

次の文章は実験について述べたものである。⑴～⑷に入る言葉をそれぞれ選び，記号で答えなさい。

葉の重さは⑴〔ア　明所だけ　　イ　暗所だけ　　ウ　明所と暗所〕で⑵〔ア　増加　　イ　減少〕しており，「実験前の重さに対する実験後の重さの割合」は，⑶〔ア　明所　　イ　暗所〕の方が大きかった。

明所と暗所とで結果に差が出た原因として，植物Ａの［④］が明所と比べ暗所では⑷〔ア　開いている　　イ　閉じている〕ことが考えられる。

植物Ａとは生育する環境が大きく異なる植物Ｂを用意した。１日のうち12時間は明かりがつき（昼），12時間は明かりが消える（夜）ように設定した実験室に植物Ｂを置いて，植物Ｂの蒸散量と［①］の吸収量を調べた。次のページの表はその結果である。

	蒸散量（g）	① の吸収量（g）
昼	1.33	0
夜	3.47	0.16

4　植物Bの ④ について考えられることを，次のア～エから選びなさい。

ア　昼は開いていて，夜も開いている。　イ　昼は開いていて，夜は閉じている。

ウ　昼は閉じていて，夜は開いている。　エ　昼は閉じていて，夜も閉じている。

5　植物Bの夜の蒸散について考えられることを，次のア～エから選びなさい。

ア　④ からのみ起きている。

イ　④ とその他の部分から起きているが，④ からの量が多い。

ウ　④ とその他の部分から起きているが，その他の部分からの量が多い。

エ　④ とその他の部分から起きているが，量は同じである。

6　植物Bはどのような環境に生育すると考えられるか。その環境の気温と降水量についてそれぞれ書きなさい。また，その環境を次のア～カから選びなさい。

ア　熱帯林　イ　針葉樹林　ウ　ツンドラ　エ　湿《しつ》地　オ　砂漠《ばく》　カ　マングローブ

7　アマゾンの熱帯林で進む森林伐《ばっ》採は，地球環境に様々な影響を与えるのではないかと考えられている。その一つはこの地域の降水量の減少である。降水量が減少すると考えられる理由を説明しなさい。

Ⅲ

1　J子さんは，重そうの粉とクエン酸の粉で入《にゅう》浴剤《よくざい》と同じ反応が起こると聞いた。そこで，2つの粉を混ぜたものを水に入れてよくかき混ぜた。すると，入浴剤と同じように盛《さか》んに泡《あわ》が出た。また，容器をさわると少し冷たく感じた。J子さんは，気体が逃《に》げるとその分重さが減ると考えた。

J子さんは，重そう2ｇといろいろな重さのクエン酸の粉を混ぜておき，それをビーカーに入れた40ｇの水に加えてかき混ぜ，反応前と反応後の重さと温度の変化を調べた。反応後にはすべての粉が溶《と》けていた。グラフ1とグラフ2はその結果である。

(1)　ここで発生した気体は石灰石にうすい塩酸を加えたときに発生する気体と同じである。

①　この気体の名前を書きなさい。

②　次のページのア～カの文の中で，この気体について書かれたものを選びなさい。

グラフ1

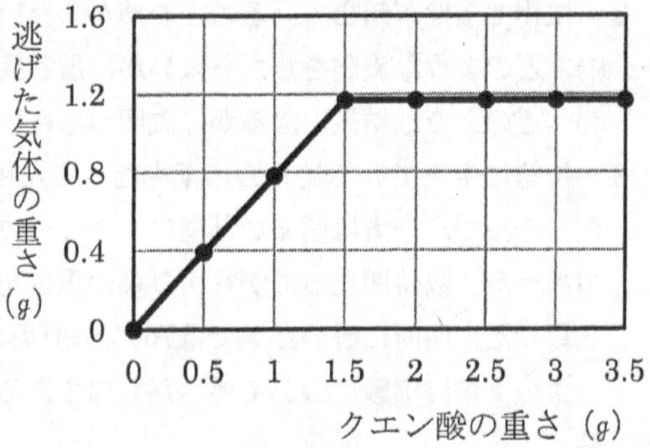

グラフ2

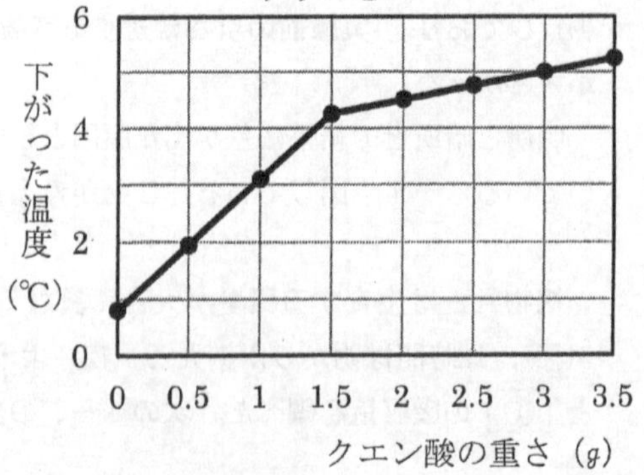

ア　水素より重いが，酸素や窒《ちっ》素より軽い。　　イ　空気中には約0.4%存在する。

ウ　都市ガスや炭を燃やしたときにできる。　　エ　酸性雨の原因の一つである。

オ　水でぬらした青色リトマス紙を赤く変える。

カ　炭酸水から出てくる気体と同じであり，冷やしたときの方があたためたときよりよく出てくる。

⑵　グラフ１から読み取れることを次のア～オから選びなさい。

ア　水平になっているところでは，気体は発生していない。

イ　水平になるまでは，逃げた気体の重さはクエン酸の重さに比例している。

ウ　水平になっているところでは，反応が終わるまでの時間はすべて等しい。

エ　加熱すると反応はもっとはやく進む。

オ　発生した気体は水にあまり溶けない。

⑶　グラフ１とグラフ２から考えて，重そうの粉とクエン酸の粉それぞれを水に溶かしたとき，冷たくなる場合はA，あたたかくなる場合はB，温度が変わらない場合はCを○で囲みなさい。また，それはグラフのどの部分からわかることか，グラフの横軸《じく》の値を表した次のア～エから選びなさい。

ア　0　　イ　0～1.5　　ウ　1.5　　エ　1.5～3.5

⑷　40ｇの水に次の①，②を溶かしたとき，水の温度はもとの温度から何℃変化すると考えられるか。下の表を使って計算し，答えは，四捨五入して小数第一位まで求めなさい。ただし，溶けたときに出入りする熱はすべて水の温度の変化に使われるものとする。

①　重そう１ｇ　　②　クエン酸２ｇ

クエン酸の重さ（ｇ）	0	1.50	3.00
逃げた気体の重さ（ｇ）	0	1.17	1.17
下がった温度（℃）	0.8	4.2	5.0

数値は
グラフ１、２から

⑸　重そうを１ｇ，水を20ｇに変えて同様に実験を行った。

①　クエン酸の重さと逃げた気体の重さの関係を表すグラフは，どのような形になると考えられるか。解答欄《らん》にかき入れなさい。点線は重そう２ｇ，水40ｇのときのグラフである。

②　クエン酸の重さと下がった温度の関係を表すグラフは，グラフ２と同じように途《と》中からグラフの傾《かたむ》きが変化した。前半の直線の傾き，後半の直線の傾きは，グラフ２と比べてどうなるか，ア～ウからそれぞれ選びなさい。

ア　小さくなる（ゆるやかになる）　　イ　変わらない　　ウ　大きくなる（急になる）

2

⑴　重そう，クエン酸をそれぞれ水に溶かし，紫《むらさき》キャベツ液を加えると，重そうの水溶《よう》液は緑色，クエン酸の水溶液は赤色になった。紫キャベツ液を加えたときの色がそれぞれの水溶液と同じになるものを次のア～オから選びなさい。

ア　アンモニア水　　イ　うすい塩酸　　ウ　食塩水　　エ　食酢《す》　オ　水酸化ナトリウム水溶液

⑵　すべての酸性の水溶液にあてはまる性質を次のア～エから選びなさい。

ア　青色リトマス紙を赤色に変える。　　イ　気体が溶けた水溶液である。

ウ　アルミニウムを加えると気体が発生する。　　エ　鉄や銅の表面にできたさびを溶かす。

(3)　酸性やアルカリ性によって色が変わっている現象を次のア～オから選びなさい。

ア　砂糖水を加熱し続けると茶色くなった。

イ　紅茶にレモンを入れると，色がうすくなった。

ウ　赤じそを加えて梅干しを作るとあざやかな赤色になった。

エ　石灰水に二酸化炭素を通すと白く濁《にご》った。

オ　紙に紫色のペンで書いたところが水でぬれて，ピンク色と青色に分かれた。

Ⅳ　電池，豆電球，検流計を導線でつないだ回路を作る。使用する電池，豆電球はすべて同じもので，検流計の針は電流が流れた向きに振《ふ》れる。

図１のように回路を作り，豆電球の明るさを比べたところ，AはBより明るく，BとCは同じ明るさ，AとDとEは同じ明るさであった。

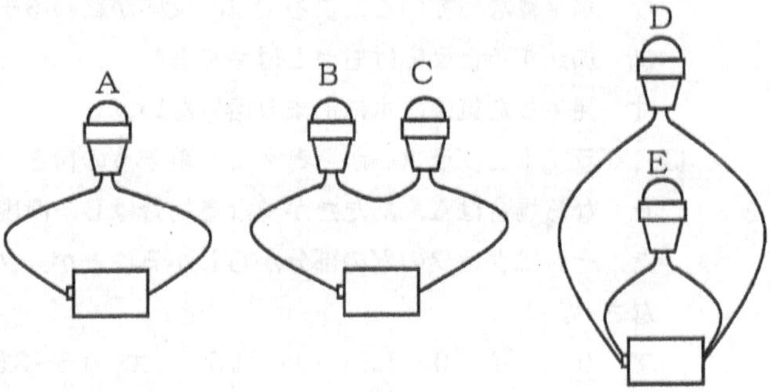

図１

1　次の①～⑤の回路を考えた。

①

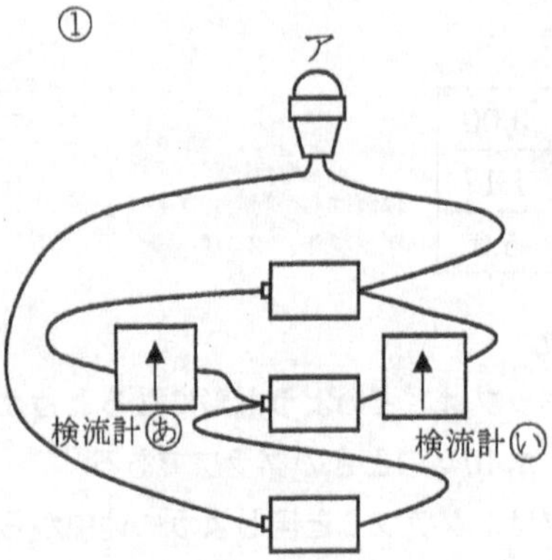

②

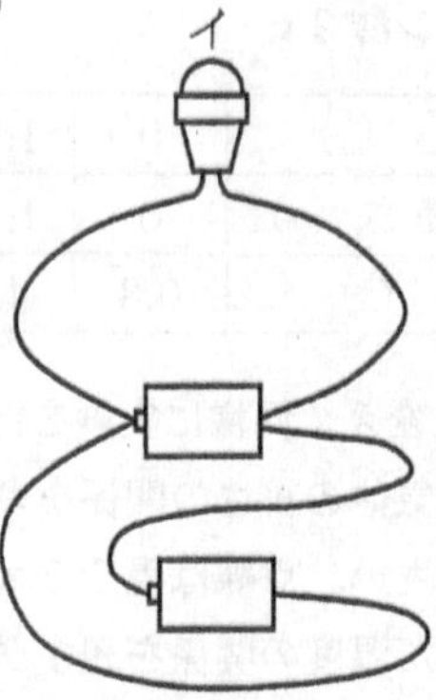

③

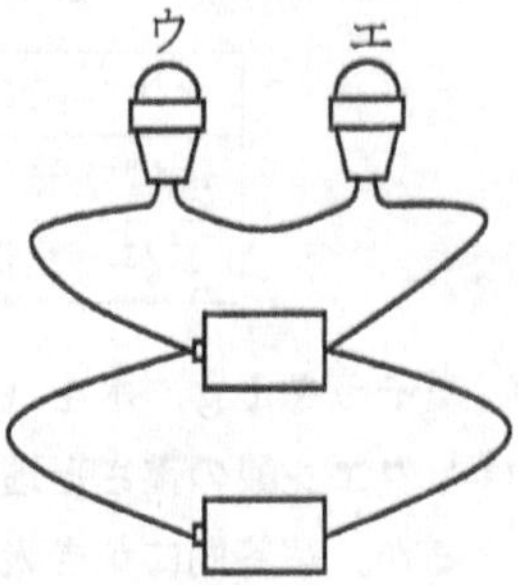

④

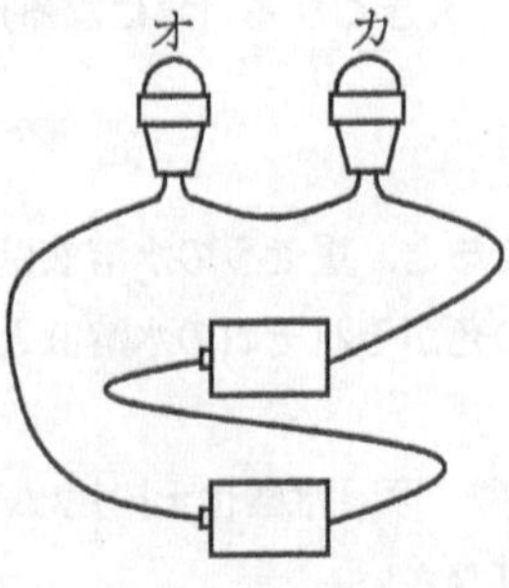

⑤

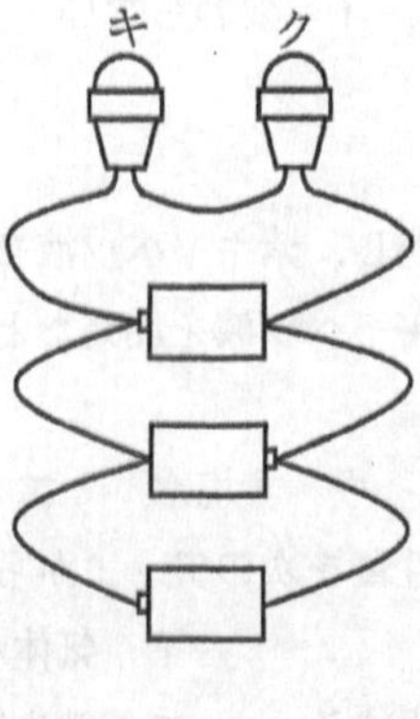

⑴　①の回路の回路図を電気用図記号を使ってかきなさい。導線は------線をなぞってかくこと。

⑵　検流計あ，検流計いの針はそれぞれ左右どちらに振れますか。針が振れない場合は×と書くこと。

⑶　②～⑤には作ってはいけない回路が含《ふく》まれている。その回路を②～⑤から選びなさい。

⑷　ア～クの豆電球を，明るい順にならべなさい。同じ明るさのものは（　）でくくりなさい。
ただし⑶で選んだ回路の豆電球は除くこと。　　　　　　　　　　　　　　例）ア（イウ）エ

2　電池，豆電球，検流計，スイッチを使って，図2のような回路を作った。スイッチ①，②は「切りかえスイッチ」で，ア，イどちらかに必ず接続され，スイッチ③，④は，接続しないときをア，接続するときをイとする。

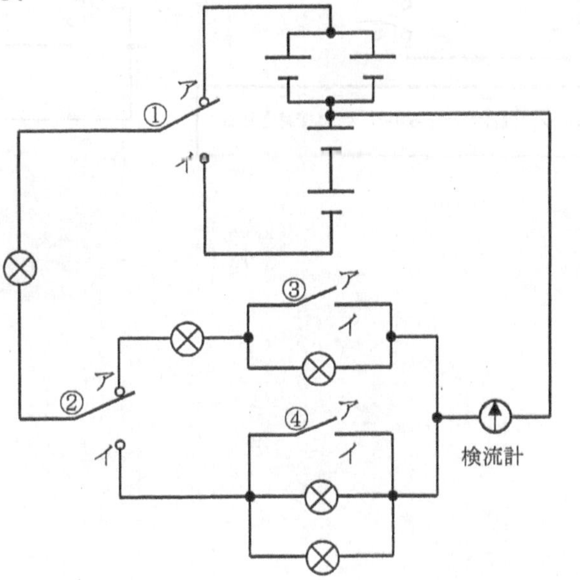

図2

⑴　検流計の針の振れを最も大きくするには，スイッチ①～④の接続はそれぞれア，イのどちらにすればよいですか。ただし，どちらにしても同じ場合はウとしなさい。

⑵　⑴のとき，検流計の針は左右どちらに振れますか。

⑶　検流計の針の振れを最も小さくするには，スイッチ①～④の接続はそれぞれア，イのどちらにすればよいですか。ただし，どちらにしても同じ場合はウとしなさい。

⑷　⑶のとき，検流計の針は左右どちらに振れますか。ただし，針が振れない場合は×と書くこと。

3　階段の照明の点灯・消灯を，1階のスイッチS_1，2階のスイッチS_2のどちらでもできるようにしたい。そのためには，図3の［　］内をどのようにすればよいか，次のページのア～カから選びなさい。

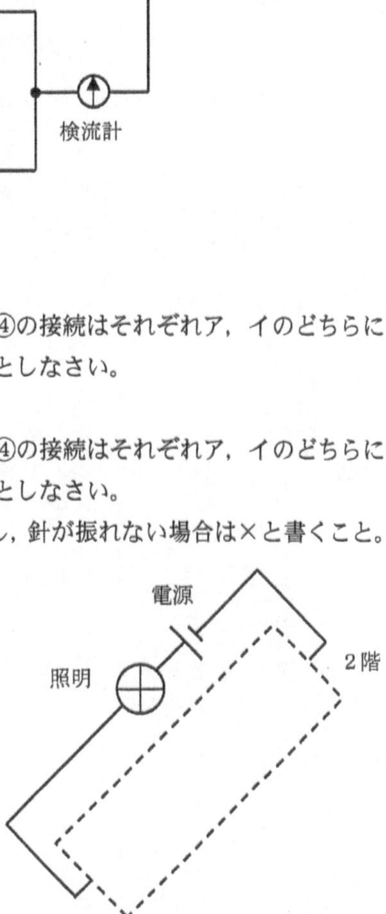

図3

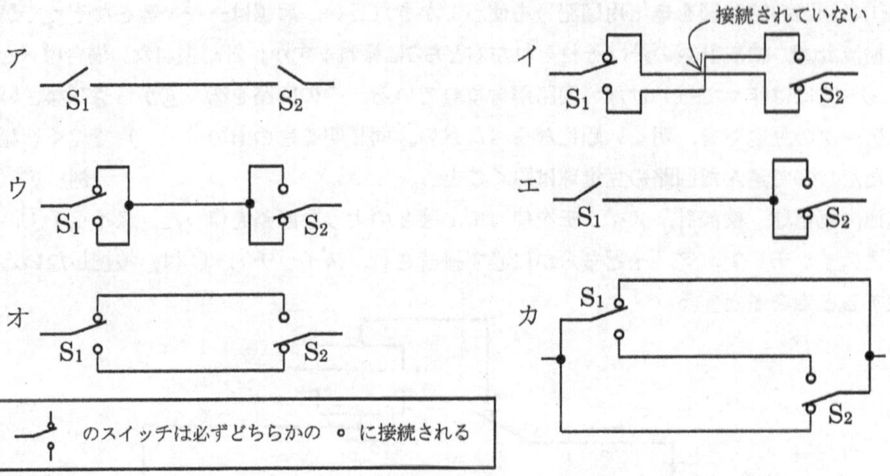
ア
S1
S2
イ
接続されていない
S1
S2
ウ
S1
S2
エ
S1
S2
オ
S1
S2
カ
S1
S2
のスイッチは必ずどちらかの に接続される

【社　会】（40分）　＜満点：100点＞

Ⅰ　古くから女性たちは採集，土器づくりや機織《はた》りなどの手仕事に従事し，宗教や文化にも関《かか》わっていました。以下の問に答えなさい。

問１　織物や染物について

⑴　織物について述べた文を，古い順に記号で並べかえなさい。

ア　日宋《そう》貿易により，高級な絹織物が輸入されるようになった。

イ　漢字で記録することや新しい織物の技術を渡《と》来人がもたらした。

ウ　集落では銅鐸《たく》をまつりに使い，女性たちが機織りを行っていた。

エ　月に６回ほど開かれる定期市で布が取引されるようになった。

⑵　染物に使われる紅花は，山形県を流れる川の周辺で栽培《さいばい》がさかんになりました。江戸時代には，船で日本海の港に運ばれ，さらに京都や大阪に運ばれました。この川の名前を答えなさい。

問２　女性の服装について述べた文を，古い順に記号で並べかえなさい。

ア　もんぺが女性の日常着《ぎ》として奨励《しょうれい》された。

イ　着物を何枚も重ねる十二単《ひとえ》が宮廷《てい》での正装だった。

ウ　身分の高い人は，まが玉のついた首飾《かざ》りや細工をほどこした腕《うで》輪などをいくつも身につけていた。

エ　南蛮《ばん》人がもたらした十字架《か》の首飾りを下げ，男装するなど派手な衣装が流行した。

問３　仏教をあつく信仰《こう》した光明子《こうみょうし》と聖武天皇の時代について

⑴　この時代の民衆の負担について，まちがっているものを１つ記号で答えなさい。

ア　特産物を都に運ぶ義務があった。

イ　東北の沿岸部や九州の警備が義務付けられた。

ウ　住んでいる地域で土木工事を課せられた。

エ　生活に欠かせない布の納入が課せられた。

⑵　平城京の様子について，まちがっているものを１つ記号で答えなさい。

ア　金貨や銀貨が取引に広く使用されていた。

イ　道路が東西南北に整備されていた。

ウ　東大寺の正倉院には西アジアの影響《えいきょう》を受けた品も納められた。

エ　天皇や貴族が住み，各役所の建物が並んだ。

問４　鎌倉・室町時代の絵巻にはさまざまな女性の姿が描《えが》かれています。この時代のこととして，ふさわしくないものを１つ記号で答えなさい。

ア　貨幣《へい》をやりとりし，金貸《かし》業を営む女性もいた。

イ　焚《た》き木や川でとれた魚などを売り歩く女性の姿が，京都の街で見られた。

ウ　田植えなどの農作業は男性のみで行い，女性は手仕事に取り組んだ。

Ⅱ　戦国時代には，政治上のかけ引きを目的とした政略結婚《こん》がしばしば行われました。

ア 織田信長 の妹のお市《いち》は，①戦国大名の浅井長政《あざいながまさ》と結婚し，茶々《ちゃちゃ》，お初《はつ》，お江《ごう》の三姉妹が生まれました。しかし信長が②北陸地方を攻《せ》めるなかで，浅井氏は信長に滅《ほろ》ぼされました。やがて茶々はイ 豊臣秀吉 との間に秀頼《ひでより》を産み，お江はウ 徳川家康 の子である秀忠《ひでただ》と結婚し，

エ 徳川家光 の母となりました。他にもさまざまな政略結婚が行われましたが，③江戸幕府の将軍は，大名は「勝手に結婚してはならない」などのきまりを定め，これにそむいた大名を罰《ばっ》しました。

問1　次の文に最も関わりの深い人物を，文中の □ ア～エからそれぞれ記号で答えなさい。

⑴　朝鮮《せん》に使者を送り，途《と》絶えていた交流を再開した。

⑵　島原・天草一揆《き》が起こると，大軍を送って鎮《ちん》圧した。

⑶　キリスト教の布教を認め，教会や学校の建設を許可した。

⑷　北条《ほうじょう》氏を滅ぼし，全国を統一した。

問2　下線①について，越後《えちご》（新潟県）を支配した上杉謙信《けんしん》と川中島《かわなかじま》で戦った，甲斐《かい》（山梨県）の戦国大名は誰ですか。

問3　上杉謙信は関東にもたびたび出兵し，その時期は秋の終わりから冬の初めに集中していました。どのような人が兵の多くを占《し》めていたかを考えて，この時期を上杉謙信が選んだ理由を説明しなさい。

問4　下線②について

⑴　北陸地方に関する事がらを，古い順に記号で並べかえなさい。

ア　越前（福井県）を支配した朝倉《あさくら》氏の家臣は，一乗谷《いちじょうだに》に集まって住むようになった。

イ　源義仲《よしなか》が倶利伽羅峠《くりからとうげ》の戦いで平氏をやぶった。

ウ　前田利家《としいえ》は，秀吉から加賀《かが》（石川県）・越中《えっちゅう》（富山県）の支配を認められた。

⑵　江戸時代，北陸地方でさまざまな特産物の生産がさかんになりました。その理由として，まちがっているものを１つ記号で答えなさい。

ア　一向宗（浄《じょう》土真宗）などの多くの寺院があり，仏具をはじめとする工芸が発展したから

イ　金沢《かなざわ》は城下町として栄え，藩《はん》主が産業の発展に力を入れたから

ウ　繊維《せんい》産業の発展した京都などから，職人を招いたから

エ　冬の乾燥《かんそう》した気候《こう》を利用し，漆《しつ》器の生産が発展したから

オ　農家の人々が，副業として生産にたずさわったから

⑶　現在，富山県氷見《ひみ》で行われているブリ漁について，まちがっているものを１つ記号で答えなさい。

ア　付近を流れる対馬《つしま》海流の影響で，多くの回遊魚が富山湾《わん》に入ってくる。

イ　氷見ではブリは主に定置網《あみ》漁でとられている。

ウ　富山湾には九頭竜《くずりゅう》川が流れ込《こ》み，豊富な栄養分を運んでくる。

エ　氷見のブリ漁は冬にさかんである。

問5　下線③のきまりを何といいますか。

Ⅲ　明治になると，農村でも人々の生活に変化が起こるようになりましたが，女性が働き手であることは変わりませんでした。農家では養蚕もさかんになりました。以下の問に答えなさい。

問1　明治初め頃《ころ》の農村のくらしについて，正しいものを２つ記号で答えなさい。

ア　豊作凶《きょう》作に関係なく一定の金額の税を納めるようになった。

イ　税は村でまとめて納めることに変更された。

ウ　くつをはき，洋服を着る習慣が人々の間で定着した。

エ　若者が兵隊にとられるようになった。

オ　綿・なたね・茶などが栽培されはじめた。

問２　養蚕について

⑴　生《き》糸の生産がさかんになった理由として，ふさわしくないものを１つ記号で答えなさい。

ア　海外で生糸の需要が増えていたから

イ　工場で手作業を必要とせず，機械によって生糸を大量生産できたから

ウ　原料をすべて国産でまかなえたから

エ　政府が新しい技術を積極的に取り入れたから

⑵　養蚕を行う農家は，蚕を「お蚕さま」と呼んでいました。そう呼ばれた理由として最もふさわしいものを１つ記号で答えなさい。

ア　いろいろな植物の葉をエサにできるから

イ　病気に強く，成長が早いから

ウ　東日本でしか飼育できず，貴重だったから

エ　農家にとって貴重な現金収入源だから

⑶　下のグラフは，1911年～45年における日本の輸出品総額と，その中の生糸類輸出額の推移を表したものです。この期間の輸出品総額と生糸類輸出額の変化について述べた文として，まちがっているものを２つ記号で答えなさい。

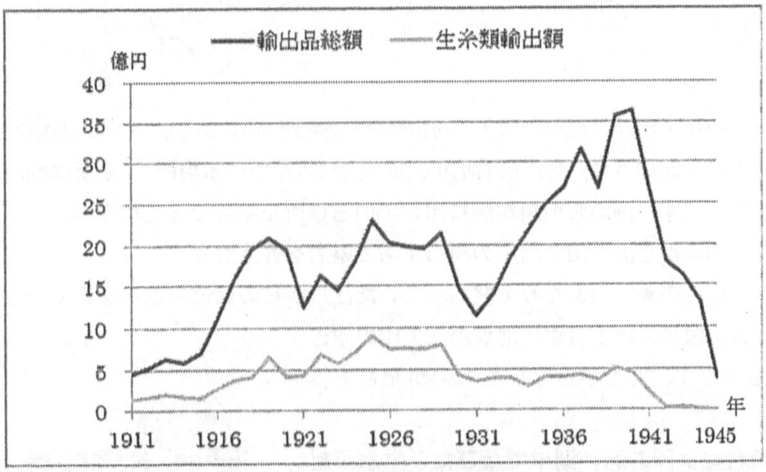

農林省蚕糸局『蚕糸業要覧　昭和37年版』より作成

ア　1910年代後半に輸出品総額が急増したのは，生糸類輸出額が増えたためである。

イ　1920年代を通して，生糸類は日本の主要な輸出品の一つだった。

ウ　1920年代後半，輸出品総額も生糸類輸出額も増え続けた。

エ　1930年～31年に輸出品総額が減少したのは，世界中がひどい不景気だったからである。

オ　1930年代後半，生糸類輸出額は輸出品総額の２割以下になった。

カ　アメリカとの戦争が始まると，生糸類の輸出はほとんどなくなった。

長野県諏《す》訪《わ》地方は，製糸業がさかんで工場が並んでいた地域です。

問３　長野県ではほとんど生産されていない農産物を１つ記号で答えなさい。

ア　かき　　イ　なし　　ウ　もも　　エ　うめ　　オ　みかん

問４　諏訪地方で製糸業がさかんになったのは，どのような自然条件があったからですか。最もふさ

わしいものを１つ記号で答えなさい。

ア　夏と冬の気温の差が大きかったから

イ　昼と夜の気温の差が小さかったから

ウ　火山が近く，工場で地熱を利用できたから

エ　工場で使う水が豊富にあったから

オ　一年を通じて湿《しつ》度が高かったから

問５　図Ａ，Ｂは諏訪湖の形を表したものです。これらを見て次の問に答えなさい。

図Ａ（1915年）

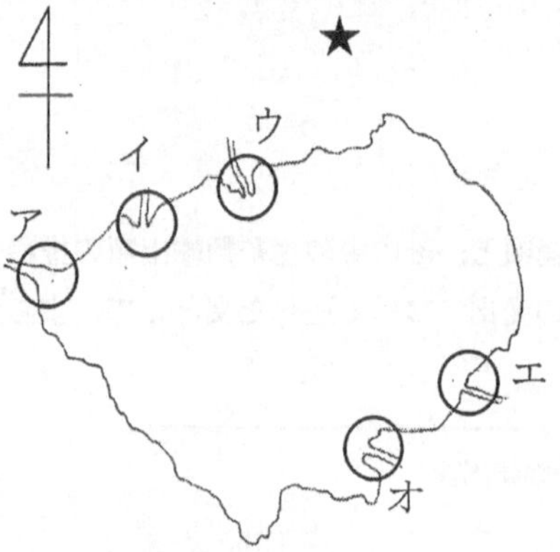

図Ｂ（2015年）

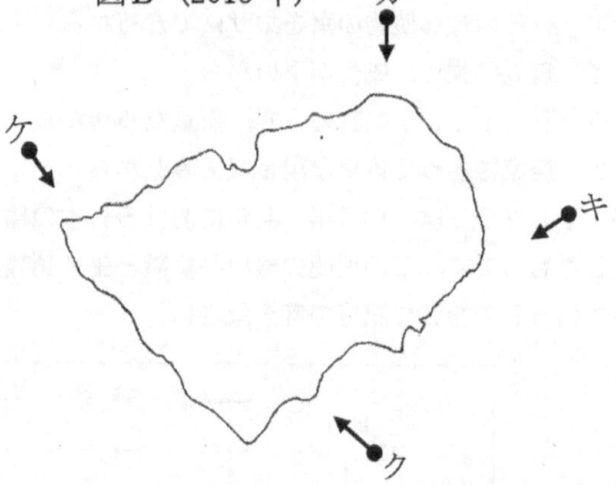

※図Ａは1915年発行の５万分の１地形図（諏訪），図Ｂは国土地理院2015年発行の２万５千分の１地形図（諏訪）より作成

⑴　図Ａの５つの○印のうち，４か所は河川《せん》が湖へ流れ込んでいる場所，１か所は湖から河川が流れ出している場所です。湖から河川が流れ出している場所を記号で答えなさい。

⑵　⑴で選んだ場所から流れ出す河川の河口がある県名を答えなさい。

⑶　江戸時代，図Ａの★印のあたりで終わっていた江戸からの街道の名前を答えなさい。

⑷　右の写真は，図Ｂのいずれかの地点から矢印《じるし》の向きで写したものです。どこから写したものか記号で答えなさい。

写真

⑸　図Ａの時代には諏訪湖の湖岸でたびたび洪《こう》水が起こりました。湖岸の洪水防止にはあまりつながらないと考えられるものを１つ記号で答えなさい。

ア　湖岸に土を盛り，堤《てい》防を築く。

イ　湖から流れ出す河川で工事を行い，水の量を調節する。

ウ　湖のほとりにある温泉でお湯の使用量を増やす。

問６　諏訪湖では，冬に「御神渡り（おみわたり）」と呼ばれる現象が見られることがあります。御神渡りとは，湖の表面全体が凍《とう》結した後に氷にきれつが入り押し上げられ，列状にもりあがる現象です。次のページの表は，1451年～2016年までの，御神渡りが見られなかった年の数を表しています。この表について述べた文として正しいものを２つ記号で答えなさい。

ア　1451年～1950年の間は，御神渡りは平均すると10年に１回も見られなかった。

イ　1551年からの150年間は，御神渡りはほぼ毎年出現した。

ウ　1951年からの50年間は，御神渡りが見られる回数は減少したが，その後はまた増えている。

エ　この記録は，1451年以降の気温の変化を調べる上で参考になる。

オ　この記録は，1451年以降の湖の面積の変化を調べる上で参考になる。

年	1451年～1500年＊	1501年～1550年	1551年～1600年＊	1601年～1650年	1651年～1700年＊	1701年～1750年	1751年～1800年	1801年～1850年＊	1851年～1900年＊	1901年～1950年	1951年～2000年	2001年～2016年
見られなかった年の数	0	10	1	0	1	6	4	4	7	5	24	10

＊がついている期間は記録が欠けている年を１年含む

米山啓一『諏訪湖の御神渡り』建設省中部地方建設局、諏訪市博物館ホームページより作成

Ⅳ

①識字率が向上すると，新聞や②雑誌の読者が増加します。日本では，大正時代に大衆向けの雑誌が次々と発刊されました。大正６（1917）年に創刊された③『主婦之《の》友』もその一つです。「主婦」は明治以降に使われるようになった新しい言葉です。④日清《しん》戦争以降，工業化が進展し，やがて会社で事務などの仕事をして給与《よ》を得る「サラリーマン」が増加しました。サラリーマンの家庭は，新しい家族のかたちとして社会に浸透《しんとう》していきました。

問１　下線①の向上には，教育が大きく関わっています。

(1)　江戸時代の教育や学問について，まちがっているものを１つ記号で答えなさい。

ア　寺子屋では，町人や農民の子どもが「読み書き・そろばん」を学んだ。

イ　藩が設置した藩校では，武士の子どもが学問や武芸を学んだ。

ウ　日本古来の儒《じゅ》教思想を研究する国学がさかんになった。

エ　ヨーロッパの医学や地理学などを，オランダ語の書物を通して研究する蘭《らん》学がさかんになった。

(2)　明治時代の教育について，正しいものを１つ記号で答えなさい。

ア　明治初めに公布された学制では，農民の子どもは義務教育の対象ではなかった。

イ　学制によって全国に設置された小学校の建設費用は，政府がすべて負担した。

ウ　政府が設立した大学では，外国人教師が教えることは許されなかった。

エ　19世紀を通じて，義務教育の就学率は女子よりも男子が高かった。

(3)　下の表は，第二次世界大戦前に，義務教育終了後の男子が進学した中学校と女子が進学した高等女学校での，最高学年（中学校は５年生，高等女学校は４年生）の授業科目と週当たりの授業時間数を示したものです。女子教育に比べ，特に男子教育がめざしていたことについて，この表の男女の授業科目・時間数の違《ちが》いから読み取れることを２つ記号で答えなさい。

ア　道徳的に優れた国民になること　　イ　外国の進んだ文化を学び，取り入れること

ウ　科学技術を発展させること　　エ　日本の風土と歴史を深く理解すること

オ　優れた芸術感覚を養うこと

中学校　第５学年（1901年制定中学校令施《し》行規則）

科目	修身（道徳）	国語・漢文	外国語	歴史・地理	数学	物理・化学	法制・経済	体操	合計
時間数	1	6	6	3	4	4	3	3	30

高等女学校　第４学年（1901年制定高等女学校令施行規則）

科目	修身（道徳）	国語	外国語	歴史・地理	数学	理科	図画	家事	裁縫《ほう》	音楽	体操	合計
時間数	2	5	3	3	2	1	1	2	4	2	3	28

文部科学省ホームページ「学制百年史」より作成

問2　下線②の一つである『明星《みょうじょう》』に，与謝野晶子《よさのあきこ》は「ああおとうとよ　君を泣く　君死にたまうことなかれ」で始まる詩を発表しました。この詩はどの戦争に反対したものか，1つ記号で答えなさい。

ア　西南戦争　　イ　日露《ろ》戦争　　ウ　第一次世界大戦　　エ　日中戦争

問3　下の図A，Bは下線③の表紙です。図Aでは水の出るホースを持っている女性が，図Bでは飛行機のプロペラを抱《かか》えている女性が描かれています。これらの表紙には，国家への協力として当時の女性に求められた，2つの異なる役割が表されています。それぞれの表紙に表された異なる役割を，この時代の様子と結びつけて具体的に説明しなさい。

図A（1944年3月号）

図B（1945年2月号）

主婦之友社『主婦之友』石川武美記念図書館所蔵

問4　下線④に関連する事がらの説明として，まちがっているものを2つ記号で答えなさい。

ア　日清戦争直前に，政府は治外法権の廃《はい》止と関税自主権の回復に成功した。

イ　朝鮮で起きた反乱に対し，清と日本がそれぞれ軍隊を送ったことがきっかけとなり，日清戦争が始まった。

ウ　日清戦争の講和条約で，日本は清から台湾《たいわん》を得て，植民地とした。

エ　ロシアは，フランス，ドイツと共に，日本が日清戦争で得たリヤオトン（遼東《りょうとう》）半島の返還《かん》をせまった。

オ　日清戦争の勝利にもかかわらず，日本は清からの賠償《ばいしょう》金が得られなかったので，国内で不満が高まった。

世界には，今なお「読み書き・計算」といった基礎《そ》教育を受けられない人々がいます。国際連合のある専門機関では，識字率を「15歳《さい》以上の人口に対する，日常生活の簡単な内容についての読み書きができる人口の割合」と定義しています。

問5　識字率について国際的に調査をしている国際連合の専門機関は何ですか。（略称《しょう》でもよい）

問6　次のページのグラフは，7カ国の男女別識字率（2015年）です。

国名の右の数字は，その国全体の識字率を表します。「男性より女性の識字率が低い」以外に，このグラフ全体から読み取れる最も大きな特徴《ちょう》を書きなさい。

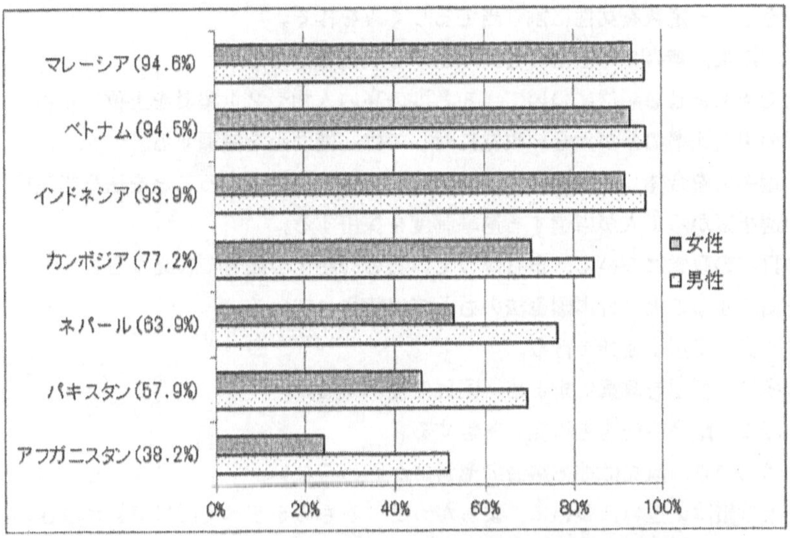

総務省統計局『世界の統計2017』より作成

問７　いろいろな国について，成人女性の識字率を横軸《じく》に，ア～オの数値を縦軸にしてみたとき，右の図のようになるものをすべて記号で答えなさい。

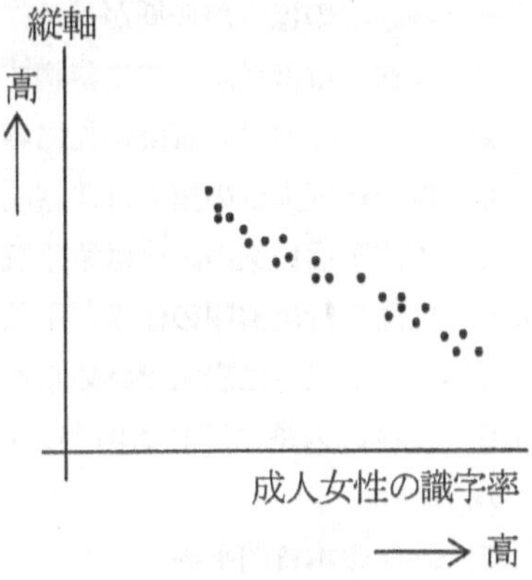

ア　５歳未満の子どもの死亡率

イ　小学校に通う児童に占《し》める女子の割合

ウ　平均寿命《じゅみょう》

エ　小学校に入学した児童のうち５年間在学できた児童の割合

オ　合計特殊《しゅ》出生率（女性が一生の間に産む子どもの数の平均）

Ⅴ　世界経済フォーラムが発表した2017年のジェンダー・ギャップ指数（男女格差指数）では，日本は144カ国中114位で，Ｇ７の国々の中で最下位でした。特に政治分野では，2017年１月現在，衆議院議員に占める女性の割合は9.3％で，下院（日本では衆議院）または一院制の議会における女性割合の比較《かく》で193カ国中163位と大変低い水準にとどまっています。地方自治体の女性首長の数は，知事３人（6.4％），市区長18人（2.2％），町村長５人（0.5％）にとどまり，３割ほどの町村議会ではいまだに女院議員が一人もいません。

問１　下の表全体から，日本の社会に根強くある考え方を読み取って述べなさい。

	大学進学率 (※1)	管理的職業従事者（課長や部長以上の役職にある者）に占める割合	一般《ぱん》労働者の給与水準 (※2)	民間企《き》業の育児休業取得率	家事・育児に費やす時間 (※3)	介《かい》護・看護を理由とした離《り》職者数
女性	48.2%	13%	73	81.5%	461分／日	7万人／年
男性	55.6%	87%	100	2.65%	67分／日	2万人／年

※1 短期大学を除く　※2 男性を100とした場合　※3 子ども（6歳未満）を持つ夫婦が対象

内閣府『男女共同参画白書　平成29年版』より作成

問２　下線部について，女性議員を増やす取り組みが各国で導入されています。女性議員を増やすことにはつながらないものを次のページから２つ記号で答えなさい。

ア　議席のうち，一定数を女性に割り当てるしくみを作る。

イ　政党が，議員候補者の一定割合を女性とする規則を定める。

ウ　政党内で当選させる順位について，知名度の高い人物や２世議員を上位にする。

エ　候補者の男女比率の差が大きい政党に対しては，補助金を減額する。

オ　２つの選挙区を合体し２議席にして，男女のペアで立候補することを法律で義務付ける。

カ　１つの選挙区から１人が当選する選挙制度を採用する。

問３　現在の日本の政党について，まちがっているものを１つ記号で答えなさい。

ア　政党を結成することは日本国憲法のもとで保障されている。

イ　候補者を立てて選挙運動を行う。

ウ　国民の多様な要望を政策にまとめ，国民に提示する。

エ　選挙を経て，議会や内閣を組織し運営する。

オ　国会とは異なり，政党は地方議会の運営にかかわらない。

問４　衆議院と参議院の違いについて，まちがっているものをすべて記号で答えなさい。

ア　衆議院のほうが定数が多く，全議席について一斉《せい》に選挙される。

イ　参議院のほうが任期が長く，解散されることもない。

ウ　条約案は参議院が先に審議することもある。

エ　法律案は常に衆議院が先に審議する。

オ　内閣総理大臣の指名は衆議院だけで行われる。

カ　内閣不信任案の議決は衆議院だけで行われる。

問５　内閣や行政機関の仕事が不公正だと疑われる場合に，国会が行えることは何ですか。内閣不信任案の議決以外に憲法で認められていることを説明しなさい。

問６　女性の人権に関わる内容として，日本国憲法には書かれていないものを２つ記号で答えなさい。

ア　両性の本質的平等　　イ　妻は夫の姓《せい》を名のること

ウ　個人として尊重されること　　エ　未成年の子に対する親権は父が持つこと

オ　夫婦が同等の権利を有すること　　カ　婚姻《いん》は両性の合意のみに基づくこと

問７　日本で女性が初めて選挙権を持った時期を１つ記号で答えなさい。

初の男子普通選挙の実施《し》

↓…ア

ポツダム宣言の受諾《だく》

↓…イ

日本国憲法を成立させた議会の開催《さい》

↓…ウ

サンフランシスコ平和条約の締《てい》結

↓…エ

国際連合への加盟

ず母親の言いなりになっていることへの恥ずかしさ。

エ　露伴の、士族の男子なのに焼き芋を買いに行かされ、当時女性の仕事だった炊《すい》事もやらなければいけないことへの恥ずかしさ。

問八　――⑧「涙する」とありますが、ここで「祖母」はなぜ涙を流したのですか。その理由をていねいに説明しなさい。

問九　――⑨「堪《たま》りません」の意味として最も適切なものを次から選びなさい。

ア　やりきれない　　イ　じれったい

ウ　不快である　　エ　不都合である

問十　本文の内容と合うものを次から二つ選びなさい。

ア　筆者は震災というきびしい現実の前でことばは力をもたない、と感じたことがあった。

イ『みそっかす』はあまり目を通すことのない作品で、筆者も震災後久しぶりに読んだ。

ウ「人には運命を踏んで立つ力がある」と「運命は切り開くもの」は、筆者にとって同じような意味を持つ。

エ　生まれつきの顔は、本人の努力とは関係なく善人のようにも悪人のようにも変えることができる。

オ　運命に左右されないで、自分と向き合って人生を築いていくことに露伴は意味を見いだしている。

問十一　a シリョウ 、b マネ く、c ダンゲン を漢字に直しなさい。

そして、運命を天の定めとする占《うらな》いへと話を移し、諸葛孔明《しょかつこうめい》の死とともに大きな星が墜ちたという逸《いつ》話は軍談としてはおもしろいが、それなら星の数と人の数が対応していなければならず、「生まれた年月日時によって人の運命が定められては⑨堪《たま》りません」と占いの類を過剰《じょう》に信じてはいけないと釘《くぎ》をさす。

一方、※人相学には理解を示し、すぐれた人相家は人の顔が変わることを知っているから的中させることができると説く。生まれつきの顔をもとに、心がけ次第《しだい》で良くも、悪くも変化するのが人の顔だと。

つまり「天然自然に定まって居るものを先天的運命と申しますならば、当人の心掛《が》けや行為《い》より生ずるのを後天的運命と申しましょう。自己の修治《しゅうじ》（手を加えてよくすること）によって後天的運命を開拓《たく》して、或《あるい》は先天的運命を善きが上にも善くし、或は先天的運命の悪いのをも善くして行くのが、真の立派な人と申しますので、歴史の上に光輝《き》を残して居る人の如《ごと》きは、大抵《てい》後天的運命を開拓した人なのであります」となる。

ここで言われていることを煎《せん》じ詰《つ》めると、「人には運命を踏んで立つ力があるものだ」に行き着くのではないだろうか。いささかくどくどとした論旨《し》の「運命は切り開くもの」に比べると、なんとすぱっと見事な切り口だろうと思う。

（『幸田家のことば』青木奈緒）

注※　○祖母　幸田文《こうだあや》。小説家。『みそっかす』は父の思い出を記した随《ずい》筆集。
○露伴　幸田文の父。夏目漱石と同年生まれの明治の文豪《ごう》。
○士分＝武士の身分。
○冷飯っ食い＝もともとは、江戸時代に家督《とく》を相続しない次男以下のものを卑《いや》しめて言った語。
○人相学＝顔立ちから人の性格や才能を判定する学問。

問一　――①「心得ている」について答えなさい。
1、「心得る」の意味を解答欄《らん》に合うように熟《じゅく》語で答えなさい。
2、「心～」という一語の動詞になるように、ひらがなで答えなさい。
i　良質な音楽を（心　　）までお楽しみください。
ii　（心　　）物語にほろりと涙《なみだ》がでた。

問二　――②「人には運命を踏んで立つ力があるものだ」は、誰が言った言葉ですか、答えなさい。

問三　――③「いぶかしく思う気持」とは、ここではどのような気持ちですか、説明しなさい。

問四　――④「震災以来、探していたことばの力」とは、どのようなものですか。それがわかる文のはじめの五字を答えなさい。――④より後の文から探すこと。

問五　――⑤「見栄を張れば」とありますが、その結果どうなりますか。わかりやすく答えなさい。

問六　「お米を ⑥ で」とありますが、解答欄にあてはまるように、動詞を答えなさい。

問七　――⑦「恥ずかしさ、抵抗感はよほどのものがあったらしい」とありますが、誰のどういう恥ずかしさですか。最も適切なものを次から選びなさい。
ア　お猷《ゆう》様の、息子がからかわれたり家族の朝食を用意できずにいたりと、ふがいなく成長したことに対する恥ずかしさ。
イ　お猷様の、士族という身分でありながら、息子に冷や飯を食べさせるなど十分な食事が用意できないことに対する恥ずかしさ。
ウ　露伴《ろはん》の、弟や妹の面倒《どう》まで見なければならず、同年輩の子と遊べりにも現実がきびしすぎた。
　日本に暮らしている限り、災害と無縁《むえん》でいられる場所はない。自分がその立場に立たされたとき、心に刻んでおくべきことばは何か。「人には運命を踏んで立つ力があるものだ」という一文に、④震災以来、探していたことばの力を見つけた感があった。
　これを言ったのは曾《そう》祖父（ひいおじいさん）の※露伴《ろはん》で、語られた背景は実は災害とはまったく無関係の、しかも今の感覚では容易に共感できない文脈にある。
　四男である露伴は、幼いころに弟や妹のおやつにするため、母親であるお猷《ゆう》様の言いつけで味噌漉《みそこし》を持って焼き芋《いも》を買いに行かされた。今ならばなんでもない子どものおつかいだが、封《ほう》建的な色彩《さい》の強い明治初期には「いくら小さくとも男の子の体面というものには格があって、※士分の子が焼芋買いに行くのは周囲の憫笑《びんしょう》（さげすんで笑うこと）をb［マネ］く」と書かれている。自分ひとりの空腹なら我慢《がまん》したかもしれないが、⑤見栄《みえ》を張れば弟や妹も巻きぞえになった。
　お猷様は露伴に「次男三男の※冷飯《ひやめし》っ食い、芋買いがなんだ」と容赦《ようしゃ》なかった。非戸端《いどばた》でお米を［⑥］でいれば、同年輩《ばい》の男子に冷やかされ、朝一番の仏壇《ぶつだん》の手入れをうっかり忘れれば、家族全員の朝食が滞《とどこお》った。⑦恥《は》ずかしさ、抵抗《ていこう》感はよほどのものがあったらしい。
　だが、誰《だれ》も自ら選んで次男三男に生まれるわけではない。露伴からさんざ小さいころの苦労話を聞かされて、自分自身も次女の生まれである祖母は、あるとき自分ではどうにもならない生まれ順による差別に不平を口にした。すると、露伴がむっつりとした口調で「人には運命を踏んで立つ力があるものだ」と言うのである。これを聞いて祖母は、かつて自分の父親がどれほどの思いで冷飯っ食いの境遇《きょうぐう》に耐《た》え忍《しの》んだかを察し、自分の身にも父と同じだけの苦労が課されることを思って⑧涙《なみだ》する。
「人には運命を踏んで立つ力があるものだ」という、人目を惹《ひ》きつけることばの背景がこんなエピソードでは、なんだかあてがはずれたような、肩《かた》すかしをくらったような感覚を覚えるかもしれない。震災と兄弟の生まれ順はまったく別の話だが、共通するのは自分にはどうしようもないめぐりあわせという点である。我慢しようにも我慢できない、けれどそうするしかない状況《きょう》を乗り越《こ》えようとするとき、励《はげ》ましてくれることばという気がする。
　このあたりのことをもう少し論理的に説いているのが、露伴の書いた『運命は切り開くもの』という随《ずい》筆である。「此処《ここ》に赤ン坊《ぼう》が生まれたと仮定します」という書き出しに始まり、生まれつきの貧富の差などにより、子どもの運命には自《おの》ずと差が生じるため、「誰《だれ》でも彼《かれ》でも自分が時を選び、処《ところ》を選び、家を選び、自分の体質相貌《そうぼう》等を選んで生まれたので無いということに思い当《あた》ったならば、自然に運命前定（前もって定まっていること）が少なくとも一半《いっぱん》は真理であるということを思うでしょう。運命が無いなぞということは何程自惚《うぬぼれ》の強い人でも云《い》い得ない事でしょう」と、まずは運命前定説の一理を認める。
　しかし、前定なのは半分だけの真実であって、すべてが先天的運命で決められていると思うのはまったくの間違《ちが》いであるという。「人間たるものの本然《ほんぜん》（自然のありのまま）の希望、即《すなわ》ち向上心という高いものを蹂躙《じゅうりん》する（ふみにじる）卑屈《ひくつ》の思想に墜《お》ちて終《しま》いまして甚《はなは》だ宜《よろ》しく無い、即ちそれは現在相違《そうい》という過失に陥《おちい》ります、人は生きて居《い》る間は向上進歩の望《のぞみ》を捨てることは出来ぬものであります」とc［ダンゲン］する。

命さを感じている。

問四 ――④について

1、「主客転倒」の言葉の意味を次から選びなさい。

ア 主人と家来がともに失敗をしてしまうこと

イ 主人と客人の立場や軽重が逆になること

ウ 客観的なものの見方に偏《かたよ》ってしまうこと

エ 始めと終わりで主張が異なっていること

2、ここではどのようなことを言っているのか、わかりやすく説明しなさい。

問五 ――⑤「このようなもの」の指し示す内容を十五字以上二十字以下で書きなさい。

問六 ⑥ に入る言葉を次から選びなさい。

ア 怒《おこ》っている　イ 命令している

ウ お願いしている　エ 開き直っている

問七 ――⑦とありますが、「ロボットとわたしたちとのあいだに生じるコミュニケーション」は次のように行われます。後の問いに答えなさい。

> ロボットがA〈弱さ〉を開示し、わたしたちが応答する時に、B共同行為が生みだされる。

1、A〈弱さ〉について、〈お掃除ロボット〉と〈ゴミ箱ロボット〉の〈弱さ〉を文中からそれぞれ一点あげなさい。

2、筆者が考える望ましいB共同行為のあり方とはどのようなものですか。それを説明した次の文の X 、 Y をうめなさい。わかりやすく書くこと。

> 筆者は、 X 関係ではなく、 Y という共同行為が望ましい、と考えている。

問八 □a～cの言葉について、aは読みを書き、b・cは漢字に直しなさい。

二 次の文章を読んで後の問いに答えなさい。本文中の※については、注として本文の最後に付記しています。わかりにくい言葉は（ ）内に意味を付記しました。

東日本大震災《しんさい》から一年も経《た》たないころ、※祖母の『みそっかす』を読んでいた。つらく悲しい子ども時代の思い出が描《えが》かれたこの作品を、母や私が楽しんで読むことはないのだが、a シリョウ として確かめておくべきことが多く、手にとる頻度《ひんど》が高い。このときも何か調べる必要があって、どこに何が書いてあるか、充分《じゅうぶん》①心得ているつもりのページをぱらぱらとめくっていた。

すると、探していた内容とは関係ない一文が目にとまった。

「②人には運命を踏《ふ》んで立つ力があるものだ」

あれ？ こんなことが書かれていただろうか、という新鮮《せん》味と③いぶかしく思う気持があって、脳裏《り》には震災の報道で目にした映像がありありと浮《う》かんでいた。なぜこの文と東日本大震災を結びつけたかは、自分でもわからない。ただ、震災で人の命や平穏《へいおん》な暮らしがいきなり奪《うば》われる様があまりに理不尽《じん》で、たとえ真実であろうとも、災害とはそういうものという諦念《ていねん》（あきらめの気持ち）で心を処理し、達観するにはあまそんな風景とくらべてみると、人の手を煩《わずら》わせながらも、ヨタヨタしながら一緒にゴミを拾い集めるという姿はなんだか微笑《ほほえ》ましいのだ。（中略）

　では、わたしたちの手助けを思わず引きだしてしまうような場は、どのようにして生まれてくるのだろう。他者から挨拶《あいさつ》された時に、思わず応答責任を感じてしまうことに重なるけれど、⑦ロボットとわたしたちとのあいだに生じるコミュニケーションの一つの事態としても見逃《のが》せないものである。

　その基本になっているのは、単なるモノなのか、なんらかの意思を持った生き物なのか、ということだろうか。「ゴミを拾い集めようとしているのかな……」と、そんな意思が伝わってくれば、それを助けてみようという気にもなる。でも、それにも程度というものがあるようだ。

　じっとしたまま、そこを行き交う人に「そのゴミを拾って！」と声高《こわ》に訴《うった》えかけるのでは、周りからの手助けは引きだせそうもない。一方的に指示されているようで、たとえ手を貸してあげたとしても、「なにか、いいことをした！」という気持ちになれない。なにか服従を強《し》いられているようで具合がよくないのである。それと、一方的に周りの人に依《い》存するだけでは、〈頼《たよ》るもの〉⇕〈頼られるもの〉という非対称的な関係となってしまう。（中略）

　わたしたちの共同行為《い》を生みだすためのポイントは、自らの状況《きょう》を相手からも参照可能なように表示しておくことである。「いま、どんなことをしようとしているのか」「どんなことに困っているのか」、そうした〈弱さ〉を隠《かく》さず、ためらうことなく開示しておくことで、お掃除ロボットは周りの手助けを上手に引きだしているようなのである。

（『〈弱いロボット〉の思考　わたし・身体・コミュニケーション』岡田美智男）

問一　――①「よけいなお世話だよ！」とありますが、「よけいなお世話」と最も近い慣用表現を次から選びなさい。

ア　ふんだりけったり　イ　ありがためいわく

ウ　わたりに船　エ　ねこに小判

問二　――②とありますが、「そうしたことを思いだ」したのはなぜですか。次から選びなさい。

ア　おもしろい動き方をする〈お掃除《そうじ》ロボット〉が、蟻を眺めている時と同じ気持ちにさせるから。

イ　せわしなく動き回る〈お掃除ロボット〉が、のんびりする時間を持てない自分の姿と重なるから。

ウ　むだな動きのない〈お掃除ロボット〉を見ると、蟻に手を出した時のように動きをさえぎりたくなるから。

エ　高度な機能を持つ〈お掃除ロボット〉を見ると、ロボット技術のなかった子ども時代が懐《なつ》かしくなるから。

問三　――③とありますが、「健気《けなげ》」という言葉から、筆者がお掃除ロボットに対してどのようなことを感じているとわかりますか。次から選びなさい。

ア　行く手をさえぎられても構うことなく掃除を続ける様子に、意志の強さを感じている。

イ　物にぶつかるままに柔軟《じゅうなん》に進路を変えて掃除を続ける様子に、臨機応変さを感じている。

ウ　家具のすき間を自由に動き回って掃除をする様子に、かわいらしさを感じている。

エ　壁にぶつかりながらも隅々まで丁寧に掃除をする様子に、一生懸《けん》置かれた紙袋《ぶくろ》を拾い上げ、部屋の片隅にある乱雑なケーブル類をb［タバ］ねていたりする。これもロボットのためなのだ……。「あれれ？　これでは④主客転倒《とう》ということになってしまうではないか」と思いつつも、それはそれで許せてしまう。ロボットにお掃除をしてもらうのはうれしいけれど、ほんのすこし手助けになれているという感覚も捨てがたい。

　このロボットが袋小路《ふくろこうじ》に入り込むことのないように、テーブルや椅子をc［セイゼン］と並べなおす。もっと動きやすくしてあげようと、観葉植物の鉢《はち》などのレイアウトを変え、玄関《げん》のスリッパをせっせと下駄《げた》箱に戻す。そうしたことを重ねていると、なんだか楽しくなってくる。そして、いつの間にか家のなかはセイゼンと片づいていたりする。

いったい誰《だれ》がこの部屋を片づけたというのか。わたしが一人でおこなっていたわけではないし、このロボットの働きだけでもない。一緒《しょ》に片づけていた、あるいはこのロボットはわたしたちを味方につけながら、ちゃっかり部屋をきれいにしていたとはいえないだろうか。

　そもそも、部屋の隅のコードを巻き込んでギブアップしてしまう、床に置かれたスリッパをひきずり回したり、段差のある玄関から落ちてしまうとそこから這《は》い上がれないというのは、これまでの家電製品であれば、改善すべき欠点そのものだろう。

（中略）

　一人の学生が学内のロビーにある長椅子に腰かけて、いつもの漫《まん》画雑誌を読みふける。その足元には、無造作に転がった空のペットボトル、誰かが残していったものなのだろう。部屋の片隅には、ゴミ箱らしきものもあるけれど、この状態ではペットボトルは転がったままだ。学内のいつもの風景とは⑤このようなものだろう。

　では、「このゴミ箱を生き物のように動かしてみたら……」というわけで、部屋の隅で静かにしていたゴミ箱を〈ロボット〉として動かしてみた。それは床の上に転がるペットボトルのほうにヨタヨタと近づいていき、それを確認するように視線を落とす。そうして、自分では拾えないことを悟《さと》ると、その学生のほうに擦《す》り寄るようにして近づき、すこし腰を屈《かが》めてみる。その姿は、あたかも「このペットボトルを拾ってよ！」と［　⑥　］ようなのだ。

　そのロボットの仕草に気づいたのか、それを無視するわけにもいかず、学生はペットボトルを拾い上げ、〈ゴミ箱ロボット〉のバスケットのなかに放り込んであげる。すると、そのことを感知した〈ゴミ箱ロボット〉はまた腰を屈める。同じ仕草にもかかわらず、それはなにかお礼を返しているようにも映る。そうして、その場をまたヨタヨタと去っていく。学生もほっとしたようにして、またもとの雑誌に目を落とすというわけである。

　とりたてて、すごい技術を備えたものではない。ヨタヨタしていて、なにも役に立ちそうもない。そんな風采《さい》にもかかわらず、人に擦り寄るようにして、ちゃっかりゴミを拾い集めてしまうというのは、なかなか侮《あなど》れないものだろう。

　わたしたちのために黙《もく》々と働くことを期待されるロボットだけれど、「ゴミを黙々とつみ上げるロボット」とそこで「ただゴミを拾ってもらう学生」という非対称《しょう》な関係は、この場にはそぐわない。例えば、無造作に捨てられたペットボトルのところに、ロボットがすーっと近づいてきて、それを黙々と拾い上げ、なにもなかったように立ち去っていく。

【国語】（四〇分）〈満点：一〇〇点〉

一　次の文章を読んで後の問いに答えなさい。

じゃっ、じゃじゃっ、じゃっ……。こんな音を立てているかどうかはわからないけれど、一匹《ぴき》の蟻《あり》がせわしなく砂浜《はま》の上を歩いている。どこに向かおうとしているのか。あっちに進んでは、ちょっと立ち止まり、その首をかるく左右にひねったかと思うと、すこし進路を変え、またなにごともなかったかのように歩きだす。

この蟻の姿をぼんやり眺《なが》めていると、いろいろな思いがよぎる。「どこに向かおうとしているのか……」「迷子《まいご》にでもなったのだろうか。ちゃんと巣に辿《たど》り着けるだろうか……」「なにをそんなに慌《あわ》てているのだろう、子どもたちが餌《えさ》でも待っているのかな？」。

もっとも、こうした思いは蟻にとっては「①よけいなお世話だよ！」ということなのだろう。その行く手をさえぎろうと手をかざしても、そんなことにはおかまいなしである。先を急ぐように、すぐに砂にもどって歩きはじめるのだ。

ここしばらく、蟻の姿などをのんびりと眺めるようなことはなかったなぁ……と思っていたら、いま目の前を②そうしたことを思いださせてくれるモノが行き来する。床《ゆか》の上を動きまわりながらホコリを吸い集めてくれる〈お掃除《そうじ》ロボット〉である。子どものころに戻《もど》って、その様子をしばらく眺めてみたい（ロボット技術は日々進化を遂《と》げている。不用意な誤解を避《さ》けるため、本書に登場するのは架空《かくう》のお掃除ロボット〈ルンル〉である）。

電源スイッチらしきボタンを押《お》してみる。すると、ピポッ、ピポッ、プーッ……という軽快な電子音とともに、それは動きだした。「さて、どこからはじめようかな……」とでもいいたげに、クルリとあたりを見わたす。そしてひとたび狙《ねら》いを定めると、クーンと甲《かん》高いモータ音をたてて動きはじめるのだ。

ロボットは、テーブルの下や椅子《いす》のあいだをくぐり抜《ぬ》けながら、床の塵《ちり》やホコリをかき集め、それを吸い込《こ》んでいく。ゴツンゴツンと部屋の壁《かべ》や椅子などにぶつかるたびに、その進行方向を小刻みに変える。「それだけなのかな？」としばらく様子を眺めていると、なにか思い立ったように途《と》中で方向転換《かん》をし、部屋の反対方向へと移動しはじめたりする。あるときは壁づたいに小さくコツンコツンと当たりながら、その隅《すみ》にあるホコリを丁寧《ねい》にかき集めていく。

この気ままなお掃除ぶりは、はたして効率的なものなのか。同じところを行ったり来たりと重複も多そうだ。たぶん取りこぼしているところもあるにちがいない。それでも許せてしまうのは、③その健気《けなげ》さゆえのことだろう。

小一時間ほど走りまわると、ちょっと疲《つか》れたようにして自分の充《じゅう》電スタンドへと舞《ま》い戻っていく。そのすこし速度を落としての、小さく腰《こし》を振《ふ》る所作がかわいい。塵の収納スペースに集められたホコリや塵の量を見て、思わず「ごくろうさん、よく頑張《がんば》ったね」と労《ねぎら》いの言葉をかけそうになる。

これまでの家電とはどこか趣《おもむき》がちがうようだ。そのロボットの動きを思わず追いかけてしまう。「どこに向かおうとしているのか、なにを考えているのか」と、その行く手をさえぎるなどして、いたずらをしてみたくなる。あるいはすこし先回りをしながら、床の上にａ無造作に

MEMO

大切なことはメモしておこうネ！

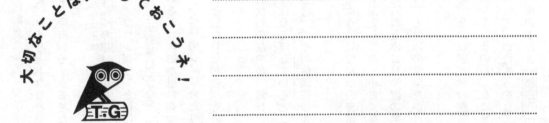

平成30年度

解答と解説

《平成30年度の配点は解答用紙に掲載してあります。》

＜算数解答＞《学校からの正答の発表はありません。》

1. (1) 11.5　(2) ㋐ 108　㋑ 72　㋒ 18　(3) 728, 30　(4) 1, 20, 14.5
(5) 2400, 16
2. (1) 3.5cm　(2) 628.7　3. 9, 13
4. (1) 6, 1, 2　(2) 13, 1　(3) 30　(4) 4, 9, 25　5. 9, 447
6. 191, 134　7. (1) 105　(2) 180, 210, 475

＜算数解説＞

1. (四則計算，平面図形，割合と比，和差算，流水算，速さの三公式と比)

(1) $\{6.3+4.75-(0.03\times45-13\times0.05)\}\div0.9=(11.05-0.7)\div0.9=11.5$

基本 (2) 正五角形の1つの内角は $180-360\div5=108$(度)であり，右図において，角CABも角EADも $(180-108)\div2=36$(度)である。

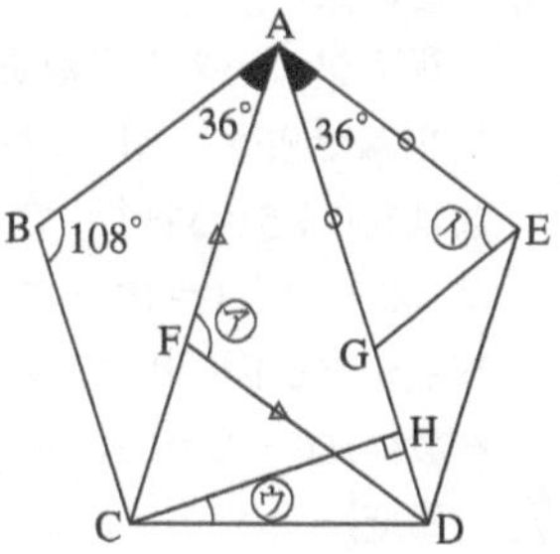

㋐ 二等辺三角形FDAにおいて，角DAFも $108-36\times2=36$(度)であり，角AFDは $180-36\times2=108$(度)

㋑ $(180-36)\div2=72$(度)

㋒ 二等辺三角形ACDとAGEは相似であり，角CDAも72度であるから，角HCDは $90-72=18$(度)

基本 (3) 仕入れ値…25%が $100+82=182$(円)であり，$182\times4=728$(円)になる。

値引き率…定価は $728+182=910$(円)であり，値引き額は $182+91=273$(円)であるから $273\div910\times100=2730\div91=30$(%)になる。

基本 (4) 出会った時刻…2人の分速の和は $80+70=150$(m)であり $200\div150=1\frac{1}{3}$(分後)すなわち1分20秒後である。

流速…2人が出会うまでにG子が流れに逆らって進んだ距離は $(200-52)\div2=74$(m)であり，流れの分速は $70-74\div\frac{4}{3}=14.5$(m)である。

重要 (5) 面積…問題の図は右図のように変形されるので $60\times150\div2-60\times70\div2=60\times40=2400$($m^2$)

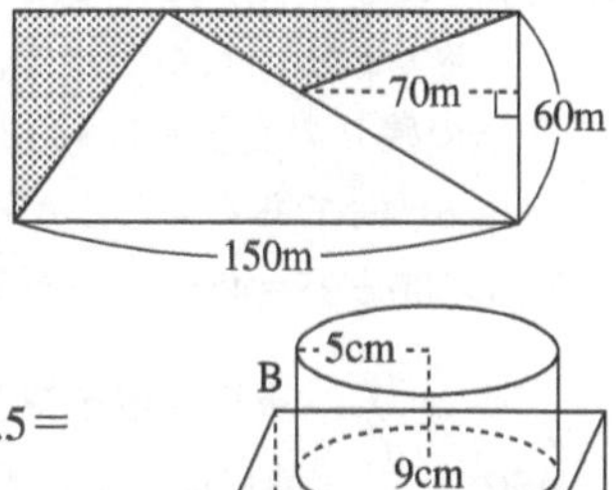

辺の長さ…$2400\div150=16$(m)

重要 2. (立体図形，平面図形，鶴カメ算)

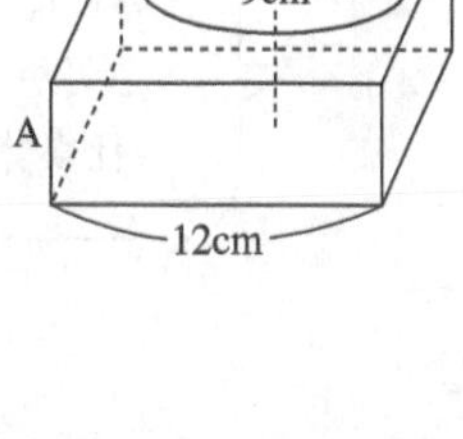

(1) $(935.75-5\times5\times3.14\times9)\div(12\times12-5\times5\times3.14)=229.25\div65.5=3.5$(cm)

(2) (1)より，$12\times12\times2+5\times2\times3.14\times(9-3.5)+12\times4\times3.5=288+172.7+168=628.7$($cm^2$)

やや難 3. (仕事算，消去算)

A1台の1日の仕事量を○，B1台の1日の仕事量を△で表すと，○×11×3＝○×33より○×3×3＋△×2×3＝○×9＋△×6が小さいので○×(33－9)＝○×24より△×6が小さく，△は○×(24÷6)＝○×4より小さい。同じく，○×3×4＋△×2×4＝○×12＋△×8が○×33より大きく△は○×(33－12)÷8＝○×$\frac{21}{8}$より大きい。したがって，B1台で仕事をすると33÷4より9日以上，33÷$\frac{21}{8}$＝$\frac{88}{7}$より13日以下になる。

重要 4. (数の性質)

(1)　赤…18の約数の個数は2の約数の個数×3の約数の個数，すなわち，2×3＝6である。
緑・青…18＝2×3×3より1と2

(2)　赤が2…41までの素数は2，3，5，7，11，13，17，19，23，29，31，37，41の13個あり，2の1枚だけ緑が1である。

(3)　2×3＝6の約数の個数は2×2＝4(個)であり，6に素数5をかけた積30は約数が4×2＝8(個)

(4)　平方数の約数の個数は3個であり，白の数は4，9，25である。

重要 5. (過不足算)

右表において，上段の総数と下段の総数から2台の先生の人数4人を引いた数が等しいので，バスの台数は(40×3＋29－4－25)÷(55－40)＋1＝9(台)である。したがって，中学生は55×8＋25－2×9＝447(人)である。

55…55	25
40…40	40 40 40 29

重要 6. (倍数算)

買うジュースの本数を△，おまけのジュースの本数を▲で表す。図1において，△が160本のとき行数は160÷5＝32(行)であり，ジュースの本数全体は160＋32－1＝191(本)　図2において，全体の本数が160本のとき，は160÷6＝26…4より，買う本数は160－26＝134(本)である。

図1

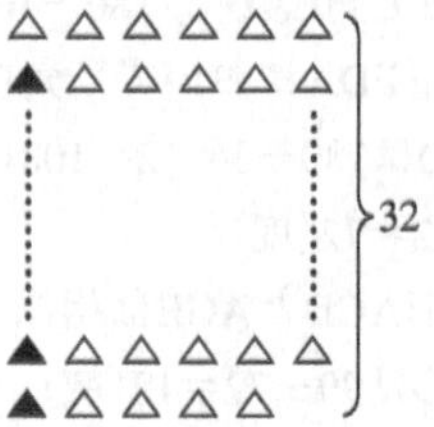

図2

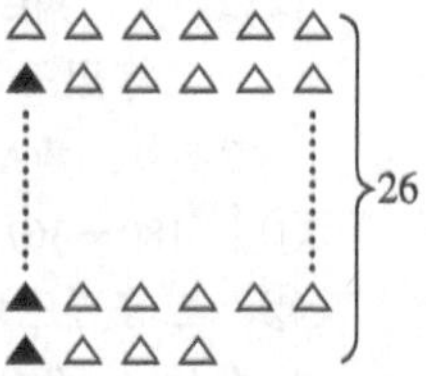

重要 7. (濃度)

(1)　図アにおいて，Nの面積が等しく□は140×(6.4－2.8)÷(11.2－6.4)＝35×3＝105(g)

図ア

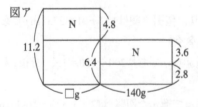

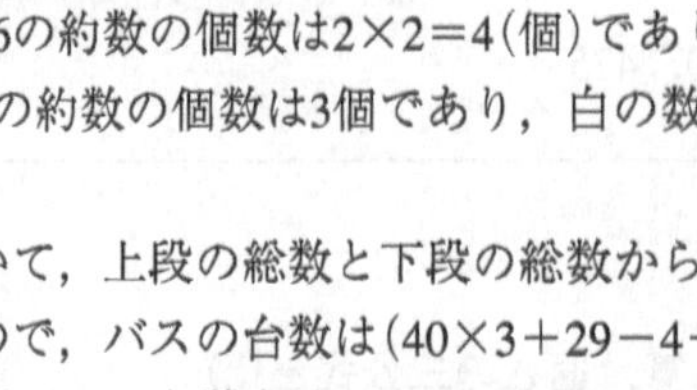

図イ

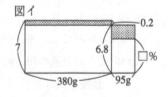

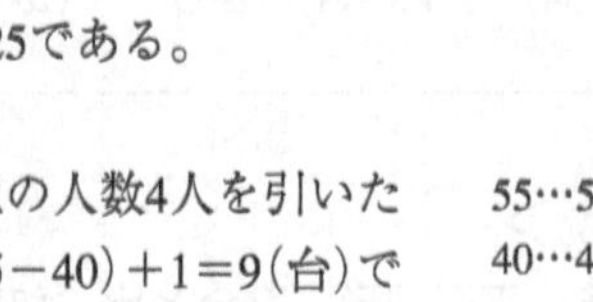

(2)　Aから取り出した100gのなかの食塩は(200＋100)×4.2－200×2.8＝7(g)であり，Aの濃度は7%である。したがって，Aに加えた水量は300÷7×11.2－300＝180(g)である。図イにおいて，Aの残りの食塩水は300＋180－100＝380(g)であり，蒸発後のBの濃度は6.8－380×(7－6.8)÷95＝6(%)である。したがって，蒸発後の食塩水は(200＋100)÷6×4.2＝210(g)，Aの最後の食塩水は380＋95＝475(g)である。

★ワンポイントアドバイス★

特に難しい問題が含まれているわけではないが，速く解ける問題から着実に解く必要がある。差がつきやすい問題は1.(5)「等積変形」，2.「図形の鶴カメ算」，3.「仕事算」，5.「過不足算」，6.「ジュースの本数」である。

＜理科解答＞ 《学校からの正答の発表はありません。》

Ⅰ　1　(1)　地層　(2)　①　B　イチョウ　C　シーラカンス　②　(例)　大昔から，ほとんど姿を変えることなく現代でも生息している生物。　(3)　(例)　その場所の環境がほとんど変わっていない　(4)　E　こうもり　F　昆虫　2　(1)　①　○　②　×　③　○　④　○　⑤　×　⑥　×　(2)　イ，40

Ⅱ　1　①　二酸化炭素　②　水　③　でんぷん　④　気孔　2　(1)　(例)　植物にビニール袋をかぶせて，口を閉じる。　(2)　ビニール袋の内側に水滴がつく。
3　(1)　ウ　(2)　イ　(3)　イ　(4)　イ　4　ウ　5　イ　6　(気温)　昼は高く，夜は低い。　(降水量)　少ない。　(環境)　オ　7　(例)　森林の伐採によって植物が減り，蒸散量が減ると空気中の水蒸気が減るから。

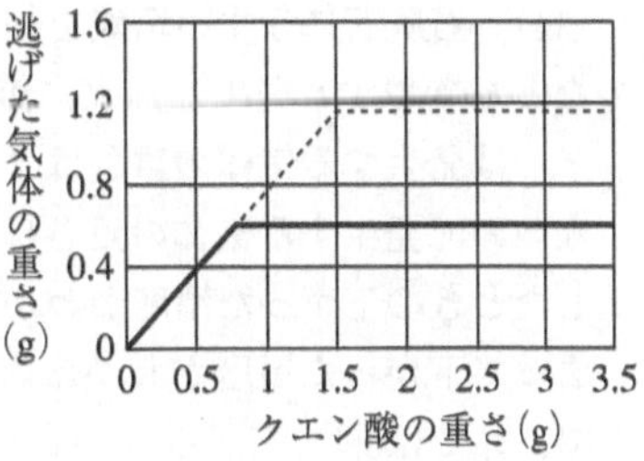

Ⅲ　1　(1)　①　二酸化炭素　②　ウ，オ　(2)　イ
(3)　(重そう)　A，ア　(クエン酸)　A，エ
(4)　①　0.4　②　1.1　(5)　①　右図
②　(前半)　ウ　(後半)　ウ
2　(1)　(重そう)　ア　(クエン酸)　イ
(2)　ア　(3)　イ，ウ

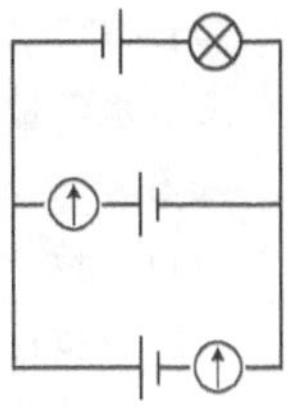

Ⅳ　1　(1)　右図　(2)　あ　右　い　左　(3)　②，⑤
(4)　ア(オカ)(ウエ)　2　(1)　①　イ　②　イ　③　ウ
④　イ　(2)　左　(3)　①　ア　②　ア　③　ア　④　ウ
(4)　右　3　イ，オ

＜理科解答＞

Ⅰ　(流水・地層・岩石－化石)

重要　1　(1)　川の流れによって運ばれてきた土砂が海底などに水平に堆積して，押し固められて岩石になったものを地層という。　(2)　Bはイチョウ，Cはシーラカンスの化石で，その他にカブトガニやオウム貝，メタセコイヤなどの生物は大昔から姿を変えずに現在も生きているため，生きた化石と呼ばれている。　(3)　化石となった生物が生きていた当時の自然環境や気候などを知ることができる化石を示相化石という。　(4)　コウモリの仲間はほ乳類であるが，前足や指の膜を使って飛行できる。また，ほとんどの昆虫類の動物は，4枚の羽を持ち飛ぶことができる。

2　(1)　昼と夜の時間をそれぞれ6等分しているので，昼と夜の時間は6刻ずつとなる。秋分・春分の日には，1刻は2時間となる。1年中，昼の時間の真中に太陽は南中するため，南中は日の出から3刻となる。昼の時間が長いほど1刻も長くなり，太陽の南中高度は高くなる。また，昼の時間が夜の時間よりも長いとき，日の出・日没の位置は，真東よりも北側となる。　(2)　アは昼の時間が14時間なので，1刻は2時間20分となり，おやつの時間は14時20分となる。イは1刻が1時間40分でおやつの時間は13時40分となる。

Ⅱ　(植物－蒸散)

重要　1　植物は葉緑体で，日光のエネルギーをかりて水と二酸化炭素からでんぷんと酸素を作り出す光合成というはたらきを行っている。葉には気孔という穴があり，気体の出入り口となっている。

2　葉から水蒸気が放出されていることを確かめるためには，ビニール袋などで植物の一部をおおい，口を閉めて袋の内側に水滴がついたりくもったりすることを観察すればよい。

3　重さはどちらも減少しているが，暗所に置いた方が蒸散量が少なく，気孔が閉じていたと考えられる。

4　表より，夜の蒸散量が多いことから気孔は昼は閉じていて夜は開いていると考えられる。

5　気孔が閉じている昼も蒸散は行われているが，夜には昼の蒸散量との差が2.14gとなるので，気孔からの蒸散量が多いことがわかる。

やや難　6　植物Bは，夜に気孔を開けて気体を取り入れたり排出しているので，昼は温度が高く降水量が多い地域に生育すると考えられる。

7　木が減ることによって，蒸散量も減り空気中に排出される水蒸気が減ると考えられる。

Ⅲ　（水溶液の性質・反応ー酸性・アルカリ性の水溶液）

重要　1　(1)　石灰石にうすい塩酸を加えると二酸化炭素が発生する。二酸化炭素は都市ガスやろうそくなどを燃やすと発生し，水に溶けると炭酸水となって酸性の性質を示す。　(2)　クエン酸1.5gまでは発生する気体の重さはクエン酸の重さに比例するが，1.5g以上では反応する重そうが足りないので発生する気体の重さは一定となる。　(3)　加えたクエン酸が0gのとき，重そうを溶かしたときの下がった温度がわかる。クエン酸が1.5g以上では，反応に使われなかったクエン酸によって下がった温度がわかる。　(4)　①　重そう2gを40gの水に入れると温度が0.8°C下がるので，1gでは0.4°C下がる。　②　クエン酸1.5gを40gの水に入れると温度が0.8°C下がるので，2gでは1.1°C下がる。　(5)　重そうの重さが0.5倍となったので，反応するクエン酸は0.75gまでとなる。水の量が減ったので，温度が下がる割合は大きくなり，グラフの傾きは前半も後半も大きくなる。

2　(1)　紫キャベツにはアントシアニンという色素があり，酸性では赤やピンクに，アルカリ性では緑や黄色に色が変化する。　(2)　酸性の水溶液は青色リトマス紙を赤色に，BTB液を黄色に変化させる。　(3)　イやウの現象は，酸性やアルカリ性に色素が反応して色が変化する例である。

（やや難：1(5)，2(3)）

Ⅳ　（回路と電流ー豆電球の明るさ）

重要　1　(1)　乾電池が2個並列つなぎになっており，その部分ともう1個の乾電池が直列つなぎになっている回路である。　(2)　検流計の針は電流の流れている方向に傾く。　(3)　②と⑤はショート回路となっている。　(4)　図1のAの明るさを1とすると，アは2，ウとエは$\frac{1}{2}$，オとカは1となる。

重要　2　(1)　流れる電流の大きさを大きくするためには，①はイとして乾電池を直列つなぎにし，②と④をイにして豆電球は回路に1つにすればよい。したがって，③はウとなる。　(2)　(1)のとき，電流は右まわりに流れているので，検流計の針は左に振れる。　(3)　①はアにつなぎ，乾電池を並列つなぎにして，豆電球は直列つなぎになるように②と③をアにする。④はウとなる。　(4)　(3)のとき，電流は左回りに流れているので，検流計の針は右に振れる。

3　イ，オの回路では，点灯しているときにどちらかのスイッチを変えると消灯し，消灯しているときどちらかのスイッチを変えると点灯する。

★ワンポイントアドバイス★

記号選択式の問題のとき，答えが一つとは限らないので，選択肢を全部しっかり確認しよう。

＜社会解答＞《学校からの正答の発表はありません。》

Ⅰ　問1　(1)　ウ→イ→ア→エ　(2)　最上(川)　問2　ウ→イ→エ→ア　問3　(1)　イ　(2)　ア　問4　ウ

Ⅱ　問1　(1)　ウ　(2)　エ　(3)　ア　(4)　イ　問2　武田信玄　問3　(例)　当時の兵の多くを農民が占めていたので，農作業がほとんどない農閑期であることと食糧不足になりがちな時期に農民が出稼ぎの場を求めたから。　問4　(1)　イ→ア→ウ　(2)　エ　(3)　ウ　問5　武家諸法度

Ⅲ　問1　ア・エ　問2　(1)　イ　(2)　エ　(3)　ウ・オ　問3　オ　問4　エ　問5　(1)　ア　(2)　静岡(県)　(3)　甲州街道　(4)　キ　(5)　ウ　問6　イ・エ

Ⅳ　問1　(1)　ウ　(2)　エ　(3)　イ・ウ　問2　イ　問3　(図A)　(例)　空襲などによる被害から自分の地域を守ること。　(図B)　(例)　軍需工場において武器などを生産すること。　問4　ア・オ　問5　国連教育科学文化機関[ユネスコ]　問6　(例)　東南アジアの国々の方が，南アジアや中央アジアの国々よりも識字率が高い。　問7　ア・オ

Ⅴ　問1　(例)　男性は外で働き，女性は家で家事・育児を行うべきとする考え。　問2　ウ・カ　問3　オ　問4　ウ・エ・オ　問5　(例)　国政調査権によって，必要な書類の提出を求めたりする。　問6　イ・エ　問7　イ

＜社会解説＞

Ⅰ　(日本の歴史－古代～室町時代の女性)

問1　(1)　アの日宋貿易が行われたのは平安時代後半(12世紀半ば～後半)，イの渡来人が大陸の文化や技術をもたらしたのは古墳時代の4～6世紀，ウの銅鐸がまつりに使われたのは弥生時代(前4世紀頃～後3世紀頃)，エの月に6回ほど定期市(六斎市)が開かれたのは室町時代(1338～1573年)のことである。したがって，これらのできごとを古い順に並べると，ウ→イ→ア→エの順になる。

(2)　最上川は全長約229kmの，山形県を流れる最上川水系の本流である。1つの都府県だけを流れる河川としては最長であり，また日本三大急流の1つでもある。

問2　アのもんぺが女性の日常着として奨励されたのは昭和時代の太平洋戦争時(1941～1945年)，イの十二単が宮廷の正装であったのは平安時代，ウのまが玉のついた首飾りや細工をほどこした腕輪などを身につけたのは古墳時代(3世紀半ば～7世紀頃)，エの南蛮人が活動したのは室町時代の終わりから江戸時代(1603～1867年)初期のことである。したがって，これらのできごとを古い順に並べると，ウ→イ→エ→アの順になる。

重要　問3　(1)　聖武天皇(位724～749年)が活動した時代は，奈良時代(710～784年)である。この時代は九州の警備には防人があてられたが，東北の沿岸部の警備が義務付けられたことはない。

(2)　平城京では，708年に鋳造された和同開珎が流通した。和同開珎には銅銭と銀銭があったが，金貨は存在しない。

問4　鎌倉・室町時代の農作業の様子を表した絵巻には，田植えを行う多くの女性(早乙女)の姿が描かれている。したがって，「田植えなどの農作業は男性のみで行い」ということはない。

Ⅱ　(日本の歴史－戦国～江戸時代の様子)

問1　(1)　徳川家康は，対馬藩の仲立ちによって1605年に講和を成立させ，豊臣秀吉の朝鮮侵略後

にとだえていた朝鮮との国交を回復させた。 (2) 島原・天草一揆は厳しい年貢の取り立てとキリスト教の弾圧に対して，1637年にこの地域の約4万人の農民が天草四郎を総大将として起こした反乱である。徳川家光を中心とした幕府は，十数万の大軍を送って翌年に鎮圧した。
(3) 織田信長は仏教勢力をおさえるためにキリスト教を保護し，京都に教会，安土に神学校を建てることを認めた。 (4) 豊臣秀吉は1590年に関東の北条氏を滅ぼし，東北の伊達氏を従えて，全国統一を完成した。

問2 甲斐を拠点にした武田信玄(1521～1573年)は，信濃(現在の長野県など)や上野(現在の群馬県)にも勢力を拡大した。1553～1564年には信濃をめぐって上杉謙信と川中島で5回にわたって戦った。

やや難 問3 当時の戦国大名の軍隊の多くは，農民を中心として構成されていた。したがって，春先から秋の時期にかけては，多くの農民は農作業に従事しなければならず，十分な兵力を集めることができなかった。そのため十分な兵力を集めることができるのは，秋の終わりから冬の初めの農閑期の時期になった。また当時は年が明けて春になると畑の作物が収穫できる夏までの時期は食糧不足になりやすい時期(端境期)であり，飢えなどによる死亡率も高かった。そのため農民たちにとってこの時期の戦場は，一種の飢えを凌ぐための出稼ぎの場ともなっていた。それらの理由から，出兵の時期は秋の終わりから冬の初めの時期に集中するようになった。

問4 (1) アの朝倉氏の家臣が一乗谷に集まって住むようになったのは，1471年からのこと，イの源義仲が倶利伽羅峠の戦いで平氏を破ったのは1183年のこと，ウの前田利家が秀吉から加賀・越中の支配を認められたのは柴田勝家が滅亡した1583年以後のことである。したがって，これらのできごとを古い順に並べると，イ→ア→ウの順になる。 (2) 北陸地方は北西季節風の影響で冬は降水量が多くなり，乾燥した気候になることはない。また，漆器の生産に気候は関係ない。
(3) 九頭竜川は，福井県の嶺北地方を流れる全長約116kmの河川である。この河川は岐阜県との県境にある油坂峠付近に発して，九頭竜ダムを経て，大野盆地や勝山盆地を北西に進んで，福井平野の坂井市で日本海に注いでいる。したがって，九頭竜川が富山湾に流れ込んでいることはない。

基本 問5 武家諸法度は江戸幕府の大名統制法のことで，1615年に第2代将軍徳川秀忠の時に出されたものが最初である。以後，将軍がかわるごとに必要に応じて発布された。

Ⅲ (日本の地理・歴史―明治時代以降の農村の生活の変化)

問1 ア 1873年の地租改正によって，地価の3%を地租として土地の所有者に現金で納めさせるようにした。そのため農村でも土地を所有している農民は，豊作凶作に関係なく一定の金額の税を納めるようになった。 エ 1873年の徴兵令で，20歳以上の男子は3年間の兵役の義務が負わされた。実際に兵役についたのは農家の二男・三男が中心であったため，農村から若者が兵隊にとられるようになった。 イ 税は村でまとめて納めるのではなく，土地の所有者が個人で納めた。
ウ くつをはいたり，洋服を着るなどの文明開化の影響が広がったのは主に大都市であり，地方や農村には及ばなかった。 オ 綿・なたね・茶などの商品作物の栽培が始まったのは，明治時代以前のことである。

問2 (1) 生糸の生産に使用された器械製糸においても，糸をとる作業は人が手で行う必要があったので，工場で手作業を必要としないことはない。また生糸の生産は，綿糸の生産に比べると工場における機械生産の規模は小さかった。 (2) 蚕を飼って繭を生産する養蚕は，第二次世界大戦前までは農家の重要な現金収入源であった。しかし第二次世界大戦後は化学繊維などにおされて，養蚕農家は激減した。 (3) ウ 設問のグラフ中の1926年から1931年までの輸出品総額のグラフの変化をみると，減少→横ばい→増加→減少となっている。また生糸類輸出額のグラフの変化をみると，横ばい→減少となっている。したがって，「1920年代後半，輸出品総額も生糸類輸出額も増え続けた」とはいえない。　オ　グラフ中の1931年から1936年の時期にすでに生糸類輸出額は，輸出品総額の2割以下になっている。したがって，「1930年代後半に生糸類輸出額は輸出品総額の2割以下になった」わけではない。

基本　問3　みかんは比較的温暖な地域で栽培されるので，長野県のような夏は高温だが，冬は寒冷である内陸性気候の地域ではほとんど栽培されていない。

問4　諏訪地方で製糸業が盛んになった自然条件としては，諏訪湖には多くの川が流れ込んでいるため，これらの河川の水が煮繭や繰糸の作業で利用できたこと，あるいは河川を利用した水車によって器械の小枠を回すことができたことなどがあった。このように，諏訪地方には工場で使う水が豊富にあったのである。

問5　(1)　諏訪湖からは天竜川が流れ出ているが，その天竜川は岡谷市の釜口水門(図A中のア)を源流にしている。なお，図A中のイは横河川，ウは砥川，エは上川，オは宮川である。　(2)　天竜川は長野県から愛知県を経て静岡県に入り，同県の浜松市と磐田市の境で太平洋の遠州灘に注ぐ全長約213kmの天竜川水系の本流である。　(3)　図A中の★は下諏訪である。甲州街道は江戸幕府によって整備された五街道の1つで，江戸(日本橋)から八王子，甲府を経て下諏訪で中山道と合流するまでの間に38の宿場が置かれていた。　(4)　写真の風景中には，左側に陸地がみられる。図B中の4つの地点の中で左側に陸地が写る位置は，キの地点である。　(5)　洪水防止の対策には湖や河川から水が外側に流れ出ないようにするために堤防を強化したり，河川の水量などを調整することなどが考えられる。他方，温泉は地中から水が出てくるものなので，温泉のお湯の使用量は洪水防止とは無関係である。

重要　問6　イ　1551年からの150年間とは，1551年～1700年である。この期間に御神渡りがみられなかったのは表中から1551年～1600年の1回と1651年～1700年の1回の合計2回であることから，この期間はほぼ毎年御神渡りが出現したことになる。　エ　御神渡りは氷点下10度程度の冷え込みが数日続くと出現するといわれているので，この記録は1451年以降の気温の変化を調べる上での参考になりうる。　ア　表中から1451年～1950年までの500年間に御神渡りが見られない回数が38回なので，「御神渡りは平均すると10年に1回も見られなかった」のではなく，「御神渡りが見られなかったのは平均すると10年に1回もなかった」ことになる。　ウ　1951年～2000年までの御神渡りが見られた回数は26回(52%)で，1901年～1950年の45回(90%)に比べて減少したが，2001年～2016年までの16年間では6回(37.5%)しか見られてないので，回数が増えたとはいえない。
オ　御神渡りは湖面の氷の亀裂がせり上がる現象なので，湖面の面積の変化とは関係がない。

Ⅳ　**(総合ー識字率の向上と新しい家族の形)**

やや難　問1　(1)　儒教思想は中国の春秋・戦国時代の思想家である孔子(前551年ごろ～前479年ごろ)の教えやそれに関する古典をもとにしたものであるので，日本古来の教えではない。したがって，国学の研究対象ではない。　(2)　学制導入直後の1874年に義務教育の就学率は男子が約50%，女子が20%弱であり，男子の方が女子より高かった。この傾向は19世紀を通じて続き，1900年では男子が約90%，女子が約70%であった。　ア　学制は農民の子どもは義務教育の対象としないことはなく，すべての国民を義務教育の対象とした。　イ　学制によって全国に設置された小学校の建設費用は政府がすべて負担するのではなく，その学校を運営する町村の負担とされた。
ウ　政府が設立した大学では外国人教師が教えることは許されなかったことはなく，西洋の学問や文化を導入するために「御雇外国人」と呼ばれた外国人教師が多数いた。　(3)　イ　表中から中学校では外国語が6時間，高等女学校では外国語が3時間であることから，外国語を通じて外国の進んだ文化と学び，取り入れることに力が入れられたことがわかる。　ウ　表中から中学校では数学が4時間，物理・化学が4時間，高等女学校では数学が2時間，理科が1時間という点から，科学技術の発展が目指されていたことがわかる。

基本 問2　与謝野晶子の「君死にたまうことなかれ」の詩は，1904年に発売された『明星』に掲載された反戦長詩である。したがって，この詩の対象となった戦争は同年に始まった日露戦争(1904～1905年)である。なお，アの西南戦争は1877年，ウの第一次世界大戦は1914～1918年，エの日中戦争は1937～1945年の戦争である。

重要 問3　(図A)　空襲を受けた時にその被害を最小限に食い止めることを目的として，隣組の女性たちが中心となって手押しポンプなどで消火活動を行い，徴兵・徴用された男性に代わって自らが住んでいる街を守る役割を担った。また街路や庭先に防空壕を掘ることなども行った。

(図B)　労働力不足を補うために地域や同窓会などで女子挺身隊が結成された。1944年8月からは女子挺身隊の軍需工場などへの動員が義務化され，徴兵・徴用された男性に代わって戦争継続のために兵器などの生産を行った。

問4　ア　日清戦争(1894～1895年)の直前に政府はイギリスとの間で治外法権の廃止に成功したが，関税自主権の回復に成功したのは1911年のことである。　オ　日清戦争で日本は清から賠償金を得られなかったことはなく，下関条約において2億両(約3億円)の賠償金を獲得した。

問5　国連教育科学文化機関(ユネスコ)は国連の専門機関の1つであり，教育・科学・文化の活動を通じて世界の平和と安全の貢献することを目的とする機関である。その主な職務は教育の普及や文化の興隆の他，世界遺産条約に基づく世界の文化財の管理なども行っている。

やや難 問6　グラフの7ヵ国の中で，上位3ヵ国の識字率が90%を越えている国であるマレーシア，ベトナム，インドネシアはいずれも東南アジアに属する国である。他方，下位の3ヵ国中のネパールとパキスタンは南アジア，アフガニスタンは中央アジアの国である。これらのことから，東南アジアの国々の方が，南アジアや中央アジアの国々より識字率が高いことがわかる。

やや難 問7　設問中のグラフは成人女性の識字率が低い状態ではその割合が高く，識字率が高い場合には低くなる傾向があることを示している。成人女性の識字率が高くなるということは生活面における様々な知識や情報を得ることが容易になり，またその対応もしやすくなることを意味する。そのため小児の病気やけがなどについての対策も取りやすくなることから，5歳未満の子どもの死亡率(ア)は成人女性の識字率が高い程，低くなる傾向にある。他方，成人女性の識字率が高くなるということは，それだけ女性の教育レベルも高い傾向にある。高い教育レベルを持った女性は，早期に家庭に入るより自らの能力を役立てるために社会で働くことを望む傾向にある。そのためそのような女性は，結婚・出産の時期も遅れることになる。女性が子どもを産める期間は昔とそれ程変わっていないため，成人女性の識字率が高くなる程，合計特殊出生率は低くなる傾向にある。

Ⅴ　**(政治ー男女間格差の諸問題)**

重要 問1　表中の「大学進学率」，「管理的職業従事者に占める割合」，「一般労働者の給与水準」では，いずれの項目も女性より男性の割合が高い。これらの項目は，家庭の外における活動を示すものである。一方，「民間企業の育児休業取得率」，「家事・育児に費やす時間」，「介護・看護を理由とした離職者数」の各項目は，いずれも女性の方が男性よりも多くなっている。これらの項目は，家庭内における活動を示すものである。このことから，日本の社会には一般的に男性は外で働いて主に経済的に家庭を支え，他方，女性は結婚後に家庭に入り，家事や育児などに専念すべきであるとする考え方が根強くあることがわかる。

問2　ウ　知名度の高い人物や2世議員を政党内で当選させる順位を上位にしても，これらの人物が女性とは限らないので，女性議員を増やすことにはつながらない。　カ　1つの選挙区から1人が当選する選挙制度は，いわゆる小選挙区制である。小選挙区制で当選する議員は必ずしも女性議員とは限らないので，やはり女性議員を増やすことにはつながらない。

問3　政党は，政治的な意見を同じくする人々によって組織された政治団体である。したがって，その活動は国会に限らず，地方議会においてもその運営に関与している。

やや難　問4　ウ　条約を結ぶのは政府の仕事であり，国会は政府が結んできた条約を承認することである。したがって，条約案を衆議院や参議院で審議することはない。　エ　衆議院が常に先に審議するのは，法律案ではなく予算案である。法律案は，衆議院と参議院のどちらが先に審議してもよい。オ　内閣総理大臣の指名は衆議院だけでなく，参議院でも行われる。しかし両院の指名が異なった場合，最終的に衆議院の優越が認められている。

重要　問5　国政調査権とは日本国憲法第62条に規定された，国政に関して調査する権限を両議院に認めたものである。この権限は各議院が独立して行使できる権限であり，各議院の委員会を通じて行使される。この場合の「国政」とは立法・行政・司法の広範囲に及ぶが，継続中の裁判などには及ばず，個人のプライバシーの侵害はできない。具体的には，証人を呼んで証言を求めたりする証人喚問などがある。

問6　イ　結婚後，原則的に夫婦はどちらかいずれかの姓を名のらなければならないが，そのことが書かれているのは，日本国憲法ではなく民法である。　エ　現在，未成年の子に対する親権は，結婚生活が続いている間は父母が共同して親権者となる。他方，離婚した時には，いずれか一方を親権者と定めなければならなくなっている。これらのことが書かれているのは，日本国憲法ではなく民法である。なお，アの両性の本質的平等，オの夫婦が同等の権利を有すること，カの婚姻は両性の合意のみに基づくことは日本国憲法第24条，ウの個人として尊重されることは日本国憲法第13条に書かれている。

基本　問7　日本で女性が初めて選挙権を持ったのは，太平洋戦争後の1945年12月の衆議院議員選挙法改正のことである。他方，設問中の初の男子普通選挙の実施は1928年，ポツダム宣言の受諾は1945年8月14日，日本国憲法を成立させた議会の開催は1946年6月，サンフランシスコ平和条約の締結は1951年9月，国際連合への加盟は1956年12月のことである。したがって，日本で女性が初めて選挙権を持ったのはポツダム宣言の受諾と日本国憲法を成立させた議会の開催の間（イ）となる。

★ワンポイントアドバイス★

2017年度より設問数は50問ほどになったものの，時間に比べて問題量が比較的多いことに変わりはない。また文章選択問題や1行程度の説明問題も同時に表・グラフ・図版の読み取りなども試されているので，しっかり備えるようにしよう。

＜国語解答＞《学校からの正答の発表はありません。》

一　問一　イ　　問二　ア　　問三　エ　　問四　1　イ　　2　(例)　ロボットが掃除をして人を助けるべきなのに，いつの間にか自分の方が片付けなどの掃除をして，ロボットを助けていること。　問五　(例)　ゴミ箱の中にゴミが捨てられていない状態。　問六　ウ

問七　1　(お掃除)　(例)　部屋の隅のコードを巻き込むと動けなくなる点。

(ゴミ箱)　(例)　転がったゴミを自分では拾えない点。　2　X　(例)　頼るものと頼られるものという非対称的な(関係)　Y　(例)　自らの弱さを相手にわかるように開示して，

周りの手助けを上手に引き出して一緒に取り組む　問八　a　むぞうさ　b　束(ね)　c　整然

二　問一　1　理解(する)　2　i　(心)ゆく　ii　(心)あたたまる
問二　幸田露伴[露伴]　問三　(例)　探していたことと関係のない一文と東日本大震災が結びつき，震災の映像が脳裏にありありと浮かんだことへの疑念。　問四　我慢しよう
問五　(例)　焼き芋が買えず，弟や妹がおやつもなく空腹になる。　問六　とい(で)
問七　エ　問八　(例)　父である露伴が子どもの頃のつらい境遇をどんな思いで耐え忍んだのかを察し，自分にも父と同じ苦労が課されることを思い，だが，そのどうにもならない運命を乗り越えようと，励まされたから。　問九　ア　問十　ウ・オ
問十一　a　資料　b　招(く)　c　断言

＜国語解説＞

一　(随筆－要旨・理由・細部表現の読み取り，空欄補充，記述，四字熟語，漢字の読み書き)

問一　「よけいなお世話」とは，自分にとっては必要のない他人の気づかいや手助け，という意味である。アの「ふんだりけったり」は，重ねてひどい目にあうことを意味する。イの「ありがためいわく」は，その行為を受ける人にとってかえって迷惑に感じられる親切や好意などを意味する。ウの「わたりに船」とは，望んでいるものがちょうどよく与えられるという意味である。エの「ねこに小判」とは，価値のわからないものに高価なものを与えても無駄という意味である。傍線①の「よけいなお世話」に近い意味は，イの「ありがためいわく」になる。

問二　傍線②直前まで「蟻の姿」について書かれている。傍線②以降には，そうしたことを「思いださせてくれるもの」として，「お掃除ロボット」について書かれている。以上の関係をおさえて，選択肢を比較したい。「お掃除ロボット」「蟻を眺めている時と同じ気持ちにさせる」とある，アが正解になる。ウは「蟻」と「お掃除ロボット」のことが書かれているが，「むだのない動き」とある部分がおかしい。「蟻」の動き，「お掃除ロボット」の動きを，筆者はむだがないとは思っていない。

問三　「健気」とは，幼いものや力の弱いものが困難に立ち向かっていく様子を意味する。傍線③前後に着目する。お掃除ロボットは，壁や椅子という困難にぶつかりながらも，効率的かどうかあやしい状態で，また，取りこぼしもありそうな状態で，それでも小一時間ほども部屋の中を走り回っているのである。このような文脈から，お掃除ロボットが一生懸命に取り組んでいると，筆者が考えていることがわかる。解答はエになる。アの「意志の強さを感じている」，イの「臨機応変さを感じている」，ウの「かわいらしさを感じている」は，それぞれ文脈にあわない。

問四　1　「主客転倒」とは，ものごとの主なことがらと従属的なことがらが逆になってしまうことである。選択肢の中では，「主人と客人の立場や軽重が逆になること」とある，イが正解になる。

重要　2　お掃除ロボットなのだから，ロボットの方が掃除をして人のために働くべきなのである。ところがここでは，ロボットのために人の方が掃除をするようになっている。その状況が主客転倒になる。記述の際には「ロボットが人のためにすべき」という内容＋「人がロボットのためにしている」という内容。以上のようにまとめる。

基本　問五　傍線⑤より前の部分を読み，解答となる内容を判断する。部屋の片隅にゴミ箱らしきものがあるのに，ゴミがきちんと捨てられていないのである。

問六　空欄⑥直前には「すこし腰を屈めて」とある。腰を屈めるとは，体を前に曲げることであり，礼をするときの様子に近い。そのため，解答はウの「お願いしている」になる。ア，イ，エとも

に，礼をするときの様子に合わない。

問七　1　設問で指示されているように，「お掃除ロボット」と「ゴミ箱ロボット」に関して，「弱さ」をそれぞれ一つあげる。お掃除ロボットに関しては，「中略」の前にあるように，コードに弱い点，あるいは段差に弱い点などである。また，動きが効率的に見えない点なども記述できる。「ゴミ箱ロボット」に関しては，傍線⑤以降にある，ゴミを自分では拾えない点が弱さになる。

重要　2　X　空欄Xには，筆者が「……ではなく」と否定している関係の説明があてはまる。その説明は「じっとしたまま……」で始まる段落内に見出せる。「〈頼るもの〉⇔〈頼られるもの〉という非対称的な関係になってしまう」という部分である。この部分を活用して解答を作るとよい。

Y　「わたしたちの共同行為を生み出すためのポイントは……」で始まる段落内に，解答の手がかりがまとまっている。ポイントは「相手に弱さを開示する」「手助けを上手に引き出す」という点になる。

基本　問八　a　ここでは，おおざっぱという意味である。この言葉は「無雑作」とも表記される。

b　細長いものを一つにまとめるという意味である。「髪を束ねる」などと使う。　c　きちんと整っている様子を意味する。反対の意味の言葉は「雑然」である。

二　**（随筆文－主題・心情・細部表現の読み取り，空欄補充，内容真偽，記述，漢字の書き取り）**

問一　1「心得る」とは，物ごとについて理解する意味である。ここでは，どこに何が書いてあるか，充分理解しているという意味になる。　2　i　「(心)ゆく」となる。十分に満足するという意味である。　ii「心あたたまる」となる。あたたかい心などが感じられて，心がなごむという意味である。

問二　傍線②以降に，「これを言ったのは曽祖父の『露伴』で」という表現がある。そこから「露伴」，つまり「幸田露伴」の言葉だとわかる。

問三　「いぶかしい」とは，ここでは，何かの現象がおこったことに疑念を感じる気持ちである。疑念を感じている状況は，傍線③直前の「あれ？」という表現からも読み取れる。ただし，「あれ？」は，読んだことがない一文を見つけたことだけに関係して，いぶかしいわけではない。傍線③以降に「なぜこの文と東日本大震災を結びつけたかは，自分でもわからない」とある。この部分も，筆者のいぶかしさに関係する。解答の際には，「探したこととは関係ない一文と東日本大震災が結びついた」+「脳裏に震災の映像が浮かんだ」+「疑念」という内容を中心にまとめる。

問四　傍線④以降，「人には運命を踏んで立つ力があるものだ」という言葉が生まれた背景となる，露伴と祖母の話がある。その話の後，「『人には運命を踏んで立つ……』で始まる段落内に，言葉の意味する内容が説明されている。そこから，解答となる一文が見つかる。

問五　傍線⑥が含まれる段落内の情報をもとに解答を作ることができる。弟や妹のおやつのために，焼き芋を買いに行かないといけないのである。見栄を張るとは，体面を気にして，焼き芋を買いに行かないこと。そうすると，弟や妹のおやつがなくなり，空腹になってしまうのだ。

問六　「お米をといで」となる。お米をとぐとは，米を水の中でこするように洗うことを意味する。

問七　傍線⑦までの話の展開をおさえる。また，傍線⑤直前の「いくら小さくとも男の子の体面というものには格があって，士分の子が焼芋買いに行くのは」の部分からも，解答を考えることができる。つまり，焼き芋買いや，その後に書かれた，お米とぎなどの炊事が恥ずかしくて抵抗感があるのだ。解答はエになる。

やや難　問八　傍線⑧前後の状況をおさえて，設問に指示されているように「ていねいに」記述したい。傍線⑧直前に書かれているように，この場面で祖母は，父のつらい境遇を察し，また自分にも同様の苦労が課されると思っているのである。だが，涙の理由はそれだけではない。傍線⑧以降の部分に，父の言葉は「そうするしかない状況を乗り越えようとするとき，励ましてくれることば」

であると書かれている。傍線⑧の涙の前で，祖母は父の言葉を聞いている。そのため，この言葉に祖母は励まされ，このつらさを乗り越えようと考えた，と類推できる。そう考えて，祖母は涙したのだ。解答の際には，「父のつらい境遇を察した」+「自分にも同じ苦労が課されることを思った」という内容に，「父の言葉で励まされた」「運命を乗り越えようと考えた」という父の言葉の影響を加えて書く。

問九　この部分の「堪りません」は，がまんできないという意味である。アの「やりきれない」がたえられないという意味であり，解答になる。

重要　問十　ア　傍線④前後を読むと，筆者が震災を前にして心に刻んでおくべきことばを探していたことがわかる。「ことばは力をもたない」と考えていた訳ではない。内容に合わない。　イ　文章の最初の方に「手にとる頻度が高い」と書かれている。内容に合わない。　ウ　「このあたりのことを……」で始まる段落以降で，「運命は切り開くもの」という随筆の説明が始まる。だが，「運命は切り開くもの」について，最後には「言われていることを煎じ詰めると，『人には運命を踏んで立つ力があるものだ』に行き着く」と書かれている。つまり，同じような意味を持つということだ。ウは内容に合う。　エ　「一方，人相学には……」で始まる段落に，「心がけ次第で」と書かれている。選択肢内の「本人の努力とは関係なく」は，内容に合わない。　オ　「人には運命を踏んで立つ力があるものだ」などの露伴の言葉の意味は，オの内容に合う。

基本　問十一　a　調査のもととなる材料のこと。歴史を研究するための材料は「史料」となる。　b　ここでは，そういう結果を引き起こすという意味である。「招く」には，「招待する」という意味もある。　c　ここではきっぱり言い切ることという意味である。はっきり判断を下すことを「断定」という。

★ワンポイントアドバイス★

物語文の記述問題は，解答の手がかりとなる部分をただ見つけるだけでなく，その手がかりがどのような意味を持つのか，慎重に判断して取り組みたい。類推する力が必要となる。

平成29年度

★★★★★★★★★★★★★★★★★★★★★★★

入　試　問　題

平成29年度

女子学院中学校入試問題

【算　数】（40分）　　＜満点：100点＞

1．次の □ にあてはまる数を入れなさい。

(1)　$63\times\left\{2\frac{7}{15}-3.4\times\left(0.6-\frac{1}{7}\right)\div\left(1.3-\frac{1}{6}\right)\right\}=$ □

(2)　図の円の半径は4㎝で，円周を12等分する点をとりました。影《かげ》をつけた部分の面積は □ ㎠です。 ただし，円周率は3.14とします。

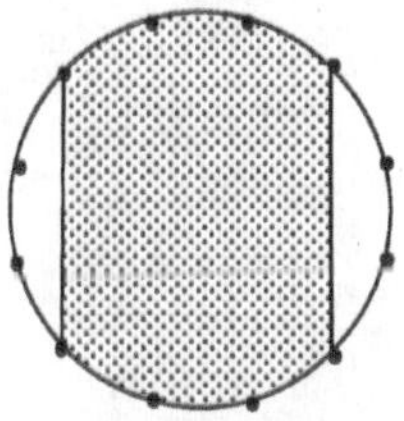

(3)　図の正六角形の面積は48㎠で，同じ印のついているところは同じ長さです。

㋐の面積は □ ㎠

㋑の面積は □ ㎠

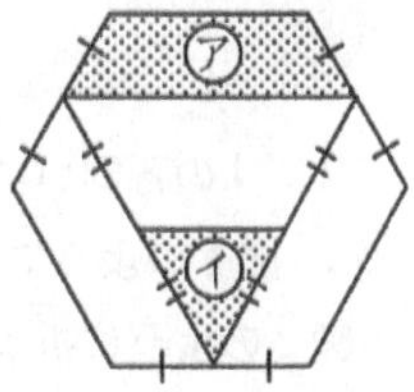

(4)　1辺の長さが9㎝の正方形を2本の平行線で㋐，㋑，㋒の3つの部分に分けたら，その面積の比が3：8：9になりました。図形㋒の辺ABの長さは □ ㎝です。

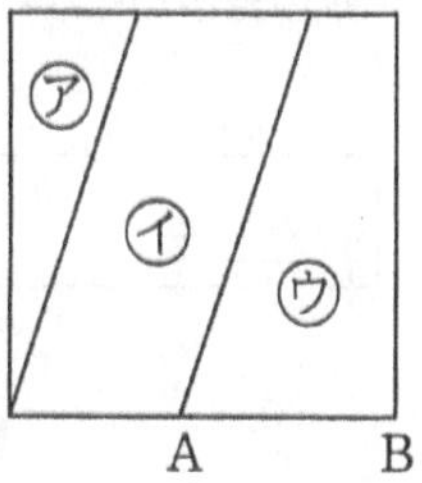

(5)　図のように，正五角形の中に正三角形ABCがあります。

角㋐は □ 度　　角㋑は □ 度

角㋒は □ 度

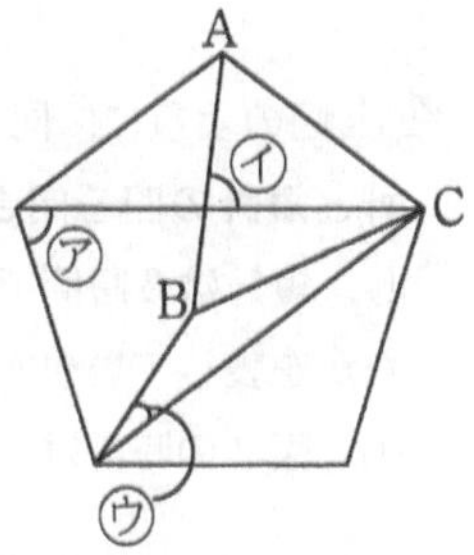

(6)　はじめさんのおこづかいで，品物Aを4個買うと300円余り，品物Bを買うと6個は買えますが7個は買えません。A1個はB1個より270円高いです。

B1個の値段は □ 円より高く □ 円以下です。

2．列車Aの長さは238m，速さは時速126㎞です。列車Bの長さは160mです。

(1)　列車Aが列車Bを追いこしているときに，列車Aの座席に座っているJさんが，列車Bの最後《さいこう》尾《び》の横に並んでから列車Bの先頭の横に並ぶまでに，12秒かかりました。

このとき，列車Ｂの速さは時速何kmか求めなさい。

求め方：

答え　時速　　　　km

⑵　列車Ａと，⑴と同じ速さで走る列車Ｂがすれ違《ちが》っているときに，列車Ｂの座席に座っているＧさんが，列車Ａの先頭の横に並んでから列車Ａの最後尾の横に並ぶまでには，何秒かかるか求めなさい。

求め方：

答え　　　　秒

３，４の各問いについて □ にあてはまる数を入れ，〔　〕内はいずれかを○で囲みなさい。

３． 図１のように，0から100までの数で同じ間隔《かく》に目もりをつけた紙テープがあります。これを，図２のように折ったら，22と59の目もりが重なりました。このとき，目もりの重なっている２つの数の差が13になる数の組は，□ と □ です。

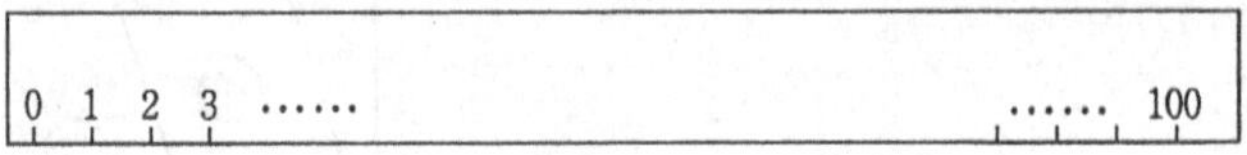

図１

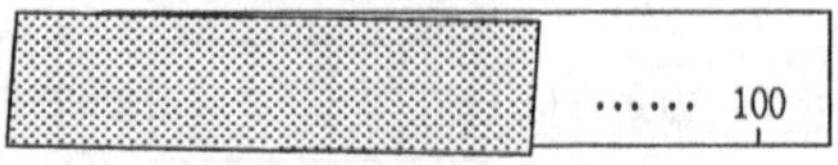

図２

４． 図のように，同じ間隔で１から６まで書いてある時計があります。長針と短針の回る向きは，ふつうの時計と同じです。長針は１時間で１周し，短針は６時間で１周します。◎の中の数字は，短針がその日に何周したかを表しています。図１の時計は，午後６時10分を表しています。

⑴　図２の時計は

〔 午前　，　午後 〕 □ 時 □ 分を表しています。

⑵　午後１時から午後２時までの間に，長針と短針のつくる角が180度となるのは，午後１時 □ 分です。

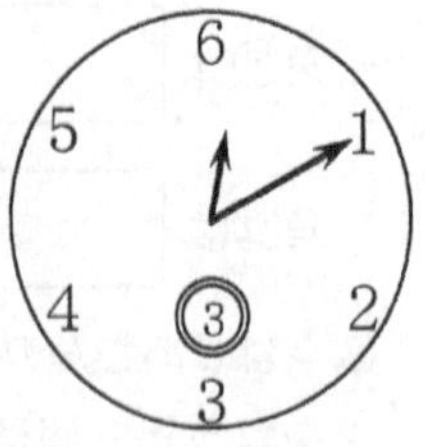

図１

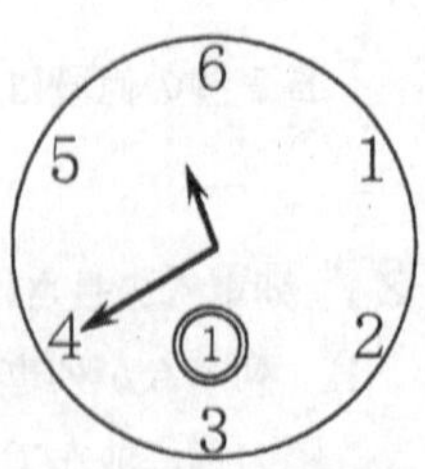

図２

5，6の各問いについて □ にあてはまるものを入れなさい。

5．あるスーパーで商品Aを500個仕入れ，25％の利益を見込んで定価をつけました。これを定価の12％引きで売ると，1個につき38円の利益があります。

⑴ 商品Aの仕入れ値は1個 □ 円です。

⑵ 商品Aを定価で □ 個売った後，特売日に残りすべてを定価の12％引きで売ったら，500個すべての利益の合計が31084円になりました。

6．1辺が20cmの立方体のブロック8個が，直方体の水そうの中にあります。すべてのブロックの底面は，水そうの底か，または他のブロックの面とぴったりくっついています。この水そうに，水を一定の割合で入れます。

右のグラフは，「水を入れ始めてからの時間（分）」と「水面の高さ（cm）」の関係を表したものです。

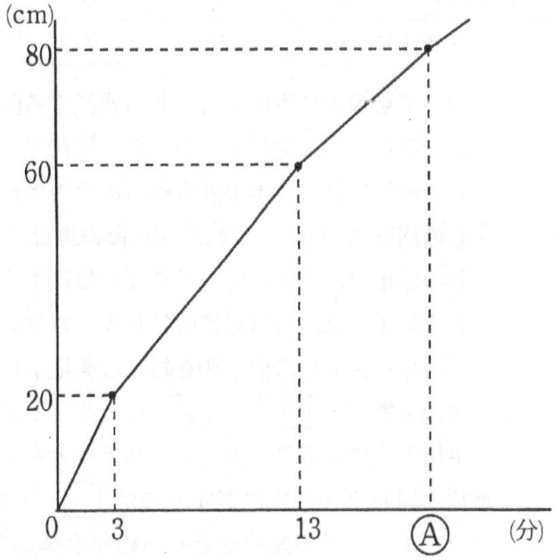

⑴ 水そうの中の8個のブロックの様子を表した図として，ふさわしいものを下から選ぶと □ です。

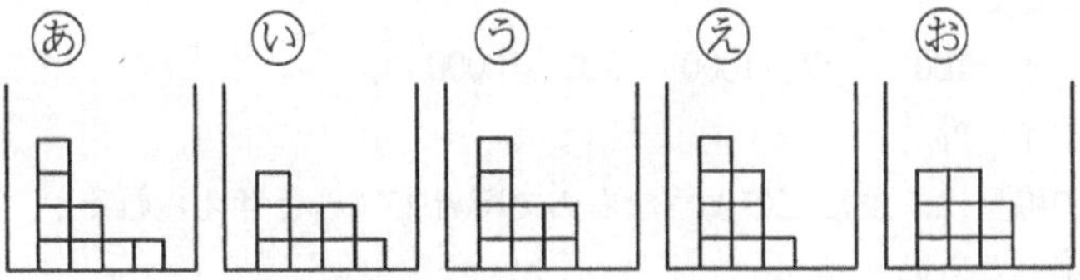

⑵ 水そうの底面積は □ cm^2で，1分間に入れる水の量は □ cm^3です。

⑶ グラフのⒶにあてはまる数は， □ です。

【理　科】（40分）　＜満点：100点＞

I　太陽系には８個の惑《わく》星があり，太陽のまわりを公転している。

1　下の表は太陽系の８個の惑星のうち，地球とＡ～Ｅの６個の惑星について，惑星の半径（km），体積（地球を１とする），密度（g/cm^3：惑星全体の重さを惑星の体積で割ったもの）を示したものである。

	地球	A	B	C	D	E
半径（km）	6378	60268	6052	3396	24764	71492
体積（地球を１とする）	1	840	0.9	0.2	60	1400
密度（g/cm^3）	5.52	0.69	5.24	3.93	1.64	1.33

(1)　次の文を参考に表中のＡ～Ｅの惑星の名前を答えなさい。

・Ａの惑星には，地球から望遠鏡で観測できるほど大きな環《わ》（リング）が存在する。

・Ｂの惑星では，日本の探査機「あかつき」により，その大気の調査が行われている。

・Ｃの惑星は，送り込《こ》まれた探査機の調査により，かつて液体の水が存在したと考えられている。

・Ｄの惑星は，太陽系で一番外側を公転する惑星である。

・Ｅの惑星には，17世紀にガリレオ・ガリレイが発見した４つの衛星（イオ，エウロパ，ガニメデ，カリスト）の他，60を越《こ》える衛星が存在する。

(2)　次の文章中の［①］～［③］に入ることば・数字をあとの記号から選んで答えなさい。

半径と密度により，太陽系の惑星は大きく２つのグループに分けられる。Ａ～Ｅの惑星のうち地球と同じグループに属するのは［①］でグループＸとする。もう一方をグループＹとすると，グループＹの惑星はどれも惑星全体の重さが地球のそれよりも［②］倍以上大きい。また，グループＹの惑星はすべて地球よりも［③］側を公転している。

①　ア　Ａのみ　　イ　Ｂのみ　　ウ　Ｃのみ　　エ　Ｄのみ　　オ　Ｅのみ
　　カ　ＡとＢ　　キ　ＢとＣ　　ク　ＣとＤ　　ケ　ＤとＥ　　コ　ＡとＤとＥ
　　サ　ＣとＤとＥ

②　ア　10　　イ　100　　ウ　1000　　エ　10000

③　ア　内　　イ　外

(3)　グループＸの惑星は，主にどのようなものでできていると考えられるか。最も適するものを次のア～オから選びなさい。

ア　水素・ヘリウム　　イ　液体の水　　ウ　氷　　エ　ドライアイス　　オ　岩石・金属

2　下の表は，地球，金星，火星の大気の成分，大気全体の重さ（地球を１とする）を示したものである。

		地球	金星	火星
大気の成分（重さの割合：％）	ちっ素	76	2	2
	酸素	23	1％未満	1％未満
	二酸化炭素	1％未満	98	97
大気全体の重さ（地球を１とする）		1	90	0.005

⑴　前のページの表を見て，以下の問いに答えなさい。

①　地球，金星，火星のうち，大気全体に含《ふく》まれるちっ素の量が最も多いのはどれですか。

②　金星の大気全体に含まれる二酸化炭素の量は，火星の大気全体に含まれる二酸化炭素の量のおよそ何倍か。次のア～キから選びなさい。

ア　$\frac{1}{200}$倍　　イ　$\frac{1}{20}$倍　　ウ　1倍　　エ　20倍　　オ　200倍　　カ　2000倍

キ　20000倍

⑵　現在の地球の大気には，金星，火星と比べると酸素が多く含まれるが，地球誕生時にはほとんど存在していなかったと考えられている。地球の大気に現在のように酸素が多く存在するようになったのは，金星や火星には存在しない何が地球に存在するためと考えられているか，答えなさい。

⑶　現在の地球の大気は，金星，火星と比べると二酸化炭素の割合が極端《たん》に少ない。これは，地球にのみ広大な［　　］が形成されたことが主な原因と考えられている。地球誕生時には現在よりも多く大気中に存在した二酸化炭素は［　　］に溶《と》け，［　　］に溶けていたカルシウムと反応して，堆《たい》積したり，生物の殻《から》などのかたい部分に取り込まれたりした。A<u>このような生物</u>の死がいも堆積し，B<u>岩石</u>となった。このようにして，地球の大気からは，二酸化炭素が取り除かれていったと考えられている。

①　［　　］にあてはまることばを答えなさい。

②　下線部Aに関して，生物の例を１つ答えなさい。

③　下線部Bに関して，カルシウムを含む生物の殻が堆積してできた岩石の名前を答えなさい。

Ⅱ　日本にあるユネスコ世界遺産の自然遺産は４つで，1993年に屋久島と白神山地，2005年に知床《しれとこ》（知床半島とその沿岸海域），2011年に小笠原《おがさわら》諸島が登録された。

屋久島は降水量が多く湿《しつ》度が高く，豊かな自然が残されており島全体の90％が森林でおおわれている。屋久島の大きな特徴《ちょう》は，小さな島の中で海岸線から宮之浦岳《みやのうらだけ》までの間に，標高によって異なるようすの森林をみることができることである。屋久島の中腹には，幹周り16m，樹高30mの巨大な縄文《じょうもん》［Ａ］に代表される，樹齢《れい》1000年以上の［Ａ］が多数みられる。

白神山地は「人の影響《えいきょう》をほとんど受けていない原生的な［Ｂ］の森林が世界最大級の規模で分布している」という理由で，登録された。

日本はほぼ全域にわたって森林が形成されている。どのような森林になるかは，降水量が豊かなので，その土地の気温によって決まる。森林の種類と気温との関係は，年平均気温よりも「暖かさの指数」というもので，より正確に示すことができる。「暖かさの指数」とは月平均気温が５℃以上の月について，それぞれの月平均気温から５℃を引いた値を足しあわせて求めた値である。表１は，「暖かさの指数」と森林の種類の関係を示したものである。

表１

「暖かさの指数」	森林の種類
180 ～ 240	亜熱帯多雨林（広葉、冬も葉を落とさない。つる植物も多い。）
85 ～ 180	照葉樹林（広葉、冬も葉を落とさない。）
45 ～ 85	夏緑樹林（広葉、秋に葉を落とし冬越しする。）
15 ～ 45	針葉樹林（針のように細い葉をつけ、冬も葉を落とさない。）

※「暖かさの指数」が15未満の場合には森林は形成されない。

表2は，屋久島の尾之間《おのあいだ》および白神山地の櫛石山《くしいしやま》の月平均気温を示したものである。尾之間の「暖かさの指数」は毎月の月平均気温からそれぞれ5℃引いた値を足して182となる。したがって尾之間の森林の種類は表1から亜《あ》熱帯多雨林となる。また，櫛石山の「暖かさの指数」は月平均気温が5℃以上の4月から10月までで計算すると57となり，森林の種類は夏緑樹林であることがわかる。

表2　月平均気温（℃）

	1月	2月	3月	4月	5月	6月	7月	8月	9月	10月	11月	12月
尾之間（屋久島）	13	13	15	18	21	24	27	28	26	23	19	15
櫛石山（白神山地）	−3	−3	−2	5	12	15	18	19	14	9	4	−3

（気象庁および環境省のデータより作成）

1　次の①～④の自然遺産の位置を右の地図中のア～コからそれぞれ選びなさい。

①　屋久島　②　白神山地　③　知床

④　小笠原諸島

2　前のページの文章中の A ， B にあてはまる木の種類を答えなさい。

3　下のア～エは，表1の4つの森林にみられる植物の例を示したものである。①照葉樹林，②夏緑樹林にみられるものをそれぞれ選びなさい。

ア　シイ・カシ・クスノキ・ツバキ

イ　クリ・ケヤキ・シラカンバ・カエデ

ウ　モミ・トドマツ・エゾマツ

エ　マングローブ・ガジュマル・ヤシ

4　年平均気温が同じX地点とY地点があり，X地点は照葉樹林，Y地点は夏緑樹林である場合，X地点とY地点を比べて，夏と冬の気温の差が大きいのはどちらですか。

5　屋久島の尾之間は亜熱帯多雨林であるが，宮之浦岳の頂上付近ではどのような種類の森林がみられるだろうか。

①　尾之間（標高60m）と宮之浦岳の頂上（標高1936m）との気温差は何℃になるか。気温は標高が100mちがうと0.6℃変化するとして計算し，小数第1位を四捨五入して答えなさい。

②　表2と①の答えを用いて宮之浦岳の頂上の「暖かさの指数」を求めなさい。

③　②の結果から，宮之浦岳の頂上付近の森林の種類はどうなると考えられるか，次のア～オから選びなさい。

ア　亜熱帯多雨林　イ　照葉樹林　ウ　夏緑樹林　エ　針葉樹林

オ　森林は形成されない

6　現在，地球温暖化が進んでおり，将来，日本の森林のようすも変わることが考えられる。 B は夏緑樹林の代表的な木であるが，気温が現在より何℃上昇《しょう》すると櫛石山は照葉樹林になると考えられるか。気温は1年間を通して平均的に上昇すると考えて，次のア～オから選びなさい。

ア　1℃　イ　2℃　ウ　3℃　エ　4℃　オ　5℃

7　知床はヒグマの生息地のひとつであるが，北海道と本州に生息するクマについて正しいものを次のア～オから選びなさい。

ア　北海道にも本州にも，ヒグマとツキノワグマがいる。

イ　北海道にはホッキョクグマとヒグマが，本州にはツキノワグマがいる。

ウ　北海道にはヒグマが，本州にはヒグマとツキノワグマがいる。

エ　北海道にはヒグマが，本州にはツキノワグマがいる。

オ　北海道にはヒグマがいるが，本州にはクマのなかまはいない。

8　小笠原諸島では，「固有種」（ある地域にしか生息・生育しない生物の種類）の割合が高い。「固有種」が生じやすい地域や生物の特徴として考えられるものを次のア～キから２つ選びなさい。

ア　海岸線が長く高い山がなく，生物が移りすみやすい地域

イ　降水量が多い温暖な気候で，生息している生物の数が多い地域

ウ　大陸から遠く離《はな》れ，小さな島が集まっている地域

エ　移動する能力が高い生物

オ　移動する能力が低い生物

カ　一度に産む子の数が多い生物

キ　一度に産む子の数が少ない生物

Ⅲ

1　物質を加熱すると温度や状態が変化する。－10℃の氷に，常に一定の熱を加え，その熱がすべて逃《に》げなかったとすると，加熱時間と温度の関係は下のグラフのようになる。

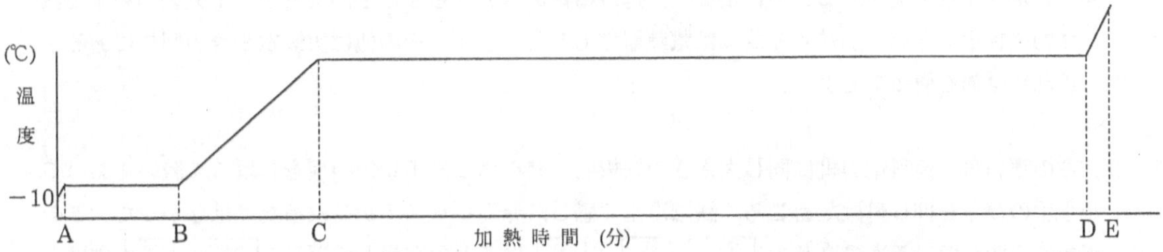

⑴　グラフのAからEの間で，液体の水が存在するのはどこからどこまでか，記号で答えなさい。

⑵　横軸《じく》に温度，縦軸に体積をとって，－３℃～３℃の範《はん》囲でグラフをかいたときどのようになるか。最もよく表しているものをア～クから選びなさい。

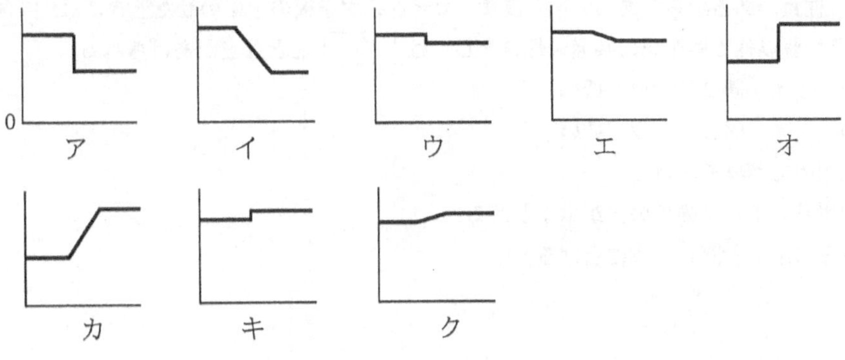

(3)「AからBまで」と「CからDまで」の時間の長さを比べて，水の状態の変化について言えることをまとめなさい。

2 実際に物質を加熱したときにどのように温度が変化するかを調べてみた。それぞれ同じビーカーに同じ重さの水とサラダ油を入れ，電熱器で加熱し，30℃になったときからの時間と温度の関係を調べてグラフにした。

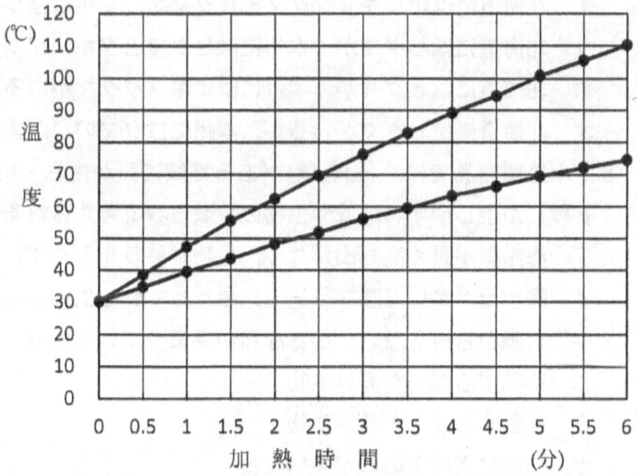

(1) 同じ重さで比べた場合，温まりやすいのは水と油のどちらか答えなさい。

(2) 0分から3分までの水の上昇温度を読み取り，整数で答えなさい。

(3) 次の文章中の [①] ～ [③] にあてはまることばを書きなさい。

3分から6分までの間の水の上昇温度は0分から3分の間に比べて [①] くなっている。これは水から逃げる熱の量が [②] くなるからである。熱の逃げる量が [②] くなるのは，水と空気の [③] が大きくなったためと考えられる。

(4) さまざまな工夫をすることによって，逃げる熱の量を減らすことができる。工夫の例を1つ具体的に書きなさい。加熱する器具は電熱器であるとするが，その他は実験室や身の回りにあるものならば何を使ってもよい。

3 冬の寒い日，理科室の机に同じ大きさの鉄板と，発泡《ぽう》ポリスチレンの板をしばらく置いておいてから手のひらを押《お》し付けたところ，鉄は冷たく感じ，発泡ポリスチレンは冷たくはなかった。この現象を説明している次の文章の [①]，[②]，[④] はあとの記号から選び，[③]，[⑤] にはことばを書きなさい。[⑤] は1つだけ書くこと。

手を置く前，鉄板の温度は発泡ポリスチレンの板と比べると [①] 温度で，手のひらの温度と比べると [②] 温度である。鉄板が冷たく感じたのは，鉄は金属であり，発泡ポリスチレンより [③] という性質があるからである。同じ温度，大きさの氷を板の上にのせたときには，[④]。[③] という性質以外でも金属に共通の性質としては [⑤] ことなどがあげられる。

① ア 高い　イ 同じ　ウ 低い

② ア 高い　イ 同じ　ウ 低い

④ ア 金属板の方が早くとける

イ 発泡ポリスチレンの板の方が早くとける

ウ どちらの上でも同じようにとける

4　3本の試験管にうすい塩酸をそれぞれ5cm^{3}とり，別々に0℃，20℃，40℃の温度に保った。そこに同じ重さのスチールウールをそれぞれ加えると，どの試験管でも気体が発生しスチールウールはすべてとけたが，40℃の温度に保った試験管で最も早くスチールウールがとけた。さらに残った液を蒸発皿に取り，加熱すると固体が残った。

⑴　試験管に入れたうすい塩酸を0℃に保つにはどうしたらよいか。図を使って表しなさい。

⑵　実験の結果から考えて，正しい文を次のア～エから選びなさい。

ア　発生した気体は，40℃の試験管で最も多い。

イ　発生した気体は，40℃の試験管で最も少ない。

ウ　液を同量とって加熱すると，残った固体の重さはどの温度のものでも同じだった。

エ　温度とスチールウールがとけ終わるまでにかかった時間の間には，温度[℃]×時間[秒]が一定になる関係がある。

⑶　発生した気体の性質として正しい文を次のア～エから1つ選びなさい。

ア　しめらせた青色リトマス紙を近づけると赤色にかわる。

イ　水の入ったペットボトルに発生した気体を入れてふるとへこむ。

ウ　燃えたり爆《ばく》発したりする。

エ　スチールウールに火をつけて気体中に入れるとスチールウールが激しく燃える。

⑷　加熱後残った固体はどのようなものか，次のア～カからすべて選びなさい。

ア　黒色のべたべたしたもの　　イ　白色の粉　　ウ　銀色の粉　　エ　黄色の粉

オ　うすい塩酸を加えると泡《あわ》をだしてとける　　カ　水にとける

⑸　うすい塩酸5cm^{3}にスチールウール0.2gを加えるとすべてとけて40cm^{3}の気体が発生した。別の試験管に同じ濃《こ》さの塩酸を5cm^{3}入れてスチールウール0.4gを加えると64cm^{3}の気体が発生したところでとけなくなった。残ったスチールウールをすべてとかすには同じ濃さの塩酸を，少なくともあと何cm^{3}加えればよいか。小数第2位を四捨五入して答えなさい。

Ⅳ　小さい鉄球を使って，【実験1】～【実験3】を行った。

【実験1】　右図のように，ともに30gの鉄球A，Bにそれぞれ同じ長さの丈夫でのびない糸をつけ，同じところからつり下げた。Bは静止させ，Aを糸がたるまないように持ち上げて放したところ，AはBと衝突《しょうとつ》して静止し，Bは糸がたるまずに上がっていった。最初のAの高さを変えて何回か同じように実験をしたところ，いずれも最初のAの高さと衝突後のBの最高点の高さは等しかった。

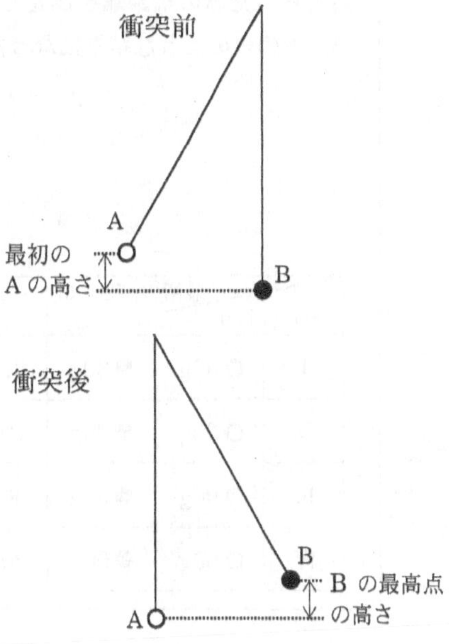

【実験2】　30gの鉄球Bのかわりに90gの鉄球Cを使って，実験1と同じ実験をしたところ，A，Cは衝突した後，互《たが》いに逆向きに同じ速さで進みはじめ，再び衝突した。

1　ふりこの動きにはきまりがある。ふりこが１往復する時間は何によって決まるか，次のア～ウから選びなさい。

ア　おもりの重さ　　イ　最初のおもりの高さ　　ウ　糸の長さ

2　実験１，２の結果から，次の①と②の関係について，正しいものをあとのア～エからそれぞれ選びなさい。

⑴　①「Ａが動き始めてからＢに衝突するまでの時間」と，②「ＢがＡと衝突してから最高点に達するまでの時間」

⑵　①「Ｂに衝突する直前のＡの速さ」と，②「Ａと衝突した直後のＢの速さ」

⑶　①「ＢがＡと衝突してから最高点に達するまでの時間」と，②「ＣがＡと衝突してから最高点に達するまでの時間」

⑷　①「最初のＡの高さ」と，②「衝突後のＣの最高点の高さ」

⑸　①「Ａと衝突した直後のＢの速さ」と，②「Ａと衝突した直後のＣの速さ」

ア　①>②　　イ　①=②　　ウ　①<②　　エ　決まっていない

3　実験２において，2回目の衝突の位置について，正しいものを次のア～ウから選びなさい。

ア　１回目の衝突の位置より左側　　イ　１回目の衝突の位置と同じ

ウ　１回目の衝突の位置より右側

【実験３】　右図のように，段差の上に糸のついていない鉄球（当てられる球●）を置き，糸のついている鉄球（当てる球○）を持ち上げ手を放すと，２つの球は衝突し，当てられた球（●）は床《ゆか》に落下した。この実験を，鉄球の組み合わせと最初の高さを変えて行い，当てられた球の飛距離《きょり》を測定したところ，下の表のような結果になった。

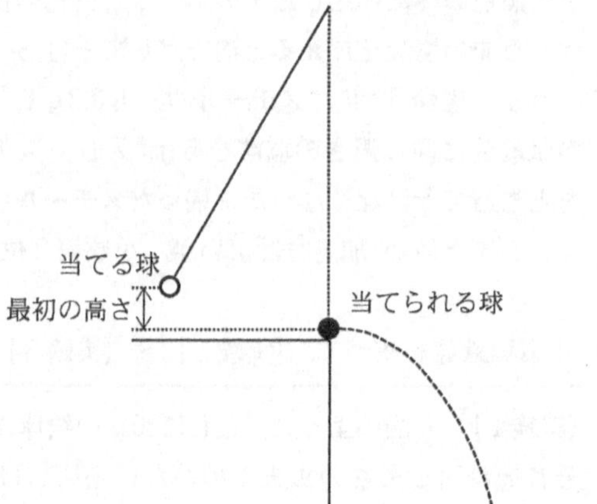

当てられた球の飛距離(cm)

組み合わせ ＼ 最初の高さ(cm)			1	2	3	4	6	9	12	16
Ⅰ	○30g	●30g	20.0	28.3	34.6	40.0	49.0	60.0	69.3	80.0
Ⅱ	○30g	●90g	10.0	14.1	17.3	20.0	24.5	30.0	34.6	40.0
Ⅲ	○90g	●30g	30.0	42.4	52.0	60.0	73.5	90.0	104.0	120.0
Ⅳ	○90g	●90g	20.0	28.3	34.6	40.0	49.0	60.0	69.3	80.0

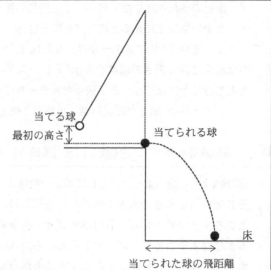

4　実験３の結果から考えて，正しいものには○，間違《ちが》っているものには×を書きなさい。

⑴　当てる球の最初の高さ，当てる球の重さが同じ場合，当てられる球の重さを３倍にすると，飛距離は半分になる。

⑵　当てる球の最初の高さ，当てられる球の重さが同じ場合，当てる球を重くすると，飛距離は大きくなる。

⑶　当てる球と当てられる球の重さが同じ場合，球の重さによって，飛距離は変わらない。

⑷　当てる球の最初の高さを４倍にすると飛距離は２倍になり，当てる球の最初の高さを９倍にすると飛距離は4.5倍になる。

5　当てられた球の飛距離が110～130㎝になる〔鉄球の組み合わせ，最初の高さ〕を次のア～エからすべて選びなさい。

ア　〔Ⅰ，36㎝〕　　イ　〔Ⅱ，36㎝〕　　ウ　〔Ⅲ，18㎝〕　　エ　〔Ⅳ，27㎝〕

【社　会】（40分）　＜満点：100点＞

I　水田での稲《いな》作が広がり，その後農業が発展するとともに，集落のありかたも変化していきました。このことについて問いに答えなさい。

問１　水田をつくるときには，土地を平らに整えることが必要です。水田はなぜ水平に整える必要があるのか，説明しなさい。

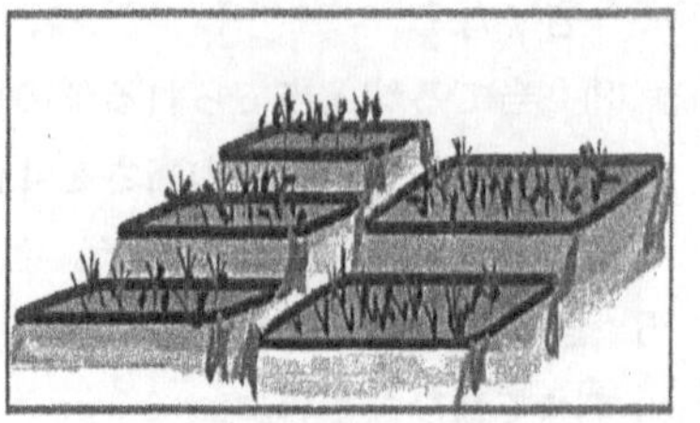

問２　棚《たな》田（右の絵のような田）が各地につくられるようになりました。どのような場所に，どのような理由から，棚田はつくられたのか，説明しなさい。

問３　稲作について，次の文を古い順に記号で並べかえなさい。

ア　千歯こきの使用が広がった。

イ　臼《うす》や杵《きね》が使われるようになった。

ウ　化学肥料が使われるようになった。

エ　牛馬に鉄製の農具を引かせ，耕すことが広がった。

問４　農地に関する制度について，次の文を古い順に記号で並べかえなさい。

ア　戸籍《せき》に登録された人々が，国が割り当てた土地を耕すこととされた。

イ　農地の収穫《かく》高を役人が調べ，全国一律の単位で田畑ごとに帳面に記し，耕作者から税を取った。

ウ　土地を開墾《こん》した人には所有を認めることとなり，貴族や寺社などが開墾地を拡大した。

エ　農地を経営し，将軍に土地の支配を保証された武士が，地頭として地方で力をふるった。

問５　各時代の集落・都市について述べた文として，まちがっているものを１つ記号で答えなさい。

ア　室町時代に権力者の支配を離《はな》れて自治を行った都市は，商工業が活発だった所が多い。

イ　縄《じょう》文時代の東日本では，洪《こう》水に備えて海や川から離れた山の中腹に集落がつくられることが多かった。

ウ　江戸時代の城下町の多くは，街道が通っており，水運の便もよいところに発達した。

エ　弥生《やよい》時代に水田稲作を行う場所として好まれたのは，川に近く，水を引きやすい土地であった。

現代の農業について問いに答えなさい。

問６　沖縄県では，梅雨や台風でたくさんの雨が降るものの，しばしば農業用水などの水不足に悩《なや》まされます。水不足が発生しやすい理由を，地形の特色から答えなさい。

問７　下の表は，東京都中央卸《おろし》売市場に入るキャベツ（数量）の，月別産地の１位～３位までを表したものです。

	１月	２月	３月	４月	５月	６月	７月	８月	９月	10月	11月	12月
１位	A	A	A	神奈川	B	B	C	C	C	C	B	A
２位	B	B	B	A	神奈川	茨城	岩手	岩手	岩手	B	A	B
３位	神奈川	神奈川	神奈川	B	A	C	長野	長野	長野	岩手	茨城	神奈川

東京都中央卸売市場統計（2015年）より作成

⑴　A・B・Cにあてはまる県名を，それぞれ記号で答えなさい。

ア　宮城　　イ　千葉　　ウ　愛知　　エ　栃木　　オ　群馬　　カ　新潟

⑵　C県が，7月～10月に1位である理由を，産地の地形と気候の特色から答えなさい。

問8　日本のリンゴは，海外でも品質で高い評価を得ており，高価格で輸出されています。輸出量の約75％（2015年）は，どこに輸出されていますか。1つ記号で答えなさい。

ア　メキシコ　　イ　台湾《わん》　　ウ　ミャンマー　　エ　バングラデシュ　　オ　エジプト

問9　国内市場に年間を通して国産のリンゴが出回っている理由として，もっともふさわしいものを1つ記号で答えなさい。

ア　貯蔵技術の発達　　イ　多品種の栽培《さいばい》　　ウ　肥料の改良　　エ　生産地の拡大

Ⅱ　わたしたちは日ごろ，さまざまな情報に接しながら，物事を判断して生活しています。このことについて問いに答えなさい。

問1　政府など公的機関は，災害に際してどのような方針で情報を発信することが必要ですか。ふさわしいものを2つ記号で答えなさい。

ア　孤《こ》立する人がいないようにするため，地域全体に情報が行きわたるようにする。

イ　社会の秩《ちつ》序を守ることを第一に考え，政府に都合の悪い情報は伏《ふ》せておく。

ウ　情報の受け手の立場に立って，必要な情報をできるだけ早く伝達する。

エ　うわさが広がらないように，伝達する情報の量をなるべく限定する。

問2　社会科で，ある事がらを書物で調べる場合，まず，その書物のどのようなことを確認することが重要ですか。2つ記号で答えなさい。

ア　価格はいくらか　　イ　出版年はいつか

ウ　ページ数はどれくらいか　　エ　著者はどんな人か

問3　右の漫《まん》画Aは，アメリカの新聞『ニューヨークタイムズ』1937年11月21日に掲載《けいさい》されたもので，当時の日本を風刺《し》しています。（漫画には出題上，一部手を加えています。）

漫画A

⑴　左目には「世界を無視」と記されています。それはアメリカから見て，日本のどのような行為《い》を指していますか。2つ記号で答えなさい。

ア　ブラジルへの移民を始めた

イ　国際連盟を脱《だっ》退した

ウ　南樺《から》太を領有した

エ　日露《ろ》戦争を起こした

オ　日中戦争を拡大した

⑵　右目には「領土目当て」と記されています。1930年代に日本が支配地を広げようとした目的として，ふさわしくないものを1つ記号で答えなさい。

ア　資源を獲《かく》得して，産業を活発にするため

イ　移民をすすめて，国内の失業者を減らすため

ウ　支配地となった地域の人々を兵士にするため

問4　次のページの漫画Bは，日本の雑誌『講談倶楽部《くらぶ》』1942（昭和17）年2月号に掲載されたも

のです。この漫画には次の文章が書いてあります。(漫画・文章とも出題上，一部手を加えています。)

> 大東亜《あ》戦争
>
> 満州事変は満州国を独立させた。支那《な》事変（日中戦争）は親日政権を確立した。しかし，これらの戦いは，大東亜新秩序の始まりに過ぎない。東亜（東アジア）にこの①双《そう》頭の毒蛇《じゃ》がとぐろをまいているかぎり，東亜民族の真の共栄は永遠に不可能なのだ。
>
> ②昭和十六年十二月八日！　この日，戦いはついに檜舞《ひのきぶ》台に移された。
>
> 一億同胞《ほう》よ，大東亜戦争は百年戦争だ。
>
> 覚悟《こ》はよいか！！

漫画Ｂ

⑴　下線①にあてはまる国を，2つ答えなさい。

⑵　下線②の日に日本軍が攻撃《こうげき》した場所はどこですか。国名ではなく，地域名をカタカナで答えなさい。

⑶　漫画Ｂは，日本の戦争の目的が何であると主張していますか。

問５　漫画Ａ・Ｂで描《えが》かれた戦争は，日本以外のアジアの人々にとって，どういうものだったでしょうか。理解を深めるために調べることとして，優先順位がもっとも低いものを，１つ記号で答えなさい。

ア　日本軍が占《せん》領した地域の人々に対してとっていた統治方針

イ　アジア各地と日本の間で運ばれた物資の種類と量

ウ　日本に連行されたアジア各地の人々の数

エ　シベリアに連行されて死傷した日本人の数

問６　下の資料Ｃ・Ｄを読んで，問いに答えなさい。

> 資料Ｃ　《日本新聞協会編集委員会の声明全文　2015年６月29日》
>
> ６月25日に開かれた一部与《よ》党の若手議員による勉強会において，安全保障法制等に関する一部報道をめぐり，出席議員から「マスコミをこらしめるために広告料収入をなくすよう働きかけるべきだ」との発言があり，招かれた講師からも「沖縄の二つの新聞をつぶさないといけない」との発言があったことは，極めて深刻な問題である。③特に与党の所属議員でありながら，④憲法第21条で保障された表現の自由をないがしろにした発言は，報道の自由を否定しかねないもので到《とう》底看過できず，日本新聞協会編集委員会として強く抗《こう》議する。
>
> わたしたちは，⑤民主主義の根幹である表現の自由，報道の自由を弾《だん》圧するかのような動きに断固反対するとともに，多様な言論で「国民の（　Ｘ　）権利」に応えていく。
>
> （出題上，語句を書きかえたところがあります。）

資料Ｄ　《琉《りゅう》球新報・沖縄タイムス共同抗議声明より抜粋《ばっすい》　2015年６月26日》

戦後，沖縄の新聞は戦争に加担した新聞人の反省から出発した。戦争につながるような報道は二度としないという考えが，報道姿勢のベースにある。政府に批判的な報道は，権力監《かん》視の役割を担うメディアにとって当然であり，批判的な報道ができる社会こそが健全だと考える。

⑴　下線③に関して，次の空欄《らん》に適切な語句を答えなさい。

与党とは，一般に（　Ａ　）権を持つ国会で多数を占《し》め，（　Ｂ　）を構成する政党であり，実質的には（　Ｃ　）権も担うことから，国家権力をしばる法である憲法をしっかり守ることが，より求められる立場にあります。

⑵　下線④について，次の空欄に適切な語句を答えなさい。

憲法第21条では，言論・出版などの表現の自由とあわせて，（　Ｄ　）・結社の自由を保障しています。表現の自由の弾《だん》圧は，その背景にある（　Ｅ　）の自由を弾圧するものでもあります。1925年に制定された治安維《い》持法は，政治や社会のしくみを変えようとする運動や結社の根幹となる（　Ｅ　）を取り締《し》まるものでした。戦後，（　Ｅ　）の自由の保障が憲法に明文化されました。

⑶　下線⑤について，表現の自由，報道の自由の弾圧にはあたらず，憲法上認められることを，２つ記号で答えなさい。

ア　新聞記事の内容が国家機密にふれていないか，発行前に官庁が確認すること

イ　政治的に中立でないことを理由に，デモや講演会を規制すること

ウ　ある人の名誉《よ》を傷つける発言に対して罰《ばっ》則を科すこと

エ　本人の知らないうちに，電話やメールの内容を捜《そう》査機関が自由に調査すること

オ　テレビ番組の内容について，国務大臣が変更《こう》を指示すること

カ　個人の尊厳を否定する差別的な言動を法律で規制すること

⑷　資料Ｃの（Ｘ）にあてはまる語句を答えなさい。

⑸　社会で何が起きているか，政治がどのように行われているかを，主権者が正確に把握《はあく》するために欠かせない法律や制度を，1つ記号で答えなさい。

ア　個人情報保護制度　　イ　マイナンバー制度

ウ　情報公開法　　　　　エ　特定秘密保護法

⑹　民主主義の社会において，表現の自由を守ることには，さまざまな意義があります。その１つを資料Ｄから５字以内で抜《ぬ》き出しなさい。

Ⅲ　次の文章について問いに答えなさい。

①人々が往来する交通の要所や，軍事的に重要な場所に置かれた施《し》設を，②関所といいます。古くは関と呼ばれ，律令《りょう》制のもとで③人々を取り締まり，鈴鹿《すずか》関，④白河関など，いくつかの関には兵士が駐《ちゅう》留していました。鈴鹿関などは，⑤都で重大な事件が起こった時には閉ざされ，交通を遮《しゃ》断したと言われています。鎌《かま》倉時代以降は，通行料を徴《ちょう》収する目的で⑥大きな寺や神社などによっても関所が設けられました。⑦関ヶ原の戦いの後，全国各地に関所が設置されました。その中でも，新居《あらい》や⑧箱根，また⑨五街道の一つである⑩中山《せん》道の木曽《そ》福島や碓氷《うすい》の関所は，江戸時代に重要な

関所でした。

問1　下線①に関して，次の文を古い順に記号で並べかえなさい。

ア　雪舟《しゅう》は諸国を訪れ，水墨《ぼく》画を描いた。

イ　源義経《よしつね》は各地で平氏と戦った。

ウ　行基は各地で堤《てい》防をつくるなど土木工事を進めた。

エ　松尾芭蕉《ばしょう》は，東北などを旅して紀行文を書いた。

問2　下の図1の★印のあたりには，かつて下線②があり，地形は図2のようになっています。関所があった場所の地形の特色を答えなさい。

図1

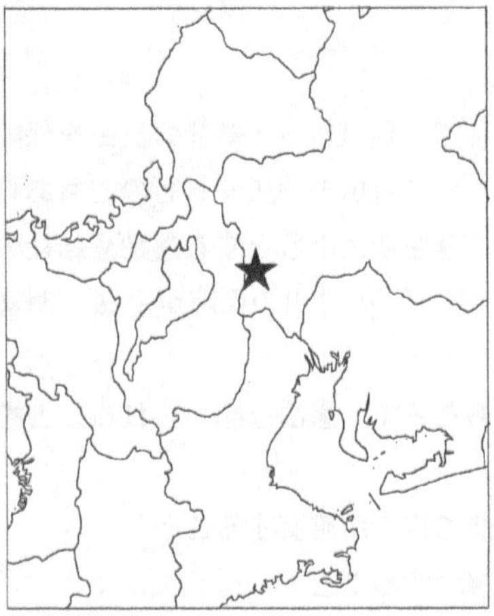

図2

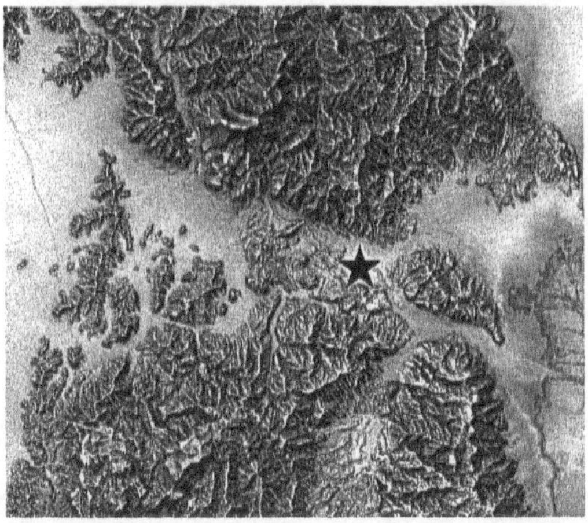

(カシミール3Dより作成)

問3　現在，下線③の役割を常に果たしている施設を，2つ記号で答えなさい。

ア　高速道路の料金所　　イ　東京港　　ウ　成《なり》田空港　　エ　東京駅

問4　次のページの図3は，下線④があった地域の地形図です。問いに答えなさい。

⑴　白河は，江戸時代には奥《おう》州街道の終着点でした。白河関があったのは，現在の何県ですか。

⑵　地形図から読みとれることとして正しいものを，2つ記号で答えなさい。

ア　「白河関跡《あと》」（∴の場所）は，大雨が降ると洪水で水びたしになる。

イ　追《おい》分の集落（■の場所）から，大木の水田（★の場所）が見える。

ウ　「社川」は南へ向かって流れている。

エ　この地図内には，標高400m以下の土地も600m以上の土地もある。

オ　「白河関跡」付近には神社や記念碑《ひ》がある。

問5　下線⑤に関して，7世紀に起こった戦乱について述べた文を，1つ記号で答えなさい。

ア　有力な守護大名どうしの対立が深まり，大きな戦乱が起こった。

イ　天智《てんじ》天皇《のう》の死後，天皇の弟と天皇の子が，天皇の位をめぐって争った。

ウ　源氏の将軍が絶えると，朝廷《てい》は実権を幕府から取り戻《もど》そうとして兵を挙げた。

エ　後白河天皇のもとで，有力な武士どうしが争った。

問6　下線⑥に関して，これらの関所を織《お》田信《のぶ》長が廃《はい》止したことは，商人の活動にどのような影響《えいきょう》を与《あた》えたか，答えなさい。

問7　下線⑦で勝利した東軍の総大将の名前を答えなさい。

図3

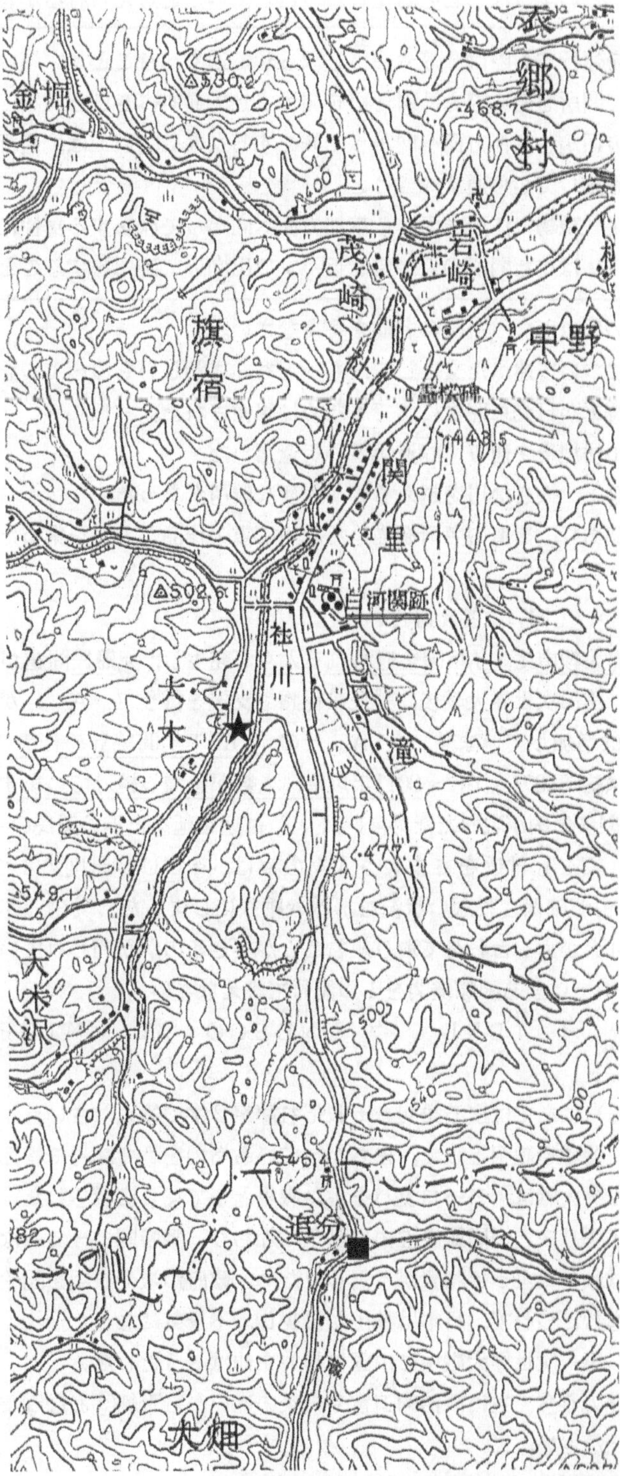

国土地理院発行 1:50000 地形図より（一部改変）

問8　下の資料は，下線⑧の関所に掲《かか》げられたものの一部です。資料を読んで，幕府は支配体制を保つために，どのようなことを防止しようとしていたと考えられるか答えなさい。

> 一　関所を通行する際は，笠《かさ》や頭巾《きん》を取らせて通すべきこと
> 一　駕籠《かご》で関所を通る際も，引き戸を開けさせて通すべきこと
> 一　江戸方面から京都方面へ向かって旅をする女性については，通行手形に細かく照らし合わせ，確認してから通すべきこと
> 　　補足　乗物で江戸方面から京都方面へ向かって旅をする女性については，人見女と呼ばれた関所の係が駕籠近くまで出向いて確認をすること

問9　下線⑨の起点となった橋の名前を答えなさい。

問10　下線⑩について述べた文として，もっともふさわしいものを1つ記号で答えなさい。

ア　歴代の将軍が日光東照宮に詣《もう》でるために整備された。

イ　険しい山岳《がく》地帯を通り，峠《とうげ》道が多い街道だった。

ウ　大井川など，大きな川を越《こ》えるのが大変な難所があった。

エ　宿場が53あり，街道の名所を描いた歌川広重《しげ》の作品が人気を集めた。

Ⅳ　次の文章について問いに答えなさい。

①第一次世界大戦中に，②祖国を追われる人々が発生し，③難民問題が国際的に認識されるようになりました。第二次世界大戦後，難民の保護や支援《えん》を行う（　A　）が統計を取りはじめてからも，難民の数は増加しています。（　A　）の④2015年年間統計報告書によると，（　B　）を強いられた人々は約6530万人で，⑤2011年以降，人数が急増し続けています。2015年，ヨーロッパで（　B　）を制限する国が現れたため，（　C　）付近を延々と歩く難民の姿が連日報道されました。閉鎖《さ》された（　C　）付近をさまよう人々の姿は，⑥ＥＵが原則の１つとして大切にしてきた（　B　）の自由が確保されない状況《きょう》を，浮《う》き彫《ぼ》りにしました。現在，さまざまな人々が共存するために，国際社会が力を合わせて取り組むことができるのかが問われています。

問1　(A) にあてはまる国際機関を1つ記号で答えなさい。

ア　WHO《ダブリューエイチオー》　イ　IBRD《アイビーアールディー》　ウ　UNESCO《ユネスコ》　エ　UNICEF《ユニセフ》

オ　UNHCR《ユーエヌエイチシーアール》

問2　(B)（C）にあてはまる語句をそれぞれ漢字2字で答えなさい。

問3　下線①に関する説明として，まちがっているものを2つ記号で答えなさい。

ア　第一次世界大戦は，ヨーロッパを主な戦場としてくり広げられた。

イ　日本はイギリスとの同盟を理由に戦争に加わり，戦勝国の一つとなった。

ウ　日本では戦争によって物資が不足したため，政府が米や衣類を配給制にした。

エ　戦争が進むにつれて，日本は輸出が減少し，不景気になった。

オ　日本は，第一次世界大戦中に中国に勢力を伸《の》ばそうとした。

問4　次の人々のうち，主に政治的迫《はく》害や信条の違いから下線②となったとは言えないものを，1つ記号で答えなさい。

ア　ヒトラー政権の下，ドイツを離れたユダヤ人

イ　日清戦争後，台湾に渡った日本人

ウ　第二次世界大戦後，ソビエト連邦《ぼう》を中心とする東側諸国から，西側諸国に向かった人々

エ　第二次世界大戦後，イスラエルとなった地域から隣《りん》国に移ったパレスチナ人

問５　下線③に関して，問いに答えなさい。

⑴　日本に定住するために難民の認定を求める場合，どの省庁に申請《せい》しますか。１つ記号で答えなさい。

ア　内閣府　　イ　総務省　　ウ　法務省　　エ　厚生労働省　　オ　文部科学省

⑵　現在の難民に関する説明として，まちがっているものを２つ記号で答えなさい。

ア　難民の多くは，開発途《と》上国から発生している。

イ　他の先進国と比べて，日本の難民認定数は多く，認定率は高い。

ウ　難民のうち18歳《さい》未満の子どもが占める割合は２割以下である。

エ　2016年のリオデジャネイロ五輪では，初めて難民オリンピック選手団が結成された。

オ　すでに，難民のための国際的な条約が成立している。

カ　難民と認められると，本国へ引き渡されないように保護される。

問６　下線④で，もっとも多く難民を受け入れている国（最初に一時的な保護をした国）を，1つ記号で答えなさい。

ア　ロシア　　イ　オーストラリア　　ウ　イギリス

エ　トルコ　　オ　中国　　　　　　　カ　アメリカ

問７　下線⑤の原因としてもっともふさわしいものを，１つ記号で答えなさい。

ア　シリアで起こった内戦

イ　石油価格の下落

ウ　アフガニスタンへの空爆《ばく》

エ　東アフリカでの干ばつによる飢《き》餓《が》

オ　世界の大企業による租《そ》税回避《ひ》

問８　下線⑥の説明として正しいものを，すべて選び記号で答えなさい。

ア　国際会議にも出席する，大統領にあたる役職がある。

イ　すべての加盟国は，共通通貨を導入してきた。

ウ　ＥＵ全体の公用語は１つである。

エ　加盟国どうしでは，関税なしで輸出入ができる。

オ　ヨーロッパの国々は，すべて加盟を果たしている。

カ　かつて，ソビエト連邦を中心とする東側の陣《じん》営に属していた国も加盟している。

問９　1990年代以降に起きた次のできごとを，古い順に記号で並べかえなさい。

ア　アメリカで，「9.11」同時多発テロ事件が起こった。

イ　ソビエト連邦が解体された。

ウ　パリで過激派組織「イスラム国」（ＩＳ）による同時多発テロ事件が起こった。

エ　イラク戦争が開始された。

ウ、未知のものに対して、人はなぜその名前がついたかを知りたがるから。

エ、人は名前の響《ひび》きから、無意識に何に似ているか探そうとするから。

問十　⑩「堪え難い屈辱」とありますが、なぜそういえるのですか。最も適切なものを選びなさい。

ア、分類できないとなると、分類学者の知識の浅さが知られてしまうから。

イ、カモノハシは原始的だと思っていたのに、そうではないとわかったから。

ウ、分類できないものが、他ならぬ生物学の世界から押しつけられているから。

エ、すべての物事は分類できる、という立場があやうくなってしまったから。

問十一　⑪「あらゆる分類の試み――科学的であれ通俗的であれ」とありますが、A「科学的分類」、B「通俗的分類」と同じ意味の表現を探し、それぞれ十字程度で抜《ぬ》き出しなさい。

問十二　⑫「カモノハシ問題」とはどのような問題ですか、簡潔に書きなさい。

問十三　筆者の考えにあうものには○、あわないものには×をつけなさい。

ア、もともと基準があいまいなものを分類する際には、人間が明確な基準を作る必要がある。

イ、何でも分類できるという考えは傲慢《ごうまん》で、人は分類できない悩みを受け入れるべきだ。

ウ、世の中に分類できないものがあるのは、今までの分類の仕方に原因があると考えるのがよい。

エ、人は頭の中を整理するために、日常生活の中でいろいろなものを分類しようとしている。

問十四　a「計測」、b「人造」、c「行政」、d「難問」と同じ構成を持つ熟語を次からそれぞれ選びなさい。

ア、市営　イ、読書　ウ、春風　エ、宣伝

い慣用表現を選びなさい。

ア、耳がいたい　イ、腹立たしい

ウ、歯がゆい　エ、口はばったい

問二　②「この非対称性」とありますが、どういう「非対称性」ですか。最も適切なものを選びなさい。

ア、「最高の山」は誰でも意見が分かれずに決められるのに、「最低の山」は皆の意見が同じにならない。

イ、「最高の山」はすぐに決められるのに、「最低の山」はゆっくりと時間をかけないと決められない。

ウ、「最高の山」は公式に決めることができないのに、「最低の山」は公式に決定しなければいけない。

エ、「最高の山」は一般人の人でも決められるのに、「最低の山」は権力者しか決めることを許されない。

問三　③「必ずしも自明には決まらない」の内容を最も適切に表しているものを選びなさい。

ア、いつのまにか決まるわけではない

イ、わかりきっていることではない

ウ、自分で決めるわけではない

エ、思いどおりになることではない

問四　④「「山」であるか否《いな》かはイエス／ノーの二者択一《たくいつ》である」とありますが、「イエス／ノーの二者択一」と言えないものを一つ選びなさい。

ア、気象用語の「真夏日」　イ、星の明るさの「二等星」

ウ、にじの色の「むらさき」　エ、日本の地方の「関東」

問五　⑤「分類するは人の常」とはどういうことですか。最も適切なものを選びなさい。

ア、人間が普段《ふだん》の生活の中で分類することは有意義だ。

イ、ふつうの人間は日ごろから分類するのが常識だ。

ウ、人間をいくつかの種類に分類すると一定の法則がある。

エ、人間はどんなものでも分類しがちなものである。

問六　⑥とありますが、「ばらばらの対象物をグループに分類して整理する」とはどういうことですか。「チョウ」または「チューリップ」を例に、わかりやすく説明しなさい。

問七　⑦「〝自然〟に」とありますが、ここでの意味と対《つい》になることばとして最も適切なものを選びなさい。

ア、先天的に　イ、意図的に　ウ、人工的に　エ、社会的に

問八　⑧「しかし、その理屈はまちがっているのではないか」とありますが、それでは筆者はどのように考えているのですか。筆者の考えに最も近いものを選びなさい。

ア、分類学は、生物学とは異なる領域で確立されるだろう。

イ、分類学は、今後すべての科学の根幹をなす考えとなる。

ウ、分類学は、多様な対象物を持つ複雑さが問題である。

エ、分類学は、広くさまざまな分野にわたる学問であるべきだ。

問九　⑨とありますが、多くの客が開口一番「それってどんな果物？」と言う理由として最も適切なものを選びなさい。

ア、名前がある以上は共通の特徴《とくちょう》があるはずだ、と人は考えるものだから。

イ、聞いたことのない名前のものに、人はだれでも興味を持つから。

うか。これまでの生物分類学は、生物学の一領域として分類学を確立しようとしてきた。その理屈《りくつ》は単純で、生物分類学は生物に関する分類学なのだから、生物学の範疇《はんちゅう》**〈わくぐみ〉**に属すべきだという弁明だ。⑧しかし、その理屈はまちがっているのではないか。分類学はもともと分類に関する学であって、たまたまその対象が生物であったに過ぎないと考えても何の不都合もないだろう。さらにいえば、対象物に限定されない普遍《ふへん》的な**〈すべてのものにあてはまる〉**分類学を念頭に置くというスタンス**〈立場〉**は、分類という行為がもともともっている共通の（つまり対象物にとらわれない）性格をあぶり出す上で、むしろつごうがよいとさえいえる。

では、対象物から切り離《はな》された一般的な分類あるいは分類学とは何を問題にするのだろうか。先ほどの八百屋の店先の情景を思い浮《う》かべてほしい。果物を買いに来た客は、〝スイカ〟や〝ナシ〟という見慣れた名前のグループはきっと何の違和《いわ》感もなく受け入れるだろう。日本に住んでいる私たちは「〝スイカ〟とは何か」とか「〝ナシ〟とは何か」という問いに対して、無意識のうちに答えを用意しているからである。しかし、ある日、その八百屋の店先に〝ガニステル〟とか〝ダマリロ〟という聞いたこともない名前の果物が並んでいたとしたら、多くの客は開口一番こう言うにちがいない。⑨「それってどんな果物？」と。

（中略）

カモノハシは、現在の動物分類体系の中では、哺乳《ほにゅう》類の中でもっとも原始的とみなされている。しかし、カモノハシの分類学的地位が確定するまでに、十九世紀の分類学者たちは大いに悩《なや》み、論争し、その過程で分類体系そのものが揺《ゆ》らぐような事態にもたちいたった。その理由は、カモノハシが既存《きそん》**〈すでにある〉**の分類群のいずれに帰属するのかが容易に解明できない、「分類困難」な「変わりもの」だったからにほかならない。要するに、カモノハシはきれいに分類できなかったということだ。これは、分類することを生業とする分類学者たちにしてみれば⑩堪《た》え難《がた》い屈辱《くつじょく》である。

くちばしがあって卵で生まれるのだからトリにもみえる。しかし、生まれた子が母親の乳で育つという点では明らかにヒトやイヌと同じ哺乳類だ。前肢《あし》には水かきがあって、後肢には爪《つめ》が生えている。カモノハシのひとつひとつの特徴《とくちょう》を挙げていけば、いかに分類しにくい生きものであるかは誰《だれ》にでもわかるだろう。ウンベルト・エーコ**〈イタリアの学者〉**は、記号論の著書の『カントとカモノハシ』の中で「カモノハシは⑪あらゆる分類の試み――科学的であれ通俗《つうぞく》的であれ――に挑戦《ちょうせん》するために生まれてきたような不思議な動物だ」とさえ述べている。

しかし、この⑫「カモノハシ問題」の責任を、カモノハシのせいにしてはいけない。個々の特徴がどうであろうが、その組み合わせがいかに奇妙《きみょう》であろうが、カモノハシは厳然として「そこにある」からである。どのような偏狭《へんきょう》なリクツを捏《こ》ねたとしても、「実在」を消すことはできない。むしろ、「カモノハシ問題」の根っこは、生物の分類体系と分類理論にあるとみなすべきであろう。生きものの分類群と分類体系はどのようにしてつくられてきたのだろうか。分類のプロであるはずの分類学者にして、なお「分類困難」な生物が出現してしまうのはなぜだろうか。何よりも、そのような分類のダークゾーンは、私たち一般人には関係がないと言い切れるのだろうか。

（『分類思考の世界』三中　信宏）

問一　①「もどかしさ」とありますが、「もどかしい」と意味が最も近的に認定しなければならないからだ。②この非対称《たいしょう》性が問題の根っこにある。

実際、そもそも「山」をどう定義するかはたいへんなd難問で、まだ答えはない。直感的に「山」に見える地形のふくらみを「山」と呼べばすむ話ではないかと考える人がいても不思議ではない。しかし、周囲の土地から突《つ》き出て標高が高ければ「山」とみなすと機械的に定義してしまうと、公園の砂場で幼児がつくった「砂山」まで「山」とみなさなければならなくなるだろう。日本中、「山」だらけになってしまう。これでは話にならない。結局、その土地の住民が古来「山」と呼ぶ土地の突起《とっき》に対して、国土地理院が「三角点」を与《あた》え、初めて合法的に「山」とみなすしかないわけだ。

私たちは、「山」といえばついつい高い山を思い描《えが》くので、「山とは何か」という定義など自明だろうと軽く考えてしまいがちだ。しかし、高い山ではなく低い山にいったん目を向けると、「山」といえるかどうかの境界がぼやけてしまう。高い「山」の明瞭《めいりょう》さは低い「山」のあいまいさの免罪符《めんざいふ》**〈罪が許される証書〉**にはならない。だからこそ、国家や法律の助けを借りて「山である」と宣言するのである。

「山とは何か」という定義の問題は、分類が一般《いっぱん》的に抱《かか》える問題そのものである。私たちの住んでいるあるいは通り過ぎる土地に、さまざまな程度の「起伏《きふく》」があることは誰《だれ》も否定しない。大地には確かに凹凸《おうとつ》がある。しかし、その「凸」を「山」というグループに分類できるかどうかは、③必ずしも自明には決まらない。凹凸の程度は連続的であるのに対し、④「山」であるか否《いな》かはイエス／ノーの二者択一《たくいつ》である。山である「凸」の集まりと、山でない「凸」の集まりとは、互《たが》いに排除《はいじょ》し合う離散《りさん》的な**〈はっきりと区切られている〉**集合である。

「連続なつらなり」からいかにして「離散的な群」を切り出すのか――に分類という行為《こうい》の根幹はまさにそこにある。そして、もともと分けられないものをあえて分けるという、分類そのものが抱える原罪**〈生まれながら持っている罪〉**的難問が同時に生じる。

（中略）

生物がいるところ必ず分類がある。いや、生物だけでなく、どんなものであってもそれらを分類することは、私たち人間にとって根源的な行為のひとつである。⑤「分類するは人の常」とは格言そのものだ。フォーマルな「学」である以前に、分類とはもっと身近なもの、つまりふつうに生活していればごく自然に身についている素朴《そぼく》な分類思考に根ざしているとみなしても問題はないだろう。たくさんの対象物をひとつひとつ覚えられるほど、私たちの大脳は性能がよくない。⑥ばらばらの対象物を少数のグループ（群）に分類して整理することによって、はじめて記憶《きおく》と思考の節約ができる。

たとえば、八百屋の店先では、スイカやナシのひとつひとつにばらばらな名前を付けて売ったりせず、必ず〝スイカ〟とか〝ナシ〟というグループで大括《くく》りしているはずだ。そうしなければ買い物客は自分が買いたい物をその場ですぐに言えず立ち往生してしまうだろう。ふつうに生活している分類者にとっては、身のまわりの事物は⑦〝自然〟に分類されていてほしい。それが、分類の最も原初的な姿である。

一方では専門科学としての分類学があり、他方では日常生活での分類がある。この両者の間にはどのような関係があるのだろうか。それとも、分類ということばこそ共通していても内実は何の関係もないのだろらやんでいる。

イ、誠実に生きてきたのに、いつまでたっても貧乏《びんぼう》のままなので悲しんでいる。

ウ、誠実に生きてきたのに、これ以上どうすることもできなくて困っている。

エ、誠実に生きてきたのに、苦しいことが限りなく起きる現実を嘆《なげ》いている。

問十一　⑪「そのパターン」とはどのようなパターンですか。わかりやすく説明しなさい。

問十二　⑫「"他人の幸運を羨《うらや》まず、分を弁《わきま》えること"」とありますが、「分を弁える」ことは、「ごんぞう虫」の話の中でだれのどのような行いに表れていますか。わかりやすく書きなさい。

問十三　この文章の感想として、本文の内容とあうものを次から選びなさい。

ア、昔話は時に残酷《ざんこく》で理不尽《りふじん》さを感じることもあるけれど、働いても働いても暮らしが楽にならない庶民《しょみん》の強いうらみのようなものがあらわれていたのかな。そう考えると切実さが伝わってくるね。

イ、昔話って私は納得《なっとく》いかない。怠け者でも幸せになれるのだとしたら、みんなが働かなくなってしまうんじゃないかな。福の神はどうして怠け者にまで福を授けたりするのかわからないよ。

ウ、昔話での「幸福」ってわかりやすいよね。だいたいがお金持ちになって、悪い人は懲《こ》らしめられる。誰もが思い描くハッピーエンドにすることで、人間のあるべき姿を示してくれているのかもしれないね。

エ、昔話には人々の理想が書かれている、とは一口に言えないところがおもしろいね。努力しても弱者であることから逃《のが》れられないからこそ、物語の中では夢を描きつつも、欲張《よくば》ることには釘《くぎ》をさされているんだ。

問十四　a～eのカタカナを漢字に直しなさい。

aハップン　bクメン　cセイシ　dチヂみ　eアンガイ

二　次の文章を読んで後の問いに答えなさい。**本文中の〈 〉は注として付記したものです。**

「日本最低の山」は、大阪湾《おおさかわん》にある天保《てんぽう》山（標高四・五メートル）と認定《にんてい》されている。国土地理院が設置する「三角点」は地図a計測上の重要度に応じて一等から四等までのランクがある。天保山は二等三角点がある山々の中でもっとも低い標高をもつという意味で、「日本最低の山」なのである。もっと数が少ない一等三角点をもつ山に限定すれば、「日本最低の山」の栄誉《えいよ》は同じく大阪の堺《さかい》市にある蘇鉄《そてつ》山（標高六・八メートル）に移る。いずれの「山」も、大阪湾の浚渫《しゅんせつ》**〈土砂をさらうこと〉**で出た土砂《どしゃ》を積み上げて造ったb人造の山だ。天保山も蘇鉄山も、三角点がもともとなかったり、廃止《はいし》されそうになったりしたことが過去にあるそうだ。三角点がなくなれば、c行政的には「山」ではなくなる。しかし、そのつど、近隣《きんりん》の住民が請願《せいがん》運動を起こして、「日本最低の山」を守り続けてきたという。

「日本最高の山」が問答無用の強烈《きょうれつ》な説得力をもつのに対して、「日本最低の山」は何だかいいわけの多い①もどかしさがついてまわる。「最高であること」はすぐに納得《なっとく》できるのに対し、「最低であること」は行政が考えついた暮らしの知恵《ちえ》だったのかもしれない。

（昔話の「働き者」と「怠け者」　富安陽子）

問一　①「狩りがライオンの仕事なのかというと、それはちょっと違うだろう」とありますが、筆者がそのように考える理由として最も適切なものを選びなさい。

ア、ライオンにとって狩りは何も考えないでもすることができるから。

イ、ライオンは休みなく毎日のように狩りをして生きているから。

ウ、ライオンが狩りをしてもやりがいを感じられるわけではないから。

エ、ライオンは生きるために欠かせないこととして狩りをするから。

問二　②「生きるための営み」とありますが、昔話の登場人物にとっての「生きるための営み」として最もふさわしくないものを選びなさい。

ア、川で洗濯《せんたく》をすること　イ、山の木を切って薪《たきぎ》にすること

ウ、枯《か》れ木に花を咲かせること　エ、お弁当におむすびを作ること

問三　③「働くという概念《がいねん》はなく」⑦「想像に難《かた》くない」とありますが、どういうことですか。次から最も適切なものを選びなさい。

③「働くという概念はなく」

ア、働く意味が見つからなくて　イ、働くという発想がなくて

ウ、働くとは何か分からなくて　エ、働くための条件がなくて

⑦「想像に難くない」

ア、容易に想像できる　イ、間違いなく想像する

ウ、想像することが困難だ　エ、想像できなくもない

問四　④「同義」の「義」と同じ意味で「義」が用いられている熟語を選びなさい。

ア、正義　イ、意義　ウ、義足　エ、義理

問五　⑤「一攫《かく》千金」の夢とは反対に「根気よく続ける」ことや「苦労する」ことに価値を置いたことわざの空欄《らん》を補充《ほじゅう》しなさい。

1、（　　）石をうがつ

2、石の上にも（　　）

3、骨（　　）を惜《お》しまず

問六　⑥「当時は今より格段にその可能性が低かった」のはなぜですか。当時が今と違う点をそれぞれ二十字程度で二点挙げなさい。

問七　⑧とありますが、人間が夢を思い描くことは、昔話を読む（聞く）ことと、どのような関わりがあるか、書きなさい。

問八　⑨とありますが、どういうことを「虫がいい空想」というのですか。最も適切なものを選びなさい。

ア、自分にとって常に最高の結果ばかり夢見ていること

イ、決して実現することはないのに夢見ていること

ウ、だれもが幸せになる未来を思い描いていること

エ、努力もせずに自分の成功する姿を思い描いていること

問九　㋐「ひっそりと」㋑「とぼとぼと」はそれぞれどのような様子を表していますか。最も適切なものをそれぞれ選びなさい。

ア、落ち着きがない　イ、こころやすい　ウ、ほほえましい

エ、目的がない　オ、元気がない　カ、つつましい

問十　⑩「いよいよ生活に窮《きゅう》した母子」とありますが、この時の母子の状態として最も適切なものを選びなさい。

ア、誠実に生きてきたのに、幸福が他人にばかり与えられることをう

足に履《は》いて一度転べば小判が一枚出てくるという有り難《がた》い宝物で、ただし欲をかいて転び過ぎると体が小さくなってしまうから注意しろ、と老人は息子に釘《くぎ》をさす。半信半疑ながら息子は家に帰ると母親の前で下駄を履き、ころりんと転んでみる。すると、小判が一枚チャリンと飛び出す。もう一度転ぶと、小判がもう一枚。喜んだ母子が、出てきた小判でさっそく正月の餅《もち》を設《しつら》え近所に振《ふ》る舞《ま》っていると、そこに評判を聞きつけた権三がやってきて、息子のc[セイシ]も聞かずに、お宝の下駄を持ち去ってしまう。家に帰った権三は「さあ、たっぷり小判を出すぞ」と張り切って下駄を履き、座敷《ざしき》に広げた筵《むしろ》の上で、ころりん、ころりんと転ぶのだが欲張って転び過ぎたせいで体がd[チヂ]み、とうとう〝ごんぞう虫〟という虫けらになってしまったのだそうだ。

この話では結局、謎の老人の正体も、何故《なぜ》老人が貧しい母子に宝物を授《さず》けてくれたのかも語られていないが、貧しい者が福を授かる話が一種の報恩譚《たん》として語られる場合もある。

雪をかぶった峠《とうげ》の地蔵に笠《かさ》をさしかけてあげたお爺さんに地蔵が福をもたらす〝笠地蔵〟や、子ども達にいじめられていた亀《かめ》を助けてやったお返しに竜宮城《りゅうぐうじょう》へと誘《さそ》われる〝浦《うら》島太郎〟などの物語が⑪そのパターンだ。

しかし、心優《やさ》しい正直者だけが常に福を授かるのかというと、そうでもない。昔話の中では、とんでもない怠《なま》け者がちゃっかり幸福を手に入れることも珍しくはないのである。

仕事にもつかず、ごろごろと寝《ね》てばかりいる〝三年寝太郎〟という男は、福の神のふりをして隣《となり》の村の長者の家に出向き「これ、長者よ。隣村におる三年寝太郎という男を、この家の娘聟《むすめむこ》に迎《むか》えれば、家はますます繁昌《はんじょう》まちがいなし」などとうそのお告げで長者を騙《だま》し、まんまとその家の聟に収まってしまう。

うそつきが罰《ばっ》せられることなく、幸せになって終わる物語は一見理不尽《りふじん》なようにも思えるが、これもまた昔話の定石《じょうせき》から外れてはいない。弱者と強者が入れ替《か》わり、貧しい者が富める者となる逆転劇こそ昔話の醍醐味《だいごみ》なのである。いくら主人公が、ぐうたらで、うそつきでも、騙す相手が富める強者であるなら観客は誰《だれ》も文句を言わないのだ。

福の神は気まぐれだ。正直者にも、うそつきにも。働き者にも、怠け者にも。心優しい人にも、ずるがしこいやつにも。ふと思いついたように福を授けてくれる。これはe[アンガイ]、昔も今も変わらぬ実感ではないだろうか。正直に、真面目に働いてさえいれば成功するというものでもない。人に優しい人間が得をするわけでもない。それでも……いや、それだからこそ、人間は可惜《あたら》夢をふくらませる。次は自分が幸運を手にする番ではないかと期待を抱き続けることができるのだろう。

昔話の中で福を授かる人のパターンは様々だが、ひどい目にあう人はいつも決まっている。他人の幸運をねたみ、欲張って、ひとの真似《まね》をしようとする者だ。

一本歯の下駄を羨《うらや》み、自分も肖《あやか》ろうと欲をかいて虫になった権三のように、欲張ってひと真似をする者は徹底的《てっていてき》に戒《いまし》められる。花咲か爺さんの隣のお爺さん、然《しか》り。土産《みやげ》の葛籠《つづら》ほしさにお爺さんの真似をして雀《すずめ》のお宿を訪ねていった〝舌切り雀〟のお婆さんも、手痛いしっぺ返しを受けることになる。

⑫〝他人の幸運を羨まず、分を弁《わきま》えること〟

これは、働いても働いても、なかなか現状から脱却《だっきゃく》できない昔の人々

【国　語】〈四〇分〉〈満点：一〇〇点〉

一　次の文章を読んで後の問いに答えなさい。

動物にせよ、植物にせよ、本来仕事はしない。ライオンは狩《か》りをするが、①狩りがライオンの仕事なのかというと、それはちょっと違《ちが》うだろう。ライオンに職業を尋《たず》ねたって意味がない。ライオンは生きるために、狩りをし、肉を食らい、排泄《はいせつ》を行う。休息もとるが、それは〝オフ〟ではない。すべてが②生きるための営みなのだから、彼《かれ》らの暮らしにオンもオフもないのである。もちろん、ウィークエンドも有給休暇《きゅうか》も存在しない。

人間の暮らしだって、かつてはライオンと同じだったはずだ。③働くという概念《がいねん》はなく、ただ生きるための営みだけが存在していた。

昔話の中に登場する日本の人々の暮らしぶりは、そこまでではないにしろ、現代の私たちの生活とはかけ離《はな》れている。働くことと生きることは限りなく④同義に等しく、人は生きるために日々ひたすら働かなければならなかった。加えて、昔々の日本では庶民《しょみん》が、⑤一攫《かく》千金とか一発逆転とか、立身出世を成し遂《と》げることは、殆《ほとん》ど不可能だっただろう。「それは、今だって同じだ」と思うかもしれないが、⑥当時は今より格段にその可能性が低かったことは⑦想像に難《かた》くない。なにせ、テレビも携帯《けいたい》電話もインターネットもない時代だ。自分を取り巻く環境《かんきょう》以外に、別の環境があるということすら知らぬまま一生を終える人だって珍《めずら》しくはなかっただろうし、それに、その頃《ころ》の人々は身分や土地に厳しく縛《しば》られていた。

「もっと、自分に合った仕事があるんじゃないかなあ」なんて考える余地も、「もっと、ビッグになってやる」なんてa［ハップン］するチャンスも与《あた》えられていなかったのである。

⑧それでも……それなのに、人間は夢を思い描《えが》くことができる。ひょっとして、幸運に見舞《みま》われはしまいかと妄想《もうそう》をふくらませたりする。ライオンはもちろん、妄想なんて抱《いだ》かない。どれだけエサが捕《と》れなくても、「ああ、どっかから獲物《えもの》が降ってこないかなあ」なんて考えないし、「明日、目が覚めたら俺《おれ》、狩りの達人になってねえかなあ」なんて思ったりもしない。

厳しい現実の中にあって、幸福を夢見たり、⑨虫のいい空想に耽《ふけ》るのは、人間の性《さが》であり、人間の才能だろう。だから、昔話では好んでサクセスストーリーが語られる。

桃《もも》太郎は、鬼《おに》ヶ島の鬼から宝物をぶんどって、育ての親のお爺《じい》さんとお婆《ばあ》さんに恩返しをするし、花咲《さ》か爺さんは愛犬ポチのお蔭《かげ》で大判小判を掘《ほ》りあてたばかりか、枯《か》れ木に花を咲かせて殿様《とのさま》からのご褒美《ほうび》まで手に入れる。岡山《おかやま》市に伝わる〝ごんぞう虫〟という昔話も、思い掛《が》けず福を手に入れた母子の物語である。

昔々、備前の国に貧しい母子が㋐ひっそりと暮らしていた。朝から晩まで、働いても働いても暮らしは一向楽にならず、そのうえ、ある年、母親が病に臥《ふ》せってしまった。⑩いよいよ生活に窮《きゅう》した母子は、相談のうえ、親戚《しんせき》の権三《ごんぞう》おじにお金を借りに行く。一度は嫌々《いやいや》ながら銭《ぜに》百文を投げ与えた権三だが、年越《こ》しの金のb［クメン］がつかず再び息子《むすこ》が借金を申し込《こ》むと「貧乏《びんぼう》人が年越しの用意など生意気だ」と怒《おこ》って追い返してしまう。ところが、㋑とぼとぼと家路を辿《たど》る息子の前に謎《なぞ》の老人が現れ不思議な一本歯の下駄《げた》をプレゼントしてくれるのである。その下駄は、

MEMO

大切なことはメモしておこうネ！

平 成 29 年 度

解 答 と 解 説

《平成29年度の配点は解答用紙に掲載してあります。》

＜算数解答＞ 《学校からの正答の発表はありません。》

1. (1) 69　(2) 41.12cm^2　(3) ㋐ 10cm^2　㋑ 4.5cm^2　(4) 5.4cm
 (5) ㋐ 72度　㋑ 84度　㋒ 18度　(6) 460円より高く690円以下
2. (1) 時速78km　(2) 4.2秒　3. 34と47
4. (1) 午前・11時40分　(2) (午後1時)48分
5. (1) 380円　(2) 212個
6. (1) ㋓　(2) 底面積 1800cm^2　1分の水量 4000cm^3　(3) 20

＜算数解説＞

1. (四則計算，平面図形，過不足算，割合と比)

(1) $63\times\left(2\frac{7}{15}-3.4\times\frac{16}{35}\times\frac{15}{17}\right)=63\times\left(2\frac{7}{15}-\frac{48}{35}\right)=63\times\frac{23}{21}=69$

基本 (2) 図1より，$4\times4\times3.14\div2+4\times4=25.12+16=41.12$(cm^2)

重要 (3) ㋐…図2より，$48\div2\div12\times5=10$(cm^2)

㋑…図3より，$(48-10\times3)\div4=4.5$(cm^2)

図1

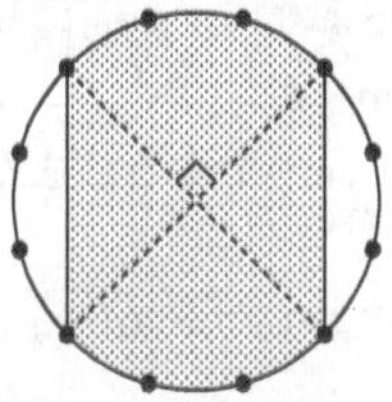

図2

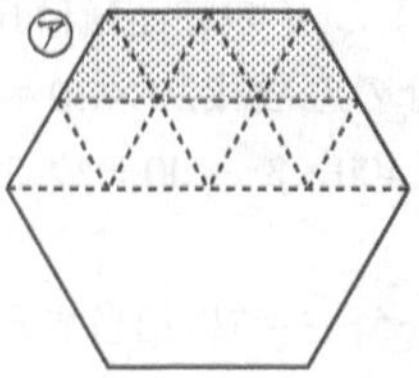

図3

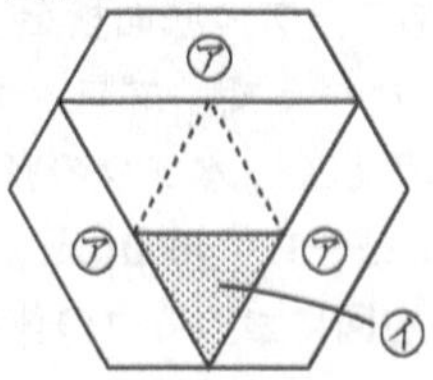

重要 (4) 図4において，JKの長さが3のときKL＝NAの長さは$8\div2=4$，APの長さも3であるから，LM＝PBの長さは$(9-3)\div2=3$である。したがって，ABの実際の長さは$9\div(4+3\times2)\times3\times2=5.4$(cm)

図4

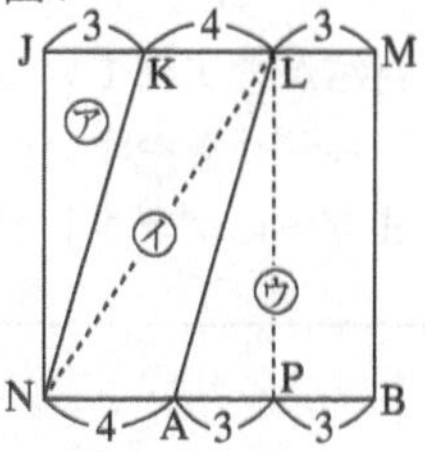

図5

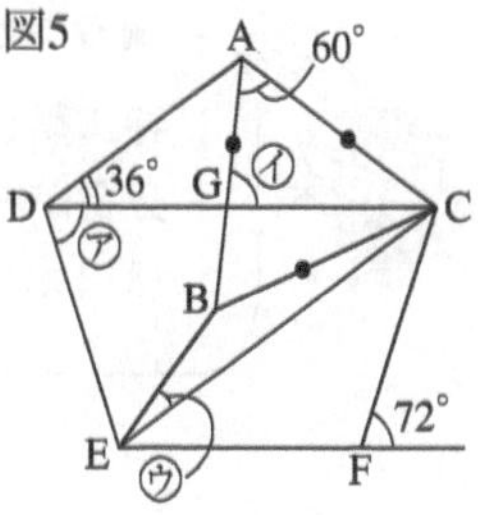

基本 (5) ㋐…図5において，角ADEは$180-360\div5=180-72=108$(度)，角ADCは$72\div2=36$(度)であり，$108-36=72$(度)

㋑…$36+108-60=84$(度)　㋒…$108\div2-36=18$(度)

重要 (6) 各品物1個の値段をA，Bで表すと，おこづかいの金額は$B\times4+270\times4+300=B\times4+1380$(円)であり，これは$B\times6$以上，$B\times7$未満である。したがって，Bは$1380\div(7-4)=460$(円)より高く，$1380\div(6-4)=690$(円)以下である。

重要 2.（通過算，速さの三公式と比，単位の換算）

(1)　列車Aの時速126kmは秒速126÷3.6＝35(m)である。列車AとBの秒速の差は160÷12＝$\frac{40}{3}$(m)であり，列車Bの時速は126－$\frac{40}{3}$×3.6＝78(km)である。

(2)　(1)より，238÷$\left(35\times2-\frac{40}{3}\right)$＝4.2(秒)である。…列車Aの長さ÷秒速の和

基本 3.（規則性）

59－22＝37であり，この組の左隣の差は58－23＝35である。したがって，差が13になる一方の数は58－(35－13)÷2＝47であり，他方の数は47－13＝34である。

重要 4.（時計算，速さの三公式と比，平面図形）

(1)　短針は1周し5時間を越えているので，求める時刻は午前6＋5＝11(時)台であり，短針は4を指しているので40分である。

(2)　長針は1分に6度，短針は60÷60＝1(度)回り，午後1時には両針の間の角度が360÷6＝60(度)になる。したがって，その角度が180度になるのは(60＋180)÷(6－1)＝48(分)

基本 5.（売買算，割合と比，鶴カメ算）

(1)　仕入れ値を10にすると，売り値の利益が10×{(1＋0.25)×(1－0.12)－1}＝10×0.1＝1であり，これが38円に相当するので実際の仕入れ値は38×10＝380(円)である。

(2)　(1)より，定価で売る場合の利益が380÷4＝95(円)であり，定価で売った個数は(31084－38×500)－(95－38)＝12084÷57＝212(個)である。

6.（立体図形，平面図形，割合と比，グラフ，消去算）

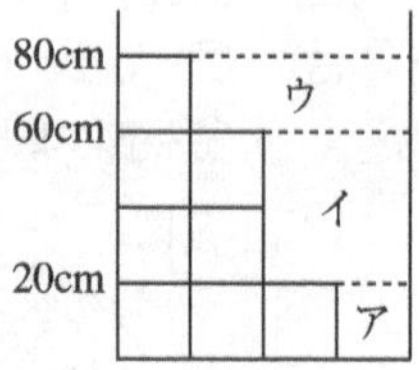

基本 (1)　グラフは，水面の高さが20cm・60cm・80cmの位置で変化するので，ブロックが1段・3段・4段に重なっている図㋓を選ぶ。

やや難 (2)　グラフの時間より，右図においてアの体積を3にすると，イの体積は13－3＝10であり，アの底面積を③にすると,イの底面積は10÷2＝5より⑤である。したがって，ブロック1個分の底面積20×20＝400(cm^2)が⑤－③＝②に等しく，水ソウの底面積は400×3＋400÷2×3＝1800(cm^2)である。また，1分の水量は400×20÷(5－3)＝4000(cm^3)

(3)　(2)より，右図においてウの体積は5＋5－3＝7に相当するのでⒶは13＋7＝20(分)である。

★ワンポイントアドバイス★

特に難しい問題が含まれているわけではないが，速く解ける問題から着実に解く必要がある。差がつきやすい問題は1.(3)「正六角形」，(6)「過不足算」，6.(2)・(3)「水のたまり方のグラフ」である。

＜理科解答＞《学校からの正答の発表はありません。》

Ⅰ　1　(1)　A　土星　　B　金星　　C　火星　　D　海王星　　E　木星

　　　　(2)　①　キ　　②　ア　　③　イ　　(3)　オ

　　2　(1)　①　金星　　②　キ　　(2)　植物　　(3)　①　海　　②　サンゴ　　③　石灰岩

Ⅱ　1　①　ケ　　②　エ　　③　イ　　④　キ　　2　A　スギ　　B　ブナ

3 ① ア ② イ 4 X(地点) 5 ① 11(℃) ② 58 ③ ウ 6 エ
7 エ 8 ウ，オ

Ⅲ 1 (1) A～D (2) ウ (3) (例) 固体から液体になるよりも，液体から気体になる方が熱量が多く必要である。 2 (1) 油 (2) 27(℃)
(3) ① 小さ ② 多 ③ 温度差 (4) (例) ビーカーを布でおおう。 3 ① イ ② ウ ③ 熱を伝えやすい ④ ア ⑤ (例) 電気を通す 4 (1) 右図
(2) ウ (3) ウ (4) エ，カ (5) 1.3(cm^3)

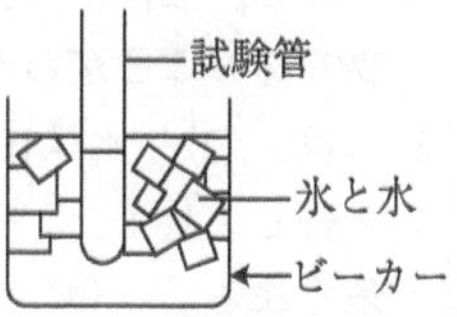

Ⅳ 1 ウ 2 (1) イ (2) イ (3) イ (4) ア (5) ア 3 イ
4 (1) × (2) ○ (3) ○ (4) × 5 ア，ウ

＜理科解説＞

Ⅰ (星と星座一惑星)

1 (1) 惑星探査機「あかつき」は，金星の気象の探査のために2010年に種子島宇宙センターから打ち上げられた。太陽系の惑星で最も外側を公転するのは，海王星である。 (2)，(3) 太陽系の惑星は，地球型惑星と木星型惑星に分けられる。地球型惑星は火星よりも内側の軌道を回り，岩石や金属でできており，体積は比較的小さく，密度は大きい。木星型惑星は，木星よりも外側の軌道を回り，ガスでできていて体積は比較的大きく，密度は小さい。

2 (1) 地球の大気全体の重さを1とすると，ちっ素の重さは地球は0.76，金星は1.8，火星は0.0001となる。また二酸化炭素の重さは金星が88.2，火星が0.00485となり，二酸化炭素の量は金星が火星の約2000倍となる。 (2) 地球の大気中の酸素は，はじめは光合成を行う海水中のバクテリアや，植物プランクトンなどの光合成によって生み出された。その後植物などの光合成によって，現在の大気の組成の割合となったと考えられている。 (3) 大気中の二酸化炭素は長い時間をかけて海水中に溶け込み，サンゴなどに取り込まれた。貝やサンゴ，フズリナの死がいが堆積してできた岩石を石灰岩という。

Ⅱ (時事問題一日本の自然遺産)

重要 1 屋久島は，日本列島の南に位置する鹿児島県の島である。白神山地は，青森県の南西部から秋田県の北西部にかけて広がる山地である。知床は，北海道の東部に位置し，流氷の南限である。小笠原諸島は，父島，母島など30あまりの島々で構成されている。

2 屋久島では，土の中に栄養が少なくスギの成長が遅いため，樹齢1000年以上の天然のスギが多く見られる。白神山地には，東アジア最大の原生的なブナ林が広がっている。

3 亜熱帯多雨林はエ，照葉樹林はア，夏緑樹林はイ，針葉樹林はウの植物が見られる。

4 年平均気温が同じ場合，気温の年合計は等しい。合計が等しいとき，温かさ指数が高いX地点の方が，夏と冬の気温差が大きいと考えられる。

5 宮之浦岳の頂上では，尾之間との気温差が(1936－60)÷100×0.6＝11(℃)となる。したがって，暖かさ指数は4月から11月までで計算して58となり，森林は夏緑樹林となる。

6 暖かさの指数現在57なので86－57＝29大きくなると，照葉樹林となる。4℃上昇すると指数は31大きくなるので，照葉樹林となる。

7 日本国内には，北海道にヒグマ，本州以南にツキノワグマの2種類のクマが生息している。

8 大陸と離れた島で，移動する能力が低い生物が生息していると固有種が生じやすい。

Ⅲ （状態変化ー物質の温度と状態の変化）

重要 1 (1) A～Bは固体と液体，B～Cは液体，C～Dは液体と気体が存在する。 (2) 水は固体よりも液体の方が体積が小さくなり，4℃で最も小さくなる。 (3) グラフより，固体が液体になるよりも，液体が気体になる方が時間が長いことから，液体が気体になるときの方が熱量が多く必要であることがわかる。

2 (1)・(2) 水は100℃までしか温度が上がらないので，グラフの上の線がサラダ油の温度変化を表している。 (3) 周りの空気の温度と水の温度の差が大きくなると，移動する熱の量も多くなる。 (4) 熱を伝えにくい物質でビーカーをおおう事で，熱の移動を遅らせることができる。

3 金属に共通の性質は，熱を伝えやすい，電気を伝えやすい，光沢がある，伸ばすことができる，などである。

やや難 4 (1) 氷と水が混ざった状態のビーカーに試験管を入れて実験を行えばよい。 (2)～(4) 塩酸に鉄を加えると水素を発生する。温度が高い方が反応は早いが，発生する水素の量や液体を加熱後，残った黄色の固体の重さは変わらない。水素は燃やすと水ができる。 (5) スチールウール0.2gで水素が40cm^3発生するので，水素が64cm^3発生するときスチールウールは64÷40×0.2＝0.32(g)溶けたと考えられる。したがって，あと0.08gのスチールウールを溶かすには，0.08÷0.32×5＝1.25(cm^3)の塩酸が必要である。

Ⅳ （物体の運動ーふりこ）

重要 1 ふりこが1往復するのにかかる時間を周期といい，周期は糸の長さによってのみ決まる。

2 (1)・(2) Aの運動がBに伝えられ，BはAと同じ運動をする。 (3) ふりこの周期は糸の長さによってのみ決まるので，時間は変わらない。 (4)・(5) AとBは同じ速さで同じ高さまで上がるが，Cは速さも遅く，高さも低くなる。

3 周期は変わらないので，1回目と同じ位置で衝突する。

重要 4 (1) 組み合わせのⅢとⅣの結果から，半分になるとは言えない。 (2) 組み合わせのⅠとⅢ，ⅡとⅣの結果を比べると飛距離は大きくなっている。 (3) 組み合わせのⅠとⅣの結果から，飛距離は変わらないことがわかる。 (4) どの組み合わせの結果も高さを4倍にすると飛距離は2倍，高さを9倍にすると飛距離は3倍となっている。

やや難 5 4の(4)より，アは20×6＝120(cm)，イは10×6＝60(cm)となる。ウは，130÷30＝4.3…より，4.3の2乗の数の高さまでならば，飛距離は130cmまでとなる。したがって，4.3×4.3＝18.49(cm)となり，高さが18cmのとき，飛距離は110～130cmとなる。エは110÷20＝5.5より高さが5.5×5.5＝30.25(cm)以上でなければ，飛距離は110cm以上にならない。

★ワンポイントアドバイス★

図や表を読み取る問題が多く出題されている。与えられた図や表からどのような事が考えられるのか，考察しながら解いていこう。

＜社会解答＞《学校からの正答の発表はありません。》

Ⅰ 問1 (1) (例) 水を張る必要があり，その時の水深を一定に保つため。

問2 (例) 山などの傾斜地に水平な水田を作る必要があったため。

問3　イ→エ→ア→ウ　　問4　ア→ウ→エ→イ　　問5　イ　　問6　(例)　島が細長く，川の長さが短いので，雨水などがすぐに海に流れてしまうため。　問7　(1)　A　ウ　B　イ　C　オ　　(2)　(例)　高原地帯で，夏でもすずしい気候のため。　問8　イ　問9　ア

Ⅱ　問1　ア・ウ　　問2　イ・エ　　問3　(1)　イ・オ　　(2)　ウ　　問4　(1)　アメリカ合衆国・イギリス　　(2)　ハワイ　　(3)　(例)　ヨーロッパ列強の支配から東アジアの人々を助け出すこと。　問5　エ　　問6　(1)　A　立法　　B　内閣　　C　行政　(2)　D　集会　　E　精神　　(3)　ウ・カ　　(4)　知る　　(5)　ウ　　(6)　権力監視

Ⅲ　問1　ウ→イ→ア→エ　　問2　(例)　周りを山に囲まれ，道が通っている場所。　問3　イ・ウ　　問4　(1)　福島(県)　　(2)　エ・オ　　問5　イ　　問6　(例)　商品を早く，広範囲に運ぶことが可能になり，商業がより活発になった。　問7　徳川家康　問8　(例)　人質として住んでいた大名の妻子が，幕府の許可なく江戸を離れること。　問9　日本橋　　問10　イ

Ⅳ　問1　オ　　問2　B　移動　　C　国境　　問3　ウ・エ　　問4　イ　　問5　(1)　ウ　(2)　イ・ウ　　問6　エ　　問7　ア　　問8　ア・エ・カ　　問9　イ→ア→エ→ウ

＜社会解説＞

Ⅰ　(日本の地理・歴史ー稲作・農業の発展から見た日本)

やや難　問1　水田には水を張る必要があり，その時には水田全体の水深を一定に保つ必要がある。その理由は水深が一定でないと植えた稲の生長に差が出たり，雑草の害を受けたりするので，そのような被害を防ぐためである。

重要　問2　棚田とは，傾斜地にある稲作地である。棚田は土地の傾斜が急で耕作単位が狭い場所において，水平に保たれた水田を作る必要に応じた方法である。

問3　アの千歯こきの使用が広がったのは江戸時代(1603～1867年)，イの臼や杵が使われるようになったのは弥生時代(前4世紀～3世紀)，ウの化学肥料が使われるようになったのは昭和時代(1926～1989年)の第二次世界大戦後，エの牛馬に鉄製の農具を引かせる牛馬耕が広がったのは鎌倉時代(1185～1333年)のことである。したがって，これらのできごとを古い順に並べると，イ→エ→ア→ウの順になる。

問4　アのような班田収授法が行われ始めたのは大化改新(645年)から奈良時代(710～784年)にかけての頃，イのような太閤検地が行われたのは安土桃山時代(1573～1603年)，ウの土地の私有を認めて荘園が拡大するようになったのは奈良時代後半以降，エの地頭が地方で力をふるったのは鎌倉時代のことである。したがって，これらのできごとを古い順に並べると，ア→ウ→エ→イの順になる。

問5　縄文時代に人々は山野における狩猟・採集だけでなく，海・川・湖などにおいても魚や貝を採る漁労も行っていた。したがってこの時代の集落は洪水に備えて海や川から離れた山の中腹よりも，海岸や川・湖の近くに集落が形成されることも多かった。

やや難　問6　沖縄本島は南北に細長い一方，同島の川の多くは東西方向に流れている。そのためそれらの川の長さは20km未満の比較的短いものが多く，雨が降るとすぐに海に流れ込んでしまう。また島によっては水分をしみこませやすい土壌でできている島もあり，島内に水をためておくダムも存在するが，それらのダムの規模は大きいものではなく，大量の水を蓄えていくことはできない。それらのことから，沖縄県では比較的たくさんの雨がふるものの，水不足が発生しやすい状況と

なっている。

重要 問7 (1) 表中のAとBはともに冬から春にかけての期間に出荷量が多くなっていることから，いずれも近郊農業が盛んな千葉県(イ)か愛知県(ウ)となる。この2つの中でAの方が1位となっている月が多いことから，Aはキャベツの生産量が1位の愛知県(2014年)，Bは千葉県となる。またCは夏の期間に出荷量が多いことから，野菜の抑制栽培が盛んな群馬県(オ)となる。 (2) 群馬県の嬬恋村などは標高1000m以上の高原地帯に位置するため，夏でも比較的すずしい気候となる。キャベツは本来，冬の野菜であるため，同地はこのようなすずしい気候を利用した高原キャベツの産地として有名である。

問8 台湾は日本のリンゴの最大の輸出先であるが，2002年(平成14年)にWTOに加盟し，輸入数量割当額が撤廃され，関税も引き下げられたことで日本からの輸出が大幅に増加した。

問9 近年においては，低温で保存できる倉庫や低温で加湿保存できる倉庫の開発などの貯蔵技術の発達によって長期保存が可能になり，それによってリンゴが年間を通して国産のリンゴが出回るようになった。

Ⅱ (日本の歴史・政治一情報と生活)

問1 ア 政府などの公共機関からの情報は全国の地域全体に隈なく行き渡るようにして，情報から孤立する人が出ないようにしなければならない。 イ 社会の秩序を守るためという理由であっても政府に都合の悪い情報を伏せておくことは，人々が物事を正しく判断するための障害となり，ふさわしくない。 ウ 政府などの公共機関は，常に情報の受け手の立場に立って，人々が必要とする情報をできるだけ早く伝達するようにしなければならない。 エ 政府などの公共機関はうわさが広がることを恐れて，人々に伝達する情報の量を限定することはふさわしいことではない。

基本 問2 イ 書物である事がらを調べる場合には，書物の形式よりも書かれている内容が大切になる。そのため書物の出版年がいつかを確認することは，その書物に書かれた内容がいつごろのことなのかを知る上で重要なことである。ただし最近の事情を知りたい場合，あまり古い時期の事がらは参考にならないこともある。 エ その書物の著者がどのような人かを確認することも必要である。著者の略歴などを知ることで，その書物がどのような立場や見解によって書かれたものかがわかり，自らの判断にも有用となる。なお，書物の価格(ア)やページ数(ウ)は事がらを調べる場合，直接には関係ない。

問3 (1) 設問中の漫画Aが掲載された『ニューヨークタイムズ』は1937年11月21日のものであるので，この時期に比較的近い時期に日本が「世界を無視」したとされる出来事を指摘するイの国際連盟を脱退した(1932年)ことは，国際連盟におけるリットン報告書に基づく対日勧告案を無視したことである。他方，オの日中戦争を拡大した(1937年)は，宣戦布告をすることなく全面戦争に発展させたことである。なお，アのブラジルへの移民を始めたのは明治時代の1908年以降，ウの南樺太を領有したのは1905年，エの日露戦争を起こしたのは1904年のことである。 (2) 1930年代初頭の日本は，昭和恐慌と呼ばれた深刻な不景気に襲われていた。このような不景気から脱却するために，日本は海外から資源を獲得して産業を活発にする(ア)とともに，移民をすすめて国内の失業者を減らす(イ)政策を実施した。そのため，日本は海外に支配地を広げようとした。

重要 問4 (1) 「双頭の毒蛇」とは，ヨーロッパ列強のことである。設問中の漫画Bを掲載している雑誌『講談倶楽部』は1942年2月なので，この時点で東アジアにおいて日本と対立していたヨーロッパ列強の2国は，アメリカ合衆国とイギリスである。 (2) 昭和16年(1941年)12月8日，日本海軍はハワイの真珠湾を拠点としているアメリカ太平洋艦隊に奇襲攻撃をかけて，太平洋戦争を始めた。 (3) 日本は大東亜戦争において，ヨーロッパ列強の支配下に置かれた東アジアや東南アジアの人々を解放して，大東亜共栄圏を設立することをスローガンにしていた。

基本 問5 シベリアに連行されて死傷した日本人とは第二次世界大戦後にソ連によって行われたシベリア抑留のことで，この出来事は漫画Aや漫画Bで描かれた大東亜戦争による日本以外のアジアの人々のこととは直接関係ない。

重要 問6 (1) 日本のような議院内閣制を採用している国において，与党とは立法権(空欄A)を持つ国会において多数の議席を持ち，その党首を内閣総理大臣として内閣(空欄B)を構成する政党のことである。三権分立の下では内閣が行政権(空欄C)を持つので，その内閣を構成する与党は実質的に行政権も担うことになる。 (2) D 日本国憲法第21条1項には，「集会，結社及び言論，出版その他一切の表現の自由は，これを保障する。」とある。 E 日本国憲法においては，思想・良心の自由(第19条)，信教の自由(第20条)，学問の自由(第23条)，集会・結社・表現の自由(第21条)からなる精神の自由が保障されている。 (3) ウ ある人の名誉を傷つける発言をすることは名誉棄損とよばれ，そのような行為の禁止とそれに対する刑罰は日本では憲法ではなく法律(刑法・民法)で定められている。したがって，表現の自由の弾圧ではない。 カ 個人の尊厳を否定する差別的な言動はヘイトスピーチと呼ばれている。日本ではこれを直接取り締まる法律は存在しないが，民法の規定によって規制されている。したがって，表現の自由の弾圧ではない。 (4) 知る権利とは，政府や企業などが持つ情報を知る権利である。政府や企業が必要な情報を隠すと，主権者である国民が正確な情報を得ることができず，正しい判断ができなくなる。そこで政府や企業には，国民の生命や安全などに関する情報の公開が求められるようになった。 (5) 国や地方公共団体の機関が持っている情報を，主権者である国民が自由に知ることができるようにする制度が情報公開制度である。この制度を確立するために，日本では1999年に情報公開法が制定された。なお，アの個人情報保護制度は個人のプライバシーを保護するための制度，イのマイナンバー制度は2016年から導入された全ての国民に個別の管理番号をつけて社会保障や個人情報を管理する制度，エの特定秘密保護法は2013年に制定され，翌年から施行された日本の安全保障に関する情報の中で重要なものを「特定秘密」に指定し，漏らした場合には罰則を科すようにした法律である。 (6) 表現の自由を守るために，日本国憲法では第21条2項で検閲の禁止や通信の秘密を侵してはならないことを定めている。これらの事柄を権力を持っている機関や人に守らせることは，「権力監視」を行うことを意味する。

Ⅲ (日本の歴史―古代～江戸時代の交通)

問1 アの雪舟が諸国を訪れて水墨画を描いたのは室町時代(1336～1573年)，イの源義経が各地で平氏と戦ったのは鎌倉時代初期，ウの行基が各地で土木工事を進めたのは奈良時代，エの松尾芭蕉が紀行文を書いたのは江戸時代初期のことである。したがって，これらのできごとを古い順に並べると，ウ→イ→ア→エの順になる。

重要 問2 設問の図1と図2で示された関所は，古代の不破関と呼ばれた関所である。古代の関所は主に治安維持を目的に設置されたため，交通路ではあるが周りを山などに囲まれ，周囲の攻撃から守りやすい峠に多くが設置された。

基本 問3 現在，人々の出入を取り締まっているのは，海外との窓口となっている港や空港である。したがって，イの東京港やウの成田空港がそれに当たる。

問4 (1) 白河関は奥州三関の1つであり，8世紀には都の京都から陸奥国に通じる東山道の要衝に設けられた関所として知られていた。現在は，福島県白河市旗宿がその遺構として認定されており，国の史跡に指定されている。 (2) ア 「白河関跡」の標高は約420mであるが，その西側の社川のあたりの標高は約380mである。したがって，「白河関跡」に大雨が降っても洪水で水びたしになることはない。 イ 「追分」の集落の標高は約460mであり，「大木」の水田の標高は約380mである。しかしこの2地点を直線で結ぶと，その線上にあたる「追分」の北方に標高546mの山があるので，「追分」の集落から「大木」の水田を見ることはできない。　ウ　社川が流れている「大木」の水田の付近は標高380m，他方，その北東の「岩崎」付近の標高は約360mであることから，社川は南ではなく北へ向かって流れていることになる。　エ　地図中の「大木」の水田や岩崎のあたりは標高400m以下，また「追分」の東方には標高600m以上の山地がある。したがって，この地図には標高400m以下と標高600m以上の土地の両方がある。　オ　「白河関跡」の北方に神社「⛩」，西方に記念碑「Ω」の地図記号が確認できる。

問5　選択肢の中で7世紀に起った戦乱とは，天智天皇(位668～671年)の死後，天皇の弟(大海人皇子)と天皇の子(大友皇子)が天皇の位をめぐって争った壬申の乱(672年)である。なお，アは応仁の乱(1467～1477年)，ウは承久の乱(1221年)，エは保元の乱(1156年)の説明である。

重要　問6　中世の関所は，流通が増加したことに注目した幕府や寺社などによって通交税を取る目的で設置された。これらの関所を織田信長が廃止したことで商人たちは商品を早く，広範囲に運ぶことが可能になり，そのことで商業がより活発になった。

問7　1600年の関ヶ原の戦いで東軍の総大将であった徳川家康(1542～1616年)は，石田三成らの西軍を破って，ほぼ天下を手中におさめた。

やや難　問8　江戸時代の関所は江戸の警備と警察を目的に設置され，特に東海道の箱根の関所では江戸への武器の持ち込み(入鉄砲)と人質として江戸に住まわせた大名の妻子の逃亡(出女)が厳しく取り締まられた。設問中の資料は，いわゆる「出女」に関するものである。

基本　問9　日本橋は東京都中央区の日本橋川に架かる国道の橋で，日本の道路元標がある。1604年，江戸時代に発達した幹線道路である五街道の起点とされた。

問10　中山道は，江戸と京都間を結んでいた約530kmの東海道の裏街道の役割を果たした街道で，江戸と草津間に67の宿場があった。その道は中央高地の険しい山岳地帯の谷間を通過し，峠道も多い上，冬場は寒さも厳しく雪が降った際には通行が困難になることも多かった。なお，アは日光街道，ウ・エは東海道の説明である。

Ⅳ　(政治－世界の難民問題)

問1　「UNHCR」とは国連難民高等弁務官事務所のことで，1950年12月に設立された国際連合の難民問題に関する機関である。かつては国連内の経済社会理事会の専門機関であったが，現在は総会の補助機関となっている。なお，アの「WHO」は世界保健機関，イの「IBRD」は国際復興開発銀行，ウの「UNESCO」は国連教育科学文化機関，エの「UNICEF」は国連児童基金の略称である。

基本　問2　(B)　近年の西アジアやアフリカ地域の紛争によって，生命の安全や仕事を求めてこれらの地域からヨーロッパへ移動を余儀なくされている難民が多く発生している。　(C)　現在のヨーロッパの多くの国ではシェンゲン協定(1985年)により，国境における審査なしで国境を越えることができるようになっている。しかし西アジアなどからの大量の難民の流入により，例えばハンガリーは2015年9月にセルビアとの国境を封鎖したため，数千人の難民が国境付近で立ち往生する事態になった。

基本　問3　ウ　日本で戦争によって物資が不足し，政府が米などの配給制を行ったのは，第一次世界大戦ではなく第二次世界大戦(太平洋戦争)の時である。　エ　第一次世界大戦時，日本では戦争が進むにつれて輸出が減少して不景気になったのではなく，むしろ輸出が増加し，好景気となった。

問4　日清戦争後に台湾に渡った日本人は植民地統治の以外に台湾の開発に努力した者も多くおり，政治的な迫害や信条の違いなどによる難民ではなかった。

重要 問5 (1) 日本における難民の認定は，いわゆる出入国管理を担当している法務省が行っているので，法務省に難民申請をしなければならない。なお，アの内閣府は内閣の重要政策に関する事務，イの総務省は地方自治・郵政事業・公害関係などの仕事，エの厚生労働省は労働問題や社会保障政策などの仕事，オの文部科学省は教育や科学技術・文化の政策に関する事務などを担当する役所である。 (2) イ 日本は難民問題に関して国際連合に多額の資金を出しているが，難民の受け入れには慎重で他の先進国に比べて難民認定数は非常に少ない。 ウ 例えば，近年のシリアからの難民に関しては約3割が5～17歳の子どもとされており，18歳未満の子どもが占める割合が2割以下ということはない。

問6 2014年の段階で難民の受け入れ数が多い上位5ヵ国は，トルコ(159万人)，パキスタン(151万人)，レバノン(115万人)，イラン(98万人)，エチオピア(66万人)となっており，中の国の中ではトルコ(エ)がもっとも多い。

問7 難民数が急に増え始めたのは2011年からであるが，その理由は同年に発生した西アジアのシリアにおける内戦によるものである。5950万人という数は，毎日約4万2500人の難民が発生していることを意味する。

重要 問8 ア EUには政治的な方針を決める機関である欧州理事会があり，その議長は「EUの大統領」とも呼ばれる役職である。 イ EU加盟国は現在28ヵ国(2017年2月現在)であるが，その中でユーロを導入している国は19ヵ国であり，すべての加盟国が導入しているわけではない。なお，ユーロを導入していない国はデンマーク・スウェーデン・イギリス・ブルガリア・チェコ・ハンガリー・ポーランド・ルーマニア・クロアチアの9ヵ国である。 ウ EUでは23の言語が公用語とされており，1つの公用語があるわけではない。 エ EU加盟国の間では，貿易の際の関税や出入国時の審査が取り除かれており，物や人の移動の自由が容易になっている。 オ ヨーロッパには現在50ヵ国があるが，その中でEU加盟国は28ヵ国なので，ヨーロッパの国々のすべてがEUに加盟しているわけではない。 カ 2004年以降にはポーランドやハンガリーなどの，かつてはソビエト連邦を中心とした東側陣営の国もEUに加盟した。

問9 アのアメリカで「9.11」同時多発テロ事件が起こったのは2001年，イのソビエト連邦が解体されたのは1991年，ウのパリで「イスラム国」による同時多発テロ事件が起こったのは2015年，エのイラク戦争が開始されたのは2003年である。したがって，これらのできごとを古い順に並べると，イ→ア→エ→ウの順になる。

★ワンポイントアドバイス★

昨年より設問数は減ったものの時間に比べて問題量が比較的多いことに変わりはないので，解ける問題から処理するようにしよう。また1行程度の説明問題も複数出題されているので，きちんと準備をするようにしよう。

＜国語解答＞ 《学校からの正答の発表はありません。》

一 問一 エ 問二 ウ 問三 ③ イ ⑦ ア 問四 イ 問五 1 雨だれ 2 三年 3 身 問六 ・(例) 自分を取り巻く環境以外の他の環境を知らなかった(から) ・(例) 人々が身分や土地に厳しくしばられていた(から) 問七 (例) 生きるために日々ひたすら働いても厳しい環境から抜け出せない現実の中，人々が幸福を夢見て，

昔話がその夢をかなえてくれる。　問八　エ　問九　㋐　カ　㋑　オ　問十　ウ
問十一　(例)　心優しく貧しいものが，親切な行いのお返しとして，福を授かるというパターン。　問十二　(だれ)　母子　(行い)　二回だけ小判を出し，それで餅を手に入れ，近所に振る舞ったという行い。　問十三　エ　問十四　a　発奮　b　工面　c　制止
d　縮(み)　e　案外

二　問一　ウ　問二　ア　問三　イ　問四　ウ　問五　エ　問六　(例)　細かく見れば，いろいろな模様，形，性質のチョウがいて，それぞれが別のものではあるが，共通の特徴をおさえて，「チョウ」というグループでまとめること。　問七　イ　問八　エ
問九　ア　問十　エ　問十一　A　専門科学としての分類学　B　日常生活での分類
問十二　(例)　カモノハシのように，分類しにくいものが厳然とある(という問題)
問十三　ア　×　イ　×　ウ　○　エ　○　問十四　a　エ　b　ア　c　イ
d　ウ

＜国語解説＞

一　(論説文ー要旨・理由・細部表現の読み取り，記述，ことわざ，漢字の書き取り)

問一　傍線①直後に，「ライオンは生きるために，狩りをし……」という表現がある。その部分を手がかりにする。アの「何も考えないでも……」の部分は，文章中に同様の記載がない。

問二　傍線②の「生きるための営み」とは，生活のためには必ずやらなくてはならないことを意味している。選択肢の中では，ウの「枯れ木に花を咲かせること」が，ふさわしくないものになる。必ずやらなくてはならないとは言えない。

問三　③　概念とは，ものごとについての大まかな内容・意味を表す言葉である。傍線③は，ライオンには「働く」という言葉の意味そのものがないことを表している。つまり，ライオンは働こうと考えることすらないのだ。「働くという発想がなくて」とある，イが正解になる。アの「働く意味」とは，「働く意義・働く重要性」と言い換えられる。誤答である。　⑦　「難くない」とは，むずかしくないという意味。つまり，傍線⑦は，想像するのが難しくない，容易だと言っている。解答はアになる。

問四　それぞれの「義」の意味をおさえる。アの「正義」の場合，人として行うべき道という意味。イの「意義」の場合，記号(文字)の表す内容という意味。ウの「義足」の場合，代わりのものという意味。エの「義理」の場合，血族ではない親族という意味。傍線④の「同義」の場合は，イと同じ意味になる。

基本　問五　1　「雨だれ石をうがつ」となる。わずかなことでも，こつこつ努力を続ければ，成功につながるという意味である。　2　「石の上にも三年」となる。辛抱していれば，やがては成功するという意味である。　3　「骨身を惜しまず」となる。苦労や面倒をいやがらずという意味である。

問六　傍線⑥以降に，二点はっきりと書かれている。「自分を取り巻く環境以外に……」の部分と，「その頃の人々は身分や土地に……」の部分である。その二点をそれぞれまとめる。解答欄の形を意識して，解答欄にあうようにまとめたい。

重要　問七　まず，傍線⑧前後までの表現から，人々の様子を読み取る。傍線⑧までに書かれているように，人々は生きるために，日々ひたすら働かなくてはならない環境に身をおいていた。だが，傍線⑥前後にあるように，その厳しい環境からはなかなか抜け出すことができなかった。そして，傍線⑧直後にあるように，人々は，幸運に恵まれないかと夢を思い描いた。さらに，傍線⑨以降にあるように，その夢は昔話としてかなえられたのである。記述の際には，「人々が厳しい現実

から抜け出せないという点」「人々が厳しい現実の中で夢を見たり，空想にふけったりする点」を書き，「その夢や空想は，昔話でかなえられた」という内容をつけ加える。

問八 「虫がいい」とは，自分によい都合だけしか考えないこと。そして，「虫がいい空想」とは，傍線⑧直後にあるように「ひょっとして，幸運に見舞われはしまいか」や，二重傍線㋐直前の「思い掛けず福を手に入れ」などのことである。つまり，「努力もせずに……成功する」とある，エが正解になる。アは「最高の結果」とあるが，幸福の質に関しては，この文脈では問題になっていない。

問九 ㋐ 「ひっそり」には，静かである，あるいは，目立たないようにひかえめにしている，という意味がある。傍線㋐では，暮らしの様子を表しているので，目立たないようにひかえめにしている方の意味になる。選択肢では，カの「つつましい」があてはまる。 ㋑ 「とぼとぼ」は，元気なくさびしく進む様子を表す。追い返された後の様子なのである。文脈からも意味が類推できる。イの「元気がない」が正解になる。

問十 傍線⑩の中にある「窮する」とは，行き詰って苦しむことを意味する。「どうすることもできなくて困っている」とある，ウが正解になる。

問十一 傍線⑪が含まれる段落は，段落直前の「貧しい者が福を授かる……語られる場合もある」という部分を受けている。つまり，その部分を中心に解答をまとめればよい。

重要 問十二 「分を弁える」とは，自分の置かれた立場や身分を，十分に意識するという意味である。「ごんぞう虫」の話の中では，謎の老人から小判が出てくる下駄を手に入れた母子が，欲張って小判をたくさん出すようなことはせずに，二枚しか出さず，しかも近所に餅を振る舞ったことなどに表れている。「母子」がということと，「二枚しか出さなかった／近所に餅を振る舞った」ことを記述する。

やや難 問十三 ア ひどい目にあう人については，傍線⑫付近に説明がある。アは，文章にあわない。 イ eの前後に，福の神の気まぐれについて書かれている。そこには，福の神への疑問は書かれていない。イは，文章にあわない。 ウ 文章内に書かれた昔話では，福は必ずしもお金持ちになることではない。ウは，文章にあわない。 エ eの前後に，福の神は気まぐれだと書かれている。これは，エの「人々の理想が書かれている，とは一口に言えない」の部分と一致する。また，文章の最後の部分は，エの「夢を描きつつも，欲張ることに釘をさされている」の部分と一致する。

基本 問十四 a 気持ちをふるいたたせるという意味である。「奮」という言葉自体にふるいたたせるという意味がある。 b くふうして，必要な金品などを集めるという意味である。 c 他人の言動などをとめることを意味する。「止」という文字を用いる熟語には，他にも「阻止」「抑止」などがある。 d 小さくなることを表す。「縮」を用いた熟語には「縮小」「縮尺」などがある。 e 予想や期待が外れるという意味である。似た意味の言葉に「意外」がある。

二 **（説明文ー理由・根拠・細部表現の読み取り，内容真偽，記述，熟語の組み立て）**

問一 「もどかしい」には，ものごとが思うように進まないのでいらいらするという意味がある。「耳がいたい」とは，悪いところをつかれて，聞くのがつらいという意味である。「腹立たしい」とは，腹が立つという意味である。「歯がゆい」とは，思うようにいかなくていらいらするという意味。これが「もどかしい」に意味が近い言葉になる。「口はばったい」とは，自分の力などを考えずに，大きなことや生意気なことを言う様子という意味。

問二 「最高の山」に関しては，傍線①直前に，問答無用の説得力を持つと書かれている。ただし，「最低であること」は，傍線②直前に「行政的に認定しなければならない」とあり，傍線②以降には，「山」を定義することの問題点の説明が続いている。その問題点からは，「最低の山」に関して意見の統一が難しいことが読み取れる。解答は，「最低の山……皆の意見が同じにはならない」とある，アになる。イは時間の問題だけにしていることがおかしい。ウは「最高の山」に関する説明がまちがいになる。エは「権力者」という記載がまちがいになる。

問三　「自明」とは，説明しなくてもはっきりとしているという意味。ここでは，その「凸」が山というグループに分類できるかどうかがはっきりとしている訳ではないと述べられている。解答は，「分かりきっていることではない」とある，イになる。

問四　「真夏日」とは，最高気温が摂氏三十度以上の日のことである。つまり，基準に従って，二者択一できる。「二等星」も，明るさの基準に従い，二者択一できる。「関東」も，定められた範囲に従い，二者択一できる。にじの色の「むらさき」は，どこからどこまでがむらさきなのか，二者択一できない。

問五　「人の常」とは，人がいつもしてしまう，という意味。傍線⑤直後の「ふつうに生活していればごく自然に身についている」という文脈からも，人がつい分類してしまう様子が読み取れる。解答は「どんなものでも分類しがち」とある，エになる。アの「有意義」，イの「常識」，ウの「一定の法則」は，それぞれおかしい。

基本　問六　傍線⑥前後の内容を読み取り，また文章中の複数の具体例を参考にして，解答することができる。ただし，「チョウ」または「チューリップ」の例を説明するという条件を忘れてはいけない。例えば「チョウ」の場合，「それぞれが，模様，形，性質などは異なり，別のもの」という内容と，「共通の特徴をおさえて，『チョウ』というグループでまとめる」という内容を中心に記述する。

問七　ここでの「自然に」は，ひとりでに，いつのまにかという意味である。対になるのは，そうしようと考えてという意味になる，イの「意図的に」である。アの「先天的に」は，生まれたときからという意味。対になるのは，「後天的に」という言葉。ウの「人工的に」は，人の力でという意味。山，川，草，木などの自然と対になる。エの「社会的に」は，「個人的に」などの言葉が対になる。

問八　傍線⑧以降の内容をおさえる。「たまたまその対象が生物」とある。また，それ以降には「対象物に限定されない普遍的な分類学……つごうがよい」とある。筆者は，分類学の対象は，さまざまな分野にわたるべきだと考えているのだ。エが正解になる。

問九　「分類」の文脈で話が進んでいることに注意する。傍線⑨が含まれる段落に書かれた「スイカ」「ナシ」の具体例の場合，誰もが，それがどのように分類されて「スイカ」「ナシ」というグループにくくられるようになったのかを知っている。ところが，「カニステル」「タマリロ」の場合は，「スイカ」や「ナシ」と同様のことがわからない。だから，それを知るために「どんな果物？」と聞くのである。「名前がある以上は共通の特徴があるはずだ」とある，アが正解になる。

問十　傍線⑩直前に「分類することを生業とする分類学者」と書かれている。この部分では，分類することを使命としているとも，読み取ることができる。使命としているから，あらゆるものを分類するのだ。だから，できない場合，傍線⑩のように，耐え難い屈辱となる。解答は，「すべての物事は分類できる，という立場があやうくなってしまった」とある，エになる。アの「分類学者の知識の浅さ」はおかしい。知識があっても，分類できないのである。イは，現在もっとも原始的に思われているという事実にあわない。ウは，「生物学の世界から」という点がおかしい。他の世界から押しつけられていたのであれば，屈辱的ではないという話になってしまう。

基本　問十一「一方では専門科学としての分類学があり……」で始まる部分に，二つの分類方法が並んでいる。「一方」の後の部分，「他方」の後の部分の，それぞれ二点を抜きだせばよい。

問十二　傍線⑫前後の内容を読み，解答をまとめていく。傍線⑫より前に書かれているように，カモノハシは分類しにくいのである。だが，傍線⑫より後に書かれているように，厳然とそこにあるのである。「分類しにくい」「厳然とある」という内容を中心にまとめていく。

やや難　問十三　ア　筆者は基準があいまいな分類の状況を述べているが，明確な基準を作る必要があるとまでは主張していない。　イ　例えば，文章の最後の部分で，筆者は分類できない悩みがあることを述べている。だが，それを受け入れろとまでは述べていない。イは誤答になる。　ウ　例えば，傍線⑫以降で，現在の「生物の分類体系と分類理論」に問題の根っこがあると述べている。ウの「今までの分類の仕方に原因がある」は正解になる。　エ　傍線⑤前後の内容と共通する。エは正解になる。

基本　問十四　a 「計測」とは，同じような意味の言葉が重なってできた熟語である。「宣伝」が同じ構成になる。「宣」には，広めるという意味がある。「伝」にも，広めるという意味がある。
b 「人造」とは，人が造るという，主語・述語の構成になっている。「市営」も，人が営むという，主語・述語の構成になっている。　c 「行政」は，政治を行うと，上の漢字が動作，下の漢字が動作の対象になっている。「読書」が同じ構成である。　d 「難問」は，難しい問いとなり，上の言葉が下の言葉を修飾する構成になっている。「春風」が同じ構成である。

★ワンポイントアドバイス★

小設問数は，かなり多い。そのため，てきぱきと解き進めることが必要である。解いている途中で，ゆっくりと悩む時間はない。時間配分には十分に注意したい。

MEMO

大切なことはメモしておこうネ！

データ対応

収録から外れてしまった年度の
問題・解答解説・解答用紙を弊社ホームページで公開しております。
巻頭ページ＜収録内容＞下方のQRコードからアクセス可。

※都合によりホームページでの公開ができない内容については，
　次ページ以降に収録しております。

オ　自然や季節のゆるぎない彩りは、新しい感動を呼び、自分の手で守りたくなるから。

問十二　⑫・⑬にあてはまる言葉を漢字一字で答えなさい。

問十三　筆者の考えや感じ方に合っているものを、次から二つ選びなさい。

ア　街で出会ったものは、写真に収めておくといずれ役立つ。

イ　いつかなくなってしまうものに意味を認めたい。

ウ　自分の感性で見つけたものをいつも人に評価されたい。

エ　人が生み出した芸術も自然も、平等の価値がある。

オ　自然には、その瞬《しゅん》間にしかない美しさがある。

二　※問題に使用された作品の著作権者が二次使用の許可を出していないため、問題を掲載しておりません。

三　次のカタカナを漢字に直しなさい。

1　水分がジョウハツした。

2　原因をキュウメイする。

3　遠足が一日ノびる。

4　子犬をアズかる。

い彩りの前にあっては、無上の芸術もたちまち色を失ってゆく。自然の造形は、ただ美しく豊かであるばかりでなく、思い切りがよく、あらゆるものに対して平等だからである。

（『木の夢　小さな夢の本』田中淑恵）

問一　――①とありますが、「目が釘付けになる」とはどうなることですか。解答欄《らん》にあわせて八字以内で答えなさい。

問二　――②の「画布」は、絵を描くための布のことですが、「画布」とは、ここでは何を表していますか。文中の語で答えなさい。

問三　――③「縦横」の読みを答えなさい。

問四　――④「遠からず消えてゆく」の意味を、次から選びなさい。

ア　遠くへ消えてゆく　　イ　かならず消えてゆく

ウ　いつか消えてゆく　　エ　間もなく消えてゆく

問五　――⑤「もとよりなく」の意味を、次から選びなさい。

ア　けっしてなく　　イ　はじめからなく

ウ　もちろんなく　　エ　まよいなく

問六　――⑥は、どのようなことを表しているのか。次の中からふさわしいものを選びなさい。

ア　他の人に自分のしたことが見つからないように、自分の世界を大切にして楽しんでいる。

イ　いつか誰かに気づいてもらえると信じて、今できることを熱心に行っている。

ウ　他の人にどう思われるかなど考えず、自分の気持ちのままに行動している。

エ　誰に何と言われようが、自分が満足することを優先して自由にふるまっている。

問七　――⑦とはどういうことですか。わかりやすく説明しなさい。

問八　――⑧「仕事」とありますが、作者はどのような仕事をしている人ですか。次から選びなさい。

ア　物語を考えて文章を書く人

イ　本の表紙などをデザインする人

ウ　子どもの絵を撮影《さつえい》する人

エ　絵や写真を収集する人

問九　――⑨「著作権所有者」とは誰ですか。十二字以内で答えなさい。

問十　――⑩「世間の評価や価値観を超えた共鳴を覚えてしまう」とはどういうことですか。最も適切なものを次から選びなさい。

ア　一般的には理解されていないことに価値をおき、共感する。

イ　一般的には認められていない無名の場合にのみ、共感する。

ウ　一般的な想像を上まわる自分なりの判断基準で、共感する。

エ　一般的な評価を得られているかには関わりなく、共感する。

問十一　――⑪「後者のほうが、私には限りなくいとしい」のはなぜですか。次から選びなさい。

ア　世間の評価がまだないものに自分が価値を見いだせたことで、喜びを感じるから。

イ　高い評価を受けているということは、自分の価値観が正しかったと安心できるから。

ウ　はかなく消えてゆくものを愛することで、他者と異なる自分の個性に気づき満足するから。

エ　それまで無名であったということは、自分こそが発見者であると、ほこらしく思えるから。

【国　語】（四〇分）〈満点：一〇〇点〉

一　次の文章を読んで後の問いに答えなさい。（本文中の※は注として付記したものです。）

中央が少し膨《ふく》らんだコンクリートの道。何かしらいつもとは違《ちが》うものを感じて、近づいてそれが何なのかがわかったところで、①私の目はそのまま釘《くぎ》付けになってしまった。②あたかも画布でもあるかのように、愛らしい子どもたちと花や家などが③縦横に描《えが》かれてあった。あきらかに幼児のものとわかる描《びょう》線は、イエロー、ピンク、ブルー、グリーン、ホワイトの五色のチョークで、道のなかほどまでも広がっている。子どもたちは実に楽しげに、またのびのびと、道の上で遊び戯《たわむ》れていたのだった。私は急いでカメラを取りに戻《もど》り、アングル（※角度）を変えては次々にシャッターを押《お》し続けた。

絵は、濃《こ》いグレーのコンクリートにしっくりと調和したパステルトーン（※淡《あわ》い色づかい）で、四角い胴《どう》体、三角のスカートなど、幼児の絵の特徴《ちょう》を示しながらも、どこか心に沁《し》み入るような哀《あい》感があった。これが④遠からず消えてゆくもの、ほんの一雨であとかたもなくなるものだと直感したからかもしれない。幼児は誰《だれ》かに見せるために描いたのでは⑤もとよりなく、ただこの戸外の道に無心のインスピレーション（※ひらめき）を得て、描きはじめたら、道は黒板よりもひろびろとして、さぞ楽しかったことだろう。深い山奥《おく》の湖のほとりに、咲《さ》いては花を散らす野草たちが、⑥誰かに見られるためではなく、まさしく自分自身のために咲いているように。

予感のとおり、その夜は雨になった。⑦路上の子どもたちは、のびやかな手足を流されはじめているだろう。何やら落ち着かぬ夜を過ごして、翌朝戸外に出てみると、あの生き生きとした絵は、もうこの世のどこにも存在してはいなかった。

それは遠い日の情景だったが、写真は今も私の手元に残っている。⑧仕事に使えないかと思ったりもしたが、装《よそお》われるにふさわしい本には、いまだ巡《めぐ》り会えないままである。⑨著作権所有者も描いたことすら忘れ果てているはずだから、捜《さが》す手立てはもはやない。

このうたかたの（※水にうかぶあわのような）人の世で、一生もまさに路上の絵のようなものではないだろうか。どれほど優《すぐ》れた仕事をしたとしても、不滅《めつ》のいのちはついに宿らず、もともといなかった人のように消えてゆく。そのあとにまた絵が描かれ、ふたたび流されてゆく。しかし、いのちがはかないものだからこそ人は何かを残そうとし、はかなさの意味を思いめぐらすのだろう。その思いに「いのちの香《かお》り」があったなら、⑩私は世間の評価や価値観を超《こ》えた共鳴を覚えてしまう。すでに定まった評価というものは、長いこと私自身には何の意味も持っていなかった。それは他者が与《あた》えた価値観だからである。自分の眼《め》と手で見つけたものを、自分の流儀《ぎ》で愛してきた。それらがもう高い評価を受けている場合もあるし、まったく無名なときもある。そして、⑪後者のほうが、私には限りなくいとしい。

どこにでもあるのに、いつも新しい感動を呼ぶもの、それは一日の終りに［⑫］が焼けて、移ろってゆく朱《しゅ》の色、暮れてゆく菫《すみれ》色、深い陰《いん》影《えい》に彩《いろど》られた雲の流れや、微《び》少な皺《しわ》をうねらせている海のさざなみ、渚《なぎさ》の風紋《もん》、燃え立つような紅葉、さまざまな六華《りっか》のヴァリエーション（※種類）を見せてくれる［⑬］の結晶《しょう》などである。自然や季節のゆるぎな語を次から選びなさい。

ⅰ　ア、アンシンして眠《ねむ》れる　イ、アンザンが得意です

ウ、アンナイしてください　エ、アンガイ元気だね

ⅱ　ア、ショウメイできない　イ、インショウに残る

ウ、ショウカに悪い食べ物　エ、ガッショウ部に入る

2、b「絶妙」の意味として最も適切なものを次から選びなさい。

ア、とてもすばらしい　イ、とてもめずらしい

ウ、とてもおもしろい　エ、とてもふしぎだ

3、c「後世」の読みをひらがなで書きなさい。

三　次のカタカナを漢字に直しなさい。

1、チョメイな作家

2、ハイユウをめざす

3、名画をモシャする

4、みんなでダンショウする

5、宿題はもうスんだ

問五 ――⑤とはどういうことですか。最も適切なものを次から選びなさい。

ア、すべてのものごとを思いやりの目でみる
イ、いつも庶《しょ》民的な発想を失わずにいる
ウ、孤独《こどく》を感じて自分の身をかがめる
エ、どんなことに対しても謙虚《けんきょ》な態度をもつ
オ、足元に注目して小さなものを見のがさない

問六 ――⑥とはどういうことですか。最も適切なものを次から選びなさい。

ア、雪の気持ちを正しく感じることのできる直観力がある
イ、雪の降る音に耳をすませて聞きもらさない集中力がある
ウ、雪の姿を借りて自分の気持ちを詩にする表現力がある
エ、雪の様子から悲しみをわかってあげる理解力がある
オ、雪のさまざまなあり方に思いをはせる想像力がある

問七 ――⑦「見えぬけれどもあるんだよ」とありますが、「つもった雪」の詩で、「見えぬけれどもある」のは何ですか。

問八 ――⑧に表現されている気持ちとして、最も適切なものを次から選びなさい。

ア、自分だけが神さまの居場所を見つけられたというほこらしさ
イ、どんなに小さなものでも神さまは大切にしてくれるというよろこび
ウ、神さまが世界中にいていつでも助けてくれるというやすらぎ
エ、世界を包む神さまが実は小さいものに過ぎないというおどろき

問九 ――⑨「素朴な世界観」とありますが、ここでの「素朴」の意味を次から選びなさい。

ア、昔からある、親しみやすいさま
イ、新しく、意外性のあるさま
ウ、飾《かざ》り気がなく、自然体であるさま
エ、単純で、だれにでもわかるさま

問十 [A]～[C]にあてはまることばを次から選びなさい。同じ語を二度使ってはいけません。

ア、さらに
イ、そのおかげで
ウ、ですから
エ、けれども

問十一 ――⑩「生きる意味」とありますが、金子みすずにとって「生きる」とはどういうことだったといえますか。文中から七字で抜《ぬ》き出しなさい。

問十二 ――⑪には筆者のどのような気持ちが表現されていますか。あてはまらないものを次から一つ選びなさい。

ア、みすずの文学的な生き方をうらやましく思う気持ち
イ、尽《つ》きることのないみすずの才能を心から惜《お》しむ気持ち
ウ、美しい詩をたくさん生み出すみすずの力に感嘆《たん》する気持ち
エ、エネルギーを詩に注ぎ込《こ》むみすずの姿をいとおしむ気持ち
オ、みすずの生まれながらの詩人としてのあり方に敬意を持つ気持ち

問十三 ――⑫「それ」とは何か、わかりやすく説明しなさい。

問十四 ===a～cについて、次の問いに答えなさい。

1、a「アンショウ」の ⅰアン ⅱショウ と同じ漢字をふくむ熟

十に絶賛され、世の中に知られるようになります。

　ところが、結婚されてから、不幸がはじまります。ご主人が詩の投稿を禁じたのです。これは⑩生きる意味を奪《うば》われるようなものです。ついに離《り》婚となりますが、娘の親権を要求するご主人に抵抗《ていこう》する意志をあらわすため、昭和五（一九三〇）年二十六歳の時に自ら命を絶ってしまうのです。

　時代が違《ちが》えば、おそらく死ぬ必要はなかったでしょう。いまの時代だったらもっと大いばりでどんどん自分を表現できるし、仕事をしながら子どもを育てることだってできたでしょう。憧《あこが》れていた西条八十に認められた時点で彼女の創作の未来は輝《かがや》かしいものでした。それを周囲の環《かん》境がつぶしてしまったということが、残念でなりません。

　その後、児童文学者の矢崎節夫さんが、金子みすずの童謡を残すことに尽《じん》力されました。大学時代に出合った『大漁』という童謡に心を打たれた矢崎さんが、そのほかの作品を探し続けたそうです。金子みすずの弟さんから三冊の手帳を預かることができ、その中に童謡が五一二編残っていたということです。

　⑪泉が湧《わ》き出るように、詩が出てきたのでしょう。

　次から次から、いろいろなものが見え、いろいろな音が聞こえ、それらがすべて童謡になってあふれでて、手帳に書き残しておいた。それをきちんとc後世に残してくれる人がいた。金子みすずの人生は決して幸福とはいえなかったかもしれませんが、彼女の詩は救い出されたのです。私たち読者にとって何より⑫それが幸せなことです。

（『心と響き合う読書案内』小川洋子）

問一　――①とありますが、この詩にある「すず」「小鳥」「わたし」のいいところを、それぞれ五字以上十字以内で一つずつ書きなさい。

問二　――②とはどういうことですか。最も適切なものを次から選びなさい。

ア、いつも心の中にあって忘れることはない
イ、つねに温かい気持ちを与えてくれる
ウ、年齢《れい》と共に心の中で成長し進化していく
エ、ずっと変わることなく真実を語りかける
オ、人生のいろいろな場面で支えとなる

問三　――③とはどんな気持ちですか。最も適切なものを次から選びなさい。

ア、科学を知らない古代の人々が、自然をおそれうやまう気持ち
イ、なにかが誕生した時に感じる、心がゆさぶられる気持ち
ウ、人間が本来もっている、つつしみ深いかしこまった気持ち
エ、最初になにかを発見したときの、新鮮《せん》なおどろきの気持ち
オ、昔も今も同じように、人間が幸福をひたすら願う気持ち

問四　――④とはどういうことですか。最も適切なものを次から選びなさい。

ア、だれか特定の人の感情に限らず、人間に共通した感情であること
イ、長い歴史を経て、人類が築いてきた感情であること
ウ、一人だけではたえられないほど、大きく深い感情であること
エ、人間という存在を超《こ》えた、なにものかが持っている感情であること
オ、大勢の人が集まって、ようやく感じられる感情であること

下の雪
重かろな。
何百人ものせていて。

中の雪
さみしかろな。
空も地面《じべた》もみえないで。

上と下と中の雪を、それぞれを見分けています。上の雪も、下の雪も、中の雪も、いろいろな我慢《まん》をして苦しさを耐《た》えている。目のつけどころがユニークです。姿勢が低いからこそ⑥雪の声がよく聞こえるのです。

「星とたんぽぽ」という詩の中に、

⑦見えぬけれどもあるんだよ、
見えぬものでもあるんだよ。

という有名な一節があります。これこそが金子みすゞの詩を貫《つらぬ》くテーマでしょう。

「はちと神さま」
はちはお花のなかに、
お花はお庭のなかに、
お庭は土べいのなかに、
土べいは町のなかに、
町は日本のなかに、
日本は世界のなかに、
世界は神さまのなかに。
⑧そうして、そうして、神さまは、
小ちゃなはちのなかに。

金子みすゞの目には、世界はこのように映っているのです。神さまは空の高いところから私たちを見張っているのではなく、小さな蜂《はち》の中にいる。小さな小さな、みんなが見過ごしてしまうところに神さまはいるという、彼女の⑨素朴《ぼく》な世界観が私はとても好きです。

金子みすゞは、明治三十六（一九〇三）年に山口県の仙崎《せんざき》村（現長門《ながと》市仙崎）という日本海に面した漁師町で生まれています。 A 、『大漁』などの海や魚にまつわる童謡を数多く残しています。

金子みすゞが二歳《さい》の時にお父さんが亡くなり、お母さんは仙崎でたった一軒《けん》の本屋をはじめました。 B 、金子みすゞも本が大好きになったと伝えられています。

 C 下関《しものせき》で本屋を営んでいた親せきのおばさんが亡くなったために、おばさんのご主人とお母さんが再婚《こん》して、やがてみすゞも本屋の店番をするようになりました。そこで童謡と出合います。詩が載《の》っている雑誌にはすべて目を通し、特に西条八十《さいじょうやそ》の童謡に心を躍《おど》らせたそうです。

いつも本と言葉に囲まれて、その中で自分を表現する方法として童謡に出合ったのでしょう。そして童謡を雑誌に投稿《こう》し、その作品が西条八

二　次の文章を読んで問いに答えなさい。

金子みすずは、大正から昭和にかけて作品を発表した童謡《よう》詩人です。「わたしと小鳥とすずと」のほか、「星とたんぽぽ」「ふしぎ」など、その作品の一部は小学校の国語の教科書にも掲載《けいさい》されています。

「わたしと小鳥とすずと」

わたしが両手をひろげても、
お空はちっともとべないが、
とべる小鳥はわたしのように、
地面《じべた》をはやくは走れない。

わたしがからだをゆすっても、
きれいな音はでないけど、
あの鳴るすずはわたしのように、
たくさんなうたは知らないよ。

①すずと、小鳥と、それからわたし、
みんなちがって、みんないい。

子ども時代に優《すぐ》れた詩をａアンショウするのはとても大事なことです。小さい頃《ころ》に覚えたフレーズは一生忘れません。深い意味を説明できなくても、頭の中にまるごと覚えておけば、繰《く》り返し取り出して思い出して味わえます。十年後か二十年後か、それまで気づかなかった感動を、ふっと覚えることもあるかもしれません。彼女の詩は、②長い年月に渡《わた》って一人の人間の心に寄り添《そ》い続けてくれる力を、持っていると思います。

この詩では、「小鳥」と「すず」と「わたし」の組み合わせがｂ絶妙《みょう》です。世の中にあるさまざまなものから、「小鳥」と「すず」と「わたし」を選び出している。その選択《たく》に愛らしさを感じます。「小鳥」と「すず」がコロコロたわむれているような、笑い合っているような、そんなイメージが湧《わ》いてきます。

すべての上質な文学の条件として、大人と子どもの区別なく誰《だれ》もが感動できることがあげられると思います。この童謡集を読み返していくと、一種③原始的な、不思議な気持ちになります。人類が誕生してまだ間もない時、目に見えない偉《い》大な何ものかに向かって祈《いの》ったような、私たちの遠い記憶を甦《よみがえ》らせてくれるのです。

どの詩にもどこか寂《さび》しさや切なさがあります。しかもそれは④一個人の感情を越《こ》えています。人間という存在が大地に跪《ひざまず》く時、大地から響《ひび》いてくる寂しさ、切なさなのです。高い場所からではなく、地べたに這《は》いつくばって世の中を見ている詩ばかりです。土や草をモチーフにした詩が多く、また海を歌うにしても海の底を歌っています。こうした作者の⑤姿勢の低さが、大勢の人の心を打つ要因ではないでしょうか。

「つもった雪」

上の雪
さむかろな。
つめたい月がさしていて。

問二　――①「犠牲者を守り切れないのはなぜでしょうか」とありますが、その理由を文中の言葉を使って二点挙げなさい。

問三　――②「自然は、いわば神のような存在で」とありますが、ここでは自然のどのような性質を表現していますか。解答欄《らん》に合うように書きなさい。

問四　（③）にあてはまる、「天災」と対《つい》になる言葉を漢字で書きなさい。

問五　――④「相当」の意味として最も適切なものを次から選びなさい。

ア、多くの割合を占《し》めている　　イ、希望したとおりである
ウ、ふつうの程度をこえている　　エ、つりあいがとれている

問六　〔⑤〕にあてはまることわざを次から選びなさい。

ア、二度あることは三度ある　　イ、喉《のど》元すぎれば熱さ忘れる
ウ、捨てる神あれば拾う神あり　　エ、石橋をたたいて渡《わた》る

問七　――⑥「多層群落の森をつくる」について、次の問いに答えなさい。

1、文中では具体的に何をすることだといっていますか。十五字以内で書きなさい。

2、それはどのような災害の対策として有効なのですか。漢字二字で答えなさい。

問八　――⑦「ハード面での対策」の長所と短所をそれぞれ十字以内で二つずつ書きなさい。

問九　――⑧「人間の干渉に敏感なところ」とはどのような場所ですか。最も適切なものを次から選びなさい。

ア、人間の生活によって様子が変わってしまいやすい場所
イ、人間が守っていかなければすぐになくなってしまう場所
ウ、人間の影響《えいきょう》を受けて危険な地域になる可能性のある場所
エ、人間が暮らすために邪魔《じゃま》で消さなければならない場所

問十　――⑨とありますが、ではなぜ照葉樹ならよいのですか。その理由となる照葉樹の性質を二点答えなさい。

問十一　――⑩「柔よく剛を制す」とありますが、この文中で「柔」と「剛」はそれぞれ何を指していますか。文中から抜《ぬ》き出しなさい。

問十二　次の文について、本文の内容にあっているものには○、あっていないものには×を書きなさい。

ア、マスメディアは、予測可能な自然現象に対する官公庁の対応について、常に厳しい批判の目を持っている
イ、日本人は、何千年も前の昔から、土地本来の森をこわさないように大切に守って暮らしてきた
ウ、自然災害による犠牲者の数は、科学や技術が飛躍《やく》的に進歩しても、近年増加する一方である
エ、二宮尊徳は、苦学したからこそ先見の明を持ち、酒匂川の洪水に対して早めに植樹の対応ができた
オ、災害対策としての森づくりは、筆者が主張しはじめたことではなく、古くから日本にある考え方である

問十三　＝＝A・Bについて、次の問いに答えなさい。

1、A「密植」の「密」と最も近い意味で「密」を使っている熟語を次から選びなさい。

ア、厳密　　イ、親密　　ウ、密集　　エ、密告

2、B「護岸」と同じ構成の熟語を次から選びなさい。

ア、観察　　イ、人家　　ウ、直接　　エ、読書

川沿いの沖《ちゅう》積低地では完璧《ぺき》ではありません。

災害防止のためには、ハード面の個別対応策を行っていくのと併《へい》行して、ソフト面として、土地本来の森の再生を進めていくべきです。

日本人は何千年も前の昔から、新しい集落や町をつくる際には、屋敷《しき》林、集落林、鎮守《ちんじゅ》の森に代表されるような森をつくり、残してきました。海岸や河川には、砂防林、洪水対応林としての森づくりを行ってきました。また岬《みさき》や水源地など、⑧人間の干渉《しょう》に敏《びん》感なところにも森をつくり、弱い自然を守ってきたのです。丘陵《きゅうりょう》地、山のふもとなど地盤の安定した土地にある森は、災害時の避《ひ》難場所にもなりました。二宮尊徳も江戸時代に神奈川県酒匂《さかわ》川流域に木を植えています。

現在、日本人の九二％以上は照葉樹林域に暮らしています。そうした地域には、土地本来の樹種である高木のシイノキ、タブノキ、カシ類を中心に、防災機能を果たす森を積極的につくっていくべきです。高木を支える亜《あ》高木として、ヤブツバキ、モチノキ、シロダモ、ヤマモモ、カクレミノなどを、混植・A密植します。

なぜ、照葉樹林が災害対策に有効なのでしょうか。それは、大量の雨が降っても、多層群落の森ではそれぞれの層の葉で雨は弱められ、幹を伝って土中に浸透《しんとう》していくからです。地中には照葉樹の特徴《ちょう》である深根性・直根性の根が張り巡《めぐ》らされています。高木の根は地中深く入り込み、根の間にも、亜高木、低木の根群が重層して絡《から》み合っているため、浸透した水は、根と根の間の土壌《じょう》層によって保水され、浄《じょう》化され、ゆっくりと流れます。こうして、鉄砲《ぼう》水にならず、洪水を防ぎます。年間を通じて林内で保水、浄化された水がほぼ一定の量で流れ出るので、乾燥《かんそう》期には水源林としての機能も果たします。

⑨堤防に木は植えるべきではない、という考えが日本には定着しています。B護岸工事といえば、堤防をコンクリートで固める方法がほとんどです。なぜそうなってしまったのか。おそらく昔は、スギ、ヒノキ、マツなどの針葉樹が堤防に植えられていたせいだと思います。針葉樹は、根が浅く倒《たお》れやすいだけでなく、地上部が枯《か》れると根まで腐《くさ》って、そこに水が入ってしまいます。その結果、堤防を破壊してしまった例があったのかもしれません。

それに比べ、照葉樹は地上部が損傷を受けたり伐《き》られたりしても、新しく萌芽《ほうが》再生します。照葉樹を護岸林とすれば、鉄筋やコンクリート以上に、時間と共に、より確実に斜面や堤防を保全する役割を果たします。

植物の根は一見弱そうに見えますが、シイノキ、タブノキ、カシ類の並木道を舗装《ほそう》すると、根がコンクリートを持ち上げることがあるほど、底力があります。「⑩柔《じゅう》よく剛《ごう》を制す」といわれますが、強度においてはむしろ、コンクリートや鉄筋よりも木の根の方が強いでしょう。

本物の森づくりでは、深根性・直根性の樹種を混植・密植するため、たとえ一本の木が枯れても、根まで枯れて地盤がゆるむということはありません。樹種によって枝の張り方が違《ちが》うように、地下部の根のシステムも、同じ深根性であっても、それぞれ張り方、伸《の》び方が異なるからです。水質浄化、そして、保水などのほかに、土を押《お》さえ、岩を抱《だ》いて、斜面保全に役立ちます。

（『木を植えよ！』宮脇昭）

問一　a ～ c にあてはまる語を次から選び、記号で答えなさい。

ア、複合的　イ、流動的　ウ、本格的

エ、記録的　オ、具体的　カ、総合的

【国　語】（四〇分）〈満点：一〇〇点〉

一　次の文章を読んで問いに答えなさい。

　二〇〇五年暮れから〇六年にかけて、日本海側は [a] な大雪に見舞《ま》われました。雪かきが追いつかない状態で、お年寄りなど百五十人近い尊い命が失われました。これだけ科学や技術が進歩しながら、大雪や台風、洪《こう》水、地震《しん》、それに伴《ともな》って起きる津《つ》波、大火などによる①犠牲《ぎせい》者を守り切れないのはなぜでしょうか。

　ユーラシア大陸と太平洋の深い海溝《こう》との間にはさまれている日本列島は、地質学的にも、気候的にも、定期的に自然災害に見舞われやすい位置にあります。台風は年に何度も襲《おそ》い、土砂崩《しゃくず》れや堤《てい》防決壊《かい》などを引き起こします。〇六年の梅雨は例年にないほどの犠牲者を出しました。また、地震については、多くの科学者が相当の研究費を使い、たいへんな努力をしているにもかかわらず、今のところほとんど正確な予知はできていません。

　モンスーン（季節風）気候にはさからってもしょうがない。②自然は、いわば神のような存在で抗《あらが》えないと、昔から日本人は感じていたのだと思います。確かに、災害の発生自体を止めることは、現在の人間の力では不可能でしょう。しかし、台風や大雪などは予測が可能な自然現象です。にもかかわらず、対策が遅《おく》れたり不十分であったりして、大きな被《ひ》害を毎年のように出している現状は、（　③　）と言わざるを得ません。

　人間が本当の知恵《え》をもっているとするならば、予知する努力を惜《お》しまないと同時に、日頃《ごろ》から防災への備えをし、わずかな前兆が現れたときにはすぐに対策をとるべきです。国土交通省では、過去の記録や統計などから、この程度の降水量であればこの堤防にはこういう対応が必要であるなど、個々に [b] な対応策を決めています。また、④相当の国家予算を使って河川《せん》改修、ダム建設、道路整備、斜《しゃ》面保全なども行っています。それにもかかわらず、時折大きな被害を出し、死者が出ればマスメディアで大きく報じられます。しかし、「　⑤　」。結局は、根本的な対応ができないまま、また、大きな災害が起きるまで現状が維《い》持されていくのです。

　それでは、根本的な災害対策とは何でしょうか。それは、その土地に合った⑥多層群落の森をつくることなのです。

　洪水に対しては、コンクリートの堤防を築く。地震に対しては、耐《たい》震計算をして、震度七、八でも耐《た》え得るような建物や橋梁《りょう》の建設を進める。火事に対しては、防火壁《へき》、防火扉《とびら》をつくる。消防車の数を増やす――。このように、個々の災害には、⑦ハード面での対策が手っ取り早く、しかも現在の技術をもってすれば、かなりの確率で効果が期待できます。

　しかし、自然災害は [c] です。例えば、地震が発生すれば、津波も起こり、家屋の倒《とう》壊、火災も発生します。台風が来れば、家屋の倒壊の他、洪水や土石流、停電、断水などが起こる場合もあります。こうした [c] なケースに対して、もし、部分的、一面的なハード面の対策だけで対応しようとすれば、経済的負担が際限なく大きくなってしまいます。しかも鉄筋やコンクリートなど人工の材料でつくったものは、完成した直後が最高、最強で、時間と共に必ず劣《れっ》化していきます。おそらく百年も経《た》てばつくり直さなければならないでしょう。雨の多い日本では、鉄筋はさびやすく、コンクリート護岸などがされる地盤《ばん》も、海岸や

ウ　親しみのある山や川の向こうまで走りぬけ

エ　目に見える山や川は当たり前すぎて考える必要もなく

問九　――⑧とありますが、「そう」の指している内容をぬき出し、はじめと終わりの五字を書きなさい。

問十　⑨にふさわしい植物の名前をひらがなで書きなさい。

問十一　――⑩とありますが、この時の私の気持ちに最も近いものを次から選びなさい。

ア　姉との好みの違いに、越《こ》えることのできない壁を感じて孤《こ》独になっている。

イ　姉の視点が自分と同じではないことを知り、なげやりな気持ちになっている。

ウ　姉とは永遠に心が通い合わないような気がして、悲しくなっている。

エ　姉が自分とは異なる人間であることに気づき、落ち着かなくなっている。

問十二　⑪にあてはまる語を次から選びなさい。

ア　にすすむ　イ　に向かう　ウ　をめぐる　エ　をたどる

問十三　――⑫「そんな深刻な問題」とはどういう問題ですか。ふさわしくないものを次から選びなさい。

ア　「私」が私に入ったのはみずから選んだことではないのに、他の誰かに変わることもできない、という問題

イ　「私」が私の生まれる前に入っていた人について、何も覚えていないという問題

ウ　「私」は『がんくつ王』や『鉄仮面』の中で非業の死をとげた人だったかもしれない、という問題

エ　私が死んだあと、「私」が誰に入るかは、私の力ではどうすることもできない、という問題

問十四　――⑬「すじ違い」の意味を次から選びなさい。

ア　相手を信用できないこと

イ　見当がはずれていること

ウ　話の流れに合わないこと

エ　思い違いをしていること

問十五　――⑭「一代」の「代」のように、次の（　）にものの数え方を表す漢字を書きなさい。

（1）玄《げん》関に一（　）見知らぬくつが置かれていた。

（2）私あてに手紙が二（　）届いている。

（3）学校ではウサギを三（　）育てている。

問十六　この文章の二つの出来事に共通していることは何ですか。次から選びなさい。

ア　たとえ家族であっても、自分の考えていることを打ち明けることはできないという経験をしたこと。

イ　「私」の知らない世界が外に広がっていることに気づき、今までのことが幼く感じられるようになったこと。

ウ　無限に広がる空間・時間の中で、「私」という限られた存在のありようについて考えるようになったこと。

エ　自分の力で動かすことのできない問題に直面し、それを見ないように自分自身をごまかしていたこと。

問十七　a～dの カタカナ の言葉を漢字に直して書きなさい。

そのとき、どこの国のどんな子に生まれ、どのような運命（　⑪　）のか、私には、どうすることもできないのだ。

せっかく飾りを作ったのに、内心もう、七夕どころではなくなってしまった。が、いきなり、⑫そんな深刻な問題で、おり姫やひこ星に救いを求めるのも、⑬すじ違いのような気がしたので、短冊には予定どおり、リスをかいたいという「子どもらしい」願いを書くことにし、その代わり、夜ごと、天に祈《いの》った。

（どうか、私を生まれ変わらせないでください。私はもう、この私でおしまいで、じゅうぶんです。次の代のことまで考えて、胸を痛めたくないのです。私は私⑭一代きりの心配をしていたいのです）

「代」という言葉は、そのときの私にはなかったけれど、そうした祈りを、布団《ふとん》の中で、何ものかにささげずにはいられなかった。

（岸本葉子『本だから、できること』）

問一　――①「私は椅子から転げ落ちそうになった」とありますが、この時の筆者の気持ちとして最も適切なものを次から選びなさい。

ア　恐《おそ》れ　イ　驚《おどろ》き　ウ　落胆《たん》　エ　歓《かん》喜

問二　――②「疑問」とありますが、筆者はどのようなことを疑わしいと感じたのですか。次から選びなさい。

ア　地球が宇宙の真ん中にあること
イ　地球が宇宙の中に浮かんでいること
ウ　地球の周りの宇宙が昼でも暗いこと
エ　地球のふちぎりぎりまで宇宙があること

問三　（A）・（B）にあてはまる語を次から選びなさい。

ア　もし　イ　まるで　ウ　おそらく
エ　だから　オ　さらに　カ　けれど

問四　――③「それ」とは何を指しますか。漢字二字で書きなさい。

問五　――④とありますが、「もの心つく」とはどのような年頃になることか、最も適切なものを次から選びなさい。

ア　他人のものと自分のものの区別がつくようになる
イ　大人びて社会の規則をだいたい守れるようになる
ウ　自分の好きなものに自然にこだわるようになる
エ　世の中のものごとが何となくわかるようになる

問六　⑤にあてはまる語を次から選びなさい。

ア　よそもの　イ　ほんもの　ウ　にせもの
エ　けだもの　オ　わがもの

問七　――⑥「気持ちだけさまよい出る瞬間」とはどのような瞬間のことですか。次から選びなさい。

ア　心が解放され、自分が誰だかわからなくなる戸惑《まど》いを感じる瞬間
イ　狭《せま》い世界で生きていることに不満を持ち、自分の無知に動揺《よう》する瞬間
ウ　大地の限りない広がりに思いをはせ、世界の連続性を感じる瞬間
エ　遠く広がる世界を感じ、自分の限界に挑《ちょう》戦してみようとする瞬間
オ　自分の知らないことがあると気づき、未知の世界に興味を持つ瞬間

問八　――⑦「山や川をすっとばし」とはどのようなことですか。次から選びなさい。

ア　目の前にある山や川が目に入らなくなって
イ　身近にある山や川の先を考えることをしないで

とき、地球のまわりを黒々と塗りつぶしていたあの闇《やみ》が、すぐ後ろまで迫《せま》ってきているように感じる。

ひとりでなく、姉と並んで折り紙を切っていたり、母と向き合い、エンドウ豆のさやをとったりしているときも、⑧そうだった。背中の後ろがすうっと消え、そこには簞笥《たんす》も畳《たたみ》もなく、ただ果てしない暗がりが広がっている気がして、振《ふ》り向けない。

あの闇は、たとえ仲のよい人といっしょにいても、私たちを常にとり囲んでいる。その事実だけは、どうしようもない。

もうひとつ、こんなできごともあった。七夕の日で、姉と私は、母がもらってきた（　⑨　）を前に、飾《かざ》り作りに熱中していた。輪飾りができたら、短冊《たんざく》に願いを書くことにした。

「私は、ウサギがｃカいたいな」と姉。

「私は、リスのほうがいいかな」と私。

そのとき、ふと考えた。

姉も私も、同じ「私」という言葉を使っている。

けれども、「私」がさし示すものは、全然違《ちが》う。

考えれば考えるほど、違和感《いわかん》にとらわれた。むしろ、なぜ、今まで気づかずにいたのだろうと思った。姉の「私」と私の「私」は、同じになることは、ありえない。

こんなに近くにいるというのに、姉の「私」は姉の中、私の「私」は私の中にいて、けっして入れ替《か》わることはできない。⑩姉の目の内側からは、このいっしょに遊んでいる場所も、私が見ているようには見えないのだ。

しかも、私は、

（この人に入ろう）

と決めた瞬間があったのではない。気がついたときはすでに、私の「私」は私の中に入っていた。自分では知らないうちにそうなって、一生、出られないのだとは。

『いばら姫《ひめ》』に出てきた塔《とう》を思い出す。城のひときわ高いところにそびえ立つ、石の尖《せん》塔。

中に入れられたら、世界は、壁《かべ》にうがたれた小さな窓から見るほかない。「私」とは、ひとりだけしか入れない塔のてっぺんに迷い込み、階段をはずされたようなものである。他の人に昇《のぼ》ってきてもらうことも、降りていくこともできない。ひとりきりだ。

それから私の考えは、生まれる前のことに移っていった。「私」は私に入る前にも、誰《だれ》かの中に、いたことがあるのだろうか。死んでその人の体を出て、私の体に入ったのか。

ひとつづきの「私」でありながら、前の代のことを、まるっきり覚えていないことに、愕《がく》然とする。その人にだって、お父さんお母さんがいただろう。思い出もあれば、別れるときはつらかっただろうし、死ぬときには、それこそ死ぬほど痛かったり苦しかったりしたはずだ。そんなことも、人は忘れてしまうものなのか。

『がんくつ王』『鉄仮面』などで、非業《ひごう》の死をとげた登場人物たちを思い出した。「私」は、彼らのうちの誰かでなかったとは限らない。なのに、死ぬときの苦痛はおろか、家族のことや、命を奪《うば》われるという、人にとって最大の悔《くや》しさ、ｄムネンさえも、少しも記憶《おく》していないとは。

また、私が死んだあとも、「私」はどこかの誰かになることもありうる。

結果に気づかせる働き。

イ　科学の奴隷になることから人間を救い出し、思いやりをもって世界をとらえられるようにする働き。

ウ　効率の良い時代によって生み出されたゆとりを、心豊かに生きるために用いるよう導いてくれる働き。

エ　前を向いた世界の半分にとらわれている人間を解放し、より自由な感受性をはぐくむ働き。

問十三　a～cの カタカナ を漢字に直して書きなさい。

a　セッチャク　b　リキ　c　エンギ

二　次の文章を読んで後の問いに答えなさい。

昼間、私は子ども用の椅子《いす》に座《すわ》り、ひとりぼっちでぼうっとテレビを見ていた。姉は学校に行って、いなかった。母は隣《となり》の家に行っていた。

その間、そこにいるようにと、テレビが点《つ》けてあったのだと思う。教育チャンネルで、理科の番組らしかった。

暗い広がりに、小さな白いものが、点々と散らばっている図が出ていた。宇宙とは、こんなふうになっています、と言うことだ。中央に、ひときわ大きな球が浮《う》いていた。それが地球だと言う。

「ええっ？」

と、①私は椅子から転げ落ちそうになった。

地球が丸いというのは、何かで聞いて知っていた。私たちはその表面に、ちょうどa ジシャク に吸いついた針のように、くっついているということも。

だから、今のが「夜の図」と言うなら、うなずけるのだ。

が、昼も夜も、宇宙は、そういう姿をしているらしい。

私の胸は、②疑問でいっぱいになった。

縁《えん》側に走り出て、空をあおぐ。頭上に広がる空は、どこまでも明るく、どこまでも白い。（　A　）、今しがた見た絵では、地球のふちぎりぎりまで、まっ黒に塗《ぬ》り込《こ》められていた。

空の上の方にいくと、黒くなるのだろうか。ならばなぜ、透《す》けてみえないのか。クレヨンだって、黒の上に白を塗り重ねれば、どうしても灰色になる。

どこかに、灰色、黒へと移り変わるb ソウ のようなものがあるはずだ。はるか上に、目を凝《こ》らす。

何もない。頭上には、とらえどころのない昼の空が広がるばかり。

③それは、私にとって、目で見えるもの、さわれるものを超《こ》えた、想像の外の世界だった。

（　B　）、人は、④もの心ついてしばらくしてから、山に生まれた子なら「あの山の向こうは、どうなっているのか」と、川べりに育った子なら「この川の先はどこへ通じているのだろう」と、遊びの手を止め、考える瞬《しゅん》間が来るのだろう。なじみの石や土や木々から、自分がふいに（　⑤　）のようになり、その外の世界へと、体はそこに置いたまま、⑥気持ちだけさまよい出る瞬間が。

私はたまたま見ていたテレビをきっかけに、⑦山や川をすっとばし、宇宙のはしを覗《のぞ》き見た。

それは、私の頭でとらえられる範《はん》囲を超えていた。だから、それ以上、突《つ》き詰《つ》めることはしなかった。

けれども、クレヨンを動かしているとき、せっせと粘《ねん》土をこねている

ウ　ダ・ヴィンチほど多才で想像力のある人
エ　ダ・ヴィンチのような科学技術を持った人

問三　――③「人間はその時代から逃れることができない」とはどのようなことですか。次から選びなさい。
ア　現代の人間は過去の時代の人間を理解することができない。
イ　人間は同時代を共に生きる人々と考えを合わせずにはいられない。
ウ　次の時代に何が起きるかを予測することは人間にはできない。
エ　人間は実際に生きている時代の感覚でしか物事をとらえられない。

問四　――④とありますが、
1　今の時代のどのような点が不幸をもたらすと筆者は考えるのですか。五字以内で解答欄に合わせて答えなさい。
2　「不幸な暮らし」とはどのようなことですか。映画を作るときの例で説明しなさい。

問五　――⑤「人間がロボットに、更にいえば科学の奴隷になっていく」とはどういうことですか。次から選びなさい。
ア　人間がコンピュータを便利に使うのではなく、便利なコンピュータを作り出すために力を消費するということ。
イ　科学技術で便利で効率良く作業ができるようになったために、労働量が増えてしまうということ。
ウ　科学技術によって可能なことが増えるばかりで、人間がいかに効率良く使うかに頭を悩《なや》ませているということ。
エ　効率の良い科学技術に夢中になって、人間がコンピュータを使ってしか仕事をしないということ。

問六　空欄 A ・ B にあてはまる言葉を次から選びなさい。
ア　時代　イ　過去　ウ　現代
エ　未来　オ　永遠　カ　来世

問七　空欄⑥に入る言葉を次から選びなさい。
ア　進歩させる　イ　破壊《かい》する　ウ　開拓《たく》する
エ　変化させる　オ　制御する

問八　――⑦「それ」は何を指していますか。十～二十字で書きなさい。

問九　――⑧「この橋もダ・ヴィンチと同じ考えを持っている」とありますが、なぜ同じ考えといえるのですか。次から選びなさい。
ア　この橋も便利快適に流されないところに良さがあるから。
イ　この橋も作られた時代の最新技術を取り入れたものであるから。
ウ　この橋も時間をむだにしない素晴らしさを持っているから。
エ　この橋も未来の人間の幸福を予感させているから。

問十　――⑨「文明に対して文化とはどういうものか」とありますが、筆者の考えに基《もと》づいて、「文明」の性格にあたるものにA、「文化」の性格にあたるものをBとして、それぞれ記号で答えなさい。
1　便利であることの素晴らしさ
2　効率が悪いということの幸福
3　古いものよりも新しいものの方がいい

問十一　――⑩「それにはきっと意味がある」とはどのようなことを言っているのですか。解答欄の書き出しに続けて説明しなさい。ただし「不便」という言葉を用いること。

問十二　筆者は、芸術にはどのような働きがあると考えていますか。文章全体を読んで、最も適切なものを次から選びなさい。
ア　便利快適に流されていく将来に思いをめぐらせ、それがもたらす生は最後にこう言った。「大林君、だからこの橋はこんなに美しいだろう」と。芸術作品の美を生む力とは、便利である、あるいは効率が良い、快適であるなどということではなく、不便が多いことの中からこそ美は生まれてくる。ここが芸術の面白《おもしろ》いところである。

　では便利で快適な科学文明というものはどういうものかと考えていくと、いつでもより新しく、より効率がよく、僕たちの手や足に代わって便利で快適な暮らしを作ってくれるものである。文明の力とはこのように素晴らしいものである。では⑨文明に対して文化とはどういうものかというと、困ったことに文化と文明は全く反対の性格を持っているのである。つまり、いつでもより古く、より深く、従って効率はより悪く、不便や我慢がいっぱいある。でもそれを知恵と工夫で乗り越《こ》えていくから人間は賢《かしこ》くもなる。心が豊かにもなる。これが文化である。この文明と文化が常に共存しているということが大切だ。便利であるということの素晴らしさと、不便であるということの素晴らしさ。効率が良いということの幸福と、効率が悪いということの幸福が共にある。これが大事なことである。効率が良い方がいいではないか、古いものよりも新しいものの方がいいではないか、と僕たちは考えるかもしれないが、実はそれが間違いなのだ。

　例えば、僕たち人間という存在を考えてみよう。人間の面白いところは「前」と「後ろ」があるところである。目がついている方、鼻がついている方、口がついている方が前である。耳は横についているが、なぜか耳たぶがついていて前からの音だけを聴く。人間は丸い世界の中に生きている生き物のはずなのに、前しか見ることのできない、前を向いてしか喋《しゃべ》ることのできない、前からくる匂《にお》いしか嗅《か》ぐことができない、前からくる音しか聞くことができない存在である。全能の神からすればずいぶん不便な形に人間を作られたものである。後ろには排泄《はいせつ》のための器官しかない。不思議だ。でも⑩それにはきっと意味がある。

　その意味を考えてみると、僕たちは前を向いた世界の半分としか向き合えず、その世界の半分について一所懸《けん》命、目や鼻や耳や口の力を用いて観察したり理解したりする。そして理解をすれば、この世界に対する優《やさ》しさを身につけることができる。だが、後ろにも目や鼻や口があったら、もっと優しくなれるかもしれないというのは間違いである。語りかけられない後ろ、聞こえない後ろ、それは観察することはできないが想像することはできる。どんなものがあるんだろう、どういう声を発しているのだろう、どういう匂いを発しているのだろうと、僕たちは一所懸命想像する。その想像することがまた優しさを生む。

　映画の中では俳優は鼻や口や相手から聞こえる耳を一所懸命使ってc エンギをする。しかし、名優は後ろ姿でエンギをする。目も鼻も口も何もない後ろ姿で。後ろ姿を見るとなぜか僕たちはその人の優しさや悲しさや喜び、願いや夢を見ることができる。つまり、後ろ姿からはその人物の心を感じることができる。僕たちの想像力がそれを捉《とら》えるのである。

（大林宣彦「今僕たちは本当に幸せか」）

問一　――①「大変なスピード」とは、どのようなスピードですか。解答欄《らん》に合わせて答えなさい。

問二　――②「ダ・ヴィンチともあろう人」とはどのような人ですか。次から選びなさい。

ア　ダ・ヴィンチほど昔に生きていた人

イ　ダ・ヴィンチと一緒《しょ》にいたであろう人

時間に使えるのなら素晴らしいのだが、なかなかそうはいかない。僕の友達の編集マンは、編集時間が三分の一の時間で済むようになったために、仕事が三倍に増えてしまったという。仕事が三倍に増えるということ自体は、商品を作るという面からは良いことなのかもしれない。つまり経済効率が良いということだ。でも、そのために人間の体も三倍消費されていく。体も心も疲《つか》れて幸福を失っていく。⑤人間がロボットに、更《さら》にいえば科学の奴隷《どれい》になっていくわけである。これではせっかく人々に夢を語る映画を作るという仕事が、逆に人間を不幸にする仕事になってしまう。

　ダ・ヴィンチが言った幸福というものについてそこから考えることができる。かつて人は馬に乗って旅をした。たしかに時間はかかる。不便も多い。けれども、その旅の中で、人と出会って話をしたり、色んな場所でいろんな食べ物を食べたり、あるいは日が照ったり、雨に降られたり、暗い夜があったり、星の輝《かがや》きを見たり、風に吹《ふ》かれたり、そういういろいろなことが旅をする人の人生の中に、心のなかにどれだけ豊かな幸福感をもたらしてくれただろうかということを思い起こさなければならない。ダ・ヴィンチの言葉は［A］にこそ意味を持つのだと僕は今思う。ダ・ヴィンチは彼にとっての遥《はる》かな［B］である今のこの時代を思いやっていたのではないか。未来とは地球の明日を生きる人たちの時代であるということを考えるとすれば、芸術の力は未来の人間の幸福を予測する力、そしてそれを予測したがゆえに、どんどん便利快適ということに流されていく、僕たちの暮らしを［⑥］、そういう力にもなる。そこに芸術というものの素晴らしさがあるのではないかと思う。

（中略）

　芸術が美しさを持つということはどういうことか。これも僕が小学生の時のことである。僕の故郷の広島県のとなりの山口県に錦帯《きんたい》橋という橋がある。五つの丸い太鼓《たいこ》橋、絵のような美しい橋である。僕たちは汽車に乗ってよくこの橋を写生しに行った。その橋を写生しながら僕はふと不思議に思ったことがあった。それで先生にこう聞いた。

「橋はこちらの岸から向こうの岸へ人を渡《わた》すもの。二つの場所を結ぶもの。より便利により快適に、よりはやく渡ることができるもの。雨が降っても風が吹いても、橋を渡れば、誰かに会いに向こう岸までいける。そのために作られた橋が、どうしてこんなに渡りにくいのでしょう。雨が降ったらツルツル滑《すべ》り、日照りの日には汗《あせ》をかく、本当に渡りにくいこんな橋をどうして作ったんでしょうか。」

　すると、先生がにっこり笑ってこう答えて下さった。

「たしかに君の言う通りだ。けれどいざ橋ができてしまうと人間は便利さや快適さの奴隷となって橋のありがたさをすぐに忘れてしまう。⑦それが当たり前になってしまう。そうすると川や海にゴミを投げる。川の向こうの人と互《たが》いに持っていた友情や礼儀《ぎ》を忘れてしまう。二つの場所の人が出会うという喜びを忘れて争いすらおきてしまう。橋は凶《きょう》器にもなってしまう。そういう人間が、おろかに間違《ちが》いを犯《おか》すことがないために、いつもありがとうという気持ちを忘れないでいるために、この橋は渡りにくくできているんだよ。」と。

　渡りにくい橋を我慢《がまん》して渡る時、昔は雨の日には渡れなかった、風の強い日には渡ることができなかったと考える時間を、この不便な橋は与えてくれている。⑧この橋もダ・ヴィンチと同じ考えを持っている。先

【国　語】（四〇分）〈満点：一〇〇点〉

一　次の文章を読んで後の問いに答えなさい。

　レオナルド・ダ・ヴィンチという人がいる。皆さんの誰《だれ》もが知っているあのモナリザの作者でもある。画家でもあり、また詩人でもあり、思想家でもあり、あるいは科学者でもあった。僕《ぼく》がレオナルド・ダ・ヴィンチの名を知ったのは今から六十年程《ほど》前で太平洋戦争が終わったばかりの小学二年生の時だった。

　ある時先生が黒板にレオナルド・ダ・ヴィンチと大きく書き、こんな話をして下さった。ダ・ヴィンチという人は、僕たちの未来についていろんなことを語っている。近未来の社会をいろいろと思い描《えが》いている。その中で、ダ・ヴィンチは「人間がA地点からB地点に移動するための乗り物は馬が一番良い」と言ったという。たしかにダ・ヴィンチの時代には、多くの人は歩いて旅をすることしかできなかった。馬の背に乗って荒野《こうや》や砂漠《ばく》を進んでいくというのは①大変なスピードだったろうと想像できる。

　しかし、②ダ・ヴィンチともあろう人が車社会や空飛ぶ飛行機を考えなかったはずがない。でもなぜか、ダ・ヴィンチは馬が一番と言う。「さすがのダ・ヴィンチも昔の人だなあ、やっぱり③人間はその時代から逃《のが》れることができないんだなあ」と小学生の僕は思った。ところが心のどこかに残ったダ・ヴィンチの一言がある。「なぜならばそれが人間にとって一番幸せなスピードであるからだ。」その一言がずっと僕の記憶《おく》の中に残っていた。

　それから十年、二十年経《た》って僕は大人になった。今の時代はどこへ行くにしても、車、飛行機を使う。便利で快適になり、スピードアップした。時間の無駄遣《むだづか》いもなくなり、効率の良い時代になった。でも、その時いつも僕は思う。僕たちは人間にとって一番幸せなスピードで過ごしているのだろうか。ダ・ヴィンチは馬のスピードが一番幸せだと言った。だとしたら、④僕たちは不幸な暮らしをしているのではないか。そう考えてみると、たしかにそういう部分がある。僕は自分を不幸にしないために、飛行機に乗って時間を節約した分をいかに豊かに使うかということを考える。

　例えば、映画を作るには撮影《さつえい》後にフィルムを編集する。その作業は一ヶ月も二ヶ月も、映画によっては半年も一年もかかる。フィルムをワンカットずつ、カッターで切って、それを削《けず》り、糊《のり》をつけて貼《は》りあわせていく。失敗したら、それを剥《は》がしてまた貼りあわせていく。その後、少しだけ便利になって、テープスライサーというものでa［セッチャク］をするようになったので、時間がだいぶ節約できるようになった。とはいえ、やはりこれも手仕事である。

　それが現代ではコンピュータの時代である。コンピュータ制御《ぎょ》の機械の中にフィルムを放《ほう》り込《こ》むと、映像という情報になり、ボタンをポンと押《お》すだけで、カットがつながっていく。失敗したら、またポンと押し直すだけでよい。だからかつての時代の三分の一ほどの時間で仕事が進むようになった。それはとても素晴《すば》らしいことである。文明のb［リキ］のおかげとはこういうことだ。

　けれども三分の一の時間で済むようになったのだから、残りの三分の二の時間は自分の好きな本を読んだり、音楽を聴《き》いたり、絵を描いたり、あるいは親しい友達と会ったり、旅をしたり、そのような豊かな幸福ない。

ア　自分だけの力で山を登りきった自信が、細い行列を見ることでいっそう強く感じられている。

イ　今までお金のことしか考えなかった自分を恥《は》じ、みんなと一緒《しょ》に登山できるうれしさを味わっている。

ウ　一度は無理かとあきらめかけていた登山に参加できるようになり、すがすがしい喜びでいっぱいになっている。

エ　山の自然の神々《こうごう》しさに心を打たれ、美しい自然と自分とが一つにとけ合うような感動を覚えている。

オ　今まであこがれていた行事に自分も参加できたことから、参加させてくれた母への感謝の思いがわきあがっている。

が痛いほど伝わってきたため、おどろきと息苦しさを感じてしまったから。

ウ　遠くに高くそびえて見えるハツコマ山登山のことを想像し、自分もいよいよそれに挑《ちょう》戦すると思うと身が引きしまる思いがしたから。

エ　遠足が近づくたび、家にお金がないために行けないのではないかとなやんできたため、また同じことになるのだろうと不安を覚えているから。

問八　⑦[られ]と同じ使い方をしている「られ」を含《ふく》む文を次から選びなさい。

ア　なんとなく人の気配が感じられる。

イ　失敗作をみんなに見られた。

ウ　先生はどこかに出かけられた。

エ　彼女ならどんな困難も乗りこえられる。

問九　――⑧「まるで雪の中で北風にむかってゆくように、一歩前進二歩後退」とありますが、これはシンサクのどのような状況《きょう》を表しているのか、説明しなさい。

問十　――⑨「白まだらの大蛇がとぐろ巻いて、ねているようだ」とありますが、シンサクにとってハツコマ山はどのような存在なのか、次から選びなさい。

ア　自分が苦労してためたお金をあっという間に飲み込《こ》んでしまうような不気味でおそろしい存在。

イ　自分が小さい時から身近にあり、いつも仲良く遊んでいる動物のように親しみを感じる存在。

ウ　自分の前進をはばむようなてごわい相手ではあるが、立ち向かっていく意欲《よく》をかきたてられる存在。

エ　一見簡単には近寄れない美しく神聖な場所に思えるが、足をふみ入れるすきを見せている存在。

問十一　――⑩「からだじゅうムズムズしながら」とありますが、この時のシンサクの気持ちを次から選びなさい。

ア　自分が努力してかせいだ金額を、早く母ちゃんに報告してほめてもらいたい。

イ　うまくいきすぎたことの後には落とし穴があるかもしれないと、いやな予感がしている。

ウ　今まで手にしたことのない大金を持ってしまったため、何となく落ち着かない。

エ　思った以上に計画が順調に進み、登山にも行けるのでうれしくてたまらない。

問十二　――⑪「次の日」とはどんな日ですか。

問十三　――⑫「あしたはべんとうだけ持ってこい」とありますが、先生の真意はなんですか。二十字以内で書きなさい。

問十四　――⑬「半死半生」のように、次の□の中に反対の意味になる漢字を入れて四字熟語を完成させなさい。

ア　裁判官にとって最も重要なことは[1]平無[2]な姿勢だ。

イ　その規則を守る人はなく、今や有[3]無[4]なものとなっている。

ウ　この店の商品は[5][6]混交で、よいものばかりではない。

問十五　――⑭「こんなに美しいものを見たことがなかった」とありますが、この時のシンサクの気持ちに最も近いものを次から選びなさ

「シンサク、おきろ！　ほれ」

ふとんからひきずりだされてみると、わきに丸く何かつまったリュックサックがあり、その上にサツがおいてあった。

「なんだ、いまになって！　もうみんな、いってしまったぞ！」

泣きながらしゃぶりつくシンサクを、母ちゃんはおさえつけるようにして、服を着せ、リュックをしょわせると、その手にしっかりサツをにぎらせて、家からつきだした。

「登山口まで、トラックにのせてもらえ！　にぎりめし食いながら、いけ！　ぜに、なくすな！」

シンサクには何も聞こえなかった。何も見えなかった。シンサクは走った、走った、宙をとんだ。横森をぬけ、県道へ。そこを十丁ばかりつっ走って山道へはいると、あとは、上り道だ。目がかすみ、息がくさくなった。

⑬半死半生で最初の峠《とうげ》に立ったとき、ああ、下に広がる青田の間を細い細いヘビのような、ゲジゲジのような行列が、這《は》うように動いていた。

シンサクは、⑭こんなに美しいものを見たことがなかった。

シンサクの目のまえで、その行列は、静かに静かに天までのぼってゆくように思われた。

（石井桃子「ハツコマ山登山」）

問一　a～fのカタカナの言葉を漢字に直して書きなさい。

問二　――①「小言きり出ない」の意味を次から選びなさい。

ア　小言がきりもなく出てくる　イ　小言が何としても出てこない

ウ　小言ばかりが出てくる　エ　小言さえ出すことができない

問三　――②「ちょっといい気もちになる」とはどんな気持ちですか。最も近いものを次から選びなさい。

ア　お金をよこさない母ちゃんと、文句も言わずにだまって箱からお金を取り出すことができる自分とを比べて、優越《えつ》感にひたっている。

イ　自分のわずかなかせぎでも両親にたよりにされていることを自覚し、また家族の役に立っていることに、ほこらしさを覚えている。

ウ　母ちゃんのサイフにはお金がないのにもかかわらず、自分の箱には大人のかせぎ以上の金額が入っていることをうれしく感じている。

エ　自分が働いてかせいだお金をナットウ代に使われてしまうのはいやだが、家族が喜んでくれていることに、おおかた満足している。

問四　――③「シンサクには決心したことがあるのだ」とありますが、それはどのようなことですか。十字以上十五字以内で書きなさい。

問五　――④「みんなの意気は、天をつくようだった」とは、生徒たちのどのような様子を表していますか。次から選びなさい。

ア　とてもはりきっていた　イ　とてもなまいきだった

ウ　とてもがっかりした　エ　とてもびっくりした

問六　――⑤とありますが、先生はなぜ登山が記念になると考えたのでしょうか。文中の語を使って五十字以上六十字以内で説明しなさい。

問七　――⑥「シンサクは、胸のなかが、スウと寒くなった」のはなぜですか。その理由を次から選びなさい。

ア　家の中の働き者としてがんばっているのに、登山に行くとそのぶん働くことができなくなり、自分をあてにしている家族が困ると思ったから。

イ　教室が静かになったことで、クラスの友人達の緊《きん》張している様子たことがない。

「ああ、父ちゃん、なんと言うべや」

先生は、説明を続けていた。登山だけなら、食い物のほかは、金はかからない。だが、帰りに温泉で一泊《ぱく》したい。それには、三百五十円くらいあれば、いいだろう。

「よし、おら、自分で金ためる！　五百円ためる！」

みんなガヤガヤさわいでいるなかで、シンサクは、ひとり、深い穴のなかに座っているように、だまりこみながら、こう決心したのだ。

はじめて出た橋の土方で七十円とった。みやげにナットウを買って、三十円へった。次の日曜日、橋の材料かつぎにがんばって、百円。けれども、母ちゃんに七十円借り⑦られた。はじめのうちは、⑧まるで雪のなかで北風にむかってゆくように、一歩前進二歩後退のときもあったが、それでも、貯金箱のなかのサツは、ジリジリとたまっていった。

それにカッコウが鳴きだして、田植えがはじまると、もうこっちのものだった。ハナトリ、シロカキ、苗《なえ》はこび。そこらじゅう仕事だらけ、ということは、つまり金だらけということだった。二週間の農繁《はん》休暇《か》中に、たちまち五百円は突破《とっぱ》した。けれど、シンサクは働くのをやめなかった。やめれば、五百円は砂に吸われる水のようになくなるからだ。

外で仕事をしているとき、ふと気がつくと、赤んぼのときから目のなかにあったハツコマ山の背中が、低い山なみの上から、こっちを見ている。ところどころに雪がのこって、⑨白まだらの大蛇《だいじゃ》がとぐろ巻いて、ねているようだ。あの背中、ドンドン！とふんづけてやるぞ！　シンサクは、田のアゼをとんで歩きながら考えた。

○

七月二十二日の朝、先生から登山旅行の注意があった。二十四日の朝、六時半、校庭集合、七時出発。金は二十三日、当番が集める……

「あんまりうまくいきすぎちゃった」シンサクは、箱のなかの八百何円かを思いだし、⑩からだじゅうムズムズしながら、こう考えた。

「あまりは、母ちゃんにやる。母ちゃんが、けさ、いもを早掘《ほ》りして売りにいくっていったの、とめんべ」

あかるい気もちで家のそばまでくると、子どもたちが、ふつうでない顔で、馬屋《まや》をのぞきこんでいた。シンサクはすぐ寄っていった。

「べこ（牛）、母ちゃん、畑にいるまに、なまいも十貫《かん》め食ったと。いま、獣《じゅう》医さん来て、下剤《げざい》かけて、ビリビリくだしたんだ。千円とられたど」

妹のシズ子が、まるでおとなのような顔で、シンサクを見あげて言った。

ああ、やっぱり！　だめか！

シンサクは、胸がスウとつめたくなった。すぐ裏から納戸《なんど》にかけこみ、貯金箱をあけてみた。箱はからだった。

⑪次の日、シンサクは腹がいたいと言って起きなかった。

ひるすぎ、シズ子が学校から、通信簿《ぼ》と先生の手紙を持ってきてくれた。成績は六年のときよりずっとよくなり、手紙には、⑫あしたはべんとうだけ持ってこいと書いてあった。シンサクは、その手紙をまるめて、涙をふき、はなをかんだ。

○

七月二十四日、快晴。

六時半……七時。みんな家にいなくなり、母ちゃんも少しして出ていったが、やがて、パタパタぞうりをならして帰ってきた。

と思うまに、いきなり、シンサクは、たたきおこされた。

1　サッカー大会で優勝を目指したが、決勝戦で四対三で涙を（　　）だ。

2　いつも厳しいコーチが泣いている。（　　）の目にも涙だ。

3　子役の演技が、あまりにいじらしくて、観客の涙を（　　）た。

二　次の文章を読んで後の問いに答えなさい。

中学一年になったとたんに、シンサクは、がぜん、働き者になって、家じゅうをびっくりさせた。だれもなんとも言わないのに、日曜日になると、朝早くから、べんとうを持ってとびだし、夕方、aサツをにぎって帰ってくる。去年、洪水《こうずい》で落ちた橋の修繕《ぜん》の土方《どかた》、よその家のこやしの運搬《うんぱん》、なんにでも出かけていった。

このごろは、百姓《ひゃくしょう》も不景気で、家に入れば、①小言《こごと》きり出ない父ちゃんも、

「やっぱす、中学に入ると、べつだな」という感想をもらし、母ちゃんなどは、ときどき、「シンサク、帰りにナットウ三十円買ってきてけろな」とたのんだりする。

そういうときは、母ちゃんは、金をよこさない、母ちゃんのサイフに金がないからだ。シンサクは、自分の箱から三十円出しながら、②ちょっといい気もちになる。父ちゃんたちは、小さい子ばかりの家のなかに、シンサクというかせぎ人がでたことを、うれしく、bチョウホウに思っているのだ。

けれども、シンサクにしてみれば、そうチョウホウがられてばかりもいられないのだった。③シンサクには決心したことがあるのだ。

四月十日、cシンチクされた中学校のりっぱな講堂で、dセイダイな落成式兼《けん》始業式があった。村長さんはじめ、えらい人の演説があったあとで、シンサクたちもおeイワいの菓子《か》包みをもらった。それからわいわい言いながら、二階の新しい教室へ上っていった。

先生も小学校のときのタケシ先生が、生徒といっしょに中学の先生になったのだから、④みんなの意気は、天をつくようだった。先生は、もったいないほどきれいな黒板に字を書いて、中学生たるfココロエ、新しい教室の掃除《そうじ》のしかたをいって聞かせたあとで、

「さあ、何かまだ聞きたいことあるか」と聞いた。

「ハイ！」勉強のときには手をあげたことのない、愛嬌者《あいきょうもの》のトキオが言った。

「おい」と先生が指すと、

「先生、今度の遠足、どこっしや？」

シンサクをぬかして、みんなが笑った。

「おめえ、遊ぶことばかり考えてるな」先生も笑いながら叱《しか》ったあとで、少しまじめな顔になり、「今度の春の遠足は、金のかからないように近いところにする。そのかわり、夏はハツコマ山登山だ。人生には、たのしいことも、苦しいこともある。おめえたちも、これから、人生の坂をのぼりはじめるところだ。⑤それで、先生、考えて、記念のために登山を計画したんだ。みんな、夏までよく家の手つだいしろ」

教室のなかは、ちょっとま、息をのんだように静かになって、それから、まえより大きくわアー……という声があがった。

⑥シンサクは、胸のなかが、スウと寒くなった。遠足と聞くと、いつもそうなるのだ。遠足といえば、いつも「いかせる、いかせない」で、家のなかがもめて、けっきょく、いままで一度も遠足というものにいっ

イ　ぶつぶつとひとりごとを言う

ウ　もごもごと口ごもりながら言う

エ　ぺらぺらとよどみなく話す

問三　――⑤とありますが、次の文はどのようなことの比ゆですか。それぞれ書きなさい。

1　「テレビを見ているこちらの両目から入りこみ」

2　「見えない暗がりに溜まる」

問四　――⑥「はっとする」とありますが、この時の筆者の気持ちを次から選びなさい。

ア　まだ漁師にもなっていない高校生がすでに漁師としての海への思いを語れることに深い感嘆《たん》をもらしている。

イ　津波で家も漁船もなくした高校生の気持ちを、テレビが代弁しようとしていることに怒りを感じている。

ウ　津波で何もかも失った高校生がなおも海が好きだというのを聞いて、そのまっすぐな思いに心を打たれている。

エ　本当は海のことをもう好きでいられないはずなのに、テレビの前で懸《けん》命な様子を見せる高校生に胸を痛めている。

問五　――⑦とありますが、「海と向き合う」とは海に対してどのような態度を取ることだと筆者は考えていますか。説明しなさい。

問六　――⑧のようになっていったものは何ですか。次の文の［　］に文中の語を用いて三十字以内で書きなさい。

［　　　　］は箱のなかに眠る標本のようにおとなしいものになっていった。

問七　――⑨「あなどる」の使い方が適切なものを次から選びなさい。

ア　いそがしい時は宿題をあなどりがちだ。

イ　思いがけずしたくにあなどってしまった。

ウ　今日の出来事はいつまでもあなどるだろう。

エ　負けた原因は相手をあなどったことだ。

問八　この文章で、筆者の感じていることと最も近いものを次から選びなさい。

ア　巨大地震と津波で被害を受けたが、わたしたちは豊かな感受性でその事実を受け止め、人生を歩んでいく力を与えられている。

イ　巨大地震と津波で被害を受けたが、わたしたちは困難の中で体験を共有し、どのような時もはげましあって生きていきたい。

ウ　巨大地震と津波で被害を受けたが、わたしたちは過去の痛みを忘れて、前向きに生きていく姿勢の大切さを改めて確認した。

エ　巨大地震と津波で被害を受けたが、わたしたちは常に希望を忘れず、あたらしい世代の真剣な思いをエネルギーに前進するだろう。

問九　a、bの［カタカナ］の言葉を漢字に直して書きなさい。

問十　c［来る］の尊敬語を書きなさい。

問十一　d、eの［の］と同じ働きのものをそれぞれ選びなさい。

ア　彼は病気な［の］だから、親切にしてあげなさい。

イ　先生になる［の］に必要な勉強をする。

ウ　姉［の］本を借りて読む。

エ　友達［の］晴子さんと遊びに行く。

オ　雪［の］降る日が待ち遠しい。

問十二　次に挙げる「涙」に関する表現について、（　）に当てはまる語をひらがなで入れて完成させなさい。

【国語】（四〇分）〈満点：一〇〇点〉

一　次の文章を読んで後の問いに答えなさい。

東北と関東を襲《おそ》った巨《きょ》大地震《しん》と津《つ》波で多くの命が失われた。連日の報道によって伝えられる、乾《かわ》く間もないたくさんの涙《なみだ》。行方《ゆくえ》不明の家族を探して、道端《ばた》にしゃがみこんで①泣き崩《くず》れる人。もう会えないのではないかと思っていた人と再会できて②泣く人。避《ひ》難所で支援《しえん》を受け、③涙を浮《う》かべる人。福島の第一原子力発電所で注水作業にあたり、会見に臨《のぞ》んで思わず涙ぐむ東京消防庁の人たち。津波に破壊《かい》され瓦礫《がれき》の山に変貌《ぼう》した町を歩きながら「もう涙も出ません」。そう④つぶやく人。⑤人々の両目からこぼれる涙が、ひとつの流れとなって、テレビを見ているこちらの両目から入りこみ、からだの内壁《ないへき》を伝い落ちては見えない暗がりに溜《た》まる。溜まっていく。

卒業したら父の跡《あと》を継《つ》いで漁師になるつもりだったという高校生。津波で家も漁船もなくなった。「でも、この海が好きだという気もちに変わりはない」。録音された直接の声ではなく、まとめるかたちで、テレビがそう伝える。⑥はっとする。めちゃくちゃな被害を与えた海だけれど、だから嫌《きら》いになった、とはいわない。だからもう見たくもないとは、いわない。⑦海と向き合うとはそういうことなのだな、とわかる。というより、海に限らずなにかと真剣《けん》に係わるとは、そういうことなのだろう。災害と海そのものとは、別。高校生の簡潔なひとことは、思いの複雑さを幾重《いくえ》にも滲《にじ》ませていた。どんなことがあっても三陸の漁業を再興しようと立ちあがる漁港の人々。これまで自分も、この海の恩《おん》恵をどれほど受けてきたことだろうと、画面を見つめる。震災前の町の地図がa[ウツ]る。湾《わん》の内側に、ワカメ、と字が見える。津波の舌は、ワカメの採れる場所もb[エンガン]の町も、あっというまに舐《な》めつくしてしまった。破壊の後には、新たな誕生がきっとc[来る]。

千年ほど前にも、同じ地域へ津波が押《お》し寄せたことがあるという。山の方まで波が及《およ》んだ、と。だが、古い記録なので、本当かどうかわからない、とされてきたらしい。なんということか、記録の内容は本当だったのだ。そのときにも、数多くの集落や人命が失われただろう。たくさんの涙が流され、居場所d[の]わからない人を探す人e[の]声があちこちで飛び交《か》ったことだろう。そうして、破壊された後には、草が少しずつ芽を伸《の》ばすように、暮らしがふたたび、かたちづくられていったことだろう。世代が重なるにつれ、山の方へもとどいた津波は、過去の出来事になっていった。⑧言い伝えと化し、箱のなかに眠《ねむ》る標本のようにおとなしいものになっていったのかもしれない。言い伝えは、⑨あなどれない。涙が塩辛《から》いのは、生きものの祖先が大昔、海にいた名残《なごり》だという。海に多くを奪《うば》われた人の目にも海がある。ヒトはそういう生きものだ。こぼれる。海がこぼれる。いくらでも。

（蜂飼耳「涙」）

問一　――①～③の涙にはどのような気持ちがこめられていますか。最も近いものを次から選びなさい。

ア　絶望　イ　感謝　ウ　不満

エ　喜び　オ　驚《おどろ》き　カ　怒《いか》り

問二　――④とありますが、「つぶやく」の辞書に出ている意味を次から選びなさい。

ア　ひそひそと小さな声で話す

ものを次から選びなさい。

ア　ちょっと、こじつけているなあ。

イ　無理やりだが説明がついたなあ。

ウ　理解できる部分もややあるなあ。

エ　なるほど、なっとくできるなあ。

問十二　⑫にふさわしい語句を十二字以内で書きなさい。

四　次のカタカナを漢字に直しなさい。

1　ソッセンして手伝う。

2　ミッペイされた容器。

3　王様のゴエイをつとめる。

4　ギャッキョウにうちかつ。

「謝罪」だけでなく、「感謝」という言葉にも、「あやまる」という文字が用いられているのです。

　これはいったいどういうことなのか、さっそく「謝」の語源をみてみましょう。

　まず、「謝」は「言＋射」で成り立っています。その構成要素の「射」は古代漢字では⑧張りつめた矢を手から離《はな》しているさまを表しています。矢を手から離せば、弓の緊張《きんちょう》が解けてゆるみます。そこから、「言」をプラスした「謝」は、（　⑨　）を発することによって心の緊張をゆるめることを意味します。

　言葉にして思いを伝えることができず心の中で思っているだけだと、思いが胸につかえて悶々《もんもん》としてしまいます。それをちゃんと言葉に表すことができれば、弓の緊張が解けてゆるむように気持ちがすっきりとして、せいせいした気分になれます。つまり、「謝」という字は、心の負担をおろしてせいせいできるように言葉として述べることを表しているわけです。

　自分の心にある（　⑩　）気持ちを言葉にしてお礼を述べれば「感謝」となり、詫びる気持ちを言葉にすれば「謝罪」となる。また、申し訳なく思うお詫びの言葉を述べることは、相手の心の負担をおろすことにもなります。

　こうして語源からみてみると、「感謝」と「謝罪」は意外にかけ離れたものではないことに気づかされます。「ありがとう」をつい「すみません」と言ってしまうのも、⑪むべなるかな。とにかく（　⑫　）という心理ゆえのことといえそうです。

（『漢字の気持ち』高橋政巳・伊東ひとみ）

問一　――①とありますが、「まず」の使い方が最も近いものを次から選びなさい。

ア　なによりもまず大切なのは安全だと思う。

イ　まずまちがいないと思うがやはり心配だ。

ウ　これでまずひと安心と思っていい。

問二　――②「「有りがたし」……となった」とありますが、ウ音便化してできたあいさつの言葉を一つ書きなさい。

問三　――③「そこまでの思い」とはどのような思いですか。ふさわしい部分のはじめとおわりの五字を書きなさい。

問四　――④「人の心を照らしてくれる」とは、どのようなことですか。文中の語を使わずに「人の心を…」に続く形で書きなさい。

問五　（⑤）に入る適切な語を書きなさい。

問六　――⑥「これ」とは何をさしますか。文中の語句を使って二十五字以内で書きなさい。

問七　――⑦「「謝」という字の語源をひもとく」とありますが、「語源をひもとく」とは書物をひらいて読むことです。どのような書物ですか。

問八　――⑧「張りつめた……表しています」とありますが、このように目に見える物の形やようすを具体的にえがいた漢字でないものを、次から選び、記号で答えなさい。

ア　木　　イ　上　　ウ　山　　エ　手

問九　（⑨）に入る適切な語を書きなさい。

問十　（⑩）にふさわしい語句を十字以内で書きなさい。

問十一　――⑪について、「むべなるかな」という言葉の意味に最も近い

エ　学級会で自分の意見が通るまでねばり強く発言する。
オ　学級会で自分と異なる意見の人に考えを変えてもらう。

問九　――⑧「うなだれて」とありますが、この時の作者の気持ちはどのような気持ちですか。次から選びなさい。
ア　さびしい　イ　落ち着かない　ウ　情けない　エ　苦しい

問十　（⑨）に入る適切な語を次から選びなさい。
ア　決して　イ　返して　ウ　転じて　エ　重んじて

問十一　（⑩）には、筆者の思ったことが入ります。筆者の立場になって、「聴衆《ちょうしゅう》（周りで聞いている人達）は…」に続く形で二十五字以内で書きなさい。

問十二　――⑪の流れをふまえて、（Ｅ）に入る熟語を答えなさい。

問十三　（⑫）に適切な語句を五字で入れなさい。

問十四　――⑬「新しい感動や知的刺激が手に入る」ことによって、人はどう変わると思いますか。

三　次の文章を読んで後の問いに答えなさい。

「ありがとう」と言われてイヤな気持ちになる人は①まずいないでしょう。「ありがとう」という言葉は、人の心を明るく弾《はず》ませてくれます。

ふだん意識にのぼることはほとんどないけれど、そもそも「ありがとう」というのは、②「有りがたし」の連用形「有りがたく」がウ音便化して「有りがとう」となったもの。

有ることが難《かた》い（＝困難であること）、すなわち滅多《めった》になくて貴重だというところから来た言葉ですから、このわずか五文字の短いフレーズには、相手の親切や厚《こう》意を身にしみて嬉《うれ》しく思う気持ち、相手をたたえる気持ち、たとえようもない感謝の念などいろいろな思いが詰《つ》まっているのです。たとえ今、それを口にする人が③そこまでの思いに至っていなかったとしても、「ありがとう」のひと言に込《こ》められた言霊《ことだま》は、やはり昔と変わらず④人の心を照らしてくれるのでしょう。

ところが、こんなすばらしい感謝の言葉があるのに、「ありがとう」とお礼を言うべき場面で、「すみません」と言ってしまうことがよくあります。

言うまでもなく「すみません」は本来、謝《あやま》るときに使う言葉。しかし最近では、落し物を拾ってもらっても「すみません」、道順を教えてもらっても「すみません」、レストランで店の人を呼ぶときも「すみません」……なんでも「すみません」ですませてしまう人が増えています。あまりに乱用されるため、もはや改まった場面では謝罪の言葉として使うのがはばかられるほど。当然、お礼の意味で「すみません」を使うのは間違《ちが》いだと（⑤）をひそめる人は多く、言葉遣《づか》いのマナー違反《いはん》とされています。

けれど、マナー違反うんぬん以前に、本当は誰《だれ》だって感謝の言葉を言うべきときには「すみません」と言わないようにしようと思っているのではないでしょうか。それでも、とっさに「すみません」という言葉が口をついて出てしまう。そして「あー、また言っちゃった」と反省する。そんな繰《く》り返しをしているように思えます。

⑥これを「言葉の乱れ」と言ってしまえばそれまでですが、じつは「感謝」や「謝罪」に用いられる⑦「謝」という字の語源をひもとくと、おもしろいことがわかります。

「感謝」と「謝罪」――賢明《けんめい》な読者のみなさんはもうお気づきですね。そう、「感謝」の「謝」は、訓読みでは「あやまる」。お詫《わ》びする意味の

「そうか、（　⑩　）」と気づいた私は、それからは人前で失敗することを恐《おそ》れなくなりました。もちろん、この事件の前までは、「人前で恥をかくことは、できれば避《さ》けたい」という気持ちはありました。でも、「このままずっと避け続けていたら、自分は一生変われない」とも思ったのです。

こうしてその後も、⑪「実践《じっせん》→（　Ｅ　）→反省→新たな実践→新たな（　Ｅ　）」を繰《く》り返していくうちに、少しずつ公の場で発言できるようになっていきました。

みなさんにも、できる範囲《はんい》で、こうしたトレーニングを行なうことをお勧《すす》めします。たとえば、将来ついてみたい職業があるとします。どんな職業であれ、興味をもっている分野で活躍《かつやく》している人に会ってみたいと思うのなら、方法はいくらでもあります。目当ての人を見つけたら、その人の講演会などに足を運んで話を聞き、質疑応答の時に何か質問をしてみるとよいでしょう。

勇気を出して手をあげて（　⑫　）、必ずきちんと答えてくれる。つまり、その質問をする前に比べると、あなたは新しい何かを手に入れているわけです。その「何か」とは、よそでは絶対に手に入らない貴重な情報かもしれないし、「尊敬する人が自分の質問に答えてくれた」という満足感だけかもしれません。でも、とにかく確実に⑬新しい感動や知的刺《し》激《げき》が手に入るのです。

一度経験してしまえば、次からは失敗が怖《こわ》くなくなるので、前向きなことについての「人前で恥をかく経験」は早いほどいいのです。

（『自分力を高める』　今北純一）

（本文中の※は注として付記したものです。）

問一　――①とありますが、「分別がある」の意味を次から選びなさい。

ア　ものごとをはっきりと区別できる

イ　ものごとのなりゆきが順調である

ウ　ものごとが自然にわかれていく

エ　ものごとの筋道がわかっている

問二　（②）に入る適切な語を漢字で書きなさい。

問三　――③「沈黙は……です」の考えに合っていないものを次から選びなさい。

ア　自分の考えを発言しないのは恥ずかしいことである。

イ　何も言わなくても人は自分のことを理解してくれる。

ウ　人前でミスしたり意見を否定されたりしても構わない。

エ　自分から働きかけることによって自由に行動ができる。

問四　A ～ D には、ア「欧米」・イ「日本」のどちらかが入ります。それぞれ記号で答えなさい。

問五　（④）にふさわしい四字熟語を次から選びなさい。

ア　意気投合　イ　不言実行　ウ　一心同体　エ　以心伝心

問六　――⑤「しりごみして何も発言しない」とありますが、その理由を十字以上二十字以内で答えなさい。

問七　（⑥）に文中の語句（五字）をぬき出して入れなさい。

問八　――⑦「コミュニケーション力」としてふさわしいものを次の中から二つ選びなさい。

ア　議題があるので学級会を開くよう自分から働きかける。

イ　学級会で自分の意見に賛成するよう事前に打ち合わせる。

ウ　学級会で自分とは異なった意見にも耳を傾ける。

を超《こ》すと人間の価値を下げることになる」という、いましめの意味でよく使われています。「（　②　）ある鷹《たか》は爪《つめ》を隠《かく》す」と同じように、「沈黙」は奥《おく》ゆかしさの要素の一つとみなされているわけです。

けれど欧米《おうべい》（※ヨーロッパやアメリカ）社会の現場では、こういう考え方はまったく通用しません。私自身の経験から言うと、③沈黙は「金」ではなく「罪」であり、「何も考えていない愚《おろ》か者の証拠《しょうこ》」です。

たとえば、ビジネスの交渉《こうしょう》の場や、シンポジウム（※公開討論会）、ディベートなどに出席して、ひと言も発言しない人がいたとします。［A］では、「何か発言すればいいのに。ずいぶんおとなしい人だな」と思われるくらいですむかもしれませんが、［B］では、「あなた、なんのためにここにいるの？」という目で見られます。場合によっては、「邪魔《じゃま》だ」と思われるかもしれません。自分の考えを何も発言しないということは、非常に恥《は》ずべきことだと思われているのです。

「雄弁は銀、沈黙は金」ということわざは、あくまでも原則の世界のことであって、現実には、黙《だま》っていたのでは何もことは運ばないし、何も手に入れることができません。阿吽《あうん》の呼吸とか、（　④　）とかいった言い回しがあるように、［C］では「あえて口に出して言わなくても、相手は理解してくれるはず」と考えがちですが、［D］では、はっきり口に出して言わなければ何も理解されないし、自分から動かなければ何一つ自由になりません。

人前でミスをしたり意見を否定されたりすることは、ぜんぜん恥ずかしいことではありません。一歩日本の外に出れば、⑤しりごみして何も発言しない方がよほど恥ずかしいことなのです。意見を述べている時に頭がパニックになったり、意見を否定されて動揺《どうよう》したりすることは誰《だれ》にでもあるのですから、気に病《や》むことはありません。思っていることを言わないで後悔《こうかい》するより、後悔するくらいならその時に言っておく、というほうがはるかに健康的です。

私は二〇代後半からヨーロッパを中心に仕事をするようになりましたが、その時、公《おおやけ》の場で（　⑥　）をきちんと発言できるようになりたいと思い、「国際会議やシンポジウムの席で、必ず一つは質問をする」という課題を自分自身に与えました。私にとって難しい課題でしたが、これに慣れない限り、⑦コミュニケーション力やプレゼンテーション（※会議で計画などを発表すること）力や交渉力を高めることはできないと考えたのです。でも、そうは思っても、はじめは会場の片隅《かたすみ》にちょこんと座《すわ》ったまま、手をあげるタイミングさえつかめず、ひと言も発言できずに⑧うなだれて帰ってきました。

そこで次は、「質問をしないうちは帰らない」と心に決めて、あるシンポジウムに参加しました。基調講演に耳を傾《かたむ》ける余裕《よゆう》もなく、質疑応答に入るのを今か、今かと待っているうちに、ようやく質疑応答になり、意を（　⑨　）ぱっと手をあげると、演壇《えんだん》上の講演者から指名され、それと同時に案内係の女性が飛んできてマイクを私の前に差し出しました。ところが席を立ちマイクを手にしたその瞬間《しゅんかん》、それまで考えていた質問が頭の中からすべて吹《ふ》っ飛んでしまったのです。結局、何も言えずじまいで着席しました。

「ああ、大恥《おおはじ》をかいてしまった。周りの人達《たち》はさぞかし僕《ぼく》のことを冷笑しているだろうな」と思いましたが、周囲にはざわめきすら起こらず、マイクを手渡《わた》す係の女性はさっさと別の質問者のほうに飛んでいきました。

より多くのものを建設すれば、問題は解決するという建設の思想は、少なくとも森林や自然の問題にはなじまなかったのである。そしてこのことへの反省が、森とはその地域に適した森が一番問題の少ない森だということを、私たちにあらためて気づかせていった。地域の自然条件に適した森という面でも、その地域の風土や暮らしの歴史に適した森、という面からもである。

（C）大町の荒山さんは、自然に芽生えてきた木を育てる。それは地域の自然が芽生えさせた木である。間引きした木は、最近需要のふえてきたストーブ用のマキとして販売《はんばい》し、新しい薪炭《しんたん》林のかたちを模索《もさく》する。将来は太い天然林も育ってくるだろう。⑨その森には、いまでも秋になると、二つ三つ「クマの座蒲団」がかけられている。

（『森にかよう道』内山節）

（本文中の※は注として付記したものです。）

問一 ——①「クマの座蒲団」の材料は何ですか。十字以内で書きなさい。

問二 ——②「天然の落葉広葉樹の森の手入れ」とありますが、「手入れ」とはどのようなことですか。この文章の後半にある具体例を一つ、十字以内で書きなさい。

問三 （③）に入る適切な語を次から選びなさい。

ア 人間的　イ 生命的　ウ 文化的
エ 社会的　オ 経済的

問四 （1）～（3）に適切な語を考えて書きなさい。※文中の語があてはまる場合もある。

問五 （A）～（C）に入る適切な語を次から選びなさい。

ア ところが　イ だから　ウ そのうえ
エ つまり　オ もしかすると

問六 ——④「有用材」の言葉の意味を十字以内で書きなさい。

問七 ——⑤「建設の思想」とはどのような考え方ですか。ふさわしい部分をこれより前の段落からぬき出し、はじめとおわりの五字を書きなさい。

問八 ——⑥「森林にこのような考え方を適用した愚かさに気づきはじめた」について、

1、「このような考え方」とは何を重視した考え方ですか。文中の語で答えなさい。

2、「このような考え方を適用した」とは実際にはどうしたのですか。

問九 （⑦）・（⑧）に入る適切な組み合わせを次から選びなさい。

ア ⑦高いうえに　⑧もっと上がってしまう
イ ⑦低いうえに　⑧もっと低下してしまう
ウ ⑦高くても　⑧逆に低下してしまう
エ ⑦低くても　⑧逆に上がってしまう

問十 ——⑨「その森には……かけられている」とありますが、どのような森ですか。説明しなさい。

二 次の文章を読んで後の問いに答えなさい。

西洋のことわざに、「雄弁《ゆうべん》は銀、沈黙《ちんもく》は金」という言葉があります。「口から泡《あわ》を飛ばすような雄弁よりも、黙して語らぬほうが①分別があり、すぐれている」という意味です。

なぜか日本では「沈黙は金」だけが切り離《はな》されて、「おしゃべりが度

【国語】（四〇分）〈満点：一〇〇点〉

一　次の文章を読んで後の問いに答えなさい。

長野県大町市の荒山さんの森のなかを歩いていたら、クリの木に「①クマの座蒲団《ざぶとん》」がかけられていた。クリやトチの実を食べるとき、ツキノワグマは木に登ってほどよい枝に腰《こし》をかける。そこから周囲に手を伸ばし、ポキンと枝を折ってくるとイガを開き、皮をむいて実を食べる。そのとき残った枝を自分の尻《しり》の下に敷《し》いて、少しずつ座《すわ》り心地を良くしていくのである。

荒山さんは日本ではめずらしい林業家である。②天然の落葉広葉樹（※クリやトチなど）の森の手入れをして、天然の良木を育てる林業を試みている。だから彼《かれ》の森は、林業地でありながら動物たちの森でもある。

森は自然的存在であるとともに、（　③　）な存在なのだと思う。なぜなら人間の森へのかかわり方によって、森は変貌《へんぼう》をとげていくからである。林業や治山技術の変化も、社会構造の変化も森を変える。そしてひとつの時代を引っ張っていく、その時代の人間の精神もまた森に影響《えいきょう》を与える。

戦後の社会が経済力を高めてきた頃《ころ》から、日本の政策のひとつに、次のような考え方が定着していった。それは何か問題がおきたときには、より多くのものを建設することによって問題を解決するという思想である。

たとえば、一九六〇年代以降、都市の道路渋滞《じゅうたい》が問題になったけれど、それへの対応策は自動車の通行量を（　1　）ことではなく、より多くの（　2　）をつくることであった。ところが建設をすすめようとすれば、そのことによって新しい問題を発生させることがある。都市の水需《じゅ》要《よう》に応じてダムを建設すれば、当然水没《すいぼつ》する村の問題が出てくる、というように。そしてそのときも、ダム計画を縮小、撤回《てっかい》するのではなく、より多くの見返りを建設することによって、問題の解決がはかられた。

それは現代の企業《きぎょう》と同一の発想でもある。いうまでもなく企業は、経営基盤《きばん》が安定しているときは、生産に問題が生じると、より新しい技術を導入し、より大きな新鋭《しんえい》工場を建設することによって、その問題の解決をはかってきた。それは工場だけのものではなく、たとえばリゾートをみても客足が鈍《にぶ》れば、より多くの開発をし、新しい設備を（　3　）することによって、新しいリゾートの「魅力《みりょく》」をつくりだそうとしてきたのである。

（　A　）最近まで、日本の森林政策も、この考え方のなかにまき込《こ》まれていたのではないかと思うことがある。天然林を伐採《ばっさい》し人工林をつくる拡大造林が、一時期あれほど善だとされたのは、人工林のほうが用材の生産性が高く、スギやヒノキなどの④有用材が多量に得られるからであった。ここには工場と同じように森をつくり変えることによって、用材の生産性の高い森を開発していこうという⑤建設の思想があった。

（　B　）最近になってようやく私たちは、⑥森林にこのような考え方を適用した愚《おろ》かさに気づきはじめた。なぜなら用材の生産性を高めようとして人工林をつくりすぎることは、他の動植物にとって好ましくないばかりでなく、手入れに手間のかかる、災害に弱い森をつくってしまうことになる。さらに針葉樹の人工林は木材の生産以外には利用価値のない森になってしまうために、市場経済のうえでは価値は（　⑦　）、山菜や茸《きのこ》を採ったり、森の季節の移ろいを楽しむ暮らしのなかの価値は、（　⑧　）。

MEMO

大切なことはメモしておこうネ！

解答用紙集

○月×日　△曜日　天気（合格日和）

◆ご利用のみなさまへ

＊解答用紙の公表を行っていない学校につきましては、弊社の責任において、解答用紙を制作いたしました。

＊編集上の理由により一部縮小掲載した解答用紙がございます。

＊編集上の理由により一部実物と異なる形式の解答用紙がございます。

人間の最も偉大な力とは、その一番の弱点を克服したところから生まれてくるものである。——カール・ヒルティ——

東京学参株式会社

女子学院中学校　2024年度

◇理科◇

※ 139％に拡大していただくと，解答欄は実物大になります。

I

1 (1)　(2)　(3)

(4) ①

②

2 (1) 夏至　秋分

(2) A

B　15　20　25

(3)　km

II

1 (1)

(2) A　10　B

(3) 切り方

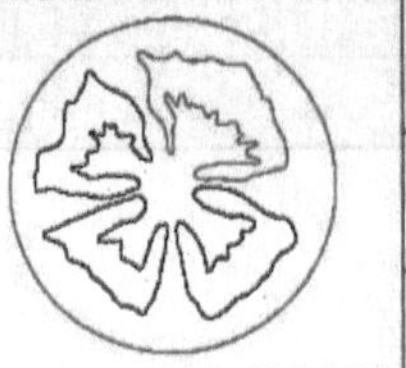

●：種の大きさ

(4)

(5)

2 (1)

(2) A　B　C

(3)

III

1 (1) ①　②　③

(2)

(3)

2 (1)　(2)　(3)　(4)　(5) ①ア　g　イ　g　②　cm³

IV

1 (1)　(2)　g

2 (1) ①　g より大きく　g 未満　②

(2)　(3) ①　②　③

3 (1)　(2)　(3)

女子学院中学校　2024年度　　◇社会◇

※ 154%に拡大していただくと，解答欄は実物大になります。

Ⅰ

問1	(1)		(2)		問2	→ → →	問3								
問4	(1)		(2)												
問5	(1)			(2)			問6		問7	(1)		(2) ①		②	
問8	①		②												

Ⅱ

問1	(1)	→ → → →	(2)	→ → → →						
問2		問3	(1)		(2)		問4		問5		
問6		問7								

Ⅲ

問1	(1)	川	(2)	→ → →							
問2	→ → →	問3		問4		問5	A		B		
問6		問7		問8		問9	(1)				
問9	(2)	自然環境面									
		費用面									
問10											

Ⅳ

問1		問2			問3			問4		問5	
問6	記号	理由									
問7			問8								

2024年度　女子学院中学校

◇国語◇

※152%に拡大していただくと、解答欄は実物大になります。

句読点は字数に入れること。

一

問一

問二　1　一　2　一　3　一

問三

問四

問五　Ⅰ　Ⅱ

問六

問七

問八

問九

問十

問十一

二

問一

問二

問三　友達の絵は　自分の絵は

問四

問五

問六

問七

問八

問九

三

1　2　3　4　5　6

女子学院中学校　2023年度　◇理科◇

※ 156%に拡大していただくと，解答欄は実物大になります。

I

1 (1)

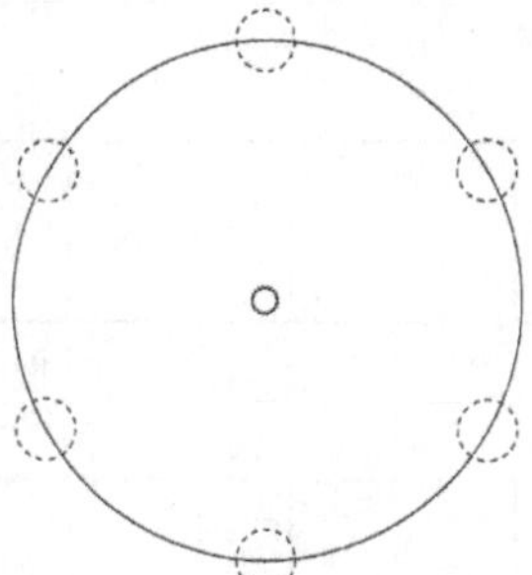

(2)

(3) 回

2 (1) 日　(2)

3 (1)

(2)

II

1 (1) 1　2

(2) ア　イ　ウ　(3)

(4)　(5)

2 (1)　(2)　(3)　(4)

(5)

III

1 (1)

(2) 固体　液体

(3)　(4)

2 (1) 1　2　3　(2) C　D　(3)　(4) %

IV

1 (1)　(2) ①向き　明るさ　② Aと1、2と□、□と□、□とBを導線でつなぐ

2 (1) と　と　(2) と　と

3 (1)　(2)　(3)

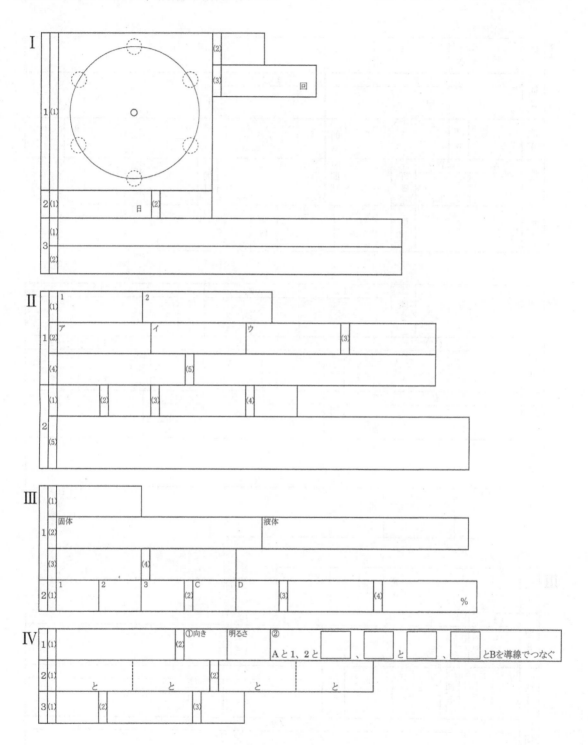

女子学院中学校　2023年度　　◇社会◇

※ 141％に拡大していただくと，解答欄は実物大になります。

Ⅰ

問1																			

問2	（1）	（2）	問3	
	→ → →			

問4		問5		問6	→ → → →	問7	

問8	A	B	問9		問10		問11	

問12		問13	（1）	（2）	問14	

Ⅱ

問1		問2	（1）	（2）	問3	（1）

問3	（2）	（3） A	B	C	問4	（1）	（2）

問5	A	B	C	問6	A	B	C

問7	

問8	（1）	（2）	問9	

Ⅲ

問1		問2	

問3	（1）	（2）

問4		問5		問6	（1）		

問6	（2）

◇国語◇

女子学院中学校　２０２３年度

※１４８％に拡大していただくと，解答欄は実物大になります。

一

問一

問二

問三　A　B　C

問四　日常的に（　　　）を用いて（　　　）な暮らしを送っていること。

問五　問六　問七

問八

二

問一

問二　A　B　C

問三

問四

問五

問六

問七

三

1	2	3	4	5	6
	ねる				まる

女子学院中学校　2022年度

◇理科◇

※152％に拡大していただくと，解答欄は実物大になります。

Ⅰ

1

(1)		(2)	°	(3)	X	Y	Z	(4)	①	②	③	(5)	

(6)

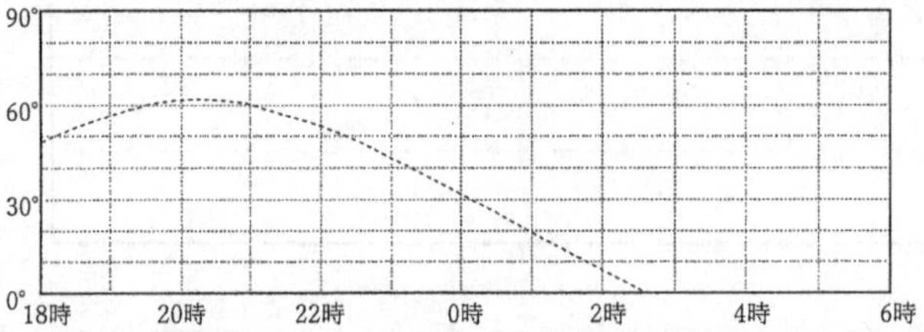

(7) 15 / 25 / 30

2

(1)	①	②	(2)	

Ⅱ

1

(1)	①	②	③	④	(2)	
(3)	①	②	③			

2

(1)		(2)		(3)				
(4)								
(5)		(6)		(7)	①	②	③	④

Ⅲ

1

(1)		(2)				

2

(1)		(2)		(3)	①	②	③	④

3

(1)	ア	イ	ウ	エ	オ
(2)	メタン　L	水蒸気　L	(3)		

Ⅳ

1

(1)	A	B	C	(2)	①	②　秒
(3)	①	②	(4)		理由	

2

(1)	①	②	③	(2)		(3)		(4)	

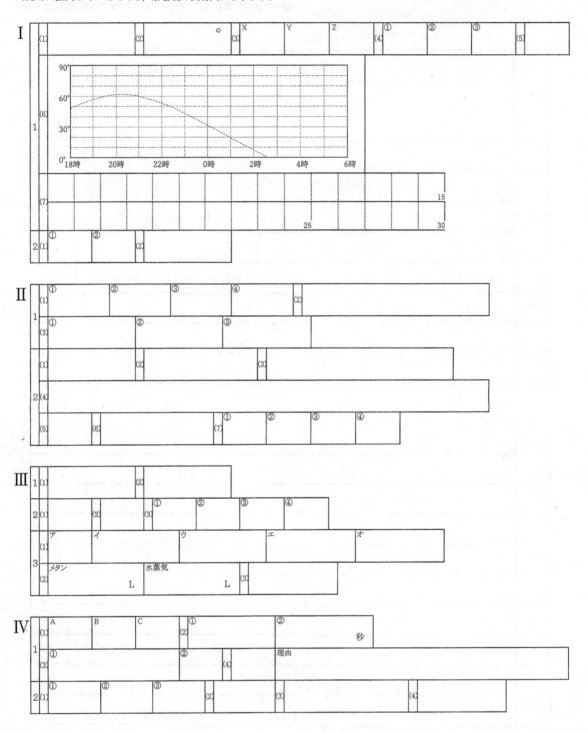

女子学院中学校　2022年度　◇社会◇

※152％に拡大していただくと，解答欄は実物大になります。

Ⅰ

問1				問2		問3		

問4	(1)	(2)		問5	
	→ → →				→ → →

問6			問7		問8				問9	(1)		(2)

Ⅱ

問1			問2		

問3	(1)
	目的1
	目的2

問3	問4			問5			問6		問7	(1)		(2)	
(2)													

Ⅱ

問1		問2			
	→ → →				

問3	

問4		問5	

問6	(1)	(2)

問7		問8			問9	(1)		(2)	問10	
						①	②			

◇国語◇

女子学院中学校　２０２２年度

※１６２%に拡大していただくと、解答欄は実物大になります。

一

問一

問二

問三

問四

問五 (1) (2)

問六

問七 (1) (2) 〜

問八 年

問九

問十

二

問一 (1) (2)

問二 (1)

問二 (2) 10 20 / 10 20 / 10 20

問三 A B C

問四

問五 15 20

問六 あ い

問七

問八

問九

問十

問十一 10

問十二

問十三 1 2 3 4

問十四 1 水を 2 水に

問十五 a b c

三

1 びる

2 く

3 える

4

女子学院中学校　2021年度　◇理科◇

※142％に拡大していただくと，解答欄は実物大になります。

Ⅰ

1 (1)　(2)

(3)

(4)

2 (1)　極　(2) ①　②　(3)

(4)　(5) a　極　b　極　c　極　向き

Ⅱ

1 (1)　(2)　(3) ③　④　周　⑤　日後　(4)

(5)

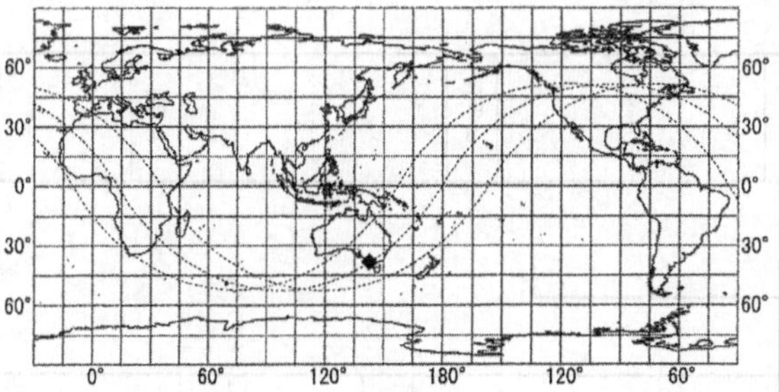

(6)　(7)

2 (1)

(2)　(3) ①　②　③

Ⅲ

1　2　3　4　5

6 (1) ①　②　③　(2)

Ⅳ

1　2　3　g

4　5

6 ①　②　③　④　⑤

7 ①　②　8　cm^3

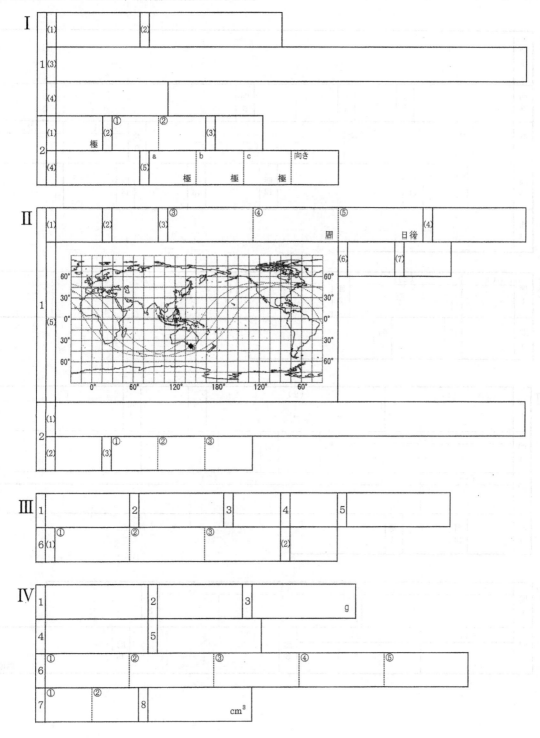

※155％に拡大していただくと，解答欄は実物大になります。

Ⅰ

問1							
問2		問3		問4		問5	
問6		問7		問8	→ → →	問9	(1) (2)
問10	(1) (2)	問11		問12		問13	問14
問15	→ → →						

Ⅱ

問1	(1) (2)	問2		問3		問4	
問5		問6		問7			

Ⅲ

問1	(1)	(2) → → →	問2		問3	(1)			
問3	(2) → → →	問4		問5		問6		問7	
問8	(1)	(2)							
問9		問10		問11					

Ⅳ

問1	(1)	(2)	問2	(1) (2)	問3	
問4	(1)	(2)	問5		問6	制度

◇国語◇

女子学院中学校　２０２１年度

※１６２％に拡大していただくと、解答欄は実物大になります。

一

問一 1 （20・40字のマス）

問一 2

問二

問三

問四

問五 1　2

問六

問七

問八

二

問一 このままでは、（10字のマス）かもしれないという危機感。

問二

問三

問四

問五 実際には、人間は（　　）のに、「やさしい」という語を用いて（　　）という印象を与えること。

問六

問七

問八 （20・30字のマス）という考え方。

（20・30字のマス）という考え方。

三

1 う

2

3

4

5

女子学院中学校　2020年度

◇理科◇

※145%に拡大していただくと，解答欄は実物大になります。

Ⅰ

1　2　3　4

5

6　理由

7

Ⅱ

1 (1)　(2) ①　②　(3)

(4) ①　②　③　④　⑤　⑥

(5)　(6) ①方角　向き

(6) ②

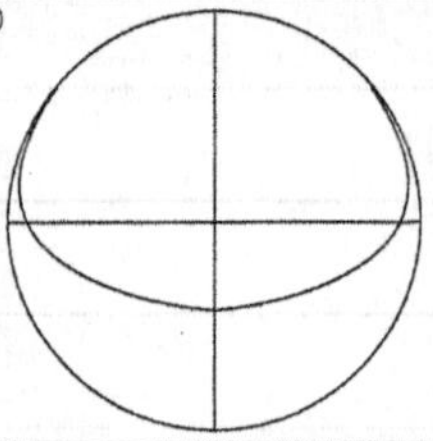

③

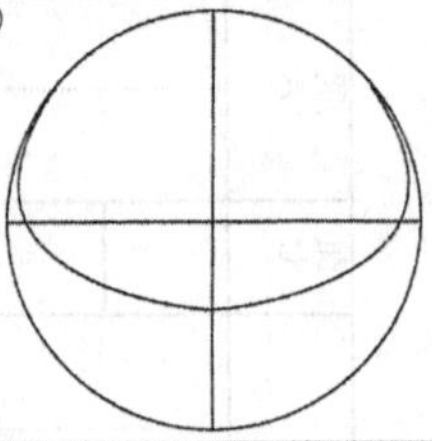

2 (1)

(2)　15　25　30

Ⅲ

1 (1)　(2)

(3)

(4)　(5)　g　(6) ②　③　(7)

2 (1) 食塩　石灰石　ろう　(2)　(3)

Ⅳ

1 ①　cm　②　g　③　g　④　g

2 グラフ2 ア　イ　ウ　グラフ3 ア　イ　ウ

3　g　4

5 ①　cm　②　cm　③　cm　6　cm

7 (1) 長さ　cm　重さ　g　(2)　(3)　：　8 長さ　cm　重さ　g

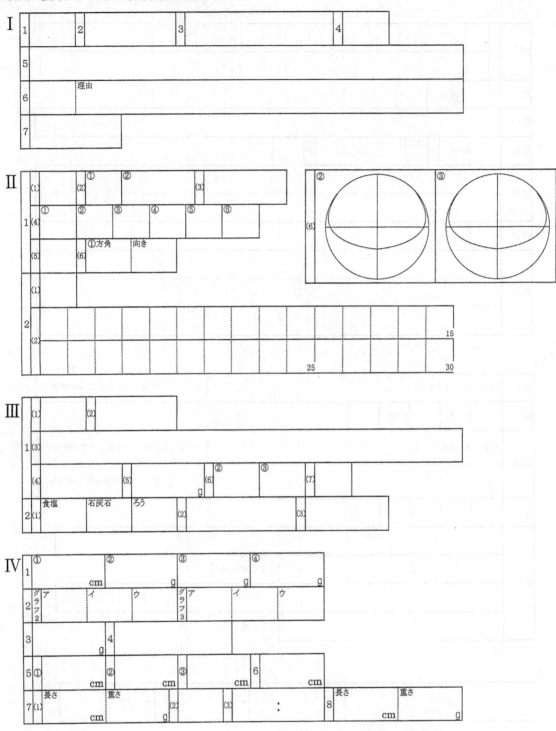

女子学院中学校　2020年度　　◇社会◇

※153％に拡大していただくと，解答欄は実物大になります。

Ⅰ

問1	(1)	(2)	(3)

問1	(4)	問2		問3	(1)	(2)
			→　→　→　→			

問4		問5		問6	(1)	(2)	(3)

Ⅱ

問1	(1)	(2)	(3) 北陸	(3) 九州・沖縄

問2		問3	(1)	(2)	問4		問5	
			→　→　→					

問6	(1)	(2)

問7		問8		問9	(1)

問9	(2)

問10		問11		問12	
	省				→　→　→　→

Ⅲ

問1		問2		問3		問4		問5	

問6		問7		問8		問9	
	費						

問10		問11	

女子学院中学校　２０２０年度

※１６３％に拡大していただくと、解答欄は実物大になります。

◇国語◇

一

問一

問二

問三

問四

問五

問六

問七

問八　様子

問九　大人　子ども

問十

二

問一

問二

問三　A　て　B　て

問四

問五

問六

問七

問八

問九

問十

問十一

問十二

問十三

三

1

2

3

4　ける

女子学院中学校　2019年度　◇理科◇

※この解答用紙は139％に拡大していただくと，実物大になります。

Ⅰ

1	(1)	(2)
	(3)	①　②　③
	(4)	名前　反応の様子
	(5)	①　②　③　④
	(6)	
2	3	
4		

Ⅱ

1	①　℃　②　③
2	④　⑤　⑥　⑦　⑧
3	⑨　⑩　⑪
4	⑫　15

Ⅲ

1	(1)	①良い方　理由　②良い方　理由　③良い方　理由
	(2)	
	(3)	
	(4)	
	(5)	
	(6)	
	(7)	
2	(1)	①　②
	(2)	mm
	(3)	
	(4)	日後

Ⅳ

1	(1)	個
	(2)	①　cm　②
2	(1)	①　②　③
	(2)	①　g　②　g
	(3)	①　②
	(4)	A　B
3		①　②　③

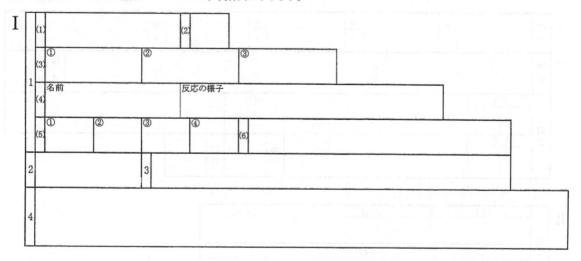

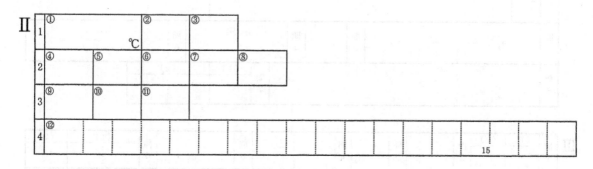

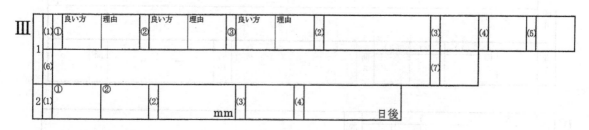

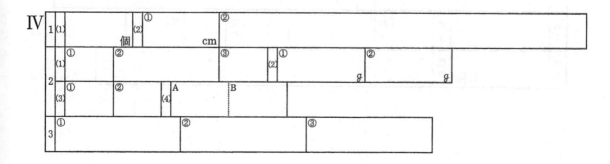

※この解答用紙は157％に拡大していただくと，実物大になります。

I

問1　問2　問3　問4　問5　→　→　→

問6　→　→　→　問7　問8

問9　記号　記号　記号

問10　問11

II

問1　(1)　(2)　→　→　→　(3)

(4)　記号

問2　→　→　→　→　問3　問4　問5　→　→　→

問6　問7　(1)　(2)

III

問1　(1)　(2)　問2　問3　問4　問5　問6　(1)　(2)

問6　(3)

問7　問8　(1)　(2)　(3)　問9　問10　→　→　問11

IV

問1　X　Y　問2

問3　問4　問5　問6　問7

問8　大臣　問9

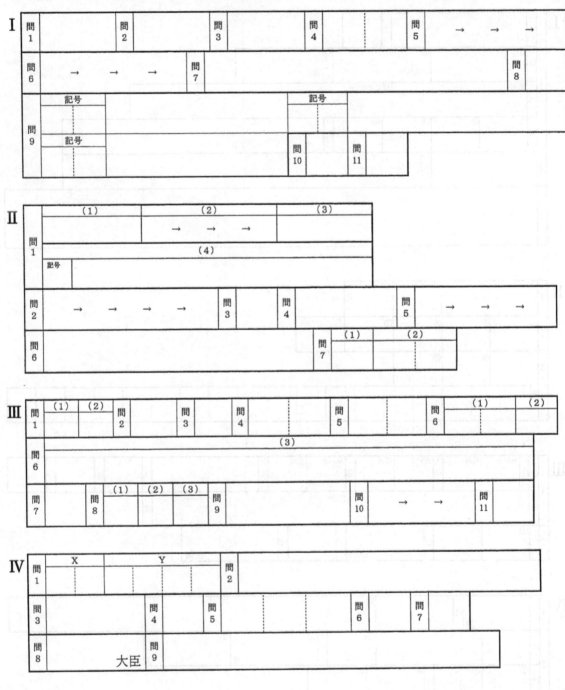

◇国語◇

女子学院中学校　２０１９年度

※この解答用紙は151％に拡大していただくと、実物大になります。

句読点は字数に入れること。

一

問一

問二　問三　問四

問五　1　2

問六　1　2

問七　こと

問八　弱いメンバーが（　　　　　）社会

二

問一　問二　問三

問四　問五　問六　問七　1

問七　2

問八　問九　1

問九　2

問十

問十一

問十二　1　ア　イ　2　問十三　1　2　3

三

1　2　3　4　5　う

女子学院中学校　平成30年度

◇理科◇

※この解答用紙は156%に拡大していただくと，実物大になります。

I

1 (1) A　(2) ① B　C

(2) ②

(3) D　20

(4) E　F

2 (1) ①　②　③　④　⑤　⑥　(2) が　分早い

II

1 ①　②　③　④

2 (1)

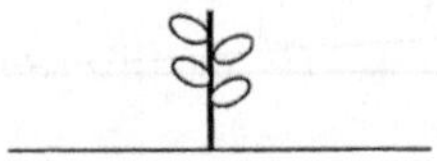

(2)

3 (1)　(2)　(3)　(4)

4

5

6 気温　降水量　環境

7

III

1 (1) ①　②

(2)

(3) 重そう A B C　クエン酸 A B C

(4) ① ℃　② ℃

(5) ①

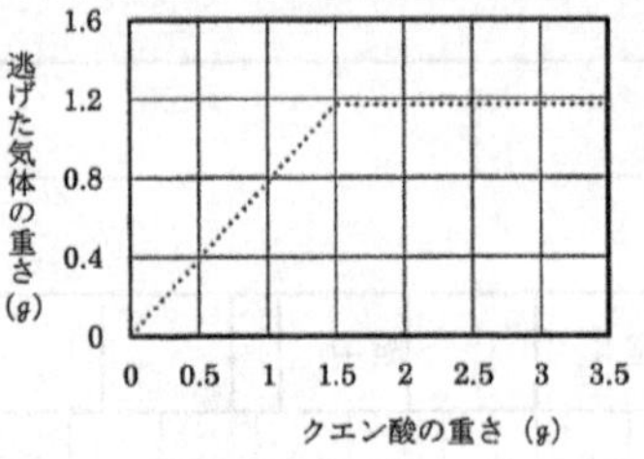

②前半

後半

2 (1) 重そう　クエン酸　(2)　(3)

IV

1 (1)

(2) あ　い　(3)　(4)

2 (1) ①　②　③　④　(2)

(3) ①　②　③　④　(4)

3

○推定配点○　Ⅰ　1(3)　3点　2(1)　各1点×6　他　各2点×7
Ⅱ　3　各1点×4　他　各2点×12
Ⅲ　1(1)・(2)　各1点×3　他　各2点×11
Ⅳ　2(1)・(3)　各1点×8　他　各2点×8　計100点

/ 100

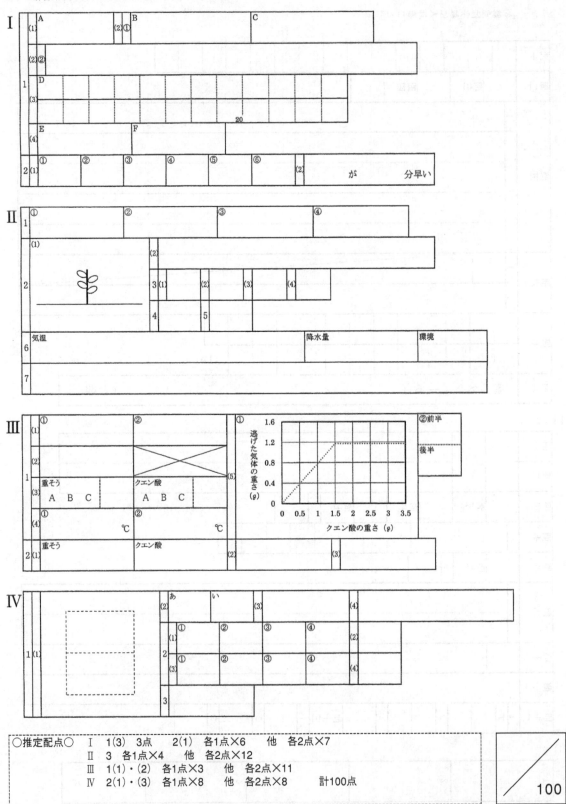

女子学院中学校　平成30年度

◇社会◇

※この解答用紙は149％に拡大していただくと，実物大になります。

Ⅰ

問1	(1)	(2)	問2	
	→　→　→	川		→　→　→

問3	(1)	(2)	問4	

Ⅱ

問1	(1)	(2)	(3)	(4)	問2	

問3	

問4	(1)	(2)	(3)	問5	
	→　→				

Ⅲ

問1		問2	(1)	(2)	(3)	問3		問4	

問5	(1)	(2)	(3)	(4)	(5)	問6	
		県					

Ⅳ

問1	(1)	(2)	(3)	問2	

問3	図A	図B

問4		問5	

問6		問7	

Ⅴ

問1		問2	

問3		問4		問5	

問6		問7	

○推定配点○　Ⅰ　各2点×6　Ⅱ　各2点×10　Ⅲ　各2点×12　Ⅳ　各3点×10
Ⅴ　各2点×7　計100点

／100

女子学院中学校　平成30年度

※この解答用紙は168%に拡大していただくと、実物大になります。

◇国語◇

句読点は字数に入れること。

一

問一　問二　問三　問四 1

問四 2

問五（15）

問六

問七 1 ゴミ箱　お掃除

問七 2 X　関係

Y

問八 a　b　ね　c

二

問一 1　する　2 i　心　ii　心　問二

問三

問四

問五

問六　で　問七

問八

問九　問十

問十一 a　b　く　c

◯推定配点◯
一　問三・問五・問六・問七1・問七2X　各4点×6
問四2・問七2Y　各5点×2　他　各2点×6
二　問三・問五　各5点×2　問二・問四・問七・問九・問十　各4点×6
問八　6点　他　各2点×7　計100点

／100

女子学院中学校　　平成29年度　　◇理科◇

※この解答用紙は144％に拡大していただくと，実物大になります。

Ⅰ

1 (1) A | B | C | D | E

(2) ① | ② | ③ | (3)

2 (1) ① | ② | (2)

(3) ① | ② | ③

Ⅱ

1 ① | ② | ③ | ④ | 2 A | B

3 ① | ② | 4 地点 | 5 ① ℃ | ② | ③

6 | 7 | 8

Ⅲ

1 (1) ～ | (2)

(3)

2 (1) | (2) ℃ | (3) ① | ② | ③

(4)

3 ① | ② | ③

④ | ⑤

4 (1) | (2) | (3) | (4) | (5) cm^3

Ⅳ

1 | 2 (1) | (2) | (3) | (4) | (5)

3 | 4 (1) | (2) | (3) | (4) | 5

○推定配点○　Ⅰ　1(1)　各1点×5　他　各2点×10
Ⅱ　1～3　各1点×8　他　各2点×8
Ⅲ　1(3)・2(4)・4　各2点×7　他　各1点×12
Ⅳ　1～4　各2点×11　5　3点　計100点

/100

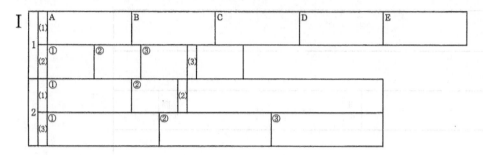

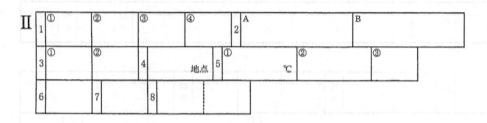

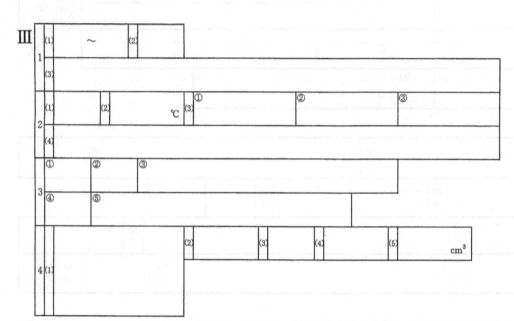

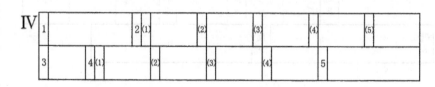

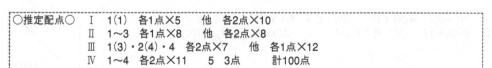

女子学院中学校　　平成29年度　　◇社会◇

※この解答用紙は149％に拡大していただくと，実物大になります。

Ⅰ

問1	
問2	

問3	→ → →	問4	→ → →	問5	

問6	

問7	(1)			(2)	問8		問9	
	A	B	C					

Ⅱ

問1			問2			問3	(1)	(2)	問4	(1)

問4	(2)	(3)	問5	

問6	(1)			(2)		(3)	
	A	B	C	D	E		

問6	(4)	(5)	(6)

Ⅲ

問1	→ → →	問2	

問3			問4	(1) 県	(2)	問5	

問6		問7	

問8		問9		問10	

Ⅳ

問1		問2	B	C	問3		問4		問5	(1)	(2)	

問6		問7		問8		問9	→ → →

○推定配点○　Ⅰ　問1～問7　各2点×10　　問8・問9　各1点×2
Ⅱ　各2点×17　Ⅲ　各2点×11　Ⅳ　各2点×11　　計100点

／100

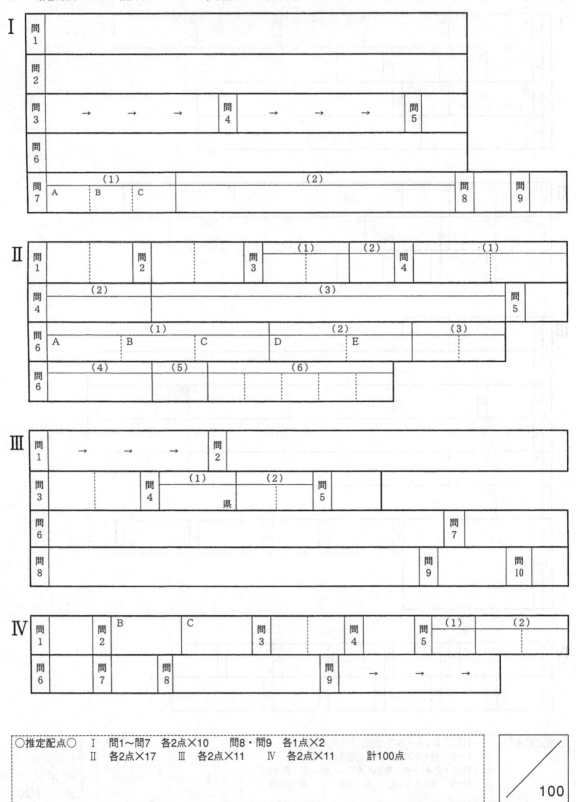

◇国語◇

女子学院中学校　平成29年度

※この解答用紙は154％に拡大していただくと、実物大になります。

句読点は字数に入れること。

一

問一　問二　問三 ③ ⑦　問四

問五 1 2 3

問六 から から

問七

問八　問九 ㋐ ㋑　問十

問十一

問十二 だれ 行い

問十三

問十四 a b c d み e

二

問一　問二　問三　問四　問五

問六

問七　問八　問九　問十

問十一 A B

問十二 という問題

問十三 ア イ ウ エ　問十四 a b c d

○推定配点○　一　問五・問十四　各1点×8　問六・問七・問十一・問十二行い　各4点×5
他　各2点×11（問十二は、だれ・行いを別に得点）
二　問六・問十二　各5点×2　問十一・問十三　各3点×6
問十四　各1点×4　他　各2点×9　計100点

／100

MEMO

大切なことはメモしておこうネ！

MEMO

大切なことはメモしておこうネ！

MEMO

大切なことはメモしておこうネ！

MEMO

大切なことはメモしておこうネ！

MEMO

大切なことはメモしておこうネ!

MEMO

大切なことはメモしておこうネ！

東京学参の

中学校別入試過去問題シリーズ

＊出版校は一部変更することがあります。一覧にない学校はお問い合わせください。

東京ラインナップ

あ　青山学院中等部(L04)
麻布中学(K01)
桜蔭中学(K02)
お茶の水女子大附属中学(K07)
か　海城中学(K09)
開成中学(M01)
学習院中等科(M03)
慶應義塾中等部(K04)
啓明学園中学(N29)
晃華学園中学(N13)
攻玉社中学(L11)
国学院大久我山中学
（一般・CC）(N22)
（ＳＴ）(N23)
駒場東邦中学(L01)
さ　芝中学(K16)
芝浦工業大附属中学(M06)
城北中学(M05)
女子学院中学(K03)
巣鴨中学(M02)
成蹊中学(N06)
成城中学(K28)
成城学園中学(L05)
青稜中学(K23)
創価中学(N14)★
た　玉川学園中学部(N17)
中央大附属中学(N08)
筑波大附属中学(K06)
筑波大附属駒場中学(L02)
帝京大中学(N16)
東海大菅生高中等部(N27)
東京学芸大附属竹早中学(K08)
東京都市大付属中学(L13)
桐朋中学(N03)
東洋英和女学院中学部(K15)
豊島岡女子学園中学(M12)
な　日本大第一中学(M14)
日本大第三中学(N19)
日本大第二中学(N10)
は　雙葉中学(K05)
法政大学中学(N11)
本郷中学(M08)
ま　武蔵中学(N01)
明治大付属中野中学(N05)
明治大付属八王子中学(N07)
明治大付属明治中学(K13)
ら　立教池袋中学(M04)
わ　和光中学(N21)
早稲田中学(K10)
早稲田実業学校中等部(K11)
早稲田大高等学院中学部(N12)

神奈川ラインナップ

あ　浅野中学(O04)
栄光学園中学(O06)
か　神奈川大附属中学(O08)
鎌倉女学院中学(O27)
関東学院六浦中学(O31)
慶應義塾湘南藤沢中等部(O07)
慶應義塾普通部(O01)
さ　相模女子大中学部(O32)
サレジオ学院中学(O17)
逗子開成中学(O22)
聖光学院中学(O11)
清泉女学院中学(O20)
洗足学園中学(O18)
捜真女学校中学部(O29)
た　桐蔭学園中等教育学校(O02)
東海大付属相模高中等部(O24)
桐光学園中学(O16)
な　日本大中学(O09)
は　フェリス女学院中学(O03)
法政大第二中学(O19)
や　山手学院中学(O15)
横浜隼人中学(O26)

千・埼・茨・他ラインナップ

あ　市川中学(P01)
浦和明の星女子中学(Q06)
か　海陽中等教育学校
（入試Ⅰ・Ⅱ）(T01)
（特別給費生選抜）(T02)
久留米大附設中学(Y04)
さ　栄東中学（東大・難関大）(Q09)
栄東中学（東大特待）(Q10)
狭山ヶ丘高校付属中学(Q01)
芝浦工業大柏中学(P14)
渋谷教育学園幕張中学(P09)
城北埼玉中学(Q07)
昭和学院秀英中学(P05)
清真学園中学(S01)
西南学院中学(Y02)
西武学園文理中学(Q03)
西武台新座中学(Q02)
専修大松戸中学(P13)
た　筑紫女学園中学(Y03)
千葉日本大第一中学(P07)
千葉明徳中学(P12)
東海大付属浦安高中等部(P06)
東邦大付属東邦中学(P08)
東洋大附属牛久中学(S02)
獨協埼玉中学(Q08)
な　長崎日本大中学(Y01)
成田高校付属中学(P15)
は　函館ラ・サール中学(X01)
日出学園中学(P03)
福岡大附属大濠中学(Y05)
北嶺中学(X03)
細田学園中学(Q04)
や　八千代松陰中学(P10)
ら　ラ・サール中学(Y07)
立命館慶祥中学(X02)
立教新座中学(Q05)
わ　早稲田佐賀中学(Y06)

公立中高一貫校ラインナップ

北海道　市立札幌開成中等教育学校(J22)
宮　城　宮城県仙台二華・古川黎明中学校(J17)
市立仙台青陵中等教育学校(J33)
山　形　県立東桜学館・致道館中学校(J27)
茨　城　茨城県立中学・中等教育学校(J09)
栃　木　県立宇都宮東・佐野・矢板東高校附属中学校(J11)
群　馬　県立中央・市立四ツ葉学園中等教育学校・
市立太田中学校(J10)
埼　玉　市立浦和中学校(J06)
県立伊奈学園中学校(J31)
さいたま市立大宮国際中等教育学校(J32)
川口市立高等学校附属中学校(J35)
千　葉　県立千葉・東葛飾中学校(J07)
市立稲毛国際中等教育学校(J25)
東　京　区立九段中等教育学校(J21)
都立大泉高等学校附属中学校(J28)
都立両国高等学校附属中学校(J01)
都立白鷗高等学校附属中学校(J02)
都立富士高等学校附属中学校(J03)
都立三鷹中等教育学校(J29)
都立南多摩中等教育学校(J30)
都立武蔵高等学校附属中学校(J04)
都立立川国際中等教育学校(J05)
都立小石川中等教育学校(J23)
都立桜修館中等教育学校(J24)
神奈川　川崎市立川崎高等学校附属中学校(J26)
県立平塚・相模原中等教育学校(J08)
横浜市立南高等学校附属中学校(J20)
横浜サイエンスフロンティア高校附属中学校(J34)
広　島　県立広島中学校(J16)
県立三次中学校(J37)
徳　島　県立城ノ内中等教育学校・富岡東・川島中学校(J18)
愛　媛　県立今治東・松山西中等教育学校(J19)
福　岡　福岡県立中学校・中等教育学校(J12)
佐　賀　県立香楠・致遠館・唐津東・武雄青陵中学校(J13)
宮　崎　県立五ヶ瀬中等教育学校・宮崎西・都城泉ヶ丘高校附属中学校(J15)
長　崎　県立長崎東・佐世保北・諫早高校附属中学校(J14)

公立中高一貫校「適性検査対策」問題集シリーズ

総合編　作文問題編　資料問題編　数と図形編　生活と科学編　実力確認テスト編

私立中・高スクールガイド
THE《ザ》 私立
私立中学&高校の学校生活がわかる！

〈ダウンロードコンテンツについて〉

本問題集のダウンロードコンテンツ、弊社ホームページで配信しております。現在ご利用いただけるのは「2025年度受験用」に対応したもので、**2025年3月末日**までダウンロード可能です。弊社ホームページにアクセスの上、ご利用ください。

※配信期間が終了いたしますと、ご利用いただけませんのでご了承ください。

中学別入試過去問題シリーズ

女子学院中学校　2025年度

ISBN978-4-8141-3141-9

[発行所] 東京学参株式会社

〒153-0043　東京都目黒区東山2-6-4

書籍の内容についてのお問い合わせは右のQRコードから　⇒

※書籍の内容についてのお電話でのお問い合わせ、本書の内容を超えたご質問には対応できませんのでご了承ください。

2024年3月29日　初版